Win

육군 준사관 회전익항공기조종

: 이기는 방법

시대에듀

2025 시대에듀 Win
육군 준사관 회전익항공기조종 : 이기는 방법

Always **with you**

사람의 인연은 길에서 우연하게 만나거나 함께 살아가는 것만을 의미하지는 않습니다.
책을 펴내는 출판사와 그 책을 읽는 독자의 만남도 소중한 인연입니다.
시대에듀는 항상 독자의 마음을 헤아리기 위해 노력하고 있습니다. 늘 독자와 함께하겠습니다.

머리말 PREFACE

‘강한 전사, 강한 군대’

국가방위의 중심 군인 “육군” 그중에서도 하늘을 수호하는 회전익항공기조종 준사관 준비생 여러분을 환영합니다.

유일하게 육군에만 존재하는 간부 선발 과정인 회전익항공기조종 준사관 제도는 조종에 전문화된 군인을 양성하고 대한민국의 하늘을 수호하며 국방의 의무를 다하기 위해 만들어진 특수직으로, 다양한 혜택이 주어지고 진입장벽도 최근 많이 낮아졌습니다.

회전익항공기조종 준사관의 필기시험인 KIDA 간부선발도구는 장교 간부선발도구에 비해 까다로운 문제들이 출제되고 있어 기존 간부선발도구 문제만으로는 안정적으로 합격하기 어렵습니다.

이에 시대에듀에서는 다년간 장교 · 부사관 도서 시리즈의 누적 판매 1위라는 출간 경험과 더불어 기출문제 분석과 모집전형의 철저한 모니터링을 통해 명예로운 꿈을 안고 공부하는 수험생들이 보다 효과적으로 학습하고, 필기평가에 완벽하게 대비할 수 있도록 본 도서를 출간하게 되었습니다.

본 도서를 통해 시험을 준비하는 수험생 여러분이 합격의 기쁨을 누리기를 진심으로 기원합니다.

시대 장교수험기획실 올림

회전익항공기조종 준사관 모집공고 INFORMATION

❖ 2024년 모집공고를 토대로 작성된 자료입니다. 자세한 사항은 육군모집 홈페이지의 모집공고를 반드시 확인하시기 바랍니다.

◇ 모집 일정 | 연 1회(12월)

12월	1월	3월	4월
지원서 접수	1차 평가 (필기평가)	2차 평가 (신체검사, 면접평가)	최종 합격자 발표

◇ 지원자격

❶ 군인사법 제10조 제1항~2항에 따라 임관 결격사유에 해당되지 않는 자
- 복수국적자는 임관일 전까지 외국 국적의 효력이 상실되어야 함

❷ 임관일 기준 만 20세 이상 50세 이하인 자

❸ 고등학교 이상의 학교를 졸업한 자 또는 이와 같은 수준 이상의 학력자
- 병역 미필자, 예비역 및 현역 구분 없이 남 · 여 지원 가능

◇ 모집과정

지원서 접수 ▶ 1차 평가 ▶ 2차 평가 ▶ 최종 발표 ▶ 양성 교육

◇ 1차 평가(45점)

▸ 필기평가 + 한국사 + 영어성적 고득점 순으로 1차 합격자 선발

구분	필기평가 간부선발도구(20점)	한국사(5점)	영어(20점)	적성, 인성 검사
내용	언어논리(5.7점), 자료해석(5.7점), 공간지각(2.3점), 지각속도(2.3점), 상황판단(4.0점)	한국사 성적 적용 (4년 이내 응시성적)	공인어학 성적 적용 (2년 이내 응시성적)	면접평가 참고자료

※ 불합격 기준: 간부선발도구(5과목) 종합점수 40% 미만자

※ 지원불가 기준: 영어성적 미 입력/불일치자, 토익 699점, 텝스 263점, 토플 78점 이하인 자

◇ 2차 평가(100점)

▸ 1차 평가 점수를 동일하게 반영(한국사, 영어)

❶ 체력검정(20점)

구분	만점	1종목 불합격	2종목 불합격	3종목 불합격	4종목 불합격
점수	20점	18점	16점	14점	불합격

※ 문체부 산하 "국민체력인증센터" 체력인증서 대체(면접 평가 기준일 6개월 이내 취득한 인증서)
※ 3등급 이상은 만점으로 처리, 1~2등급은 최종 심의간 긍정적으로 평가
※ 3등급 미만은 건강체력 4개 항목 중 불합격 항목 수에 따라 감점처리

❷ 자격증(5점)

구분	기술사, 기능장	기사	산업기사	기능사	없음
배점	5점	4.25점	3.5점	2.75점	1.2점
종목	• 조종사 면장 • 항공기관기술사 • 항공기체기술사 (경량/초경량 면장 제외)	• 항공기사 • 항공정비사 • 항공공장정비사 • 헬기정비사1급	• 항공산업기사 • 헬기정비사2급	• 항공장비정비 • 항공기관정비 • 항공기체정비 • 항공전자정비 • 항공무선통신사 • 헬기정비사3급	–

※ 1개의 자격증만 적용(외국취득 자격증은 미인정)
※ 헬리콥터(회전익)와 고정익으로 구분된 자격증은 헬리콥터(회전익)만 인정
※ 지원서 접수 기준일자까지 발급된 자격증만 인정

❸ 면접평가(50점): 품성 · 자질 검증(3단계)

구분	1면접(AI면접)	2면접(대면면접)	3면접(개별면접)
배점	10점	40점	합 · 불
항목	윤리의식, 공감적 소통, 회복탄력성, 솔선수범, 적극적인 임무수행	군 기본자세, 국가관 · 안보관, 표현력 · 논리성, 리더십 · 상황판단, 이해력 · 판단력	인성검사 내용을 기초로 검증, 인성 · 자질평가

❹ 신원조사

- 인터넷(대한민국 육군 홈페이지), 인트라넷(육군포탈 홈페이지)에 접속하여 작성 · 제출
- 국군방첩사령부 신원조사 결과를 참고하여 선발심의에서 최종결정(적격, 부적격)

이 책의 구성과 특징 STRUCTURES

PART 1 실전문제

KIDA 4개 영역, 많은 양의 문제를 풀어 볼 수 있습니다.

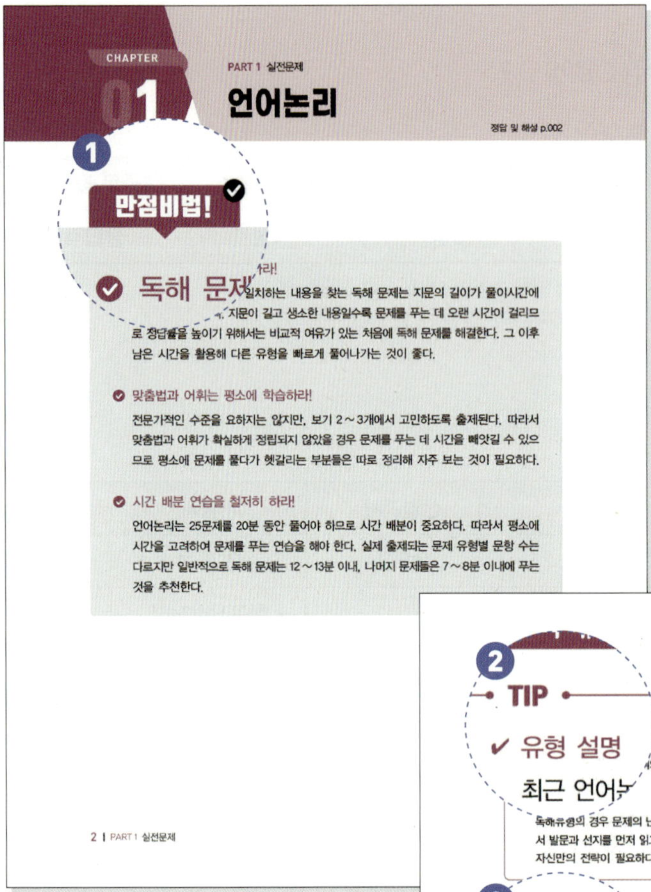

CHAPTER 01 PART 1 실전문제
언어논리
정답 및 해설 p.002

1 만점비법!

독해 문제 …라!
…일치하는 내용을 찾는 독해 문제는 지문의 길이가 풀이시간에 … 지문이 길고 생소한 내용일수록 문제를 푸는 데 오랜 시간이 걸리므로 정답률을 높이기 위해서는 비교적 여유가 있는 처음에 독해 문제를 해결한다. 그 이후 남은 시간을 활용해 다른 유형을 빠르게 풀어나가는 것이 좋다.

맞춤법과 어휘는 평소에 학습하라!
전문가적인 수준을 요하지는 않지만, 보기 2~3개에서 고민하도록 출제된다. 따라서 맞춤법과 어휘가 확실하게 정립되지 않았을 경우 문제를 푸는 데 시간을 빼앗길 수 있으므로 평소에 문제를 풀다가 헷갈리는 부분들은 따로 정리해 자주 보는 것이 필요하다.

시간 배분 연습을 철저히 하라!
언어논리는 25문제를 20분 동안 풀어야 하므로 시간 배분이 중요하다. 따라서 평소에 시간을 고려하여 문제를 푸는 연습을 해야 한다. 실제 출제되는 문제 유형별 문항 수는 다르지만 일반적으로 독해 문제는 12~13분 이내, 나머지 문제들은 7~8분 이내에 푸는 것을 추천한다.

2 | PART 1 실전문제

Win Point 1 만점비법

영역별 만점비법을 통해 해당 영역의 특징을 충분히 익히고 가세요!

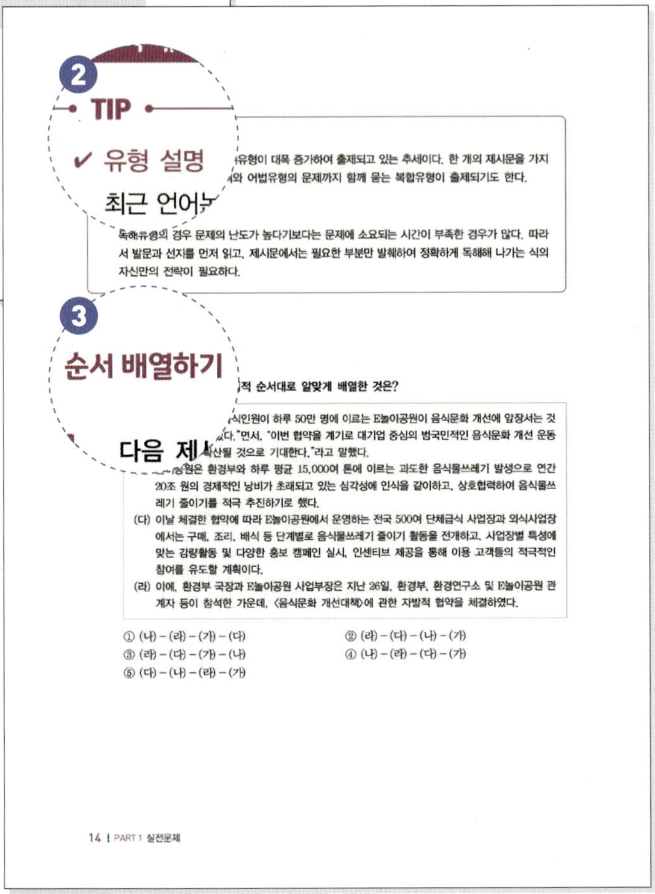

2 TIP

유형 설명
최근 언어논…유형이 대폭 증가하여 출제되고 있는 추세이다. 한 개의 제시문을 가지…와 어법유형의 문제까지 함께 묻는 복합유형이 출제되기도 한다.

독해유형의 경우 문제의 난도가 높다기보다는 문제에 소요되는 시간이 부족한 경우가 많다. 따라서 발문과 선지를 먼저 읽고, 제시문에서는 필요한 부분만 발췌하여 정확하게 독해해 나가는 식의 자신만의 전략이 필요하다.

3 순서 배열하기

다음 제시…적 순서대로 알맞게 배열한 것은?

…식인원이 하루 50만 명에 이르는 E놀이공원이 음식문화 개선에 앞장서는 것…다."면서, "이번 협약을 계기로 대기업 중심의 범국민적인 음식문화 개선 운동…산될 것으로 기대한다."라고 말했다.
…원은 환경부와 하루 평균 15,000여 톤에 이르는 과도한 음식물쓰레기 발생으로 연간 20조 원의 경제적인 낭비가 초래되고 있는 심각성에 인식을 같이하고, 상호협력하여 음식물쓰레기 줄이기를 적극 추진하기로 했다.
(다) 이날 체결한 협약에 따라 E놀이공원에서 운영하는 전국 500여 단체급식 사업장과 외식사업장에서는 구매, 조리, 배식 등 단계별로 음식물쓰레기 줄이기 활동을 전개하고, 사업장별 특성에 맞는 감량활동 및 다양한 홍보 캠페인 실시, 인센티브 제공을 통해 이용 고객들의 적극적인 참여를 유도할 계획이다.
(라) 이에, 환경부 국장과 E놀이공원 사업부장은 지난 26일, 환경부, 환경연구소 및 E놀이공원 관계자 등이 참석한 가운데, 〈음식문화 개선대책〉에 관한 자발적 협약을 체결하였다.

① (나) – (라) – (가) – (다)
② (라) – (다) – (나) – (가)
③ (라) – (다) – (가) – (나)
④ (나) – (라) – (다) – (가)
⑤ (다) – (나) – (라) – (가)

14 | PART 1 실전문제

Win Point 2 유형별 TIP

핵심유형 TIP을 활용해 다양한 유형에 효과적으로 접근할 수 있습니다.

Win Point 3 유형 세분화

유형의 세분화를 통해 자신의 치명적인 약점을 뛰어넘어 보세요.

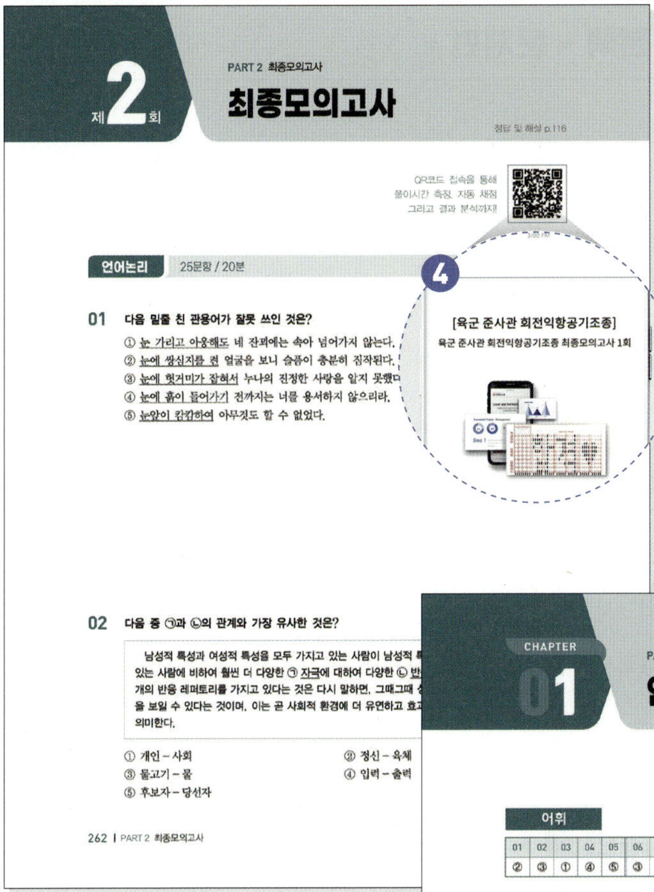
PART 2 최종모의고사

제2회 최종모의고사

정답 및 해설 p.116

QR코드 접속을 통해 풀이시간 측정, 자동 채점 그리고 결과 분석까지!

언어논리 25문항 / 20분

01 다음 밑줄 친 관용어가 잘못 쓰인 것은?

① 눈 가리고 아웅해도 네 잔꾀에는 속아 넘어가지 않는다.
② 눈에 쌍심지를 켠 얼굴을 보니 슬픔이 충분히 짐작된다.
③ 눈에 헛거미가 잡혀서 누나의 진정한 사랑을 알지 못했다
④ 눈에 흙이 들어가기 전까지는 너를 용서하지 않으리라.
⑤ 눈앞이 캄캄하여 아무것도 할 수 없었다.

4 [육군 준사관 회전익항공기조종] 육군 준사관 회전익항공기조종 최종모의고사 1회

02 다음 중 ㉠과 ㉡의 관계와 가장 유사한 것은?

남성적 특성과 여성적 특성을 모두 가지고 있는 사람이 남성적 … 있는 사람에 비하여 훨씬 더 다양한 ㉠ 자극에 대하여 다양한 ㉡ 반… 개의 반응 레퍼토리를 가지고 있다는 것은 다시 말하면, 그때그때 … 을 보일 수 있다는 것이며, 이는 곧 사회적 환경에 더 유연하고 효… 의미한다.

① 개인 – 사회 ② 정신 – 육체
③ 물고기 – 물 ④ 입력 – 출력
⑤ 후보자 – 당선자

262 | PART 2 최종모의고사

PART 2 최종모의고사

시간을 재면서 실전처럼 모의고사를 풀어볼 수 있습니다.

Win Point 4 모바일 OMR

모바일 OMR 서비스를 통해 당신의 실전감각을 유지할 수 있습니다.

- 시간 측정
- 자동 채점
- 점수 측정
- 점수 분석

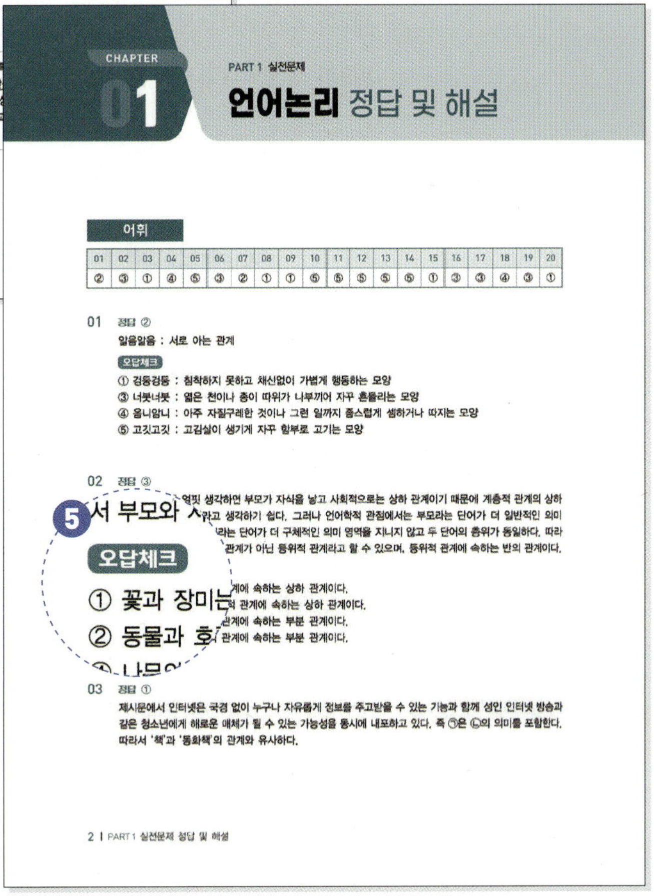
CHAPTER 01

PART 1 실전문제

언어논리 정답 및 해설

어휘

01	02	03	04	05	06	07	08	09	10	11	12	13	14	15	16	17	18	19	20
②	③	①	④	⑤	③	②	①	①	⑤	⑤	⑤	⑤	⑤	①	③	③	④	③	①

01 정답 ②

알음알음 : 서로 아는 관계

오답체크

① 깡둥깡둥 : 침착하지 못하고 채신없이 가볍게 행동하는 모양
③ 너풋너풋 : 엷은 천이나 종이 따위가 나부끼어 자꾸 흔들리는 모양
④ 옴니암니 : 아주 자질구레한 것이나 그런 일까지 좀스럽게 셈하거나 따지는 모양
⑤ 고깃고깃 : 고김살이 생기게 자꾸 함부로 고기는 모양

02 정답 ③

5 …서 부모와 자… 얼핏 생각하면 부모가 자식을 낳고 사회적으로는 상하 관계이기 때문에 계층적 관계의 상하 …라고 생각하기 쉽다. 그러나 언어학적 관점에서는 부모라는 단어가 더 일반적인 의미 …라는 단어가 더 구체적인 의미 영역을 지니지 않고 두 단어의 층위가 동일하다. 따라 …관계가 아닌 등위적 관계라고 할 수 있으며, 등위적 관계에 속하는 반의 관계이다.

오답체크

① 꽃과 장미는 …계에 속하는 상하 관계이다.
② 동물과 호… 관계에 속하는 상하 관계이다.
…관계에 속하는 부분 관계이다.
…관계에 속하는 부분 관계이다.

03 정답 ①

제시문에서 인터넷은 국경 없이 누구나 자유롭게 정보를 주고받을 수 있는 기능과 함께 성인 인터넷 방송과 같은 청소년에게 해로운 매체가 될 수 있는 가능성을 동시에 내포하고 있다. 즉 ㉠은 ㉡의 의미를 포함한다. 따라서 '책'과 '동화책'의 관계와 유사하다.

2 | PART 1 실전문제 정답 및 해설

Win Point 5 오답체크

오답의 이유까지 분석하여 혼자 학습해도 어려움이 없습니다.

책 속의 책 정답 및 해설

'책 속의 책'으로 구성되어 있어 간편하게 정답 및 해설을 확인할 수 있습니다.

이 책의 차례 CONTENTS

본책 ★ 문제편 ★

PART 1 실전문제

PART 2 최종모의고사

책 속의 책 ★ 해설편 ★

PART 1 실전문제 정답 및 해설

PART 2 최종모의고사 정답 및 해설

PART

1

실전문제

CHAPTER 01

PART 1 실전문제

언어논리

정답 및 해설 p.002

만점비법!

독해 문제를 먼저 해결하라!

지문을 읽고 주제 혹은 일치하는 내용을 찾는 독해 문제는 지문의 길이가 풀이시간에 미치는 영향이 크다. 지문이 길고 생소한 내용일수록 문제를 푸는 데 오랜 시간이 걸리므로 정답률을 높이기 위해서는 비교적 여유가 있는 처음에 독해 문제를 해결한다. 그 이후 남은 시간을 활용해 다른 유형을 빠르게 풀어나가는 것이 좋다.

맞춤법과 어휘는 평소에 학습하라!

전문가적인 수준을 요하지는 않지만, 보기 2 ~ 3개에서 고민하도록 출제된다. 따라서 맞춤법과 어휘가 확실하게 정립되지 않았을 경우 문제를 푸는 데 시간을 빼앗길 수 있으므로 평소에 문제를 풀다가 헷갈리는 부분들은 따로 정리해 자주 보는 것이 필요하다.

시간 배분 연습을 철저히 하라!

언어논리는 25문제를 20분 동안 풀어야 하므로 시간 배분이 중요하다. 따라서 평소에 시간을 고려하여 문제를 푸는 연습을 해야 한다. 실제 출제되는 문제 유형별 문항 수는 다르지만 일반적으로 독해 문제는 12 ~ 13분 이내, 나머지 문제들은 7 ~ 8분 이내에 푸는 것을 추천한다.

어휘

TIP

✔ **유형 설명**

한자성어를 비롯해 단어의 의미, 관계 등을 묻는 다양한 유형의 어휘 문제가 출제된다. 또한 독해 유형과 결합하여 글의 맥락에 맞는 어휘를 찾아 넣는 유형의 문제가 출제되기도 한다.

✔ **문제 접근방법**

어휘력은 평소 독서 습관에 따라 기본 소양에서 큰 차이를 보인다. 따라서 모르는 단어가 나올 때마다 소홀히 지나쳐서는 안 된다. 맥락에 따라 의미를 추론해 보고 사전을 검색하는 습관을 생활화하여 어휘력을 높여야 한다. 또한 평소 접하기 어려운 한자성어의 경우는 기출된 것 위주로 암기가 필요하다.

01 **다음 중 밑줄 친 단어의 쓰임이 적절하지 않은 것은?**

① 큰일이 닥쳤을 때 침착한 사람과 겅둥겅둥하는 사람이 있다.
② 여름이 되자 포도나무에 포도가 알음알음 열렸다.
③ 빨랫줄에 널어놓은 차렵이불이 너붓너붓 펄럭인다.
④ 작은 것까지 옴니암니 따지는 사람은 약간 피곤하다.
⑤ 주머니에서 꺼낸 지폐가 고깃고깃 구겨져 있다.

02 **다음 글에서 다루고 있는 계층적 관계에 해당하지 않는 것은?**

> 구조화된 어휘 체계 속에 존재하는 단어들 사이의 의미 관계는 관계를 맺고 있는 두 단어가 어휘장 속에서 서로 어떠한 위치에 있느냐에 따라 크게 등위적 관계와 계층적 관계로 나눌 수 있다. 계층적 관계는 의미상 관련성을 지니는 두 단어가 층위를 달리하는 서로 다른 부분장에 위치하는 관계이다. 계층적 관계에 속하는 의미 관계에서는 상하 관계와 부분 관계가 있다. 상하 관계에 있는 두 단어는 한 계통상에 위치하지만, 부분 관계에 있는 두 단어는 한 계통상에 위치하지 않는다. 상하 관계란 계층적인 어휘 관계에서 상위어가 그것의 부분장 속에 위치하고 있는 하위어를 포함하는 관계를 말한다. 여기서 상위어는 하위어에 비해 일반적인 의미 영역을 지니게 되며, 하위어는 상위어에 비해 구체적인 의미 영역을 지니게 된다. 이때 하위어는 상위어를 함의한다고 할 수 있다. 한편 부분 관계는 한 단어가 다른 단어의 부분이 되는 관계를 일컫는다.

① 꽃과 장미
② 동물과 호랑이
③ 부모와 자식
④ 나무와 잎
⑤ 몸과 다리

03 다음 중 ㉠과 ㉡의 관계와 가장 유사한 것은?

> 국경 없이 누구나 자유롭게 정보를 주고받을 수 있는 ㉠ 인터넷이 최근 급속히 늘고 있는 ㉡ 성인 인터넷 방송처럼 오히려 청소년에게 해로운 매체가 될 수 있다는 사실은 선진국에서도 많은 이들이 동감하고 있다. 그러므로 인터넷 등급제를 만들어 유해한 환경으로부터 청소년들을 보호하고, 이를 어긴 사업자는 엄격한 처벌로 다스려야만 한다.

① 책 – 동화책
② 고등어 – 삼치
③ 해 – 달
④ 곰 – 호랑이
⑤ 꽃 – 꿀벌

04 〈보기〉의 빈칸에 공통으로 들어갈 단어의 기본형으로 가장 적절한 것은?

> 보기
> • 우리 팀 선수들은 서로 마음을 (   ).
> • 그는 가뭄 때 자기 논에만 물꼬를 (   ).
> • 비가 와서 야구장 가기는 (   ).

① 주다
② 열다
③ 내다
④ 트다
⑤ 그르다

05 다음 밑줄 친 단어 중 의미가 서로 비슷한 것은 무엇인가?

> ㉠ 세상이 무너지는 슬픔을 뒤로 하고, 그는 종교에 의지하며 살았다.
> ㉡ 경서는 일주일 내내 야근했더니, 침대에 눕자마자 몸이 무너져 내리는 듯한 피로감을 느꼈다.
> ㉢ 이 제품은 구조가 간단하여 기계에 무지한 나도 쉽게 조립할 수 있었다.
> ㉣ 사태를 해결하기 위해 늦은 시간까지 대응책을 구상했지만, 도무지 해결방안이 떠오르지 않았다.
> ㉤ 회사는 이번 공채부터 신입사원들을 위한 새로운 제도를 입안했다.
> ㉥ 20살 이후부터 내가 하고 싶은 일에서 해야 하는 일까지 모든 것을 내 스스로 설계했다.

① ㉠, ㉢, ㉣
② ㉡, ㉢, ㉤
③ ㉢, ㉣, ㉤
④ ㉢, ㉤, ㉥
⑤ ㉣, ㉤, ㉥

06 다음 중 문장의 의미를 잘못 해석한 것은?

① 길눈이 어둡다 : 가 본 길을 잘 찾아가지 못할 만큼 길을 잘 기억하지 못하다.
② 눈을 붙이다 : 잠을 자다.
③ 눈 밖에 나다 : 마음에 들다.
④ 눈이 나오다 : 몹시 놀라다.
⑤ 눈이 빠지다 : 몹시 애타게 오랫동안 기다리다.

07 다음 중 밑줄 친 단어의 의미가 서로 비슷한 것은?

> ㉠ 공원 한 편에서 그림을 그리는 화가의 얼굴이 무척 고독해 보인다.
> ㉡ 그 영화 촬영지는 후미진 곳에 있다.
> ㉢ 옆집 할아버지는 고혈히 지내고 있어서 늘 마음이 쓰인다.
> ㉣ 계속되는 시험 일정 변경에 지원자들은 혼란스럽다.
> ㉤ 삼삼오오 짝을 지어 벚꽃 놀이를 즐기는 사람들을 보니 오늘따라 더 외롭다.
> ㉥ 오늘따라 영 기분이 뒤숭숭하고 일도 잘 안 풀리는 느낌이다.

① ㉠, ㉡, ㉤
② ㉠, ㉢, ㉤
③ ㉠, ㉣, ㉤
④ ㉡, ㉢, ㉥
⑤ ㉢, ㉤, ㉥

08 다음 밑줄 친 단어와 바꿔 사용할 수 있는 것은?

> 국가대표팀을 이끌었던 감독은 경기를 마친 뒤 선수들을 향한 애정을 드러내 눈길을 끌었다. 감독은 결승 경기 이후 진행된 인터뷰에서 "선수들이 여기까지 올라온 건 충분히 자긍심을 가질 만한 결과다."라고 이야기했다. 이어 감독은 동고동락한 선수들과의 일을 떠올리다 감정이 벅차 말을 잇지 못하기도 했다. 한편 경기에서 최선을 다한 선수들을 향한 뜨거운 응원은 계속 이어지고 있다.

① 회상하다
② 연상하다
③ 상상하다
④ 남고하다
⑤ 예상하다

09 다음의 빈칸에 들어갈 적절한 어휘는?

> 새로운 청소년 헌장을 선포하려는 이유는 청소년이 사회의 중요한 구성원으로서 자율과 참여의 기회를 누릴 수 있도록 청소년에 대한 인식을 전환하기 위해서이다. 이에 따라 1990년 5월 제정·선포된 청소년 헌장을 개정하여 청소년의 주체적인 삶과 자율적인 참여를 보장하고 청소년이 누려야 할 기본적인 권리와 이에 (   )하는 책임을 주요 내용으로 하는 새로운 청소년헌장을 선포하고자 한다.

① 상응(相應)
② 부응(副應)
③ 호응(呼應)
④ 대응(對應)
⑤ 상통(相通)

10 다음 중 <보기>의 밑줄 친 단어의 의미와 가장 가까운 것은?

> **보기**
> 선거관리위원회는 공정 선거의 중립성을 <u>지켜야</u> 한다.

① 군인들이 국경을 <u>지키고</u> 있다.
② 교통 법규를 잘 <u>지킵시다</u>.
③ 부모님의 유산을 <u>지키려고</u> 노력했다.
④ 내 친구는 약속을 잘 <u>지키지</u> 않는다.
⑤ 그는 1등 자리를 <u>지키기</u> 위해 열심히 공부했다.

11 다음 밑줄 친 부분이 중심의미로 사용된 것은?

① 팀원들 사이에 <u>틈</u>이 생기다.
② 학생들 <u>틈</u>에 끼다.
③ 너무 바빠서 잠시도 쉴 <u>틈</u>이 없다.
④ <u>틈</u>을 보이다.
⑤ 갈라진 <u>틈</u>으로 물이 샌다.

12 제시된 문장에서 사용이 적절하지 않은 단어는 무엇인가?

- 좋은 성적을 (　　)하려면 열심히 공부해야 한다.
- 곡식을 (　　)하기 위해 일찍부터 밭으로 나섰다.
- 돌풍이 불어 흩어진 물건들을 재빨리 (　　)하였다.
- 이번 시험에서 직무적성검사 유형을 파악하게 된 것을 큰 (　　)으로 생각한다.
- 그는 남의 아이들까지 (　　)하느라 고생이 많았다.

① 수확
② 획득
③ 양육
④ 수습
⑤ 포획

13 다음 밑줄 친 관용 표현의 쓰임이 적절하지 않은 것은?

① 학생들은 쉬는 시간마다 <u>난장을 치고</u> 논다.
② 그녀는 말이 없는 편인데, 항상 <u>달다 쓰다 말이 없어서</u> 답답하다.
③ 그들은 부정한 방법으로 <u>한몫 잡고</u> 해외로 도주했다.
④ 그는 승진을 위해서 <u>간이라도 꺼내어 줄 것</u>이다.
⑤ 그와 나는 <u>눈 위의 혹</u>처럼 막역한 사이이다.

14 다음 중 밑줄 친 부분과 같은 의미로 쓰인 것은?

아이의 잘못된 습관은 부모가 <u>잡아야</u> 한다.

① 경찰이 도망간 범인을 <u>잡았다</u>.
② 새로운 세력이 주도권을 <u>잡았다</u>.
③ 탐정이 미해결 사건의 단서를 <u>잡았다</u>.
④ 은행에서는 집을 담보로 <u>잡고</u> 돈을 빌려준다.
⑤ 그는 다시 마음을 <u>잡고</u> 부지런하게 살기로 다짐했다.

15 다음 중 밑줄 친 사자성어와 뜻이 다른 것은?

> 이번 달도 이렇게 마무리되었습니다. 우리는 이번에 매우 소중한 경험을 하였습니다. 경쟁사의 대두로 인해 모든 주력 상품들의 판매가 저조해지고 있는 가운데 모두 거래처를 찾아가 한 번, 두 번으로 안 되면 될 때까지 계속해서 <u>십벌지목(十伐之木)</u> 끝에 위기를 넘기고 오히려 전보다 더 높은 수익을 얻었습니다. 모두 너무나 감사합니다.

① 반복무상(反覆無常)
② 마부작침(磨斧作針)
③ 우공이산(愚公移山)
④ 적진성산(積塵成山)
⑤ 철저성침(鐵杵成針)

16 다음 밑줄 친 한자성어의 사용이 올바른 것은?

① 철수는 마침내 입사시험에 합격해 <u>금의야행(錦衣夜行)</u>하는 기분으로 고향에 갔다.
② 비록 외래문화가 잘못 들어왔다 하더라도 그것을 우리 방식으로 고쳐 발전시킨다면 <u>부화뇌동(附和雷同)</u>이 될 것이다.
③ 지금은 그녀가 너의 비위를 맞추지만 언제라도 널 배신할 수 있는 <u>구밀복검(口蜜腹劍)</u> 같은 사람이다.
④ 좋은 친구는 곁에 많이 있을수록 좋은 법이라 <u>과유불급(過猶不及)</u>이라고 할 수 있다.
⑤ 지현이는 노력 끝에 처음으로 반에서 꼴찌를 면해서 <u>결자해지(結者解之)</u>의 기쁨을 맛볼 수 있었다.

17 빈칸에 들어갈 한자성어로 적절하지 않은 것은?

> 현대 사회에서 우리는 물질주의에 따른 인간성 상실과 변질된 가치관을 잘못된 것이라고 여긴다. 그러면서도 자본주의 사회가 상품의 생산과 소비를 통해 인간 생활의 편의를 증진시킨다는 사실을 당연시하는 (   )의 세계 속에 살고 있다. 어쨌든 오늘날은 상품이라는 재화가 소비되는 과정을 통해 질서를 유지해 나간다는 사실을 부인하기는 어렵다.

① 이율배반(二律背反)
② 자가당착(自家撞着)
③ 표리부동(表裏不同)
④ 자기모순(自己矛盾)
⑤ 모순당착(矛盾撞着)

18 다음 상황에 어울리는 속담으로 적절한 것은?

SNS를 통해 맛집으로 유명해진 A가게가 개인사정으로 인해 문을 닫자, 그 옆 B가게로 사람들이 몰리기 시작했다.

① 싸움 끝에 정이 붙는다
② 미련은 먼저 나고 슬기는 나중 난다
③ 배부르니까 평안 감사도 부럽지 않다
④ 호랑이 없는 골에 토끼가 왕 노릇 한다
⑤ 집 태우고 바늘 줍는다

언어논리

19 다음 글과 가장 관련 있는 속담은 무엇인가?

평소 놀기 좋아하는 A씨는 카드빚을 갚지 못하게 되자 방법을 궁리하다 대출을 받기로 결정하였다. 대출을 통해 카드빚을 갚은 A씨는 다시 아무 걱정 없이 카드를 사용하다가 결국 대출금을 갚을 수 없게 되자 가지고 있던 재산을 처분할 수밖에 없었다.

① 소 잃고 외양간 고치기
② 도랑 치고 가재 잡기
③ 언 발에 오줌 누기
④ 눈 가리고 아웅 하기
⑤ 이미 엎질러진 물

20 〈보기〉 ㉠의 입장에서 ㉡을 비판할 수 있는 속담으로 가장 적절한 것은?

보기

㉠ 과거를 향유했던 사람들은 비교적 사람의 내면세계를 중요시했다. 겉으로 드러나는 모습은 허울에 불과하다고 믿었기 때문이다. 그러나 ㉡ 현 시대를 살아가는 사람들의 모습을 보면 인간관계에 있어, 그 누구도 타인의 내면세계를 깊이 알려고 하지 않거니와 사실 그럴 만한 시간적 여유도 없는 경우가 많다. 그런 이유로 무언가 '느낌'으로 와 닿는 것만을 중시하며 살아간다. 그 '느낌'이란 것은 꼭 말로 설명할 수는 없다 하더라도 겉으로 드러난 모습에 의해 영향을 받기 마련이다. 옷차림새나 말투 하나만 보고도 금방 그 어떤 '느낌'이 형성될 수도 있는 것이다.

① 뚝배기보다 장맛이다
② 같은 값이면 다홍치마
③ 보기 좋은 떡이 먹기도 좋다
④ 나무를 보고 숲을 보지 못한다
⑤ 장님 코끼리 만지는 격

어법

TIP

✔ 유형 설명

어법은 단독으로 어렵게 출제되지 않는다. 그러나 독해유형과 결합하여 출제되거나 어법에 맞는 문장을 고르는 식으로 출제된다. 평소 생각해 보지 않아 놓치기 쉬운 띄어쓰기와 맞춤법 등이 문제로 출제된다.

✔ 문제 접근방법

공식적인 문서를 이해하고 작성할 수 있는 기본적인 수준에서의 어법 소양이 요구된다. 따라서 「한국어 어문 규범」을 읽어 보면서 평소 자신이 잘못 사용하고 있던 규범을 확인해 두고 바로잡아 숙지해야 한다.

21 **다음 중 밑줄 친 부분의 맞춤법 수정방안으로 적절하지 않은 것은?**

> 옛것을 본받는 사람은 옛 자취에 얽메이는 것이 문제다. 새것을 만드는 사람은 이치에 합당지 않은 것이 걱정이다. 진실로 능히 옛것을 변화할줄 알고, 새것을 만들면서 법도에 맞을 수만 있다면 지금 글도 옛글 만큼 훌륭하게 쓸 수 있을 것이다.

① 본받는 → 본 받는
② 얽메이는 → 얽매이는
③ 합당지 → 합당치
④ 변화할줄 → 변화할 줄
⑤ 옛글 만큼 → 옛글만큼

22 **다음 중 밑줄 친 부분이 맞춤법 규정에 어긋나는 것은?**

① 그는 목이 메어 한동안 말을 잇지 못했다.
② 어제는 종일 아이를 치다꺼리하느라 잠시도 쉬지 못했다.
③ 왠일로 선물까지 준비했는지 모르겠다.
④ 노루가 나타난 것은 나무꾼이 도끼로 나무를 베고 있을 때였다.
⑤ 그는 입술을 지그시 깨물었다.

23 다음 중 밑줄 친 단어의 쓰임이 적절하지 않은 것은?

① 그는 어릴 때부터 씨억씨억하게 잘 놀고 이따금 싸움도 하였다.
② 눈물이 고인 채 도로를 바라보니 불빛이 어룽어룽하게 보였다.
③ 그는 화가 나면 아무에게나 귀둥대둥 굴어대는 버릇이 있다.
④ 그는 아무것도 없는 창고를 바라보며 엉기정기 서 있었다.
⑤ 그녀가 놓고 간 종이에는 괴발개발 낙서가 되어 있었다.

24 밑줄 친 단어의 표기가 올바른 것은?

① 그는 손가락으로 북쪽을 가르켰다.
② 뚝배기에 담겨 나와서 시간이 지나도 식지 않았다.
③ 열심히 하는 것은 좋은데 촛점이 틀렸다.
④ 몸이 너무 약해서 보약을 다려 먹어야겠다.
⑤ 벽을 가득 덮고 있는 덩쿨 덕에 여름 분위기가 난다.

25 다음 중 높임법의 쓰임이 적절하지 않은 것은?

① 할머니, 많이 잡수세요.
② 철수야, 선생님이 빨리 오래.
③ 할아버지께서는 아직 귀가 밝으십니다.
④ 오늘 오후에 선생님께서는 수업이 있으시다.
⑤ 변변치 못한 물건이지만, 정성을 생각하셔서 받아 주시옵소서.

26 다음 중 밑줄 친 부분의 띄어쓰기가 모두 바른 것은?

① 그를 만난지도 꽤 오래됐다. 대학 때 만났으니 올해로 3년 째다.
② 그녀는 공부 밖에 모르는 사람이지만 한 번 놀 때는 누구보다도 열심히 논다.
③ 편지글에 나타 난 선생님의 견해는 암기 위주의 공부 방법은 안된다는 것이다.
④ 이제 남은 것은 오직 배신뿐이라는 내 말에 그는 어찌할 바를 모르고 쩔쩔맸다.
⑤ 드실 수 있는만큼만 가져가 주십시오. 음식을 남기지 않고 드신 고객님 께는 저희 매장에서 마련한 타월을 드리겠습니다.

27 다음 명제를 읽고 판단했을 때 옳지 않은 것은?

- 비가 많이 내리면 습도가 높아진다.
- 겨울보다 여름에 비가 더 많이 내린다.
- 습도가 높으면 먼지가 잘 나지 않는다.
- 습도가 높으면 정전기가 잘 일어나지 않는다.

① 겨울은 여름보다 습도가 낮다.
② 먼지는 여름이 겨울보다 잘 난다.
③ 여름에는 겨울보다 정전기가 잘 일어나지 않는다.
④ 비가 많이 오면 정전기가 잘 일어나지 않는다.
⑤ 정전기가 잘 일어나면 비가 적게 온 것이다.

28 마지막 명제가 참일 때, 다음 빈칸에 들어갈 명제로 가장 적절한 것은?

- 승리했다면 팀플레이가 되었다는 것이다.
- ______________________________
- 패스하지 않으면 패배한다.

① 팀플레이가 된다면 패스했다는 것이다.
② 팀플레이가 된다면 패배한다.
③ 승리했다면 패스했다는 것이다.
④ 팀플레이가 된다면 승리한다.
⑤ 패스하면 팀플레이가 된다.

29 다음 교수와 학생의 대화에서 교수의 논리의 모순점을 지적한 기술로 옳지 않은 것은?

교수 : 이번 시험을 위해 확실히 공부했나?
학생 : 네. 내분비계에 대해서만큼은 2시간 정도 공부했습니다.
교수 : 순환기계에 대해서는?
학생 : 교과서를 3번 읽었습니다.
교수 : 정직하게 말하게. 만약 공부했다면 좌심실과 우심실의 기능의 차이, 이런 기본적인 항목에서 헷갈렸을 리가 없지 않은가.

① 집중력이 낮으면 기억력이 저하되는 가능성에 대해서 고려하고 있지 않다.
② 이 학생이 말한 공부 방법은 효과적이라고 가정하고 있다.
③ 몇 번이고 반복해서 읽는 것과 기억하는 것은 관련이 있다고 가정하고 있다.
④ 공부를 확실히 했다면 기본적인 항목은 다 맞출 것이라고 가정하고 있다.
⑤ 기본적인 항목은 기억하기 쉽다고 가정하고 있다.

30 **다음 글과 같은 방식의 논리적 오류를 범하고 있는 것은?**

> 甲학교와 乙학교의 수학 시험 결과, 언제나 甲학교의 수학 시험 점수가 乙학교의 점수보다 더 높은 것으로 나타났다. 이 결과로부터 甲학교의 학생인 철수가 乙학교의 학생인 영희보다 수학을 더 잘한다는 것을 알 수 있다.

① 모든 구리는 전도성이 있다. 내 앞에 놓인 물체는 구리다. 따라서 이 물체는 전도성이 있을 것이다.

② 이 회사는 매우 전문적이고 뛰어난 회사임에 틀림없다. 회사의 사원들 각자가 전문적이고 뛰어난 사람들로 구성되었기 때문이다.

③ 세계에서 이 카메라가 가장 가볍고 성능이 좋다. 그러므로 이 카메라의 각 부품들 역시 세계에서 가장 가볍고 성능이 좋을 것임에 틀림없다.

④ 사교성을 측정하는 심리 검사에서 나는 평균보다 높은 점수를 받았고 준영이는 평균보다 낮은 점수를 받았다. 즉, 내가 준영이보다 사교적이다.

⑤ 신(神)은 존재한다. 그 어떤 학자도 신이 없음을 증명하지 못했기 때문이다.

독해

TIP

✔ 유형 설명

최근 언어논리 영역에 독해유형이 대폭 증가하여 출제되고 있는 추세이다. 한 개의 제시문을 가지고 독해뿐만 아니라 어휘와 어법유형의 문제까지 함께 묻는 복합유형이 출제되기도 한다.

✔ 문제 접근방법

독해유형의 경우 문제의 난도가 높다기보다는 문제에 소요되는 시간이 부족한 경우가 많다. 따라서 발문과 선지를 먼저 읽고, 제시문에서는 필요한 부분만 발췌하여 정확하게 독해해 나가는 식의 자신만의 전략이 필요하다.

| 순서 배열하기 |

31 **다음 제시된 문장을 논리적 순서대로 알맞게 배열한 것은?**

(가) 환경부 국장은 "급식인원이 하루 50만 명에 이르는 E놀이공원이 음식문화 개선에 앞장서는 것은 큰 의미가 있다."면서, "이번 협약을 계기로 대기업 중심의 범국민적인 음식문화 개선 운동이 빠르게 확산될 것으로 기대한다."라고 말했다.

(나) 놀이공원은 환경부와 하루 평균 15,000여 톤에 이르는 과도한 음식물쓰레기 발생으로 연간 20조 원의 경제적인 낭비가 초래되고 있는 심각성에 인식을 같이하고, 상호협력하여 음식물쓰레기 줄이기를 적극 추진하기로 했다.

(다) 이날 체결한 협약에 따라 E놀이공원에서 운영하는 전국 500여 단체급식 사업장과 외식사업장에서는 구매, 조리, 배식 등 단계별로 음식물쓰레기 줄이기 활동을 전개하고, 사업장별 특성에 맞는 감량활동 및 다양한 홍보 캠페인 실시, 인센티브 제공을 통해 이용 고객들의 적극적인 참여를 유도할 계획이다.

(라) 이에, 환경부 국장과 E놀이공원 사업부장은 지난 26일, 환경부, 환경연구소 및 E놀이공원 관계자 등이 참석한 가운데, 〈음식문화 개선대책〉에 관한 자발적 협약을 체결하였다.

① (나) – (라) – (가) – (다)
② (라) – (다) – (나) – (가)
③ (라) – (다) – (가) – (나)
④ (나) – (라) – (다) – (가)
⑤ (다) – (나) – (라) – (가)

32 다음 제시된 문장을 알맞게 배열한 것은?

> ㉠ 가령 해당 주민을 다른 지역으로 일시 대피시키는 소개의 경우 주민의 불안감 증대, 소개과정의 혼란 등의 부작용이 예상되기 때문입니다.
> ㉡ 이러한 조치를 취하게 되면 방사능 피폭선량을 줄일 수는 있지만 그 부작용도 고려해야 합니다.
> ㉢ 방사능 비상사태 시 영향 지역 내의 주민에 대해 방사능 피폭을 줄이기 위해 취하는 조치로서 옥내 대피, 갑상선 보호제 투여, 이주 등이 있습니다.
> ㉣ 따라서 보호 조치의 기본 원칙은 그 조치로 인한 이로움이 동반되는 해로움보다 커야 한다는 것입니다.

① ㉠ – ㉢ – ㉡ – ㉣
② ㉡ – ㉠ – ㉢ – ㉣
③ ㉢ – ㉡ – ㉠ – ㉣
④ ㉢ – ㉠ – ㉣ – ㉡
⑤ ㉢ – ㉡ – ㉣ – ㉠

언어논리

33 다음 문장을 알맞게 배열한 것은?

> (가) 고전 소설에서 공간은 산속이나 동굴 등 특정 현실 공간에 초현실 공간이 겹쳐진 것으로 설정되기도 한다.
> (나) 한편 어떤 인물이 꿈을 꿀 때, 그는 현실의 어떤 공간에서 잠을 자고 있지만 그의 정신은 꿈속 공간을 경험한다.
> (다) 이 경우, 특정 현실 공간이 꿈에 나타나면 이 꿈속 공간은 특정 현실 공간에 근거하면서도 초현실 공간의 성격을 지니기도 한다.
> (라) 이 경우, 초현실 공간이 특정 현실 공간에 겹쳐지거나 특정 현실 공간에서 사라지는 것은 보통 초월 존재의 등장이나 퇴장과 관련된다.

① (가) – (나) – (다) – (라)
② (가) – (라) – (나) – (다)
③ (나) – (라) – (다) – (가)
④ (가) – (다) – (나) – (라)
⑤ (나) – (가) – (라) – (다)

34 다음 문장을 알맞게 배열한 것은?

(가) 글의 구조를 고려한 독서의 방법에는 내용 요약하기와 조직자 활용하기 방법이 있다. 내용 요약하기는 문단의 중심 화제를 한두 문장으로 표현해 보는 일이다. 조직자란 내용을 조직하는 단위들이다. 이를 잘 찾아내면 글의 요점을 파악하기 쉽다.
(나) 한 편의 완성된 글은 구조를 갖고 있으며 그 속에는 글쓴이의 중심 생각은 물론 글쓰기 전략도 들어 있다. 이때 글을 쓰는 목적이 무엇이냐에 따라 글쓰기 전략이 달라진다.
(다) 정보를 전달하는 글은 정보를 쉽고 명료하게 조직하는 전략을 사용하고, 설득하는 글은 서론 – 본론 – 결론의 짜임을 취하며 주장을 설득력 있게 펼친다.
(라) 독자 입장에서는 글이 구조를 갖고 있다는 점을 염두에 두고 글쓴이가 글을 쓴 목적이나 의도를 추리하며 글을 읽어야 한다.

① (가) – (나) – (라) – (다)
② (나) – (다) – (라) – (가)
③ (가) – (다) – (나) – (라)
④ (나) – (라) – (가) – (다)
⑤ (가) – (라) – (나) – (다)

35 다음 제시된 문장을 논리적 순서대로 배열한 것은?

(가) 최초로 입지를 선정하는 업체는 시장의 어디든 입지할 수 있으나 소비자의 이동 거리를 최소화하기 위하여 시장의 중심에 입지한다.
(나) 최대수요입지론은 산업입지와 상관없이 비용은 고정되어 있다고 가정한다. 이 이론에서는 경쟁 업체와 가격 변동을 고려하여 수요가 극대화되는 입지를 선정한다.
(다) 그다음 입지를 선정해야 하는 경쟁 업체는 가격 변화에 따라 수요가 변하는 정도가 크지 않은 경우, 시장의 중심에서 멀어질수록 시장을 뺏기게 되므로 경쟁 업체가 있더라도 가능한 중심에 가깝게 입지하려고 한다.
(라) 하지만 가격 변화에 따라 수요가 크게 변하는 경우에는 두 경쟁자는 서로 적절히 떨어져 입지하여 보다 낮은 가격으로 제품을 공급하려고 한다.

① (나) – (가) – (다) – (라)
② (나) – (라) – (다) – (가)
③ (라) – (가) – (나) – (다)
④ (라) – (가) – (다) – (나)
⑤ (가) – (나) – (라) – (다)

36 **다음 제시된 문장을 논리적 순서대로 배열한 것은?**

> 전 세계적으로 온난화 기체 저감을 위한 습지 건설 기술은 아직 보고된 바가 없으며 관련 특허도 없다.

> (가) 동남아시아 등에서 습지를 보존하고 복원하는 데 국내 개발 기술을 활용하면
> (나) 이산화탄소를 고정하고 메탄을 배출하지 않는 인공 습지를 개발하면
> (다) 기존의 목적에 덧붙여 온실가스를 제거하는 새로운 녹색 성장 기술로 사용할 수 있으며
> (라) 기술 이전에 따른 별도 효과도 기대할 수 있을 것이다.

① (가) – (나) – (다) – (라)
② (가) – (다) – (나) – (라)
③ (나) – (가) – (다) – (라)
④ (나) – (다) – (가) – (라)
⑤ (가) – (라) – (나) – (다)

37 **다음 글의 연결 순서로 가장 자연스러운 것은?**

> (가) 어느 날 건축가 김진애 선배가 골똘히 생각에 잠겨 있다가 툭, 한마디 던졌다. “제주올레, 어때”
> (나) 주위 사람들에게 내가 왜 길을 만들려고 하는지, 내가 만들 제주 길에 어떤 풍경들이 펼쳐지는지를 입술이 부르트게 설명했다. 제주 걷는 길, 섬길, 제주 소로길…… 숱한 아이디어가 쏟아졌지만, 맘에 쏙 드는 건 없었다.
> (다) 길을 만들기에 앞서서 길 이름부터 짓기로 했다. 이름은 곧 깃발이요 철학이기에, 제주가 지닌 독특한 매력을 반영하면서도 길에 대한 나의 지향점이 오롯이 담긴 이름이라야만 했다.
> (라) 내가 구상하는 길은 실용적 목적을 지닌 길이 아니다. 그저 그곳에서 놀멍, 쉬멍, 걸으며 가는 길이다. 지친 영혼에게 세상의 짐을 잠시 부려놓도록 위안과 안식을 주는 길이다. 푸른 하늘과 바다, 싱그러운 바람이 함께 하는.
> (마) 귀가 번쩍 뜨였다. 대부분이 육지 출신이라서 그게 뭔 소리여, 의아한 눈치였지만 ‘올레’는 제주 출신인 내게는 참으로 친근하고 정겨운 단어였다. 자기 집 마당에서 마을의 거리 길로 들고 나는 진입로가 올레다.

① (가) – (마) – (나) – (다) – (라)
② (나) – (다) – (라) – (가) – (마)
③ (다) – (나) – (가) – (마) – (라)
④ (다) – (라) – (나) – (가) – (마)
⑤ (라) – (나) – (다) – (가) – (마)

38 다음 문단을 논리적 순서대로 바르게 연결한 것은?

(가) 다만 각자에게 느껴지는 감각질이 뒤집혀 있을 뿐이고 경험을 할 때 겉으로 드러난 행동과 하는 말은 똑같다. 예컨대 그 사람은 신호등이 있는 건널목에서 똑같이 초록불일 때 건너고 빨간불일 때는 멈추며, 초록불을 보고 똑같이 "초록불이네."라고 말한다. 그러나 그는 자신의 감각질이 뒤집혀 있는지 전혀 모른다. 감각질은 순전히 사적이며 다른 사람의 감각질과 같은지를 확인할 수 있는 방법이 없기 때문이다.

(나) 그래서 어떤 입력이 들어올 때 어떤 출력을 내보낸다는 기능적・인과적 역할로써 정신을 정의하는 기능론이 각광을 받게 되었다. 기능론에서는 정신이 물질에 의해 구현되므로 그 둘이 별개의 것은 아니라고 주장한다는 점에서 이원론과 다르면서도, 정신의 인과적 역할이 뇌의 신경세포에서든 로봇의 실리콘 칩에서든 어떤 물질에서도 구현될 수 있음을 보여 준다는 점에서 동일론의 문제점을 해결할 수 있기 때문이다.

(다) 심신 문제는 정신과 물질의 관계에 대해 묻는 오래된 철학적 문제이다. 정신 상태와 물질 상태는 별개의 것이라고 주장하는 이원론이 오랫동안 널리 받아들여졌으나, 신경 과학이 발달한 현대에는 그 둘은 동일하다는 동일론이 더 많은 지지를 받고 있다. 그러나 똑같은 정신 상태라고 하더라도 사람마다 그 물질 상태가 다를 수 있고, 인간과 정신 상태는 같지만 물질 상태는 다른 로봇이 등장한다면 동일론에서는 그것을 설명할 수 없다는 문제가 생긴다.

(라) 그래도 정신 상태가 물질 상태와 다른 무엇이 있다고 생각하는 이원론에서는 '나'가 어떤 주관적인 경험을 할 때 다른 사람에게 그 경험을 보여줄 수는 없지만 나는 분명히 경험하는 그 느낌에 주목한다. 잘 익은 토마토를 봤을 때의 빨간색의 느낌, 시디신 자두를 먹었을 때의 신 느낌, 꼬집힐 때의 아픈 느낌이 그런 예이다. 이런 질적이고 주관적인 감각 경험, 곧 현상적인 감각 경험을 철학자들은 '감각질'이라고 부른다. 이 감각질이 뒤집혔다고 가정하는 사고 실험을 통해 기능론에 대한 비판이 제기된다. 나에게 빨강으로 보이는 것이 어떤 사람에게는 초록으로 보이고 나에게 초록으로 보이는 것이 그에게는 빨강으로 보인다는 사고 실험이 그것이다.

① (가) – (나) – (다) – (라)
② (나) – (다) – (가) – (라)
③ (다) – (가) – (라) – (나)
④ (다) – (나) – (라) – (가)
⑤ (다) – (라) – (가) – (나)

39 **다음 제시된 단락을 읽고, 이어질 단락을 논리적 순서에 맞게 배열한 것을 고르시오.**

초콜릿은 많은 사람이 좋아하는 간식이다. 어릴 때 초콜릿을 많이 먹으면 이가 썩는다는 부모님의 잔소리를 안 들어본 사람은 별로 없을 것이다. 그러면 이러한 초콜릿은 어떻게 등장하게 된 것일까?

(가) 한국 또한 초콜릿의 열풍을 피할 수는 없었는데, 한국에 초콜릿이 전파된 것은 개화기 이후 서양 공사들에 의해서였다고 전해진다. 일제강점기 이후 한국의 여러 제과회사는 다양한 변용을 통해 다채로운 초콜릿 먹거리를 선보이고 있다.

(나) 초콜릿의 원료인 카카오 콩의 원산지는 남미로 전해진다. 대항해시대 이전, 즉 유럽인들이 남미에 진입하기 이전에는 카카오 콩은 예식의 예물로 선물하기도 하고 의약품의 대용으로 사용되는 등 진귀한 대접을 받는 물품이었다.

(다) 유럽인들이 남미로 진입한 이후, 여타 남미산 작물이 그러하였던 것처럼 카카오 콩도 유럽으로 전파되어 선풍적인 인기를 끌게 된다. 다만 남미에서는 카카오 콩에 첨가물을 넣지 않았던 것과는 달리 유럽에서는 설탕을 넣어 먹었다고 한다.

(라) 카카오 콩에 설탕을 넣어 먹은 것이 바로 우리가 간식으로 애용하는 초콜릿의 원형이라고 생각된다. 설탕과 카카오 콩의 결합물로서의 초콜릿은 알다시피 이후 세계를 풍미하는 간식의 대표주자가 된다.

① (나) – (다) – (라) – (가)
② (나) – (라) – (다) – (가)
③ (나) – (라) – (가) – (다)
④ (다) – (나) – (라) – (가)
⑤ (다) – (나) – (가) – (라)

40 **다음 문장을 논리적 순서에 맞게 연결한 것을 고르시오.**

세상에서는 흔히 학문밖에 모르는 상아탑 속의 연구 생활을 현실을 도피한 짓이라고 비난하기가 일쑤지만, 상아탑의 덕택이 큰 것임을 알아야 한다. 모든 점에서 편리해진 생활을 향락하고 있는 현대인이 있기 전에 그런 것이 가능하기 위해서도 오히려 그런 향락과는 담을 쌓고 진리탐구에 몰두한 학자들의 상아탑 속에서의 노고가 앞서 있었던 것이다. 그렇다고 남의 향락을 위하여 스스로 고난의 길을 일부러 걷는 것이 학자는 아니다.

㉠ 상아탑이 나쁜 것이 아니라, 진리를 탐구해야 할 상아탑이 제구실을 옳게 다하지 못하는 것이 탈이다.
㉡ 학자는 그저 진리를 탐구하기 위하여 학문을 하는 것뿐이다.
㉢ 학문에 진리 탐구 이외의 다른 목적이 섣불리 앞장을 설 때, 그 학문은 자유를 잃고 왜곡될 염려조차 있다.
㉣ 진리 이외의 것을 목적으로 할 때, 그 학문은 한때의 신기루와도 같아 우선은 찬연함을 자랑할 수 있을지 모르나, 과연 학문이라고 할 수 있을까부터가 문제다.
㉤ 학문을 악용하기 때문에 오히려 좋지 못한 일을 하는 경우가 얼마나 많은가.

진리의 탐구가 학문의 유일한 목적일 때, 그리고 그 길로 매진할 때, 그 무엇에도 속박됨이 없는 숭고한 학적인 정신이 만난을 극복하는 기백을 길러 줄 것이요, 또 그것대로 우리의 인격완성의 길로 통하게도 되는 것이다.

① ㉠－㉡－㉢－㉣－㉤
② ㉠－㉢－㉡－㉤－㉣
③ ㉡－㉠－㉢－㉤－㉣
④ ㉡－㉤－㉠－㉢－㉣
⑤ ㉢－㉤－㉣－㉡－㉠

41 다음 문단을 논리적 순서대로 알맞게 배열한 것은?

(가) 흡연자와 비흡연자 사이의 후두암, 폐암 등의 질병별 발생위험도에 대해서 건강보험공단은 유의미한 연구결과를 내놓기도 했는데, 연구결과에 따르면 흡연자는 비흡연자에 비해서 후두암 발생률이 6.5배, 폐암 발생률이 4.6배 등 각종 암에 걸릴 확률이 높은 것으로 나타났다.
(나) 건강보험공단은 이에 대해 담배회사가 절차적 문제로 방어막을 치고 있는 것에 지나지 않는다 하여 비판을 제기하고 있다. 아직 소송을 처음 시작한 만큼 담배회사와 건강보험공단 간의 '담배소송'의 결과를 보려면 오랜 시간을 기다려야 할 것이다.
(다) 이와 같은 담배의 유해성 때문에 건강보험공단은 현재 담배회사와 소송을 진행하고 있는데, 당해 소송에서는 담배의 유해성에 관한 인과관계 입증 이전에 다른 문제가 부상하였다. 건강보험공단이 소송당사자가 될 수 있는지가 문제가 된 것이다.
(라) 담배는 임진왜란 때 일본으로부터 호박, 고구마 등과 함께 들어온 것으로 알려져 있다. 그러나 선조들이 알고 있던 것과는 달리, 담배는 약초가 아니다. 담배의 유해성은 우선 담뱃갑이 스스로를 경고하는 경고 문구에 나타나 있다. 담뱃갑에는 '흡연은 폐암 등 각종 질병의 원인'이라는 문구를 시작으로, '담배 연기에는 발암성 물질인 나프틸아민, 벤젠, 비닐 크롤라이드, 비소, 카드뮴이 들어 있다.'라고 적시하고 있다.

① (가) – (다) – (라) – (나)
② (라) – (가) – (다) – (나)
③ (가) – (라) – (다) – (나)
④ (라) – (다) – (가) – (나)
⑤ (가) – (라) – (나) – (다)

42 다음 글에서 〈보기〉가 들어갈 위치로 가장 적절한 것은?

___㉠___ 우리는 보통 공간을 배경으로 사물을 본다. 그리고 시간이나 사유를 비롯한 여러 개념을 공간적 용어로 표현한다. 공간에 대한 용어가 중의적으로 쓰이는 과정에서 일상적으로 쓰는 용법과 달라 혼란을 겪기도 한다. ___㉡___ 공간에 대한 용어인 '차원' 역시 다양하게 쓰인다. 차원의 수는 공간 내에 정확하게 점을 찍기 위해 알아야 하는 수의 개수이다. ___㉢___ 특정 차원의 공간은 한 점을 표시하기 위해 특정한 수가 필요한 공간을 의미한다. ___㉣___ 따라서 다차원 공간은 집을 살 때 고려해야 하는 사항들의 공간처럼 추상적일 수도 있고, 실제의 물리 공간처럼 구체적일 수도 있다. 이러한 맥락에서 어떤 사람을 1차원적 인간이라고 표현했다면 그것은 그 사람의 관심사가 하나밖에 없다는 것을 의미한다. ___㉤___

보기

집에 틀어박혀 스포츠만 관람하는 인간은 오로지 스포츠라는 하나의 정보로 기술될 수 있고, 그 정보를 직선 위에 점을 찍은 1차원 그래프로 표시할 수 있는 것이다.

① ㉠
② ㉡
③ ㉢
④ ㉣
⑤ ㉤

43 다음 글에서 〈보기〉가 들어갈 가장 알맞은 곳을 고르시오.

글을 잘 짓는 사람은 병법을 잘 알고 있는 것이로다.

글자는 말하자면 군사요, 뜻은 말하자면 장수에 해당한다. 제목은 적국이요, 전거(典據)로 삼을 지식은 전장(戰場)의 보루(堡壘)와 같다. 글자를 묶어서 구로 만들고 구를 합해서 문장을 이루는 것은 대열을 짓고 진을 짜는 것과 같으며, 운을 가다듬어 소리를 내고 수사로써 빛을 내는 것은 북과 종을 울리고 깃발을 펄럭이는 것과 같은 것이다.

전투를 잘하는 사람에게는 버릴 군사가 없고 글을 잘 짓는 사람에게는 쓰지 못할 글자가 없다. 만약에 적당한 장수만 얻는다면 괭이, 자루, 막대기만 든 농군이 날래고 사나운 군사가 될 수 있다. (가) 마찬가지로 나름대로 이치를 담고만 있다면 집안에서 나누는 일상 대화도 교과서에 실을 수 있고 아이들 노래와 속담도 훌륭한 고전의 사전에 넣을 수 있다. (나) 그러므로 글이 정교하지 못한 것이 글자의 탓은 아니다.

글 지을 줄 모르는 사람이 속으로 아무런 요량도 없이 갑자기 글 제목을 만났다고 하자. 겁결에 산 위의 풀과 나무에 지레 걸려 넘어지듯 눈앞의 붓과 먹이 다 결딴나고, 머릿속에 기억하고 외우던 문자조차 쓸모없이 흩어져서 남는 것이 없으리라. 그래서 글을 짓는 사람의 걱정은 언제나 제풀에 갈팡질팡 길을 잃고 요령(要領)을 잡지 못하는 데 있는 것이다. (다) 길을 잃어버리고 나면 한 글자도 어떻게 쓸 줄 모르는 채 더디고 까다로움만을 고되게 여기게 되고, 글의 전체 핵심을 잡지 못하면 겹겹으로 꼼꼼히 둘러싸 놓고서도 글이 허술하게 된다. (라) 한마디의 말만 가지고도 요점을 찌르며 나가면 마치 적의 아성(牙城)으로 감쪽같이 쳐들어가는 격이요, 단 한 구절의 말만 가지고도 핵심을 끌어낸다면 마치 적의 힘이 다할 때를 기다렸다가 드디어 그 진지를 함락시키는 것과 같다. 글 짓는 묘리는 바로 이와 같아야 최상이라 할 수 있다. (마)

보기

비유해 말하자면 아무리 맹장이라도 군대가 한 번 제 길을 잃어버릴 때에는 최후의 운명을 면치 못하며, 적의 움직임을 파악하지 못하면 아무리 물샐틈없이 포위한 때에라도 적이 빠져 도망칠 틈이 있는 것과 같다.

① (가) ② (나)
③ (다) ④ (라)
⑤ (마)

44 다음 글에 〈보기〉의 내용이 들어갈 위치로 가장 적절한 곳은?

(가) 정보란 무엇인가? 이 점은 정보화 사회를 맞이하면서 우리가 가장 깊이 생각해 보아야 할 문제이다. 정보는 그냥 객관적으로 주어진 대상인가? 그래서 그것은 관련된 당사자들에게 항상 가치중립적이고 공정한 지식이 되는가? 결코 그렇지 않다. 똑같은 현상에 대해 정보를 만들어 내는 방식은 매우 다양할 수 있다. 정보라는 것은 인간에 의해 가공되는 것이고 그 배경에는 언제나 나름대로의 입장과 가치관이 깔려 있게 마련이다.

(나) 정보화 사회가 되어 정보가 넘쳐나는 듯하지만 사실 우리 대부분은 그 소비자로 머물러 있을 뿐 적극적인 생산의 주체로 나서지 못하고 있다. 이런 상황에서는 우리의 생활을 질적으로 풍요롭게 해 주는 정보를 확보하기가 대단히 어렵다. 사실 우리가 일상적으로 구매하고 소비하는 정보란 대부분이 일회적인 심심풀이용이 많다.

(다) 또한, 정보가 많을수록 좋은 것만은 아니다. 오히려 정보의 과잉은 무기력과 무관심을 낳는다. 네트워크와 각종 미디어와 통신 기기의 회로들 속에서 정보가 기하급수적인 속도의 규모로 증식하고 있는 데 비해, 그것을 수용하고 처리할 수 있는 우리 두뇌의 용량은 진화하지 못하고 있다. 이 불균형은 일상의 스트레스 또는 사회적인 교란으로 표출된다. 정보 그 자체에 집착하는 태도에서 벗어나 무엇이 필요한지를 분별할 수 있는 능력이 배양되어야 한다.

(라) 정보는 얼마든지 새롭게 창조될 수 있다. 컴퓨터의 기계적인 언어로 입력되기 전까지의 과정은 인간의 몫이다. 기계가 그것을 대신하기는 불가능하다. 따라서 정보화 시대의 중요한 관건은 컴퓨터에 대한 지식이나 컴퓨터를 다루는 방법이 아니라, 무엇을 담을 것인가에 대한 인간의 창조적 상상력이다. 그것은 마치 전자레인지가 아무리 좋아도 그 자체로 훌륭한 요리를 보장하지는 못하는 것과 마찬가지이다.

(마) 정보와 지식 그 자체로는 딱딱하게 굳어 있는 물건처럼 존재하는 듯 보인다. 그러나 그것은 커뮤니케이션 속에서 살아 움직이며 진화한다. 끊임없이 새로운 의미가 발생하고 또한 더 고급으로 갱신되어 간다. 따라서 한 사회의 정보화 수준은 그러한 소통의 능력과 직결된다. 정보의 순환 속에서 끊임없이 새로운 정보로 거듭나는 역동성이 없이는 아무리 방대한 데이터베이스라 해도 그 기능에 한계가 있기 때문이다.

보기

한 가지 예를 들어 보자. 어떤 나라에서 발행하는 관광 안내 책자는 정보가 섬세하고 정확하다. 그러나 그 책을 구입해 관광을 간 소비자들은 종종 그 내용의 오류를 발견한다. 그리고 많은 이들이 그것을 그냥 넘기지 않고 수정 사항을 엽서에 적어서 출판사에 보내준다. 출판사는 일일이 현지에 직원을 파견하지 않고도 책자를 개정할 수 있다.

① (가) 문단 뒤　　② (나) 문단 뒤
③ (다) 문단 뒤　　④ (라) 문단 뒤
⑤ (마) 문단 뒤

45 다음 글의 구조를 바르게 분석한 것은?

> ㉠ 역사 속에서 사건들이 진행해 나가는 거대한 도식 또는 규칙성을 인간이 발견할 수 있다는 생각은 분류, 연관, 예측의 측면에서 자연과학이 이룩한 성공에 깊은 인상을 받은 사람들을 자연스럽게 매혹시켰다.
>
> ㉡ 따라서 그들은 과학적 방법, 즉 형이상학적 또는 경험적 체계를 적용하여, 자기들이 보유하고 있는 확실한 사실 또는 사실상 확실한 지식의 섬을 기반으로 발전하였다. 이를 통해 과거 안에 있는 빈틈들을 메울 수 있도록 역사적 지식을 확장할 길을 구하였다.
>
> ㉢ 그들은 알려진 바에서 출발하여 알지 못했던 것을 주장하거나, 조금 아는 것을 기반으로 그보다 더 조금밖에 몰랐던 것에 관하여 주장하였다. 이 과정에서 여타 분야에서나 역사의 분야에서 많은 성취가 있었고 앞으로도 있으리라는 점에는 의문의 여지가 없다.
>
> ㉣ 그런데 어떤 전체적인 도식이나 규칙성의 발견이, 과거나 미래에 관한 특정 가설들의 탄생이나 증명에 얼마나 도움을 주는지 상관없이, 그 발상은 우리 시대의 관점을 결정하는 데에도 일정한 역할을 해왔고, 그 역할을 점점 더 강화해 나가고 있다.
>
> ㉤ 그 발상은 인간 존재들의 활동과 성격을 관찰하고 서술하는 방법에만 영향을 미친 것이 아니라, 그들을 대하는 도덕적・정치적・종교적 자세에도 영향을 미쳐왔다.
>
> ㉥ 왜냐하면 사람들이 '왜' 그리고 '어떻게' 그처럼 행동하고 사는 것인지를 고려하다 보면 떠오를 수밖에 없는 질문에는 '인간의 동기와 책임'에 관한 질문들이 있기 때문이다.

①
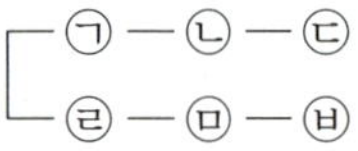

②
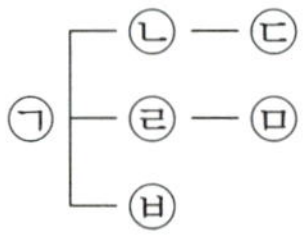

③
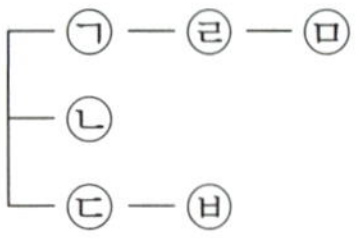

④
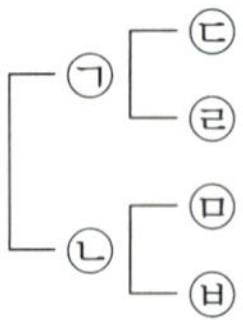

⑤
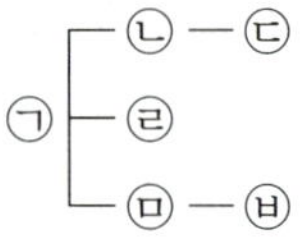

세부내용 파악하기

46 다음 글의 내용과 일치하지 않는 것은?

> 고야의 마녀도 리얼하다. 이는 고야가 인간과 마녀를 분명하게 구별하지 않고, 마녀가 실존하는 것처럼 그렸기 때문이다. 따라서 우리는 고야가 마녀의 존재를 믿었는지 의심할 수 있다. 그러나 그것은 중요한 문제가 아니다. 고야는 마녀를 비이성의 상징으로 그려서 세상이 완전하게 이성에 의해서만 지배되지는 않음을 표현하고 있을 뿐이다. 또한 악마는 사실 인간 자신의 정신 내면에 존재하는 것임을 시사한다. 그것이 바로 가장 유명한 작품인 제43번 '이성이 잠들면 괴물이 나타난다'에 그려진 것이다.

① 고야가 마녀의 존재를 믿었는가의 여부는 알 수 없다.
② 고야는 이성의 존재를 부정하였다.
③ 고야는 비이성이 인간 내면에 존재한다고 판단했다.
④ 고야는 세상을 이성과 비이성이 뒤섞인 상태로 이해했다.
⑤ 고야는 마녀를 실존하는 것처럼 그려냈다.

47 다음 글의 내용과 일치하지 않는 것은?

> 대폭발 우주론에서는 우주가 약 137억 년 전 밀도와 온도가 매우 높은 상태의 대폭발로부터 시작하였다고 본다. 대폭발 초기 3분 동안 광자, 전자, 양성자(수소 원자핵) 및 헬륨 원자핵이 만들어졌다. 양(+)의 전하를 가지고 있는 양성자 및 헬륨 원자핵은 음(−)의 전하를 가지고 있는 전자와 결합하여 수소 원자와 헬륨 원자를 만들려고 하지만 온도가 높은 상태에서는 전자가 매우 빠른 속도로 움직이기 때문에 원자핵에 쉽게 붙들리지 않는다. 따라서 우주 탄생 초기에는 전자가 양성자에 붙들리지 않은 채 자유롭게 우주 공간을 움직여 다닐 수 있었다. 이후에 우주의 온도가 3,000K 아래로 내려가 자유 전자가 양성자 및 헬륨 원자핵에 붙들려 결합되면서 수소 원자와 헬륨 원자가 만들어졌다. 당시의 온도가 3,000K였던 우주는 팽창과 함께 계속 식어서 현재 2.7K까지 내려갔다.

① 우주가 매우 오래전 밀도와 온도가 높은 상태의 대폭발로부터 시작되었다고 보는 것이 대폭발 우주론이다.
② 양성자와 헬륨 원자핵은 양의 전하를 가지고 있다.
③ 수소 원자와 헬륨 원자는 양성자와 헬륨 원자핵이 결합하여 만들어진다.
④ 온도가 높아질수록 수소 원자와 헬륨 원자는 만들어지지 않는다.
⑤ 자유 전자는 양성자에 붙들리지 않은 채 자유롭게 우주공간을 움직여 다닐 수 있었다.

48 다음 글의 내용과 일치하지 않는 것은?

현대 우주론의 출발점은 1917년 아인슈타인이 발표한 정적 우주론이다. 아인슈타인은 우주는 팽창하지도 수축하지도 않는다고 주장했다. 그런데 위 이론의 토대가 된 아인슈타인의 일반 상대성이론을 면밀히 살핀 러시아의 수학자 프리드만과 벨기에의 신부 르메트르의 생각은 아인슈타인과 달랐다. 프리드만은 1922년 "우주는 극도의 고밀도 상태에서 시작돼 점차 팽창하면서 밀도가 낮아졌다."라는 주장을, 르메트르는 1927년 "우주가 원시 원자들의 폭발로 시작됐다."라는 주장을 각각 논문으로 발표했다. 그러나 아인슈타인은 그들의 논문을 무시해 버렸다.

① 프리드만의 이론과 르메트르의 이론은 양립할 수 없는 관계이다.
② 정적 우주론은 일반상대성이론의 연장선상에 있는 이론이다.
③ 아인슈타인의 정적 우주론에 대한 반론이 제기되었다.
④ 아인슈타인의 이론과 프리드만의 이론은 양립할 수 없는 관계이다.
⑤ 아이슈타인은 프리드만과 르메트르의 주장을 받아들이지 않았다.

49 다음 글의 내용과 일치하지 않는 것은?

현재 전해지는 조선시대의 목가구는 대부분 조선 후기의 것들로 단단한 소나무, 느티나무, 은행나무 등의 곧은결을 기둥이나 쇠목으로 이용하고, 오동나무, 느티나무, 먹감나무 등의 늘결을 판재로 사용하여 자연스런 나뭇결의 재질을 살렸다. 또한 대나무 혹은 엇갈리거나 소용돌이 무늬를 이룬 뿌리 부근의 목재 등을 활용하여 자연스러운 장식이 되도록 하였다.

조선시대의 목가구는 대부분 한옥의 온돌에서 사용되었기에 온도와 습도 변화에 따른 변형을 최대한 방지할 수 있는 방법이 필요하였다. 그래서 단단하고 가느다란 기둥재로 면을 나누고, 기둥재에 홈을 파서 판재를 끼워 넣는 특수한 짜임과 이음의 방법을 사용하였으며, 꼭 필요한 부위에만 접착제와 대나무 못을 사용하여 목재가 수축·팽창하더라도 뒤틀림과 휘어짐이 최소화될 수 있도록 하였다. 조선시대 목가구의 대표적 특징으로 언급되는 '간결한 선'과 '명확한 면 분할'은 이러한 짜임과 이음의 방법에 기초한 것이다. 짜임과 이음은 조선시대 목가구 제작에 필수적인 방법으로, 겉으로 드러나는 아름다움은 물론 보이지 않는 내부의 구조까지 고려한 격조 높은 기법이었다.

한편 물건을 편리하게 사용할 수 있게 해주며, 목재의 결합부위나 모서리에 힘을 보강하는 금속 장석은 장식의 역할도 했지만 기능상 반드시 필요하거나 나무의 질감을 강조하려는 의도에서 사용되어, 조선 시대 목가구의 절제되고 간결한 특징을 잘 살리고 있다.

① 조선시대 목가구는 온도와 습도 변화에 따른 변형을 방지할 방법이 필요했다.
② 금속 장석은 장식의 역할도 했지만, 기능상 반드시 필요한 의도에서 사용되었다.
③ 나무의 곧은결을 기둥이나 쇠목으로 이용하고, 늘결을 판재로 사용하였다.
④ 접착제와 대나무 못을 사용하면 목재의 수축과 팽창이 발생하지 않게 된다.
⑤ 목재의 결합부위나 모서리에 힘을 보강하기 위해 금속 장석을 사용하였다.

50 다음 글의 내용과 부합하지 않는 것은?

연방준비제도(이하 연준)가 고용 증대에 주안점을 둔 정책을 입안한다 해도 정책이 분배에 미치는 영향을 고려하지 않는다면, 그 정책은 거품과 불평등만 부풀릴 것이다. 기술 산업의 거품 붕괴로 인한 경기 침체에 대응하여 2000년대 초에 연준이 시행한 저금리 정책이 이를 잘 보여준다.

특정한 상황에서는 금리 변동이 투자와 소비의 변화를 통해 경기와 고용에 영향을 줄 수 있다. 하지만 다른 수단이 훨씬 더 효과적인 상황도 많다. 가령 부동산 거품에 대한 대응책으로는 금리인상보다 주택 담보 대출에 대한 규제가 더 합리적이다. 생산적 투자를 위축시키지 않으면서 부동산 거품을 가라앉힐 수 있기 때문이다.

경기 침체기라 하더라도, 금리 인하는 은행의 비용을 줄여주는 것 말고는 경기 회복에 별다른 도움이 되지 않을 수 있다. 대부분의 부문에서 설비 가동률이 낮은 상황이라면, 대출 금리가 낮아져도 생산적인 투자가 별로 증대하지 않는다. 2000년대 초가 바로 그런 상황이었기 때문에, 당시의 저금리 정책은 생산적인 투자 증가 대신에 주택 시장의 거품만 초래한 것이다.

금리 인하는 국공채에 투자했던 퇴직자들의 소득을 감소시켰다. 노년층에서 정부로, 정부에서 금융업으로 부의 대규모 이동이 이루어져 불평등이 심화되었다. 이에 따라 금리 인하는 다양한 경로로 소비를 위축시켰다. 은퇴 후의 소득을 확보하기 위해, 혹은 자녀의 학자금을 확보하기 위해 사람들은 저축을 늘렸다. 연준은 금리 인하가 주가 상승으로 이어질 것이므로 소비가 늘어날 것이라고 주장했다. 하지만 2000년대 초 연준의 금리 인하 이후 주가 상승에 따라 발생한 이득은 대체로 부유층에 집중되었으므로 대대적인 소비 증가로 이어지지 않았다.

2000년대 초 고용 증대를 기대하고 시행한 연준의 저금리 정책은 노동을 자본으로 대체하는 투자를 증대시켰다. 인위적인 저금리로 자본 비용이 낮아지자 이런 기회를 이용하려는 유인이 생겨났다. 노동력이 풍부한 상황인데도 노동을 절약하는 방향의 혁신이 강화되었고, 미숙련 노동자들의 실업률이 높은 상황인데도 가게들은 계산원을 해고하고 자동화 기계를 들여놓았다. 경기가 회복되더라도 실업률이 떨어지지 않는 구조가 만들어진 것이다.

① 금리인상은 부동산 거품 대응 정책 가운데 가장 효과적인 정책이 아닐 수 있다.
② 2000년대 초 연준은 고용 증대를 기대하고 금리를 인하했지만 결과적으로 고용 증대가 더 어려워지도록 만들었다.
③ 2000년대 초 기술 산업 거품의 붕괴로 인한 경기 침체기에 설비 가동률은 대부분의 부문에서 낮은 상태였다.
④ 2000년대 초 연준이 금리 인하 정책을 시행한 후 주택 가격과 주식 가격은 상승하였다.
⑤ 2000년대 초 연준의 금리 인하로 국공채에 투자한 퇴직자의 소득이 줄어들어 금융업으로부터 정부로 부가 이동하였다.

51 다음 글의 내용과 일치하지 않는 것은?

> 우리나라 헌법상 정부는 대통령과 행정부로 구성된다. 행정부에는 국무총리, 행정각부, 감사원 등이 있으며, 이들은 모두 대통령 소속하에 있다. 이외에도 행정부에는 국무회의와 각종 대통령 자문기관들이 있다.
>
> 우리나라 국무회의는 정부의 중요 정책에 대한 최고 심의기관으로, 그 설치를 헌법에서 규정하고 있다. 미국 대통령제의 각료회의는 헌법에 규정이 없는 편의상의 기구라는 점에서, 영국 의원내각제의 내각은 의결기관이라는 점에서 우리나라의 국무회의는 이들과 법적 성격이 다르다.
>
> 대통령이 국무회의 심의 결과에 구속되지 않는다는 점에서 국무회의는 자문기관과 큰 차이가 없다. 그러나 일반 대통령 자문기관들은 대통령이 임의적으로 요청하는 사항에 응하여 자문을 개진하는 것과 달리 국무회의는 심의 사항이 헌법에 명시되어 있으며 해당 심의는 필수적이라는 점에서 단순한 자문기관도 아니다.
>
> 행정각부의 장은 대통령, 국무총리와 함께 국무회의를 구성하는 국무위원임과 동시에 대통령이 결정한 정책을 집행하는 행정관청이다. 그러나 행정각부의 장이 국무위원으로서 갖는 지위와 행정관청으로서 갖는 지위는 구별된다. 국무위원으로서 행정각부의 장은 대통령, 국무총리와 법적으로 동등한 지위를 갖지만, 행정관청으로서 행정각부의 장은 대통령은 물론 상급행정관청인 국무총리의 지휘와 감독에 따라야 한다.

① 감사원은 대통령 소속하에 있는 기관이다.

② 국무회의는 의결기관도 단순 자문기관도 아닌 심의기관이다.

③ 국무회의 심의 결과는 대통령을 구속한다는 점에서 국가의사를 표시한다.

④ 우리나라 헌법은 국무회의에서 반드시 심의하여야 할 사항을 규정하고 있다.

⑤ 국무총리와 행정각부의 장은 국무회의 심의 석상에서는 국무위원으로서 법적으로 동등한 지위를 갖는다.

52 다음 글의 내용과 일치하는 것은?

사람의 목숨을 좌우할 수 있는 형벌문제는 군현(郡縣)에서 항상 일어나는 것이고 지방관리가 되면 늘 처리해야 하는 일인데도, 사건을 조사하는 것이 항상 엉성하고 죄를 결정하는 것이 항상 잘못된다. 옛날에 자산이라는 사람이 형벌규정을 정한 형전(刑典)을 새기자 어진 사람들이 그것을 나무랐고, 이회가 법률서적을 만들자 후대의 사람이 그를 가벼이 보았다. 그 뒤 수(隋)나라와 당(唐)나라 때에 와서는 이를 절도(竊盜)·투송(鬪訟)과 혼합하고 나누지 않아서, 세상에서 아는 것은 오직 한 패공(漢沛公 : 한 고조 유방)이 선언한 '사람을 죽인 자는 죽인다.'는 규정뿐이었다.

그런데 선비들은 어려서부터 머리가 희어질 때까지 오직 글쓰기나 서예 등만 익혔을 뿐이므로 갑자기 지방관리가 되면 당황하여 어찌할 바를 모른다. 그래서 간사한 아전에게 맡겨 버리고는 스스로 알아서 처리하지 못하니, 저 재화(財貨)만을 숭상하고 의리를 천히 여기는 간사한 아전이 어찌 이치에 맞게 형벌을 처리할 수 있겠는가?

– 정약용, 『흠흠신서(欽欽新書)』 서문

① 고대 중국에서는 형벌 문제를 중시하였다.
② 아전을 형벌 전문가로서 높이 평가하고 있다.
③ 조선시대의 사대부들은 형벌에 대해 잘 알지 못한다.
④ 지방관들은 인명을 다루는 사건을 현명하게 처리하고 있다.
⑤ 선비들은 이치에 맞게 형벌을 처리할 수 있었다.

53 다음 글의 내용과 일치하는 것은?

우리 속담에 '울다가도 웃을 일이다.'라는 말이 있듯이 슬픔의 아름다움과 해학의 아름다움이 함께 존재한다면 이것은 우리네의 곡절 많은 역사 속에 밴 미덕의 하나라고 할 만하다. 울다가도 웃을 일이라는 말은 어처구니가 없을 때 하는 말이기도 하지만, 애수가 아름다울 수 있고 또 익살이 세련되어 아름다울 수 있다면 그 사회의 서정과 조형미에 나타나는 표현에도 의당 이러한 것이 반영되어 있어야 한다.

이러한 고요의 아름다움과 슬픔의 아름다움이 조형 작품 위에 옮겨질 수 있다면 이것은 바로 예술에서 말하는 적조미의 세계이며, 익살의 아름다움이 조형 위에 구현된다면 물론 이것은 해학미의 세계일 것이다.

① 익살은 우리 민족만이 지닌 특성이다.
② 익살은 풍속화에서 가장 잘 표현된다.
③ 익살이 조형 위에 구현된다면 적조미이다.
④ 익살은 우리 민족의 삶의 정서를 반영한다.
⑤ 익살은 예술 작품을 통해서만 표현될 수 있다.

54 다음 글의 내용과 일치하지 않는 것은?

수소와 산소는 H_2와 O_2의 분자 상태로 존재한다. 수소와 산소가 화합해서 물 분자가 되려면 이 두 분자가 충돌해야 하는데, 충돌하는 횟수가 많으면 많을수록 물 분자가 생기는 확률은 높아진다. 또한 반응하기 위해서는 분자가 원자로 분해되어야 한다. 좀 더 정확히 말한다면, 각각의 분자가 산소 원자끼리 그리고 수소 원자끼리의 결합력이 약해져야 한다. 높은 온도는 분자 간의 충돌 횟수를 증가시킬 뿐 아니라 분자를 강하게 진동시켜 분자의 결합력을 약하게 한다. 그리하여 수소와 산소는 이전까지 결합하고 있던 자신과 동일한 원자와 떨어져, 산소 원자 하나에 수소 원자 두 개가 결합한 물(H_2O)이라는 새로운 화합물이 되는 것이다.

① 수소 분자와 산소 분자가 충돌해야 물 분자가 생긴다.
② 수소 분자와 산소 분자가 원자로 분해되어야 반응을 할 수 있다.
③ 높은 온도는 분자를 강하게 진동시켜 결합력을 약하게 한다.
④ 산소 분자와 수소 분자가 각각 물(H_2O)이라는 새로운 화합물이 된다.
⑤ 산소 분자와 수소 분자의 충돌 횟수가 많아지면 물 분자가 될 확률이 높다.

55 다음 글의 내용과 일치하지 않는 것은?

'갑'이라는 사람이 있다고 하자. 이때 사회가 갑에게 강제적 힘을 행사하는 것이 정당화되는 근거는 무엇일까? 그것은 갑이 다른 사람에게 미치는 해악을 방지하려는 데 있다. 특정 행위가 갑에게 도움이 될 것이라든가, 이 행위가 갑을 더욱 행복하게 할 것이라든가 또는 이 행위가 현명하다든가 혹은 옳은 것이라든가 하는 이유를 들면서 갑에게 이 행위를 강제하는 것은 정당하지 않다. 이러한 이유는 갑에게 권고하거나 이치를 이해시키거나 무엇인가를 간청하거나 할 때는 충분한 이유가 된다. 그러나 갑에게 강제를 가하는 이유 혹은 어떤 처벌을 가할 이유는 되지 않는다. 이와 같은 사회적 간섭이 정당화되기 위해서는 갑이 행하려는 행위가 다른 어떤 이에게 해악을 끼칠 것이라는 점이 충분히 예측되어야 한다. 한 사람이 행하고자 하는 행위 중에서 그가 사회에 대해서 책임을 져야 할 유일한 부분은 다른 사람과 관계되는 부분이다.

① 개인에 대한 사회의 간섭은 어떤 조건이 필요하다.
② 행위 수행 혹은 행위 금지의 도덕적 이유와 법적 이유는 구분된다.
③ 한 사람의 행위는 타인에 대한 행위와 자신에 대한 행위로 구분된다.
④ 사회는 개인의 해악에 관해서는 관심이 있지만, 그 해악을 방지할 강제성의 근거는 가지고 있지 않다.
⑤ 타인과 관계되는 행위는 사회적 책임이 따른다.

56 다음 글의 내용과 일치하는 것은?

조선 시대에는 왕실과 관청이 필요로 하는 물품을 '공물'이라는 이름으로 백성들로부터 수취하는 제도가 있었다. 조선 왕조는 각 지역의 특산물이 무엇인지 조사한 후, 그 결과를 바탕으로 백성들이 내야 할 공물의 종류와 양을 지역마다 미리 규정해 두었다. 그런데 시간이 지남에 따라 환경 변화 등으로 그 물품이 생산되지 않는 곳이 많아졌다. 이에 백성들은 부과된 공물을 상인으로 하여금 생산지에서 구매해 대납하게 했는데, 이를 '방납'이라고 부른다.

방납은 16세기 이후 크게 성행했다. 그런데 방납을 의뢰받은 상인들은 대개 시세보다 높은 값을 부르거나 품질이 떨어지는 물품을 대납해 부당 이익을 취했다. 이런 폐단이 날로 심해지자 "공물을 면포나 쌀로 거둔 후, 그것으로 필요한 물품을 관청이 직접 구매하자."라는 주장이 나타났다. 이런 주장은 임진왜란이 끝난 후 거세졌다. 한백겸과 이원익 등은 광해군 즉위 초에 경기도에 한해 '백성들이 소유한 토지의 다과에 따라 쌀을 공물로 거두고, 이렇게 수납한 쌀을 선혜청으로 운반해 국가가 필요로 하는 물품을 구매하는 정책', 즉 '대동법'을 시행하자고 했다. 광해군이 이를 받아들이자 경기도민들은 크게 환영했다. 광해군은 이 정책에 대한 반응이 좋다는 것을 알고 경기도 외에 다른 곳으로 확대 시행할 것을 고려했으나 그렇게 하지는 못했다.

광해군을 몰아내고 왕이 된 인조는 김육의 주장을 받아들여 강원도, 충청도, 전라도까지 대동법을 확대 시행했다. 그런데 그 직후 전국에 흉년이 들어 농민들이 제대로 쌀을 구하지 못할 정도가 되었다. 이에 인조는 충청도와 전라도에 대동법을 시행한다는 결정을 철회했다. 인조의 뒤를 이은 효종은 전라도 일부 지역과 충청도가 흉년에서 벗어났다고 생각해 그 지역들에 대동법을 다시 시행했고, 효종을 이은 현종도 전라도 전역에 대동법을 확대 시행했다. 이처럼 대동법 시행 지역은 조금씩 늘어났다.

① 현종은 방납의 폐단을 없애기 위해 대동법을 전국 모든 지역에 시행하였다.
② 효종은 김육의 요청대로 충청도, 전라도, 경상도에 대동법을 적용하였다.
③ 광해군이 국왕으로 재위할 때 공물을 쌀로 내게 하는 조치가 경기도에 취해졌다.
④ 인조는 이원익 등의 제안대로 방납이라는 방식으로 공물을 납부하는 행위를 전면 금지하였다.
⑤ 한백겸은 상인이 관청의 의뢰를 받아 특산물을 생산지에서 구매해 대납하는 것은 부당하다고 하였다.

57 **다음 글에서 알 수 있는 것은?**

구글의 '디지털도서관'은 출판된 모든 책을 디지털화하여 온라인을 통해 제공하는 프로젝트이다. 이는 전 세계 모든 정보를 취합하여 정리한다는 목표에 따라 진행되며, 이미 1,500만 권의 도서를 스캔하였다. 덕분에 셰익스피어 저작집 등 저작권 보호 기간이 지난 책들이 무료로 서비스되고 있다.

이에 대해 미국 출판업계가 소송을 제기하였고, 2008년에 구글이 1억 2,500만 달러를 출판업계에 지급하는 것으로 양자 간 합의안이 도출되었다. 그러나 연방법원은 이 합의안을 거부하였다. 디지털도서관은 많은 사람들에게 혜택을 줄 수 있지만, 이는 구글의 시장독점을 초래할 우려가 있으며, 저작권 침해의 소지도 있기에 저작권자도 소송에 참여하라고 주문하였다.

구글의 지식 통합 작업은 많은 이점을 가져오겠지만, 모든 지식을 한곳에 집중시키는 것이 옳은 방향인가에 대해서는 숙고가 필요하다. 문명사회를 지탱하고 있는 사회계약이란 시민과 국가 간의 책임과 권리에 관한 암묵적 동의이며, 집단과 구성원 간, 또는 개인 간의 계약을 의미한다. 이러한 계약을 위해서는 쌍방이 서로에 대해 비슷한 정도의 지식을 가지고 있어야 한다는 전제조건이 충족되어야 한다. 그런데 지식 통합 작업을 통한 지식의 독점은 한 쪽이 상대방보다 훨씬 많은 지식을 가지는 지식의 비대칭성을 강화한다. 따라서 사회계약의 토대 자체가 무너질 수 있다. 또한 지식 통합 작업은 지식을 수집하여 독자들에게 제공하고자 하는 것이지만, 더 나아가면 지식의 수집뿐만 아니라 선별하고 배치하는 편집 권한까지 포함하게 된다. 이에 따라 사람들이 알아도 될 것과 그렇지 않은 것을 결정하는 막강한 권력을 구글이 갖게 되는 상황이 초래될 수 있다.

① 구글과 저작권자의 갈등은 소송을 통해 해결되었다.
② 구글의 지식 통합 작업은 사회계약의 전제조건을 더 공고하게 할 것이다.
③ 구글의 지식 통합 작업은 독자들과 구글 사이에 평등한 권력 관계를 확대할 것이다.
④ 구글의 디지털도서관은 지금까지 스캔한 1,500만 권의 책을 무료로 서비스하고 있다.
⑤ 구글의 지식 통합 작업은 지식의 수집에서 편집권을 포함하는 것까지 확대될 수 있다.

58 다음 글을 읽고, 〈보기〉의 내용과 일치하는 것을 모두 고르면?

현대의 많은 기계들이 엔진의 동력으로 작동한다. 엔진은 보통 피스톤이 움직일 수 있는 실린더와 피스톤의 움직임을 회전력으로 바꾸어 주는 장치로 구성되어 있다. 그런데 자동차 등에서 일반적으로 볼 수 있는 가솔린 엔진이나 디젤 엔진은 실린더 내부에서 폭발을 일으켜 그 힘으로 피스톤을 움직이기 때문에 기계에 진동이나 충격이 가해진다. 그래서 컴퓨터나 우주・항공장비와 같이 민감한 기계에는 사용하기가 어려운데, 이러한 단점을 개선한 기관이 스털링 엔진이다.

스털링 엔진도 기본적으로 피스톤이 있는 실린더와 피스톤의 움직임을 회전력으로 바꾸어주는 장치인 플라이휠로 구성되어 있다. 다만 일반 엔진과는 달리 스털링 엔진은 2개의 실린더가 하나의 짝을 이룬다. 한쪽 실린더에는 디스플레이서 피스톤과 실린더 내부에 있는 기체를 뜨겁게 가열할 수 있는 고열원이 설치되어 있고, 다른 쪽 실린더에는 파워 피스톤과 실린더 내부에 있는 기체를 차갑게 냉각시킬 수 있는 저열원이 설치되어 있다. 그리고 두 실린더는 기체가 이동할 수 있는 관으로 연결되어 있다.

보기

㉠ 피스톤의 움직임을 회전력으로 바꾸어주는 장치는 실린더이다.
㉡ 일반 엔진은 진동과 충격을 일으킨다.
㉢ 스털링 엔진의 양쪽에 각각 고열원과 저열원이 함께 설치되어 있다.
㉣ 컴퓨터나 우주・항공 장비에는 디젤 엔진을 사용할 수 없다.

① ㉣
② ㉠, ㉡
③ ㉡, ㉣
④ ㉢, ㉣
⑤ ㉠, ㉡, ㉣

59 다음 글에서 추론할 수 있는 것만을 〈보기〉에서 모두 고르면?

생산자가 어떤 자원을 투입물로 사용해서 어떤 제품이나 서비스 등의 산출물을 만드는 생산과정을 생각하자. 산출물의 가치에서 생산하는 데 소요된 모든 비용을 뺀 것이 '순생산가치'이다. 생산자가 생산과정에서 투입물 1단위를 추가할 때 순생산가치의 증가분이 '한계순생산가치'이다. 경제학자 P는 이를 ⓐ '사적(私的) 한계순생산가치'와 ⓑ '사회적 한계순생산가치'로 구분했다.

사적 한계순생산가치란 한 기업이 생산과정에서 투입물 1단위를 추가할 때 그 기업에 직접 발생하는 순생산가치의 증가분이다. 사회적 한계순생산가치란 한 기업이 투입물 1단위를 추가할 때 발생하는 사적 한계순생산가치에 그 생산에 의해 부가적으로 발생하는 사회적 비용을 빼고 편익을 더한 것이다. 여기서 이 생산과정에서 부가적으로 발생하는 사회적 비용이나 편익에는 그 기업의 사적 한계순생산가치가 포함되지 않는다.

보기

ㄱ. ⓐ의 크기는 기업의 생산이 사회에 부가적인 편익을 발생시키는지의 여부와 무관하게 결정된다.
ㄴ. 어떤 기업이 투입물 1단위를 추가할 때 사회에 발생하는 부가적인 편익이나 비용이 없는 경우, 이 기업이 야기하는 ⓐ와 ⓑ의 크기는 같다.
ㄷ. 기업 A와 기업 B가 동일한 투입물 1단위를 추가했을 때 각 기업에 의해 사회에 부가적으로 발생하는 비용이 같을 경우, 두 기업이 야기하는 ⓑ의 크기는 같다.

① ㄱ
② ㄷ
③ ㄱ, ㄴ
④ ㄴ, ㄷ
⑤ ㄱ, ㄴ, ㄷ

60 다음 글을 근거로 판단할 때, 〈보기〉에서 옳은 것만을 모두 고르면?

일반적인 내연기관에서는 휘발유와 공기가 엔진 내부의 실린더 속에서 압축된 후 점화 장치에 의하여 점화되어 연소된다. 이때의 연소는 휘발유의 주성분인 탄화수소가 공기 중의 산소와 반응하여 이산화탄소와 물을 생성하는 것이다. 여러 개의 실린더에서 규칙적이고 연속적으로 일어나는 '공기·휘발유' 혼합물의 연소에서 발생하는 힘으로 자동차는 달리게 된다. 그런데 간혹 실린더 내의 과도한 열이나 압력 혹은 질 낮은 연료의 사용 등으로 인해 '노킹(Knocking)' 현상이 발생하기도 한다. 노킹 현상이란 공기·휘발유 혼합물의 조기 연소 현상을 지칭한다. 공기·휘발유 혼합물이 점화되기도 전에 연소되는 노킹 현상이 지속되면 엔진의 성능은 급격히 저하된다.

자동차 연료로 사용되는 휘발유에는 '옥탄가(Octane Number)'라는 값에 따른 등급이 부여된다. 옥탄가는 휘발유의 특성을 나타내는 수치 중 하나로, 이 값이 높을수록 노킹 현상이 발생할 가능성은 줄어든다. 甲국에서는 보통, 중급, 고급으로 분류되는 세 가지 등급의 휘발유가 판매되고 있는데, 이 등급을 구분하는 최소 옥탄가의 기준은 각각 87, 89, 93이다. 하지만 甲국의 고산지대에 위치한 A시에서 판매되는 휘발유는 다른 지역의 휘발유보다 등급을 구분하는 최소 옥탄가의 기준이 등급별로 2씩 낮다. 이는 산소의 밀도가 낮아 노킹 현상이 발생할 가능성이 더 낮은 고산지대의 특징을 반영한 것이다.

보기

ㄱ. A시에서 고급 휘발유로 판매되는 휘발유의 옥탄가는 91 이상이다.
ㄴ. 실린더 내에 과도한 열이 발생하면 노킹 현상이 발생할 수 있다.
ㄷ. 노킹 현상이 일어나지 않는다면, 일반적인 내연기관 내부의 실린더 속에서 공기·휘발유 혼합물은 점화가 된 후에 연소된다.
ㄹ. 내연기관 내에서의 연소는 이산화탄소와 산소가 반응하여 물을 생성하는 것이다.

① ㄱ, ㄴ
② ㄱ, ㄹ
③ ㄷ, ㄹ
④ ㄱ, ㄴ, ㄷ
⑤ ㄴ, ㄷ, ㄹ

| 중심내용 · 제목 찾기 |

61 다음 글의 요지로 알맞은 것은?

인지부조화는 한 개인이 가지는 둘 이상의 사고, 태도, 신념, 의견 등이 서로 일치하지 않거나 상반될 때 생겨나는 심리적인 긴장상태를 의미한다. 인지부조화는 불편함을 유발하기 때문에 사람들은 이것을 감소시키려고 한다. 인지부조화를 감소시키는 방법은 서로 모순관계에 있어서 양립할 수 없는 인지들 가운데 하나 이상의 인지가 갖는 내용을 바꾸어 양립할 수 있게 만들거나, 서로 모순되는 인지들 간의 차이를 좁힐 수 있는 새로운 인지를 추가하여 부조화된 인지상태를 조화된 상태로 전환하는 것이다.

그런데 실제로 부조화를 감소시키는 행동은 비합리적인 면이 있다. 그 이유는 그러한 행동들이 사람들로 하여금 중요한 사실을 배우지 못하게 하고 자신들의 문제에 대하여 실제적인 해결책을 찾지 못하도록 할 수 있기 때문이다. 부조화를 감소시키려는 행동은 자기방어적인 행동이고, 부조화를 감소시킴으로써 우리는 자신의 긍정적인 이미지, 즉 자신이 선하고 현명하며 상당히 가치 있는 인물이라는 긍정적인 측면의 이미지를 유지하게 된다. 비록 자기방어적인 행동이 유용한 것으로 생각될 수 있지만, 이러한 행동은 부정적 결과를 초래할 수 있다.

① 인지부조화를 극복하기 위해 합리적인 사고가 필요하다.
② 인지부조화를 감소시키는 방법의 비합리성으로 인해 부정적 결과가 초래될 수 있다.
③ 인지부조화는 합리적인 사고에 도움을 준다는 점에서 긍정적이다.
④ 인지부조화는 자기방어적 행동을 유발하여 정신건강을 해친다.
⑤ 인지부조화를 감소시키는 과정은 긍정적인 자기 이미지 만들기에 효과적이다.

62 다음 중 글의 주제로 가장 적절한 것은?

힘 있는 나라를 가지고 싶어 하는 것은 인류의 공통적인 염원이다. 이것은 시간의 고금(古今)을 가리지 아니하고 공간의 동서(東西)를 따질 것이 없는 한결같은 진리이다. 그래서 위대하지 아니한 나라에서 태어난 사람은 태어난 나라를 위대하게 만들기 위하여 혼신의 힘을 기울인다. 보잘것없는 나라의 국민이 된다는 것은 내세울 것 없는 집안의 후손인 것 이상으로 우리를 슬프게 한다. 세계 여러 나라 사람이 모인 곳에 간다고 가정해 보자. 누가 여기서 가장 큰소리치면서 위세 당당하게 처신할 것인가? 얼핏 생각하면 이목구비가 시원하게 생긴 사람, 지식과 화술이 뛰어난 사람, 교양과 인품이 훌륭한 사람, 외국어에 능통한 사람이 돋보일 것처럼 생각된다. 실제로 그런 사람들이 국제 무대에서 뛰어난 활약을 하는 것은 사실이다. 그래서 사람은 스스로 다듬고 기르는 것이 아닌가? 그러나 실제에 있어서 어떤 사람으로 하여금 국제 사회에서 돋보이게 하는 것은 그가 등에 업고 있는 조국의 국력이다.

① 배움에 힘쓰자.
② 일등 국민을 본받자.
③ 문호 개방을 확대하자.
④ 국력을 키우자.
⑤ 훌륭한 인품을 갖추자.

63 다음 글의 결론으로 가장 적절한 것은?

이론 P에 따르면 복지란 다른 시민의 기본권을 침해하지 않는 한, 각 시민이 갖고 있는 현재의 선호들만 만족시키는 것이다. 현재 선호만을 만족시켜야 한다고 주장하는 근거는 크게 두 가지이다. 첫째, 지금은 사라진 그 어떤 과거 선호들보다 현재의 선호가 더 강렬하다는 것이다. 둘째, 어떤 사람이 지금 선호하지 않는 것을 그에게 지금 제공하는 것은 그에게 만족의 기쁨을 주지 못한다는 사실이다. 만일 이 근거들이 약점을 갖고 있다면 우리는 이론 P를 받아들일 이유가 없다.

첫째 근거에 대해 이런 반론을 제기할 수 있다. 현재 선호와 과거 선호의 강렬함을 현재 시점에서 비교하는 것은 공정하지 않다. 시간에서 벗어나 둘을 비교한다면 현재의 선호보다 더 강렬했던 과거 선호가 있을 수 있다. 예컨대 10년 전 김 씨가 자신의 고향인 개성에 방문하기를 바랐던 것이 일생에서 가장 강렬한 선호였을 수 있다. 둘째 근거에 대해서는 이런 반론을 제기할 수 있다. 선호하는 시점과 만족하는 시점은 대부분의 경우 시간 차가 존재한다. 만일 사람들의 선호가 자주 바뀐다면 그들의 현재 선호가 그것이 만족되는 시점까지 지속하리라는 보장이 없다. 이것이 사실이라면 정부가 시민의 현재 선호를 만족시키려고 노력하는 것은 낭비를 낳는다. 이처럼 현재 선호만을 만족시켜야 한다는 주장을 뒷받침하는 근거들은 허점이 많다.

① 사람들의 선호는 시간이 지남에 따라 변하기 때문에 그의 현재 선호도 만족시킬 수 없다.
② 복지를 시민의 현재 선호를 만족시키는 것으로 보는 이론은 받아들이기 어렵다.
③ 어느 선호가 더 강렬한 선호인지를 결정하는 것은 중요하지 않다.
④ 복지 문제에서 과거 선호를 만족시키는 것도 중요하다.
⑤ 복지가 무엇인지 정의하는 것은 불가능하다.

64 다음 글의 제목으로 가장 적절한 것은?

감시용으로만 사용되는 CCTV가 최근에 개발된 신기술과 융합되면서 그 용도가 점차 확대되고 있다. 대표적인 것이 인공지능(AI)과의 융합이다. CCTV가 지능을 가지게 되면 단순 행동 감시에서 벗어나 객체를 추적해 행위를 판단할 수 있게 된다. 단순히 사람의 눈을 대신하던 CCTV가 사람의 두뇌를 대신하는 형태로 진화하고 있는 셈이다.

인공지능을 장착한 CCTV는 범죄현장에서 이상 행동을 하는 사람을 선별하고, 범인을 추적하거나 도주방향을 예측해 통합관제센터로 통보할 수 있다. 또 수상한 사람의 행동 패턴에 따라 지속적인 추적이나 감시를 수행하고, 차량번호 및 사람 얼굴 등을 인식해 관련 정보를 분석해 제공할 수 있다.

한국전자통신연구원(ETRI)에서는 CCTV 등의 영상 데이터를 활용해 특정 인물이 어떤 행동을 할지를 사전에 예측하는 영상분석 기술을 연구 중인 것으로 알려져 있다. 인공지능 CCTV는 범인 추적뿐만 아니라 자연재해를 예측하는 데 사용할 수도 있다. 장마철이나 국지성 집중호우 때 홍수로 범람하는 하천의 수위를 감지하는 것은 물론 산이나 도로 등의 붕괴 예측 등 다양한 분야에 적용될 수 있기 때문이다.

① AI와 융합한 CCTV의 진화
② 범죄를 예측하는 CCTV
③ 당신을 관찰한다, CCTV의 폐해
④ CCTV와 AI의 현재와 미래
⑤ 인공지능과 사람의 공존

65 다음 글의 요지를 관용적으로 잘 표현한 것은?

우리가 처한 현실이 어렵다는 것은 사실입니다. 그러나 이럴 때일수록 우리가 할 수 있는 일이 무엇인가를 냉철히 생각해 보아야겠지요. 급한 마음에 표면적으로 나타나는 문제만 해결하려 했다가는 문제를 더 나쁘게 만들 수도 있는 일이니까요. 가령 말입니다, 우리나라에 닥친 경제 위기가 외환 위기라 하여 무조건 외제 상품을 배척하는 일은 옳지 않다는 겁니다. 물론 무분별한 외제 선호 경향은 이 기회에 우리가 뿌리 뽑아야겠지요. 그렇게 함으로써 불필요한 외화 유출을 막고, 우리의 외환 부족 사태를 해소할 수도 있을 테니까요.

그러나 우리나라는 경제 여건상 무역에 의존할 수밖에 없는 나라입니다. 다시 말해 수출을 하지 않으면 우리의 경제를 원활히 운영하기가 어려운 나라입니다. 그런데 우리가 무조건 외제 상품을 구매하지 않는다면, 다른 나라의 반발을 초래할 수가 있습니다. 즉, 그들도 우리의 상품을 구매하지 않는다는 것이죠. 그렇게 된다면 우리의 경제는 더욱 열악한 상황으로 빠져 들게 된다는 것은 불을 보듯 뻔한 일입니다. 냉철하게 생각해서 건전한 소비를 이끌어 내는 것이 필요한 때라고 봅니다.

① 타산지석(他山之石)의 지혜가 필요한 때이다.
② 언 발에 오줌 누기 식의 대응은 곤란하다.
③ 우물에서 숭늉 찾는 일은 어리석은 일이다.
④ 소 잃고 외양간 고치는 일은 없어야 하겠다.
⑤ 배부르니까 평안 감사도 부럽지 않다.

66 빈칸에 들어갈 문장으로 가장 적절한 것은?

19세기 중반 화학자 분젠은 불꽃 반응에서 나타나는 물질 고유의 불꽃색에 대한 연구를 진행하고 있었다. 그는 버너 불꽃의 색을 제거한 개선된 버너를 고안함으로써 물질의 불꽃색을 더 잘 구별할 수 있도록 하였다. ______________ 이에 물리학자 키르히호프는 프리즘을 통한 분석을 제안했고 둘은 협력하여 불꽃의 색을 분리시키는 분광 분석법을 창안했다. 이것은 과학사에 길이 남을 업적으로 이어졌다.

① 이를 통해 이전에 잘못 알려져 있었던 물질 고유의 불꽃색을 정확히 판별할 수 있었다.
② 하지만 두 종류 이상의 금속이 섞인 물질의 불꽃은 색깔이 겹쳐서 분간이 어려웠다.
③ 그러나 불꽃색은 물질의 성분뿐만 아니라 대기의 상태에 따라 큰 차이를 보였다.
④ 이 버너는 현재에도 실험실에서 널리 이용되고 있다.
⑤ 그렇지만 육안으로는 불꽃색의 미세한 차이를 구분하기 어려웠다.

67 다음 글의 괄호에 들어갈 내용으로 가장 적절한 것은?

발전은 항상 변화를 내포하고 있다. 그러나 모든 형태의 변화가 전부 발전에 해당하는 것은 아니다. 이를테면 교통신호등이 빨강에서 파랑으로, 파랑에서 빨강으로 바뀌는 변화를 발전으로 생각할 수는 없다. 즉, (   ) 좀 더 구체적으로 말해, 사태의 진전 과정에서 나중에 나타나는 것은 적어도 그 이전 단계에 내재적으로나마 존재했던 것의 전개에 해당한다는 것이다. 이렇게 볼 때, 발전은 선적(線的)인 특성이 있다. 순전한 반복의 과정으로 보이는 것을 발전이라고 규정하지 않는 이유는 그 때문이다. 반복과정에서는 최후에 명백히 나타나는 것이 처음에 존재했던 것과 거의 다르지 않다. 그러나 또 한편으로 우리는 비록 반복의 경우라도 때때로 그 과정 중의 특정 단계를 따로 떼 그것을 발견이라고 생각하기도 한다. 즉, 전체 과정에서 어떤 종류의 질이 그 시기에 특정의 수준까지 진전된 경우이다.

① 발전은 어떤 특정한 방향으로 일어나는 변화라는 의미를 내포하고 있다.
② 변화는 특정한 방향으로 발전하는 것을 의미한다.
③ 발전은 불특정 방향으로 일어나는 변모라는 의미이다.
④ 발전은 어떤 특정한 반복으로 일어나는 변화라는 의미로 사용된다.
⑤ 변화는 어떤 특정한 방향으로 일어나는 발전이라는 의미로 사용된다.

68 다음 글의 빈칸에 들어갈 내용으로 가장 적절한 것은?

______________________ 20세기 대량생산체제의 생산성 경쟁은 21세기에는 걸맞지 않은 주제다. 국경의 의미가 사라지는 글로벌 시대에는 남의 제품을 모방하여 많이 만드는 것으로는 살아남지 못한다. 누가 더 차별화된 제품을 소비자의 다양한 입맛에 맞게 만들어 내느냐가 성장의 관건이다. 이를 위해서는 창의성이 무엇보다 중요하다.

① 최근 기업의 과제는 구성원의 창의성을 최대한으로 이끌어내는 것이다.
② 21세기 기업은 전보다 더욱 품질 향상에 주력해야 한다.
③ 기업이 글로벌 시대에 살아남기 위해서는 생산성을 극대화해야 한다.
④ 21세기의 기업 환경은 20세기에 비해 한결 나아지고 있다.
⑤ 때로는 모방이 창의성보다 효과를 발휘할 수 있다.

69 다음 글의 빈칸에 들어갈 문장으로 적절한 것은?

______________________ 사람과 사람이 직접 얼굴을 맞대고 하는 접촉이 라디오나 텔레비전 등의 매체를 통한 접촉보다 결정적인 영향력을 미친다는 것이 일반적인 견해로 알려져 있다. 매체는 어떤 마음의 자세를 준비하게 하는 구실을 한다. 예를 들어 어떤 사람에게서 새 어형을 접했을 때 그것이 텔레비전에서 자주 듣던 것이면 더 쉽게 그쪽으로 마음의 문을 열게 하는 면에서 영향력을 행사하는 것이다. 하지만, 새 어형이 전파되는 것은 매체를 통해서보다 상면(相面)하는 사람과의 직접적인 접촉에 의해서라는 것이 더 일반적인 견해이다. 사람들은 한두 사람의 말만 듣고 언어 변화에 가담하지 않고 주위의 여러 사람이 다 같은 새 어형을 쓸 때 비로소 그것을 받아들이게 된다고 한다. 매체를 통한 것보다 자주 접촉하는 사람들을 통해 언어 변화가 진전된다는 사실은 언어변화의 여러 면을 바로 이해하는 핵심적인 내용이라 해도 좋을 것이다.

① 언어 변화는 결국 접촉에 의해 진행되는 현상이다.
② 연령층으로 보면 대개 젊은 층이 언어 변화를 주도한다.
③ 접촉의 형식도 언어 변화에 영향을 미치는 요소로 지적되고 있다.
④ 매체의 발달이 언어 변화에 중요한 영향을 미치는 것으로 알려져 있다.
⑤ 언어 변화는 외부와의 접촉이 극히 제한되어 있는 곳일수록 그 속도가 느리다.

70 다음 글의 빈칸에 들어갈 내용으로 가장 알맞은 것은?

> 아리스토텔레스는 인간은 그 스스로 결정하는 일에 참여할 뿐만 아니라 그런 기회를 실제로 가짐으로써 비로소 결정하는 법을 배우게 되는 사회적 동물이라고 했다. 따라서 도덕적 결정을 어떻게 하는지 알기 위해서는 ______________________ 훌륭한 시민은 태어나는 것이 아니다. 사회 교육적으로 만들어지는 것이다. 그리스 도시는 그리스 청소년에게 전인격적 인간을 만들어 주는 사회 교육의 장이었으며, 문명의 장이었던 것이다. 물론 도시를 학교화시키는 그리스의 사회 교육적 노력이 궁극적으로는 소수 시민이나 정치적 지배자를 양성하기 위한 정치 교육적 노력이었다는 점은 비판되어야 하지만 사회가 교실이라는 논리만큼은 현대의 산업사회에서도 적용될 수 있다고 판단된다.

① 그와 관계되는 교육적 프로그램을 다양하게 개발해야 한다.
② 그런 일에 직접 참여해 보는 경험보다 더 중요한 것은 없다.
③ 그 방면의 권위자의 견해를 학습하는 것이 선행되어야 한다.
④ 우선 사회와 개인에 대한 깊은 이해가 선행되어야 할 것이다.
⑤ 시민 정신을 올바르게 키우고, 그에 따른 학문적 수양을 게을리해서는 안 된다.

71 다음 글의 빈칸에 들어갈 내용으로 가장 적절한 것은?

> 알레르기는 도시화와 산업화가 진행되는 지역에서 매우 빠르게 증가하고 있는데, 알레르기의 발병 원인에 대한 20세기의 지배적 이론은 알레르기는 병원균의 침입에 의해 발생하는 감염성 질병이라는 것이다. 하지만 1989년 영국 의사 S는 이 전통적인 이론에 맞서 다음 가설을 제시했다. ____________________________ S는 1958년 3월 둘째 주에 태어난 17,000명 이상의 영국 어린이를 대상으로 그들이 23세가 될 때까지 수집한 개인 정보 데이터베이스를 분석하여, 이 가설을 뒷받침하는 증거를 찾았다. 이들의 가족 관계, 사회적 지위, 경제력, 거주 지역, 건강 등의 정보를 비교 분석한 결과, 두 개 항목이 꽃가루 알레르기와 상관관계를 가졌다. 첫째, 함께 자란 형제자매의 수이다. 외동으로 자란 아이의 경우 형제가 서넛인 아이에 비해 꽃가루 알레르기에 취약했다. 둘째, 가족 관계에서 차지하는 서열이다. 동생이 많은 아이보다 손위 형제가 많은 아이가 알레르기에 걸릴 확률이 낮았다.
>
> S의 주장에 따르면 가족 구성원이 많은 집에 사는 아이들은 가족 구성원, 특히 손위 형제들이 집안으로 끌고 들어오는 온갖 병균에 의한 잦은 감염 덕분에 장기적으로는 알레르기 예방에 오히려 유리하다. S는 유년기에 겪은 이런 감염이 꽃가루 알레르기를 비롯한 알레르기성 질환으로부터 아이들을 보호해 왔다고 생각했다.

① 알레르기는 유년기에 병원균 노출의 기회가 적을수록 발생 확률이 높아진다.
② 알레르기는 가족 관계에서 서열이 높은 가족 구성원에게 더 많이 발생한다.
③ 알레르기는 성인보다 유년기의 아이들에게 더 많이 발생한다.
④ 알레르기는 도시화에 따른 전염병의 증가로 인해 유발된다.
⑤ 알레르기는 형제가 많을수록 발생 확률이 낮아진다.

72 다음 글의 요지로 가장 적절한 것은?

> 신문이 진실을 보도해야 한다는 것은 새삼스러운 설명이 필요 없는 당연한 이야기이다. 정확한 보도를 하기 위해서는 문제를 전체적으로 보아야 하고, 역사적으로 새로운 가치의 편에서 봐야 하며, 무엇이 근거이고, 무엇이 조건인가를 명확히 해야 한다. 그런데 이러한 준칙을 강조하는 것은 기자들의 기사 작성 기술이 미숙하기 때문이 아니라, 이해관계에 따라 특정 보도의 내용이 달라지기 때문이다. 자신들에게 유리하도록 기사가 보도되게 하려는 외부 세력이 있으므로 진실 보도는 일반적으로 수난의 길을 걷게 마련이다. 신문은 스스로 자신들의 임무가 '사실 보도'라고 말한다. 그 임무를 다하기 위해 신문은 자신들의 이해관계에 따라 진실을 왜곡하려는 권력과 이익 집단, 그 구속과 억압의 논리로부터 자유로워야 한다.

① 진실 보도를 위하여 구속과 억압의 논리로부터 자유로워야 한다.
② 자신들에게 유리하도록 기사가 보도되게 하는 외부 세력이 있다.
③ 신문의 임무는 '사실 보도'이나, 진실 보도는 수난의 길을 걷는다.
④ 정확한 보도를 하기 위하여 전체적 시각을 가져야 한다.
⑤ 신문 보도에 있어 준칙을 강조하는 것은, 기자들의 기사 작성 기술이 미숙하기 때문이다.

73 다음 글의 예시로 적절하지 않은 것은?

> 현대 사회는 익명성을 바탕으로 많은 사람과 소통할 수 있다. 그러나 바로 그 환경 때문에 대면 접촉을 통한 소통이 점차 경시되고 있으며, 접촉 범위는 넓어졌으나 소통의 깊이 면에서는 예전과 큰 차이를 보이지 않고 있다. 이러한 상황에서 사람 간의 소통은 동일한 사회적 기반을 갖추고 있지 않는 한 제대로 이루어지지 않고 있다. 특히 우리 사회는 집단 간 소통이 큰 문제로 부각되고 있다. 그로 인해 같은 집단 내 공감과 대화가 활발할 뿐 다른 집단 간의 대화는 종종 싸움으로 번져 서로에 대한 비방으로 끝이 나는 경우가 많다.

① 가만히 앉아서 우리의 피땀으로 제 주머니만 불리는 돼지 같은 경영자들!
② 요즘 젊은 애들은 배가 불러서 그래. 우리는 더 힘든 상황에서도 열심히 일했는데 말이야.
③ 저 임대 아파트 애들은 게으르고 더러우니까 함께 놀지 마라.
④ A지역에 국가 산업 단지가 들어온다고? 로비라도 했나? 이번 정부는 A지역만 챙기는군.
⑤ 이번에 B기업에서 낸 신제품 봤어? 무리하게 할인을 해서라도 저 제품을 꺾자고.

74 다음 주장에 대한 반박으로 가장 적절한 것은?

> 한국 사회의 행복 수준은 단순히 풍요의 역설로 설명할 수 없다. 행복에 대한 심리학적 연구에 따르면 타인과 비교하는 성향이 강한 사람일수록 행복감이 낮아지게 된다. 비교 성향이 강한 사람은 사회적 관계에서 자신보다 우월한 사람들을 준거집단으로 삼아 비교하기 쉽고 이로 인해 상대적 박탈감이 커질 수 있기 때문이다. 한국과 같은 경쟁 사회에서는 진학이나 구직 등에서 과열 경쟁이 벌어지고 등수에 의해 승자와 패자가 구분된다. 이 과정에서 비교 우위를 차지하지 못한 사람들은 좌절을 경험하기 쉬운데, 비교 성향이 강할수록 좌절감은 더 크다. 따라서 한국 사회의 행복감이 낮은 이유는 한국 사람들이 다른 사람들과 비교하는 성향이 매우 높은 데에서 찾을 수 있다.

① 한국 사회는 인당 소득 수준이 비슷한 다른 나라와 비교했을 때 행복감의 수준이 상당히 낮다.
② 준거집단을 자기보다 우월한 사람들로 삼지 않는 나라라 하더라도 행복감이 높지 않은 나라가 있다.
③ 자신보다 우월한 사람들을 준거집단으로 삼는 경향이 한국보다 강해도 행복감은 더 높은 나라가 있다.
④ 한국보다 소득 수준이 높고 대학 입학을 위한 입시 경쟁이 매우 치열한 나라도 있다.
⑤ 행복감을 높이는 데에는 소득 수준 말고도 다양한 요인이 작용한다.

75 다음 글에서 추론할 수 있는 내용은?

> 어떤 시점에 당신만이 느끼는 어떤 감각을 지시하여 'W'라는 용어의 의미로 삼는다고 해보자. 그 이후에 가끔 그 감각을 느끼게 되면, "'W'라고 불리는 그 감각이 나타났다."고 당신은 말할 것이다. 그렇지만 그 경우에 당신이 그 용어를 올바로 사용했는지 그렇지 않은지를 어떻게 결정할 수 있는가? 만에 하나 첫 번째 감각을 잘못 기억할 수도 있는 것이고, 혹은 실제로는 단지 희미하고 어렴풋한 유사성밖에 없는데도 첫 번째 감각과 두 번째 감각 사이에 밀접한 유사성이 있는 것으로 착각할 수도 있다. 더구나 그것이 착각인지 아닌지를 판단할 근거가 없다. 만약 'W'라는 용어의 의미가 당신만이 느끼는 그 감각에만 해당한다면, 'W'라는 용어의 올바른 사용과 잘못된 사용을 구분할 방법은 어디에도 없게 될 것이다. 올바른 적용에 관해 결정을 내릴 수 없는 용어는 아무런 의미도 갖지 않는다.

① 감각을 지시하는 용어의 의미는 그것이 무엇을 지시하는가와 아무 상관이 없다.
② 어떤 용어도 구체적 사례를 통해서 의미를 얻게 될 수 없다.
③ 감각을 지시하는 용어는 사용하는 사람에 따라 상대적인 의미를 갖는다.
④ 본인만이 느끼는 감각을 지시하는 용어는 아무 의미도 없다.
⑤ 감각을 지시하는 용어의 의미는 다른 사람들과 공유하는 의미로 확장될 수 있다.

언어논리

76 다음 글을 읽고 추론한 내용으로 적절하지 않은 것은?

선거 기간 동안 여론 조사 결과의 공표를 금지하는 것이 사회적 쟁점이 되고 있다. 조사 결과의 공표가 유권자 투표 의사에 영향을 미쳐 선거의 공정성을 훼손한다는 주장과, 공표 금지가 선거 정보에 대한 언론의 접근을 제한하여 알 권리를 침해한다는 주장이 맞서고 있기 때문이다.

찬성론자들은 먼저 '밴드왜건 효과'와 '열세자 효과' 등의 이론을 내세워 여론 조사 공표의 부정적인 영향을 부각시킨다. 밴드왜건 효과에 의하면, 선거일 전에 여론 조사 결과가 공표되면 사표(死票) 방지 심리로 인해 표심이 지지도가 높은 후보 쪽으로 이동하게 된다. 이와 반대로 열세자 효과에 따르면, 열세에 있는 후보자에 대한 동정심이 발동하여 표심이 그쪽으로 움직이게 된다. 각각의 이론을 통해 알 수 있듯이, 여론 조사 결과의 공표가 어느 쪽으로든 투표 행위에 영향을 미치게 되고 선거일에 가까워질수록 공표가 갖는 부정적 효과가 극대화되기 때문에 이를 금지해야 한다는 것이다. 이들은 또한 공정한 여론 조사가 진행될 수 있는 제반 여건이 아직은 성숙되지 않았다는 점도 강조한다. 그리고 금권, 관권 부정 선거와 선거 운동의 과열 경쟁으로 인한 폐해가 많았다는 것이 경험적으로도 확인되었다는 사실을 그 이유로 든다.

이와 달리 반대론자들은 무엇보다 표현의 자유를 실현하는 수단으로서 알 권리의 중요성을 강조한다. 알 권리는 국민이 의사를 형성하는 데 전제가 되는 권리인 동시에 국민 주권 실천 과정에 참여하는 데 필요한 정보와 사상 및 의견을 자유롭게 구할 수 있음을 강조하는 권리이다. 그리고 이 권리는 언론 기관이 '공적 위탁 이론'에 근거해 국민으로부터 위임받아 행사하는 것이므로, 정보에 대한 언론의 접근이 보장되어야 충족된다. 후보자의 지지도나 당선 가능성 등에 관한 여론의 동향 등은 이 알 권리의 대상에 포함된다. 따라서 언론이 위임받은 알 권리를 국민의 뜻에 따라 대행하는 것이기 때문에, 여론 조사 결과의 공표를 금지하는 것은 결국 표현의 자유를 침해하여 위헌이라는 논리이다. 또 이들은 조사 결과의 공표가 선거의 공정성을 방해한다는 분명한 증거가 제시되지 않고 있기 때문에 조사 결과의 공표가 선거에 부정적인 영향을 미친다는 점이 확실하게 증명되지 않았음도 강조한다.

우리나라 현행 선거법은 선거일 전 6일부터 선거 당일까지 조사 결과의 공표를 금지하고 있다. 선거 기간 내내 공표를 제한했던 과거와 비교해 보면 금지 기간이 대폭 줄었음을 알 수 있다. 이 점은 공표 금지에 대한 찬반 논쟁이 시사하는 바가 크다.

① 언론 기관이 알 권리를 대행하기도 한다.
② 알 권리는 법률에 의해 제한되기도 한다.
③ 알 권리가 제한되면 표현의 자유가 약화된다.
④ 알 권리에는 정보 수집의 권리도 포함되어 있다.
⑤ 공표 금지 기간이 길어질수록 알 권리는 강화된다.

77 다음 기사의 제목으로 가장 적절한 것은?

환경부는 경상북도 영양군에 위치한 국립생태원 멸종위기종 복원센터가 지난해 8월에 준공되어 올해 하반기 개관을 앞두고 있다고 밝혔다. 멸종위기종 복원센터는 멸종위기에 놓인 한반도의 야생생물을 보전하고 복원하기 위한 목적으로 설립된 핵심 연구시설로, 2030년까지 43종의 멸종위기 야생생물을 도입하고 이 중 20종을 복원할 예정이다. 현재 국내에서 개체수가 크게 줄어드는 멸종위기 야생생물은 총 267종이며, 이 중 멸종위기가 임박한 1급 생물은 60종이다.

복원센터는 부지면적 약 255만m^2, 건물 연면적 1만 6,029m^2 규모로 국내 최대 규모의 멸종위기 야생생물 복원시설이다. 복원센터에는 대륙사슴, 스라소니 같은 멸종위기에 처한 대형 야생동물의 서식환경을 고려하여 실내・외 사육장, 방사장, 적응훈련장, 맹금류 활강연습장 등 자연 적응시설이 마련되어 있다.

또한, 멸종위기종에 대한 복원・증식 기술을 개발하기 위한 연구・실험시설도 운영될 예정이다.

복원센터는 현재 소똥구리, 대륙사슴 등 우선 복원사업 대상 7종을 확보하는 등 개관 준비에 박차를 가하고 있다. 국내에서 이미 멸종된 것으로 추정되는 소똥구리(50개체)와 대륙사슴(5개체)은 몽골과 러시아에서 올해 하반기 중으로 수입될 예정이다. 국내에서 개체 확보가 가능한 금개구리, 따오기, 황새, 나도풍란, 사향노루 등은 보유 기관과 도입 절차 및 사육기술, 이양방법 등을 협의하여 단계적으로 도입된다.

김정규 멸종위기종 복원센터 생태연구본부장은 “국내 최대 멸종위기종 복원시설이 개관하면 향후 멸종위기 야생생물의 증식・복원이 체계적으로 이루어질 것”이라고 말했다. 또한, “국민들이 멸종위기종 보전에서 나아가 우리나라 생태계 회복 필요성에 대한 관심이 높아지기를 기대한다.”라고 덧붙였다.

① 소똥구리가 우리 곁에 돌아온다.
② 스라소니가 우리 곁에 돌아온다.
③ 금개구리가 우리 곁에 돌아온다.
④ 나도풍란이 우리 곁에 돌아온다.
⑤ 사향노루가 우리 곁에 돌아온다.

78 다음 중 옵트인 방식을 도입하자는 주장에 대한 근거로 사용하기에 적절하지 않은 것은?

스팸 메일 규제와 관련한 논의는 스팸 메일 발송자의 표현의 자유와 수신자의 인격권 중 어느 것을 우위에 둘 것인가를 중심으로 전개되어 왔다. 스팸 메일의 규제 방식은 옵트인(Opt-in) 방식과 옵트아웃(Opt-out) 방식으로 구분된다. 전자는 광고성 메일을 금지하지는 않되 수신자의 동의를 받아야만 발송할 수 있게 하는 방식으로, 영국 등 EU 국가들에서 시행하고 있다.

그러나 이 방식은 수신 동의 과정에서 발송자와 수신자 양자에게 모두 비용이 발생하며, 시행 이후에도 스팸 메일이 줄지 않았다는 조사 결과도 나오고 있어 규제 효과가 크지 않을 수 있다. 반면 옵트아웃 방식은 일단 스팸 메일을 발송할 수 있게 하되 수신자가 이를 거부하면 이후에는 메일을 재발송할 수 없도록 하는 방식으로, 미국에서 시행되고 있다. 그런데 이러한 방식은 스팸 메일과 일반적 광고 메일의 선별이 어렵고, 수신자가 수신 거부를 하는 데 따르는 불편과 비용을 초래하며 불법적으로 재발송되는 메일을 통제하기 힘들다. 또한 육체적·정신적으로 취약한 청소년들이 스팸 메일에 무차별적으로 노출되어 피해를 입을 수 있다.

① 옵트아웃 방식을 사용한다면 수신자가 수신 거부를 하는 것이 더 불편해질 것이다.

② 옵트인 방식은 수신에 동의하는 데 따르는 수신자의 경제적 손실을 막을 수 있다.

③ 옵트아웃 방식을 사용한다면 재발송 방지가 효과적으로 이루어지지 않을 것이다.

④ 옵트인 방식은 수신자 인격권 보호에 효과적이다.

⑤ 날로 수법이 교묘해져 가는 스팸 메일을 규제하기 위해서는 수신자 사전 동의를 받아야 하는 옵트인 방식을 채택하는 것이 효과적이다.

79 다음 글에서 추론할 수 없는 것은?

동물의 행동을 선하다거나 악하다고 평가할 수 없는 이유는 동물이 단지 본능적 욕구에 따라 행동할 뿐이기 때문이다. 오직 인간만이 욕구와 감정에 맞서서 행동할 수 있다. 인간만이 이성을 가지고 있다. 그러나 인간이 전적으로 이성적인 존재는 아니다. 다른 동물과 마찬가지로 인간 또한 감정과 욕구를 가진 존재다. 그래서 인간은 이성과 감정의 갈등을 겪게 된다.

그러한 갈등에도 불구하고 인간이 도덕적 행위를 할 수 있는 까닭은 이성이 우리에게 도덕적인 명령을 내리기 때문이다. 도덕적 명령에 따를 때에야 비로소 우리는 의무에서 비롯된 행위를 한 것이다. 만약 어떤 행위가 이성의 명령에 따른 것이 아닐 경우 그것이 결과적으로 의무와 부합할지라도 의무에서 나온 행위는 아니다. 의무에서 나온 행위가 아니라면 심리적 성향에서 비롯된 행위가 되는데, 심리적 성향에서 비롯된 행위는 도덕성과 무관하다. 불쌍한 사람을 보고 마음이 아파서 도움을 주었다면 이는 결국 심리적 성향에 따라 행동한 것이다. 그것은 감정과 욕구에 따른 것이기 때문에 도덕적 행위일 수가 없다.

감정이나 욕구와 같은 심리적 성향에 따른 행위가 도덕적일 수 없는 또 다른 이유는, 그것이 상대적이기 때문이다. 감정이나 욕구는 주관적이어서 사람마다 다르며, 같은 사람이라도 상황에 따라 변하기 마련이다. 때문에 이는 시공간을 넘어 모든 인간에게 적용될 수 있는 보편적인 도덕의 원리가 될 수 없다. 감정이나 욕구가 어떠하든지 간에 이성의 명령에 따르는 것이 도덕이다. 이러한 입장이 사랑이나 연민과 같은 감정에서 나온 행위를 인정하지 않는다거나 가치가 없다고 평가하는 것은 아니다. 단지 사랑이나 연민은 도덕적 차원의 문제가 아닐 뿐이다.

① 동물의 행위는 도덕적 평가의 대상이 아니다.
② 감정이나 욕구는 보편적인 도덕의 원리가 될 수 없다.
③ 심리적 성향에서 비롯된 행위는 도덕적 행위일 수 없다.
④ 이성의 명령에 따른 행위가 심리적 성향에 따른 행위와 일치하는 경우는 없다.
⑤ 인간의 행위 중에는 심리적 성향에서 비롯된 것도 있고 의무에서 나온 것도 있다.

80 다음 글에서 <보기>가 들어갈 위치로 가장 적절한 곳은?

무한한 자원, 물에서 얻는 혁신적인 친환경 에너지

– 세계 최초 '수열에너지 융·복합 클러스터' 조성 –

수열에너지는 말 그대로 물의 열(熱)에서 추출한 에너지를 말한다. (가) 겨울에는 대기보다 높고, 여름에는 낮은 물의 온도 차를 이용해 에너지를 추출하는 첨단 기술이다. 이 수열에너지를 잘 활용하면 기존 냉난방 시스템보다 최대 50%까지 에너지를 절약할 수 있다. (나) 특히, 지구의 70%를 차지하는 물을 이용해 만든 에너지는 친환경적이며 보존량도 무궁무진한 것이 최대 장점이다. (다) 지난 2014년에는 경기도 하남의 팔당호 물을 활용해 롯데월드타워의 냉난방 비용을 연간 30%나 절감하는 성과를 거두기도 했다. 이에 한강권역본부는 소양강댐의 차가운 냉수가 지니는 수열에너지를 이용해 세계 최초의 수열에너지 기반 친환경 데이터센터 집적 단지를 조성하는 융·복합 클러스터 조성사업(K-Cloud Park)을 추진하고 있다. (라)

생활이 불편할 만큼 차가운 소양강의 물이 기술의 발달과 발상의 전환으로 4차 산업혁명시대에 걸맞은 사업을 유치하며 새로운 가치를 발굴한 사례이다. 2021년까지 5년간 진행되는 프로젝트가 마무리되면, 수열에너지 활용에 따른 에너지 절감효과는 물론, 5,517명의 일자리 창출 및 연 220억 원가량의 지방세 세수 증가가 이뤄질 것으로 기대된다. (마)

보기

이를 통해 수열에너지 기반의 스마트팜 첨단농업단지, 물 기업 특화 산업단지까지 구축하게 되면 새로운 부가가치를 창출하는 비즈니스 플랫폼은 물론, 아시아·태평양 지역의 클라우드 데이터센터 허브로 자리 잡게 될 것으로 전망된다.

① (가) ② (나)

③ (다) ④ (라)

⑤ (마)

81 다음 글을 토대로 할 때, 흄이 반대하는 주장은?

> 의무와 합의의 관계에 대한 데이빗 흄의 생각이 시험대에 오르는 일이 발생했다. 흄은 집을 한 채 갖고 있었는데, 이 집을 자신의 친구에게 임대해 주었고, 그 친구는 이 집을 다시 다른 사람에게 임대했다. 이렇게 임대받은 사람은 집을 수리해야겠다고 생각했고, 흄과 상의도 없이 사람을 불러 일을 시켰다. 집을 수리한 사람은 일을 끝낸 뒤 흄에게 청구서를 보냈다. 흄은 집수리에 합의한 적이 없다는 이유로 지불을 거절했다. 그는 집을 수리할 사람을 부른 적이 없었다. 사건은 법정 공방으로 이어졌다. 집을 수리한 사람은 흄이 합의한 적이 없다는 사실을 인정했다. 그러나 집은 수리해야 하는 상태였기에 수리를 마쳤다고 그는 말했다. 집을 수리한 사람은 단순히 "그 일은 꼭 필요했다."고 주장했다. 흄은 "그런 논리라면, 에든버러에 있는 집을 전부 돌아다니면서 수리할 곳이 있으면 집주인과 합의도 하지 않은 채 수리를 해놓고 지금처럼 자기는 꼭 필요한 일을 했으니 집수리 비용을 달라고 하지 않겠는가."라고 주장했다.

① 공정한 절차를 거쳐 집수리에 대한 합의에 이르지 못했다면 집수리 비용을 지불할 의무는 없다.
② 집수리에 대한 합의가 없었다면 필요한 집수리를 했더라도 집수리 비용을 지불할 의무는 없다.
③ 집수리에 대한 합의가 있었더라도 필요한 집수리를 하지 않았다면, 집수리 비용을 지불할 의무는 없다.
④ 집수리에 대한 합의가 있었고 필요한 집수리를 했다면, 집수리 비용을 지불할 의무가 생겨난다.
⑤ 집수리에 대한 합의가 없었더라도 필요한 집수리를 했다면, 집수리 비용을 지불할 의무가 생겨난다.

언어논리

82 **다음 글에서 도킨스의 논리에 대한 필자의 문제 제기로 가장 적절한 것은?**

> 도킨스는 인간의 모든 행동이 유전자의 자기 보존 본능에 따라 일어난다고 주장했다. 사실 도킨스는 플라톤에서부터 쇼펜하우어에 이르기까지 통용되던 철학적 생각을 유전자라는 과학적 발견을 이용하여 반복하고 있을 뿐이다. 이에 따르면 인간 개체는 유전자라는 진정한 주체의 매체에 지나지 않게 된다. 그런데 이 같은 도킨스의 논리에 근거하면 우리 인간은 이제 자신의 몸과 관련된 모든 행동에 대해 면죄부를 받게 된다. 모든 것이 이미 유전자가 가진 이기적 욕망으로부터 나왔다고 볼 수 있기 때문이다. 그래서 도킨스의 생각에는 살아가고 있는 구체적 생명체를 경시하게 되는 논리가 잠재되어 있다.

① 고대의 철학은 현대의 과학과 양립할 수 있는가?
② 유전자의 자기 보존 본능이 초래하게 되는 결과는 무엇인가?
③ 인간을 포함한 생명체는 진정한 주체가 아니란 말인가?
④ 생명 경시 풍조의 근원이 되는 사상은 무엇인가?
⑤ 인간은 자신의 행동에 책임을 질 필요가 있는가?

83 **다음 제시문을 읽고 바로 뒤에 이어질 내용으로 적절한 것을 고르면?**

> 언론 보도에 노출된 범죄 피의자는 경제적·업적·정적 불이익을 당할 뿐만 아니라, 인격이 심하게 훼손되거나 심지어는 생명을 버리기까지도 한다. 따라서 사회적 공기(公器)인 언론은 개인의 초상권을 존중하고 언론 윤리에 부합하는 범죄 보도가 될 수 있도록 신중을 기해야 한다. 범죄 보도가 초래하는 법적·윤리적 논란은 언론계 전체의 신뢰도에 치명적인 손상을 가져올 수도 있다.

① 언론은 범죄를 취잿거리로 찾아내기가 쉽고 편의에 따라 기사화할 수 있을 뿐만 아니라, 범죄 보도를 통하여 시청자의 관심을 끌 수 있기 때문이다.
② 다시 말해, 기자정신을 갖지 않는 기자가 많아졌다는 말이다.
③ 범죄 보도를 통하여 국민들에게 범죄에 대한 경각심을 키워줄 수 있다.
④ 이는 범죄가 언론에는 매혹적인 보도 소재이지만, 자칫 부메랑이 되어 언론에 큰 문제를 일으킬 수 있다는 말이다.
⑤ 따라서 언론의 자유를 위해서라도 범죄 보도에 최선을 다해야 한다.

84 다음 글의 주장을 반박하는 내용으로 가장 적절하지 않은 것은?

> 프랑크푸르트학파는 대중문화의 정치적 기능을 중요하게 본다. 20세기 들어 서구 자본주의 사회에서 혁명이 불가능하게 된 이유 가운데 하나는 바로 대중문화가 대중들을 사회의 권위에 순응하게 함으로써 사회를 유지하는 기능을 하고 있기 때문이라는 것이다. 이 순응의 기능은 두 방향으로 진행된다. 한편으로 대중문화는 대중들에게 자극적인 오락거리를 제공함으로써 정신적인 도피를 유도하여 정치에 무관심하도록 만든다는 것이다. 유명한 3S(Sex, Screen, Sports)는 바로 현실도피와 마취를 일으키는 대표적인 도구들이다. 다른 한편으로 대중문화는 자본주의적 가치관과 이데올로기를 은연 중에 대중들이 받아들이게 하는 적극적인 세뇌 작용을 한다. 영화나 드라마, 광고나 대중음악의 내용이 규격화되어 현재의 지배적인 가치관을 지속해서 주입함으로써, 대중은 현재의 문제를 인식하고 더 나은 상태로 생각할 수 있는 부정의 능력을 상실한 일차원적 인간으로 살아가게 된다는 것이다. 프랑크푸르트학파의 대표자 가운데 한 사람인 아도르노(Adorno)는 특별히 '대중음악에 대하여'라는 글에서 대중음악이 어떻게 이러한 기능을 수행하는지 분석했다. 그의 분석에 따르면, 대중음악은 우선 규격화되어 누구나 쉽고 익숙하게 들을 수 있는 특징을 가진다. 그리고 이런 익숙함은 어려움 없는 수동적인 청취를 조장하여, 자본주의 안에서의 지루한 노동의 피난처 구실을 한다. 그리고 나아가 대중 음악의 소비자들이 기존 질서에 심리적으로 적응하게 함으로써 사회적 접착제의 역할을 한다.

① 대중문화의 영역은 지배계급이 헤게모니를 얻고자 하는 시도와 이에 대한 반대 움직임이 서로 얽혀 있는 곳으로 보아야 한다.

② 대중문화를 소비하는 대중이 문화 산물을 생산한 사람이 의도하는 그대로 문화 산물을 소비하는 존재에 불과하다는 생각은 현실과 맞지 않는다.

③ 발표되는 음악의 80%가 인기를 얻는 데 실패하고, 80% 이상의 영화가 엄청난 광고에도 불구하고 흥행에 실패한다는 사실은 대중이 단순히 수동적인 존재가 아니라는 것을 단적으로 보여주는 예이다.

④ 대중의 평균적 취향에 맞추어 높은 질을 유지하는 것이 어렵다 하더라도 19세기까지의 대중이 즐겼던 문화에 비하면 현대의 대중문화는 훨씬 수준 높고 진보된 것으로 평가할 수 있다.

⑤ 대중문화는 지배 이데올로기를 강요하는 지배문화로만 구성되는 것도 아니고, 이에 저항하여 자발적으로 발생한 저항문화로만 구성되는 것도 아니다.

85 다음 글에 대한 반응으로 적절하지 않은 것은?

최근 거론되고 있는 건 전자 판옵티콘이다. 각종 전자 감시 기술은 프라이버시에 근본적인 위협으로 대두되고 있다. '감시'는 거대한 성장 산업으로 비약적인 발전을 거듭하고 있다. 2003년 7월 '노동자 감시 근절을 위한 연대모임'이 조사한 바에 따르면, 한국에서 전체 사업장의 90%가 한 가지 이상의 방법으로 노동자 감시를 하고 있는 것으로 밝혀졌다. "24시간 감시에 숨이 막힌다."는 말까지 나오고 있다.

최근 러시아에서는 공무원들의 근무 태만을 감시하기 위해 공무원들에게 감지기를 부착시켜 놓고 인공위성 추적 시스템을 도입하는 방안을 둘러싸고 논란이 벌어지고 있다. 전자 감시 기술은 인간의 신체 속까지 파고 들어갈 만반의 준비를 갖추고 있다.

어린아이의 몸에 감시 장치를 내장하면 아이의 안전을 염려할 필요는 없겠지만, 그게 과연 좋기만 한 것인지, 또 그 기술이 다른 좋지 않은 목적에 사용될 위험은 없는 것인지 따져볼 일이다. 감시를 위한 것이 아니라 하더라도 전자 기술에 의한 정보의 집적은 언제든 개인의 프라이버시를 위협할 수 있다.

① 전자 기술의 발전이 순기능만을 가지는 것은 아니구나.
② 직장은 개인의 생활공간이라기보다 공공장소로 보아야 하므로 프라이버시의 보호를 바라는 것은 지나친 요구인 것 같아.
③ 감시를 당하는 사람은 언제나 감시당하고 있다는 생각 때문에 자기 검열을 강화하게 될 거야.
④ 전자 기술사용의 일상화는 의도하지 않은 프라이버시 침해를 야기할 수도 있어.
⑤ 전자 감시 기술의 좋은 점과 나쁜 점을 따져볼 필요가 있겠어.

86 다음 글을 읽고 이어질 내용으로 적절한 것을 고르면?

태초의 자연은 인간과 동등한 위치에서 상호 소통할 수 있는 균형적인 관계였다. 그러나 기술의 획기적인 발달로 인해 자연과 인간사회 사이에 힘의 불균형이 초래되었다. 자연과 인간의 공생은 힘의 균형을 전제로 한다. 균형적 상태에서 자연과 인간은 긴장감을 유지하지만 한쪽에 의한 폭력적 관계가 아니기에 소통이 원활히 발생한다. 또한 일방적인 관계에서는 한쪽의 희생이 필수적이지만 균형적 관계에서는 상호 호혜적인 거래가 발생한다. 이때의 거래란 단순히 경제적인 효율을 의미하는 것이 아니다. 대자연의 환경에서 각 개체와 그 후손들의 생존은 상호 관련성을 지닌다. 이에 따라 자연은 인간에게 먹거리를 제공하고 인간은 자연을 위한 의식을 행함으로써 상호 이해와 화해를 도모하게 된다. 인간에게 자연이란 정복의 대상이 아닌 존중받아야 할 거래 대상인 것이다. 결국 대칭적인 관계로의 회복을 위해서는 힘의 균형이 전제되어야 한다.

① 인간과 자연이 힘의 균형을 회복하기 위한 방법
② 인간과 자연이 거래하는 방법
③ 태초의 자연이 인간을 억압해온 사례
④ 인간 사회에서 소통의 중요성
⑤ 경제적인 효율을 극대화하기 위한 방법

87 2000년대 이르러 글로벌 금융위기 등 전 세계적 저성장기가 고착화되는 상황에서 수출 주도형 성장전략에 대한 비판이 제기되었는데, 다음 중 비판의 대상으로 적절하지 않은 것은?

> 우리나라를 비롯한 아시아의 대만, 홍콩, 싱가포르 등의 신흥 강대국들은 1960년대 이후 수출주도형 성장전략을 국가의 주요한 성장전략으로 활용하면서 눈부신 경제성장을 이루어 왔다. 이러한 수출주도형 성장전략은 신흥 강대국들의 부상을 이끌면서, 전 세계적인 전략으로 자리매김을 하였으며, 이의 전략을 활용하고자 하는 국가가 나타나면서 그 효과에 대한 인정을 받아온 측면이 존재하였다.
>
> 기본적으로 수출주도형 성장전략은 수요가 외부에 존재한다는 측면에서 공급중시 경제학적 관점을 띄고 있다고 볼 수 있다. 이는 수출주도형 국가는 물품을 생산하여 수출하면, 타 국가에서 이를 소비한다는 측면에서 공급이 수요를 창출한다고 하는 '세이의 법칙(Say's Law)'과 같은 맥락으로 설명될 수 있다. 고전학파 – 신고전학파로 이어지는 주류경제학에서의 공급중시 경제학에서는 기업부문의 역할을 강조하면서 이를 위해 민간 부문의 지속적인 투자의식 고취를 위한 세율인하 등 규제완화에 주력하여 왔던 측면이 있다.

① 외부의 수요에 의존하기 때문에 국가 경제가 변동하는 영향이 너무 커요.
② 외부 의존성을 낮추고 국내의 수요에 기반한 안정적 정책마련이 필요해요.
③ 내부의 수요를 증대시키는 것이 결국 기업의 투자활동으로 촉진될 수 있어요.
④ 내부의 수요증대는 고용 및 투자의 증가를 유발할 수 있어요.
⑤ 내부의 수요를 증대시키기 위해 물품을 생산하여 공급하는 것이 중요해요.

88 다음 글에서 추론할 수 있는 것을 〈보기〉에서 모두 고르면?

> 부족 A의 사람들의 이름은 살면서 계속 바뀔 수 있다. 사용하는 이름의 종류는 '고유명'과 '상명(喪名)'이다. 태어나면 먼저 누구나 고유명을 갖는다. 그러다 친척 중 누군가가 죽으면 고유명을 버리고 상명을 갖는다. 또 다른 친척이 죽으면 다시 새로운 상명을 갖는다. 이런 방식으로 친척 누군가가 죽을 때마다 계속 이름이 바뀐다. 만약 친척 두 명 이상이 동시에 죽을 경우에는 두 개 이상의 상명을 다 갖게 된다.
>
> 부족 B의 사람들도 이름이 계속 바뀔 수 있다. 예를 들어 손자의 이름을 지어 준 조부가 죽으면 그 손자는 새로운 이름을 받을 때까지 이름 없이 그대로 있어야 한다. 이렇게 어떤 사람이 죽으면 그 사람이 지어 준 이름은 쓸 수 없다. 한편 여성이 재혼하면 새 남편은 전남편과의 사이에서 낳은 아이에게 새로운 이름을 붙여준다. 부족 B의 여자는 일찍 결혼하는 데 반해 남자는 35세 이전에 결혼하는 경우가 매우 드물다. 그래서 일반적으로 남편이 아내보다 빨리 죽는다. 더구나 부족 B에는 여자가 부족하기 때문에 여자는 반드시 재혼한다.

보기

ㄱ. 부족 A의 어떤 사람이 죽을 때까지 가졌던 상명의 수는 그와 친척이었던 모든 사람의 수보다 많지 않다.
ㄴ. 부족 B의 사람들은 모친이 죽으면 비로소 최종적인 이름을 갖게 된다.
ㄷ. 부족 B와 마찬가지로 부족 A에도 이름 없이 지내는 사람이 있을 수 있다.

① ㄱ　　② ㄴ
③ ㄱ, ㄴ　　④ ㄱ, ㄷ
⑤ ㄴ, ㄷ

89 다음 글에서 추론할 수 있는 것만을 〈보기〉에서 모두 고르면?

전전두엽 피질에는 뇌의 중요한 기제가 있는데, 이 기제는 당신이 다른 사람과 실시간으로 대화하고 있는 동안 당신과 그 사람을 동시에 감시한다. 이는 상대에게 적절하고 부드럽게 응답하도록 하며, 무례하게 행동하거나 분노를 표출하려는 충동을 억제하는 역할을 한다.

이 조절 기제가 잘 작동하기 위해서는 얼굴을 맞대고 대화하면서 실시간으로 피드백을 받을 수 있어야 한다. 하지만 인터넷은 그러한 피드백을 허용하지 않는다. 이는 전전두엽에 있는 충동억제회로를 당황하게 만든다. 서로를 바라보며 대화 상대방의 반응을 관찰할 수 없기 때문이다. 이로 인해 '탈억제' 현상, 즉 충동이 억제에서 풀려나는 현상이 나타날 수 있다.

탈억제는 사람들이 긍정적이거나 중립적인 감정 상태에 있는 동안에는 잘 일어나지 않는 경향이 있다. 인터넷에서 의사소통이 원활하게 이루어지는 경우는 이러한 경향 때문이다. 탈억제는 사람들이 부정적인 감정을 강하게 느낄 때 훨씬 더 잘 일어난다. 그 결과 충동이 억제되지 못하고 화를 내거나 감정적으로 거친 메시지를 보내는 현상이 나타난다. 만약 상대방을 마주 보고 있었더라면 쓰지 않았을 말을 인터넷상에서 쓰는 식이다. 충동억제회로가 제대로 작동하면 인터넷상에서는 물론 오프라인과 일상생활에서도 조심스러운 매너로 상대를 대하게 된다. 그런 경우 상호교제는 더 매끄럽게 진행될 수 있다.

보기

ㄱ. 부정적인 감정을 조절하는 교육 프로그램은 탈억제 현상을 감소시키는 데 도움이 될 것이다.
ㄴ. 전전두엽의 충동억제회로에 이상이 생기면 상대방에게 무례한 응답을 할 가능성이 높아질 것이다.
ㄷ. 기술의 발전으로 인터넷상에서도 면대면 실시간 대화의 효과를 낼 수 있다면, 인터넷상에서 탈억제 현상이 감소할 수 있다.

① ㄱ
② ㄴ
③ ㄱ, ㄷ
④ ㄴ, ㄷ
⑤ ㄱ, ㄴ, ㄷ

90 다음 글에서 답을 찾을 수 없는 질문은?

생물학에서 반사란 '특정 자극에 대해 기계적으로 일어난 국소적인 반응'을 의미한다. 파블로프는 '벨과 먹이' 실험을 통해 동물의 행동에는 두 종류의 반사 행동, 즉 무조건 반사와 조건반사가 존재한다는 결론을 내렸다. 뜨거운 것에 닿으면 손을 빼내는 것이나, 고깃덩이를 씹는 순간 침이 흘러나오는 것은 자극에 의한 무조건 반사다. 하지만 모든 자극이 반사 행동을 일으키는 것은 아니다. 생명체의 반사 행동을 유발하지 않는 자극을 중립 자극이라고 한다.

중립 자극도 무조건 자극과 짝지어지게 되면 생명체에게 반사 행동을 일으키는 조건 자극이 될 수 있다. 그것이 바로 조건 반사인 것이다. 예를 들어, 벨 소리는 개에게 중립 자극이기 때문에 처음에 개는 벨 소리에 반응하지 않는다. 개는 오직 벨 소리 뒤에 주어지는 먹이를 보며 침을 흘릴 뿐이다. 하지만 벨 소리 뒤에 먹이를 주는 행동을 반복하다 보면 벨 소리는 먹이가 나온다는 신호로 인식되며 이에 대한 반응을 일으키는 조건 자극이 되는 것이다. 이처럼 중립자극을 무조건 자극과 연결시켜 조건 반사를 일으키는 과정을 '고전적 조건 형성'이라 한다.

그렇다면 이러한 조건 형성 반응은 왜 생겨나는 것일까? 이는 대뇌 피질이 '학습'을 할 수 있기 때문이다.

어떠한 의미 없는 자극이라 할지라도 그것이 의미 있는 자극과 결합되어 제시되면 대뇌 피질은 둘 사이에 연관성이 있다는 것을 파악하고 이를 기억하여 반응을 일으킨다. 하지만 대뇌피질은 한번 연결되었다고 항상 유지되지는 않는다. 예를 들어, '벨 소리 – 먹이' 조건 반사가 수립된 개에게 벨 소리만 들려주고 먹이를 주지 않는 실험을 계속하다 보면 개는 벨 소리에 더 이상 반응하지 않게 되는 조건 반사의 '소거' 현상이 일어난다.

소거는 조건 자극이 무조건 자극 없이 충분히 자주 제시될 경우 조건 반사가 사라지는 현상을 말한다. 때문에 소거는 바람직하지 않은 조건 반사를 수정하는 방법으로 사용된다. 하지만 조건반사는 통제할 수 있는 것이 아니기 때문에, 제거 역시 자연스럽게 이루어지지 않는다. 또한 소거가 일어나는 속도가 예측 불가능하고, 소거되었을 때조차도 자발적 회복을 통해 조건 반사가 다시 나타날 수 있다는 점에서 소거는 조건 반사를 제거하기 위한 수단으로 한계가 있다. 이때 바람직하지 않은 조건 반사를 수정하는 또 다른 방법으로 사용되는 것이 '역조건 형성'이다. 이는 기존의 조건 반사와 양립할 수 없는 새로운 반응을 유발하여 이전 조건 형성의 원치 않는 효과를 제거하는 것으로 자발적 회복이 잘 일어나지 않는다. 예를 들어, 토끼를 무서워하는 아이가 사탕을 먹을 때 처음에는 토끼가 아이로부터 멀리 위치하게 한다. 아이는 사탕을 먹는 즐거움 때문에 토끼에 대한 공포를 덜 느끼게 된다. 다음날에도 마찬가지로 아이에게 사탕을 먹게 한 후 토끼가 전날보다 좀 더 가까이 오게 한다. 이러한 절차를 여러 번 반복하면 토끼가 아주 가까이에 있어도 아이는 더 이상 토끼를 무서워하지 않게 된다.

① 소거에는 어떤 것들이 있는가?
② 고전적 조건 형성이란 무엇인가?
③ 동물의 반사 행동에는 어떤 것이 있는가?
④ 조건 형성 반응이 일어나는 이유는 무엇인가?
⑤ 바람직하지 않은 조건 반사를 수정하는 방법에는 무엇이 있는가?

| 글의 맥락 파악하기 |

91 **다음 글의 빈칸에 알맞은 접속어는?**

> 문학이 보여주는 세상은 실제 세상 그 자체가 아니며, 실제 세상을 잘 반영하여 작품으로 들여놓은 것이다. (　　　) 문학 작품 안에 있는 세상이나 실제로 존재하는 세상이나 그 본질에 있어서는 다를 바가 없다.

① 그러나
② 그렇기 때문에
③ 그래서
④ 그러므로
⑤ 요컨대

92 **다음 글의 괄호 안에 들어갈 알맞은 접속어를 순서대로 나타낸 것은?**

> 문화란 말은 일반적으로 두 가지로 사용된다. 우리는 '교양 있는' 사람을 문화인이라고 한다. (　　　) 창조적 정신의 소산인 문학 작품, 예술 작품, 철학과 종교를 이해하고 사회의 관습을 품위 있게 지켜 나가는 사람을 교양인 또는 문화인이라고 한다. (　　　) '문화'라는 말은 한 국민의 '보다 훌륭한' 업적과 그 유산을 지칭한다. 특히 철학, 과학, 예술에 있어서의 업적이 높이 평가된다. (　　　) 우리는 여기에서 이미 문화에 대한 우리의 관점이 달라질 수 있는 소지를 발견한다. 즉, 어떤 민족이 이룩한 업적을 '훌륭한 것'으로서 또는 '창조적인 것'으로서 평가할 때, 그 시점은 어느 때이며, 기준은 무엇인가? (　　　) 우리는 오늘날 선진국들에 의해 문화적으로 열등하다고 평가받는 많은 나라들이 한때는 이들 선진국보다 월등한 문화 수준을 향유했다는 것을 역사적 사실을 통해 잘 알고 있기 때문이다.

① 그래서 – 특히 – 더욱이 – 게다가
② 이를테면 – 그러므로 – 혹은 – 또는
③ 그러나 – 즉 – 왜냐하면 – 하지만
④ 즉 – 한편 – 그러나 – 왜냐하면
⑤ 그리고 – 이를테면 – 곧 – 이제

93 다음 ㉠~㉣에 들어갈 접속어를 알맞게 나열한 것은?

> 강력한 국가의 등장, (㉠) 경찰이나 안보 기구의 등장은 해방 이후 필연적으로 발생하게 된 힘의 공백, '아노미 상태'에 대처하는 데에는 나름의 기여를 했다고 볼 수 있을 것이다. (㉡)이 힘이 워낙 강력하다 보니까 다양한 세력의 경쟁을 통해 정의로운 체제나 이념을 도출하는 데는 무리가 있었다. (㉢) 강한 세력이 약한 세력을 억압하면서 그들의 목소리는 철저하게 배제될 수밖에 없었기 때문이다. (㉣) 강력한 국가의 등장은 정의로운 체제를 만드는 것이 아니라 강자의 이익을 중심으로 체제를 형성하게 되는 악영향을 끼치게 된다.

	㉠	㉡	㉢	㉣
①	그러나	왜냐하면	즉	가령
②	그러나	하지만	즉	가령
③	즉	또는	왜냐하면	가령
④	즉	그러나	왜냐하면	결과적으로
⑤	즉	그러나	특히	결과적으로

94 다음 ㉠~㉣에 들어갈 접속어를 알맞게 나열한 것은?

> 오늘날의 민주주의는 자본주의가 성숙함에 따라 함께 성장한 것이라고 볼 수 있다. (㉠) 자본주의가 발달함에 따라 민주주의가 함께 발달한 것이다. (㉡) 이러한 자본주의의 성숙을 긍정적이게만 해석할 수는 없다. (㉢) 자본주의의 성숙이 민주주의와 그 성장에 부정적 영향을 끼칠 수도 있기 때문이다. 자본주의가 발달하면 돈 많은 사람이 그렇지 않은 사람보다 더 많은 권리 내지는 권력을 갖게 된다. (㉣) 시장에서의 권리나 권력뿐만 아니라 정치 영역에서도 그럴 수 있다는 것이 문제다.

	㉠	㉡	㉢	㉣
①	즉	그러나	왜냐하면	비단
②	그러나	즉	비단	비단
③	비단	즉	그러나	따라서
④	즉	그러나	비단	따라서
⑤	왜냐하면	즉	그러나	따라서

95 다음 글의 ㉠, ㉡에 들어갈 알맞은 접속어는?

> 휴식이 주는 효과는 디폴트 네트워크(Default Network)로 설명될 수 있다. 이 영역은 우리 뇌가 소모하는 전체 에너지의 60 ~ 80%를 차지하는데, 뇌에서 안쪽 전두엽과 바깥쪽 측두엽 안쪽, 바깥쪽 두정엽이 이에 해당된다. 미국의 두뇌 연구가 마커스 라이클 박사는 실험 참가자가 테스트 문제에 집중하면서 생각에 골몰하면 뇌의 특정 영역이 늘어나는 것이 아니라 줄어든다는 사실을 발견했다. (㉠) 이 영역은 우리가 아무 생각도 하지 않을 때 늘어나기까지 했다.
>
> 한마디로 우리 뇌의 많은 부분은 정신적으로 아무 것도 하지 않을 때 그 활동을 강화하고 있는 셈이다. 디폴트 네트워크는 하루 일과 중에 긴장을 풀고 몽상을 즐길 때나 잠을 자는 동안 활발한 활동을 한다. 즉, 외부 자극이 없을 때이다. (㉡) 정보가 유입되지 않는다 해서 우리 두뇌가 쉬는 것은 아니다.

	㉠	㉡
①	오히려	그러나
②	오히려	그러므로
③	그리고	특히
④	그리고	그러나
⑤	그리고	그러므로

글의 전개방식 파악하기

96 다음 글의 서술상의 특징으로 적절한 것은?

> 법조문도 언어로 이루어진 것이기에, 원칙적으로 문구가 지닌 보편적인 의미에 맞춰 해석된다. 일상의 사례로 생각해 보자. "실내에 구두를 신고 들어가지 마시오."라는 팻말이 있는 집에서는 손님들이 당연히 글자 그대로 구두를 신고 실내에 들어가지 않는다. 그런데 팻말에 명시되지 않은 '실외'에서 구두를 신고 돌아다니는 것은 어떨까? 이에 대해서는 금지의 문구로 제한하지 않았기 때문에, 금지의 효력을 부여하지 않겠다는 의미로 당연하게 받아들인다. 이처럼 문구에서 명시하지 않은 상황에 대해서는 그 효력을 부여하지 않는다고 해석하는 방식을 '반대 해석'이라 한다.
>
> 그런데 팻말에는 운동화나 슬리퍼에 대해서는 쓰여 있지 않다. 하지만 누군가 운동화를 신고 마루로 올라가려 하면, 집주인은 팻말을 가리키며 말릴 것이다. 이 경우에 '구두'라는 낱말은 본래 가진 뜻을 넘어 일반적인 신발이라는 의미로 확대된다. 이런 식으로 어떤 표현을 본래의 의미보다 넓혀 이해하는 것을 '확장 해석'이라 한다.

① 현실의 문제점을 분석하고 그 해결책을 제시한다.
② 비유의 방식을 통해 상대방의 논리를 반박하고 있다.
③ 일상의 소재를 통해 독자들의 이해를 돕고 있다.
④ 기존 견해를 비판하고 새로운 견해를 제시한다.
⑤ 하나의 현상에 대한 여러 가지 관점을 대조하며 비판한다.

97 이 글에 대한 설명으로 가장 적절한 것은?

> 우리나라에도 몇몇 도입종들이 활개를 치고 있다. 예전엔 청개구리가 울던 연못에 요즘은 미국에서 건너온 황소개구리가 들어앉아 이것저것 닥치는 대로 삼키고 있다. 어찌나 먹성이 좋은지 심지어는 우리 토종 개구리들을 먹고 살던 뱀까지 잡아먹는다. 토종 물고기들 역시 미국에서 들여온 블루길에게 물길을 빼앗기고 있다. 이들이 어떻게 자기 나라보다 남의 나라에서 더 잘 살게 된 것일까?
>
> 도입종들이 모두 잘 적응하는 것은 결코 아니다. 사실, 절대 다수는 낯선 땅에 발도 제대로 붙여보지 못하고 사라진다. 정말 아주 가끔 남의 땅에서 들풀에 붙은 불길처럼 무섭게 번져 나가는 것들이 있어 우리의 주목을 받을 뿐이다. 그렇게 남의 땅에서 의외의 성공을 거두는 종들은 대개 그 땅의 특정 서식지에 마땅히 버티고 있어야 할 종들이 쇠약해진 틈새를 비집고 들어온 것들이다. 토종이 제자리를 당당히 지키고 있는 곳에 쉽사리 뿌리내릴 수 있는 외래종은 거의 없다.
>
> 제 아무리 대원군이 살아 돌아온다 하더라도 더 이상 타 문명의 유입을 막을 길은 없다. 어떤 문명들은 서로 만났을 때 충돌을 면치 못할 것이고, 어떤 것들은 비교적 평화롭게 공존하게 될 것이다. 결코 일반화할 수 있는 문제는 아니겠지만 스스로 아끼지 못한 문명은 외래 문명에 텃밭을 빼앗기고 말 것이라는 예측을 해도 큰 무리는 없을 듯싶다. 내가 당당해야 남을 수용할 수 있다.
>
> 영어만 잘하면 성공한다는 믿음에 온 나라가 야단법석이다. 배워서 나쁠 것 없고, 영어는 국제 경쟁력을 키우는 차원에서 반드시 배워야 한다. 하지만 영어보다 더 중요한 것은 우리말이다. 한술 더 떠 일본을 따라 영어를 공용어로 하자는 주장이 심심찮게 들리고 있다. 그러나 우리글을 제대로 세우지 않고 영어를 들여오는 일은 우리 개구리들을 돌보지 않은 채 황소개구리를 들여온 우를 또다시 범하는 것이다.
>
> 영어를 자유롭게 구사하는 일은 새 시대를 살아가는 필수 조건이다. 하지만 우리 한글을 바로 세우는 일에도 소홀해서는 절대 안 된다. 황소개구리의 황소울음 같은 소리에 익숙해져 청개구리의 소리를 잊어서는 안 되는 것처럼.

① 현상이 나타나게 된 원인을 규명하고 있다.
② 서로 대립되는 현상을 대조하면서 설명하고 있다.
③ 비유의 기법을 활용하여 자신의 주장을 내세우고 있다.
④ 구체적 사례를 들며 객관적으로 현상에 대해 설명하고 있다.
⑤ 대립되는 주장을 절충하여 새로운 대안을 제시하고 있다.

98 다음 글의 ㉠에 사용된 설명방식으로 가장 적절한 것은?

> 1954년 조지타운 대학에서 기계가 러시아어 문장 60개를 영어로 번역하는 실험에 성공하였다. 이후 사람들은 3～5년 안에 기계 번역이 인간이 하는 번역을 대신할 것이라고 예상하였다.
>
> 그러나 1966년에 발표된 한 연구는 기계 번역에 대한 사람들의 낙관적 전망을 무너뜨렸다. 이 연구에 따르면 기계 번역은 사람이 하는 번역보다 돈이 많이 들고 시간은 더 오래 걸렸으며 정확성도 떨어졌다고 한다. ㉠ 기계 번역은 인간이 한 번역보다 정확성이 떨어질 수밖에 없는데, 이는 기계 번역이 맥락에 따라 달리 쓰이는 언어의 복잡한 의미를 반영하기 어렵기 때문이다.
>
> 이러한 기계 번역의 한계가 오늘날에도 여전히 극복되지 못하고 있음이 2017년 2월에 한국에서 열린 기계와 인간의 번역 대결에서 드러났다. 전문 번역가 4명과 인공 지능 기술을 활용한 기계가 펼친 이 대결에서 기계 번역은 내용의 정확성 면에서 인간이 한 번역을 따라오지 못했다. 의미가 명확한 짧은 문장은 비교적 잘 번역하였으나 구조가 복잡한 긴 문장을 번역할 때는 오류가 많았던 것이다. 특히 글의 맥락이나 작가의 의도를 고려하여 해석해야 하는 문학 작품의 번역에서 기계는 전체 지문의 90%를 문장조차 제대로 구성하지 못했다.

① 대상의 사전적 의미를 제시하여 뜻을 명확히 하고 있다.
② 권위 있는 사람의 말을 인용하여 객관성을 높이고 있다.
③ 문제에 대한 원인을 밝혀 내용에 대한 이해를 돕고 있다.
④ 대상을 구성하는 요소를 분석하여 내용을 구조화하고 있다.
⑤ 시간의 순서에 따라 사건을 나열하여 내용을 체계화하고 있다.

99 이 글의 내용 전개방식은?

> 집안이 나쁘다고 탓하지 마라! 나는 아홉 살 때 아버지를 잃고 마을에서 쫓겨났다. 가난하다고 말하지 마라! 나는 들쥐를 잡아먹으며 연명했고 목숨을 건 전쟁이 내 직업이고 내 일이었다. 작은 나라에서 태어났다고 말하지 마라! 그림자 말고는 친구도 없고 병사로 10만, 백성은 어린애와 노인까지 합쳐 2백만도 되지 않았다. 배운 게 없다고 힘이 없다고 탓하지 마라! 나는 내 이름도 쓸 줄 몰랐으나 남의 말에 귀 기울이면서 현명해지는 법을 배웠다. 너무 막막하다고 그래서 포기해야겠다고 말하지 마라! 나는 목에 칼을 쓰고도 탈출했고 뺨에 화살을 맞고 죽었다가 살아나기도 했다. 적은 밖에 있는 것이 아니라 내 안에 있었다. 나는 내게 거추장스러운 것을 모두 쓸어버렸다. 나를 극복하는 그 순간 나는 칭기즈 칸이 되었다.

① 문장의 서술 순서를 바꾸어 말하고자 하는 의도를 강조하고 있다.
② 유사한 구조를 반복하여 서술함으로써 결론에 이르고 있다.
③ 표현하고자 하는 대상을 다른 대상에 빗대어 표현하고 있다.
④ 문장의 뜻을 점점 강하게 함으로써 대상을 강조하고 있다.
⑤ 대상에 대한 정의를 내리고 그에 대한 부연 설명을 하고 있다.

100 다음 글의 논지 전개상 특징으로 적절한 것은?

영화는 특정한 인물이나 집단, 나라 등을 주제로 하는 대중문화로, 작품 내적으로 시대상이나 당시의 유행을 반영한다는 사실은 굳이 평론가의 말을 빌리지 않더라도 모두가 공감하는 사실일 것이다. 하지만 영화가 유행에 따라 작품의 외적인 부분, 그중에서도 제목의 글자 수가 변화한다는 사실을 언급하면 고개를 갸웃하는 이들이 대부분일 것이다.

2000년대에는 한국 최초의 블록버스터 영화로 꼽히는 '쉬리'와 '친구'를 비롯해 두 글자의 간결한 영화 제목이 주류를 이뤘지만 그로부터 5년이 지난 2005년에는 두 글자의 짧은 제목의 영화들이 7%로 급격히 감소하고 평균 제목의 글자 수가 5개에 달하게 되었다. 이는 영화를 한 두 줄의 짧은 스토리로 요약할 수 있는 코미디 작품들이 늘어났기 때문이었는데 '나의 결혼 원정기', '미스터 주부 퀴즈왕', '내 생애 가장 아름다운 일주일' 등이 대표적이다.

이후 2010년대 영화계에서는 오랜 기간 세 글자 영화 제목이 대세였다고 해도 과언이 아니다. '추격자'를 비롯해 '우리 생애 최고의 순간'을 줄인 '우생순'과 '좋은 놈, 나쁜 놈, 이상한 놈'을 '놈놈놈'으로 줄여 부르기도 했으며 '아저씨', '전우치'나 '해운대', '신세계'를 비롯해 '베테랑', '부산행', '강철비', '곤지암'은 물론 최근 '기생충'에 이르기까지 세 글자 영화들의 대박행진은 계속되고 있다. 이에 반해 2018년에는 제작비 100억을 넘은 두 글자 제목의 한국 영화 네 편이 모두 손익분기점을 넘기지 못하는 초라한 성적표를 받기도 했다.

그렇다면 역대 박스오피스에 등재된 한국영화들의 평균 글자 수는 어떻게 될까? 부제와 시리즈 숫자, 줄임 단어로 주로 불린 영화의 원 음절 등을 제외한 2019년까지의 역대 박스오피스 100위까지의 한국영화 제목 글자 수는 평균 4.12였다. 다만 두 글자 영화는 21편, 세 글자 영화는 29편, 네 글자 영화는 21편으로 세 글자 제목의 영화가 역대 박스오피스 TOP 100에 가장 많이 등재된 것으로 나타났다.

① 특정한 이론을 제시한 뒤 그에 반박하는 의견을 제시하여 대비를 이루고 있다.
② 현상을 언급한 뒤 그에 대한 사례를 순서대로 나열하고 있다.
③ 특정한 현상을 분석하여 추려낸 뒤, 해결 방안을 이끌어 내고 있다.
④ 대상을 하위 항목으로 구분하여 논의의 범주를 명시하고 있다.
⑤ 현상의 변천 과정을 고찰한 뒤 앞으로의 발전 방향을 제시하고 있다.

| 복합 지문 |

[101 ~ 102] 다음 글을 읽고 이어지는 질문에 답하시오.

맹사성은 고려 시대 말 문과에 급제하여 정계에 진출해 조선이 세워진 후 황희 정승과 함께 조선 전기의 문화 발전에 큰 공을 세운 인물이다. 맹사성은 성품이 맑고 깨끗하며, 단정하고 묵직해서 재상으로 지내면서 재상으로서의 품위를 지켰다. 또 그는 청렴하고 검소하여 늘 ㉠ 남루한 행색으로 다녔는데, 이로 인해 한 번은 어느 고을 수령의 야유를 받았다. 나중에서야 맹사성의 실체를 알게 된 수령이 후사가 두려워 도망을 가다가 관인을 못에 빠뜨렸고, 후에 그 못을 인침연(印沈淵)이라 불렀다는 일화가 남아 있다.

조선 시대의 학자 서거정은 『필원잡기』에서 이런 맹사성이 평소에 어떻게 살았는가를 소개했다. 서거정의 소개에 따르면 맹사성은 음률을 ㉡ 깨우쳐서 항상 하루에 서너 곡씩 피리를 불곤 했다. 그는 혼자 문을 닫고 조용히 앉아 피리 불기를 계속할 뿐 ㉢ 사사로운 손님을 받지 않았다. 일을 보고하러 오는 등 꼭 만나야 할 손님이 오면 잠시 문을 열어 맞이할 뿐 그밖에는 오직 피리를 부는 것만이 그의 삶의 전부였다. 일을 보고하러 오는 사람은 동구 밖에서 피리 소리를 듣고 맹사성이 방 안에 있다는 것을 알 정도였다.

맹사성은 여름이면 소나무 그늘 아래에 앉아 피리를 불고, 겨울이면 방 안 부들자리에 앉아 피리를 불었다. 서거정의 표현에 의하면 맹사성의 방에는 '오직 부들자리와 피리만 있을 뿐 다른 물건은 없었다.'고 한다. 당시 한 나라의 정승까지 ㉣ 맡고 있었던 사람의 방이었건만 그곳에는 온갖 ㉤ 요란한 장신구나 수많은 장서가 쌓여 있지 않고 오직 피리 하나만 있었던 것이다.

옛 왕조의 끝과 새 왕조의 시작이라는 격동기를 살면서 급격한 변화를 경험해야 했던 맹사성이 방에 오직 부들자리와 피리만을 두면서 생각한 것은 무엇일까? 그는 어떤 생각을 하며 어떤 삶을 살아갔을까? 피리 소리만 남겨둔 채 늘 비우는 방과같이 늘 마음을 비우려 노력했던 것은 아닐까.

101 다음 중 글의 내용과 일치하는 것은?

① 맹사성은 조선 전기 과거에 급제하여 조선의 문화 발전에 큰 공을 세웠다.
② 맹사성은 자신을 야유한 고을 수령의 뒤를 쫓다 인침연에 빠졌다.
③ 맹사성은 자신의 평소 생활 모습을 『필원잡기』에 담았다.
④ 맹사성은 혼자 문을 닫고 앉아 일체의 손님을 받지 않았다.
⑤ 맹사성은 여름과 겨울에 자리를 달리하며 피리를 불었다.

102 다음 중 밑줄 친 ㉠ ~ ㉤의 의미가 잘못 연결된 것은?

① ㉠ – 옷 따위가 낡아 해지고 차림새가 너저분한
② ㉡ – 깨달아 알아서
③ ㉢ – 보잘것없이 작거나 적은
④ ㉣ – 어떤 일에 대한 책임을 지고 담당하고
⑤ ㉤ – 정도가 지나쳐 어수선하고 야단스러운

[103 ~ 104] 다음 글을 읽고 이어지는 질문에 답하시오.

> 옛날 해전은 대개 적함에 나란히 기대어 적함으로 넘어가 칼싸움을 하는 전술로 로마해군은 이를 위한 사다리까지 준비하고 다녔다. 이런 전술은 16세기 유럽은 물론 전 세계 어디에서나 가장 흔한 전법이었다. 물론 왜군도 당연히 이런 전법을 썼는데, 중종실록에 "왜적이 칼을 빼어 들고 배 안에 뛰어들면 맹사가 아무리 많아도 당해낼 수 없다."라고 한 대목이나, 임진왜란 때 왜의 큰 전함인 대흑주에는 대포가 겨우 3문, 그것도 구경 3cm짜리가 장치된 반면 일본도가 200자루나 되는 점들은 역시 왜의 수군이 접전에 능하며 단병접전 전술을 채택했기 때문이다.
>
> 그러나 우리나라의 해전술은 주로 궁시에 의한 적선의 소각이 첫 번째 전법이었다. 따라서 우리 수군은 많은 함포를 사용했는데, 그 구경도 왜의 것보다 커서 보통 90 ~ 130mm 정도였다. 때문에 적이 우리 배에 올라오지 못하게 하는 게 중요했다. 따라서 고려 말에 뱃전에 칼을 꽂아 만든 검선이라든가 과선 등이 나오게 된 것도 검술에 익숙지 못한 우리의 해군을 보호하고 2층의 높은 곳에서 활로 공격하기 위함이다. 따라서 적은 판옥선의 2층 높이에 오르기가 어려운 반면, 판옥선의 입장에선 적을 내려다 보며 공격할 수 있다.
>
> 이처럼 적의 장기인 접전을 막고 우리의 장기인 궁시에 의한 공격효율을 높이기 위해 만들어진 것이 판옥선이다. 전통적인 궁술이 포격으로 발전하여 판옥선의 천자총통은 산탄 100발을 쏠 수도 있었다.
>
> 당연히 사정거리도 월등히 길어서 왜군의 조총이 대개 200m 사거리에 유효사거리 50m인데 비해, 세종 때 기록을 보면 천자포가 1,500보, 지자포가 900보, 현자포가 800보 정도이다. 비교가 안 될 만큼 큰 것이다.
>
> 이처럼 판옥선은 우리의 장기인 궁술과 포격전을 유리하게 이끌기 위한 충분한 장소 제공과 적의 단병접전을 방지할 높은 보루의 역할을 할 판옥을 배 위에 만들어 적의 전술을 무용지물로 만들고 아군을 유리한 위치에서 싸울 수 있도록 만들었다.

103 윗글의 주제로 가장 옳은 것은?

① 판옥선의 정의
② 판옥선의 기능
③ 판옥선의 역사
④ 판옥선의 유래
⑤ 판옥선의 해전술

104 윗글의 내용과 일치하지 않는 것은?

① 판옥선은 많은 화포로 무장함과 동시에 함포도 월등히 컸으나, 사정거리가 짧다는 단점이 있다.
② 판옥선은 2층으로 만들어져 적군을 보다 유리한 위치에서 공격할 수 있었다.
③ 우리나라의 해전술의 특성상 적이 배에 올라타지 못하도록 하는 것이 중요했다.
④ 우리나라의 해전술은 주로 궁시로 적선을 소각하는 전법을 구사하였다.
⑤ 우리나라의 해전술은 궁시에서 포격으로 발전되었다.

[105 ~ 106] 다음 글을 읽고 이어지는 물음에 답하시오.

민족 문화의 전통을 말하는 것은 반드시 보수적이라는 멍에를 메어야만 하는 것일까? 이 문제에 대한 올바른 해답을 얻기 위해서는, 전통이란 어떤 것이며, 또 그것이 어떻게 계승되어 왔는가를 살펴보아야 할 것이다.

연암 박지원은 영·정조 시대 북학파의 대표적 인물 중 한 사람이다. 그가 지은 『열하일기』나 『방경각외전』에 실려 있는 소설이 몰락하는 양반 사회에 대한 신랄한 풍자를 가지고 있을 뿐 아니라, 문장 또한 기발하여, 그는 당대의 허다한 문사들 중에서도 최고봉을 이루고 있는 것으로 추앙된다. 그러나 그의 문학은 패관기서를 따르고 고문을 본받지 않았다 하여, 하마터면 『열하일기』가 촛불의 재로 화할 뻔한 아슬아슬한 때도 있었다. 말하자면, 연암은 고문파에 대한 반항을 통하여 그의 문학을 건설한 것이다. 그러나 오늘날 우리는 민족 문화의 전통을 연암에게서 찾으려고는 할지언정, 고문파에서 찾으려고 하지는 않는다. 이 사실은 우리에게 민족 문화의 전통에 관한 해명의 열쇠를 제시해 주는 것은 아닐까?

전통은 물론 과거로부터 이어져 온 것을 말한다. 이 전통은 대체로 그 사회 및 그 사회의 구성원인 개인의 몸에 배어 있는 것이다. 그러므로 스스로 깨닫지 못하는 사이에 전통은 우리의 현실에 작용하는 경우가 있다. 그러나 과거에서 이어져 온 것을 무턱대고 모두 전통이라 한다면, 인습이라는 것과 구별이 서지 않을 것이다. 우리는 인습을 버려야 할 것이라고는 생각하지만, 계승해야 할 것이라고는 생각하지 않는다. 여기서 우리는 과거에서 이어져 온 것을 객관화하고, 이를 비판하는 입장에 서야 할 필요를 느끼게 된다. 그 비판을 통해서 현재의 문화 창조에 이바지할 수 있다고 생각되는 것만을 우리의 전통이라고 불러야 할 것이다.

이와 같이, 전통은 인습과 구별될 뿐더러 또 단순한 유물과도 구별되어야 한다. 현재에 있어서의 문화창조와 관계가 없는 것을 우리는 문화적 전통이라고 부를 수가 없기 때문이다.

105 윗글에 나타난 글쓴이의 관점과 일치하는 것은?

① 과거에서 이어져 온 것은 모두 살릴 필요가 있다.
② 과거보다 현재의 것을 더 중요시할 필요가 있다.
③ 현재의 관점에서 과거의 것은 청산할 필요가 있다.
④ 과거의 것 중에서 가치 있는 것을 찾을 필요가 있다.
⑤ 과거를 불식하고 미래 지향적 태도를 지닐 필요가 있다.

106 윗글을 바탕으로 '전통'을 정의할 때 가장 적절한 것은?

① 전통은 과거에서 이어져 온 것이다.
② 전통은 후대에 높이 평가되는 것이다.
③ 전통은 오늘날 널리 퍼져 있는 것이다.
④ 전통은 오늘날 삶에 막대한 영향을 주는 것이다.
⑤ 전통은 과거에서 이어져 와 현재 문화창조에 이바지할 수 있는 것이다.

[107 ~ 108] 다음 글을 읽고 이어지는 물음에 답하시오.

휴리스틱(Heuristic)은 문제를 해결하거나 불확실한 사항에 대해 판단을 내릴 필요가 있지만 명확한 실마리가 없을 경우에 사용하는 편의적·발견적인 방법이다. 우리말로는 쉬운 방법, 간편법, 발견법, 어림셈 또는 지름길 등으로 표현할 수 있다. 1905년 알버트 아인슈타인은 노벨 물리학상 수상 논문에서 휴리스틱을 '불완전하지만 도움이 되는 방법'이라는 의미로 사용했다. 수학자인 폴리아는 휴리스틱을 '발견에 도움이 된다.'는 의미로 사용했고, 수학적인 문제 해결에도 휴리스틱 방법이 매우 유효하다고 했다.

휴리스틱에 반대되는 것이 알고리즘(Algorithm)이다. 알고리즘은 일정한 순서대로 풀어나가면 정확한 해답을 얻을 수 있는 방법이다. 삼각형의 면적을 구하는 공식이 알고리즘의 좋은 예이다.

휴리스틱을 이용하는 방법은 거의 모든 경우에 어느 정도 만족스럽고, 경우에 따라서는 완전한 답을 재빨리, 그것도 큰 노력 없이 얻을 수 있다는 점에서 사이먼의 '만족화' 원리와 일치하는 사고방식인데, 가장 전형적인 양상이 '이용 가능성 휴리스틱(Availability Heuristic)'이다. 이용 가능성이란 어떤 사상(事象)이 출현할 빈도나 확률을 판단할 때, 그 사상과 관련해서 쉽게 알 수 있는 사례를 생각해내고 그것을 기초로 판단하는 것을 뜻한다.

그러나 휴리스틱은 완전한 답이 아니므로 때로는 터무니없는 실수를 초래하는 원인이 되기도 한다. 불확실한 의사결정을 이론화하기 위해서는 확률이 필요하기 때문에 사람들이 확률을 어떻게 다루는지가 중요하다. 확률은, 이를테면 어떤 사람이 선거에 당선될지, 경기가 좋아질지, 시합에서 어느 편이 우승할지 따위를 '전망'할 때 이용된다. 대개 그러한 확률은 어떤 근거를 기초로 객관적인 판단을 내리기도 하지만, 대부분은 직감적으로 판단을 내리게 된다. 그런데 직감적인 판단에서 오는 주관적인 확률은 과연 정확한 것일까?

카너먼과 트버스키는 일련의 연구를 통해 인간이 확률이나 빈도를 판단할 때 몇 가지 휴리스틱을 이용하지만, 그에 따라 얻게 되는 판단은 객관적이며 올바른 평가와 상당한 차이가 있다는 의미로 종종 '바이어스(Bias)'가 동반되는 것을 확인했다. 이용 가능성 휴리스틱이 일으키는 바이어스 가운데 하나가 '사후 판단 바이어스'이다. 우리는 어떤 일이 벌어진 뒤에 '그렇게 될 줄 알았어.' 또는 '그렇게 될 거라고 처음부터 알고 있었어.'와 같은 말을 자주 한다. 이렇게 결과를 알고 나서 마치 사전에 그것을 예견하고 있었던 것처럼 생각하는 바이어스를 '사후 판단 바이어스'라고 한다.

107 윗글의 논지 전개 방식에 대한 설명으로 가장 적절한 것은?

① 분석 대상과 관련되는 개념들을 연쇄적으로 제시하며 정보의 확대를 꾀하고 있다.
② 인과 관계를 중심으로 분석 대상에 대한 논리적 접근을 시도하고 있다.
③ 핵심 개념을 설명하면서 그와 유사한 개념들과 비교함으로써 이해를 돕고 있다.
④ 전달하고자 하는 정보를 다양한 맥락에서 재구성하여 반복적으로 제시하고 있다.
⑤ 핵심 개념의 속성을 잘 보여주는 사례들을 통해 구체적인 설명을 시도하고 있다.

108 윗글에서 설명하고 있는 '휴리스틱'과 '바이어스'의 관계를 보여주기에 가장 적절한 것은?

① 평소에 30분 정도 걸리기에 느긋하게 출발했는데 갑자기 교통사고가 나는 바람에 늦어졌다.
② 그녀는 살을 빼려고 운동을 시작했는데 밥맛이 좋아지면서 오히려 몸무게가 늘었다.
③ 최근 한 달 동안 가장 높은 타율을 기록한 선수를 4번 타자에 기용했는데 4타수 무(無)안타를 기록하였다.
④ 동네 마트에서 추첨 세일을 한다기에 식구들이 다 나섰는데 한 집에 한 명만 참여할 수 있다고 한다.
⑤ 작년에 텃밭에서 수확량이 제일 좋았던 채소를 집중적으로 심었는데 유례없이 병충해가 돌아 올해 농사를 모두 망치고 말았다.

[109 ~ 110] 다음 글을 읽고 이어지는 질문에 답하시오.

우리는 지금 이제껏 한번도 경험해 보지 못한 새로운 세계를 맞이하고 있다. 정보 통신 기술의 급속한 발달과 함께 우리의 삶을 구성하고 있는 거의 모든 영역이 상품화되어 가고 있는 것이다. 가장 오래된 문화 산업이라고 할 수 있는 관광부터 시작해서, 스포츠, 예술, 여가 생활 등은 물론이고 사상이나 지식, 아이디어 등도 모두 상품화되고 있으며, 심지어는 의식주를 비롯한 생활 방식마저 상품으로 판매되는 상황이 벌어지고 있다. 리프킨(Jeremy Rifkin)은 접속과 '문화 자본주의'라는 개념으로 이러한 현상을 설명하고 있다.

접속은 인터넷은 물론 전자 제품, 자동차, 주택 같은 다양한 실물 영역에서도 일관되게 발견되는 포괄적 추세이다. 접속은 이들 상품을 일시적으로 사용하는 권한을 말하는 것으로, 이의 상대 개념은 소유라고 할 수 있다. 산업 시대는 소유의 시대였다. 기업은 많은 상품을 팔아 시장 점유율을 높이고 소비자는 상품을 시장에서 구입하고 소유하여 자신의 존재 영역을 확대했다. 그러나 자동차 회사는 이제 자동차를 파는 것이 아니라 임대하여 고객이 평생토록 자신들과 관계 맺기를 원하고, 고객은 자동차를 소유하지 않고 임차하여 보다 나은 서비스를 받기를 원한다. 기업은 물건을 팔지 않고 서비스나 다른 영역의 접속에 관한 권리를 팔면서 고객의 시간을 장악해 나간다.

우리의 삶이 상품 교환에 바탕을 둔 체제에서 경험 영역의 접속에 바탕을 둔 체제로 변하고 있음을 의미한다. 이와 같은 접속의 시대에는 인간의 모든 경험이 다 서비스화될 수 있다. 문화라고 부를 수 있는 모든 것이 돈을 매개로 매매될 수 있는 상황이 되는 것이다. 사실상의 모든 인간 활동이 돈으로 거래되는 세계에서는 감정의 연대, 믿음 등에 기반을 둔 전통적인 인간관계가 입회, 등록, 요금 등에 기반을 둔 계약 관계로 바뀐다. 사람들과 어울려 지내는 우리의 일상적 삶 속에서 이미 상당한 부분이 순전한 상업적 관계로 얽혀 있다. 타인의 시간, 타인의 배려와 애정을 돈으로 사는 경우가 점점 늘어나고 있다. 이처럼 우리의 삶은 점점 상품화되고 공리와 영리의 경계선은 점점 허물어진다.

리프킨은 보다 편리한 생활을 영위하기 위해서 인간의 모든 경험을 상품화하는 현상이 사실은 우리 삶의 기저를 허물고 있다고 주장한다. 역사적으로 문화는 늘 상업에 선행했다. 상업은 문화의 파생물이었다. 그런데 지금은 사정이 바뀌어 문화가 상업화를 위한 재료 공급원으로 전락했다.

문화 자본주의는 인류가 수천 년 동안 발전시켜 온 문화적 다양성을 샅샅이 발굴하여 상품화하고 있는데, 역설적이게도 그 과정에서 문화적 다양성은 소멸되어 가고 있다. 인간 가치의 마지막 보루라 할 수 있는 문화 영역마저 상업 영역에 완전히 흡수당하게 되면 사회적 신뢰는 땅에 떨어지고 건강한 시민 사회의 기반은 완전히 허물어지고, 결국 인간의 문명은 위기에 처하게 된다.

리프킨은 지리적 공간에 뿌리를 둔 문화적 다양성을 지켜나가는 것만이 인간의 문명을 유지할 수 있는 유일한 길이라고 말하고 있다. 수천 년을 이어 온 인간 체험의 풍부한 문화적 다양성을 상실하는 것은, 생물 다양성을 잃는 것 못지않게 앞으로 우리가 생존하고 문명을 발전시켜 나가는 데 악영향을 미칠 것이다. 그러므로 문화와 산업의 적절한 균형을 복원시키는 일은 다가오는 시대에 우리가 해결해야 할 가장 중요한 과업이 되는 것이다.

109 윗글의 내용과 일치하지 않는 것은?

① 문화 영역이 상업 영역에 완전히 흡수되면 인류 문명은 위기에 처하게 된다.
② 접속은 인터넷은 물론 다양한 실물 영역에도 포괄적으로 적용되는 개념이다.
③ 정보 통신 기술의 발달에 힘입어 문화 산업이라고 하는 새로운 분야가 생겨났다.
④ 접속의 시대에는 인간의 모든 경험이 매매될 수 있어 인간의 삶이 점점 상품화된다.
⑤ 문화적 다양성이 사라지는 것은 좋지 않은 방향이다.

110 윗글의 구조를 가장 적절하게 정리한 것은?

① 현상 소개 → 현상 진단 → 대응 방안 제시
② 과거의 사실 회고 → 현재의 상황 분석 → 미래의 전망
③ 구체적 사례 제시 → 사례의 일반화 → 향후 전망 고찰
④ 기존 견해 소개 → 기존 견해 비판 → 새로운 견해 제시
⑤ 내용 정의 → 상황에 대한 비판 → 해결책 제시

[111 ~ 112] 다음 글을 읽고 이어지는 물음에 답하시오.

> 기업은 상품의 사회적 마모를 촉진시키는 주체이다. 생산과 소비가 지속되어야 이윤을 남길 수 있기 때문에, 하나의 상품을 생산해서 그 상품의 물리적 마모가 끝날 때까지를 기다렸다가는 그 기업은 망하기 십상이다. 이러한 상황에서 늘 수요에 비해서 과잉 생산을 하는 기업이 살아남을 수 있는 길은 상품의 사회적 마모를 짧게 해서 사람들로 하여금 계속 소비하게 만드는 것이다.
>
> 그래서 ㉠ 기업들은 더 많은 이익을 내기 위해서는 상품의 성능을 향상시키기보다는 디자인을 변화시키는 것이 더 바람직하다고 생각한다. 산업이 발달하여 ㉡ 상품의 성능이나 기능, 내구성이 이전보다 더욱 향상되었는데도 불구하고 상품의 생명이 이전보다 더 짧아지는 것은 어떻게 생각하면 자본주의 상품이 지닌 모순이라고 할 수 있다. 섬유의 질은 점점 좋아지지만 그 옷을 입는 기간은 이에 비해서 점점 짧아지게 되는 것이 바로 자본주의 상품이 지니고 있는 모순이다. 산업이 계속 발달하여 상품의 성능이 향상되는데도 상품의 사회적인 마모 기간이 누군가에 의해서 엄청나게 짧아지고 있다. 상품의 질은 향상되고 내가 버는 돈은 늘어 가는 것 같은데 늘 무엇인가 부족한 듯한 느낌이 드는 것도 이것과 관련이 있다.

111 ㉠에 대해 제기할 수 있는 반론으로 가장 적절한 것은?

① 상품의 성능은 그대로 두어도 향상될 수 있는가?
② 디자인에 관한 소비자들의 취향이 바뀌는 것을 막을 방안은 있는가?
③ 상품의 성능 향상을 등한시하며 디자인만 바꾼다고 소비가 증가할 것인가?
④ 사회적 마모 기간이 점차 짧아지면 디자인을 개발하는 것이 기업에 도움이 되겠는가?
⑤ 소비 성향에 맞춰 디자인을 다양화할 수 있는가?

112 다음 중 ㉡이 가장 잘 나타난 사례로 볼 수 있는 것은?

① 같은 가격이라면 남들이 많이 가지고 있는 것을 산다.
② 자신에게 필요가 없게 된 물건은 싼값에 남에게 판다.
③ 옷을 살 때는 디자인이나 기능보다는 가격을 더 고려한다.
④ 휴대전화를 가지고 있으면서도 새로운 모델의 휴대전화를 사기 위해 돈을 모은다.
⑤ 기능을 고려하여 가장 비싼 노트북을 산다.

[113 ~ 114] 다음 글을 읽고 이어지는 물음에 답하시오.

(가) 제도를 중시하는 경제학자들은, 지리적 조건이 직접적인 원인이라면 경제 성장에 더 유리한 지리적 조건을 가진 나라가 예나 지금이나 소득 수준이 더 높아야 하지만 그렇지 않은 예가 많다는 사실에 주목하였다. 이들은 '지리적 조건과 소득 수준 사이의 상관관계'와 함께 이러한 '소득 수준의 역전 현상'을 동시에 설명하려면, 제도가 경제 성장의 직접적인 원인이고 지리적 조건은 제도의 발달 방향에 영향을 주는 간접적인 경로를 통해 경제 성장과 관계를 맺는 것으로 보아야 한다고 주장한다. 다시 말해 지리적 조건은 지금의 경제 성장의 직접적인 원인이 아니라는 것이다. 오히려 지리적 조건은 과거에 더 잘 살던 지역에서는 경제 성장에 불리한 방향으로, 더 못살던 지역에서는 유리한 방향으로 제도가 발달하게 된 '제도의 역전'이라는 역사적 과정에 영향을 끼쳤다는 것이다.

(나) 많은 경제학자는 제도 발달이 경제 성장의 중요한 원인이라고 생각해 왔다. (   ) 재산권 제도가 발달하면 투자나 혁신에 대한 보상이 잘 이루어져 경제 성장에 도움이 된다는 것이다. (   ) 이를 입증하기는 쉽지 않다. 제도의 발달 수준과 소득 수준 사이에 상관관계가 있다 하더라도, 제도는 경제 성장에 영향을 줄 수도 있지만 경제 성장으로부터 영향을 받을 수도 있으므로 그 인과관계를 판단하기 어렵기 때문이다.

(다) 그런데 최근에 각국의 소득 수준이 위도나 기후 등의 지리적 조건과 밀접한 상관관계를 가진다는 통계적 증거들이 제시되었다. 제도와 달리 지리적 조건은 소득 수준의 영향을 받지 않는다. (   ) 지리적 조건이 사람들의 건강이나 생산성 등과 같은 직접적인 경로를 통해 경제 성장에 영향을 끼친다는 해석이 설득력을 얻게 되었다.

(라) 이제 지리적 조건의 직접적인 영향을 강조하는 학자들도 간접적인 경로의 존재를 인정하게 되었다. 하지만 직접적인 경로가 경제 성장에서 더욱 중요하고 지속적인 영향을 끼친다는 입장에는 변함이 없다.

113 내용의 흐름이 자연스럽게 연결된 것은?

① (가) – (다) – (나) – (라)
② (가) – (나) – (라) – (다)
③ (나) – (가) – (라) – (다)
④ (나) – (다) – (가) – (라)
⑤ (라) – (나) – (다) – (가)

114 괄호에 들어갈 접속어가 순서대로 연결된 것은?

① 예를 들어 – 즉 – 따라서
② 예를 들어 – 따라서 – 그러나
③ 예를 들어 – 그러나 – 이 때문에
④ 그러나 – 예를 들어 – 즉
⑤ 그러나 – 다시 말해 – 따라서

[115 ~ 117] 다음 글을 읽고 이어지는 질문에 답하시오.

법은 사회적 · 경제적 · 정치적 기타 사회 제도들을 반영하는 동시에 이에 대해 영향을 준다. 합의 이론은 사회 규범과 도덕 규범에 대한 전반적 합의와 사회의 모든 요소들과 관련된 공통적 이해관계를 언급함으로써 법의 내용과 운용을 설명한다. 갈등 이론은 법과 형사 사법 체계가 전체적인 사회의 이해관계나 규범보다는 사회에서 가장 힘 있는 집단의 이해관계와 규범을 구체화시킨다고 주장한다. 그리고 법은 사회에서 힘없는 집단을 부당하게 낙인찍고 처벌하는 형사 사법 체계에 의해 집행되는 것으로 주장한다.

합의 이론과 갈등 이론에 대한 경험적 자료는 법의 제정에 대한 연구, 범죄에 대한 여론연구, 검거 · 유죄판결 · 형벌에서의 인종 · 계급 · 성별 · 연령에 의한 불공정성에 대한 연구로부터 나온다. 경험적 연구는 다원적 갈등 이론을 뒷받침하는 경향이 있는데, 그 내용을 보면 핵심적 법 규범에 대해서는 합의가 있지만, 입법과 법의 집행에서는 경쟁적 이익 집단들 사이에 갈등이 있다는 것이다. 경험적 자료를 통해서는 인종차별주의와 성 차별주의가 형사 사법 체계에서 횡행하고 있는 것으로 나타나지는 않는다. 한편 형사 사법 체계가 편견으로부터 자유롭다는 것도 보여주지 못한다.

그러나 다수의 경험적 연구 결과들은 형사 사법 체계가 법 외적 변수보다는 법적으로 관련된 변수들에 입각하여 운용된다는 결론을 지지하는데 이는 극단적 갈등 이론과는 대조적인 것이며 다원적 갈등 이론과 일치하는 것이다.

갈등 이론은 범죄를 문화적 갈등이나 집단 갈등 속에 휩쓸린 개인의 행동으로 설명한다. 그러나 범죄 행위에 관한 이러한 이론을 검증한 연구는 거의 없다. 정치적 혹은 이데올로기적 동기로 인한 범죄는 갈등 이론과 잘 맞는 것으로 보인다. 하지만 청소년 비행이나 살인, 절도, 방화, 화이트칼라 범죄, 조직범죄와 같은 대다수의 범죄에는 갈등 이론이 설명력을 갖지 못한다. 갈등 이론은 형사 사법 체계의 운용이나 범죄 행위에 관한 설명으로서보다는 법 제정에 대한 설명으로서 더 큰 경험적 지지를 받는다.

갈등 이론과 합의 이론은 모두 다양한 이해와 가치가 공정하게 대표되고, 법과 형사 사법 체계가 비차별적이라는 점을 암시적으로 지지하지만 갈등 이론이 범죄 행위에 대해 갖는 구체적인 정책적 함의는 찾아보기 어렵다.

115 윗글로 미루어 성립하기 어려운 진술은?

① 외국인 이주자가 이전에 살던 나라의 관습에 따라 행동함으로써 이주해 온 국가의 법을 위반할 수 있다.

② 다원적 갈등 이론은 경쟁적 이익 집단이 입법과 통치를 통해 그들의 가치를 실현시키려는 민주 사회에 적용된다.

③ 한 국가 내에서 농촌 이주자들이 도시에서 자신들의 규범과 가치에 맞는 행동을 하게 되면, 도시의 법과 갈등 관계에 놓일 수 있다.

④ 갈등 이론은 입법, 법 위반, 법 집행의 모든 과정이 사회적 · 경제적 · 정치적 이익 집단들 사이의 갈등과 권력 차이에 관련되는 것으로 본다.

⑤ 합의된 규범과 사회 가치, 사회 체계의 질서 정연한 균형, 사회 통합이라는 법의 궁극적 기능을 강조하는 기능주의는 극단적 갈등 이론의 경험적인 사례를 잘 보여주는 것으로 해석할 수가 있다.

116 '갈등 이론'으로 설명하기 어려운 사례에 해당하는 것은?

① 금품을 빼앗을 목적으로 친구에게 사기 협박을 하는 경우
② 저항이나 혁명이 성공하여 이전의 지배자들이 범죄자로 전락하는 사태
③ 이민자가 모국의 관습에 따라 행동하다가 이주한 나라의 법을 위반하는 것
④ 낙태 합법화에 반대하는 행동주의자들이 낙태를 하는 병원의 문을 닫게 하는 행위
⑤ 흑인 차별법을 시행하고 이를 위반한 흑인을 범죄자로 낙인찍은 백인 지상주의자들이 오늘날에는 시민 권리에 관한 법을 위반한 범죄자로 간주되고 있다는 사실

117 윗글에 나타난 '합의 이론'의 관점과 거리가 먼 것은?

① 법의 내용과 본질은 사회의 기본적인 특징인 유기적 연대에서 찾을 수가 있을 것이다.
② 사회의 통합이 보다 합리적으로 이루어지게 되면 법의 통제도 합리적으로 이루어질 것이다.
③ 법의 내용은 공식적 법 개정에 의하거나 법원이 행하는 법 적용을 통해서 발전할 수 있을 것이다.
④ 법은 힘 있는 집단의 특별한 이익을 위해서가 아닌 사회 모든 사람의 이익을 위해서 봉사해야 할 것이다.
⑤ 어떤 사람은 범죄를 범하고 어떤 사람은 왜 범하지 않는가를 묻기보다 '어떤 행위는 범죄로 정의되지만 어떤 행위는 왜 범죄로 보지 않는가.'를 묻는 것이 더 중요할 것이다.

[118 ~ 120] 다음 글을 읽고 이어지는 질문에 답하시오.

수면은 피로가 누적된 심신을 회복하기 위해 주기적으로 잠을 자는 상태를 의미한다. 수면은 '비-REM수면'과 급속한 안구운동을 동반하는 'REM(Rapid Eye Movement)수면'이 교대로 나타난다. 일반적으로 비-REM수면 이후 REM수면이 진행된다. 비-REM수면은 4단계로 진행되면서 깊은 잠에 빠져들게 되는 수면이다. 이러한 수면의 양상은 수면 단계에 따라 달리 측정되는 뇌파로 살펴볼 수 있다. [㉠]

먼저 막 잠이 들기 시작하는 1단계 수면 상태에서 뇌는 '세타파'를 내보낸다. 세타파란 옅은 잠을 자는 상태에서 나타나는 뇌파로, 이때는 언제든 깰 수 있을 정도의 수면 상태이다. 이 단계는 각성 상태에서 수면으로 넘어가는 과도기적 상태로 뇌파가 각성 상태보다 서서히 느려진다. [㉡]

2단계 수면에서는 세타파 사이사이에 '수면방추'와 'K-복합체'라는 독특한 뇌파의 모습이 보인다. 수면방추는 세타파 중간마다 마치 실이 감겨 있는 것처럼 촘촘한 파동의 모습인데, 분당 2 ~ 5번 정도 나타나며 수면을 유지시켜 주는 역할을 한다.

K-복합체는 2단계 수면에서 나타나는데, 세타파 사이사이에 아래위로 갑자기 삐죽하게 솟아오르는 모습을 보인다. 실험에 의하면 K-복합체는 수면 중 갑작스러운 소음이 날 때 활성화된다. [㉢]

깊은 수면의 단계로 진행되면 뇌파 가운데 가장 느리고 진폭이 큰 '델타파'가 나타난다. 3단계와 4단계는 '델타파'의 비중에 따라 구별된다. 보통 델타파의 비중이 20 ~ 50%일 때는 3단계로, 50%를 넘어서 더 깊은 수면에 빠지는 상태가 되면 4단계로 본다. 때문에 4단계 수면은 '서파수면(Slow-wave-sleep)'으로도 알려져 있다. [㉣]

서파수면은 대뇌의 대사율과 혈류량이 각성 수준의 75%까지 감소되는 깊은 잠의 상태이고, REM수면은 잠에 빠져 있음에도 정신 활동이 이루어지는 상태이다. 이 때문에 서파수면 상태에 있는 사람을 깨우면 정신을 못 차리고 비틀거리며 혼란스러워 하고, REM수면 상태의 사람을 깨우면 금세 각성 상태로 돌아온다. [㉤]

자극에 반응을 하지 않을 정도의 비-REM수면은 온전한 휴식을 통해 진정한 심신의 회복을 가져다 준다. 자면서도 정신 활동이 이루어지는 REM수면은 인간의 뇌의 활동이나 학습에도 도움을 준다. 비-REM수면이든 REM수면이든 문제가 생기면 인간의 활동은 영향을 받게 된다.

118 윗글의 주된 내용 전개 방식으로 적절한 것은?

① 현상의 과정을 단계별로 나누어 설명하고 있다.
② 현상에 대한 다양한 관점을 비교·분석하고 있다.
③ 현상에 대한 해결 방안을 제시하고 있다.
④ 구체적인 사례를 통해 관련 현상을 설명하고 있다.
⑤ 새로운 시각으로 현상을 분석하는 이론을 소개하고 있다.

119 윗글을 이해한 내용으로 적절하지 않은 것은?

① 세타파만 측정되는 수면 상태라면 작은 소음에도 쉽게 깰 수 있겠어.
② 세타파 사이사이에 아래위로 삐죽하게 솟아오르는 뇌파는 분당 5번 정도 나타나는군.
③ 델타파의 속도는 세타파보다 느리지만, 진폭은 세타파보다 커.
④ 서파수면 상태의 사람과 REM수면 상태의 사람이 동시에 잠에서 깨 일어난다면 REM수면 상태의 사람이 더 빨리 움직이겠군.
⑤ 피로가 누적된 사람에게는 REM수면보다 비-REM수면이 필요해.

120 윗글의 ㉠~㉤ 중 〈보기〉의 문장이 들어갈 위치로 가장 적절한 것은?

보기

이를 통해 이것은 잠자는 사람이 깨는 것을 방지해 주는 역할을 하여 깊은 수면을 유도함을 알 수 있다.

① ㉠
② ㉡
③ ㉢
④ ㉣
⑤ ㉤

CHAPTER 02

PART 1 실전문제

자료해석

정답 및 해설 p.026

만점비법!

기초 · 응용수리에서 시간을 아껴라!

기초수리와 응용수리는 문제유형이 유사하여 많은 문제를 풀어보면 금방 익숙해질 수 있다. 간단한 공식을 이용해 응용하는 문제가 많이 출제되므로 핵심이론을 꼼꼼히 학습해야 한다.

자료해석은 전략적으로 풀어라!

표 또는 그래프가 주어지는 자료해석 영역은 보기 4개의 정오를 판단하고 정답을 도출해야 하므로 풀이시간이 많이 걸린다. 그러므로 핵심이론의 자료해석 풀이방법을 꼼꼼히 학습하여 자신만의 풀이전략을 터득해야 한다.

시간배분 연습을 철저히 하라!

자료해석은 20문제를 25분 동안 풀어야 한다. 다른 과목에 비해 시간이 많아 보일 수 있지만, 자료해석 문제 풀이 시간이 오래 걸리므로, 최대한 기초 · 응용수리 문제를 빠르게 풀어 시간을 확보한 후 자료해석 문제를 푸는 데 투자해야 한다.

경우의 수/확률

TIP

✔ **경우의 수**

- 합의 법칙 : 두 사건 A, B가 동시에 일어나지 않을 때, 사건 A가 일어나는 경우의 수를 m, 사건 B가 일어나는 경우의 수를 n이라고 하면, 사건 A 또는 B가 일어나는 경우의 수는 $m+n$이다.
- 곱의 법칙 : 두 사건 A, B에 대하여 사건 A가 일어나는 수가 m이고, 그 각각의 경우에 대하여 사건 B가 일어나는 경우의 수가 n이면, 사건 A와 사건 B가 동시에, 잇달아 일어나는 경우의 수는 $m\times n$이다.

✔ **확률**

- $P(A)=\dfrac{a(\text{사건 }A\text{가 일어나는 경우의 수})}{n(\text{일어날 수 있는 모든 경우의 수})}$
- 확률의 성질
  - 임의의 사건 A가 일어날 확률을 $P(A)$라고 하면 $0\le P(A)\le 1$이다.
  - 반드시 일어나는 사건의 확률은 1이고, 절대로 일어날 수 없는 사건의 확률은 0이다.
- 확률의 덧셈과 곱셈
  사건 A가 일어날 확률을 p, 사건 B가 일어날 확률을 q라고 하면,
  - 사건 A, B가 동시에 일어나지 않을 때 사건 A 또는 사건 B가 일어날 확률 : $p+q$
  - 사건 A, B가 서로 영향을 주지 않을 때 사건 A와 사건 B가 동시에 일어날 확률 : $p\times q$
- 기댓값의 계산
  - 사건 A가 일어날 확률을 p, 이때 받는 상금을 a원이라면 기댓값은 $a\times p$(원)
  - 동시에 일어나지 않는 두 사건 A, B에 대하여 상금의 기댓값은 (사건 A에 대한 기댓값)+(사건에 B에 대한 기댓값)

01 갑은 K주차장에 4시간 45분간 주차했던 차량의 주차 요금을 정산하려고 한다. 이 주차장에서는 총 주차 시간 중 최초 1시간의 주차 요금을 면제하고, 다음의 주차 요금 기준에 따라 요금을 부과한다. 갑이 지불해야 할 금액은?

〈주차 요금 기준〉

구분	총 주차 시간	
	1시간 초과~3시간 이하	3시간 초과인 경우
요금	30분마다 500원	30분마다 2,000원

※ 주차 요금은 30분 단위로 부과되고, 잔여시간이 30분 미만일 경우 30분으로 간주한다.

① 5,000원
② 9,000원
③ 10,000원
④ 11,000원

02 흰 구슬 4개, 검은 구슬 6개가 들어 있는 주머니에서 연속으로 2개의 구슬을 꺼낼 때, 흰 구슬, 검은 구슬을 각각 1개씩 뽑을 확률은 얼마인가?(단, 꺼낸 구슬은 다시 넣지 않는다)

① $\frac{6}{25}$
② $\frac{4}{15}$
③ $\frac{1}{2}$
④ $\frac{8}{15}$

03 동전을 던져 앞면이 나오면 A가 B에게 1원을 주고, 뒷면이 나오면 B가 A에게 1원을 주는 게임을 하고 있다. 둘 중에 한 명이 가진 돈이 0원이 되면 게임이 끝난다고 한다. 현재 A는 2원을, B는 1원을 가지고 있다. 동전을 세 번 이하로 던져 게임이 끝날 확률은 얼마인가?

① 0
② $\frac{1}{2}$
③ $\frac{3}{4}$
④ $\frac{7}{8}$

04 M회사에서 8월 첫째 주부터 셋째 주 중 한 주에 두 명씩 여름휴가를 신청할 수 있다. 인원이 6명인 부서에서 기준에 맞추어 여름휴가를 신청할 수 있는 방법은 모두 몇 가지인가?(단, 요일은 고려하지 않는다)

① 90가지
② 81가지
③ 72가지
④ 63가지

05 A, B, C, D 네 팀이 서로 다른 팀과 한 번씩 경기를 한다고 한다. 이때 네 팀은 총 몇 회의 경기를 치르는가?

① 3회
② 4회
③ 5회
④ 6회

인원수/개수/나이/증가 · 감소

TIP

✔ 나이

- 문제에서 제시된 조건의 나이가 현재인지, 과거인지를 확인한 후 구해야 하는 한 명의 나이를 x라 하여 식을 세워 해결한다.

  예 현재 A의 나이가 30세, B의 나이가 10세라면 A의 나이가 B의 나이의 2배가 되는 시점은?

  ⇒ $30+x=2(10+x)$ ∴ $x=10$년 후

✔ 증가 · 감소

- x가 a%만큼 증가 : $\left(1+\frac{a}{100}\right)x$
- x가 a%만큼 감소 : $\left(1-\frac{a}{100}\right)x$

자료해석

06 전교생이 1,000명이고 이 중 남학생이 여학생보다 200명이 많은 어느 학교에서 안경 낀 학생 수를 조사하더니 안경 낀 학생은 안경을 끼지 않은 학생보다 300명이 적었다. 안경 낀 남학생이 안경 낀 여학생의 1.5배였다면 안경 낀 여학생은 몇 명인가?

① 120명 ② 140명
③ 160명 ④ 180명

07 어느 공장에서 작년에 A제품과 B제품을 합하여 1,000개를 생산하였다. 올해는 작년보다 A제품의 생산량은 10% 증가하고, B제품의 생산량은 10% 감소하여 전체 생산량은 4% 증가하였다. 올해 A제품의 생산량은 몇 개인가?

① 550개 ② 600개
③ 660개 ④ 770개

08 다음은 200명의 시민을 대상으로 A, B, C회사에서 생산한 자동차의 소유 현황을 조사한 결과이다. 조사 대상자 중, 위 세 회사에서 생산된 어떤 자동차도 가지고 있지 않은 사람은 총 몇 명인가?

- 자동차를 2대 이상 가진 사람은 없다.
- A사 자동차를 가진 사람은 B사 자동차를 가진 사람보다 10명 많다.
- B사 자동차를 가진 사람은 C사 자동차를 가진 사람보다 20명 많다.
- A사 자동차를 가진 사람 수는 C사 자동차를 가진 사람 수의 2배이다.

① 20명　② 40명
③ 60명　④ 80명

09 다음은 같은 동아리에서 활동하는 두 학생의 대화 내용이다. 빈칸에 들어갈 가장 작은 수는 얼마인가?

남경 : 우리 동아리 회원끼리 뮤지컬 보러 갈까?
산하 : 그래, 정말 좋은 생각이다. 관람료는 얼마니?
남경 : 개인관람권은 10,000원이고, 30명 이상 단체는 15%를 할인해 준대!
산하 : 30명 미만이 간다면 개인관람권을 사야겠네?
남경 : 아니야, 잠깐만! 계산을 해 보면…….
아하! [　　]명 이상이면 단체관람권을 사는 것이 유리해!

① 25　② 26
③ 27　④ 28

10 현재 아버지와 아들의 나이의 차는 25세이고, 3년 후 아버지 나이는 아들 나이의 2배보다 7살 더 많다. 이때 현재 아버지의 나이는?

① 40세　② 42세
③ 44세　④ 46세

11 다음은 K자동차 회사의 고객만족도 조사결과이다. 출고시기에 관계없이 전체 조사대상자 중에서 260명이 연비를 장점으로 선택했다면, 이 설문에 응한 총 고객 수는 몇 명인가?

〈고객만족도 조사결과〉

(단위 : %)

구분	1 ~ 12개월 (출고시기별)	13 ~ 24개월 (출고시기별)	고객 평균
안전성	41	48	45
A/S의 신속성	19	17	18
정숙성	2	1	1
연 비	15	11	13
색 상	11	10	10
주행 편의성	11	9	10
차량 옵션	1	4	3
합계	100	100	100

① 2,000명　② 2,500명
③ 3,000명　④ 3,500명

12 어느 과수원에서 작년에 생산된 사과와 배의 개수를 모두 합하면 500개였다. 올해는 작년에 비해 사과의 생산량은 절반으로 감소하고 배의 생산량은 두 배로 증가하였다. 올해 사과와 배의 개수를 합하여 모두 700개를 생산했다면, 올해 생산된 사과는 몇 개인가?

① 100개　② 200개
③ 300개　④ 400개

13 다음은 K마트의 과자 종류에 따른 가격을 나타낸 표이다. K마트는 A, B, C과자에 기획 상품 할인을 적용하여 팔고 있다. A ~ C과자를 정상가로 각각 2봉지씩 구매할 수 있는 금액을 가지고 각각 2봉지씩 할인된 가격으로 구매 후 A과자를 더 산다고 할 때, A과자를 몇 봉지 더 살 수 있는가?

〈과자별 가격 및 할인율〉

구분	A	B	C
정상가	1,500원	1,200원	2,000원
할인율	20%		40%

① 4봉지　② 3봉지
③ 2봉지　④ 1봉지

비용

TIP

✔ 비용 관련 공식

- (정가)=(원가)+(이익)
- (이익)=(판매가격)−(원가)
- a원에서 b%만큼 할인한 가격 : $a\left(1-\frac{b}{100}\right)$

14 금연프로그램을 신청한 흡연자 A씨는 국민건강보험공단에서 진료 및 상담 비용과 금연보조제 비용의 일정 부분을 지원 받고 있다. A씨는 의사와 상담을 6회 받았고, 금연보조제로 니코틴패치 3묶음을 구입했다고 할 때, 다음 지원 현황에 따라 흡연자 A씨가 지불하는 부담금은 얼마인가?

〈금연프로그램 지원 현황〉

구분	진료 및 상담	금연보조제(니코틴패치)
가격	30,000원/회	12,000원/묶음
지원금 비율	90%	75%

※ 진료 및 상담료 지원금은 6회까지 지원한다.

① 21,000원 ② 23,000원
③ 25,000원 ④ 27,000원

15 올림픽에 참가한 어느 종목의 선수들을 A, B, C등급으로 분류하여 전체 4,500만 원의 포상금을 지급하려고 한다. A등급 선수에게는 B등급 선수가 받는 포상금의 2배, B등급 선수에게는 C등급 선수가 받는 포상금의 $\frac{3}{2}$배를 지급하려고 한다. A등급은 5명, B등급은 10명, C등급은 15명이라면, A등급을 받은 선수 한 명에게 지급될 금액은 얼마인가?(단, 같은 등급을 받은 선수들에게는 같은 금액이 지급된다)

① 300만 원 ② 400만 원
③ 450만 원 ④ 500만 원

16 용훈이가 어떤 물건을 100개 구입하여, 구입 가격에 25%를 더한 가격으로 50개를 팔았다. 이 가격에서 할인하여 나머지 50개를 팔았더니 본전이 되었다면 할인율은 얼마인가?

① 32.5% ② 35%
③ 37.5% ④ 40%

17 어느 지역의 배추 유통과정은 다음과 같다. 소비자가 소매상으로부터 배추를 구입하였을 때의 가격은 협동조합이 산지에서 구입하였을 때의 가격 대비 몇 %가 상승하였는가?

〈배추 유통과정〉

판매처	구매처	판매가격
산지	협동조합	재배 원가에 10% 이윤을 붙임
협동조합	도매상	산지에서 구매한 가격에 20% 이윤을 붙임
도매상	소매상	협동조합으로부터 구매 가격이 판매가의 80%
소매상	소비자	도매상으로부터 구매 가격에 20% 이윤을 붙임

① 20% ② 40%
③ 60% ④ 80%

18 A기업에서 직원들에게 자기계발 교육비용을 일부 지원하기로 하였다. 총무인사팀에 5명의 직원이 아래 자료와 같이 프로그램을 신청하였다면, 기업에서 직원들에게 지원하는 총 교육비는 얼마인가?

〈자기계발 수강료 및 지원 금액 비율〉

구분	영어회화	컴퓨터 활용	세무 회계
수강료	7만원	5만원	6만원
지원 금액 비율	50%	40%	80%

〈신청한 교육프로그램〉

구분	영어회화	컴퓨터 활용	세무 회계
김 사원	○		○
이 주임	○	○	○
박 주임		○	○
차 대리	○		
하 과장		○	

① 307,000원 ② 308,000원
③ 309,000원 ④ 310,000원

자료해석

농도

TIP

✔ 농도 관련 공식

- (소금물의 농도)$=\frac{\text{(소금의 양)}}{\text{(소금물의 양)}}\times 100(\%)$
- (소금의 양)$=\frac{\text{(소금물의 농도)}}{100}\times$(소금물의 양)

19 4%의 소금물이 들어 있는 컵에 10%의 소금물을 넣었더니, 8%의 소금물 600g이 만들어졌다. 처음 컵에 들어 있던 4%의 소금물의 양은?

① 160g
② 180g
③ 200g
④ 220g

20 농도가 12%인 A설탕물 200g, 15%인 B설탕물 300g, 17%인 C설탕물 100g이 있다. A와 B설탕물을 합친 후 300g만 남기고 버린 다음, 여기에 C설탕물을 합친 후 다시 300g만 남기고 버렸다. 마지막 300g 설탕물에 녹아 있는 설탕의 질량은?

① 41.5g
② 42.7g
③ 43.8g
④ 44.6g

21 A설탕물 300g, B설탕물 100g을 섞으면 8%의 설탕물이 만들어지고, A설탕물 200g, B설탕물 300g을 섞으면 10%의 설탕물이 만들어진다. A설탕물의 농도는?

① $\frac{43}{7}\%$
② $\frac{46}{7}\%$
③ 7%
④ $\frac{52}{7}\%$

22 농도가 20%인 묽은 염산 300g이 있다. 농도가 5%인 묽은 염산을 섞어 실험에 쓸 수 있는 묽은 염산으로 희석시킨다. 농도가 10%보다 진할 경우, 실험용 염산으로 사용할 수 없다고 할 때, 필요한 5% 묽은 염산의 최소량은?

① 600g
② 650g
③ 700g
④ 750g

수열

TIP

✔ 수열의 종류

- 등차수열 : 첫째 항부터 차례로 일정한 수를 더하여 만든 수열
- 등비수열 : 첫째 항부터 차례로 일정한 수를 곱하여 만든 수열
- 계차수열 : 앞의 항과의 차가 일정한 규칙을 가지는 수열
- 피보나치수열 : 앞의 두 항의 합이 그 다음 항을 이루는 수열
- 건너뛰기수열 : 두 개 이상의 수열이 일정한 간격을 두고 번갈아 가며 나타나는 수열

23 일정한 규칙으로 수를 나열할 때, 빈칸에 들어갈 수로 알맞은 것은?

−8	−7	−3	6	( )	47	83

① 20　② 22
③ 24　④ 26

24 일정한 규칙으로 수를 나열할 때, $B-A$의 값은?

5	(A)	4	12	16	11	66	(B)	65	585

① 58　② 63
③ 67　④ 71

25 다음과 같이 숫자를 일정한 규칙으로 나열하였을 때, 빈칸에 들어갈 수로 알맞은 것은?

1	3	7	5	( )	7	19

① 9　② 11
③ 13　④ 15

거리/속도/시간

TIP

✔ 거리/속도/시간 관련 공식

거리를 s, 속력을 v, 시간을 t라 할 때, $s = vt$, $v = \frac{s}{t}$, $t = \frac{s}{v}$

26 A기차와 B기차가 36m/s의 일정한 속력으로 달리고 있다. 600m 길이의 터널을 완전히 지나는 데 A기차가 25초, B기차가 20초 걸렸다면, 이때 각 기차의 길이로 알맞게 짝지어진 것은?

	A기차	B기차
①	200m	150m
②	300m	120m
③	150m	120m
④	200m	130m

27 둘레가 9.8km인 호수를 A와 B 두 사람이 같은 지점에서 동시에 출발한다. 호수를 일정한 속력으로 돌아 두 사람이 다시 만날 때까지 같은 방향으로 걸어가면 1시간, 다른 방향으로 걸어가면 30분이 걸린다면 A와 B의 속력은 얼마인가?(단, A가 B보다 더 빠르다)

	A속력	B속력
①	12.9km/h	5.8km/h
②	13.3km/h	5.1km/h
③	14.7km/h	4.9km/h
④	15.3km/h	5.2km/h

28 욕조에 물을 가득 채우는 데에는 40분이 걸리고, 가득 찬 물을 빼내는 데에는 90분이 걸린다. 슬기가 실수로 욕조의 마개를 열어둔 채로 물을 받을 때 욕조에 물이 가득 차는 데 걸리는 시간은?

① 50분
② 1시간
③ 1시간 2분
④ 1시간 12분

29 누리와 수연이는 같이 운동을 하기로 했다. 누리는 걸어서, 수연이는 자전거를 타고 운동을 했으며, 운동을 시작한 위치는 같았다. 누리가 15km를 먼저 이동했고, 수연이는 자전거를 이용해서 누리보다 10km/h 빠르게 움직인다. 수연이가 자전거를 타고 40km를 이동해서 누리를 만났다면, 두 사람이 함께 운동한 시간은 얼마인가?

① 1시간
② 1시간 30분
③ 2시간
④ 2시간 30분

자료해석

30 A는 집에서 거리가 10km 떨어진 학교에 다니고 있는데, 등교할 때는 자전거를 타고 이동하여 1시간이 걸리고, 하교할 때는 학교에서 4km 떨어진 헬스장을 들렀다가 운동 후 7km 거리를 이동하여 집에 도착한다. 하교할 때 학교에서 헬스장까지 30분, 헬스장에서 집까지 1시간 30분이 걸린다면 A가 등하교하는 평균속력은 몇 km/h인가?

① 5km/h
② 6km/h
③ 7km/h
④ 8km/h

TIP

✔ 순열의 정의

서로 다른 n개에서 $r(0 < r \leq n)$개를 택하여 일렬로 나열하는 것을 n개에서 r개를 택하는 순열이라고 하고, 순열의 수를 기호 ${}_n\mathrm{P}_r$로 나타낸다.

✔ 조합의 정의

서로 다른 n개에서 순서를 생각하지 않고 $r(0 < r \leq n)$개를 택하는 것을 n개에서 r개를 택하는 조합이라고 하고, 이 조합의 수를 기호 ${}_n\mathrm{C}_r$로 나타낸다.

✔ 조합과 관련한 여러 공식

- ${}_n\mathrm{C}_r = \dfrac{{}_n\mathrm{P}_r}{r!} = \dfrac{n!}{r!(n-r)!}$ (단, $0 \leq r \leq n$)
- ${}_n\mathrm{C}_r = {}_n\mathrm{C}_{n-r}$ (단, $0 \leq r \leq n$)
- ${}_n\mathrm{C}_0 = 1$, ${}_n\mathrm{C}_n = 1$

※ $n!$은 'n 팩토리얼(Factorial)' 또는 'n의 계승'이라고 읽으며, 이것은 1에서 n까지 연속한 자연수의 곱을 의미한다.

✔ 분산과 표준편차

- 분산$=\dfrac{(\text{편차})^2\text{의 총합}}{\text{변량의 수}}$
- 표준편차$=\sqrt{\text{분산}}$

✔ 수

- 연속한 두 자연수 : x, $x+1$
- 연속한 세 자연수 : $x-1$, x, $x+1$
- 연속한 두 짝수(홀수) : x, $x+2$
- 연속한 세 짝수(홀수) : $x-2$, x, $x+2$
- 십의 자리의 숫자가 x, 일의 자리의 숫자가 y인 두 자리 자연수 : $10x+y$
- 백의 자리의 숫자가 x, 십의 자리의 숫자가 y, 일의 자리의 숫자가 z인 세 자리 자연수 : $100x+10y+z$

31 $A = 2^4 \times 3 \times 5$, $B = 2^4 \times 3^2$일 때, 두 수 A, B의 공약수는 몇 개인가?

① 4개　② 6개

③ 8개　④ 10개

32 다음은 상품 A, B의 1년 동안의 계절별 판매량을 나타낸 그래프이다. 이 그래프의 내용과 다른 것은?

〈1년 동안의 계절별 판매량〉

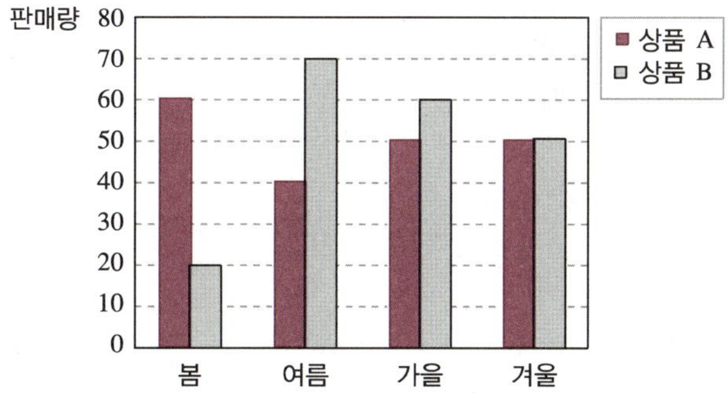

① A와 B의 연간 판매량은 거의 같다.
② A의 판매량의 표준편차가 B보다 크다.
③ A와 B의 판매량의 합이 가장 적은 계절은 봄이다.
④ 두 상품의 판매량의 차는 시간이 지남에 따라 감소한다.

33 최근 ○○고속도로의 어느 한 구간에서 교통사고 발생이 잦아 이를 예방하기 위해 규제 표지판을 설치하려고 한다. 구간이 시작되는 지점에서 A지점까지의 거리는 70km이고 A지점에서 구간이 끝나는 지점까지의 거리는 42km이다. 해당구간에 같은 간격으로 표지판의 개수가 최소가 되도록 설치할 때, 필요한 표지판의 개수는?(단, 구간의 양 끝과 A지점에는 표지판을 반드시 설치하고 표지판의 너비는 고려하지 않는다)

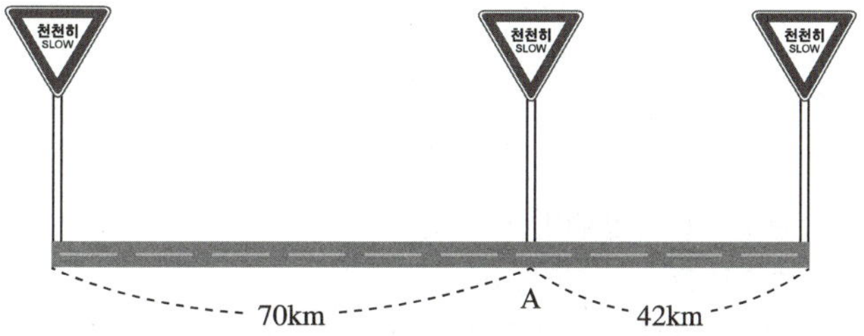

① 8개
② 9개
③ 10개
④ 11개

기타

TIP

✔ **시계**

- 시침이 1시간 동안 이동하는 각도

$\Rightarrow \frac{\text{(시침이 한 바퀴 돌 때의 각도)}}{\text{(시침이 한 바퀴 돌 때의 시간)}}=\frac{360°}{12}=30°$

- 시침이 1분 동안 이동하는 각도

$\Rightarrow \frac{\text{(시침이 1시간 동안 이동하는 각도)}}{\text{1시간(60분)}}=\frac{360°}{60}=0.5°$

- 분침이 1분 동안 이동하는 각도

$\Rightarrow \frac{\text{(분침이 한 바퀴 돌 때의 각도)}}{\text{(분침이 한 바퀴 돌 때의 각도)}}=\frac{360°}{60}=6°$

✔ **평면도형의 넓이**

- 삼각형의 넓이 : $S=\frac{1}{2}ah$ (a : 밑변의 길이, h : 높이)
- 정사각형의 넓이 : $S=a^2$ (a : 한 변의 길이)
- 평행사변형의 넓이 : $S=ah$ (a : 밑변의 길이, h : 높이)
- 사다리꼴의 넓이 : $S=\frac{(a+b)}{2}h$ (a : 윗변의 길이, b : 아랫변의 길이, h : 높이)

✔ **원**

- 원주 : $l=2\pi r$ (r : 반지름의 길이)
- 원의 넓이 : $S=\pi r^2$ (r : 반지름의 길이)

✔ **부채꼴**

- 부채꼴의 호의 길이 : $l=2\pi r\frac{x}{360}$ (r : 반지름의 길이, x : 중심각)
- 부채꼴의 넓이 : $S=\pi r^2\times\frac{x}{360}=\frac{1}{2}rl$ (r : 반지름의 길이, l : 호의 길이)

✔ **입체도형의 부피와 겉넓이**

- 각기둥
  - 부피(V)$=Ah$ (A : 밑넓이, h : 높이)
  - 겉넓이(S)=(밑넓이)$\times 2+$(옆넓이)
- 원기둥 (r : 밑면의 반지름의 길이, h : 높이)
  - 부피(V)$=\pi r^2h$
  - 겉넓이(S)$=2\pi rh+2\pi r^2=2\pi r(h+r)$

✔ 뿔 · 구의 부피와 겉넓이

- 각뿔
  - 부피(V)= $\frac{1}{3}Ah$ (A : 밑넓이, h : 높이)
  - 겉넓이(S)=(밑넓이)+(옆넓이)
- 원뿔 (r : 밑면의 반지름의 길이, l : 모선의 길이, h : 높이)
  - 부피(V)= $\frac{1}{3}\pi r^2 h$
  - 겉넓이(S)= $\pi r^2 + \pi rl = \pi r(r+l)$
- 구 (r : 구의 반지름의 길이)
  - 부피(V)= $\frac{4}{3}\pi r^3$
  - 겉넓이(S)= $4\pi r^2$

✔ 날짜 · 요일

- 1일=24시간=1,440분=86,400초
- 월별 일수
  - 31일 : 1월, 3월, 5월, 7월, 8월, 10월, 12월
  - 30일 : 4월, 6월, 9월, 11월
  - 28일 또는 29일 : 2월

34 다음과 같은 용기에 물을 가득 붓는다면 얼마나 들어가는가?(단, $\pi=3$)

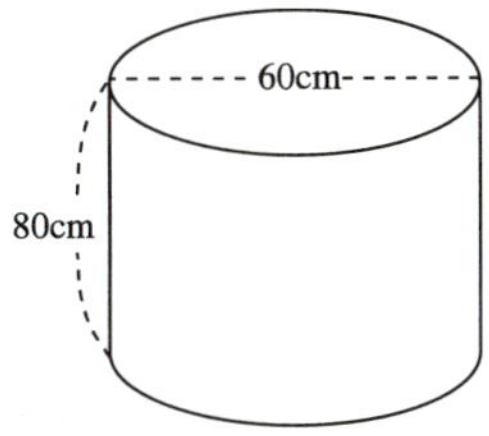

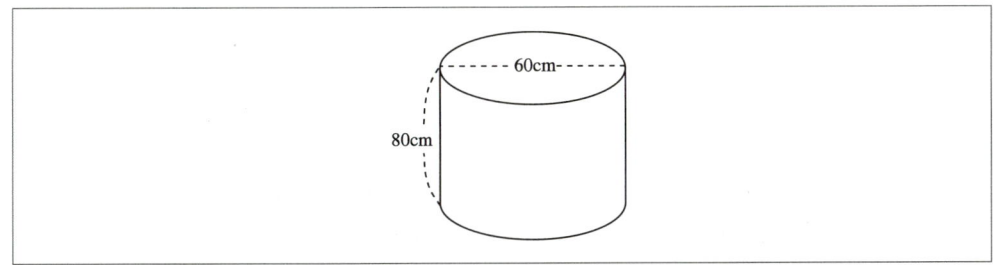

① 216L
② 254L
③ 288L
④ 384L

35 가로, 세로의 길이가 각각 20cm, 15cm인 직사각형이 있다. 가로의 길이를 줄여서, 직사각형의 넓이를 반 이하로 줄이려고 한다. 가로의 길이는 최소 몇 cm 이상 줄여야 하는가?

① 8cm ② 10cm
③ 12cm ④ 14cm

36 시계 광고에서 시계는 항상 10시 10분을 가리킨다. 그 이유는 이 시각이 회사 로고가 가장 잘 보이며 시계 바늘이 이루는 각도도 가장 안정적이기 때문이다. 시계가 10시 10분을 가리킬 때 시침과 분침이 이루는 작은 쪽의 각도는 얼마인가?

① 115° ② 145°
③ 175° ④ 205°

37 길이가 1cm씩 일정하게 길어지는 정사각형 n개의 넓이를 모두 더하면 255cm^{2}가 된다. n개의 정사각형을 연결했을 때 전체 둘레는?(단, 정사각형 한 변의 길이는 자연수이다)

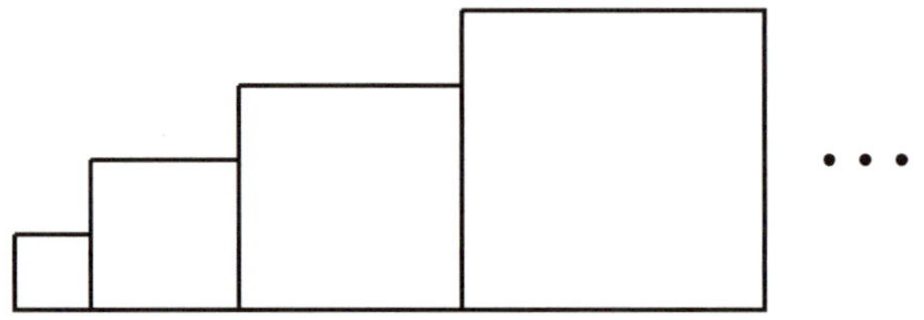

① 80cm ② 84cm
③ 88cm ④ 92cm

표 해석

TIP

✔ **자료해석 문제의 구조**

- 주어진 자료에 대한 소개와 문제가 제시된다.
- 보기 해결을 위한 제목, 단위, 항목(변수), 데이터, 각주 등이 제시된다.
- 보기는 크게 선다형과 선택형이 출제된다.

✔ **자료의 종류**

- 일반적 자료 : 동일한 시점에서 여러 개의 항목(사람, 집단, 국가 등)을 측정한 것으로 최댓값과 최솟값, 대소 비교 및 순서 비교, 비중 계산, 항목 간의 관계 등을 알 수 있다.
- 시계열 자료 : 하나의 항목을 여러 시점에 따라 측정한 것으로 연도별, 반기별, 분기별, 월별, 주별, 일별 등 다양한 시간 단위로 제공된다. 증가(감소)하는 추세인지, 어느 정도 증가(감소)했는지, 전년(전분기) 대비 증가(감소)했는지 등을 알 수 있다.

38 **다음은 어느 해 개최된 올림픽에 참가한 6개국의 성적이다. 이에 대한 내용으로 옳지 않은 것은?**

〈국가별 올림픽 성적〉

(단위 : 명, 개)

국가	참가선수	금메달	은메달	동메달	메달 합계
A	240	4	28	57	89
B	261	2	35	68	105
C	323	0	41	108	149
D	274	1	37	74	112
E	248	3	32	64	99
F	229	5	19	60	84

① 획득한 금메달 수가 많은 국가일수록 은메달 수는 적었다.
② 금메달을 획득하지 못한 국가가 가장 많은 메달을 획득했다.
③ 참가선수의 수가 많은 국가일수록 획득한 동메달 수도 많았다.
④ 획득한 메달의 합계가 큰 국가일수록 참가선수의 수도 많았다.

39 다음은 청소년의 경제의식에 대한 설문조사 결과를 정리한 자료이다. 이에 대한 설명 중 옳은 것은?

〈청소년의 경제의식에 대한 설문조사 결과〉

(단위 : %)

설문내용	구분	전체	성별		학교별	
			남	여	중학교	고등학교
용돈을 받는지 여부	예	84.2	82.9	85.4	87.6	80.8
	아니요	15.8	17.1	14.6	12.4	19.2
월간 용돈 금액	5만 원 미만	75.2	73.9	76.5	89.4	60
	5만 원 이상	24.8	26.1	23.5	10.6	40
금전출납부 기록 여부	기록한다	30	22.8	35.8	31	27.5
	기록 안 한다	70	77.2	64.2	69	72.52

① 용돈을 받는 남학생의 비율이 용돈을 받는 여학생의 비율보다 높다.

② 월간 용돈을 5만 원 미만으로 받는 비율은 중학생이 고등학생보다 높다.

③ 고등학생 전체 인원을 100명이라 한다면, 월간 용돈을 5만 원 이상 받는 학생은 40명이다.

④ 금전출납부는 기록하는 비율이 기록 안 하는 비율보다 높다.

40 다음은 시·군지역의 성별 비경제활동 인구에 관해 조사한 자료이다. (가), (나)에 알맞은 수를 올바르게 나열한 것은?(단, 소수점 이하 둘째 자리에서 반올림한다)

〈성별 비경제활동 인구〉

(단위 : 천 명, %)

구분	총계	남자	비중	여자	비중
시지역	7,800	2,574	(가)	5,226	67
군지역	1,149	385	33.5	764	(나)

	(가)	(나)
①	30	65
②	31	65.5
③	32	66
④	33	66.5

41 다음은 임차인 A ~ E의 전 · 월세 전환 현황에 대한 자료이다. 이에 대한 〈보기〉의 설명 중 옳은 것만을 모두 고르면?

〈임차인 A ~ E의 전 · 월세 전환 현황〉

(단위 : 만 원)

임차인	전세금	월세보증금	월세
A	(　)	25,000	50
B	42,000	30,000	60
C	60,000	(　)	70
D	38,000	30,000	80
E	58,000	53,000	(　)

※ $[\text{전 · 월세 전환율}(\%)] = \dfrac{(\text{월세}) \times 12}{(\text{전세금}) - (\text{월세보증금})} \times 100$

보기

ㄱ. A의 전 · 월세 전환율이 6%라면, 전세금은 35,000만 원이다.
ㄴ. B의 전 · 월세 전환율은 10%이다.
ㄷ. C의 전 · 월세 전환율이 3%라면, 월세보증금은 36,000만 원이다.
ㄹ. E의 전 · 월세 전환율이 12%라면, 월세는 50만 원이다.

① ㄱ, ㄴ　　② ㄱ, ㄷ
③ ㄱ, ㄹ　　④ ㄴ, ㄹ

42 다음은 A도서관에서 특정시점에 구입한 도서 10,000권에 대한 5년간의 대출현황을 조사한 자료이다. 이에 대한 설명 중 옳지 않은 것은?

〈도서 10,000권의 5년간 대출현황〉

(단위 : 권)

구분	구입 ~ 1년	구입 ~ 3년	구입 ~ 5년
0회	5,302	4,021	3,041
1회	2,912	3,450	3,921
2회	970	1,279	1,401
3회	419	672	888
4회	288	401	519
5회	109	177	230
합계	10,000	10,000	10,000

① 구입 후 1년 동안 도서의 절반 이상이 대출되었다.

② 도서의 약 40%가 구입 후 3년 동안 대출되지 않았으며, 도서의 약 30%가 구입 후 5년 동안 대출되지 않았다.

③ 구입 후 1년 동안 1회 이상 대출된 도서의 60% 이상이 단 1회 대출되었다.

④ 구입 후 1년 동안 도서의 평균 대출횟수는 약 0.78회이다.

43 다음은 초·중등교육 규모에 관해 조사한 자료이다. 이에 대한 설명으로 옳은 것은?

〈초·중등교육 규모〉

(단위 : 개교, 천 명)

구분		2007년	2008년	2009년	2010년	2011년	2012년	2013년
학교 수	초등학교	5,756	5,813	5,829	5,854	5,882	5,895	5,913
	중학교	3,032	3,077	3,106	3,130	3,153	3,162	3,173
	고등학교	2,159	2,190	2,225	2,253	2,282	2,303	2,322
학생 수	초등학교	3,830	3,672	3,474	3,299	3,132	2,952	2,784
	중학교	2,063	2,039	2,007	1,975	1,911	1,849	1,804
	고등학교	1,841	1,907	1,966	1,962	1,944	1,920	1,893
교원 수	초등학교	167	172	175	177	181	181	182
	중학교	108	109	109	109	111	111	113
	고등학교	120	123	125	126	131	133	133

※ 학교 수는 분교 및 폐교, 계열변경교(고등학교)를 제외한 수치이며, 학생 수는 재적학생 수임

① 학생 수는 초등학교, 중학교, 고등학교 모두 계속해서 감소하고 있다.

② 2013년 초등학교 교원 수는 2007년에 비해 두 배 이상 증가하였다.

③ 학교 수는 초등학교, 중학교, 고등학교 모두 계속해서 증가하고 있다.

④ 초등학교의 교원 1인당 학생 수는 지속적으로 증가하고 있다.

44 다음은 A, B, C 세 사람의 신장과 체중을 비교한 자료이다. 이에 대한 설명으로 옳은 것은?

〈A, B, C 세 사람의 신장·체중 비교〉

(단위 : cm, kg)

구분	2012년		2017년		2022년	
	신장	체중	신장	체중	신장	체중
A	136	41	152	47	158	52
B	142	45	155	51	163	49
C	138	42	153	48	166	55

① 제시된 기간 동안 세 사람 모두 신장과 체중은 계속 증가하였다.
② 제시된 기간 동안 세 사람의 연도별 신장 순위와 체중 순위는 동일하다.
③ 제시된 기간 동안 B는 세 사람 중 가장 키가 크다.
④ 2012년 대비 2022년 신장이 가장 많이 증가한 사람은 C이다.

자료해석

45 다음은 2014년부터 2020년까지 친환경 농산물 생산량에 대한 자료이다. 이에 대한 설명 중 옳은 것은?

〈친환경 농산물 생산량 추이〉

(단위 : 백 톤)

구분	2014년	2015년	2016년	2017년	2018년	2019년	2020년
유기 농산물	1,721	2,536	2,969	4,090	7,037	11,134	15,989
무농약 농산물	6,312	9,193	10,756	14,345	25,368	38,082	54,687
저농약 농산물	13,766	20,198	23,632	22,505	18,550	–	–
계	21,799	31,927	37,357	40,940	50,955	49,216	70,676

※ 1) 모든 친환경 농산물은 유기, 무농약, 저농약 중 한 가지 인증을 받아야 함
2) 단, 2017년 1월 1일부터 저농약 신규 인증은 중단되며, 2019년 1월 1일부터 저농약 인증 자체가 폐지됨

① 저농약 신규 인증 중단 이후 친환경 농산물 총생산량은 매년 감소하였다.
② 저농약 인증 폐지 전 저농약 농산물 생산량은 매년 친환경 농산물 총생산량의 절반 이상을 차지하였다.
③ 저농약 신규 인증 중단 이후 매년 무농약 농산물 생산량은 친환경 농산물 총생산량의 50% 이상을 차지하였다.
④ 2015년 이후 전년에 비해 친환경 농산물 총생산량이 처음으로 감소한 시기는 저농약 인증이 폐지된 해이다.

46 국토교통부는 자동차의 공회전 발생률과 공회전 시 연료소모량이 적은 차량 운전자에게 현금처럼 쓸 수 있는 탄소포인트를 제공하는 정책을 구상하고 있다. 국토교통부는 동일차량 운전자 A ~ E를 대상으로 이 정책을 시범 시행하였다. 다음 자료를 근거로 할 때, 공회전 발생률과 공회전 시 연료소모량에 따라 A ~ E운전자가 받을 수 있는 탄소포인트의 총합이 큰 순서대로 나열한 것은?(단, 주어진 자료 이외의 다른 조건은 고려하지 않는다)

〈차량 시범 시행 결과〉

(단위 : 분)

구분	A	B	C	D	E
주행시간	200	30	50	25	50
총 공회전시간	20	15	10	5	25

〈공회전 발생률에 관한 탄소포인트〉

구분	19% 이하	20 ~ 39%	40 ~ 59%	60 ~ 79%	80% 이상
탄소포인트(P)	100	80	50	20	10

〈공회전 시 연료소모량에 관한 구간별 탄소포인트〉

구분	99cc 이하	100cc ~ 199cc	200cc ~ 299cc	300cc ~ 399cc	400cc 이상
탄소포인트(P)	100	75	50	25	0

※ $(\text{공회전 발생률})=\frac{(\text{총 공회전시간})}{(\text{주행시간})}\times 100$

※ (공회전 시 연료소모량)=(총 공회전시간) × 20

① D > C > A > B > E
② D > C > A > E > B
③ D > A > C > B > E
④ A > D > B > E > C

47 다음 상황을 근거로 판단할 때, 짜장면 한 그릇의 가격은?

- A중식당의 각 테이블별 주문 내역과 그 총액은 아래 표와 같다.
- 각 테이블에서는 음식을 주문 내역별로 한 그릇씩 주문하였다.

테이블	주문 내역	총액(원)
1	짜장면, 탕수육	17,000
2	짬뽕, 깐풍기	20,000
3	짜장면, 볶음밥	14,000
4	짬뽕, 탕수육	18,000
5	볶음밥, 깐풍기	21,000

① 4,000원
② 5,000원
③ 6,000원
④ 7,000원

48 다음은 2011 ~ 2019년 공연예술의 연도별 행사 추이를 나타낸 자료이다. 이에 대한 설명으로 옳은 것은?

〈공연예술의 연도별 행사 추이〉

(단위 : 건)

구분	2011년	2012년	2013년	2014년	2015년	2016년	2017년	2018년	2019년
양악	2,658	2,658	2,696	3,047	3,193	3,832	3,934	4,168	4,628
국악	617	1,079	1,002	1,146	1,380	1,440	1,884	1,801	2,192
무용	660	626	778	1,080	1,492	1,323	미집계	1,480	1,521
연극	610	482	593	717	1,406	1,113	1,300	1,929	1,794

① 이 기간 동안 매년 국악 공연건수가 연극 공연건수보다 더 많았다.
② 이 기간 동안 매년 양악 공연건수가 국악, 무용, 연극 공연건수의 합보다 더 많았다.
③ 2011년에 비해 2019년 공연건수의 증가율이 가장 높은 장르는 국악이었다.
④ 연극 공연건수가 무용 공연건수보다 많아진 것은 2018년부터였다.

49 다음은 약물 투여 후 특정기간이 지나 완치된 환자 수에 관한 자료이다. 이에 대한 〈보기〉의 설명 중 옳은 것을 모두 고르면?

〈약물종류별, 성별, 질병별 완치 환자의 수〉

(단위 : 명)

질병 \ 약물종류 / 성별	약물 A		약물 B		약물 C		약물 D	
	남	여	남	여	남	여	남	여
가	2	3	2	4	1	2	4	2
나	3	4	6	4	2	1	2	5
다	6	3	4	6	5	3	4	6
계	11	10	12	14	8	6	10	13

※ 1) 세 가지 질병(가 ~ 다) 중 한 가지 질병에만 걸린 환자를 각 질병별로 40명씩, 총 120명을 선정하여 실험함
2) 각 질병별 환자 40명을 무작위로 10명씩 4개 집단으로 나눠, 각 집단에 네 가지 약물(A ~ D) 중 하나씩 투여함

보기

ㄱ. 완치된 전체 남성 환자 수가 완치된 전체 여성 환자 수보다 많다.
ㄴ. 네 가지 약물 중 완치된 환자 수가 많은 약물부터 나열하면 B, D, A, C이다.
ㄷ. '다' 질병의 경우 완치된 환자 수가 가장 많다.
ㄹ. 전체 환자 수 대비 약물 D를 투여 받고 완치된 환자 수의 비율은 25% 이상이다.

① ㄱ
② ㄱ, ㄷ
③ ㄴ, ㄷ
④ ㄴ, ㄹ

50 다음 〈표〉와 〈대화〉는 4월 4일 기준 지자체별 자가격리자 및 모니터링 요원에 관한 자료이다. 〈표〉와 〈대화〉를 근거로 C와 D에 해당하는 지자체를 바르게 나열한 것은?

〈지자체별 자가격리자 및 모니터링 요원 현황(4월 4일 기준)〉

(단위 : 명)

구분 \ 지자체		A	B	C	D
내국인	자가격리자	9,778	1,287	1,147	9,263
	신규 인원	900	70	20	839
	해제 인원	560	195	7	704
외국인	자가격리자	7,796	508	141	7,626
	신규 인원	646	5	15	741
	해제 인원	600	33	5	666
모니터링 요원		10,142	710	196	8,898

※ 해당일 기준 자가격리자=전일 기준 자가격리자+신규 인원−해제 인원

〈대화〉

갑: 감염병 확산에 대응하기 위한 회의를 시작합시다. 오늘은 대전, 세종, 충북, 충남의 4월 4일 기준 자가격리자 및 모니터링 요원 현황을 보기로 했는데, 각 지자체의 상황이 어떤가요?

을: 4개 지자체 중 세종을 제외한 3개 지자체에서 4월 4일 기준 자가격리자가 전일 기준 자가격리자보다 늘어났습니다.

갑: 모니터링 요원의 업무 부담과 관련된 통계 자료도 있나요?

을: 4월 4일 기준으로 대전, 세종, 충북은 모니터링 요원 대비 자가격리자의 비율이 1.8 이상입니다.

갑: 지자체에 모니터링 요원을 추가로 배치해야 할 것 같습니다. 자가격리자 중 외국인이 차지하는 비중이 4개 지자체 가운데 대전이 가장 높으니, 외국어 구사가 가능한 모니터링 요원을 대전에 우선 배치하는 방향으로 검토해 봅시다.

	C	D
①	충북	충남
②	충남	충북
③	충북	대전
④	충남	대전

51 다음은 2006년 인구 상위 10개국과 2056년 예상 인구 상위 10개국에 관한 자료이다. 이에 대한 설명 중 옳지 않은 것은?

〈2006년과 2056년 순위별 인구〉

(단위 : 백만 명)

구분	2006년		2056년	
	국가	인구	국가	인구
1	중국	1,311	인도	1,628
2	인도	1,122	중국	1,437
3	미국	299	미국	420
4	인도네시아	225	나이지리아	299
5	브라질	187	파키스탄	295
6	파키스탄	166	인도네시아	285
7	방글라데시	147	브라질	260
8	러시아	146	방글라데시	231
9	나이지리아	135	콩고	196
10	일본	128	에티오피아	145

① 2006년 대비 2056년 콩고의 인구는 50% 이상 증가할 것으로 예상된다.
② 2006년 대비 2056년 러시아의 인구는 감소할 것으로 예상된다.
③ 2006년 대비 2056년 인도의 인구는 중국의 인구보다 증가율이 낮을 것으로 예상된다.
④ 2006년 대비 2056년 미국의 인구는 중국의 인구보다 증가율이 높을 것으로 예상된다.

52 다음 표는 '갑'국의 멸종위기종 지정 현황에 관한 자료이다. 이에 대한 설명으로 옳지 않은 것은?

〈멸종위기종 지정 현황〉

(단위 : 종)

지정 / 분류	멸종위기종		
		멸종위기 Ⅰ급	멸종위기 Ⅱ급
포유류	20	12	8
조류	63	14	49
양서·파충류	8	2	6
어류	27	11	16
곤충류	26	6	20
무척추동물	32	4	28
식물	88	11	77
전체	264	60	204

※ 멸종위기종은 멸종위기 Ⅰ급과 멸종위기 Ⅱ급으로 구분함

① 멸종위기종으로 '포유류'만 10종을 추가로 지정한다면, 전체 멸종위기종 중 '포유류'의 비율은 10% 이상이다.

② 각 분류에서 멸종위기종 중 멸종위기 Ⅰ급의 비율은 '무척추동물'과 '식물'이 동일하다.

③ 각 분류의 멸종위기종에서 5종씩 지정을 취소한다면, 전체 멸종위기종 중 '조류'의 비율은 감소한다.

④ 각 분류에서 멸종위기종 중 멸종위기 Ⅱ급의 비율은 '조류'가 '양서·파충류'보다 높다.

53 다음은 김포공항의 2018년과 2019년 에너지 소비량 및 온실가스 배출량에 대한 자료이다. 〈보기〉의 설명 중 다음 자료에 대한 설명으로 옳은 것을 모두 고른 것은?

〈김포공항 에너지 소비량〉

(단위 : TOE)

구분	에너지 소비량									
	건설 부문					이동 부문				
	합계	소계	경유	도시가스	수전전력	소계	휘발유	경유	도시가스	천연가스
2018년	11,658	11,234	17	1,808	9,409	424	25	196	13	190
2019년	17,298	16,885	58	2,796	14,031	413	28	179	15	191

〈김포공항 온실가스 배출량〉

(단위 : 톤CO_2eq)

구분	온실가스 배출량				
	합계	고정 연소	이동 연소	공정 배출	간접 배출
2018년	30,823	4,052	897	122	25,752
2019년	35,638	6,121	965	109	28,443

보기

ㄱ. 에너지 소비량 중 이동 부문에서 경유가 차지하는 비중은 2019년에 전년 대비 10%p 이상 감소하였다.

ㄴ. 건설 부문의 도시가스 소비량은 2019년에 전년 대비 50% 이상 증가하였다.

ㄷ. 2019년 온실가스 배출량 중 간접 배출이 차지하는 비중은 2018년 온실가스 배출량 중 고정 연소가 차지하는 비중의 5배 이상이다.

① ㄱ　　② ㄴ

③ ㄱ, ㄷ　　④ ㄴ, ㄷ

자료해석

54 다음은 A기관 5개 지방청에 대한 외부고객 만족도 조사 결과이다. 이에 대한 설명으로 옳지 않은 것은?

〈조사개요〉

- 조사기간 : 2021년 7월 28일 ~ 2021년 8월 8일
- 조사방법 : 전화 조사
- 조사목적 : A기관 5개 지방청 외부고객의 주소지 관할 지방청에 대한 만족도 조사
- 응답자 수 : 총 101명(조사항목별 무응답은 없음)
- 조사항목 : 업무 만족도, 인적 만족도, 시설 만족도

〈A기관 5개 지방청 외부고객 만족도 조사 결과〉

(단위 : 점)

구분 \ 조사항목		업무 만족도	인적 만족도	시설 만족도
전체		4.12	4.29	4.20
성별	남자	4.07	4.33	4.19
	여자	4.15	4.27	4.20
연령대	30세 미만	3.82	3.83	3.70
	30세 이상 40세 미만	3.97	4.18	4.25
	40세 이상 50세 미만	4.17	4.39	4.19
	50세 이상	4.48	4.56	4.37
지방청	경인청	4.35	4.48	4.30
	동북청	4.20	4.39	4.28
	호남청	4.00	4.03	4.04
	동남청	4.19	4.39	4.30
	충청청	3.73	4.16	4.00

※ 1) 주어진 점수는 응답자의 조사항목별 만족도의 평균이며, 점수가 높을수록 만족도가 높음(5점 만점)
2) 점수는 소수점 아래 셋째 자리에서 반올림한 값임

① '업무 만족도'가 높은 지방청일수록 '인적 만족도'도 높다.
② 응답자의 연령대가 높을수록 '업무 만족도'와 '인적 만족도'가 모두 높다.
③ '업무 만족도', '인적 만족도', '시설 만족도'의 합이 가장 큰 지방청은 경인청이다.
④ 남자 응답자보다 여자 응답자가 많다.

55 다음은 A국의 대학유형별 현황에 관한 자료이다. 이에 대한 〈보기〉의 설명 중 옳은 것만을 모두 고르면?

〈대학유형별 현황〉

(단위 : 개, 명)

구분 \ 유형	국립대학	공립대학	사립대학	전체
학교	34	1	154	189
학과	2,776	40	8,353	11,169
교원	15,299	354	49,770	65,423
여성	2,131	43	12,266	14,440
직원	8,987	205	17,459	26,651
여성	3,254	115	5,259	8,628
입학생	78,888	1,923	274,961	355,772
재적생	471,465	13,331	1,628,497	2,113,293
졸업생	66,890	1,941	253,582	322,413

보기

ㄱ. 학과당 교원 수는 공립대학이 사립대학보다 많다.
ㄴ. 전체 대학 입학생 수에서 국립대학 입학생 수가 차지하는 비율은 20% 이상이다.
ㄷ. 입학생 수 대비 졸업생 수의 비율은 공립대학이 국립대학보다 높다.
ㄹ. 각 대학유형에서 남성 직원 수가 여성 직원 수보다 많다.

① ㄱ, ㄷ
② ㄱ, ㄹ
③ ㄴ, ㄹ
④ ㄱ, ㄴ, ㄷ

자료해석

56 다음은 어느 편의점의 2021년 10월 첫 주 간편식 A～F의 판매량에 관한 자료이다. 〈표〉와 〈조건〉을 이용하여 간편식 B, E의 판매량을 바르게 나열한 것은?

〈간편식 A～F의 판매량〉

(단위 : 개)

간편식	A	B	C	D	E	F	평균
판매량	95	( )	( )	( )	( )	( )	70

조건

- A와 C의 판매량은 같다.
- B와 D의 판매량은 같다.
- E의 판매량은 D보다 23개 적다.
- F의 판매량은 B보다 27개 적다.

	B	E
①	70	47
②	70	57
③	83	47
④	83	60

57 다음은 연도별 투약일당 약품비에 관한 자료이다. 2015년의 총투약일수가 120일, 2016년의 총투약일수가 150일인 경우, 2016년의 상급종합병원의 총약품비와 2015년의 종합병원의 총약품비의 합은 얼마인가?

〈연도별 투약일당 약품비〉

(단위 : 원)

구분	2012년	2013년	2014년	2015년	2016년
전체	1,753	1,667	1,664	1,662	1,709
상급종합병원	2,704	2,551	2,482	2,547	2,686
종합병원	2,211	2,084	2,048	2,025	2,074
병원	1,828	1,704	1,720	1,693	1,704
의원	1,405	1,336	1,352	1,345	1,362

※ 투약 1일당 평균적으로 소요되는 약품비를 나타내는 지표

※ (투약일당 약품비)=(총약품비)÷(총투약일수)

① 630,900원　② 635,900원

③ 640,900원　④ 645,900원

58 다음은 연도별 국내 출생아 및 혼인건수에 대한 자료이다. 〈정보〉를 보고 (ㄱ), (ㄴ), (ㄷ)에 들어갈 적절한 수를 나열한 것은?

〈연도별 출생아 및 혼인 현황〉

구분	2012년	2013년	2014년	2015년	2016년	2017년	2018년	2019년	2020년
출생아수(명)	471,265	484,550	436,455	435,435	438,420	406,243	357,771	326,822	(ㄷ)
합계출산율(%)	(ㄱ)	1.297	1.187	1.205	1.239	1.172	1.052	0.977	0.918
출생성비(명)	105.7	105.7	105.3	105.3	(ㄴ)	105.0	106.3	105.4	105.5
혼인건수(건)	329,087	327,073	322,807	305,507	302,828	281,635	264,455	257,622	239,159

※ 합계출산율은 한 여자가 가임기간(15 ~ 49세)에 낳을 것으로 기대되는 평균 출생아수이다.

※ 출생성비$\left(=\frac{(\text{남자출생아})}{(\text{여자출생아})}\right)\times 100$는 여자 출생아 100명당 남자 출생아수이다.

정보

- 출생아 수는 2017 ~ 2020년 동안 전년 대비 감소하는 추세이며, 그중 2020년도 전년 대비 감소한 출생아 수가 가장 적다.
- 2012 ~ 2020년까지 연도별 합계출산율에서 2012년 합계출산율은 두 번째로 많다.
- 2014년부터 3년 동안 출생성비는 동일하다.

	(ㄱ)	(ㄴ)	(ㄷ)
①	1.204	105.0	295,610
②	1.237	105.3	295,610
③	1.244	105.3	302,676
④	1.247	105.0	302,676

59 다음은 2018년 달러와 엔화의 환율 변동에 대한 자료이다. 다음 자료를 참고할 때, 옳은 설명은? (단, 소수점 이하 둘째 자리에서 반올림한다)

〈2018년 달러 및 엔화 환율 변동 현황〉

구분	1월	2월	3월	4월	5월	6월	7월	8월	9월	10월
달러 환율(원/달러)	1,065	1,090	1,082	1,070	1,072	1,071	1,119	1,117	1,119	1,133
엔화 환율(원/100엔)	946	990	1,020	992	984	980	1,011	1,003	1,004	1,003

① 2월에 일본 여행을 갔다면, 2월보다 1월에 미리 환전해야 5% 이상 이득이었다.
② 달러 환율과 엔화 환율의 차가 가장 큰 것은 1월이다.
③ 전월 대비 달러 환율 증가율은 7월의 증가율이 10월의 증가율보다 4배 이상 높다.
④ 달러 환율이 가장 낮을 때의 엔화 환율은 달러 환율이 가장 높을 때의 엔화 환율에 비해 5% 이상 낮다.

60 다음은 '갑' 연구소에서 제습기 A～E의 습도별 연간소비전력량을 측정한 자료이다. 이에 대한 〈보기〉의 설명 중 옳은 것만을 모두 고르면?

〈제습기 A～E의 습도별 연간소비전력량〉

(단위 : kWh)

제습기 \ 습도	40%	50%	60%	70%	80%
A	550	620	680	790	840
B	560	640	740	810	890
C	580	650	730	800	880
D	600	700	810	880	950
E	660	730	800	920	970

보기

ㄱ. 습도가 70%일 때 연간소비전력량이 가장 적은 제습기는 A이다.
ㄴ. 각 습도에서 연간소비전력량이 많은 제습기부터 순서대로 나열하면, 습도 60%일 때와 습도 70%일 때의 순서는 동일하다.
ㄷ. 습도가 40%일 때 제습기 E의 연간소비전력량은 습도가 50%일 때 제습기 B의 연간소비전력량보다 많다.
ㄹ. 제습기 각각에서 연간소비전력량은 습도가 80%일 때가 40%일 때의 1.5배 이상이다.

① ㄱ, ㄴ
② ㄱ, ㄷ
③ ㄴ, ㄹ
④ ㄱ, ㄷ, ㄹ

[61 ~ 62] 다음은 제품가격과 재료비에 따른 분기별 수익과 제품 1톤당 소요되는 재료에 대한 자료이다. 이어지는 질문에 답하시오.

〈제품가격과 재료비에 따른 분기별 수익〉

(단위 : 천 원/t)

구분	2020년	2021년			
	4분기	1분기	2분기	3분기	4분기
제품가격	627	597	687	578	559
재료비	178	177	191	190	268
수익	449	420	496	388	291

※ (제품가격)=(재료비)+(수익)

〈제품 1톤당 소요되는 재료〉

철광석	원료탄	철 스크랩
1.6	0.5	0.15

자료해석

61 제시된 자료에 대한 해석 중 적절하지 않은 것은?

① 2021년 1 ~ 4분기의 수익 중 2분기에만 직전분기 대비 증가했다.
② 2021년 4분기 제품가격은 전년 동분기보다 68,000원 감소했다.
③ 2021년에 소요한 재료비용은 826,000원이다.
④ 2021년의 전체 수익은 2,044,000원이다.

62 2022년 1분기의 재료별 톤당 단가가 철광석 70,000원, 원료탄 250,000원, 철 스크랩 200,000원일 때 2022년 1분기의 수익을 2021년 4분기와 동일하게 유지하기 위해 제품가격을 얼마로 책정해야 하는가?

① 558,000원
② 559,000원
③ 560,000원
④ 578,000원

63 다음은 2014년부터 2020년까지 개방형 공무원 임용 현황에 관한 자료인데, 일부가 삭제되었다. (가), (나)에 들어갈 수를 순서대로 짝 지은 것은?(단, (나)는 소수점 이하 둘째 자리에서 반올림한다)

〈개방형 공무원 임용 현황〉

(단위 : 천 명)

구분	2014년	2015년	2016년	2017년	2018년	2019년	2020년
충원 수	136	146	166	196	136	149	157
내부임용 수	75	79	(가)	86	64	82	86
외부임용 수	61	67	72	110	72	67	71
외부임용률(%)	44.9	45.9	43.4	56.1	52.9	(나)	45.2

※ $(\text{외부임용률})=\frac{(\text{외부임용 수})}{(\text{충원 수})}\times 100$

① 94, 45.0
② 94, 55.0
③ 84, 45.0
④ 84, 55.0

64 다음은 운동시간에 따른 운동효과를 나타낸 자료이다. 운동효과와 운동시간의 관계가 주어진 자료와 식과 같을 때 ㉠과 ㉡에 들어갈 숫자로 알맞은 것은?

〈운동시간에 따른 운동효과〉

운동시간(시간)	1	2	3	4
운동효과	4	62	㉠	㉡

※ $(\text{운동효과})=a\times(\text{운동시간})-\frac{b^2}{(\text{운동시간})}$

	㉠	㉡
①	95	150
②	100	151
③	105	150
④	108	151

65 다음 표는 세계 각국의 경제성장과 1차 에너지소비 간의 인과관계를 분석한 결과이다. 이에 대한 〈보기〉의 설명 중 적절한 것을 모두 고르면?

〈경제성장과 1차 에너지소비 간의 인과관계〉

구분	한국	일본	영국	미국	캐나다	프랑스	이탈리아	독일
경제성장 → 에너지소비	○	○	×	×	○	○	×	×
경제성장 ← 에너지소비	×	×	×	×	×	×	×	×
경제성장 ↔ 에너지소비	×	×	×	×	×	×	×	×

보기

ㄱ. 미국, 영국, 독일 및 이탈리아에서 경제성장과 1차 에너지소비 사이에는 아무런 인과관계가 존재하지 않음이 발견되었다.

ㄴ. 캐나다, 프랑스, 일본에서는 에너지소비절약 정책이 경제구조를 왜곡시키지 않고 추진할 수 있는 유용한 정책임을 알 수 있다.

ㄷ. 한국에서는 범국민 차원에서 '에너지소비절감 10%' 정책이 추진되고 있는데, 이는 경제성장에 장애를 유발할 가능성이 있음을 알 수 있다.

ㄹ. G7 국가에서는 경제성장과 1차 에너지소비 간의 관계가 상호독립적임을 알 수 있다.

① ㄱ, ㄴ
② ㄱ, ㄷ
③ ㄴ, ㄹ
④ ㄷ, ㄹ

66 다음은 2015 ~ 2021년 주요 국가의 연도별 이산화탄소 배출량을 나타낸 자료이다. 이에 대한 〈보기〉의 설명 중 옳은 것을 모두 고른 것은?(단, 주요 국가는 2021년 이산화탄소 배출량 상위 10개국을 말한다)

〈주요 국가의 연도별 이산화탄소 배출량〉

(단위 : 백만 TC)

국가 \ 연도	2015년	2016년	2017년	2018년	2019년	2020년	2021년
중국	2,244.1	3,022.1	3,077.2	5,103.1	6,071.8	6,549.0	6,877.2
미국	4,868.7	5,138.7	5,698.1	5,771.7	5,762.7	5,586.8	5,195.0
인도	582.3	776.6	972.5	1,160.4	1,357.2	1,431.3	1,585.8
러시아	2,178.8	1,574.5	1,505.5	1,516.2	1,578.5	1,593.4	1,532.6
일본	1,064.4	1,147.9	1,184.0	1,220.7	1,242.3	1,152.6	1,092.9
독일	950.4	869.4	827.1	811.8	800.1	804.1	750.2
이란	179.6	252.3	316.7	426.8	500.8	522.7	533.2
캐나다	432.3	465.2	532.8	558.8	568.0	551.1	520.7
한국	229.3	358.6	437.7	467.9	490.3	501.7	515.5
영국	549.3	516.6	523.8	533.1	521.5	512.1	465.8
전 세계	20,966.3	21,791.6	23,492.9	27,188.3	29,047.9	29,454.0	28,999.4

보기

㉠ 전 세계 이산화탄소 배출량은 매년 증가하였다.

㉡ 2021년 이산화탄소 배출량이 가장 많은 국가는 중국이며, 2021년 중국의 이산화탄소 배출량은 전 세계 이산화탄소 배출량의 20% 이상이다.

㉢ 러시아의 2015년과 2021년 이산화탄소 배출량 차이는 이란의 2015년과 2021년 이산화탄소 배출량 차이보다 크다.

㉣ 2015년 대비 2021년 한국 이산화탄소 배출량의 증가율은 100% 이상이다.

① ㉠, ㉡

② ㉡, ㉢

③ ㉢, ㉣

④ ㉡, ㉢, ㉣

67 다음 〈표〉와 〈정보〉는 A～J지역의 지역발전 지표에 관한 자료이다. 이를 근거로 (가)～(라)에 들어갈 수 있는 값으로만 나열한 것은?

〈지역발전 지표에 관한 자료〉

지표 / 지역	재정자립도	시가화 면적 비율	10만 명당 문화시설수	10만 명당 체육시설수	주택 노후화율	주택보급률	도로포장률
A	83.8	61.2	4.1	111.1	17.6	105.9	92.0
B	58.5	24.8	3.1	(다)	22.8	93.6	98.3
C	65.7	35.7	3.5	103.4	13.5	91.2	97.4
D	48.3	25.3	4.3	128.0	15.8	96.6	100.0
E	(가)	20.7	3.7	133.8	12.2	100.3	99.0
F	69.5	22.6	4.1	114.0	8.5	91.0	98.1
G	37.1	22.9	7.7	110.2	20.5	103.8	91.7
H	38.7	28.8	7.8	102.5	19.9	(라)	92.5
I	26.1	(나)	6.9	119.2	33.7	102.5	89.6
J	32.6	21.3	7.5	113.0	26.9	106.1	87.9

정보

- 재정자립도가 E보다 높은 지역은 A, C, F이다.
- 시가화 면적 비율이 가장 낮은 지역은 주택노후화율이 가장 높은 지역이다.
- 10만 명당 문화시설수가 가장 적은 지역은 10만 명당 체육시설수가 네 번째로 많은 지역이다.
- 주택보급률이 도로포장률보다 낮은 지역은 B, C, D, F이다.

	(가)	(나)	(다)	(라)
①	58.6	20.9	100.9	92.1
②	60.8	19.8	102.4	92.5
③	65.2	20.1	115.7	92.6
④	65.9	20.3	117.1	92.7

자료해석

[68 ~ 69] 다음은 2019년 범죄의 수사단서이다. 자료를 읽고 이어지는 질문에 답하시오.

〈2019년 범죄의 수사단서〉

(단위 : 건)

범죄 구분		합계	현행범	신고	미신고
합계		1,824,876	142,309	1,239,772	442,795
형법범죄	소계	958,865	122,097	753,715	83,053
	재산범죄	542,336	23,423	470,114	48,799
	강력범죄(흉악)	36,030	7,366	23,364	5,300
	강력범죄(폭력)	238,789	60,042	171,824	6,923
	위조범죄	19,502	286	13,399	5,817
	공무원범죄	3,845	69	1,560	2,216
	풍속범죄	12,161	2,308	4,380	5,473
	과실범죄	8,419	169	7,411	839
	기타형법범죄	97,783	28,434	61,663	7,686
특별법범죄	소계	866,011	20,212	486,057	359,742

68 다음 〈보기〉에서 자료에 대한 설명으로 옳지 않은 것을 모두 고른 것은?

보기

ㄱ. 풍속범죄의 경우 수사단서 중 미신고 유형이 가장 많다.
ㄴ. 수사단서 중 현행범 유형의 건수가 가장 많은 범죄는 재산범죄이다.
ㄷ. 형법범죄의 수사단서 합계보다 특별법범죄의 수사단서 합계가 더 많다.
ㄹ. 수사단서 중 미신고 유형의 건수가 5만 이상인 범죄는 없다.

① ㄴ, ㄷ
② ㄱ, ㄴ, ㄷ
③ ㄱ, ㄴ, ㄹ
④ ㄴ, ㄷ, ㄹ

69 다음 중 형법범죄 중 수사단서로 '신고'의 건수가 가장 많은 범죄와 가장 적은 범죄의 신고 건수의 차는?

① 410,045
② 468,052
③ 468,554
④ 473,179

70 다음은 상품군별 온라인쇼핑 거래액에 관한 자료이다. 이에 대한 설명으로 옳지 않은 것은?

〈상품군별 온라인쇼핑 거래액〉

(단위 : 억 원)

구분	2020년 9월		2021년 9월	
	온라인		온라인	
		모바일		모바일
합계	50,000	30,000	70,000	42,000
컴퓨터 및 주변기기	2,450	920	3,700	1,180
가전・전자・통신기기	5,100	2,780	7,000	3,720
소프트웨어	50	10	50	10
서적	1,000	300	1,300	500
사무・문구	350	110	500	200
음반・비디오・악기	150	65	200	90
의복	5,000	3,450	6,000	4,300
신발	750	520	1,000	760
가방	900	640	1,500	990
패션용품 및 액세서리	900	580	1,500	900
스포츠・레저용품	1,450	1,000	2,300	1,300
화장품	4,050	2,970	5,700	3,700
아동・유아용품	2,200	1,500	2,400	1,900
음・식료품	6,200	4,500	11,500	7,600
생활・자동차용품	5,500	3,340	6,700	4,500
가구	1,300	540	1,850	1,000
애완용품	250	170	400	300
여행 및 예약서비스	9,000	4,360	11,000	5,800
각종 서비스 및 기타*	1,400	1,330	3,000	1,750

※ 꽃은 각종 서비스 및 기타에 포함

① 2021년 9월 온라인쇼핑 거래액은 7조 원으로 전년 동월 대비 40% 증가했다.

② 2021년 9월 온라인쇼핑 거래액 중 모바일쇼핑 거래액은 4조 2,000억 원으로 전년 동월 대비 40% 증가했다.

③ 2021년 9월 모바일 거래액 비중은 전체 온라인쇼핑 거래액의 60%를 차지한다.

④ 2021년 9월 온라인쇼핑 거래액이 전년 동월보다 낮아진 상품군이 있다.

자료해석

71 다음은 병역 자원 현황에 관한 자료이다. 총 자원자 수에 대해 2014년과 2015년의 평균과 2020년과 2021년의 평균의 차는 얼마인가?

〈병역 자원 현황〉

(단위 : 만 명)

구분	2014년	2015년	2016년	2017년	2018년	2019년	2020년	2021년
징·소집 대상	135	128	126	122	127	130	133	127
보충역 복무자 등	16	14	11	9	8	8	8	8
병력동원 대상	675	664	646	687	694	687	654	676
합계	826	806	783	818	829	825	795	811

① 10만 명
② 11만 명
③ 12만 명
④ 13만 명

72 다음은 도시와 다른 도시 간의 인구이동량과 거리를 나타낸 것이다. 인구가 많은 도시부터 적은 도시 순으로 바르게 나열한 것은?

〈도시 간 인구이동량과 거리〉

(단위 : 천 명, km)

도시 간	인구이동량	거리
A ↔ B	60	2
A ↔ C	30	4.5
A ↔ D	25	7.5
A ↔ E	55	4

※ (두 도시의 인구이동량)$=\frac{k\times(\text{두 도시 인구의 곱})}{(\text{두 도시 간의 거리})}$ (단, k는 양의 상수)

① B－C－D－E
② D－C－E－B
③ D－E－C－B
④ E－D－C－B

73 다음은 2013 ~ 2017년 '갑'국의 사회간접자본(SOC) 투자규모에 관한 자료이다. 이에 대한 설명으로 옳지 않은 것은?

〈사회간접자본(SOC) 투자규모〉

(단위 : 조 원, %)

구분 \ 연도	2013년	2014년	2015년	2016년	2017년
SOC 투자규모	20.5	25.4	25.1	24.4	23.1
총지출 대비 SOC 투자규모 비중	7.8	8.4	8.6	7.9	6.9

① 2017년 총지출은 300조 원 이상이다.

② 2014년 'SOC 투자규모'의 전년 대비 증가율은 30% 이하이다.

③ 2014 ~ 2017년 동안 'SOC 투자규모'가 전년에 비해 가장 큰 비율로 감소한 해는 2017년이다.

④ 2014 ~ 2017년 동안 'SOC 투자규모'와 '총지출 대비 SOC 투자규모 비중'의 전년 대비 증감방향은 동일하다.

자료해석

74 다음은 자영업주 현황을 조사하여 나타낸 자료이다. 이에 대한 설명 중 옳지 않은 것은?

〈자영업주 현황〉

(단위 : 천 명, %)

구분	2007년	2008년	2009년	2010년	2011년	2012년
전체 취업자	23,433	(　　)	23,500	23,829	24,244	24,681
자영업주	6,049	5,970	(　　)	5,592	5,594	5,718
비중	25.8	25.0	24.0	23.5	23.1	23.2

① 2012년 자영업주는 2007년보다 331천 명 감소하였다.

② 2009년 자영업주는 564천 명이다.

③ 2010년에는 전년도보다 전체 취업자 수가 329천 명 증가하였다.

④ 2008년 전체 취업자 수는 23,880천 명이다.

75 다음은 2015년부터 2020년까지 소유자별 국토면적을 나타낸 자료이다. 자료에 대한 설명 중 옳지 않은 것은?

〈소유자별 국토면적〉

(단위 : km^2)

구분	2015년	2016년	2017년	2018년	2019년	2020년
전체	99,646	99,679	99,720	99,828	99,897	100,033
민유지	56,457	55,789	54,991	54,217	53,767	53,357
국유지	23,033	23,275	23,460	23,705	23,891	24,087
도유지	2,451	2,479	2,534	2,580	2,618	2,631
군유지	4,741	4,788	4,799	4,838	4,917	4,971
법인	5,207	5,464	5,734	5,926	6,105	6,287
비법인	7,377	7,495	7,828	8,197	8,251	8,283
기타	380	389	374	365	348	417

① 국유지 면적은 매년 증가하였고, 민유지 면적은 매년 감소하였다.
② 전년 대비 2016 ~ 2020년 군유지 면적의 증가량은 2019년에 가장 많다.
③ 2015년과 2020년을 비교했을 때, 법인보다 국유지 면적의 차이가 크다.
④ 전년 대비 2020년 전체 국토면적의 증가율은 1% 미만이다.

76 다음은 2019 ~ 2021년 추석 연휴 교통사고에 관한 자료이다. 이에 대한 〈보기〉의 설명 중 옳은 것을 모두 고른 것은?

〈추석 연휴 및 평소 주말 교통사고 현황〉

(단위 : 건, 명)

구분	추석 연휴 하루 평균			평소 주말 하루 평균		
	사고	부상자	사망자	사고	부상자	사망자
전체교통사고	487.4	885.1	11.0	581.7	957.3	12.9
졸음운전사고	7.8	21.1	0.6	8.2	17.1	0.3
어린이사고	45.4	59.4	0.4	39.4	51.3	0.3

※ 2019 ~ 2021년 동안 추석 연휴기간은 평균 4.7일이었으며, 추석 연휴에 포함된 주말의 경우 평소 주말 통계에 포함시키지 않음

〈추석 전후 일자별 하루 평균 전체교통사고 현황〉

(단위 : 건, 명)

구분	추석 연휴 전날	추석 전날	추석 당일	추석 다음날
사고	822.0	505.3	448.0	450.0
부상자	1,178.0	865.0	1,013.3	822.0
사망자	17.3	15.3	10.0	8.3

보기

㉠ 추석 연휴 전날에는 평소 주말보다 하루 평균 사고 건수는 240.3건, 부상자 수는 220.7명 많았고, 사망자 수는 30% 이상 많았다.

㉡ 교통사고 건당 부상자 수와 교통사고 건당 사망자 수는 각각 추석 당일이 추석 전날보다 많았다.

㉢ 졸음운전사고의 경우 추석 연휴 하루 평균 사고 건수는 평소 주말보다 적었으나 추석 연휴 하루 평균 부상자 수와 사망자 수는 평소 주말보다 각각 많았다.

㉣ 졸음운전사고의 경우 평소 주말 대비 추석 연휴 하루 평균 사망자의 증가율은 하루 평균 부상자의 증가율의 10배 이상이었다.

㉤ 어린이사고의 경우 평소 주말보다 추석 연휴 하루 평균 사고 건수는 6.0건, 부상자 수는 8.1명, 사망자 수는 0.1명 많았다.

① ㉠, ㉡, ㉢
② ㉠, ㉡, ㉤
③ ㉠, ㉢, ㉤
④ ㉡, ㉢, ㉣

[77 ~ 78] A는 그 날의 날씨와 평균기온을 고려하여 다음 〈조건〉에 따라 자신이 마실 음료를 고른다. 다음은 음료의 메뉴판과 이번 주 일기예보이다. 자료를 참고하여 이어지는 질문에 답하시오.

〈메뉴판〉

(단위 : 원)

커피류			차 및 에이드류		
구분	작은 컵	큰 컵	구분	작은 컵	큰 컵
아메리카노	3,900	4,300	자몽에이드	4,200	4,700
카페라테	4,400	4,800	레몬에이드	4,300	4,800
바닐라라테	4,600	5,000	자두에이드	4,500	4,900
카페모카	5,000	5,400	밀크티	4,300	4,800

〈이번 주 일기예보〉

구분	7월 22일 일요일	7월 23일 월요일	7월 24일 화요일	7월 25일 수요일	7월 26일 목요일	7월 27일 금요일	7월 28일 토요일
날씨	흐림	맑음	맑음	흐림	비	비	맑음
평균기온	24℃	26℃	28℃	27℃	27℃	25℃	26℃

조건

- A는 맑거나 흐린 날에는 차 및 에이드류를 마시고, 비가 오는 날에는 커피류를 마신다.
- 평균기온이 26℃ 미만인 날에는 작은 컵으로, 26℃ 이상인 날은 큰 컵으로 마신다.
- 커피를 마시는 날 중 평균기온이 25℃ 미만인 날은 아메리카노를, 25℃ 이상, 27℃ 미만인 날은 바닐라라테를, 27℃인 날은 카페라테를, 28℃ 이상인 날은 카페모카를 마신다.
- 차 및 에이드류를 마시는 날 중 평균기온이 27℃ 미만인 날은 자몽에이드를, 27℃ 이상인 날은 자두에이드를 마신다. 단, 비가 오지 않는 화요일과 목요일에는 반드시 밀크티를 마신다.

77 오늘이 7월 26일이라고 할 때, A가 오늘 마실 음료는?

① 아메리카노 큰 컵
② 카페라테 큰 컵
③ 바닐라라테 작은 컵
④ 카페모카 큰 컵

78 A는 24일에 직장동료인 B에게 음료를 사주고자 한다. B에게는 자신이 전날 마신 음료와 같은 종류의 음료를 사준다고 할 때, A가 음료 두 잔을 주문하며 지불할 금액은?

① 8,700원
② 9,000원
③ 9,200원
④ 9,500원

79 다음 〈조건〉과 제시된 상황을 근거로 판단할 때, 갑이 향후 1년간 자동차를 유지하는 데 소요될 총비용은?

조건

1. 자동차 유지비는 연 감가상각비, 연 자동차 보험료, 연 주유비용으로 구성되며 그 외의 비용은 고려하지 않는다.
2. 연 감가상각비 계산 공식
   연 감가상각비=(자동차 구매비용−운행가능기간 종료 시 잔존가치)÷운행가능기간(년)
3. 연 자동차 보험료

(단위 : 만 원)

구분		차종		
		소형차	중형차	대형차
보험 가입 시 운전경력	1년 미만	120	150	200
	1년 이상 2년 미만	110	135	180
	2년 이상 3년 미만	100	120	160
	3년 이상	90	105	140

※ 차량 구매 시 보험 가입은 필수이며 1년 단위로 가입
※ 보험 가입 시 해당 차량에 블랙박스가 설치되어 있으면 보험료 10% 할인

4. 주유비용
   1리터당 10km를 운행할 수 있으며, 리터당 비용은 연중 내내 1,500원이다.

- 갑은 1,000만 원에 중형차 1대를 구입하여 바로 운행을 시작하였다.
- 차는 10년 동안 운행가능하며, 운행가능기간 종료 시 잔존가치는 100만 원이다.
- 자동차 보험 가입 시, 갑의 운전 경력은 2년 6개월이며 차에는 블랙박스가 설치되어 있다.
- 갑은 매달 500km씩 차를 운행한다.

① 192만 원 ② 288만 원
③ 298만 원 ④ 300만 원

그래프 해석

TIP

✔ 그래프 해석 문제의 구조

- 주어진 그래프에 대한 소개와 문제가 제시된다.
- 보기 해결을 위한 각종 그래프가 제시된다.
- 문제에 따라 표 자료와 연관시켜 문제를 해결해야 하는 경우도 존재한다.
- 보기는 크게 선다형과 선택형이 출제된다.

✔ 자료의 종류

- 선그래프 : 주로 시간적 추이를 나타낼 때 사용되고, 그래프의 기울기를 통해 변화 정도를 쉽게 파악할 수 있다.
- 막대그래프 : 각 수량의 대소 비교를 판단할 때 사용된다.
- 원그래프 : 내용의 구성비를 나타낼 때 사용된다.
- 점그래프 : 지역분포를 비롯하여 도시, 지방, 기업, 상품 등의 평가나 위치, 성격을 표시하는 데 적합하다.
- 누적막대그래프 : 시간적 변화를 보는 데 적합하다.
- 방사형그래프 : 원 중심에서의 거리에 따라 각 수량의 관계를 나타내는 그래프다.

80 다음 중 그래프를 해석한 것으로 올바른 것은?

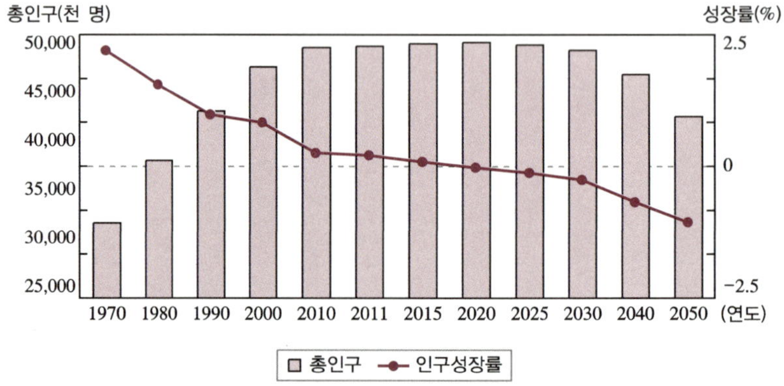

① 인구성장률은 2025년에 잠시 성장하다가 다시 감소할 것이다.
② 2011년부터 총인구는 감소할 것이다.
③ 2000 ~ 2010년 기간보다 2025 ~ 2030년 기간의 인구증가가 덜할 것이다.
④ 2040년에 총인구는 1990년 인구보다 적을 것이다.

81 다음은 2020년 12월 기준 시도별 · 계층별 노인돌봄서비스 이용자 수에 관한 자료이다. 이에 대한 설명으로 옳지 않은 것은?

〈시도별 · 계층별 노인돌봄서비스 이용자 수(2020년 12월 기준)〉

(단위 : 명)

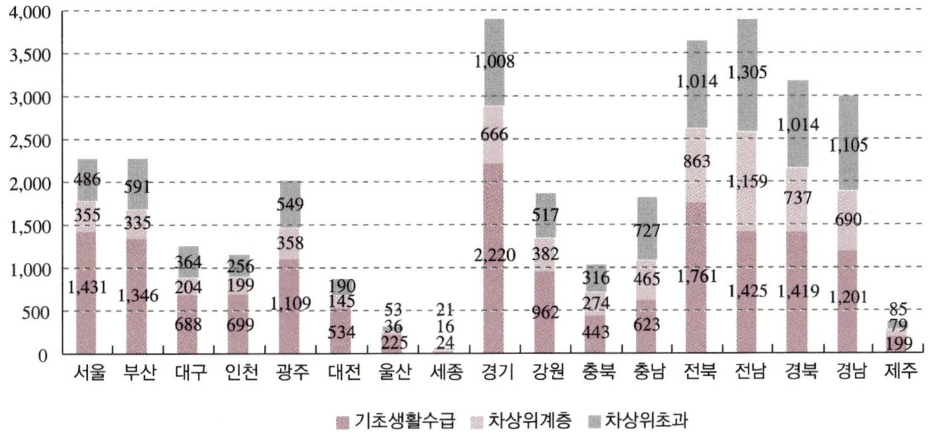

① 노인돌봄서비스 이용자 수의 계층별 순위는 충남을 제외한 모든 지역이 같다.

② 수도권지역(서울, 경기, 인천)의 차상위계층 노인돌봄서비스 이용자 수 중 절반 이상이 경기지역의 이용자 수이다.

③ 호남지역(광주, 전북, 전남)의 경우 전체 노인돌봄서비스 이용자 수에서 기초생활수급자가 차지하는 비율은 약 45%이다.

④ 영남지역(부산, 대구, 울산, 경북, 경남)의 경우 전체 노인돌봄서비스 이용자 수에서 차상위계층과 차상위초과 이용자 수가 차지하는 비중은 50% 미만이다.

82 다음은 2020년 A ~ D국의 항목별 웰빙지수에 관한 자료이다. 이에 대한 설명으로 옳지 않은 것은?

〈2020년 A ~ D국의 항목별 웰빙지수〉

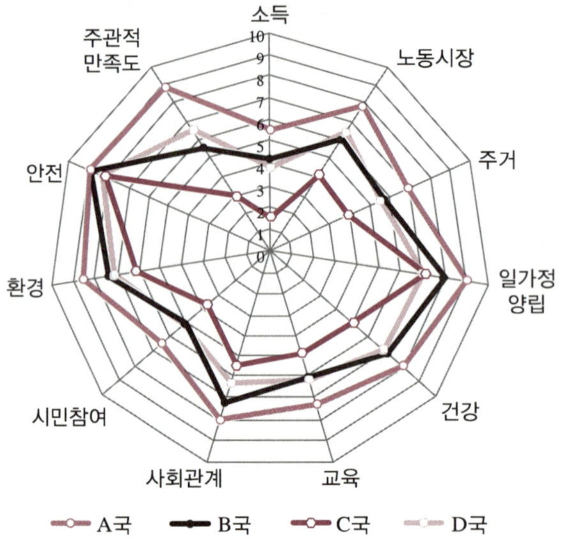

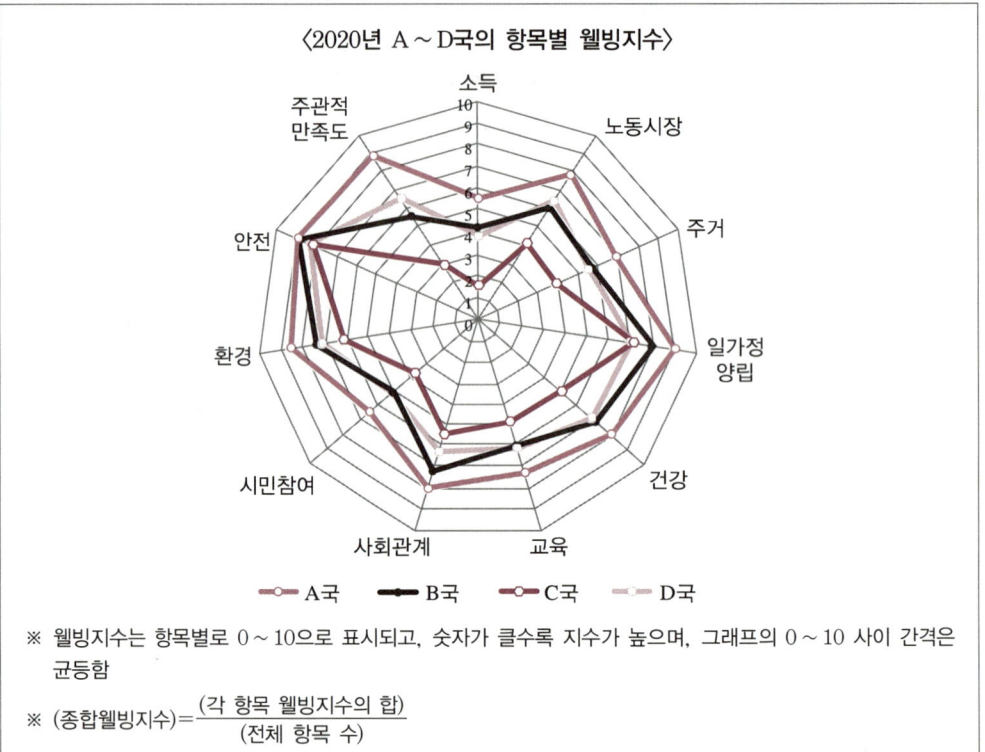

※ 웰빙지수는 항목별로 0 ~ 10으로 표시되고, 숫자가 클수록 지수가 높으며, 그래프의 0 ~ 10 사이 간격은 균등함

※ $(\text{종합웰빙지수}) = \dfrac{(\text{각 항목 웰빙지수의 합})}{(\text{전체 항목 수})}$

① A국의 종합웰빙지수는 7 이상이다.

② B국과 D국의 종합웰빙지수 차이는 1 미만이다.

③ D국의 웰빙지수가 B국보다 높은 항목의 수는 전체 항목 수의 50% 미만이다.

④ A국과 C국의 웰빙지수 차이가 가장 작은 항목과 B국과 D국의 웰빙지수 차이가 가장 작은 항목은 동일하다.

83 다음은 OECD 회원국 중 5개국의 2018년 가정용, 산업용 전기요금 지수를 나타낸 것이다. 이에 대한 〈보기〉의 설명 중 옳은 것만을 모두 고르면?

〈OECD 회원국 중 5개국의 가정용, 산업용 전기요금 지수〉

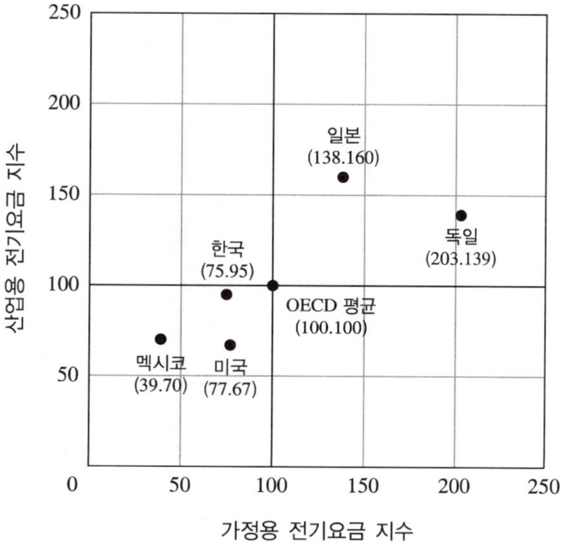

※ 1) OECD 각 국가의 전기요금은 100kWh당 평균 금액($)임
2) 가정용(산업용) 전기요금 지수
=해당 국가의 가정용(산업용) 전기요금/OECD 평균 가정용(산업용) 전기요금×100
3) 2018년 한국의 가정용, 산업용 전기요금은 100kWh당 각각 $120, $95임

보기

ㄱ. 산업용 전기요금은 일본이 가장 비싸고 가정용 전기요금은 독일이 가장 비싸다.
ㄴ. OECD 평균 전기요금은 가정용이 산업용의 1.5배 이상이다.
ㄷ. 가정용 전기요금이 한국보다 비싼 국가는 산업용 전기요금도 한국보다 비싸다.
ㄹ. 일본은 산업용 전기요금이 가정용 전기요금보다 비싸다.

① ㄱ, ㄴ
② ㄴ, ㄷ
③ ㄷ, ㄹ
④ ㄱ, ㄴ, ㄹ

84 다음은 조사연도별 '갑'국 병사의 계급별 월급과 군내매점에서 판매하는 주요품목 가격에 관한 자료이다. 이에 대한 설명으로 옳은 것은?

〈조사연도별 병사의 계급별 월급〉

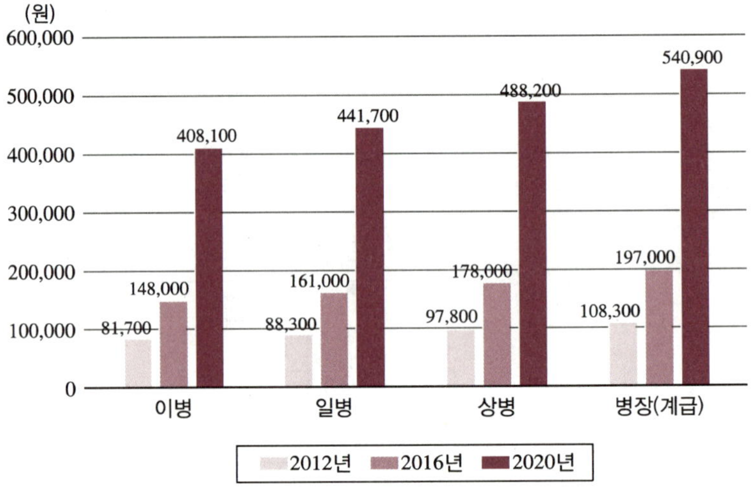

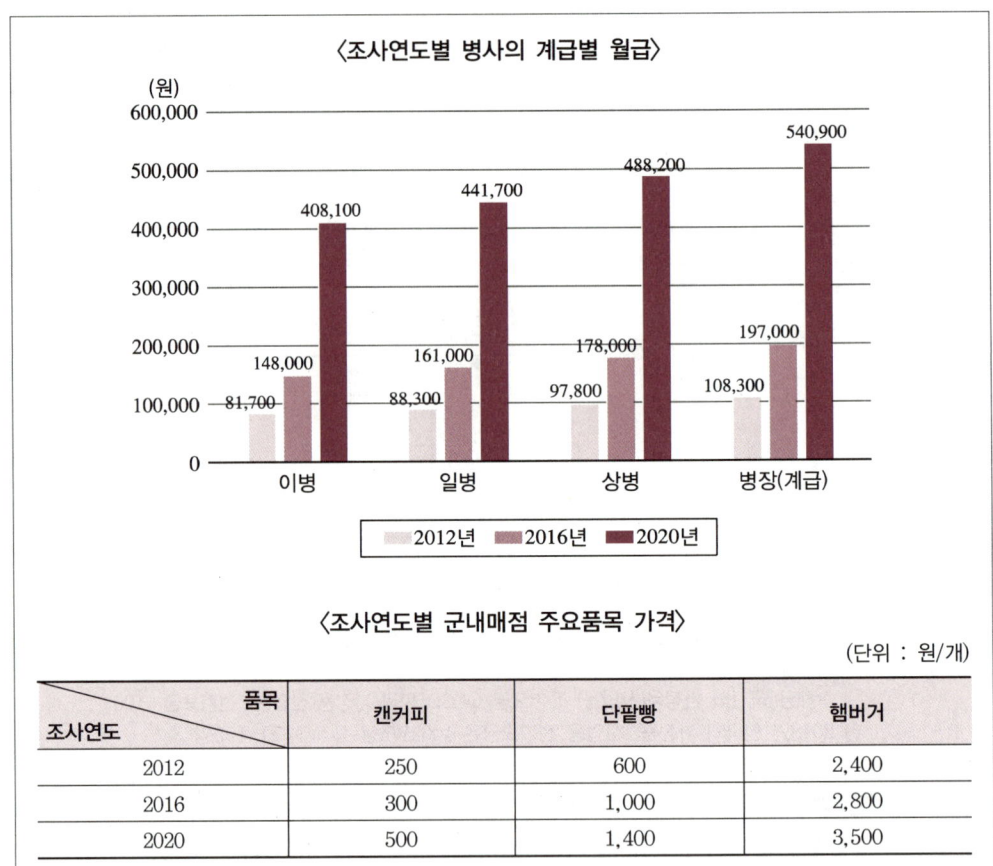

〈조사연도별 군내매점 주요품목 가격〉

(단위 : 원/개)

조사연도 \ 품목	캔커피	단팥빵	햄버거
2012	250	600	2,400
2016	300	1,000	2,800
2020	500	1,400	3,500

① 이병 월급은 2020년이 2012년보다 500% 이상 증액되었다.

② 2012년 대비 2016년 상병 월급 증가율은 2016년 대비 2020년 상병 월급 증가율보다 더 높다.

③ 군내매점 주요품목 각각의 2012년 대비 2016년 가격인상률은 2016년 대비 2020년 가격인상률보다 낮다.

④ 일병이 한 달 월급만을 사용하여 군내매점에서 해당 연도 가격으로 140개의 단팥빵을 구매하고 남은 금액은 2016년이 2012년보다 15,000원 이상 더 많다.

85 다음은 한 국제기구가 발표한 2019년 3월~2020년 3월 동안의 식량 가격지수와 품목별 가격지수에 관한 자료이다. 이에 대한 설명으로 옳지 않은 것은?

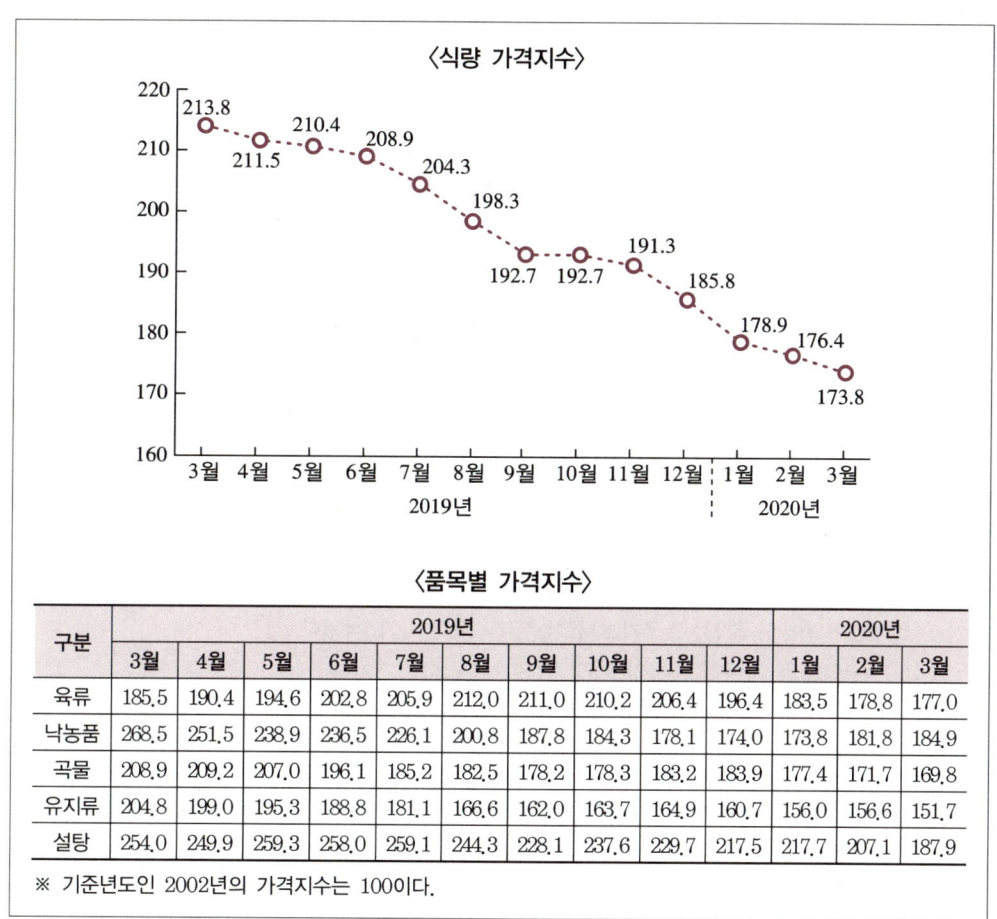

〈식량 가격지수〉

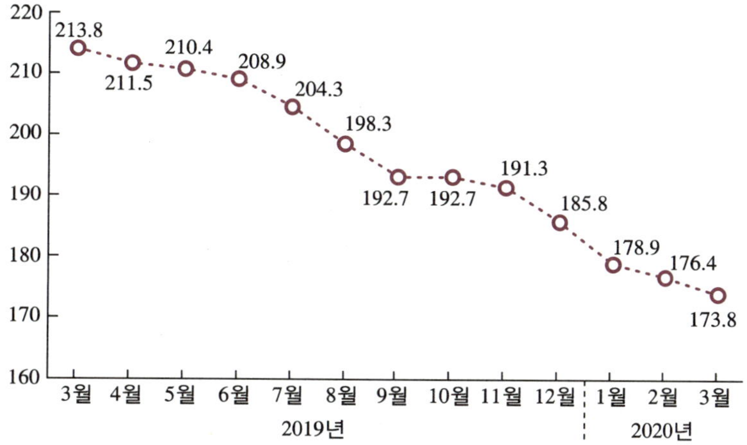

〈품목별 가격지수〉

구분	2019년										2020년		
	3월	4월	5월	6월	7월	8월	9월	10월	11월	12월	1월	2월	3월
육류	185.5	190.4	194.6	202.8	205.9	212.0	211.0	210.2	206.4	196.4	183.5	178.8	177.0
낙농품	268.5	251.5	238.9	236.5	226.1	200.8	187.8	184.3	178.1	174.0	173.8	181.8	184.9
곡물	208.9	209.2	207.0	196.1	185.2	182.5	178.2	178.3	183.2	183.9	177.4	171.7	169.8
유지류	204.8	199.0	195.3	188.8	181.1	166.6	162.0	163.7	164.9	160.7	156.0	156.6	151.7
설탕	254.0	249.9	259.3	258.0	259.1	244.3	228.1	237.6	229.7	217.5	217.7	207.1	187.9

※ 기준년도인 2002년의 가격지수는 100이다.

① 2020년 3월의 식량 가격지수는 2019년 3월에 비해 15% 이상 하락했다.

② 2019년 3월에 비해 2020년 3월 가격지수가 가장 큰 폭으로 하락한 품목은 낙농품이다.

③ 육류 가격지수는 2019년 8월까지 매월 상승하다가 그 이후에는 매월 하락했다.

④ 2002년 가격지수 대비 2020년 3월 가격지수의 상승률이 가장 낮은 품목은 육류이다.

86 다음은 A, B 두 국가의 지니계수에 관한 그래프이다. 다음 설명 중 옳은 것은?

〈A, B국가의 지니계수〉

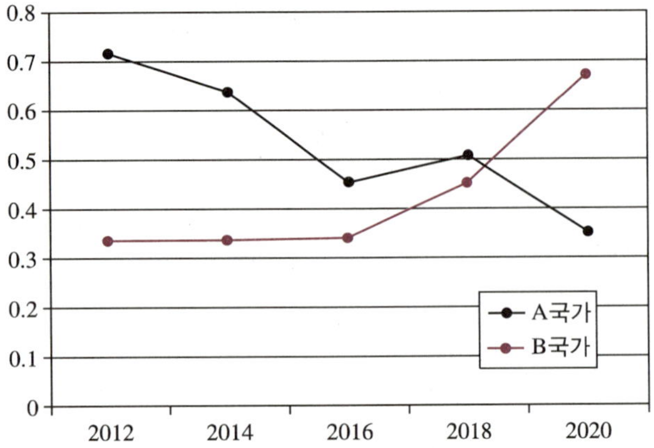

※ 지니계수 : 잘 사는 사람과 못 사는 사람의 소득 차이를 나타내는 계수

① 2012년에 B국가는 A국가보다 빈부 격차가 크다.
② A국가는 소득분배가 불평등해지는 추세이다.
③ 2016년에 B국가는 A국가보다 계층 간 소득 차가 적었다.
④ 두 국가의 지니계수 차가 가장 적은 해는 2016년이다.

[87 ~ 88] 다음은 연도별 국내 크루즈 입국자 수에 대한 자료이다. 이를 보고 이어지는 물음에 답하시오.

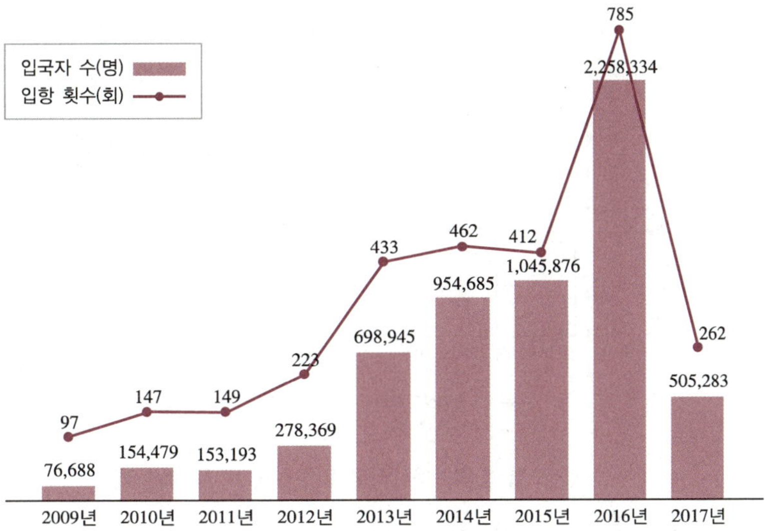

87 다음 〈보기〉의 내용 중 옳은 것을 모두 고르면?

보기

ㄱ. 2010 ~ 2017년 동안 입국자 수의 전년 대비 증감량이 두 번째로 높은 해는 입항 횟수의 전년 대비 증감량이 가장 크다.

ㄴ. 입항 횟수는 2011년 대비 2015년에 150% 이상 증가하였다.

ㄷ. 입항 횟수당 입국자 수는 2014년이 2011년의 2배 이상이다.

ㄹ. 2013년 대비 2015년의 입국자 수 증가율은 60% 이상이다.

① ㄱ, ㄴ　② ㄱ, ㄷ
③ ㄴ, ㄷ　④ ㄴ, ㄹ

88 다음 중 입항 횟수당 입국자 수가 가장 적은 해는?

① 2013년　② 2014년
③ 2015년　④ 2016년

89 다음은 창업보육센터의 현황에 관한 자료이다. 〈보기〉의 설명 중 옳지 않은 것을 모두 고른 것은?

〈연도별 창업보육센터 수 및 지원금액〉

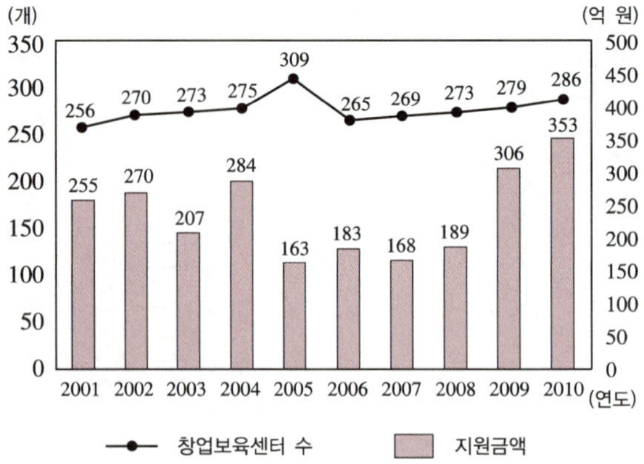

〈연도별 창업보육센터당 입주업체 수 및 매출액〉

(단위 : 개, 억 원)

구분 \ 연도	2008년	2009년	2010년
창업보육센터당 입주업체 수	16.6	17.1	16.8
창업보육센터당 입주업체 매출액	85.0	91.0	86.7

※ 한 업체는 1개의 창업보육센터에만 입주함

보기

㉠ 2010년 창업보육센터 지원금액의 전년 대비 증가율은 2010년 창업보육센터 수의 전년 대비 증가율의 5배 이상이다.
㉡ 2010년 창업보육센터의 전체 입주업체 수는 전년보다 적다.
㉢ 창업보육센터당 지원금액이 가장 적은 해는 2005년이며 가장 많은 해는 2010년이다.
㉣ 창업보육센터 입주업체의 전체 매출액은 2008년 이후 매년 증가하였다.

① ㉠, ㉡
② ㉠, ㉢
③ ㉡, ㉢
④ ㉡, ㉣

90 다음은 A국의 4대 범죄 발생 건수 및 검거 건수에 대한 자료이다. 이에 대한 설명으로 옳지 않은 것은?(단, 소수점 둘째자리에서 올림한다)

〈4대 범죄 발생 건수 및 검거 건수〉

(단위 : 건, 천 명)

연도＼구분	발생 건수	검거 건수	총인구	인구 10만 명당 발생 건수
2016년	15,693	14,492	49,194	31.9
2017년	18,258	16,125	49,364	(　　)
2018년	19,498	16,404	49,740	39.2
2019년	19,670	16,630	50,051	39.3
2020년	22,310	19,774	50,248	44.4

〈2020년 4대 범죄 유형별 발생 건수 및 검거 건수〉

(단위 : 건)

범죄유형＼구분	발생 건수	검거 건수
강도	5,753	5,481
살인	132	122
절도	14,778	12,525
방화	1,647	1,646
합계	22,310	19,774

① 인구 10만 명당 4대 범죄 발생 건수는 매년 증가한다.

② 2017년 이후 전년 대비 4대 범죄 발생 건수 증가율이 가장 낮은 연도와 전년 대비 4대 범죄 검거 건수 증가율이 가장 낮은 연도는 동일하다.

③ 2020년 발생 건수 대비 검거 건수 비율이 가장 낮은 범죄 유형의 발생 건수는 해당 연도 4대 범죄 발생 건수의 60% 이상이다.

④ 2019년에는 4대 범죄 발생 건수 대비 검거 건수 비율이 80%가 되지 않는다.

[91 ~ 92] 다음은 아시아 국가별 평균 교육기간을 나타낸 그래프이다. 이어지는 물음에 답하시오.

〈2020 ~ 2021년 아시아 국가별 평균 교육기간〉

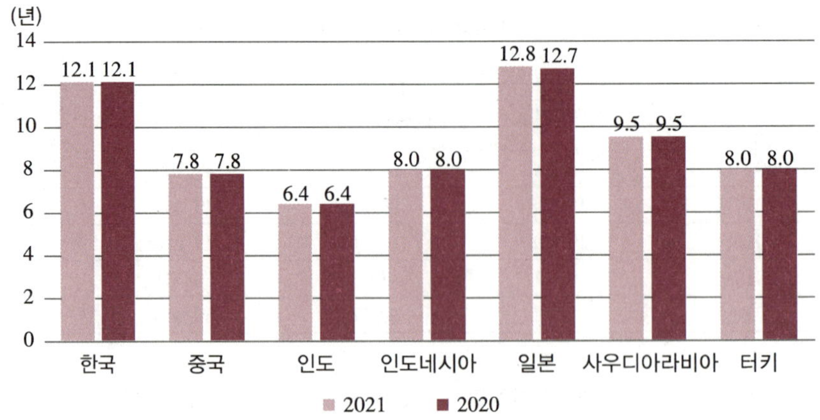

〈2019년 아시아 국가별 평균 교육기간〉

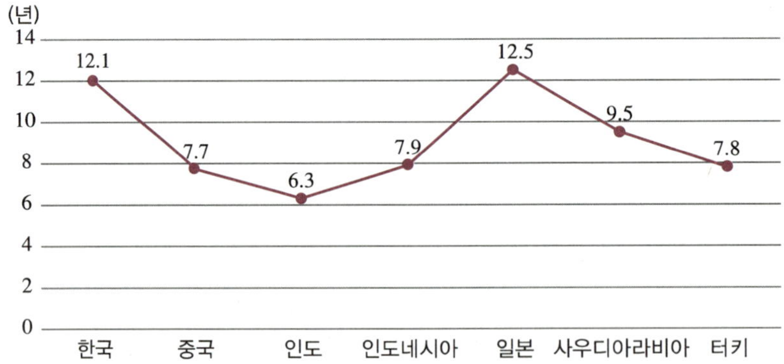

91 위 자료에 대한 설명 중 옳지 않은 것은?

① 한국은 2019 ~ 2021년까지의 평균 교육기간은 동일하다.
② 2019년보다 2020년의 평균 교육기간이 높아진 국가는 5개국이다.
③ 2020년과 2021년의 아시아 각 국가의 평균 교육기간은 동일하다.
④ 2019 ~ 2021년 동안 매년 평균 교육기간이 8년 이하인 국가는 4개국이다.

92 2019년에 평균 교육기간이 8년 이하인 국가들의 평균 교육기간의 평균은 얼마인가?

① 7.105년
② 7.265년
③ 7.425년
④ 7.595년

93 A유전자와 아동기 가정폭력 경험 수준이 청소년의 반사회적 인격장애와 품행장애 발생에 미치는 영향을 조사하기 위해 청소년을 A유전자 보유 여부에 따라 2개 집단(미보유, 보유)으로 구성한 다음, 각 집단을 아동기 가정폭력 경험 수준에 따라 다시 3개 집단(낮음, 중간, 높음)으로 구분하였다. 이에 대한 설명 중 옳지 않은 것은?

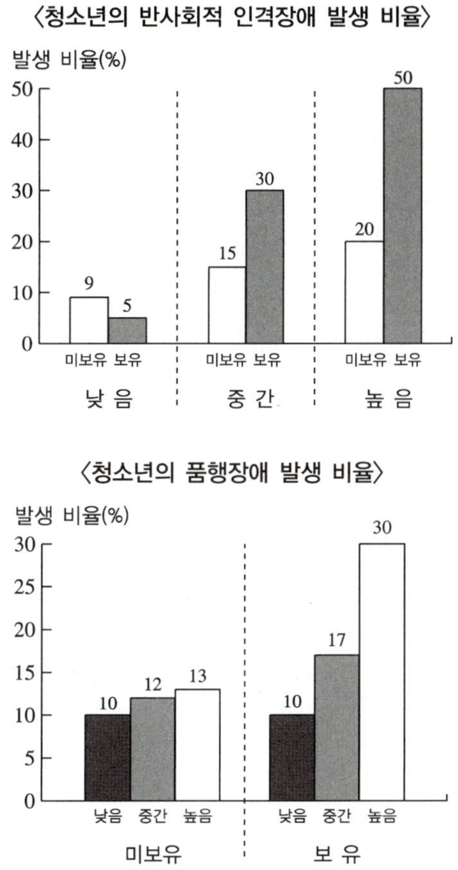

① 청소년의 반사회적 인격장애 발생 비율은 A유전자 보유 집단과 미보유 집단 각각, 아동기 가정폭력 경험 수준이 높아질수록 높다.

② 청소년의 반사회적 인격장애 발생 비율은 아동기 가정폭력 경험 수준 집단 각각, A유전자 미보유 집단이 A유전자 보유 집단에 비해 낮다.

③ 청소년의 품행장애 발생 비율은 아동기 가정폭력 경험 수준 집단 각각, A유전자 미보유 집단이 A유전자 보유 집단보다 높지 않다.

④ 청소년의 품행장애 발생 비율은 A유전자 보유 집단 중 아동기 가정폭력 경험 수준이 높은 집단이 가장 높다.

94 다음은 A ~ F국의 2020년 GDP와 GDP 대비 국가자산총액을 나타낸 자료이다. 이에 대한 〈보기〉의 설명 중 옳은 것만을 모두 고르면?

〈A ~ F국의 2020년 GDP와 GDP 대비 국가자산총액〉

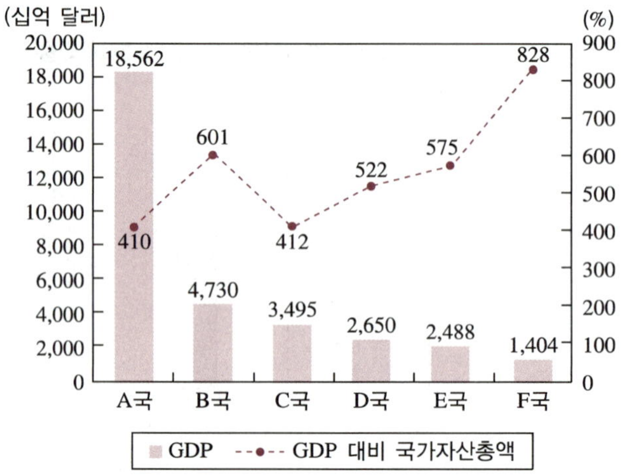

※ $[\text{GDP 대비 국가자산총액}(\%)] = \frac{(\text{국가자산총액})}{\text{GDP}} \times 100$

보기

ㄱ. GDP가 높은 국가일수록 GDP 대비 국가자산총액이 작다.
ㄴ. A국의 GDP는 나머지 5개국 GDP의 합보다 크다.
ㄷ. 국가자산총액은 F국이 D국보다 크다.

① ㄱ
② ㄴ
③ ㄷ
④ ㄱ, ㄴ

95 다음은 기업 A, B의 2014 ~ 2017년 에너지원단위 및 매출액 자료이다. 이에 대한 〈보기〉의 설명 중 옳은 것만을 모두 고르면?

〈기업 A, B의 2014 ~ 2017년 에너지원단위 및 매출액〉

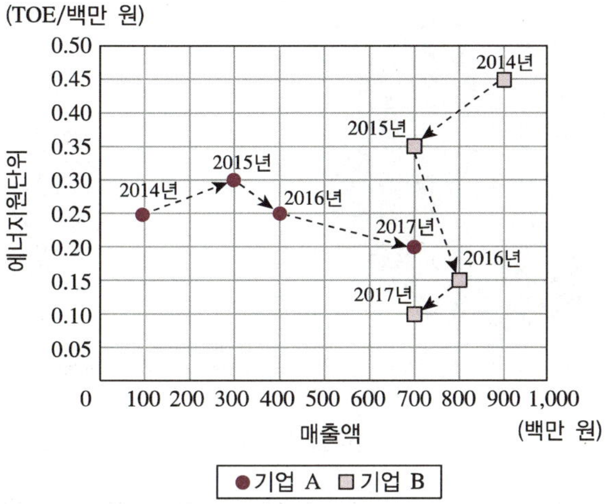

※ $[\text{에너지원단위(TOE/백만 원)}] = \dfrac{[\text{에너지소비량(TOE)}]}{[\text{매출액(백만 원)}]}$

보기

ㄱ. 기업 A, B는 각각 에너지원단위가 매년 감소하였다.
ㄴ. 기업 A의 에너지소비량은 매년 증가하였다.
ㄷ. 2016년 에너지소비량은 기업 B가 기업 A보다 많다.

① ㄱ
② ㄴ
③ ㄱ, ㄴ
④ ㄴ, ㄷ

[96 ~ 97] 다음은 C사 직원 1,200명을 대상으로 통근현황을 조사한 자료이다. 이를 참고하여 이어지는 질문에 답하시오.

〈통근수단 이용률〉

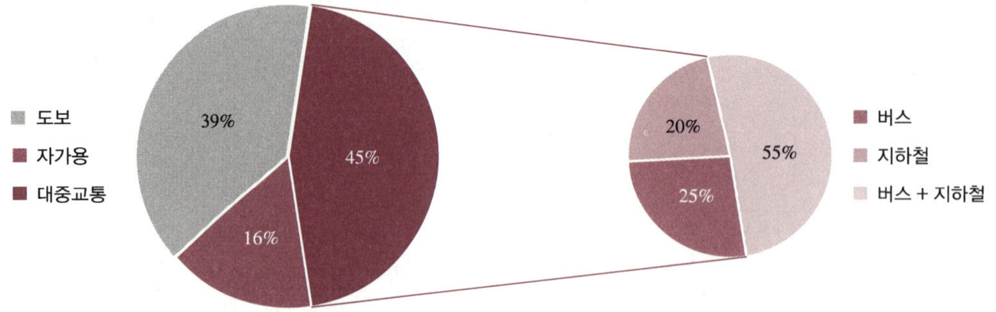

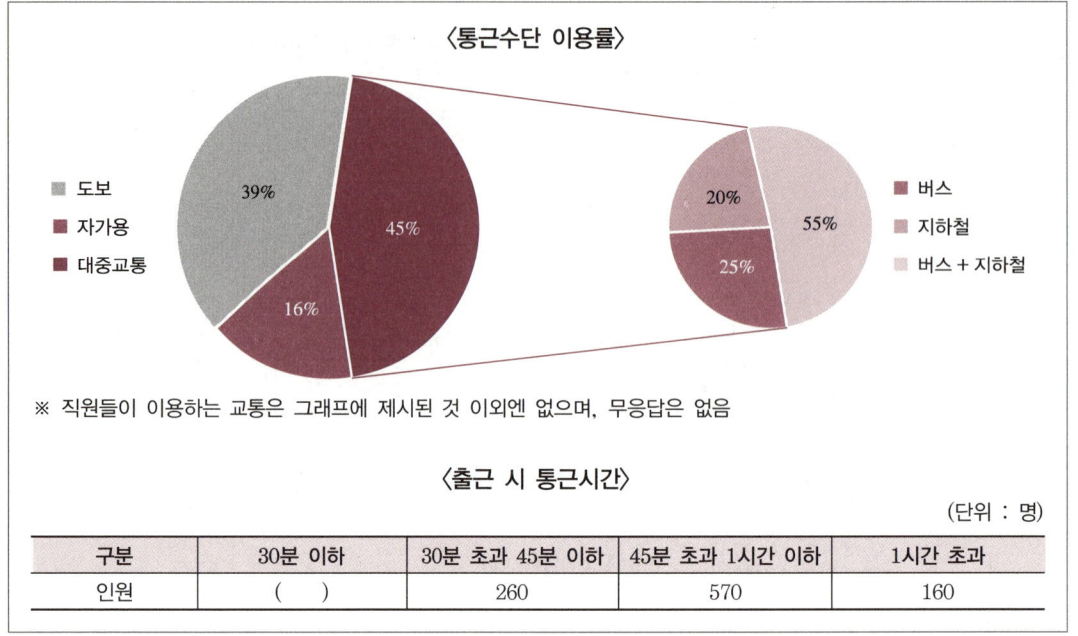

※ 직원들이 이용하는 교통은 그래프에 제시된 것 이외엔 없으며, 무응답은 없음

〈출근 시 통근시간〉

(단위 : 명)

구분	30분 이하	30분 초과 45분 이하	45분 초과 1시간 이하	1시간 초과
인원	(　　)	260	570	160

96 다음 중 자료에 대한 설명으로 옳지 않은 것은?

① 통근시간이 30분 이하인 직원은 전체의 17.5%이다.

② 통근수단으로 대중교통을 이용하는 인원 모두 통근시간이 45분 초과하고, 그 중 25%의 통근시간이 60분 초과라고 할 때, 통근수단으로 대중교통을 이용하면서 통근시간이 60분을 초과하는 인원은 통근시간이 60분을 초과하는 전체 인원의 80% 이상을 차지한다.

③ 통근수단으로 버스와 지하철 모두 이용하는 직원 수는 통근수단으로 도보를 이용하는 직원 수보다 174명 적다.

④ 조사에 응한 C사의 A부서 직원이 900명이라고 할 때, 조사에 응한 A부서의 인원 중 통근수단으로 자가용을 이용하는 인원은 192명 이하이다.

97 통근수단으로 도보 또는 버스만 이용하는 직원 중 $\frac{1}{3}$의 통근시간이 30분 초과 45분 이하이다. 통근시간이 30분 초과 45분 이하인 인원에서 통근수단으로 도보 또는 버스만 이용하는 직원 외에는 모두 자가용을 이용한다고 할 때, 이 인원이 자가용으로 출근하는 전체 인원에서 차지하는 비중은 얼마인가?(단, 비율은 소수점 이하 첫째 자리에서 반올림한다)

① 31%　　② 67%

③ 74%　　④ 80%

98 다음은 2006 ~ 2015년 물이용부담금 총액에 관한 자료이다. 이에 대한 〈보기〉의 설명 중 옳지 않은 내용을 모두 고른 것은?

〈물이용부담금 총액〉

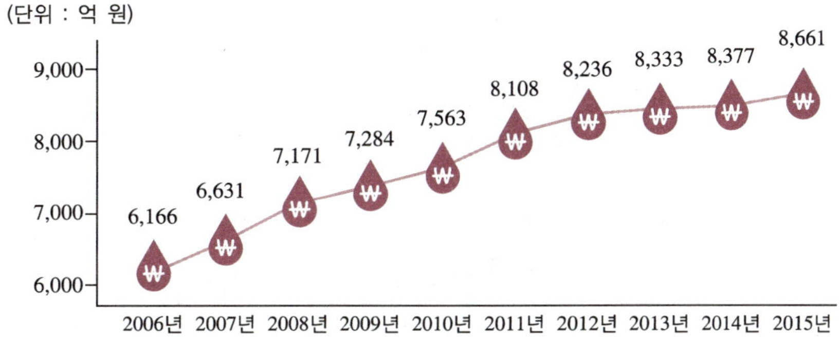

※ 상수원 상류지역에서의 수질개선 및 주민지원 사업을 효율적으로 추진하기 위한 재원 마련을 위해 최종수요자에게 물 사용량에 비례하여 물이용부담금 부과

※ 한강, 낙동강, 영・섬유역의 물이용부담금 단가는 170원/m^3, 금강유역은 160원/m^3

보기

㉠ 물이용부담금 총액은 지속적으로 증가하는 추세를 보이고 있다.

㉡ 2007 ~ 2015년 중 물이용부담금 총액이 전년 대비 가장 많이 증가한 해는 2008년이다.

㉢ 2015년 물이용부담금 총액에서 금강유역 물이용부담금 총액이 차지하는 비중이 20%라면, 2015년 금강유역에서 사용한 물의 양은 약 10.83억m^3이다.

㉣ 2015년 물이용부담금 총액은 전년 대비 약 3.2% 이상 증가했다.

① ㉠　　② ㉡

③ ㉢　　④ ㉠, ㉣

99 다음은 학교급별 사교육 참여 실태를 조사한 자료이다. 이에 대한 설명으로 옳지 않은 것은?

〈학교급별 사교육 참여 실태〉

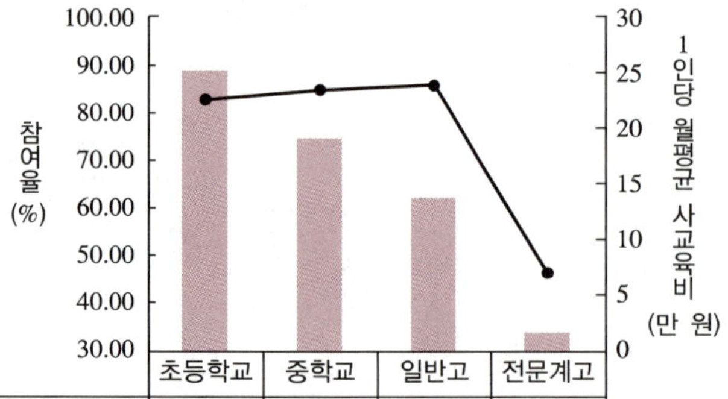

	초등학교	중학교	일반고	전문계고
참여율(%)	88.80%	74.60%	62%	33.70%
1인당 월평균 사교육비(만 원)	22.7	23.4	24	6.7

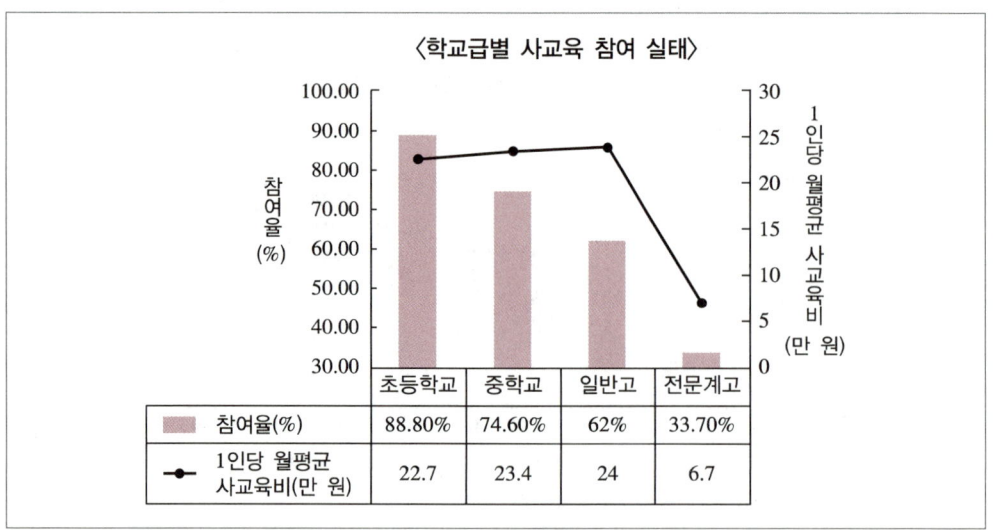

① 전문계고 학생 1인당 월평균 사교육비는 6만 7천 원이다.

② 1인당 월평균 사교육비는 일반고 학생이 가장 많다.

③ 초등학생 200명당 177명 이상이 사교육을 받는다.

④ 사교육을 받는 중학생의 수는 사교육을 받는 고등학생의 수보다 많다.

100 다음은 묘목(A ~ E)의 건강성을 평가하기 위한 자료이다. 아래의 평가방법에 따라 묘목의 건강성 평가점수를 계산할 때, 평가점수가 두 번째로 높은 묘목과 가장 낮은 묘목을 바르게 나열한 것은?

〈묘목의 활착률과 병해충 감염여부〉

구분 \ 묘목	A	B	C	D	E
활착률	0.7	0.7	0.7	0.9	0.8
병해충 감염여부	감염	비감염	비감염	감염	비감염

〈묘목의 줄기길이와 뿌리길이〉

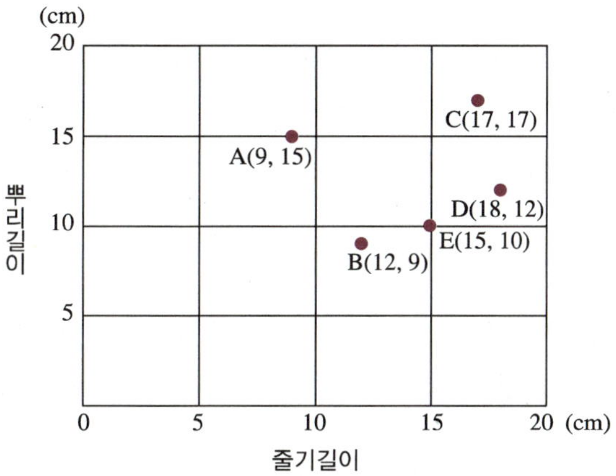

※ (,) 안의 수치는 각각 해당 묘목의 줄기길이, 뿌리길이를 의미함

〈평가방법〉

- 묘목의 건강성 평가점수

$$=\left\{(\text{활착률})\times 30\right\}+\left\{\left(\frac{\text{뿌리길이}}{\text{줄기길이}}\right)\times 30\right\}+\left\{(\text{병해충 감염여부})\times 40\right\}$$

- '병해충 감염여부'는 '감염'이면 0, '비감염'이면 1을 부여함.

	두 번째로 높은 묘목	가장 낮은 묘목
①	B	A
②	C	A
③	E	A
④	E	D

자료해석

CHAPTER 03

공간능력

정답 및 해설 p.057

만점비법!

유형마다 자신만의 풀이방법을 찾아라!

공간능력은 짧은 시간 동안 많은 문제를 풀어야 하므로 신속성과 정확성이 필요하다. 따라서 자신에게 가장 적합한 풀이방법을 찾아 연습하도록 한다.

쉬운 유형부터 풀어라!

공간능력은 10분에 18문제를 풀어야 하므로 철저한 시간배분이 필요하다. 수험자마다 차이가 있을 수 있지만 「블록 개수」 ⇨ 「블록 겨냥도」 ⇨ 「전개도」 순으로 풀어가는 것을 추천한다.

시간배분 연습을 철저히 하라!

앞서 이야기한 것과 마찬가지로 시간배분이 중요하다. 실전문제나 최종모의고사를 풀 때, 1문제당 20초 이내에 해결할 수 있도록 연습한다. 또한, 틀린 문제가 없는지 검토하는 시간도 고려하여야 한다.

전개도 펼침

TIP

✔ 유형 설명

문제에서 주어진 입체도형과 일치하는 전개도를 찾는 문제이다. 입체도형은 정육면체이며, 정면・우측・상단에 그림, 기호, 문자 등의 정보가 제공된다. 세 면의 정보를 바탕으로 일치하는 전개도를 찾는다.

✔ 문제 접근방법

두 유형의 문제를 풀기 위해서는 전개도를 입체도형으로 연상하는 능력이 중요하다. 전개도에서 어떠한 면(또는 꼭지점)들이 서로 맞닿아 입체도형을 이루는지를 정확히 이해하여야 한다.

[01 ~ 25] 다음에 이어지는 물음에 답하시오.

- 입체도형을 펼쳐 전개도를 만들 때, 전개도에 표시된 그림(예 ■, ◪ 등)은 회전의 효과를 반영함. 즉, 본 문제의 풀이과정에서 보기의 전개도상에 표시된 " "와 " "은 서로 다른 것으로 취급함.
- 단, 기호 및 문자(예 ☎, ♤, ♨, K, H 등)의 회전에 의한 효과는 본 문제의 풀이과정에 반영하지 않음. 즉, 입체도형을 펼쳐 전개도를 만들 때, " "의 방향으로 나타나는 기호 및 문자도 보기에서는 "☎"의 방향으로 표시하며 동일한 것으로 취급함.

01 다음 입체도형의 전개도로 알맞은 것은?

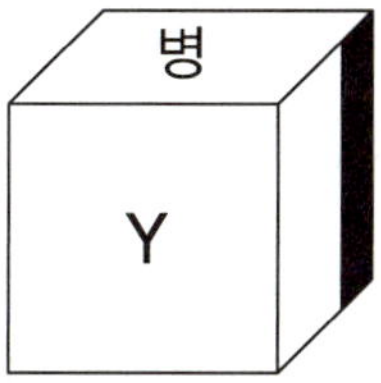

①
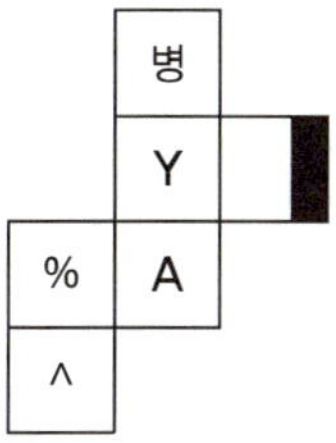

②
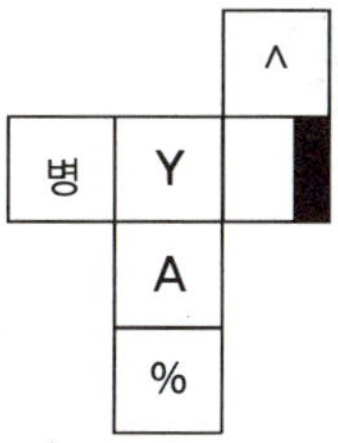

③
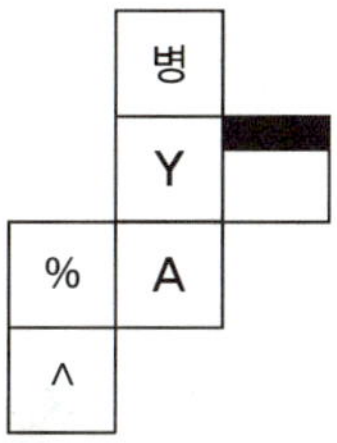

④
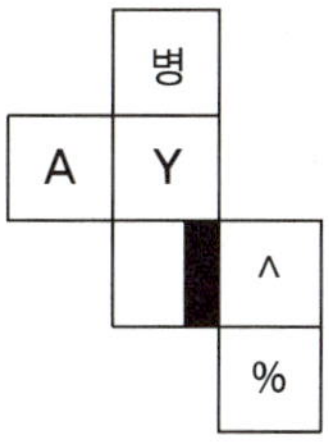

02 다음 입체도형의 전개도로 알맞은 것은?

①
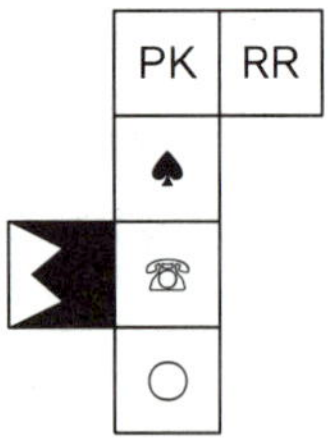

②
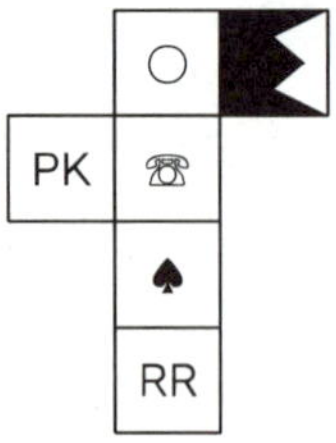

③
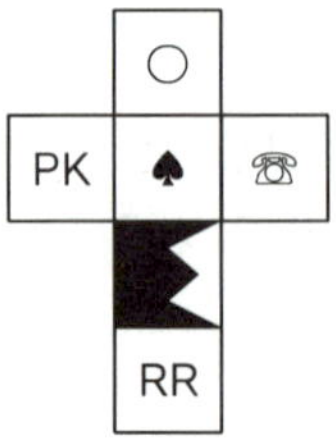

④
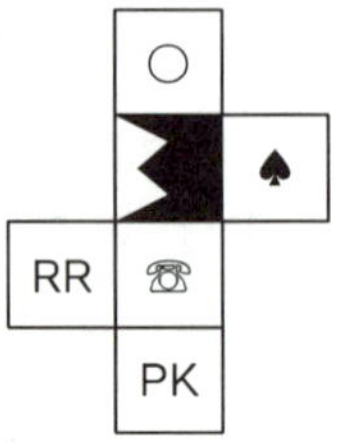

03 다음 입체도형의 전개도로 알맞은 것은?

①
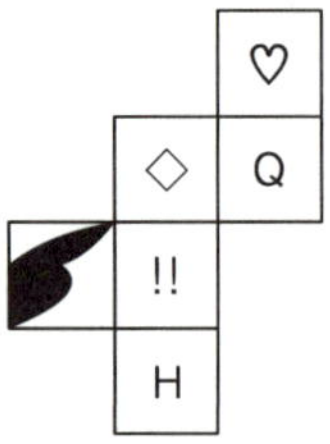

②
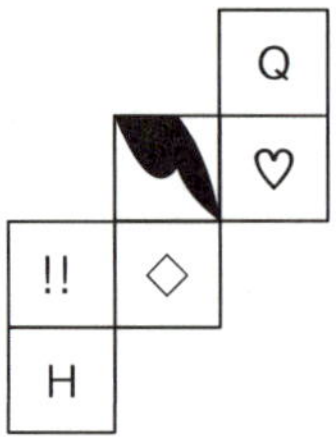

③
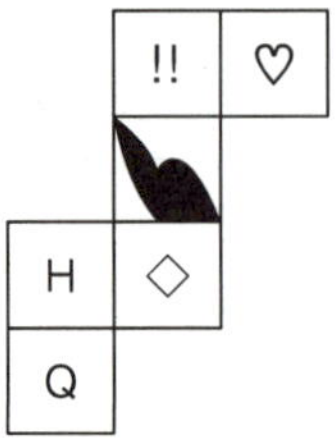

④
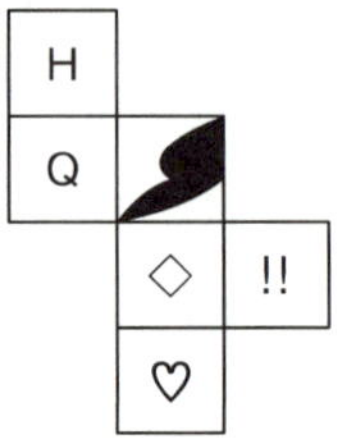

04 다음 입체도형의 전개도로 알맞은 것은?

①
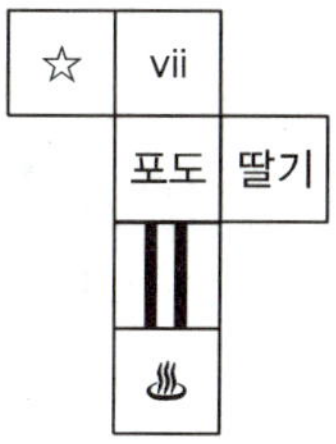

②
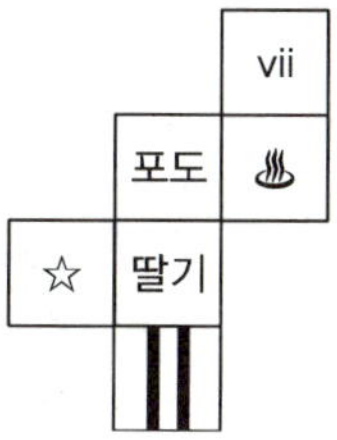

③
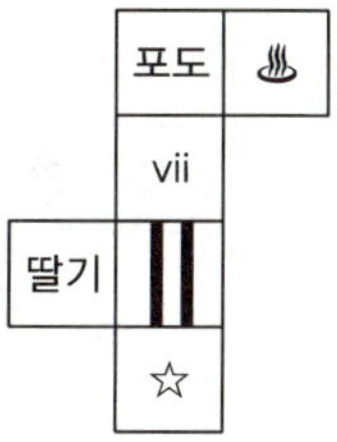

④
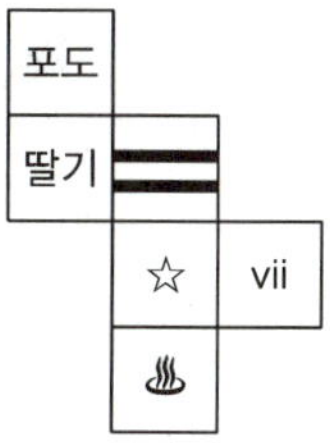

05 다음 입체도형의 전개도로 알맞은 것은?

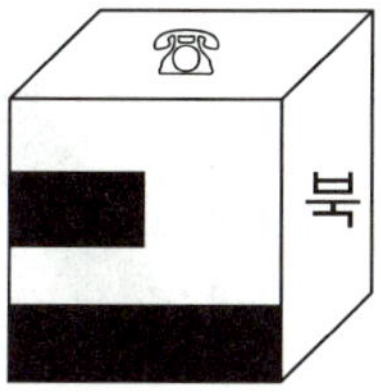

①
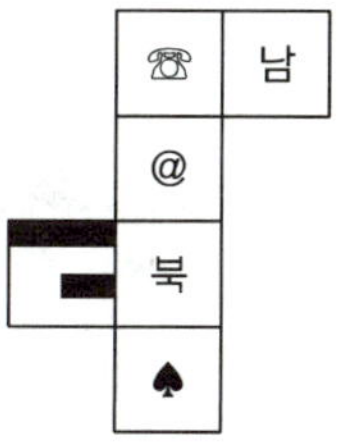

②
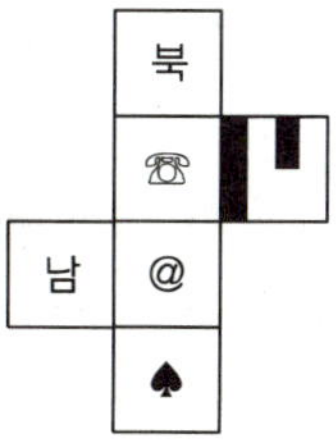

③
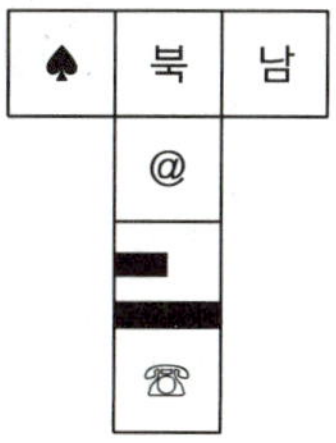

④
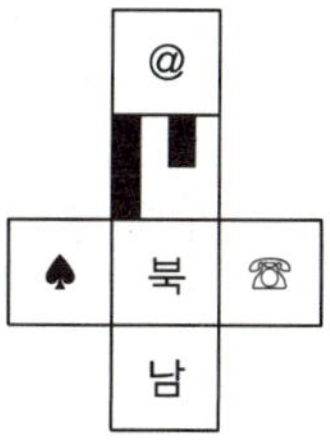

06 다음 입체도형의 전개도로 알맞은 것은?

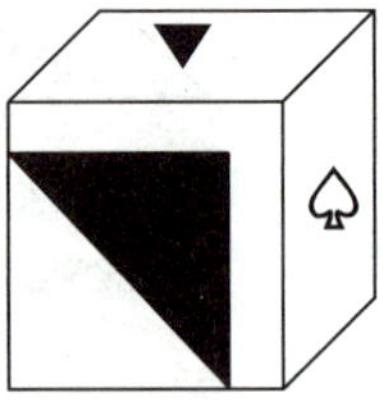

①
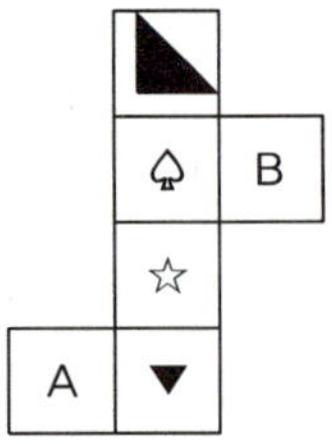

②
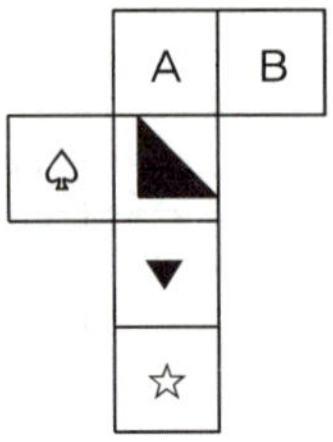

③
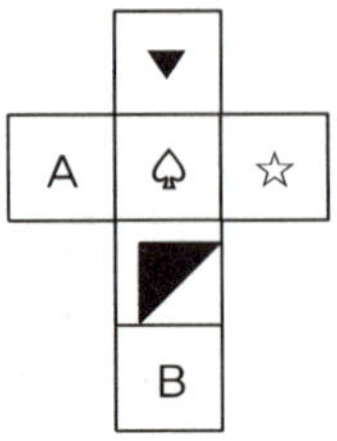

④
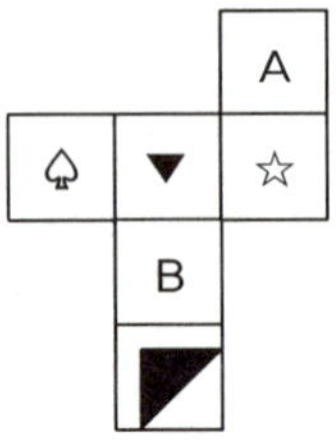

07 다음 입체도형의 전개도로 알맞은 것은?

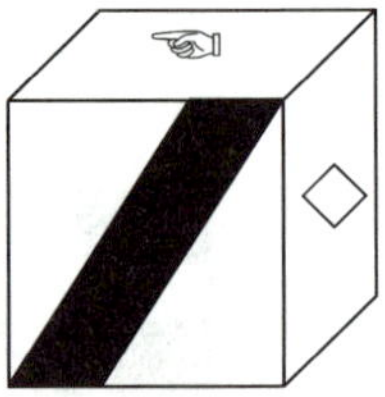

①
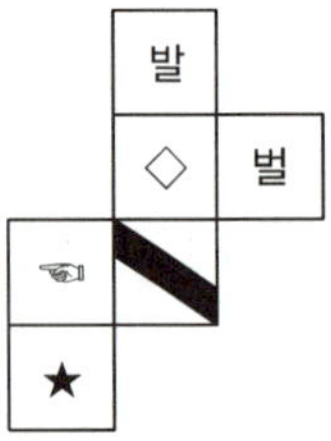

②
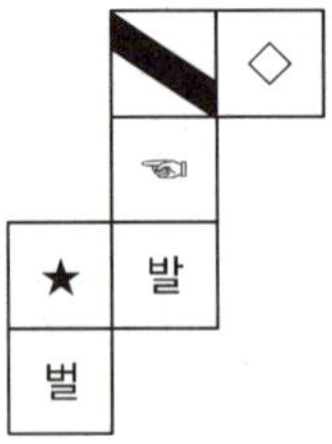

③
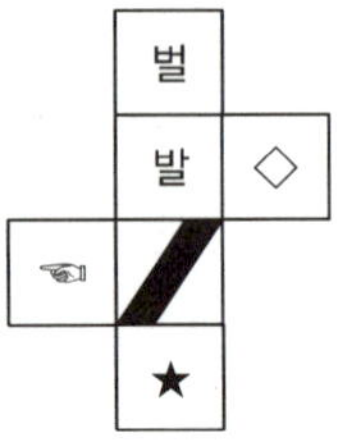

④
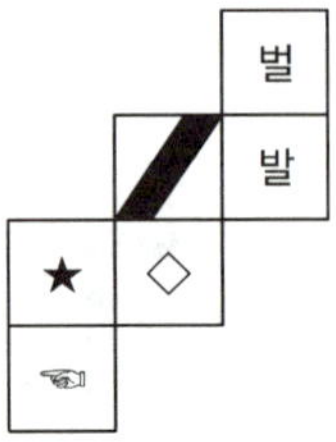

08 다음 입체도형의 전개도로 알맞은 것은?

① 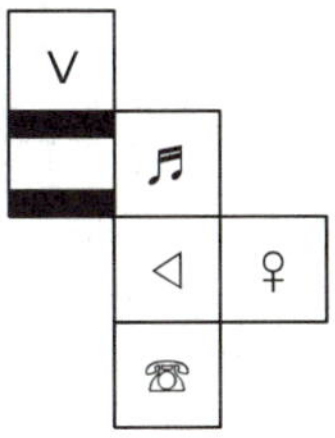

② 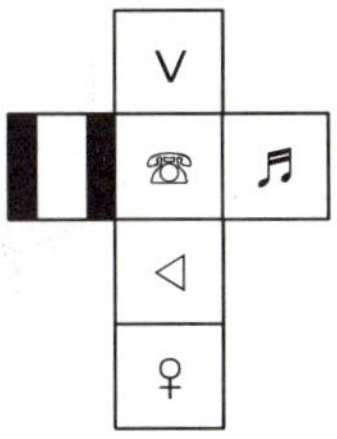

③ 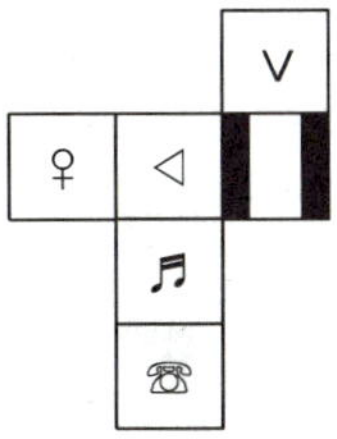

④ 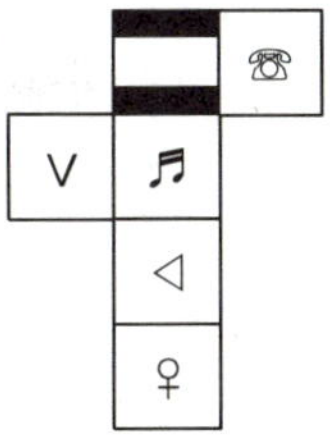

09 다음 입체도형의 전개도로 알맞은 것은?

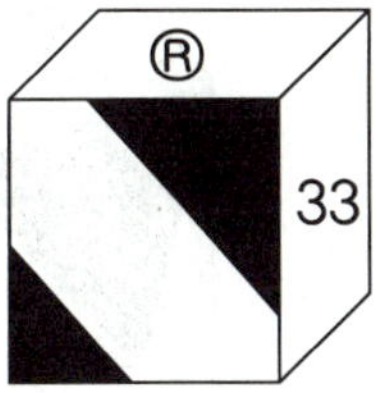

① 

② 

③ 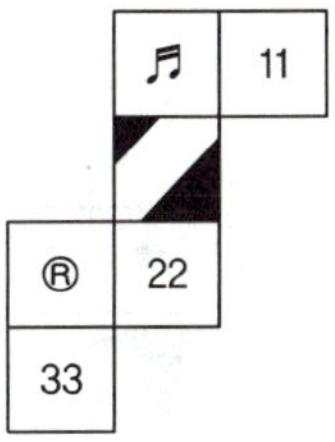

④ 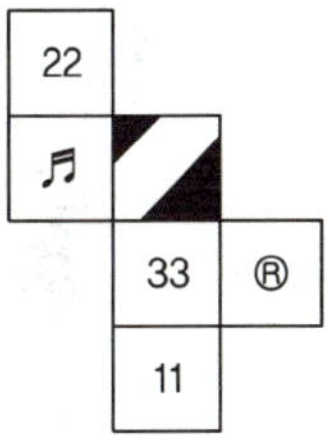

10 다음 입체도형의 전개도로 알맞은 것은?

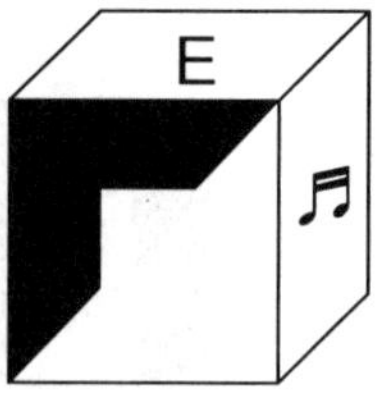

① 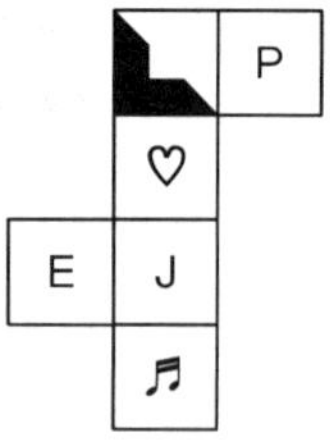

② 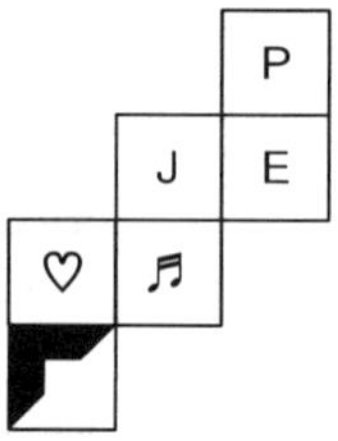

③ 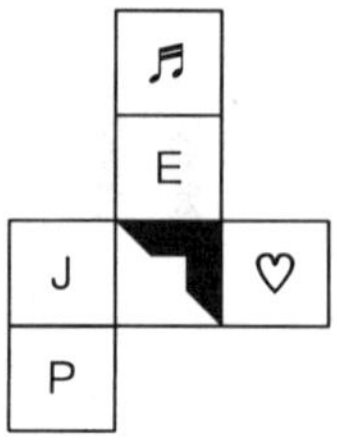

④ 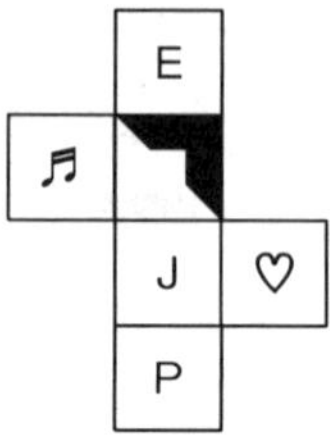

11 다음 입체도형의 전개도로 알맞은 것은?

① 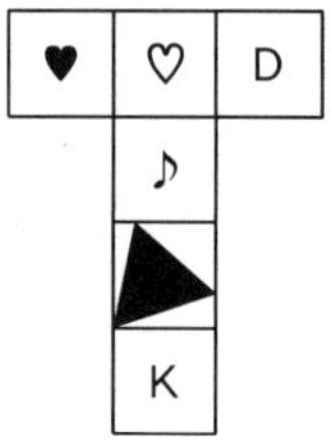

② 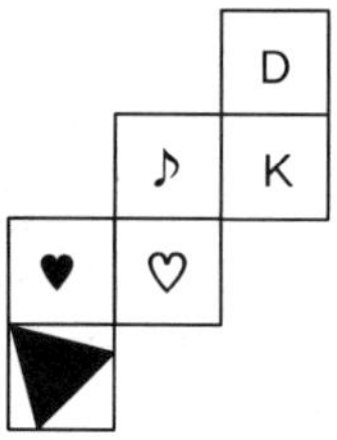

③ 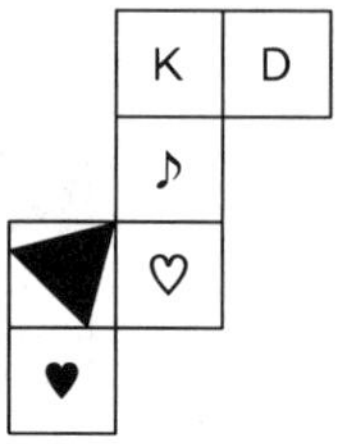

④ 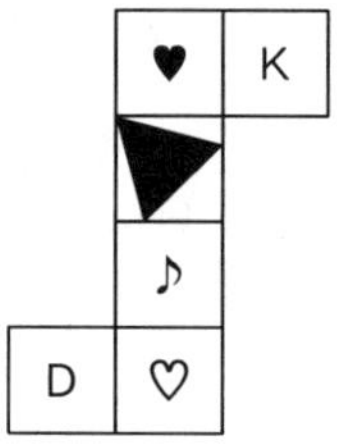

12 다음 입체도형의 전개도로 알맞은 것은?

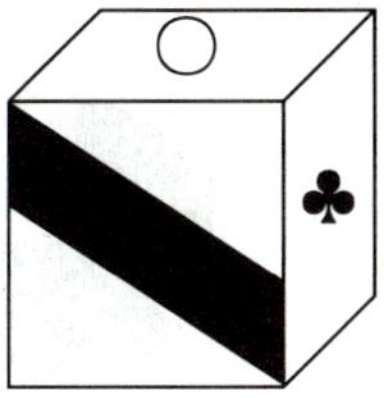

①
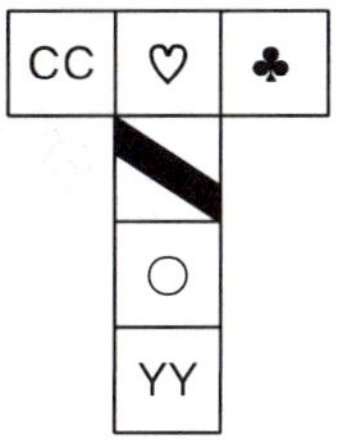

②
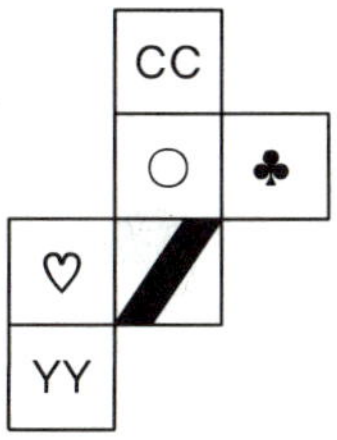

③
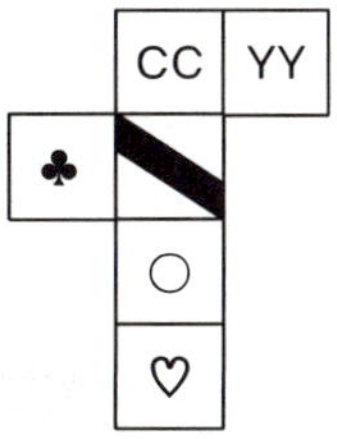

④
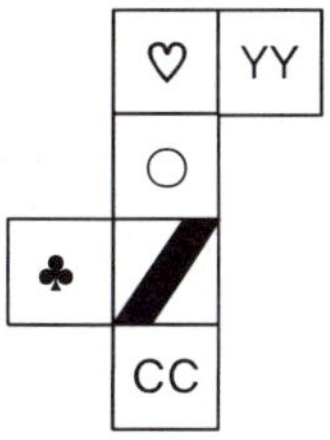

13 다음 입체도형의 전개도로 알맞은 것은?

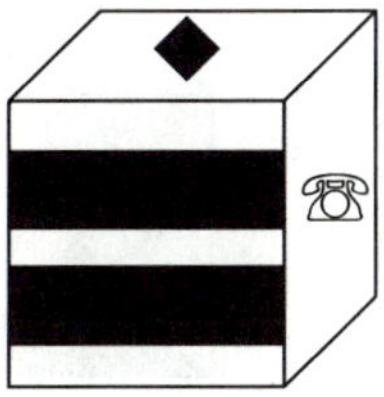

①
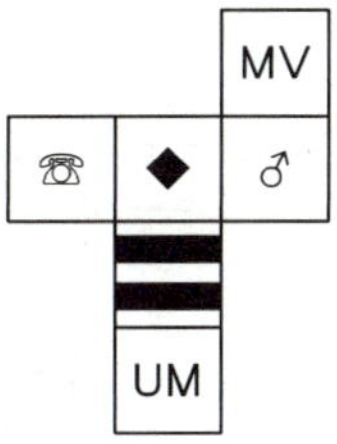

②
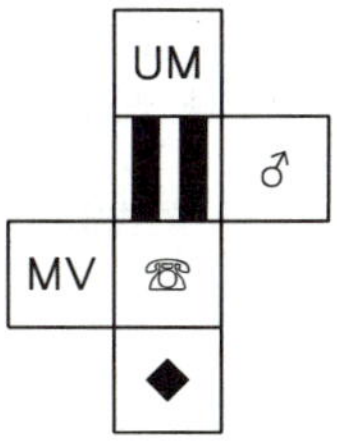

③
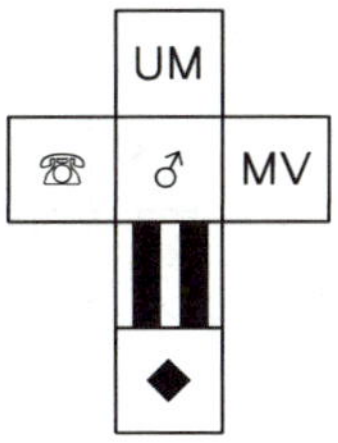

④
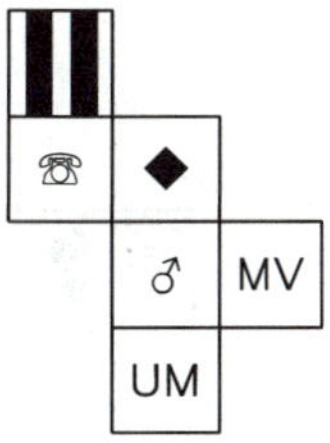

14 다음 입체도형의 전개도로 알맞은 것은?

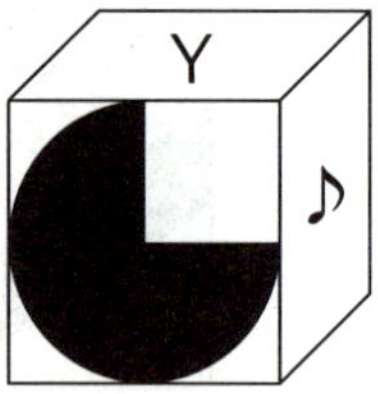

①
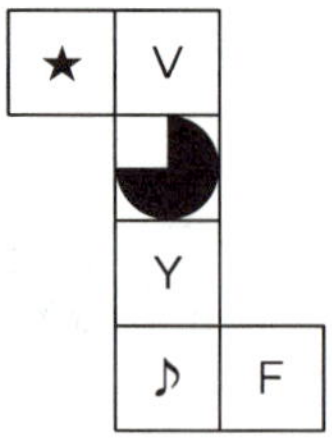

②
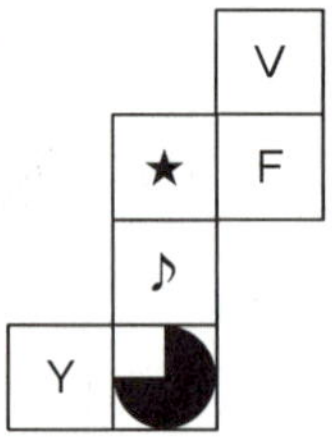

③
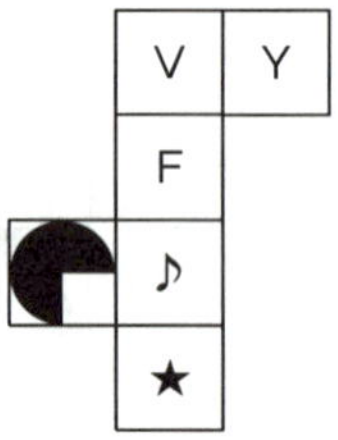

④
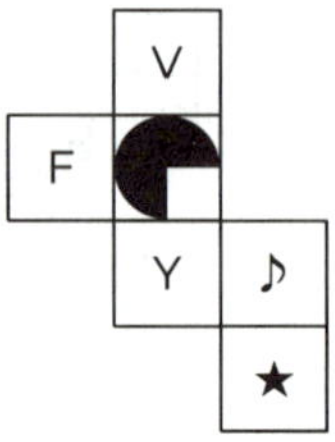

15 다음 입체도형의 전개도로 알맞은 것은?

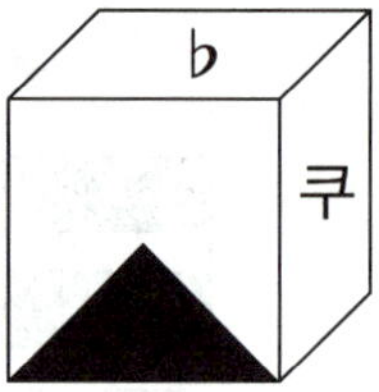

①
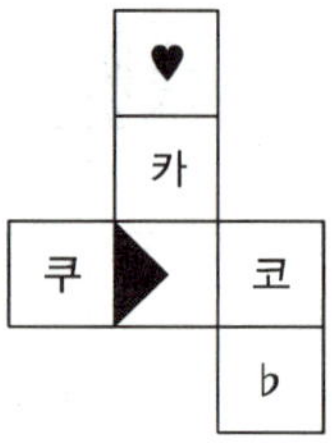

②
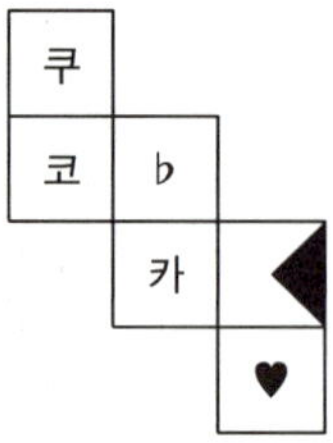

③
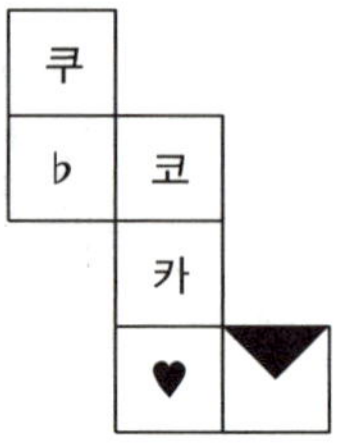

④
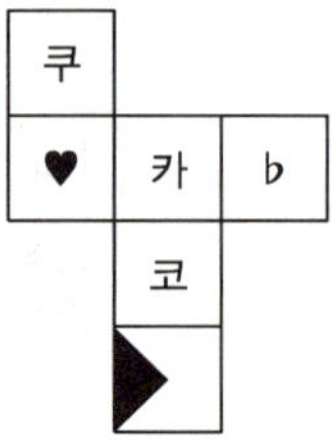

16 다음 입체도형의 전개도로 알맞은 것은?

① 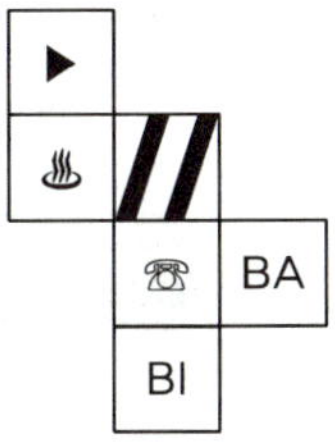

② 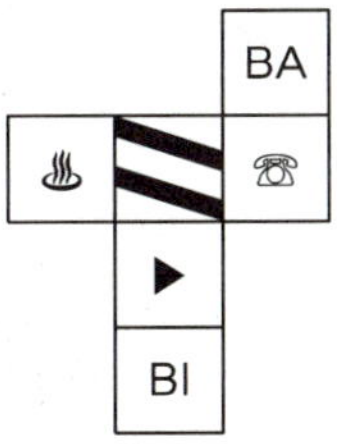

③ 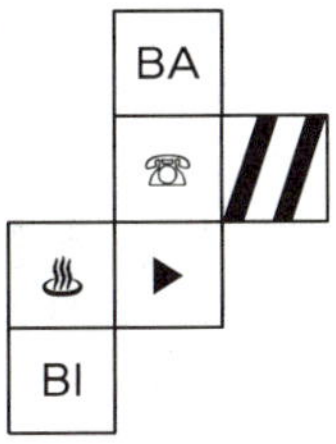

④ 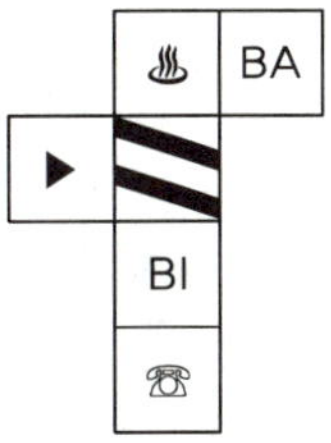

17 다음 입체도형의 전개도로 알맞은 것은?

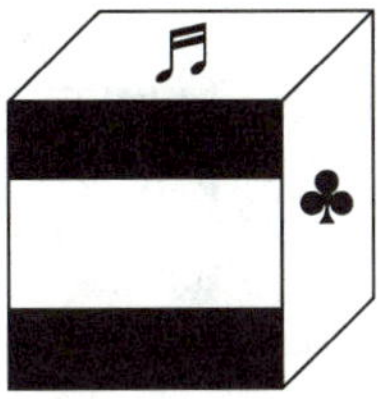

① 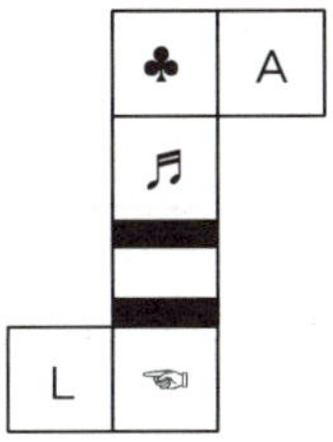

② 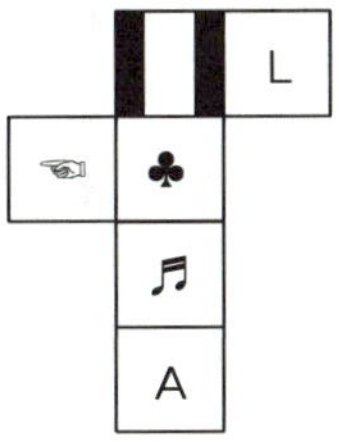

③ 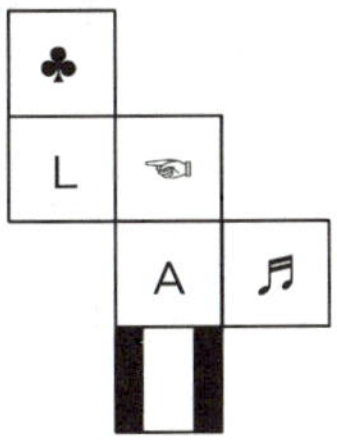

④ 

18 다음 입체도형의 전개도로 알맞은 것은?

①
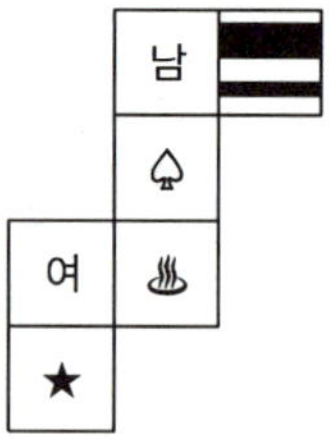

②
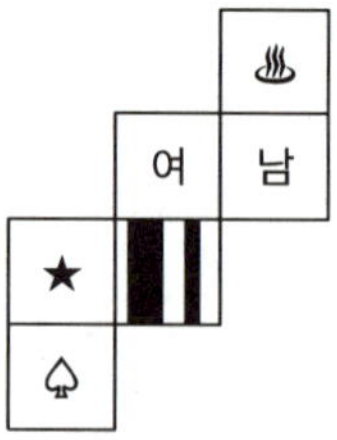

③
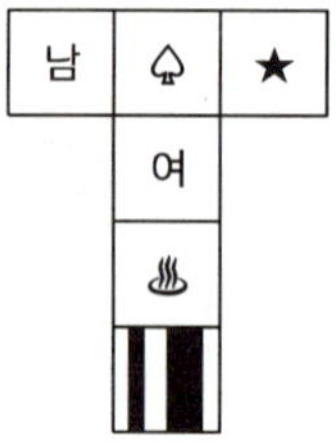

④
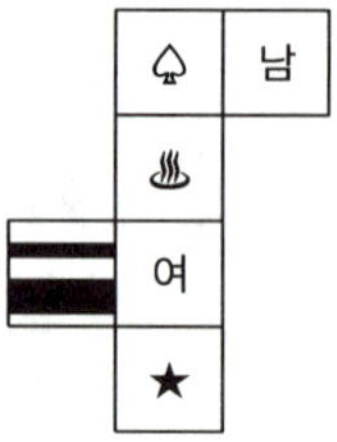

19 다음 입체도형의 전개도로 알맞은 것은?

①

②
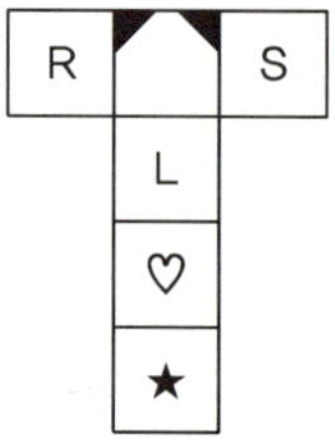

③

④

20 다음 입체도형의 전개도로 알맞은 것은?

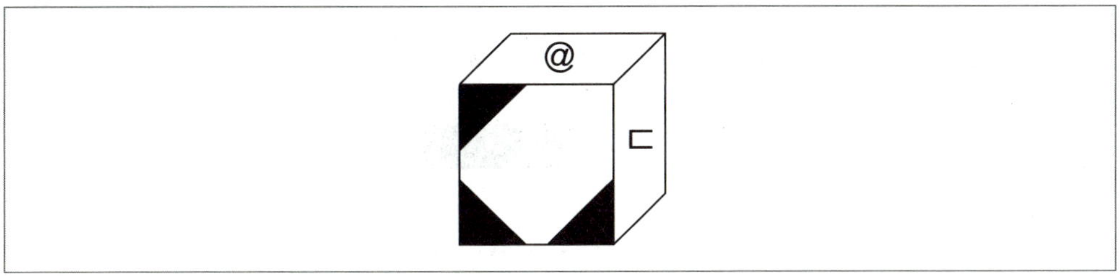

①

②
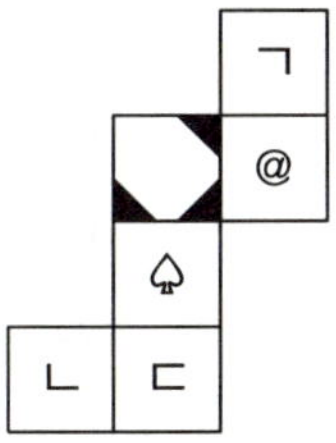

③
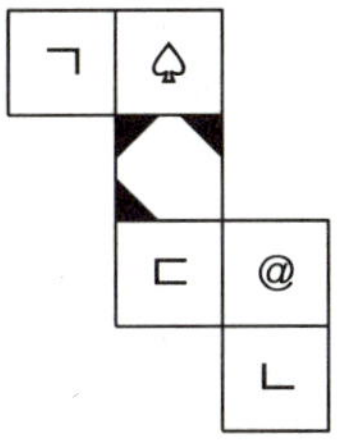

④
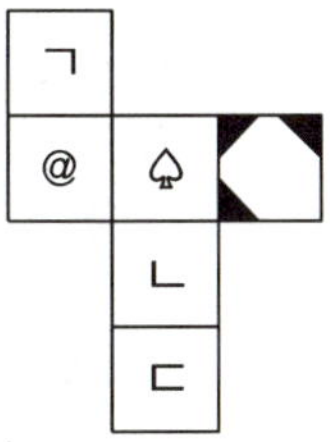

21 다음 입체도형의 전개도로 알맞은 것은?

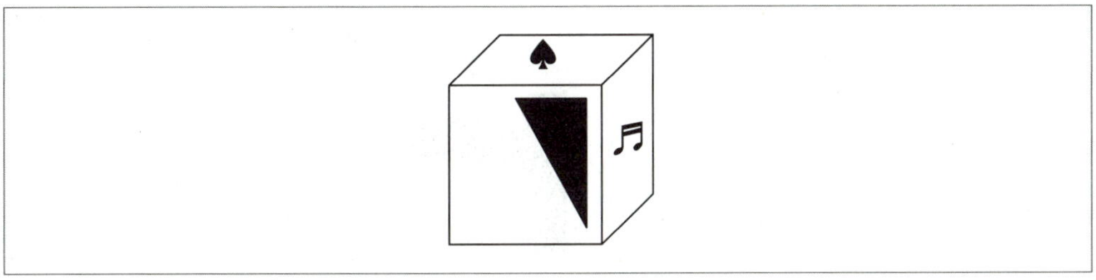

①
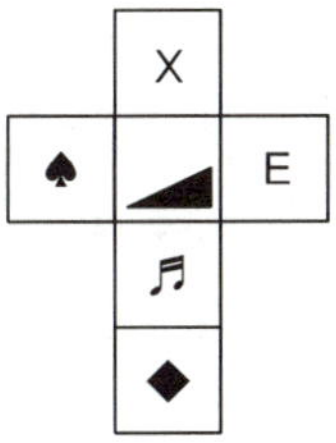

②
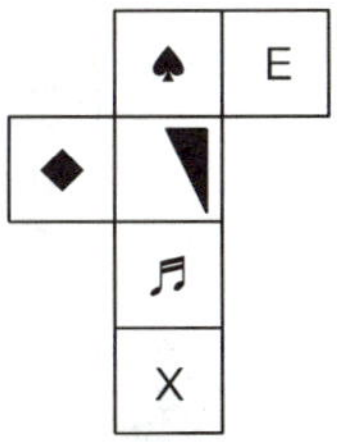

③
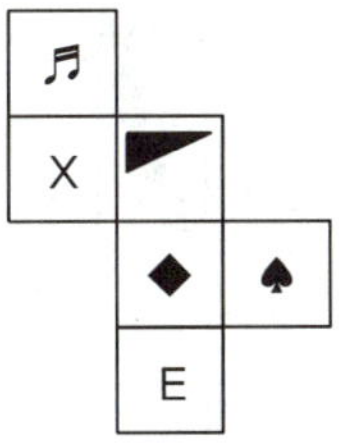

④
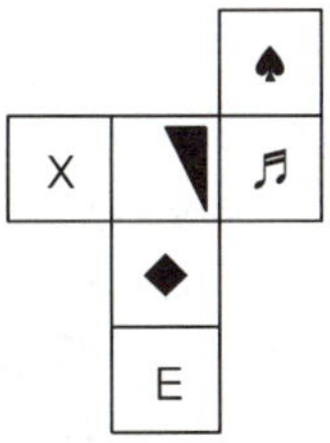

22 다음 입체도형의 전개도로 알맞은 것은?

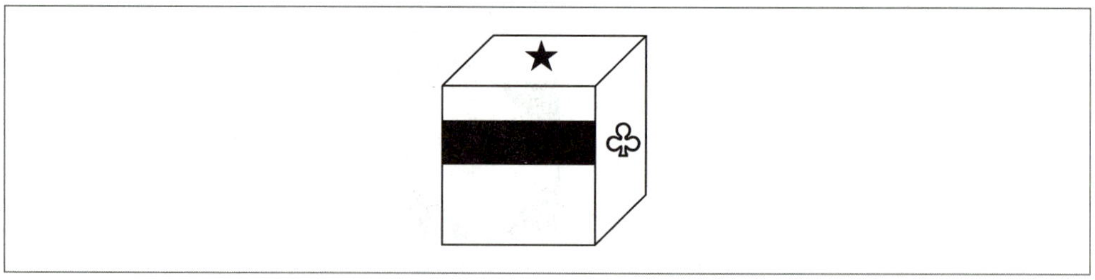

①
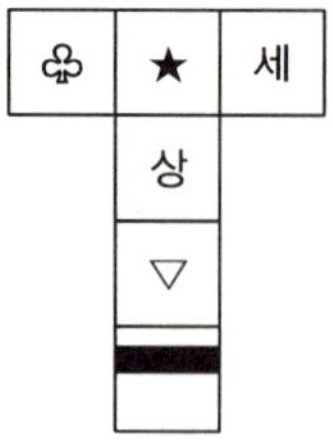

②
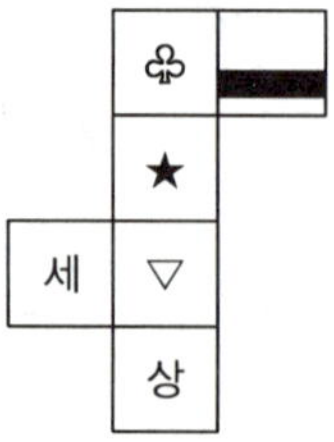

③
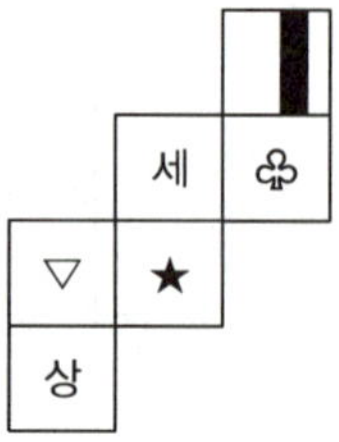

④
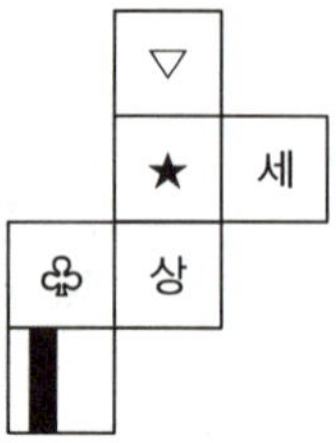

23 다음 입체도형의 전개도로 알맞은 것은?

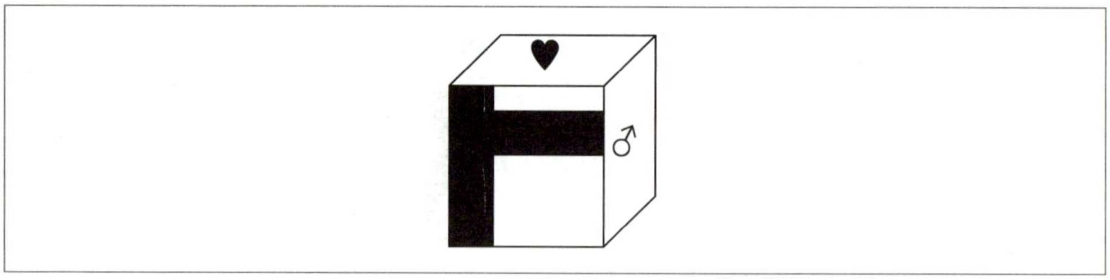

①
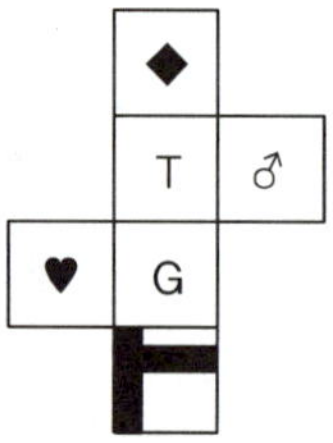

②
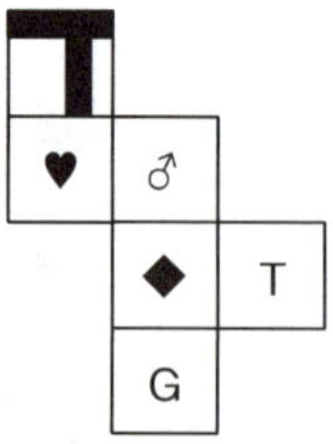

③
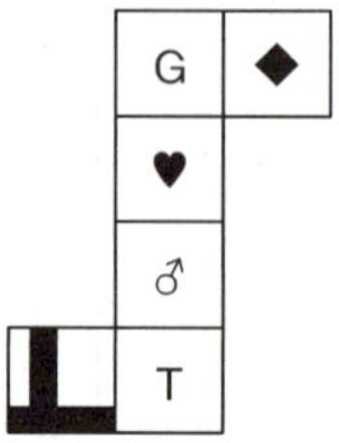

④
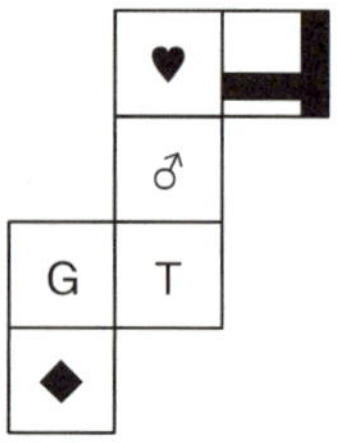

24 다음 입체도형의 전개도로 알맞은 것은?

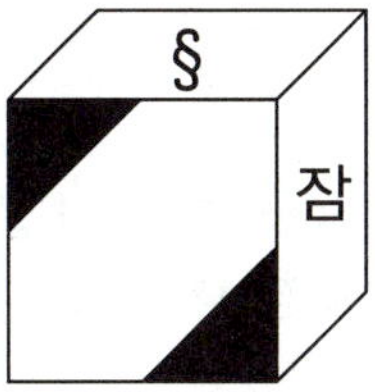

①

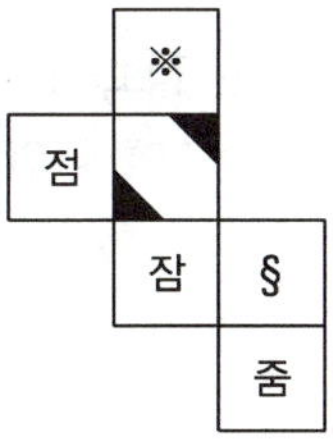

②

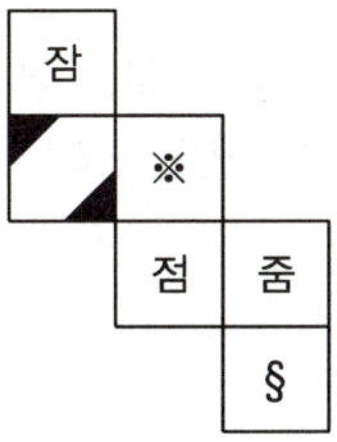

③

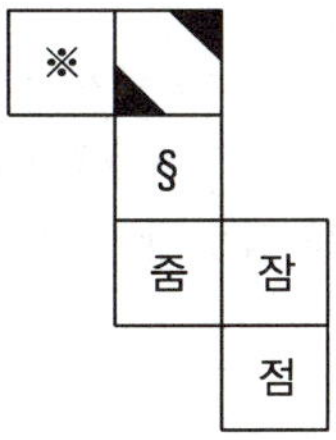

④

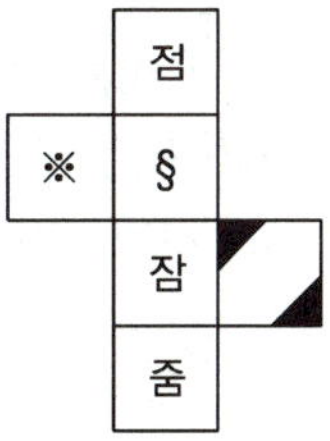

25 다음 입체도형의 전개도로 알맞은 것은?

①

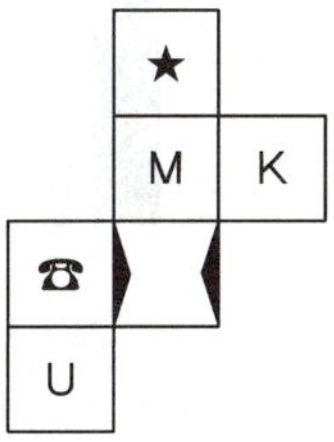

②

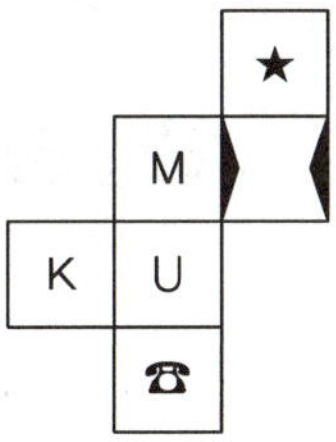

③

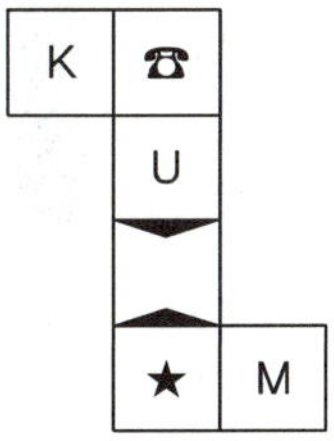

④

전개도 닫힘

TIP

✔ **유형 설명**

앞의 '전개도 펼침' 유형과 반대로 주어진 전개도와 일치하는 입체도형을 찾는 문제이다. 앞의 유형과 다른 점은 각 면에 해당하는 그림 정보가 총 6개 주어지므로 고려해야 할 것이 많다는 것이다.

✔ **문제 접근방법**

입체도형을 전개도로 펼치거나 전개도를 입체도형으로 접을 때, 각 면에 있는 정보(그림, 문자, 기호 등)는 회전하게 된다. '그림(▮, ◪ 등)'의 회전만을 고려하고, 문자 또는 기호 등의 회전은 고려하지 않는다는 것을 유의해야 한다.

[26 ~ 50] 다음에 이어지는 물음에 답하시오.

- 전개도를 접을 때 전개도상의 그림, 기호, 문자가 입체도형의 겉면에 표시되는 방향으로 접음.
- 전개도를 접어 입체도형을 만들 때, 전개도에 표시된 그림(예 ▮, ◪ 등)은 회전의 효과를 반영함. 즉, 본 문제의 풀이과정에서 보기의 전개도상에 표시된 "▮"와 "▬"은 서로 다른 것으로 취급함.
- 단, 기호 및 문자(예 ☎, ♤, ♨, K, H)의 회전에 의한 효과는 본 문제의 풀이과정에 반영하지 않음. 즉, 전개도를 접어 입체도형을 만들 때, "☎"의 방향으로 나타나는 기호 및 문자도 보기에서는 "☎" 방향으로 표시하며 동일한 것으로 취급함.

26 다음 전개도의 입체도형으로 알맞은 것은?

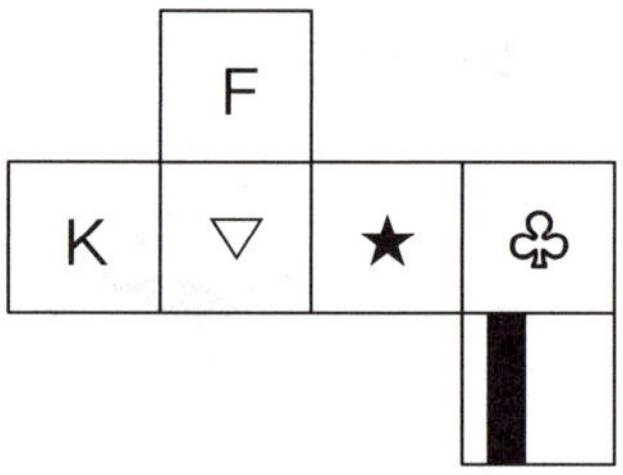

①

②
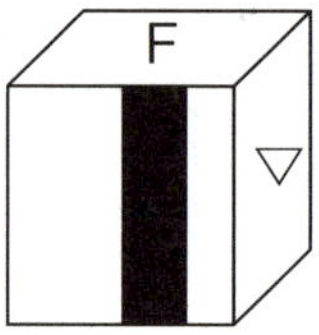

③
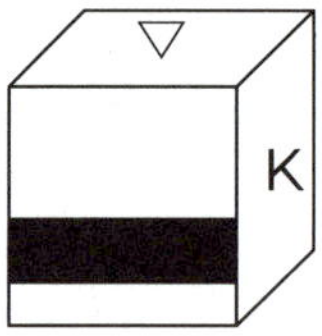

④
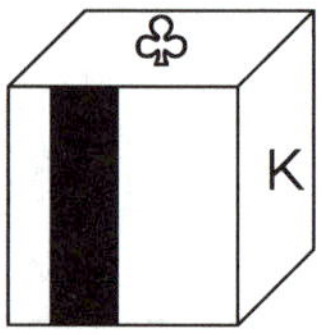

27 다음 전개도의 입체도형으로 알맞은 것은?

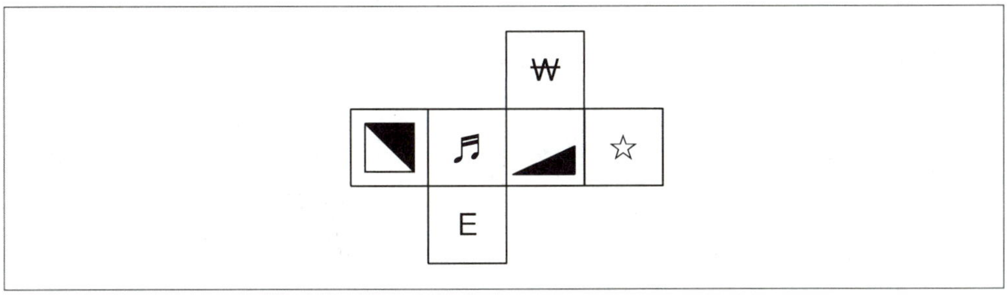

①

②

③
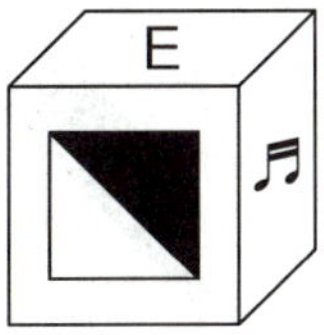

④

28 다음 전개도의 입체도형으로 알맞은 것은?

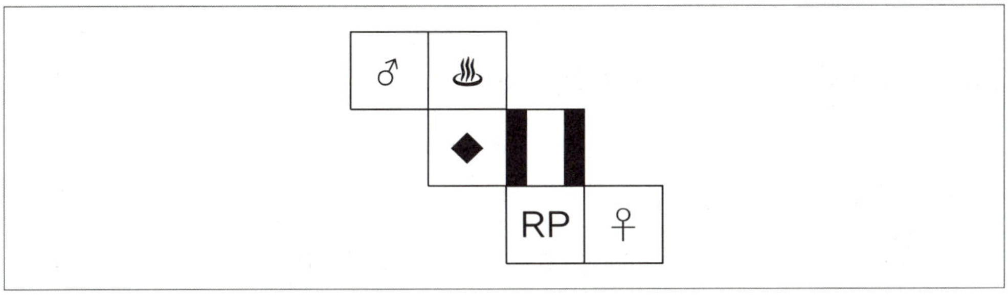

①

②
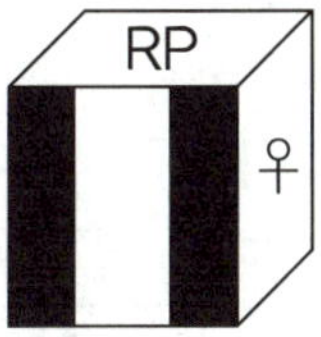

③

④

29 다음 전개도의 입체도형으로 알맞은 것은?

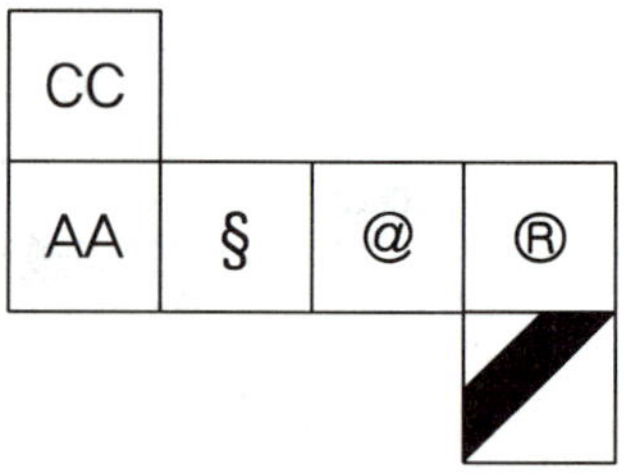

①
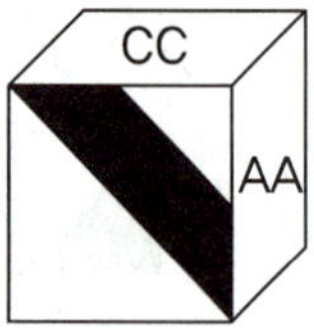

②
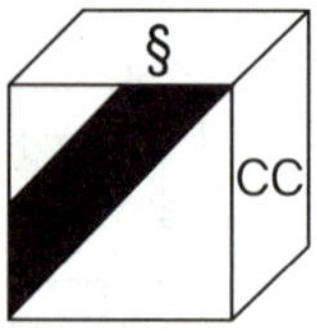

③
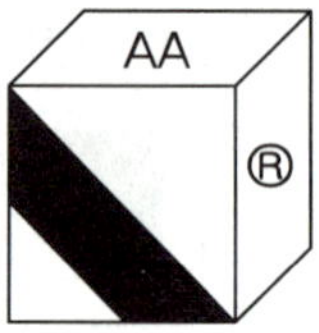

④

30 다음 전개도의 입체도형으로 알맞은 것은?

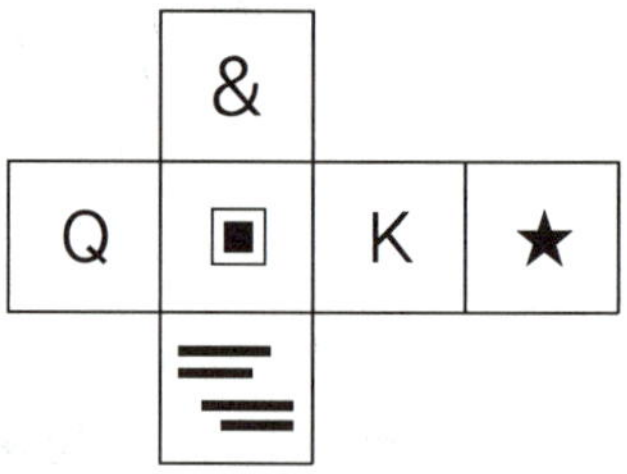

①
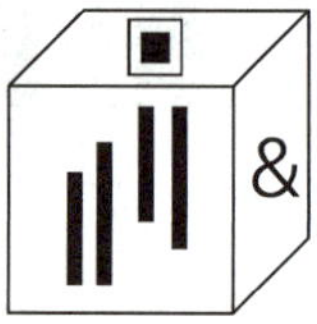

②
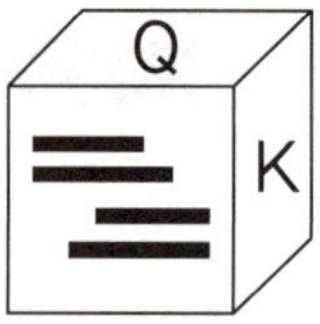

③

④

31 다음 전개도의 입체도형으로 알맞은 것은?

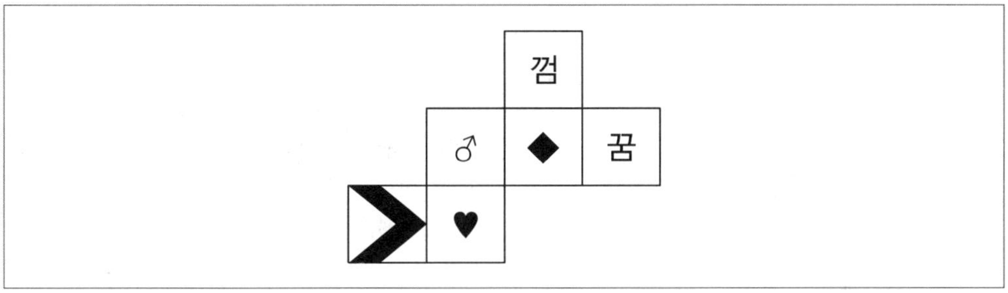

① 

② 

③ 

④ 

32 다음 전개도의 입체도형으로 알맞은 것은?

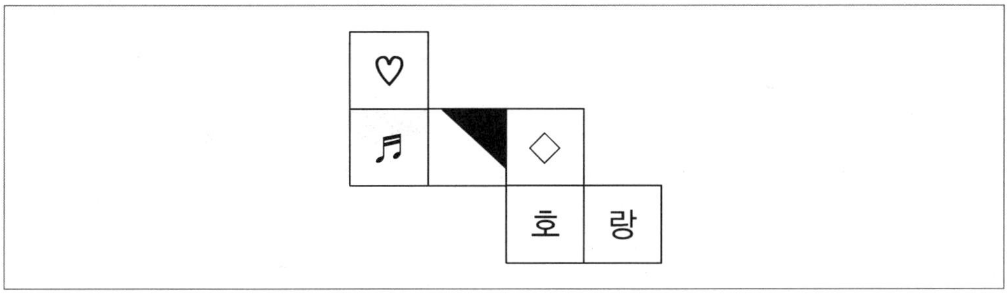

① 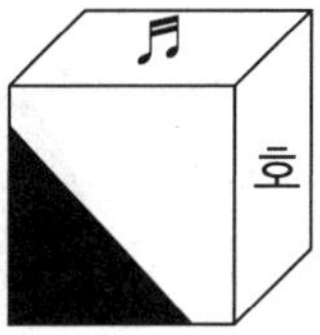

② 

③ 

④ 

33 다음 전개도의 입체도형으로 알맞은 것은?

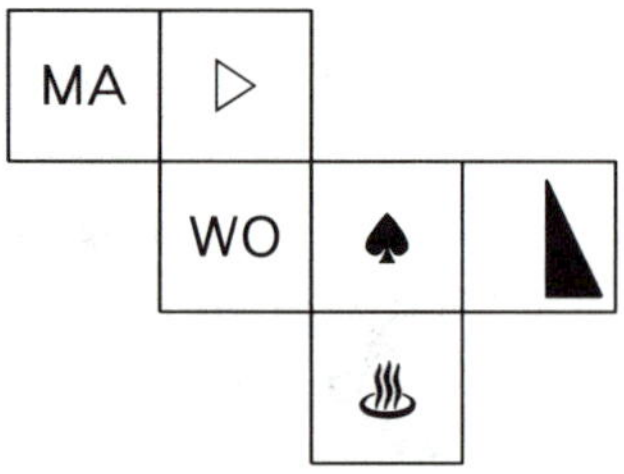

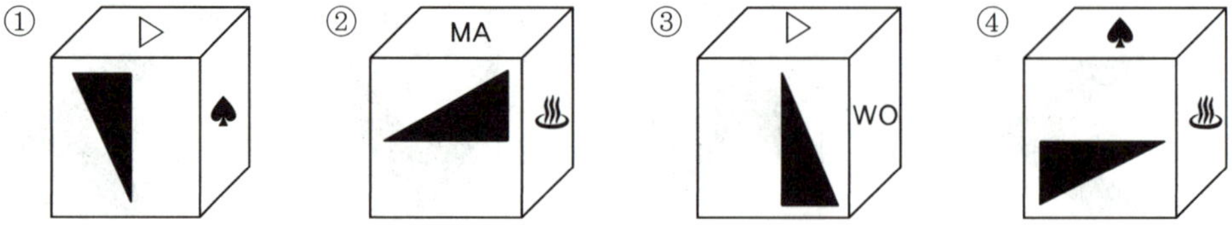

34 다음 전개도의 입체도형으로 알맞은 것은?

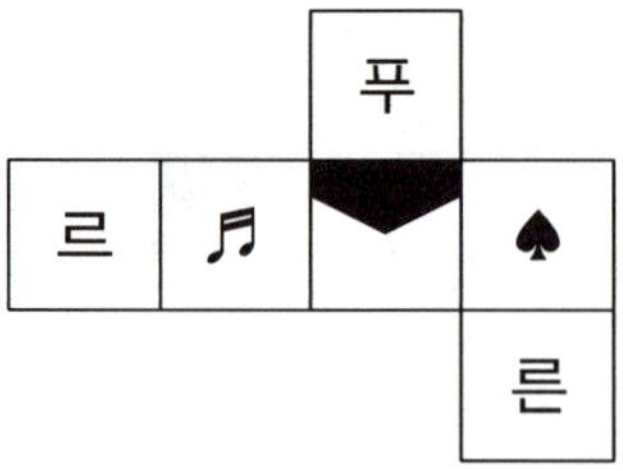

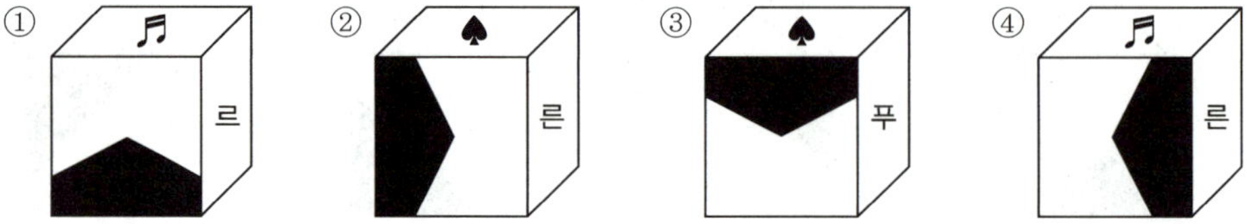

35 다음 전개도의 입체도형으로 알맞은 것은?

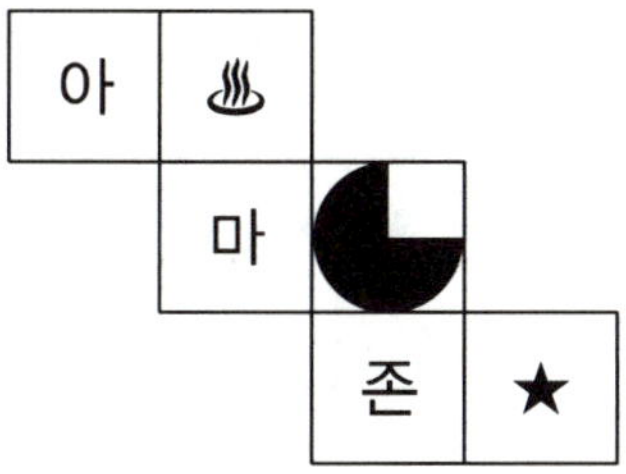

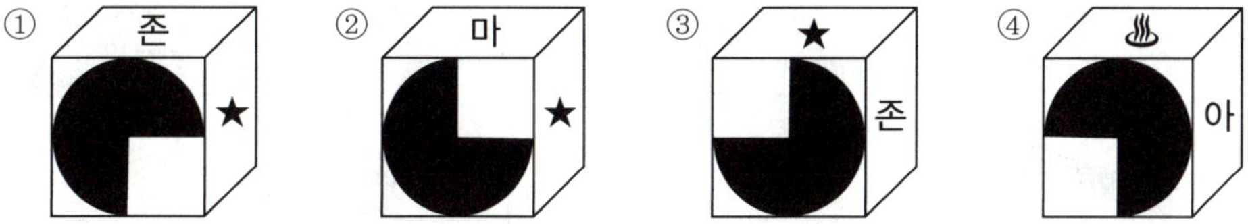

36 다음 전개도의 입체도형으로 알맞은 것은?

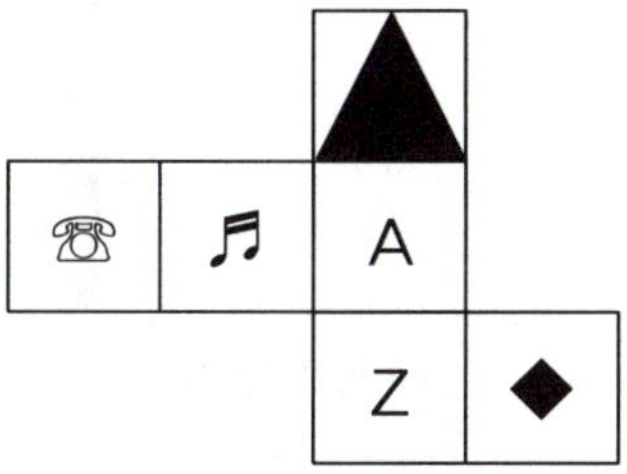

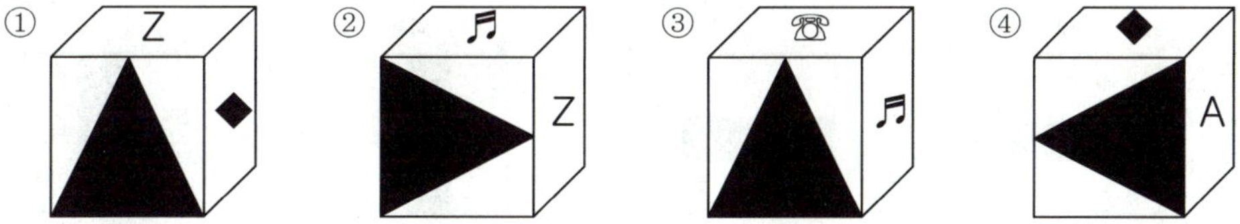

37 다음 전개도의 입체도형으로 알맞은 것은?

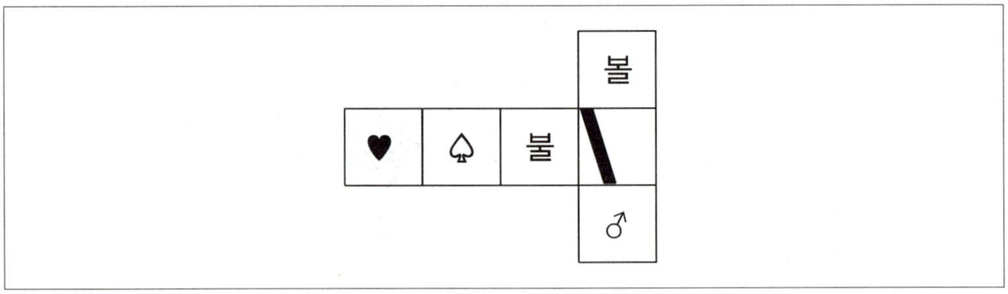

①
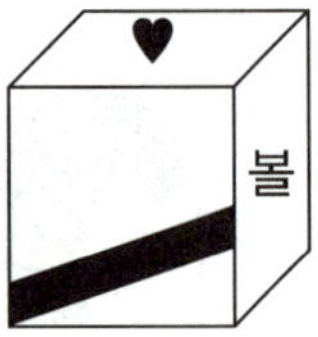

②
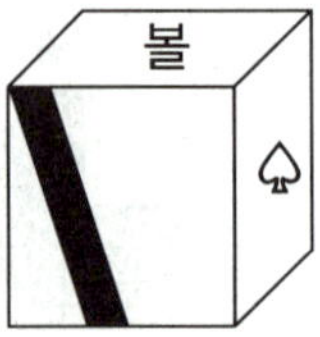

③
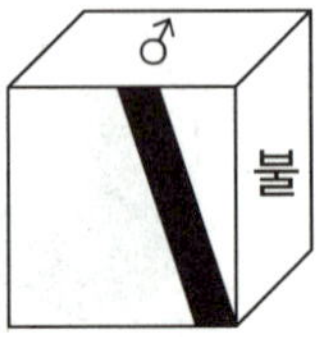

④
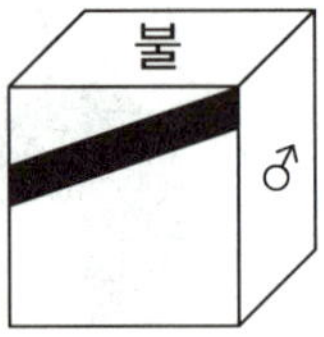

38 다음 전개도의 입체도형으로 알맞은 것은?

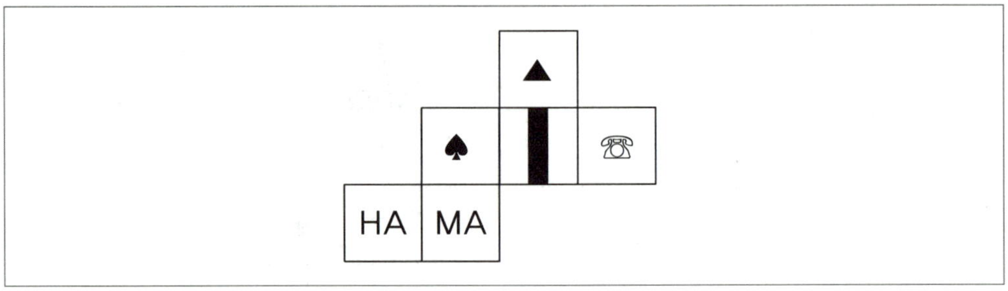

①
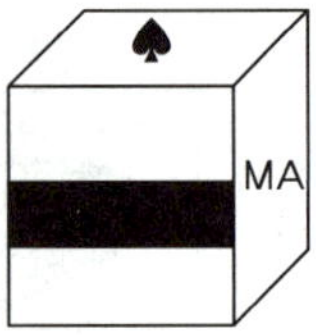

②
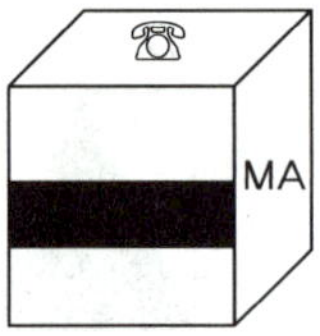

③
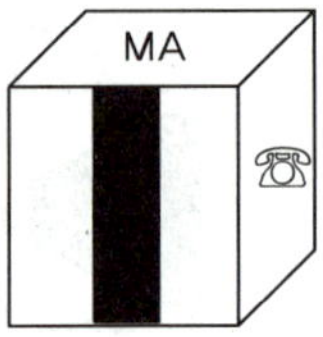

④

39 다음 전개도의 입체도형으로 알맞은 것은?

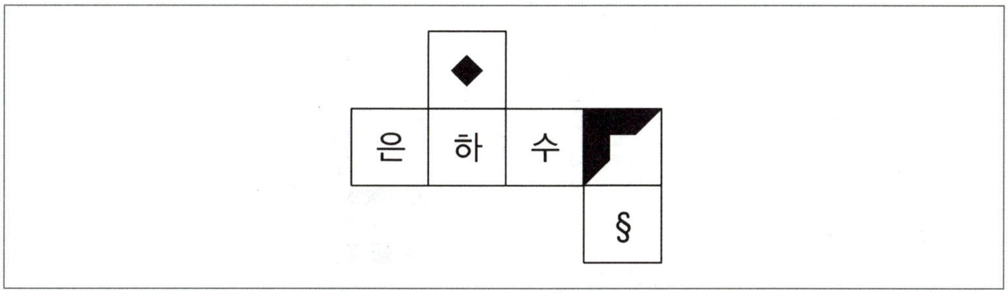

① 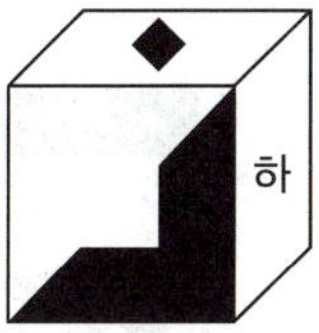

② 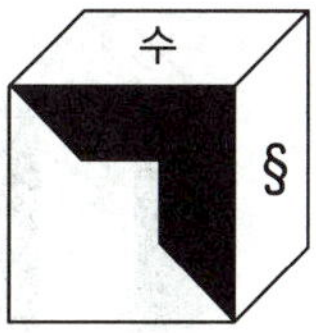

③ 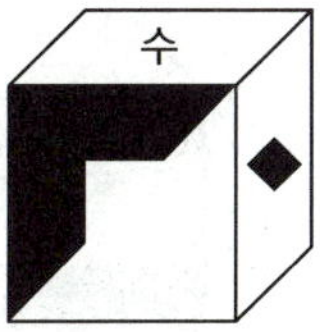

④ 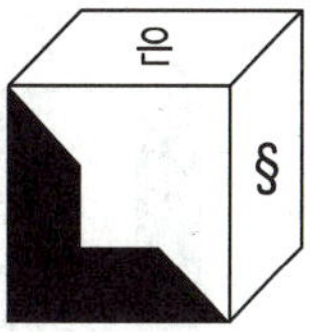

40 다음 전개도의 입체도형으로 알맞은 것은?

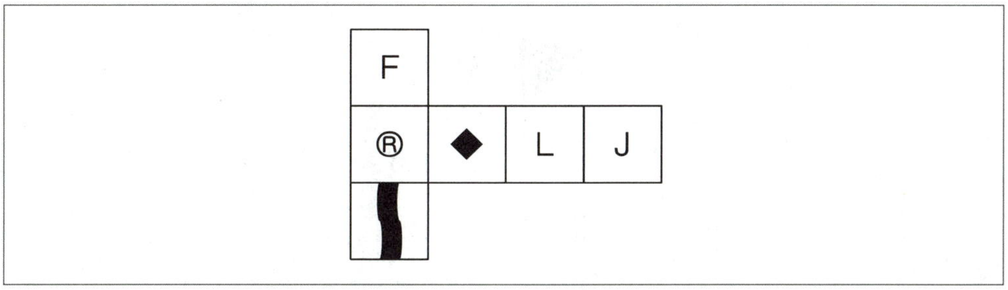

① 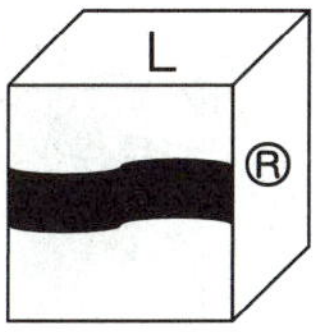

② 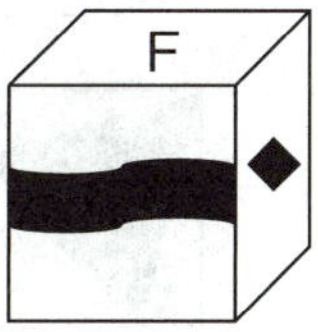

③ 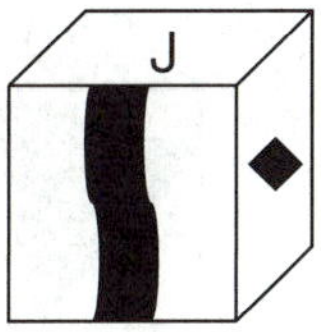

④ 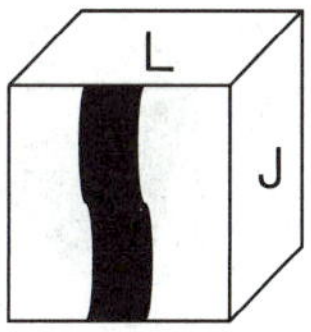

41 다음 전개도의 입체도형으로 알맞은 것은?

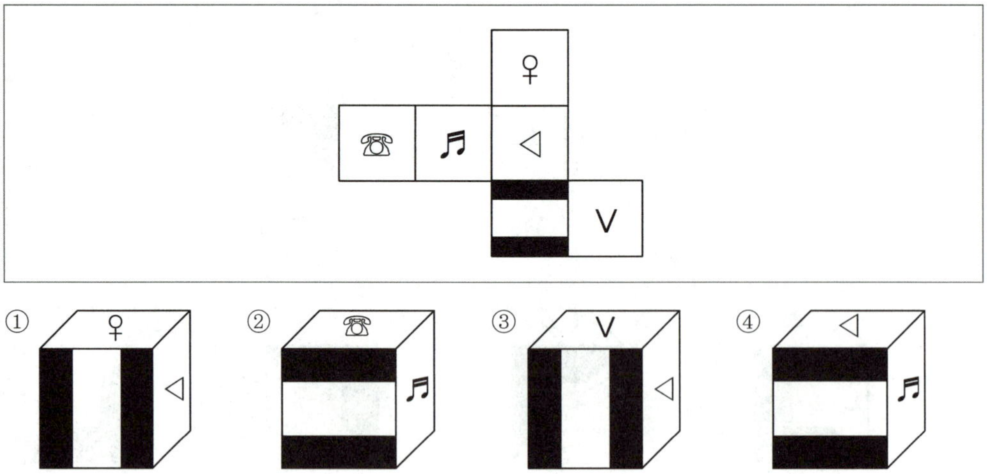

42 다음 전개도의 입체도형으로 알맞은 것은?

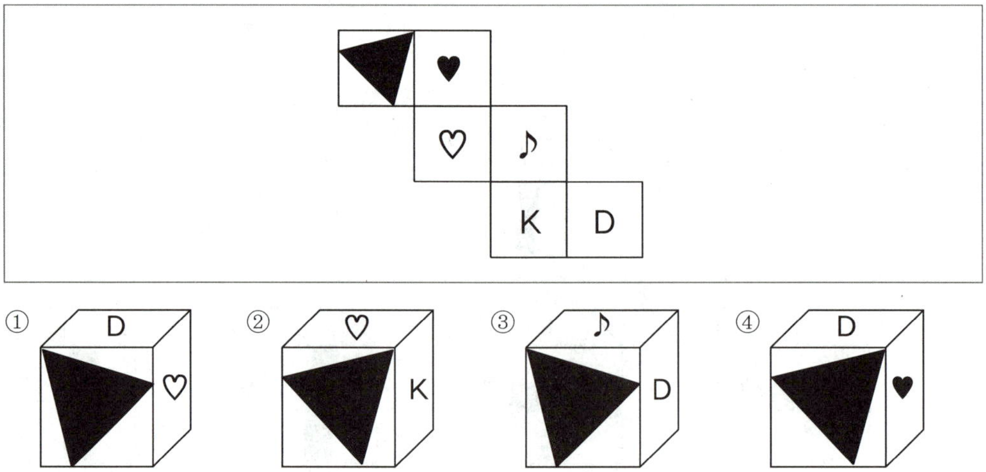

43 다음 전개도의 입체도형으로 알맞은 것은?

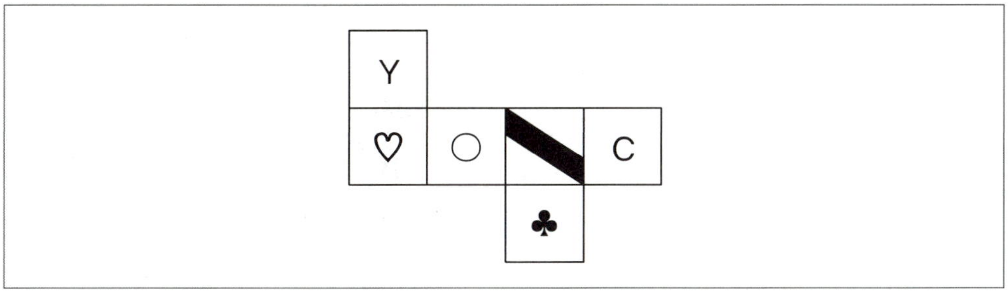

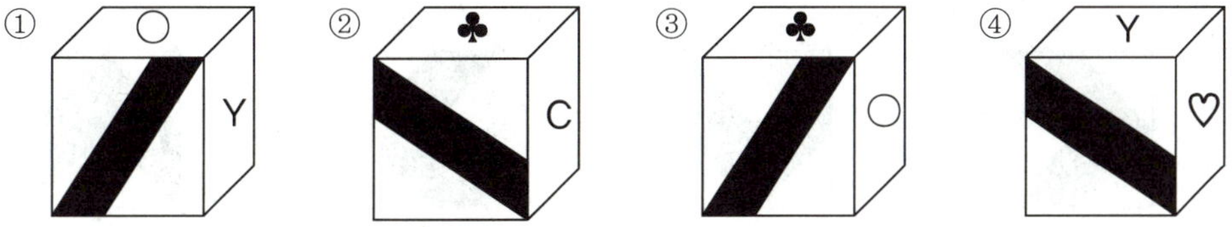

44 다음 전개도의 입체도형으로 알맞은 것은?

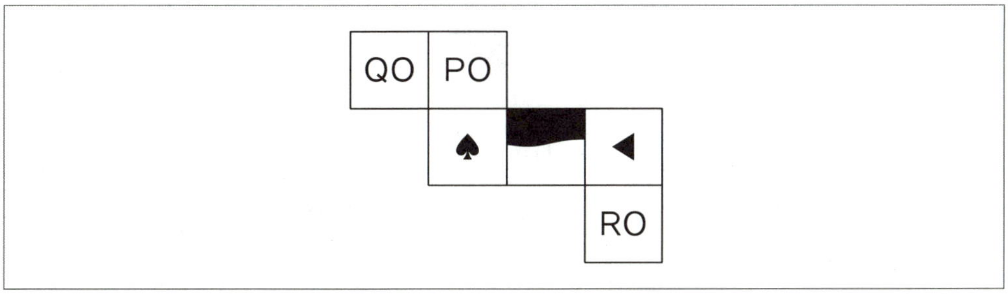

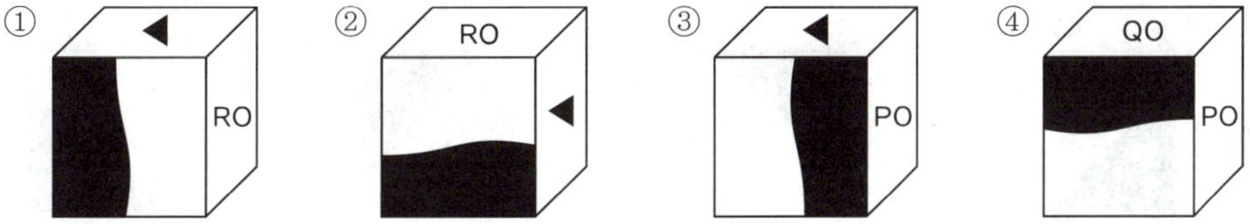

45 다음 전개도의 입체도형으로 알맞은 것은?

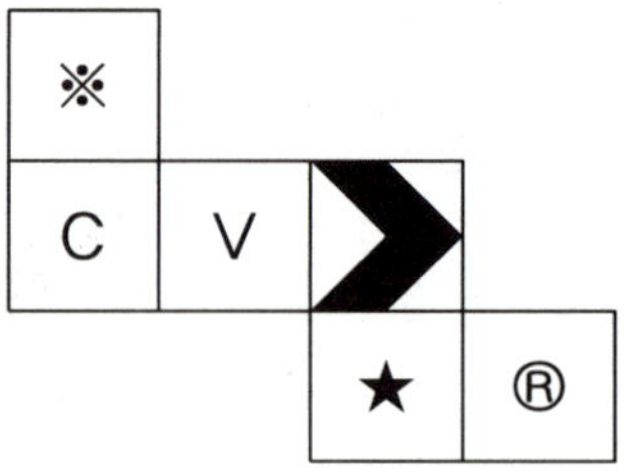

① 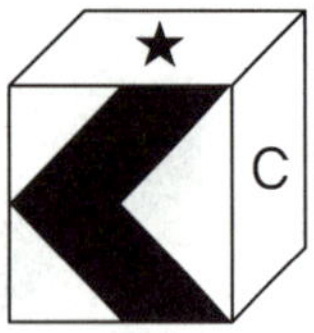

② 

③ 

④ 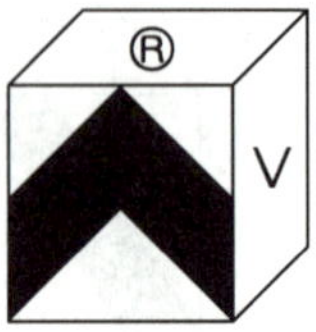

46 다음 전개도의 입체도형으로 알맞은 것은?

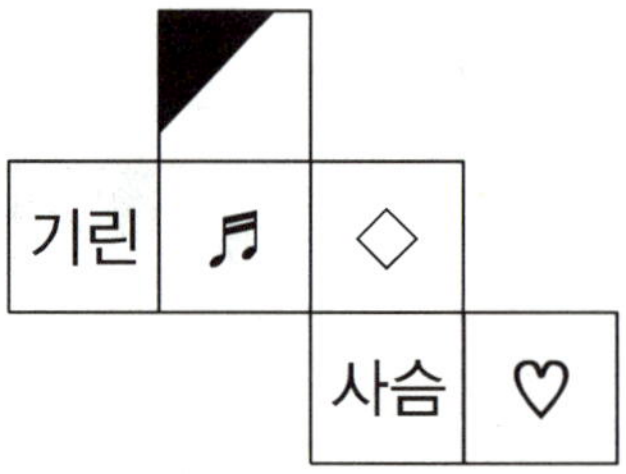

① 

② 

③ 

④ 

47 다음 전개도의 입체도형으로 알맞은 것은?

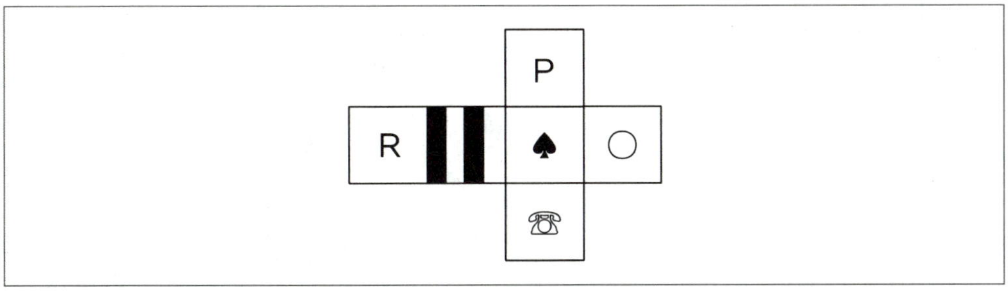

① 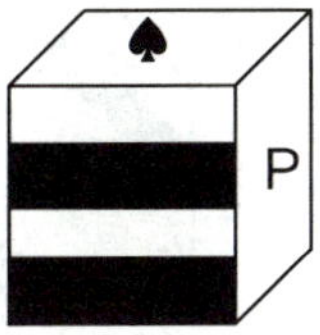

② 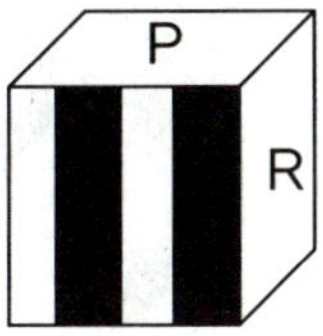

③ 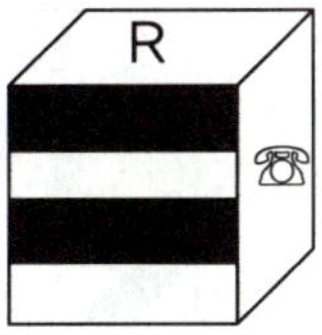

④ 

48 다음 전개도의 입체도형으로 알맞은 것은?

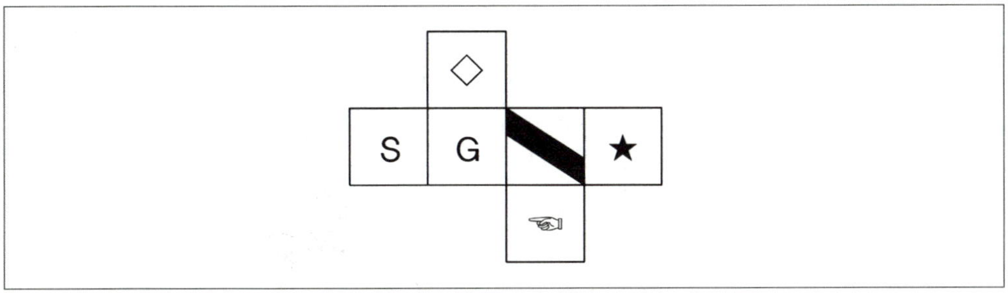

① 

② 

③ 

④ 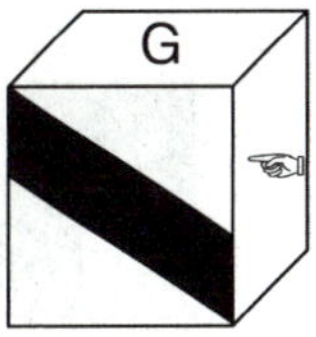

49 다음 전개도의 입체도형으로 알맞은 것은?

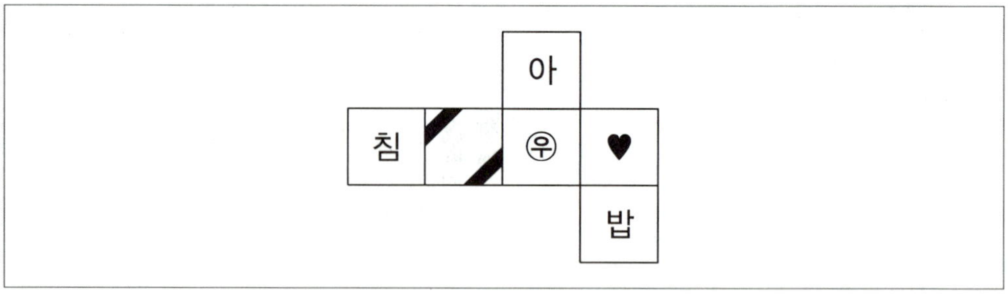

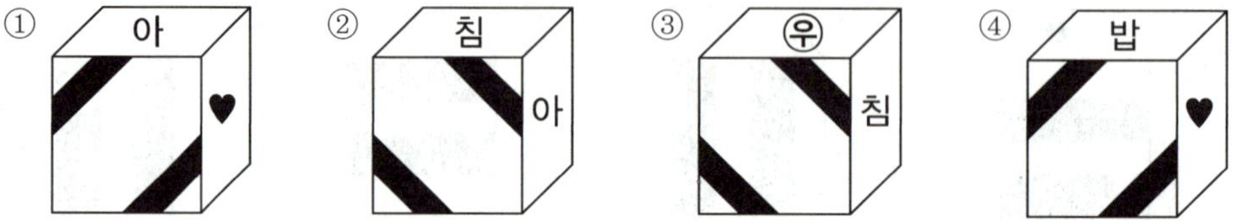

50 다음 전개도의 입체도형으로 알맞은 것은?

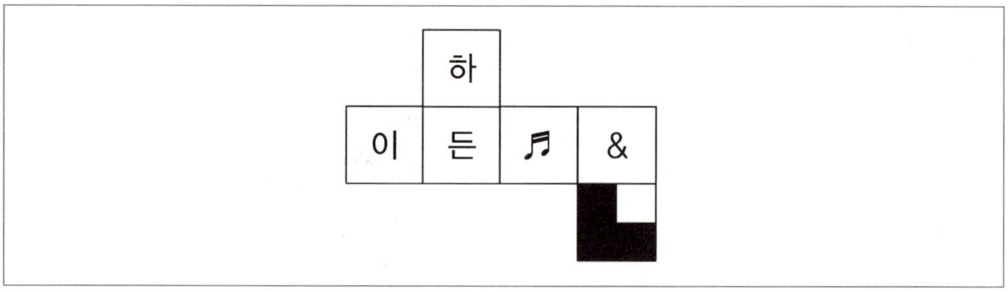

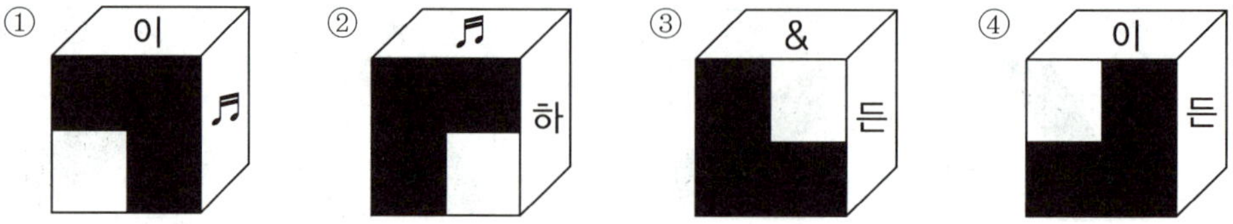

블록 개수

TIP

✔ 유형 설명

같은 모양과 크기의 블록이 쌓인 블록 더미가 주어진다. 보이는 블록뿐만 아니라 숨겨진 블록까지 빠짐없이 세야 한다.

✔ 문제 접근방법

다음 두 방법 중 자신이 빠르게 풀 수 있는 것을 택하여 연습하도록 한다.
- 층 단위 산법 : 층별로 블록 개수를 세는 방법
- 열 단위 산법 : 열을 기준으로 블록 개수를 세는 방법

[51 ~ 75] 아래에 제시된 그림과 같이 쌓기 위해 필요한 블록의 수를 고르시오.

*블록은 모양과 크기가 모두 동일한 정육면체임

51

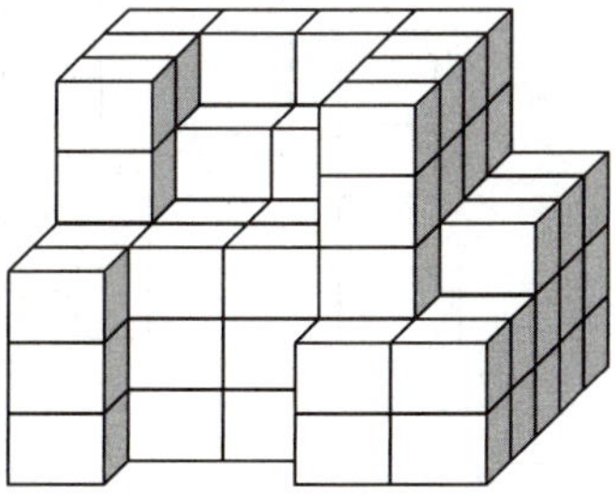

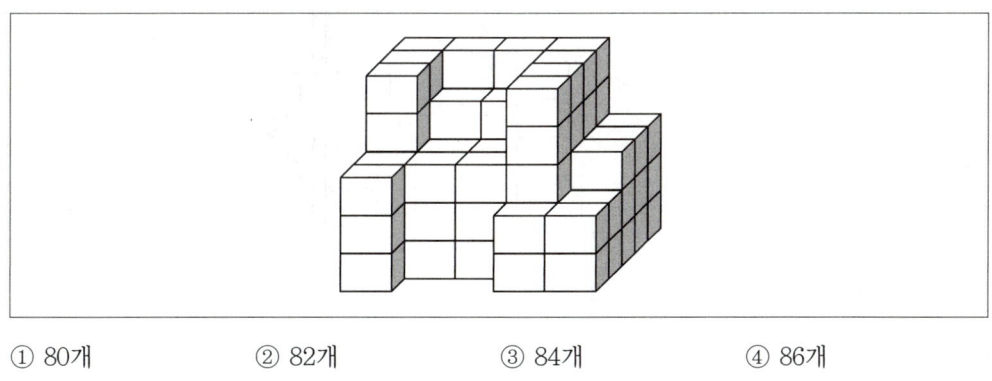

① 80개 ② 82개 ③ 84개 ④ 86개

52

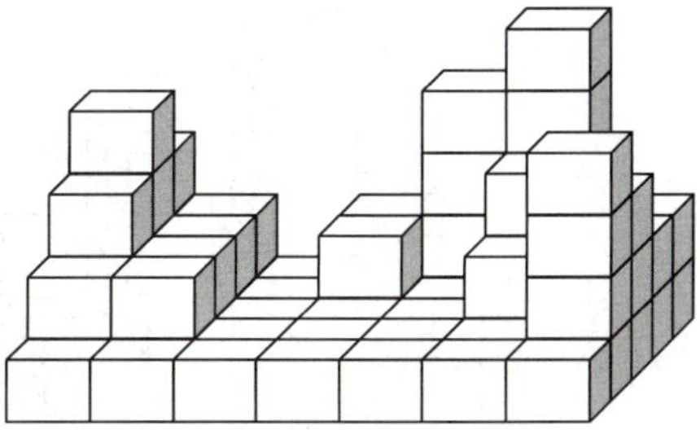

① 62개 ② 64개 ③ 66개 ④ 68개

53

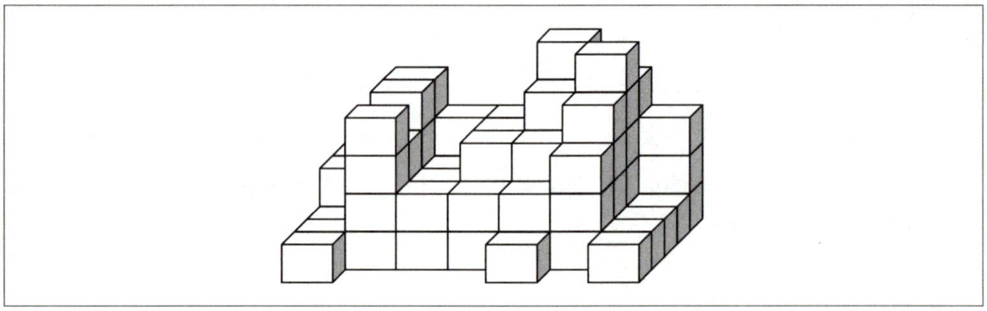

① 76개 ② 80개 ③ 86개 ④ 91개

54

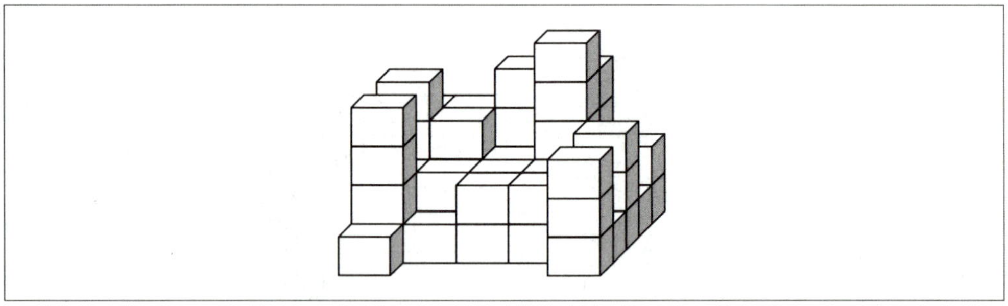

① 56개 ② 58개 ③ 60개 ④ 62개

55

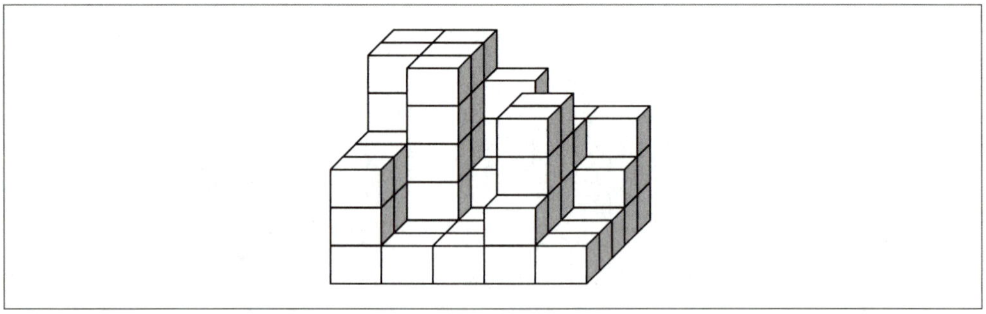

① 60개 ② 63개 ③ 66개 ④ 69개

56

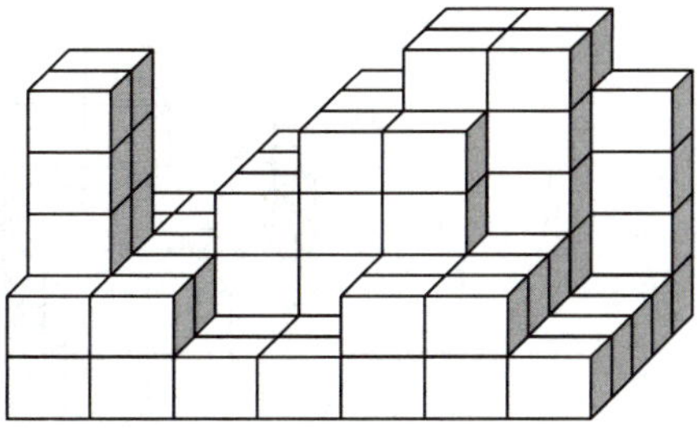

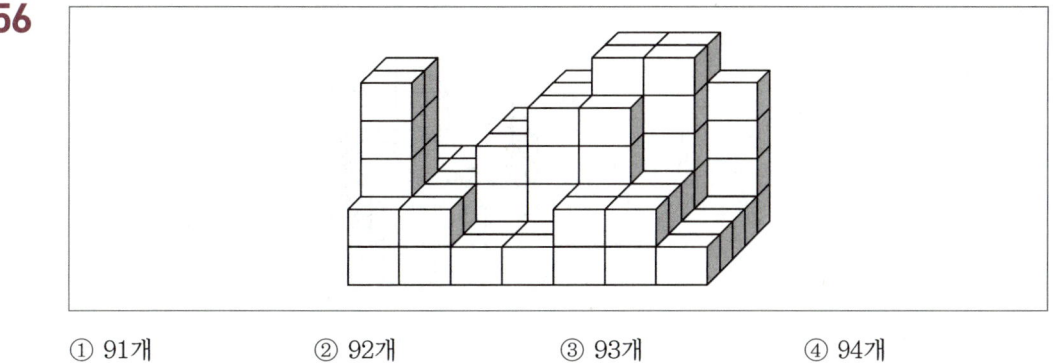

① 91개　　② 92개　　③ 93개　　④ 94개

57

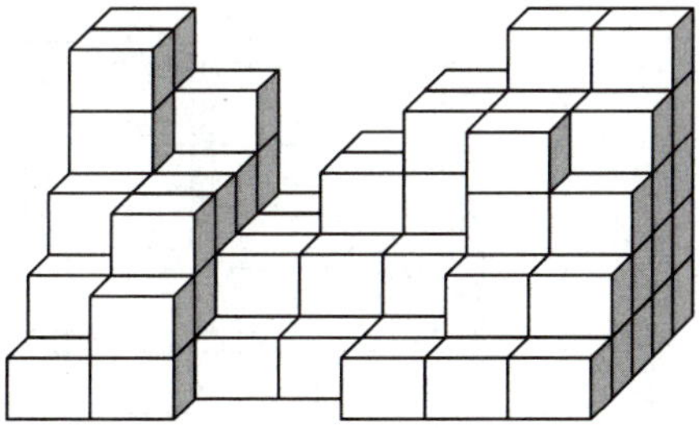

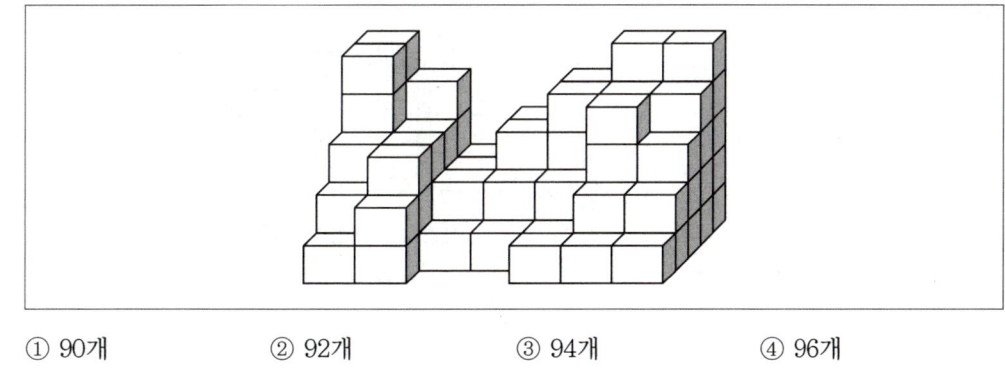

① 90개　　② 92개　　③ 94개　　④ 96개

58

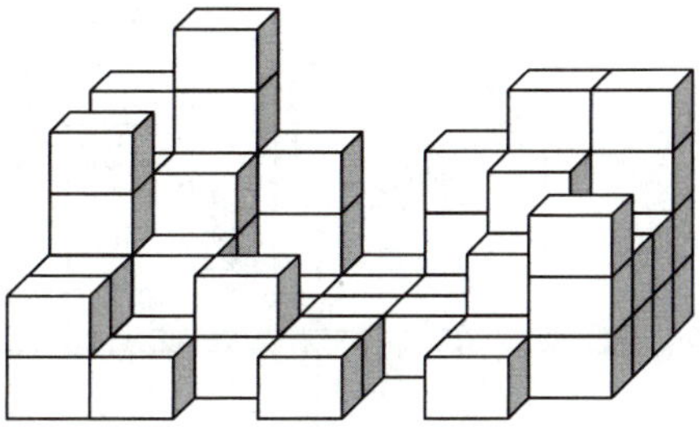

① 66개　　② 69개　　③ 72개　　④ 75개

59

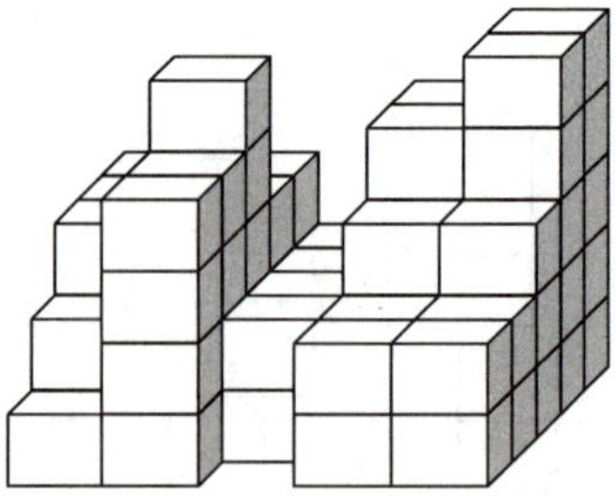

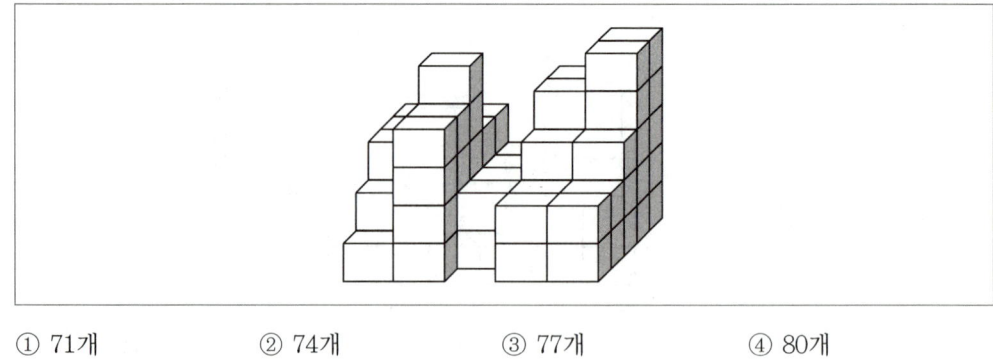

① 71개 ② 74개 ③ 77개 ④ 80개

60

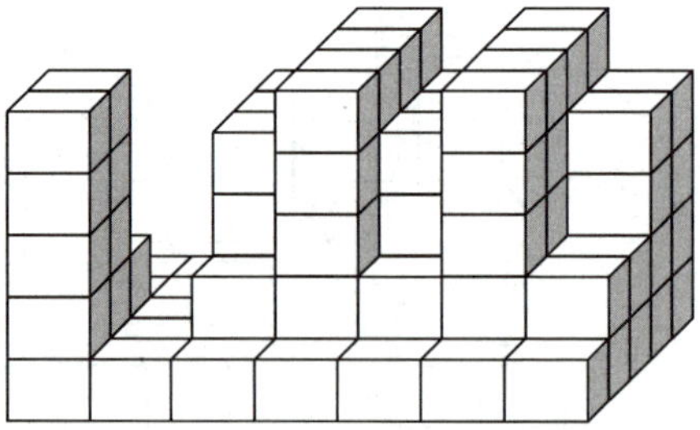

① 100개 ② 104개 ③ 108개 ④ 112개

61

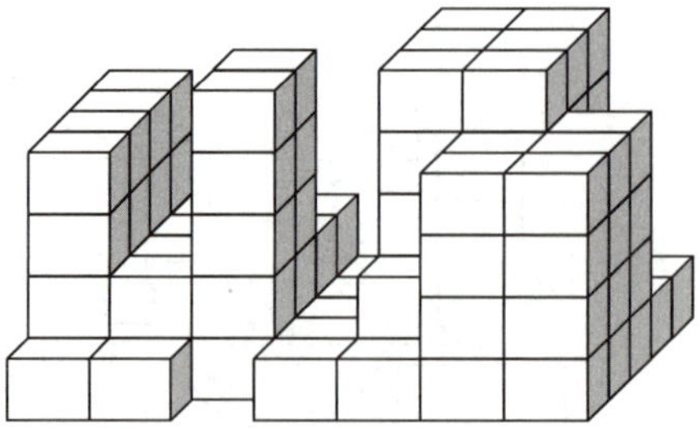

① 94개 ② 96개 ③ 98개 ④ 100개

62

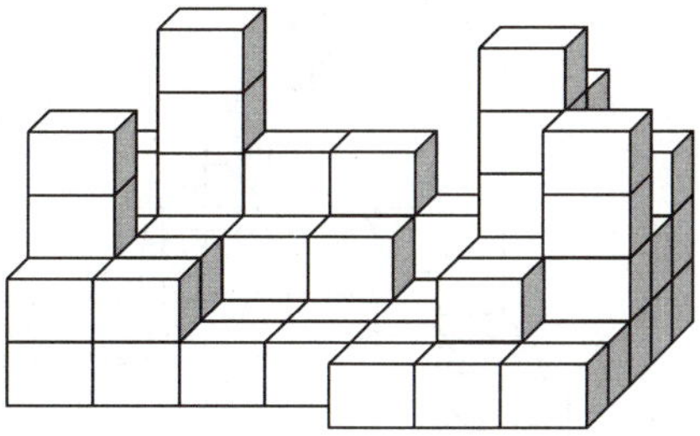

① 60개　　② 62개　　③ 64개　　④ 67개

63

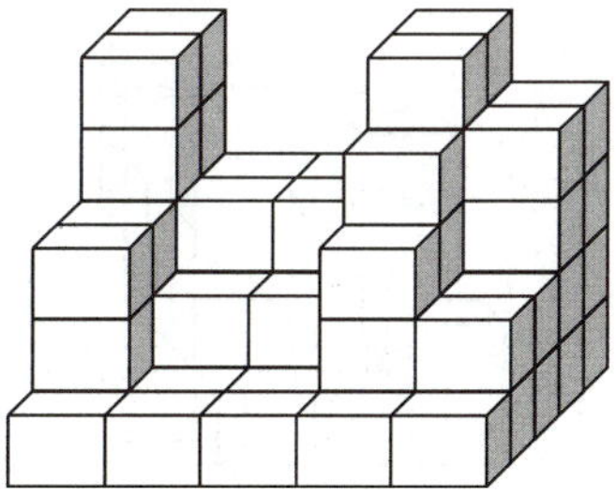

① 66개　　② 68개　　③ 70개　　④ 72개

64

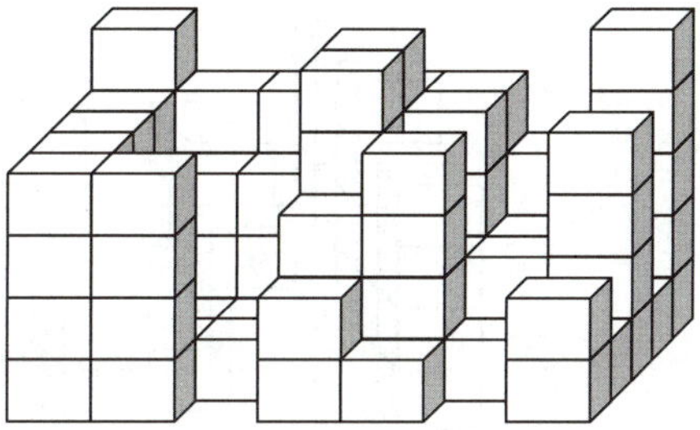

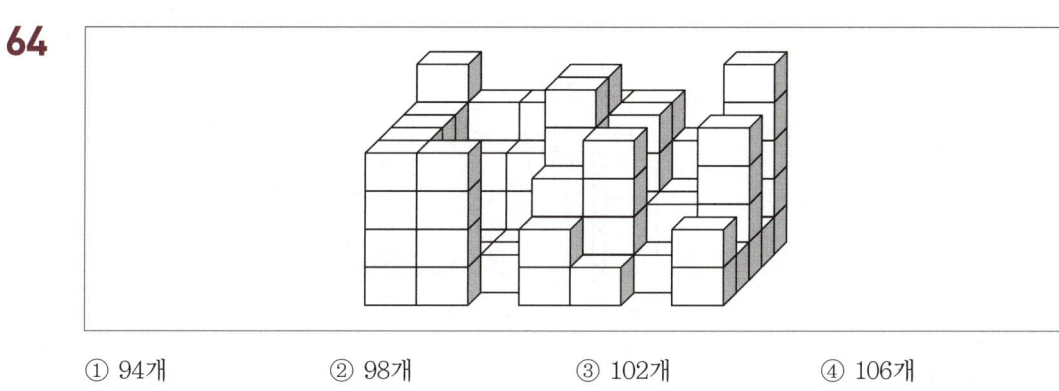

① 94개　　② 98개　　③ 102개　　④ 106개

65

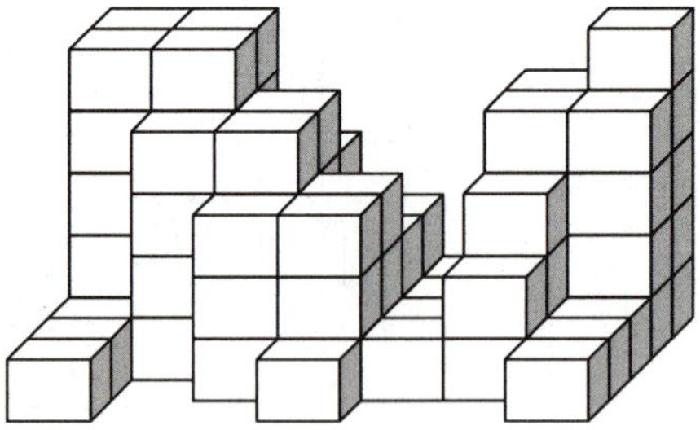

① 75개 ② 78개 ③ 81개 ④ 84개

66

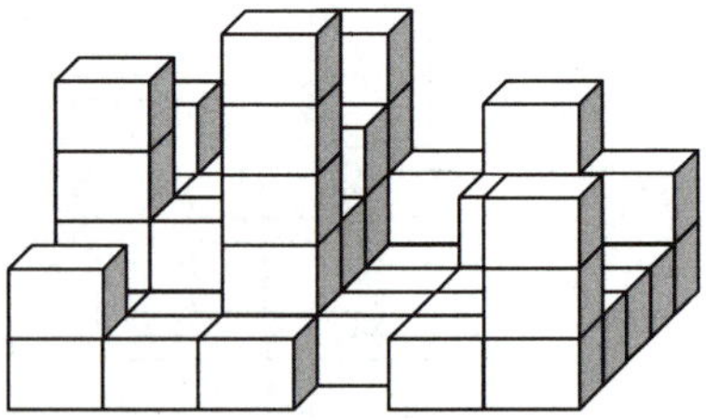

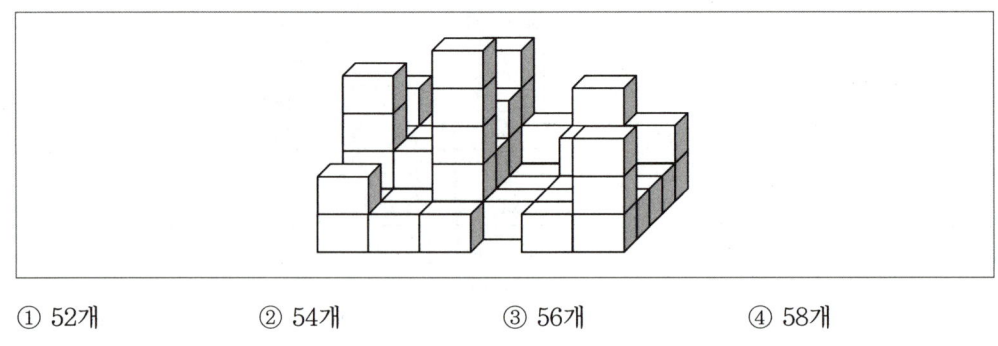

① 52개 ② 54개 ③ 56개 ④ 58개

67

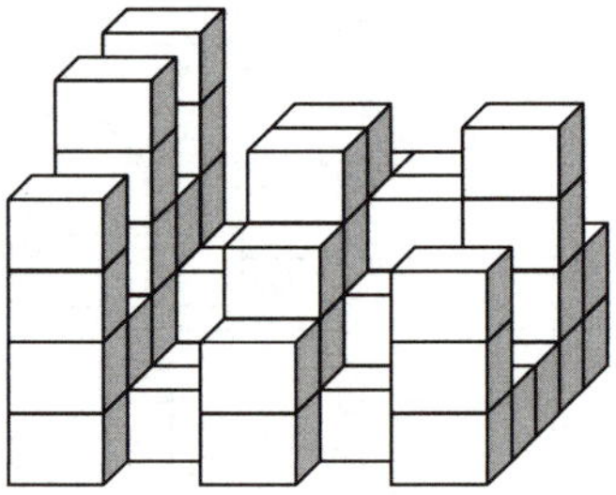

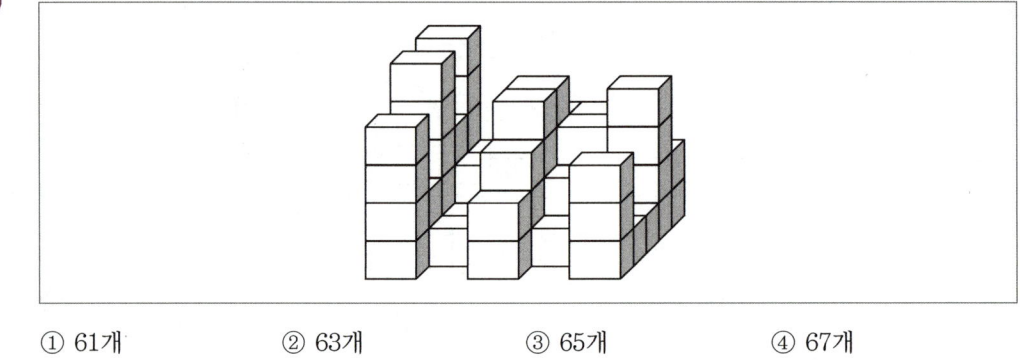

① 61개 ② 63개 ③ 65개 ④ 67개

68

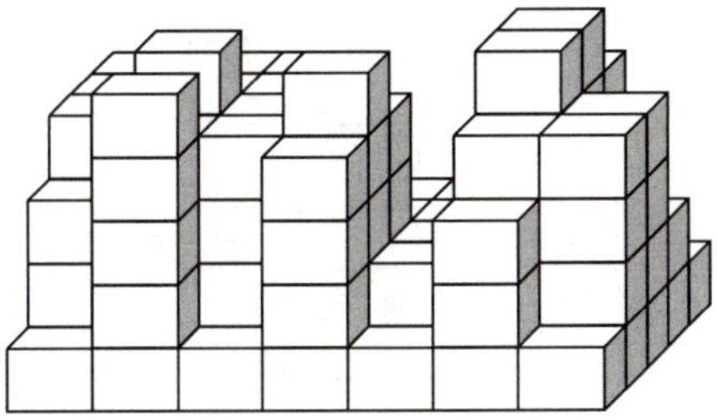

① 110개 ② 112개 ③ 114개 ④ 116개

69

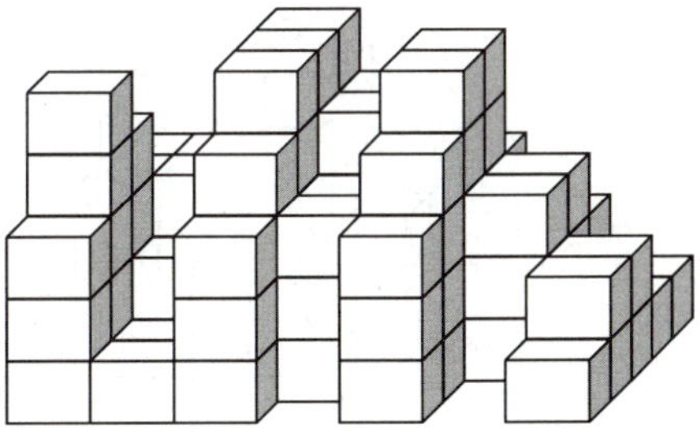

① 93개 ② 95개 ③ 97개 ④ 99개

70

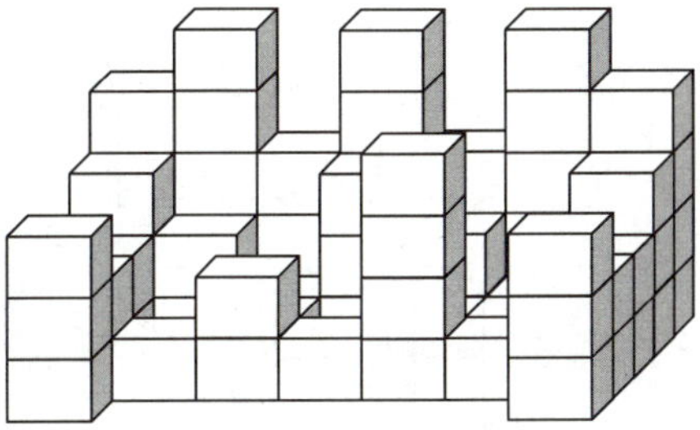

① 66개 ② 70개 ③ 74개 ④ 78개

71

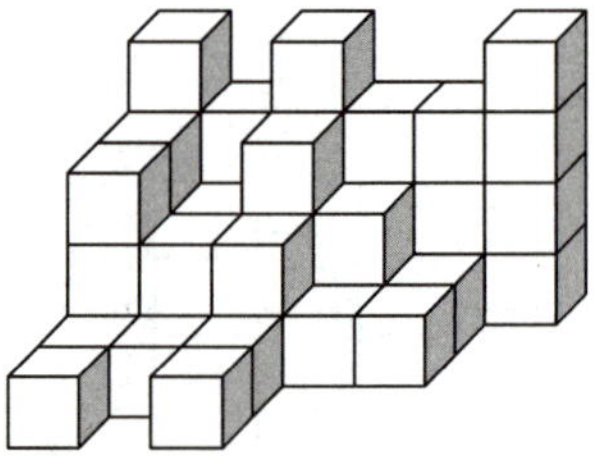

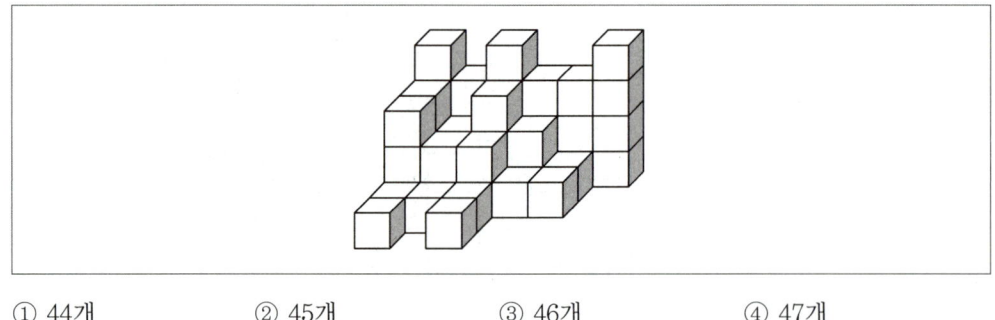

① 44개 ② 45개 ③ 46개 ④ 47개

72

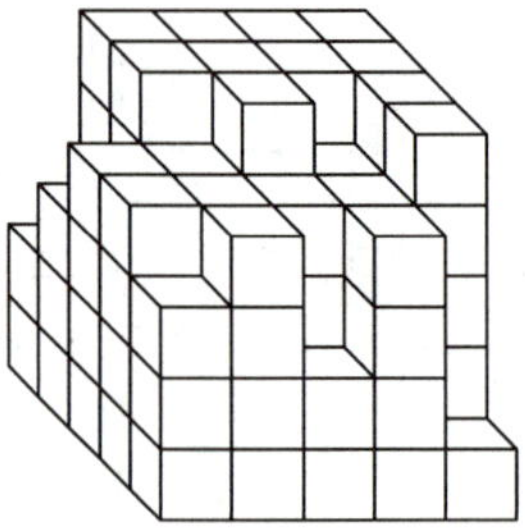

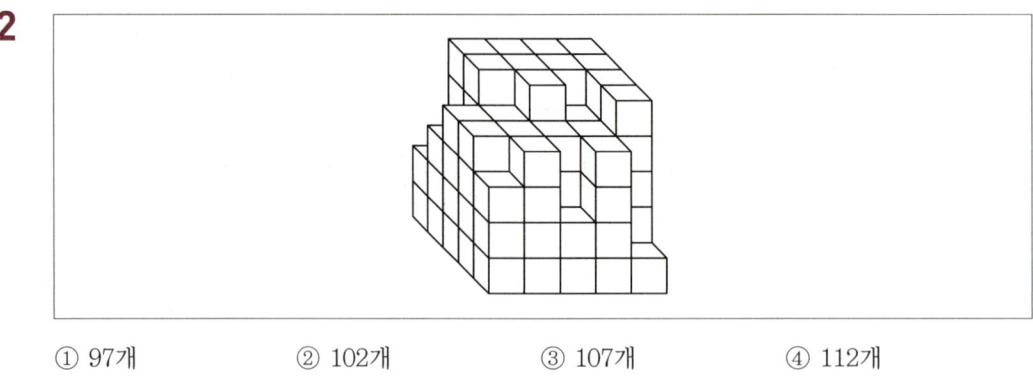

① 97개 ② 102개 ③ 107개 ④ 112개

73

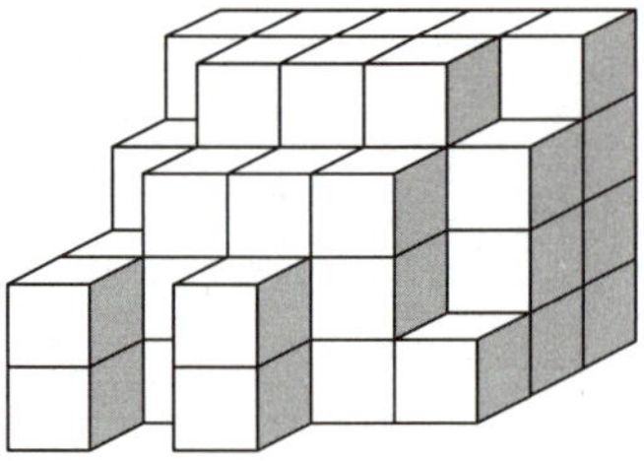

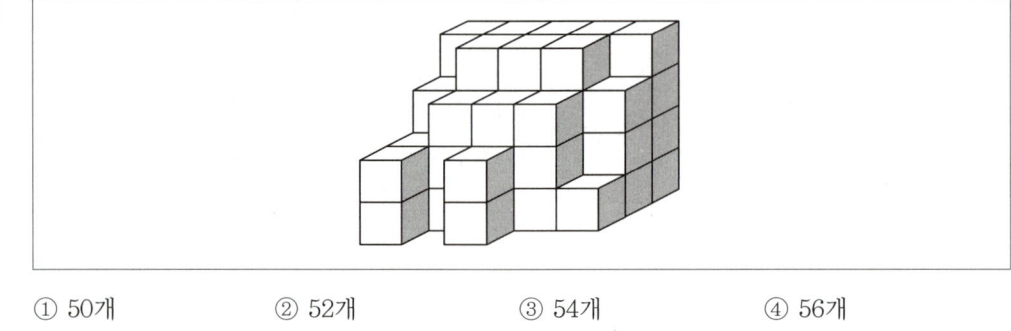

① 50개 ② 52개 ③ 54개 ④ 56개

74

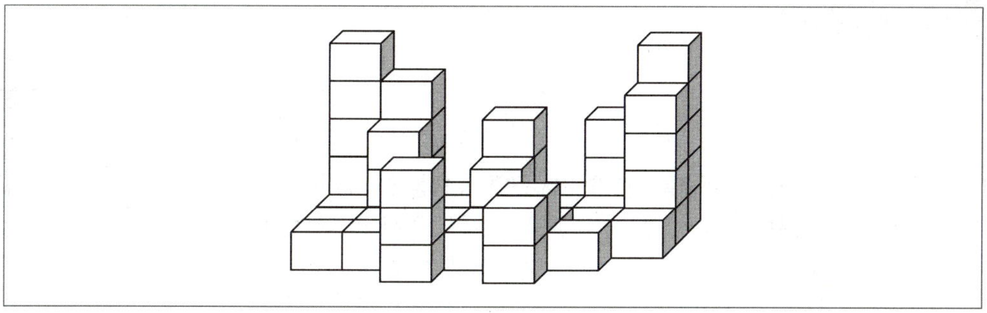

① 53개 ② 55개 ③ 57개 ④ 59개

75

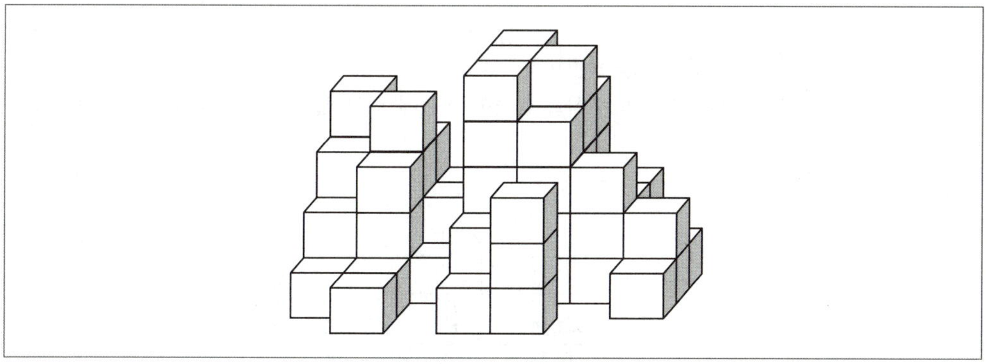

① 72개 ② 73개 ③ 74개 ④ 75개

블록 겨냥도

TIP

✔ 유형 설명

동일한 모양과 크기의 블록 더미를 제시된 특정 방향에서 볼 수 있어야 하기 때문에 정면을 제외한 나머지 측면(우측 · 좌측 · 상단)의 경우에는 회전해서 연상하는 능력이 요구된다.

✔ 문제 접근방법

다음 두 방법 중 자신이 빠르게 풀 수 있는 것을 택하여 연습하도록 한다.

- 층 계산법 : 각 열에서 가장 높은 층을 세는 방법(상단일 경우 : 행을 셈)
- ○/×표시법 : 특정 방향에서 볼 때 블록의 유무를 ○/×로 표시하는 방법

[76 ~ 100] 아래에 제시된 블록들을 화살표 표시한 방향에서 바라봤을 때의 모양으로 알맞은 것을 고르시오.

*블록은 모양과 크기가 모두 동일한 정육면체임

*바라보는 시선의 방향은 블록의 면과 수직을 이루며 원근에 의해 블록이 작게 보이는 효과는 고려하지 않음

76

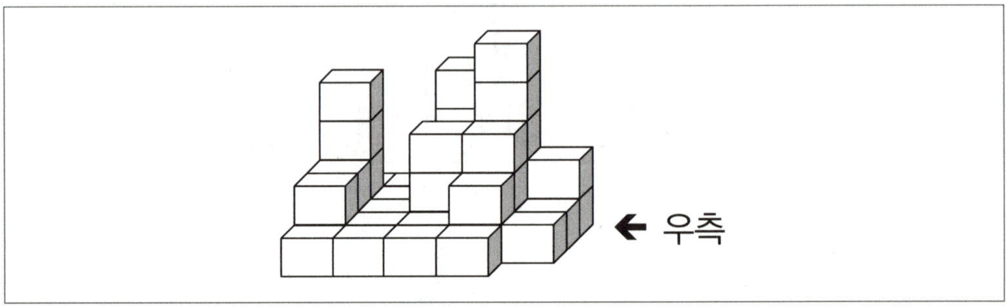

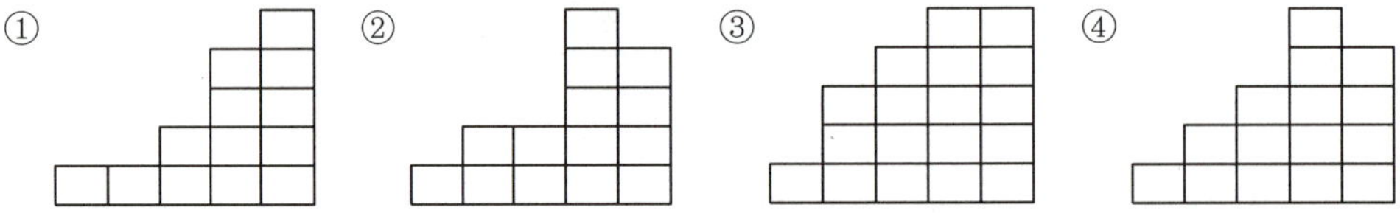

77

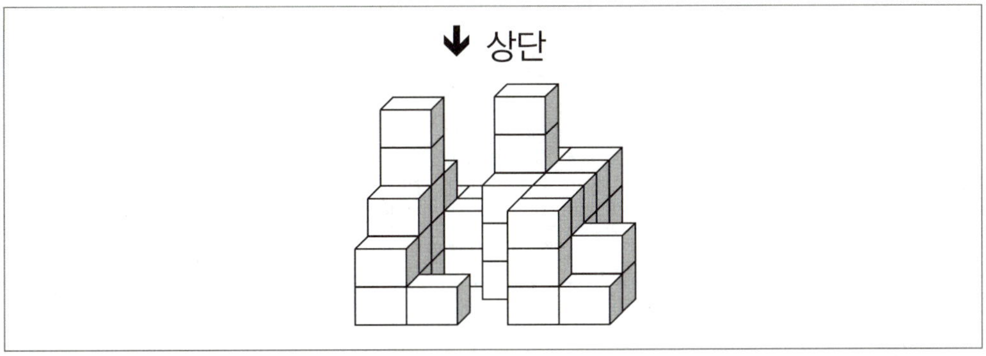

① 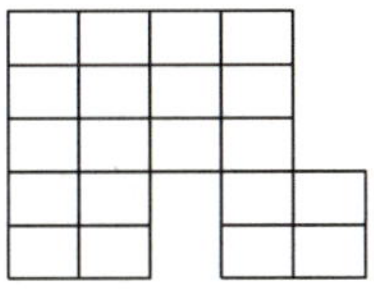 ② 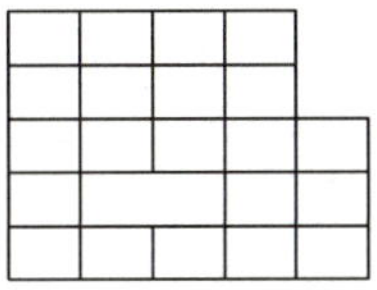 ③ 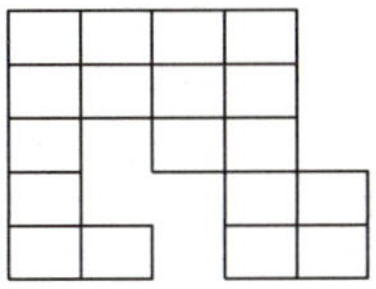 ④ 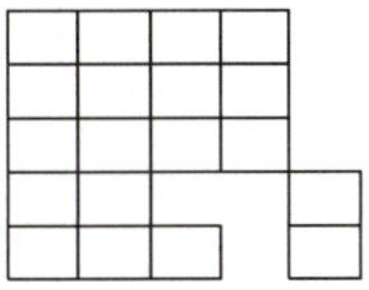

78

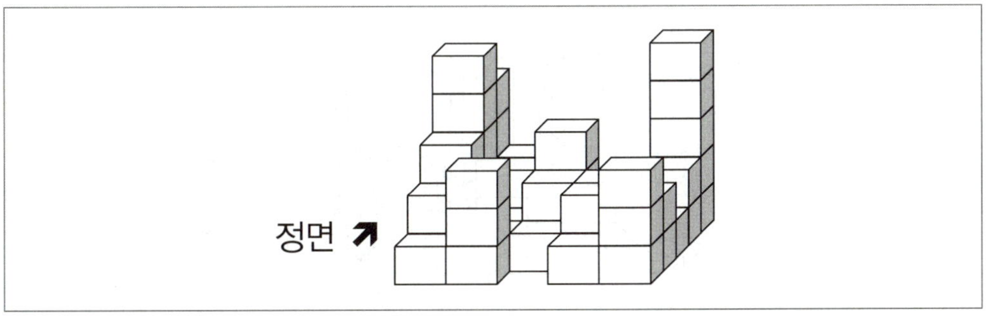

① 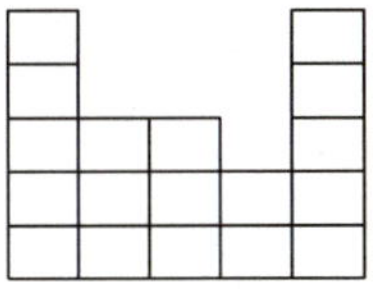 ② 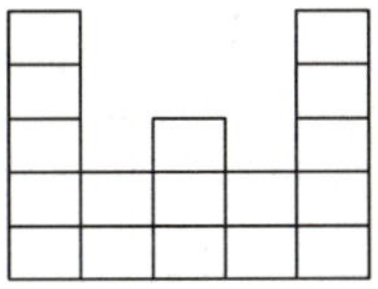 ③ 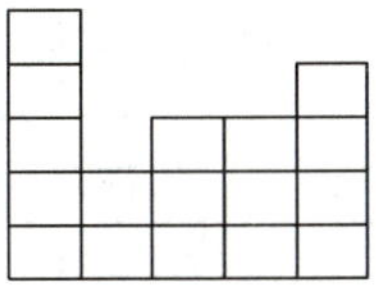 ④ 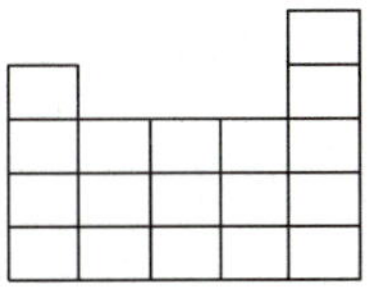

79

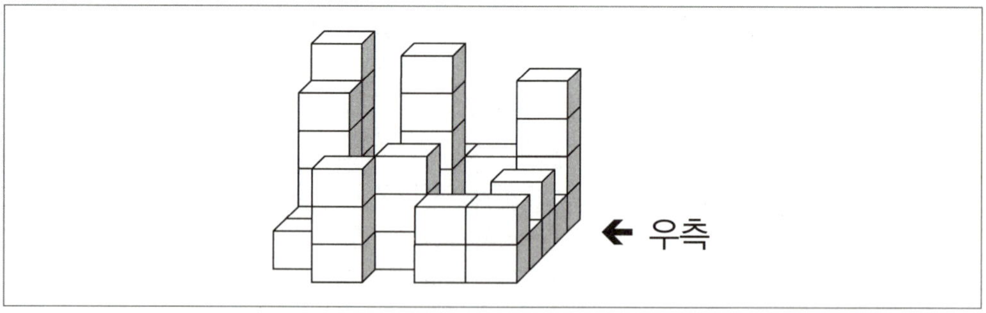

①
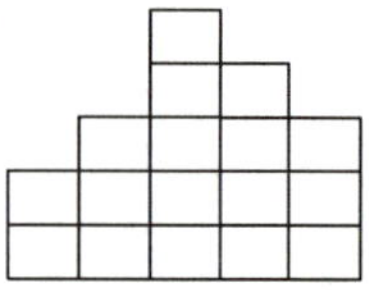

②
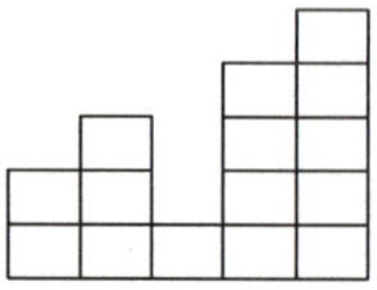

③
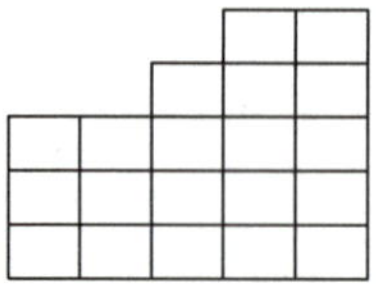

④
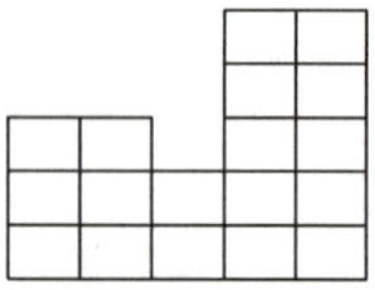

80

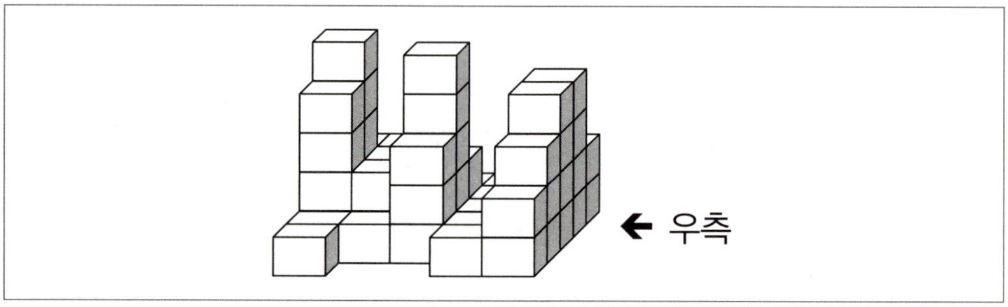

①
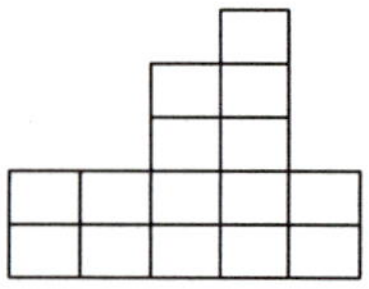

②
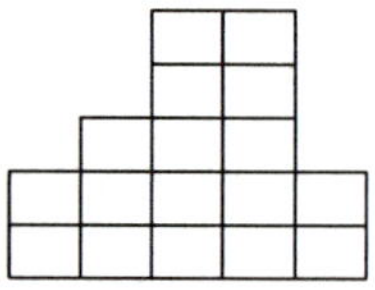

③
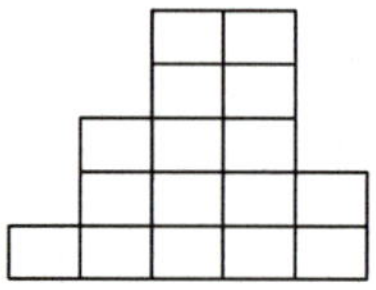

④
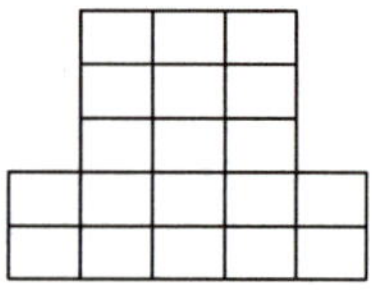

81

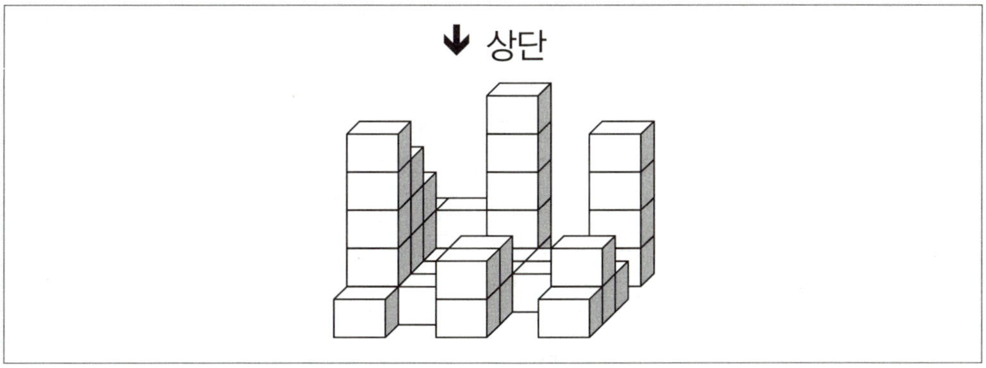

① 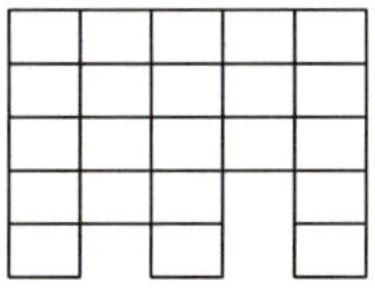 ② 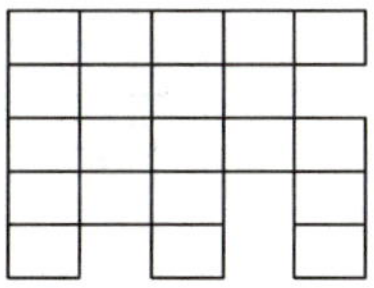 ③ 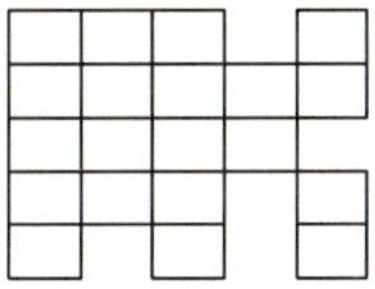 ④ 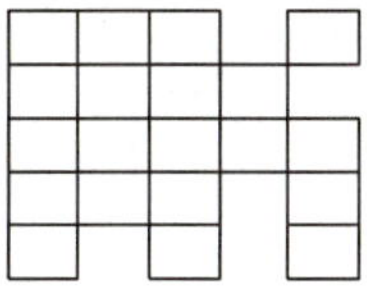

82

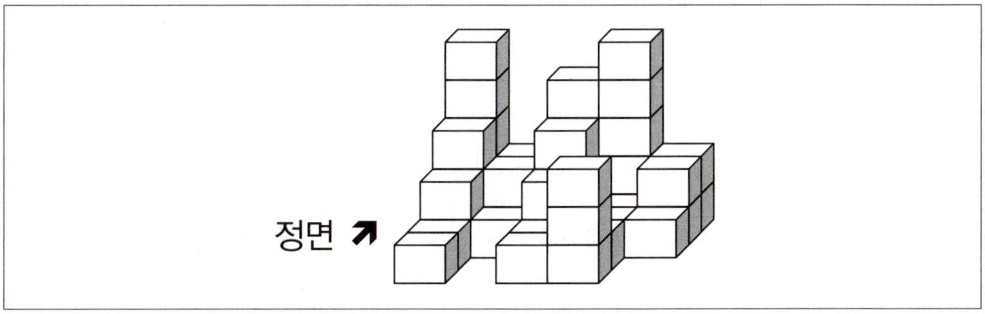

① 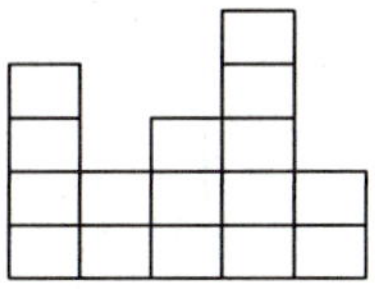 ② 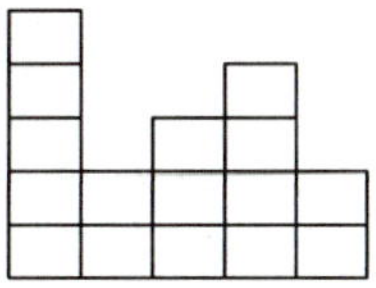 ③ 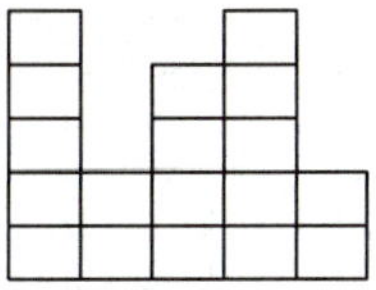 ④ 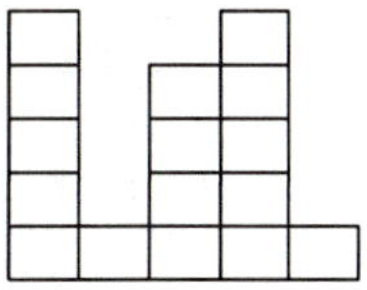

83

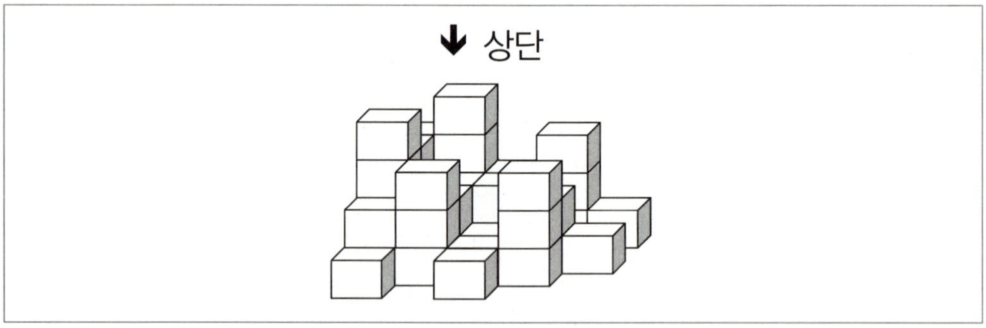

① 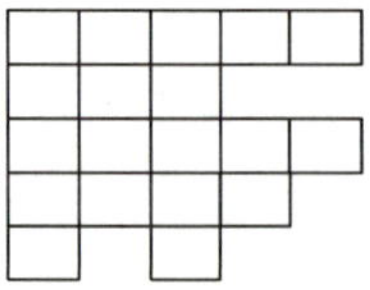
② 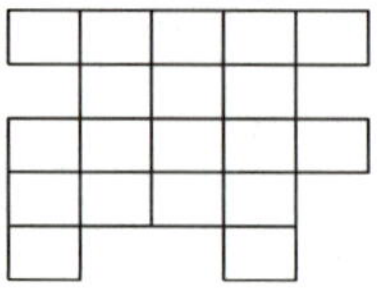
③ 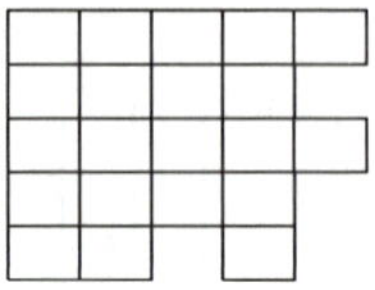
④ 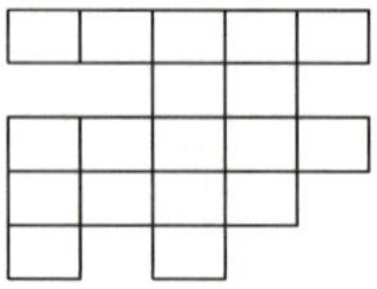

84

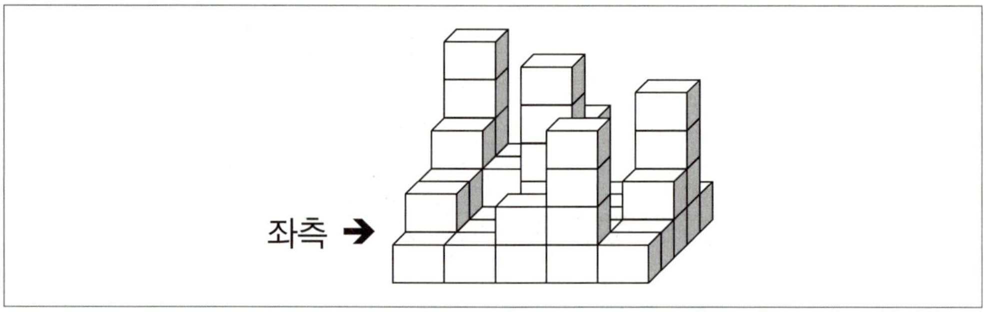

① 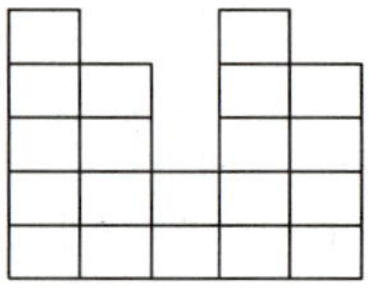
② 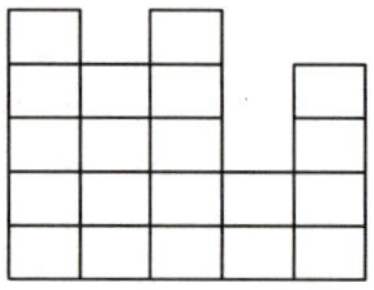
③ 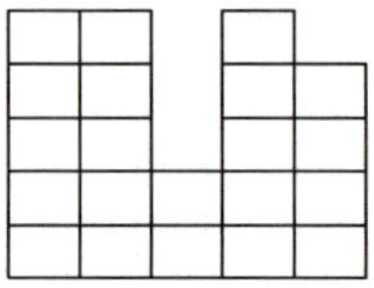
④ 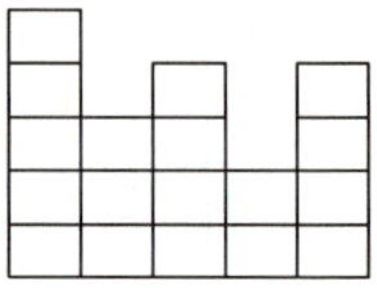

85

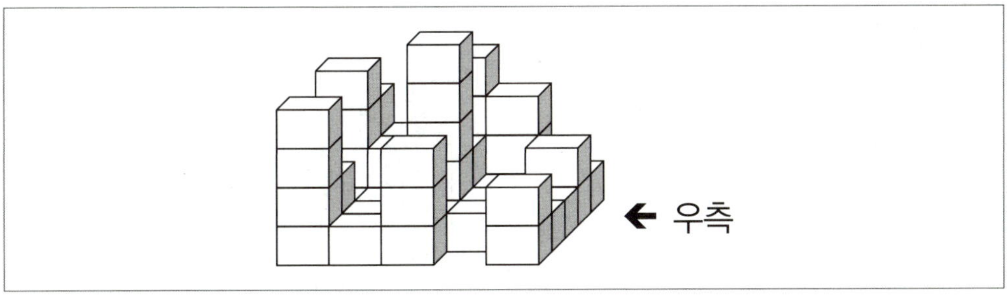

① 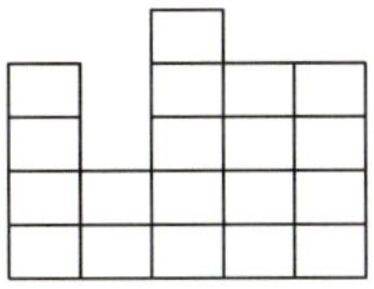
② 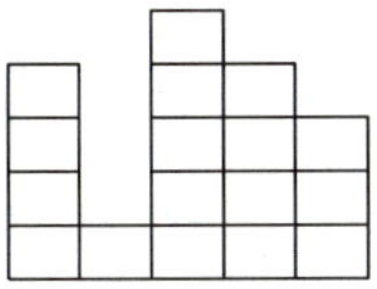
③ 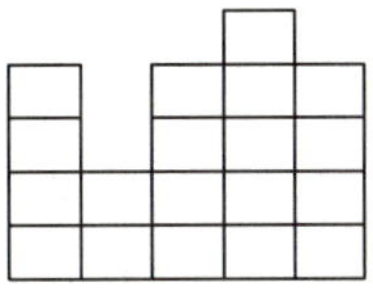
④ 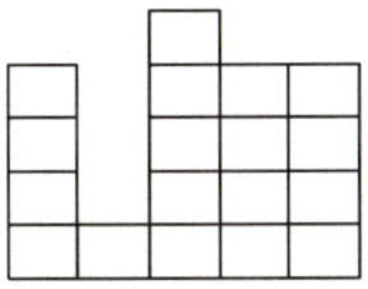

86

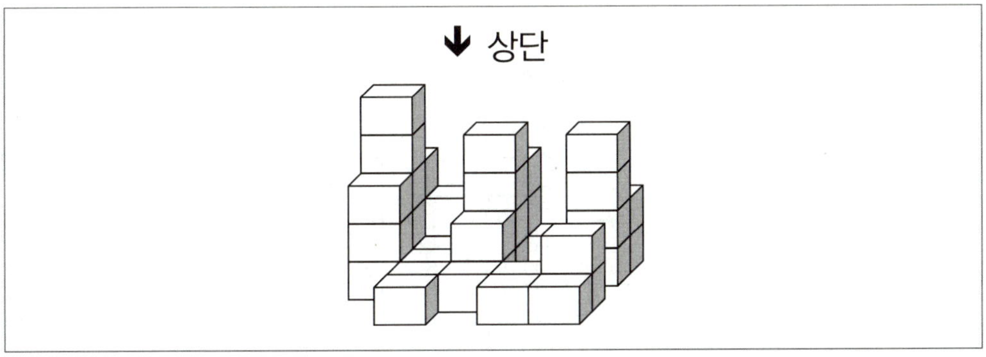

① 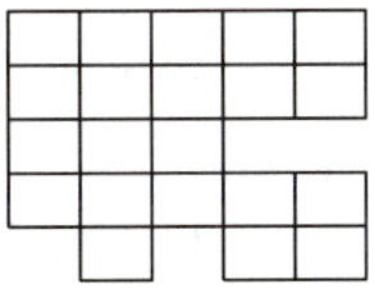
② 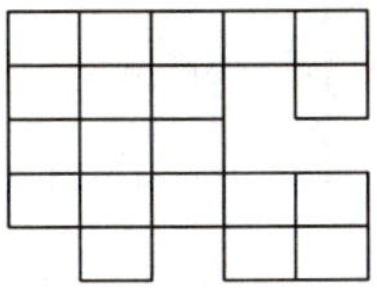
③ 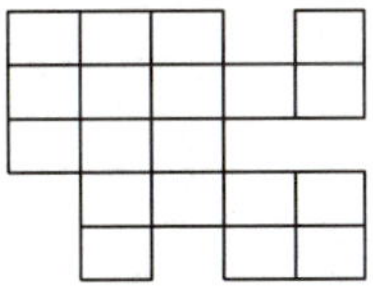
④ 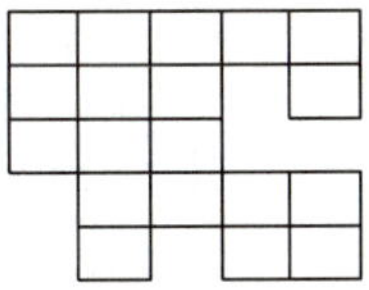

87

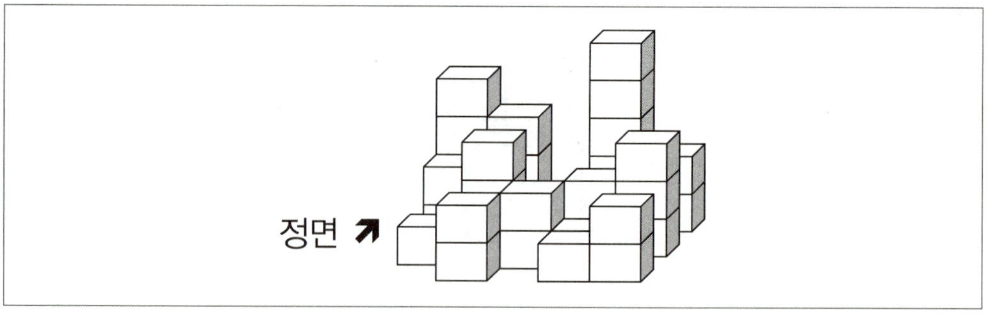

① 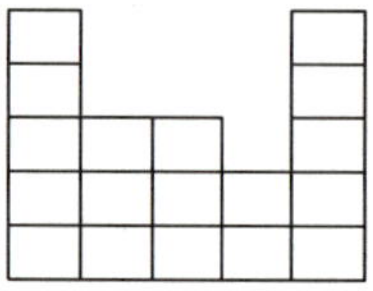 ② 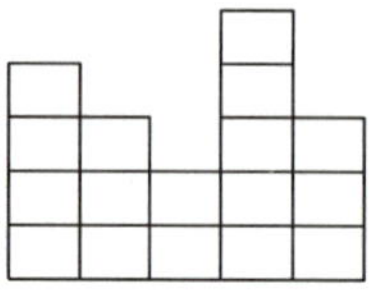 ③ 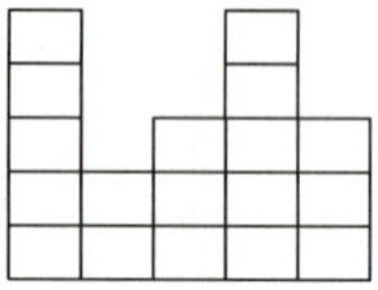 ④ 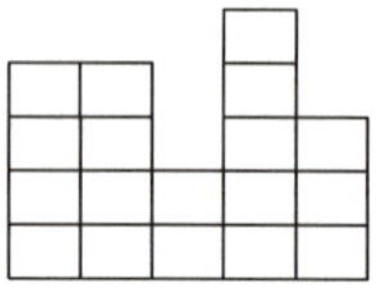

88

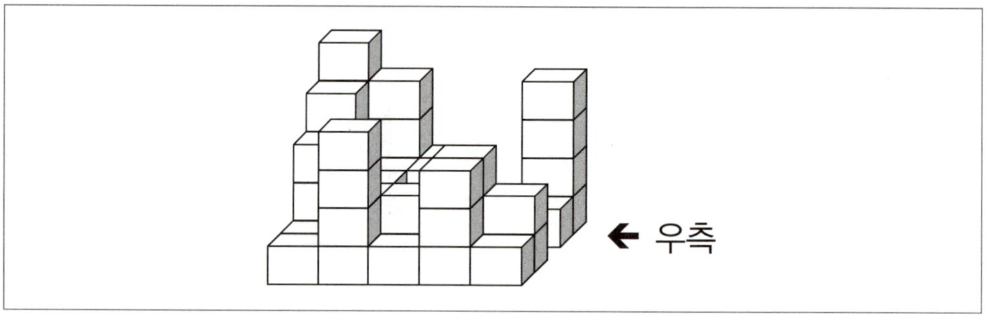

① 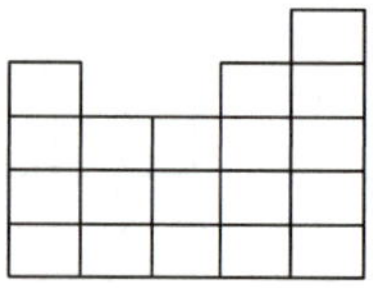 ② 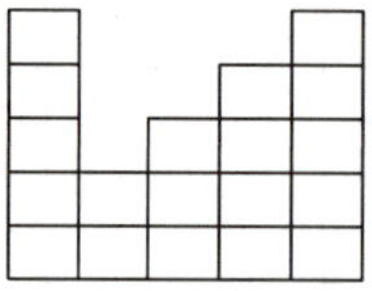 ③ 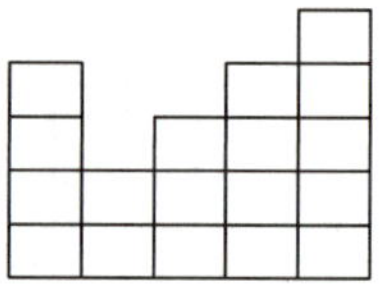 ④ 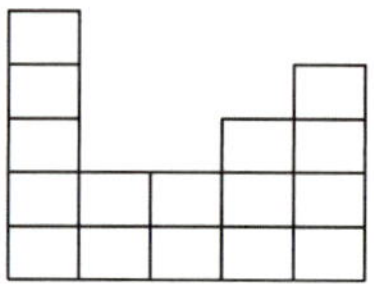

89

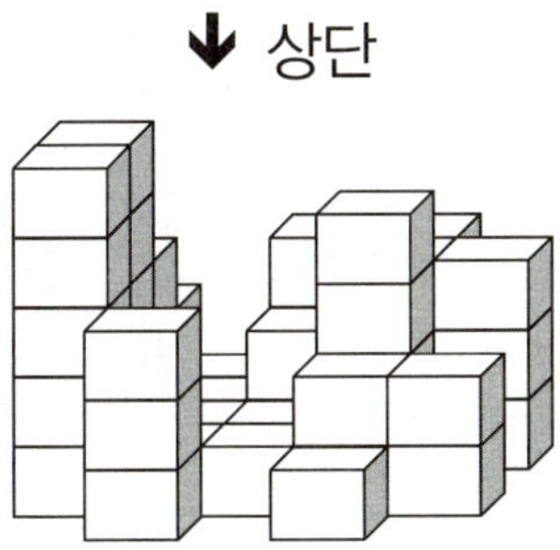

① 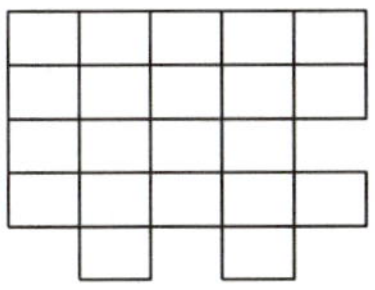

② 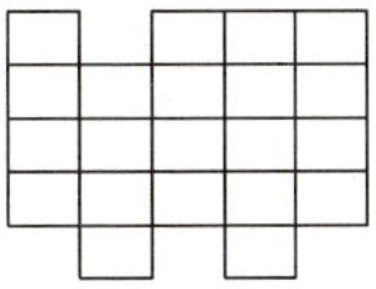

③ 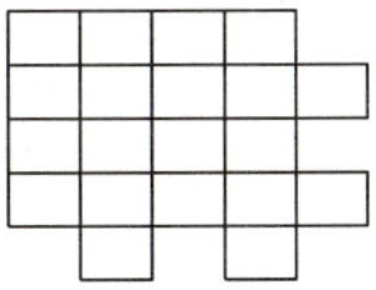

④ 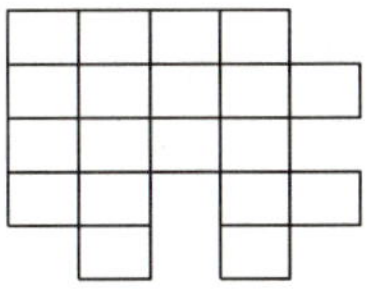

90

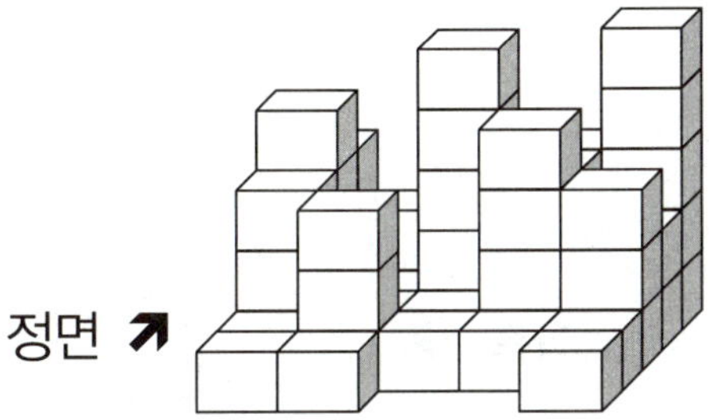

① 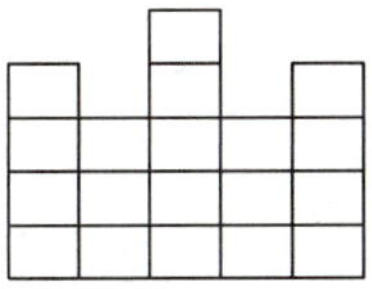

② 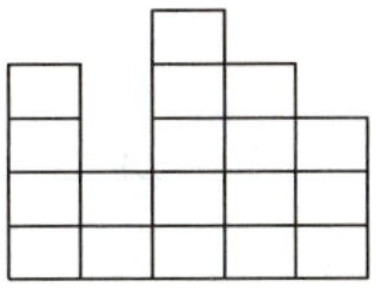

③ 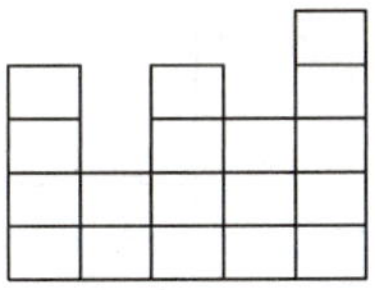

④ 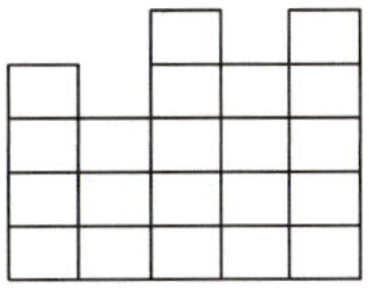

91

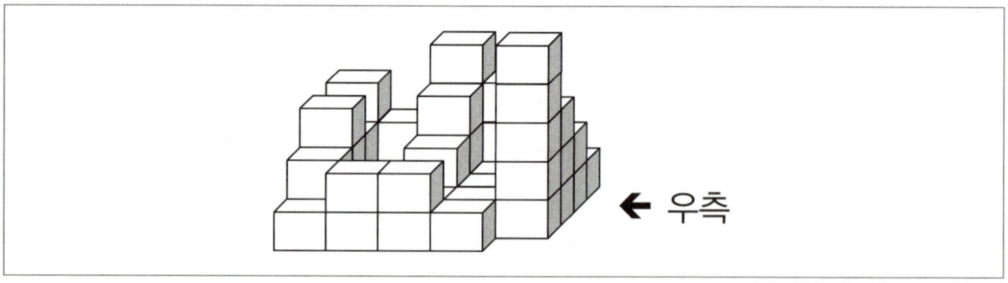

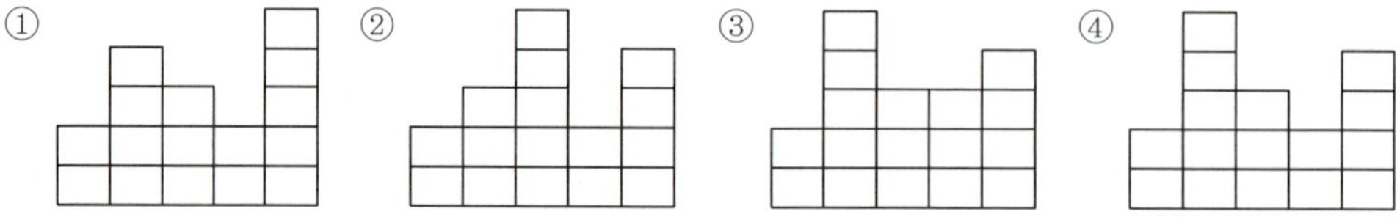

92

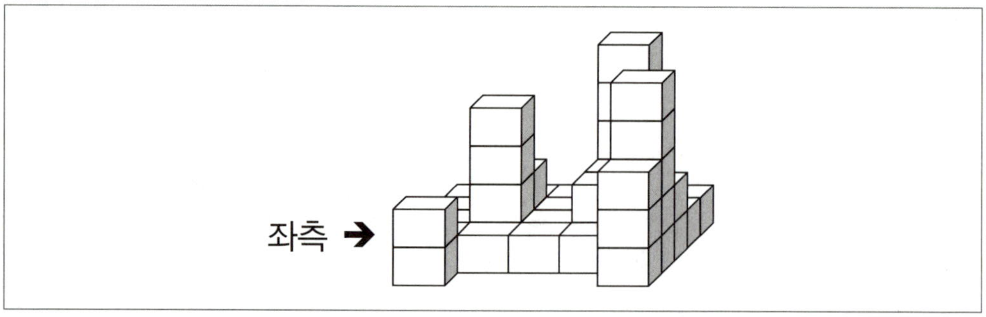

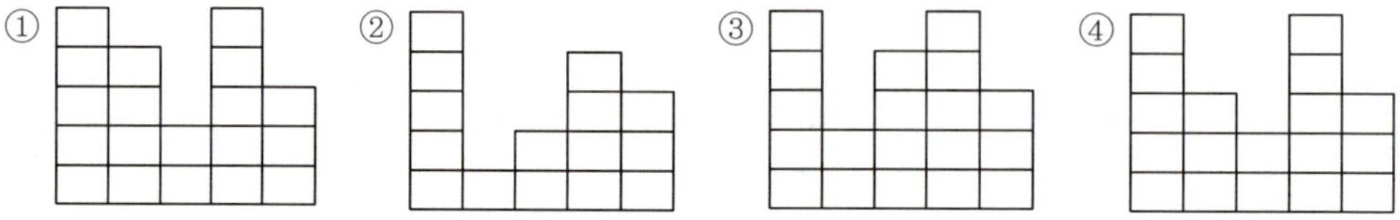

93

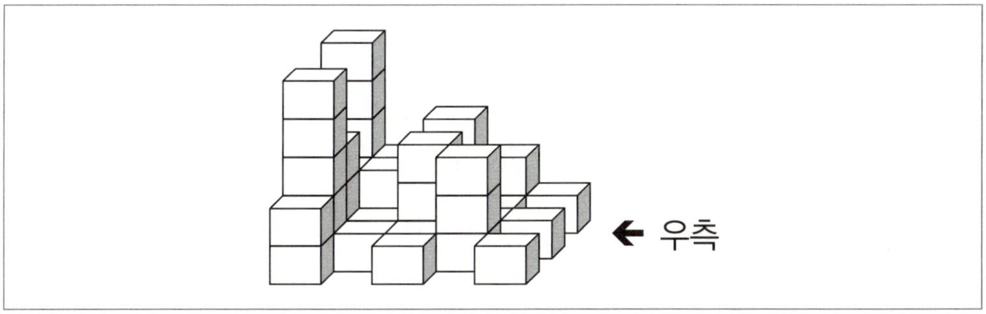

① 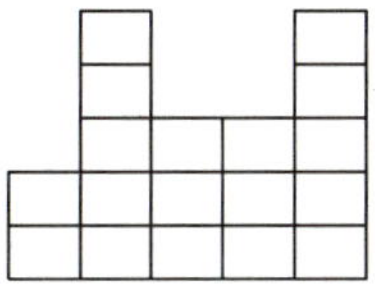 ② 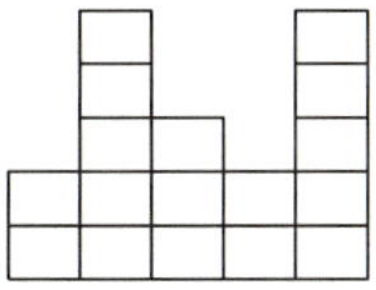 ③ 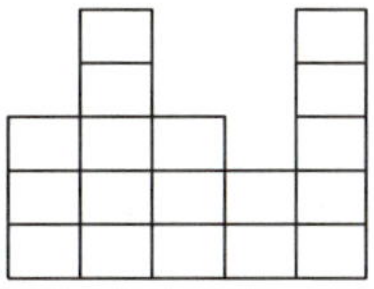 ④ 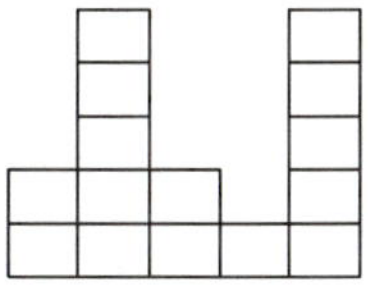

94

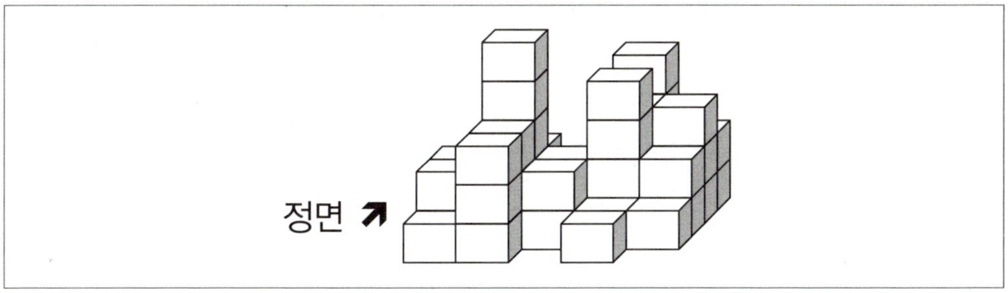

① 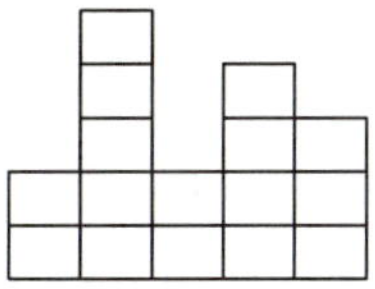 ② 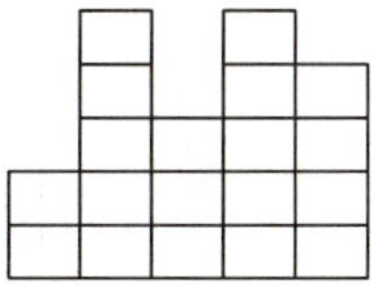 ③ 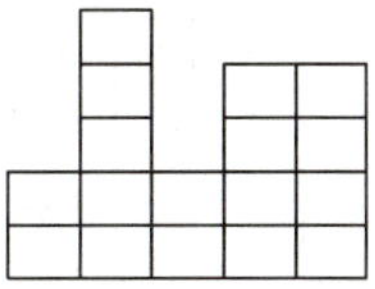 ④ 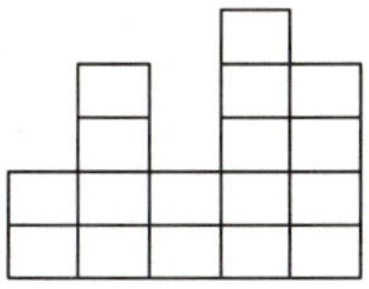

95

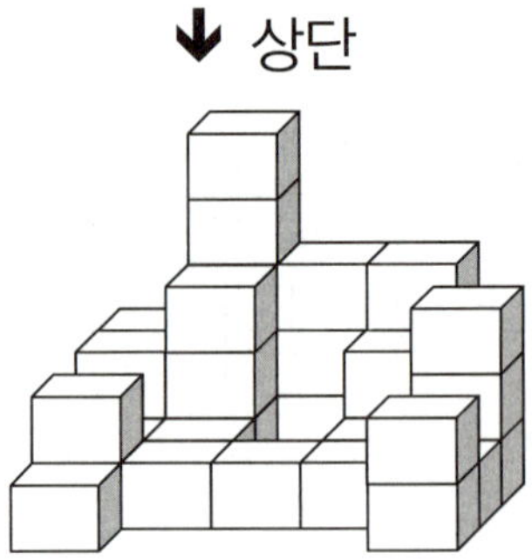

① 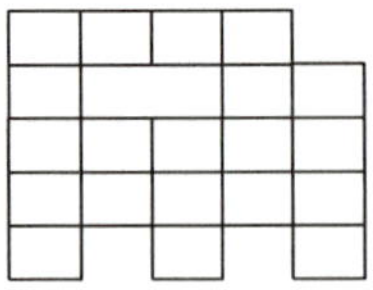 ② 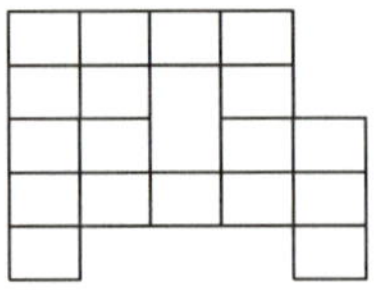 ③ 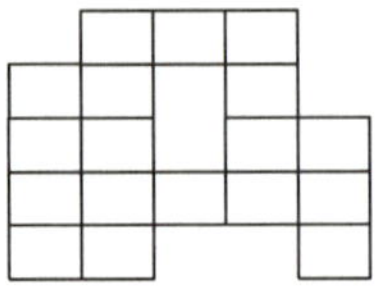 ④ 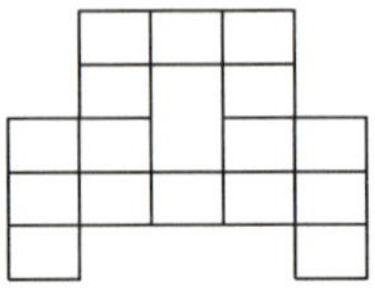

96

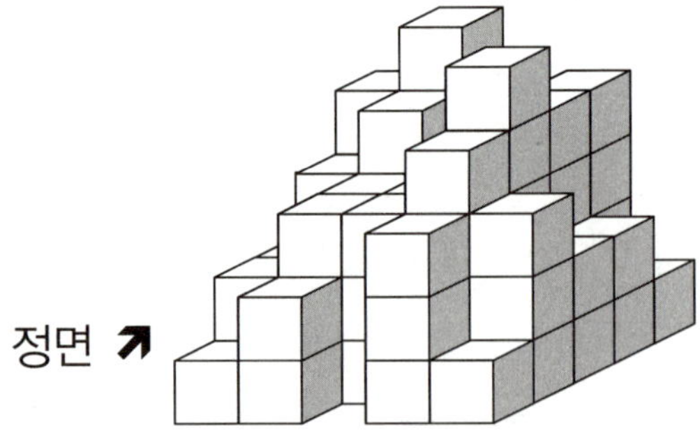

① 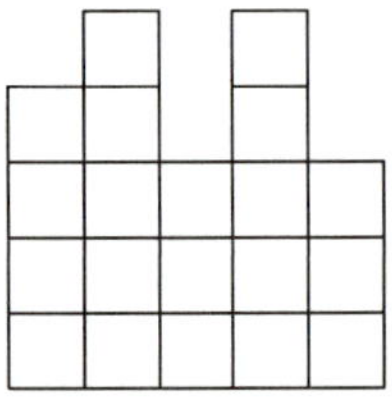 ② 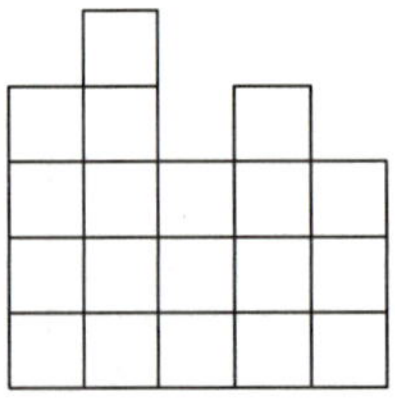 ③ 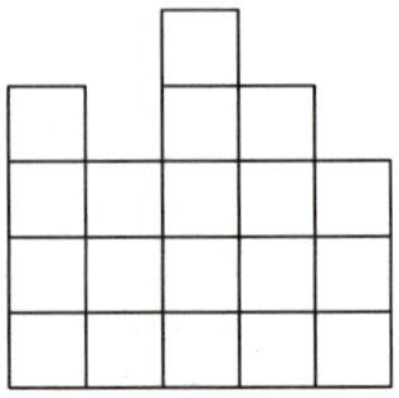 ④ 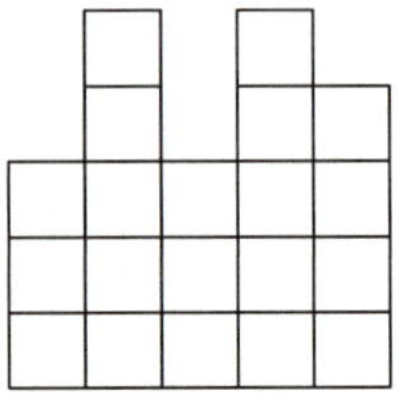

97

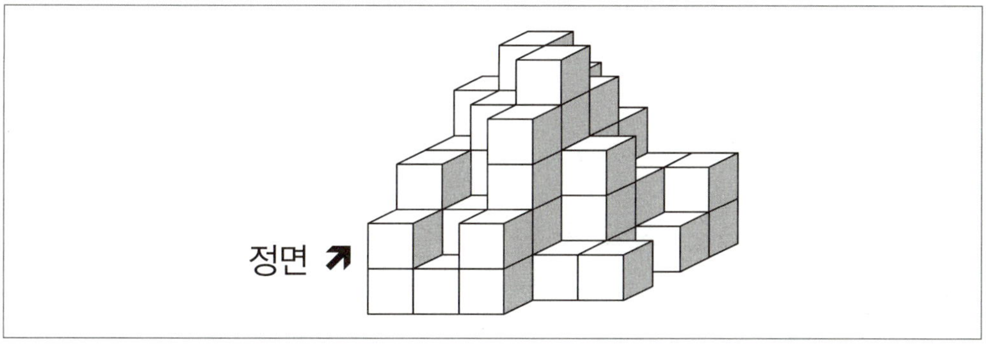

① 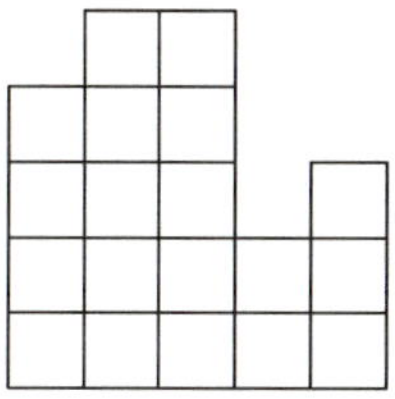
② 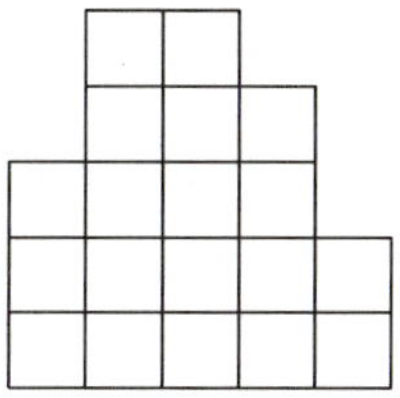
③ 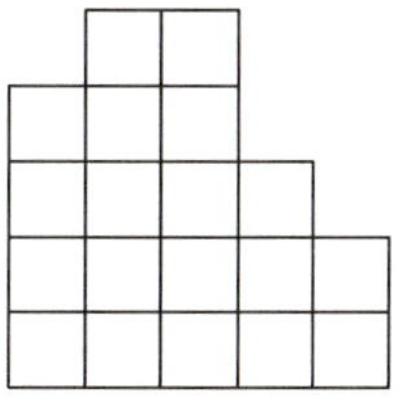
④ 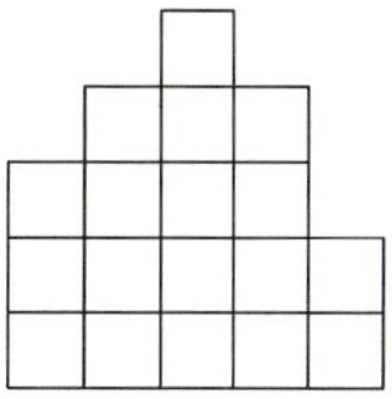

98

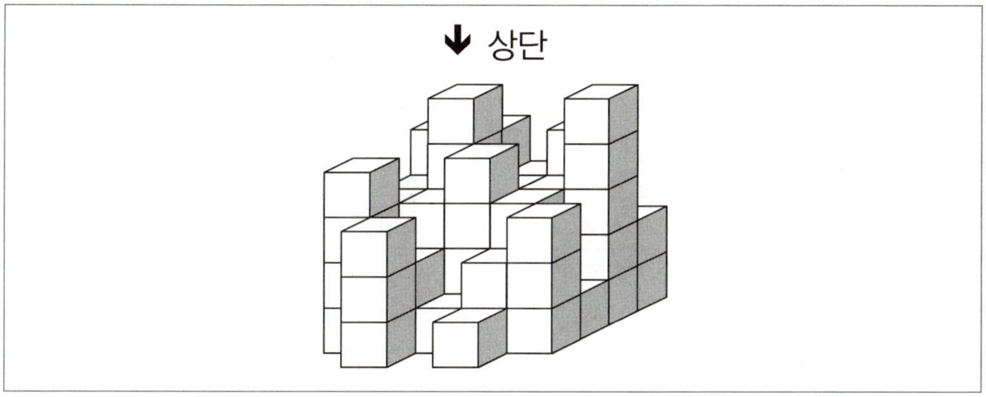

① 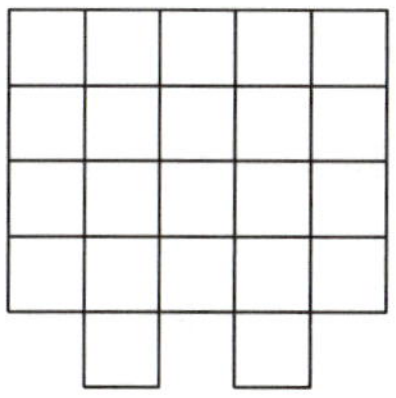
② 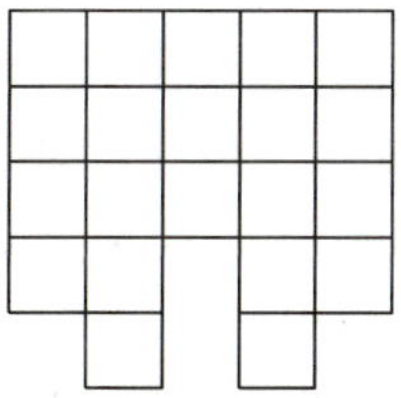
③ 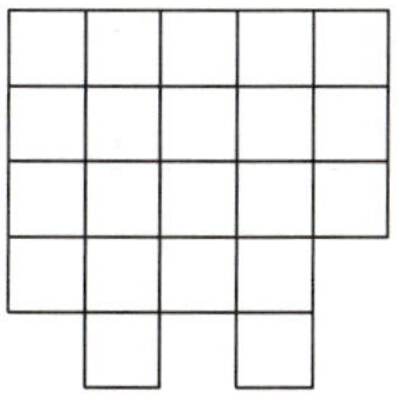
④ 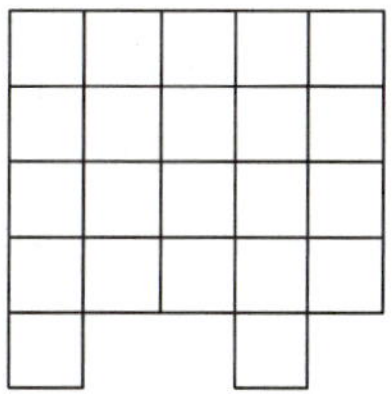

99

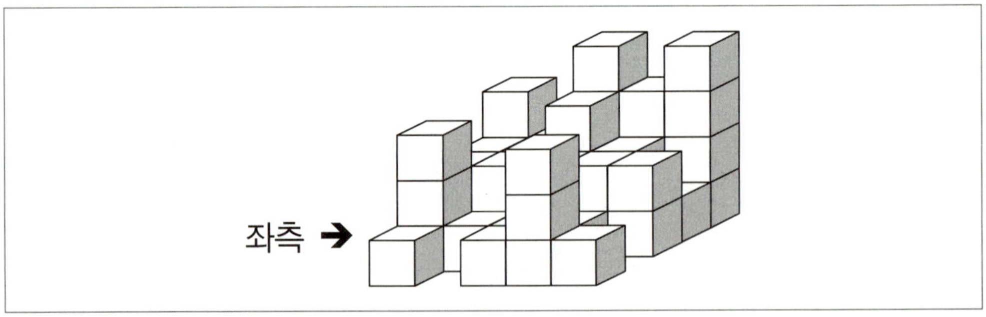

① 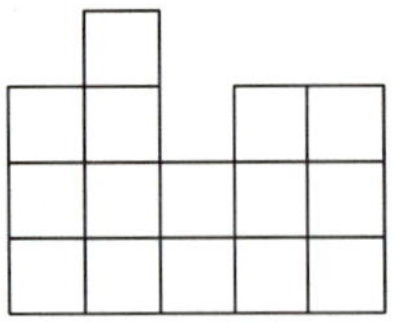 ② 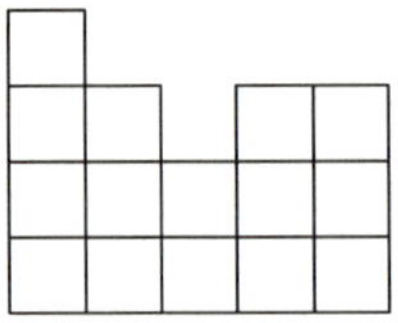 ③ 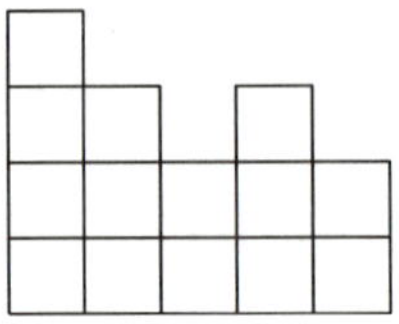 ④ 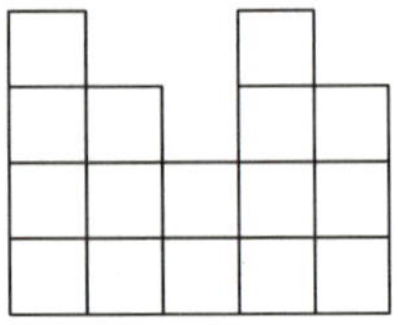

100

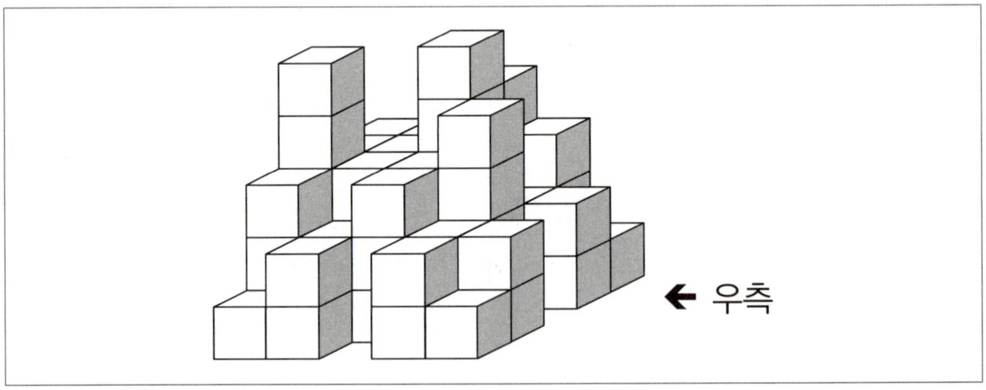

① 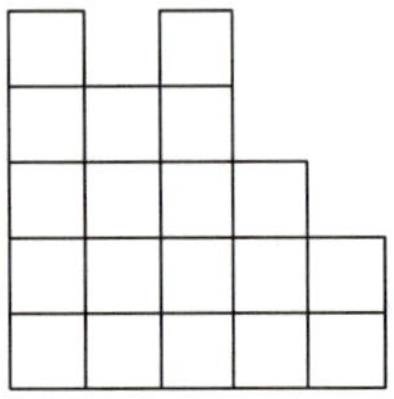 ② 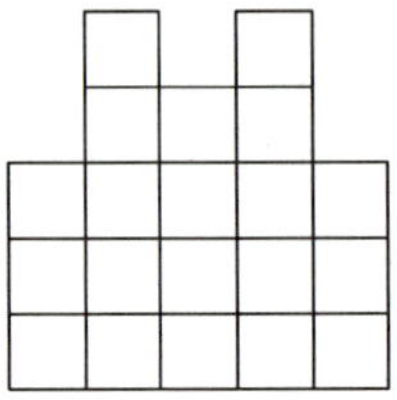 ③ 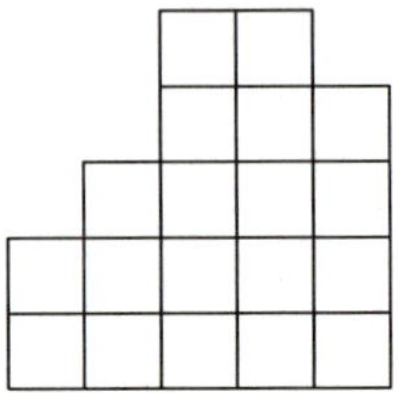 ④ 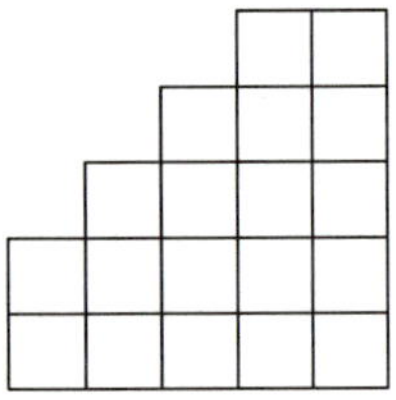

CHAPTER 04

PART 1 실전문제

지각속도

정답 및 해설 p.076

만점비법!

유형마다 자신만의 풀이방법을 찾아라!

지각속도는 어렵지 않지만 짧은 시간 동안 많은 문제를 풀어야 하므로 신속하게 풀 수 있는 자신만의 풀이방법을 터득해야 한다. 반복 학습을 통해 자신에게 적합한 풀이방법을 익히는 것이 중요하다.

문자 찾기 유형부터 풀어라!

문자 찾기 유형은 총 30문제 중 10문제가 출제된다. 다른 유형에 비해 빠르게 해결할 수 있으므로 먼저 푸는 것을 추천한다.

시간 내에 모두 푸는 것보다 정확히 맞추는 연습을 하라!

만점을 받기 어려운 영역이다. 고득점을 받는 자는 20 ~ 25개 사이를 맞힌다. 모든 문제를 풀려는 것보다는 정확히 풀어 감점을 피하도록 연습하는 것이 중요하다.

좌우 비교

TIP

✔ 유형 설명

네모 박스에 문자·숫자·기호 등으로 구성된 일련의 짝들이 제시된다. 나열된 대응 관계를 파악하고, 문제에서 제시한 것을 비교하여 일치 여부를 판단하여야 한다. 실전 시험에서는 총 20문제가 출제되며 5문제씩 4Set로 나누어져 있다.

✔ 문제 접근방법

다음의 두 방법 중 자신이 빠르게 풀어나갈 수 있는 방법을 택하여 연습하도록 한다.

- 왼쪽을 기준으로 오른쪽에 나열된 문자·숫자·기호 등이 올바르게 대응하는지 일일이 체크하며, 순서대로 풀어나간다.
- 네모 박스에 있는 대응 하나를 택하여, 아래 5문제를 한꺼번에 확인한다.

[01 ~ 200] 다음 〈보기〉의 왼쪽과 오른쪽 기호의 대응을 참고하여 각 문제의 대응이 같으면 답안지에 '① 맞음'을, 틀리면 '② 틀림'을 선택하시오.

보기

GET = 우유	PET = 두유	SET = 우리	JET = 두리	HET = 모두
MET = 요가	BET = 주리	RET = 주기	WET = 여가	NET = 두부

01	SET JET PET NET WET	–	우리 두리 두유 두부 여가	① 맞음 ② 틀림
02	GET WET RET PET MET	–	우유 여가 주기 두유 요가	① 맞음 ② 틀림
03	SET RET GET HET NET	–	우리 주기 우유 여가 두부	① 맞음 ② 틀림
04	MET BET PET SET RET	–	요가 주리 두리 우리 주기	① 맞음 ② 틀림
05	BET JET NET GET MET	–	주리 두리 두부 우유 요가	① 맞음 ② 틀림

보기

대령 = ♘	수령 = ♕	망령 = ♚	연령 = ♙	혼령 = ♗
명령 = ♔	발령 = ♝	요령 = ♜	유령 = ♖	법령 = ♛

06	명령 법령 유령 연령 수령 – ♔ ♛ ♖ ♔ ♕	① 맞음 ② 틀림
07	요령 혼령 대령 망령 연령 – ♜ ♗ ♘ ♚ ♙	① 맞음 ② 틀림
08	법령 명령 혼령 수령 유령 – ♛ ♔ ♕ ♗ ♖	① 맞음 ② 틀림
09	요령 대령 연령 명령 혼령 – ♜ ♘ ♙ ♔ ♗	① 맞음 ② 틀림
10	유령 수령 발령 망령 대령 – ♖ ♕ ♝ ♚ ♘	① 맞음 ② 틀림

보기

50 = ∵	41 = ∬	39 = ※	21 = ♤	01 = §
11 = ★	28 = ♧	47 = ▲	32 = ♬	04 = □

11	50 41 32 39 21 – ∵ ∬ ♬ ※ ♤	① 맞음 ② 틀림
12	01 11 28 47 04 – ★ ∬ ♧ ▲ □	① 맞음 ② 틀림
13	41 21 11 28 47 – ∬ ♤ ★ ♧ ▲	① 맞음 ② 틀림
14	32 39 21 01 11 – ♬ ※ ♧ § ★	① 맞음 ② 틀림
15	04 50 41 21 47 – □ ∵ ∬ ♤ ▲	① 맞음 ② 틀림

보기

논병아리 = ☎	황로 = ⇔	원앙 = ◑	바다꿩 = ☞	검은오리 = Σ
솔개 = ‖	댕기물떼새 = ☀	학도요 = ☈	양비둘기 = ♠	크낙새 = ◉

16	원앙 바다꿩 크낙새 검은오리 솔개 − ◑ ☞ ◉ Σ ‖	① 맞음 ② 틀림
17	댕기물떼새 학도요 논병아리 황로 원앙 − ☀ ☈ ☎ ☞ ◑	① 맞음 ② 틀림
18	양비둘기 바다꿩 크낙새 검은오리 황로 − ♠ ☞ ‖ Σ ⇔	① 맞음 ② 틀림
19	솔개 댕기물떼새 학도요 양비둘기 논병아리 − ‖ ☀ ☈ ♠ ☎	① 맞음 ② 틀림
20	바다꿩 원앙 황로 논병아리 학도요 − ☞ ‖ ⇔ ☎ Σ	① 맞음 ② 틀림

보기

goqk = 독	rnfl = 현	woud = 애	rms = 하	dkwn = 경
xodu = 준	tka = 욘	wjd = 순	dlwp = 필	dltk = 복

21	goqk wjd woud rms xodu − 독 순 애 하 준	① 맞음 ② 틀림
22	xodu tka rnfl dlwp dkwn − 준 욘 현 필 경	① 맞음 ② 틀림
23	dltk xodu tka rnfl dlwp − 복 준 욘 현 필	① 맞음 ② 틀림
24	rms xodu goqk dltk rnfl − 현 준 독 복 하	① 맞음 ② 틀림
25	xodu tka rnfl wjd dkwn − 준 복 현 순 경	① 맞음 ② 틀림

보기

황색 = dive	풀색 = lake	분백색 = light	자금색 = cut	강청색 = word
취벽색 = bite	유색 = off	담묵색 = book	감색 = up	하늘색 = street

26	자금색 황색 취벽색 감색 하늘색 – book dive bite up street	① 맞음 ② 틀림
27	유색 담묵색 분백색 감색 풀색 – off book light up lake	① 맞음 ② 틀림
28	황색 풀색 강청색 자금색 담묵색 – dive lake word cut book	① 맞음 ② 틀림
29	강청색 유색 풀색 감색 자금색 – word up lake street cut	① 맞음 ② 틀림
30	분백색 황색 취벽색 담묵색 감색 – light dive bite book up	① 맞음 ② 틀림

지각속도

보기

낙엽송 = ◀	송진 = ♤	솔향기 = ▨	솔잎 = 】	육송 = ■
솔방울 = ▷	소나무 = ♨	열매 = ▥	산철쭉 = ▽	해송 = ★

31	낙엽송 송진 소나무 열매 산철쭉 – ◀ ♤ ♨ ▥ ▽	① 맞음 ② 틀림
32	해송 육송 솔잎 솔방울 송진 – ★ ■ 】 ▷ ♤	① 맞음 ② 틀림
33	송진 낙엽송 솔향기 산철쭉 육송 – ♤ ◀ ▨ ▽ ■	① 맞음 ② 틀림
34	솔방울 소나무 열매 송진 솔잎 – ▷ ♨ ▥ ♤ ▽	① 맞음 ② 틀림
35	솔잎 산철쭉 낙엽송 솔방울 소나무 – 】 ▷ ◀ ▽ ♨	① 맞음 ② 틀림

보기

아메리카노 = △	녹차 = ▶	홍차 = ◤	페퍼민트 = ◥	카모마일 = ▼
핫초코 = ▽	카페라떼 = ▷	카페모카 = ◭	카푸치노 = ▲	카페오레 = ◃

36	아메리카노 카페모카 카푸치노 핫초코 녹차 – △ ◭ ▲ ▽ ▶	① 맞음 ② 틀림
37	카페오레 핫초코 홍차 카푸치노 페퍼민트 – ◃ ▽ ◤ △ ◥	① 맞음 ② 틀림
38	아메리카노 녹차 카페오레 카모마일 홍차 – △ ▶ ◃ ▼ ◤	① 맞음 ② 틀림
39	핫초코 카푸치노 아메리카노 페퍼민트 녹차 – ▽ ▲ △ ◤ ▶	① 맞음 ② 틀림
40	홍차 녹차 카페모카 핫초코 카모마일 – ◤ ◃ ◭ ▽ ▼	① 맞음 ② 틀림

보기

맑음 = ★	눈 = ☂	비 = ☈	황사 = ☼	바람 = ♡
흐림 = ☽	안개 = ☺	소나기 = ☆	태풍 = ⊙	폭우 = ☎

41	안개 소나기 태풍 폭우 바람 – ☺ ☼ ⊙ ☎ ★	① 맞음 ② 틀림
42	맑음 비 황사 바람 폭우 – ★ ☈ ⊙ ♡ ☎	① 맞음 ② 틀림
43	흐림 눈 비 바람 태풍 – ☽ ☂ ☈ ♡ ⊙	① 맞음 ② 틀림
44	황사 소나기 태풍 눈 흐림 – ☼ ☆ ⊙ ☂ ☽	① 맞음 ② 틀림
45	폭우 눈 맑음 안개 황사 – ☎ ☂ ★ ☺ ☼	① 맞음 ② 틀림

보기

딸기 = soup	귤 = desk	리치 = note	메론 = cup	포도 = east
바나나 = sour	키위 = coffee	수박 = paper	사과 = pizza	배 = door

46	딸기 귤 수박 사과 배 – soup desk paper pizza door	① 맞음 ② 틀림
47	귤 리치 바나나 수박 사과 – desk note soup paper pizza	① 맞음 ② 틀림
48	포도 바나나 귤 메론 딸기 – door sour desk note soup	① 맞음 ② 틀림
49	배 사과 딸기 리치 바나나 – door pizza soup note sour	① 맞음 ② 틀림
50	사과 포도 메론 키위 딸기 – door east cup coffee desk	① 맞음 ② 틀림

보기

빨강 = ab	파랑 = ef	하늘 = ij	자주 = kl	주황 = qr
초록 = cd	노랑 = op	연두 = gh	분홍 = mn	보라 = st

51	빨강 연두 분홍 보라 초록 – ab ij mn st cd	① 맞음 ② 틀림
52	파랑 빨강 주황 자주 노랑 – ef mn qr kl ab	① 맞음 ② 틀림
53	하늘 주황 파랑 자주 분홍 – ij qr ef kl mn	① 맞음 ② 틀림
54	연두 노랑 빨강 주황 초록 – gh op ab qr cd	① 맞음 ② 틀림
55	보라 주황 노랑 자주 초록 – st qr ab kl cd	① 맞음 ② 틀림

보기

← = 해	↓ = 달	↗ = 강	↔ = 오름	↘ = 하천
↑ = 바다	→ = 산	↙ = 하늘	↕ = 구름	↡ = 별

56	↔ ← ↗ ↓ ↘ − 오름 해 강 달 하천	① 맞음 ② 틀림
57	↓ ↙ → ↔ ↑ − 달 하천 산 오름 바다	① 맞음 ② 틀림
58	↗ → ↡ ↓ ↘ − 강 산 별 달 하천	① 맞음 ② 틀림
59	↑ ← ↘ ↕ → − 바다 해 하천 구름 산	① 맞음 ② 틀림
60	↗ ↡ ↑ ↙ ↕ − 강 달 바다 하늘 오름	① 맞음 ② 틀림

보기

BB = 무궁화	CC = 장미	TT = 카네이션	OO = 국화	QQ = 라벤더
UU = 코스모스	EE = 카라	HH = 튤립	KK = 팬지	DD = 데이지

61	HH BB OO UU TT − 튤립 장미 국화 코스모스 데이지	① 맞음 ② 틀림
62	OO UU QQ EE BB − 국화 코스모스 라벤더 카라 무궁화	① 맞음 ② 틀림
63	KK OO CC UU DD − 팬지 국화 장미 코스모스 데이지	① 맞음 ② 틀림
64	DD BB CC TT UU − 데이지 무궁화 장미 카네이션 코스모스	① 맞음 ② 틀림
65	UU DD CC TT EE − 국화 데이지 장미 카네이션 카라	① 맞음 ② 틀림

보기

◧ = 사단	◨ = 대대	□ = 분대	◳ = 해군	◫ = 육군
◱ = 연대	◪ = 중대	◩ = 해병대	▤ = 소대	▦ = 공군

66	◱ ◩ ◧ ◨ ◪ － 해군 해병대 사단 대대 중대	① 맞음 ② 틀림
67	□ ◳ ◫ ◩ ◧ － 분대 해군 육군 해병대 사단	① 맞음 ② 틀림
68	◧ ◪ ▦ ▤ ◱ － 사단 해병대 공군 소대 연대	① 맞음 ② 틀림
69	◳ □ ◨ ◱ ◩ － 해군 분대 대대 연대 해병대	① 맞음 ② 틀림
70	◫ ◨ ▦ ◪ ◳ － 소대 대대 공군 해병대 해군	① 맞음 ② 틀림

보기

제주도 = 동	전라도 = 돈	경상도 = 흙	독도 = 등	서울 = 양
울릉도 = 물	경기도 = 솔	강원도 = 칡	충청도 = 말	부산 = 개

71	제주도 강원도 충청도 부산 서울 － 동 물 말 개 양	① 맞음 ② 틀림
72	서울 제주도 경상도 울릉도 부산 － 양 동 흙 물 개	① 맞음 ② 틀림
73	울릉도 부산 강원도 전라도 독도 － 물 개 칡 등 돈	① 맞음 ② 틀림
74	독도 서울 울릉도 경기도 강원도 － 등 양 물 솔 칡	① 맞음 ② 틀림
75	전라도 제주도 강원도 충청도 서울 － 돈 동 칡 말 양	① 맞음 ② 틀림

보기

xkdk = ▣	wleh = ◑	ehseh = ◈	row = ◐	poda = ◉
rnr = ◎	gkql = □	drh = ■	cko = ◇	kkl = ○

76	xkdk rnr gkql ehseh row – ▣ ◎ □ ◈ ◐	① 맞음 ② 틀림
77	wleh ehseh poda gkql drh – ◑ ◈ ◉ □ ◇	① 맞음 ② 틀림
78	drh cko kkl xkdk poda – ■ ◇ ○ ▣ ◎	① 맞음 ② 틀림
79	kkl row wleh drh rnr – ○ ◑ ◐ ■ ◎	① 맞음 ② 틀림
80	xkdk drh poda gkql wleh – ▣ ■ ◉ □ ◑	① 맞음 ② 틀림

보기

풍뎅이 = ☀	개미 = ☂	대벌레 = ☨	매미 = ♧	베짱이 = ♡
물방개 = ∝	사슴벌레 = ♨	귀뚜라미 = ☆	풀무치 = ♥	여치 = ☎

81	풍뎅이 개미 여치 사슴벌레 물방개 – ☀ ☂ ♥ ♨ ∝	① 맞음 ② 틀림
82	베짱이 여치 귀뚜라미 매미 풀무치 – ♡ ☎ ☆ ♧ ♥	① 맞음 ② 틀림
83	귀뚜라미 개미 매미 여치 물방개 – ☆ ☂ ♧ ☎ ∝	① 맞음 ② 틀림
84	여치 개미 풍뎅이 물방개 풀무치 – ☎ ☂ ☀ ∝ ♥	① 맞음 ② 틀림
85	사슴벌레 매미 개미 여치 물방개 – ☀ ♧ ☂ ♡ ∝	① 맞음 ② 틀림

보기

땅콩 = berry	헤이즐넛 = desk	호두 = note	잣 = pen	도토리 = shop
은행 = aroma	캐슈넛 = duck	밤 = paper	아몬드 = pasta	건포도 = door

86	땅콩 은행 잣 아몬드 도토리 − berry aroma pen paper shop	① 맞음 ② 틀림
87	잣 호두 아몬드 밤 건포도 − pen note pasta paper door	① 맞음 ② 틀림
88	헤이즐넛 도토리 땅콩 캐슈넛 잣 − desk shop berry duck pen	① 맞음 ② 틀림
89	밤 아몬드 헤이즐넛 은행 잣 − paper pasta berry aroma pen	① 맞음 ② 틀림
90	은행 잣 땅콩 호두 건포도 − aroma paper berry duck door	① 맞음 ② 틀림

지각속도

보기

67 = ★	34 = ☗	90 = ☉	83 = ☂	65 = ☎
11 = ▷	61 = ♨	79 = ▥	25 = ▽	38 = ☪

91	90 61 25 65 38 − ☉ ♨ ▽ ☎ ☗	① 맞음 ② 틀림
92	11 25 34 67 90 − ▷ ▽ ☗ ★ ☉	① 맞음 ② 틀림
93	83 90 61 25 38 − ☂ ☉ ♨ ▽ ☪	① 맞음 ② 틀림
94	65 11 67 90 34 − ☎ ▷ ★ ☉ ☗	① 맞음 ② 틀림
95	61 83 79 38 34 − ☪ ☂ ▥ ☉ ☗	① 맞음 ② 틀림

보기

약국 = 축	호텔 = 초	병원 = 차	식당 = 체	회관 = 쳐
서점 = 추	커피숍 = 처	빵집 = 치	학교 = 촉	교회 = 채

96	학교 약국 서점 병원 식당 － 촉 초 추 차 체	① 맞음 ② 틀림
97	교회 서점 커피숍 약국 학교 － 채 추 처 축 촉	① 맞음 ② 틀림
98	회관 병원 서점 커피숍 학교 － 쳐 차 추 처 촉	① 맞음 ② 틀림
99	호텔 식당 교회 커피숍 서점 － 초 치 채 처 촉	① 맞음 ② 틀림
100	식당 약국 빵집 서점 학교 － 체 축 치 추 축	① 맞음 ② 틀림

보기

gmgm = ☮	rkfk = ☂	wnsh = ☈	gdrs = ⊠	hrg = ♡
slrk = ▣	gogo = ★	gh = ☆	dfs = ⊙	kuj = ☎

101	gmgm rkfk hrg slrk gogo － ☮ ☂ ♡ ▣ ★	① 맞음 ② 틀림
102	rkfk gdrs wnsh hrg gmgm － ☎ ⊠ ☈ ♡ ☮	① 맞음 ② 틀림
103	gh gogo dfs hrg slrk － ☆ ★ ⊙ ♡ ▣	① 맞음 ② 틀림
104	slrk gmgm dfs gh rkfk － ▣ ☮ ⊙ ☆ ☂	① 맞음 ② 틀림
105	gogo kuj gdrs wnsh dfs － ★ ☎ ▣ ☈ ♡	① 맞음 ② 틀림

보기

안과 = table	내과 = pin	외과 = tea	산부인과 = love	신경과 = west
치과 = ring	정형외과 = desk	피부과 = mail	비뇨기과 = set	정신과 = door

106	안과 치과 피부과 비뇨기과 신경과 − table ring mail set west	① 맞음 ② 틀림
107	정형외과 신경과 외과 안과 치과 − mail door tea table ring	① 맞음 ② 틀림
108	외과 산부인과 정신과 내과 치과 − tea love door pin ring	① 맞음 ② 틀림
109	내과 치과 피부과 비뇨기과 안과 − pin ring tea set table	① 맞음 ② 틀림
110	피부과 안과 정신과 신경과 내과 − mail table door west pin	① 맞음 ② 틀림

지각속도

보기

콜라 = ⇊	식혜 = ⇈	탄산수 = ⇌	생수 = ⇖	결명자차 = ↕
사이다 = ⇒	보리차 = ⇅	수정과 = ⇏	주스 = ←	맥주 = ⇓

111	맥주 수정과 주스 보리차 식혜 − ⇓ ⇏ ← ⇌ ⇈	① 맞음 ② 틀림
112	수정과 주스 생수 식혜 맥주 − ⇏ ← ⇖ ⇈ ⇓	① 맞음 ② 틀림
113	생수 사이다 탄산수 보리차 주스 − ⇖ ⇒ ⇌ ⇅ ←	① 맞음 ② 틀림
114	결명자차 보리차 주스 콜라 수정과 − ↕ ⇓ ← ⇊ ⇏	① 맞음 ② 틀림
115	보리차 사이다 식혜 맥주 콜라 − ⇅ ⇒ ⇈ ⇓ ⇊	① 맞음 ② 틀림

보기

된장 = 동	고추장 = 다	소금 = 돗	식용유 = 디	올리브유 = 던
굴소스 = 도	액젓 = 당	설탕 = 뎌	칠리소스 = 듬	간장 = 댜

116	굴소스 설탕 올리브유 소금 간장 － 도 뎌 던 돗 댜	① 맞음 ② 틀림
117	설탕 된장 액젓 간장 칠리소스 － 뎌 동 당 댜 듬	① 맞음 ② 틀림
118	액젓 굴소스 올리브유 된장 식용유 － 다 도 던 동 디	① 맞음 ② 틀림
119	간장 설탕 고추장 식용유 된장 － 댜 뎌 돗 디 듬	① 맞음 ② 틀림
120	칠리소스 올리브유 고추장 된장 간장 － 듬 던 다 동 댜	① 맞음 ② 틀림

보기

dear = ◉	miss = ◈	move = ▣	sun = ◐	eat = ◑
pen = ♧	soon = ♠	go = ◁	enjoy = ☎	run = ☜

121	dear soon enjoy sun pen － ◉ ♠ ☎ ◑ ♧	① 맞음 ② 틀림
122	miss sun run eat go － ◈ ◐ ☜ ◑ ◁	① 맞음 ② 틀림
123	soon go eat dear run － ♠ ◁ ◑ ◉ ☜	① 맞음 ② 틀림
124	enjoy pen move sun go － ☎ ♧ ▣ ◐ ◁	① 맞음 ② 틀림
125	run pen eat move enjoy － ☜ ♠ ◑ ◈ ☎	① 맞음 ② 틀림

보기

태국 = 철수	프랑스 = 순희	중국 = 두혁	독일 = 영희	영국 = 기태
호주 = 지현	일본 = 지우	미국 = 재순	스위스 = 승현	칠레 = 영애

126	미국 호주 칠레 영국 프랑스 – 재순 지현 영애 기태 순희	① 맞음 ② 틀림
127	태국 독일 스위스 일본 칠레 – 철수 영희 승현 두혁 영애	① 맞음 ② 틀림
128	중국 프랑스 호주 영국 미국 – 두혁 순희 지현 기태 재순	① 맞음 ② 틀림
129	일본 스위스 프랑스 태국 칠레 – 재순 승현 순희 철수 영애	① 맞음 ② 틀림
130	중국 영국 프랑스 태국 호주 – 두혁 기태 순희 철수 지우	① 맞음 ② 틀림

보기

☆ = 억새	☀ = 바람	ㄹ = 쇠소깍	☛ = 용두암	⊙ = 만장굴
☑ = 오름	♡ = 해안	♫ = 일출봉	≈ = 함덕	♈ = 애월

131	ㄹ ☛ ☆ ☀ ♡ – 쇠소깍 용두암 억새 바람 해안	① 맞음 ② 틀림
132	☀ ⊙ ♫ ☛ ☑ – 바람 만장굴 일출봉 용두암 오름	① 맞음 ② 틀림
133	♡ ☛ ♈ ≈ ☆ – 만장굴 용두암 애월 함덕 억새	① 맞음 ② 틀림
134	♈ ≈ ☑ ♡ ☀ – 애월 일출봉 억새 해안 바람	① 맞음 ② 틀림
135	ㄹ ♈ ⊙ ☆ ♫ – 쇠소깍 애월 만장굴 억새 일출봉	① 맞음 ② 틀림

보기

old = 결혼	two = 함	on = 예단	in = 청혼	has = 신부
the = 예식	off = 신랑	out = 상견례	odd = 반지	too = 약혼

136	old off out odd too – 결혼 신부 상견례 반지 약혼	① 맞음 ② 틀림
137	the in too old two – 예식 청혼 약혼 결혼 함	① 맞음 ② 틀림
138	on too the old has – 예단 결혼 예식 반지 신랑	① 맞음 ② 틀림
139	on has off two old – 예단 신부 신랑 함 결혼	① 맞음 ② 틀림
140	in odd out the has – 신부 반지 상견례 예식 약혼	① 맞음 ② 틀림

보기

15 = ♡	19 = ♥	16 = ♣	30 = ♫	03 = ❖
49 = ♨	27 = ♠	33 = ♦	47 = ♤	11 = ◈

141	27 30 15 49 33 – ♤ ♫ ♡ ♨ ◈	① 맞음 ② 틀림
142	16 47 03 15 11 – ♣ ♤ ❖ ♡ ◈	① 맞음 ② 틀림
143	49 15 19 33 03 – ♨ ♡ ♥ ❖ ♦	① 맞음 ② 틀림
144	11 27 33 47 30 – ◈ ♠ ♦ ♠ ♫	① 맞음 ② 틀림
145	47 19 16 30 49 – ♤ ♥ ♣ ♫ ♨	① 맞음 ② 틀림

보기

갈비탕 = 약	육개장 = 돈	짜장면 = 칼	계란찜 = 등	비빔밥 = 양
청국장 = 동	갈비찜 = 솔	볶음밥 = 손	탕수육 = 말	칼국수 = 개

146	갈비탕 볶음밥 칼국수 청국장 육개장 – 약 손 개 동 돈	① 맞음 ② 틀림
147	비빔밥 계란찜 육개장 갈비찜 칼국수 – 양 돈 등 솔 개	① 맞음 ② 틀림
148	탕수육 갈비탕 볶음밥 청국장 갈비찜 – 말 약 양 동 손	① 맞음 ② 틀림
149	계란찜 비빔밥 청국장 갈비탕 탕수육 – 등 양 동 약 말	① 맞음 ② 틀림
150	육개장 계란찜 칼국수 볶음밥 비빔밥 – 돈 등 개 손 양	① 맞음 ② 틀림

보기

Luld = ♨	Ceol = ☽	Weid = ♡	Qwid = ☂	Forx = ♧
Psld = ☆	Trdo = ♠	Meis = ♬	Sorp = ☼	Akid = ☁

151	Ceol Sorp Trdo Luld Akid – ☽ ☼ ♠ ♨ ☁	① 맞음 ② 틀림
152	Luld Meis Forx Psld Sorp – ♨ ♬ ♧ ☆ ☼	① 맞음 ② 틀림
153	Trdo Ceol Qwid Forx Weid – ♠ ☽ ☂ ☆ ♡	① 맞음 ② 틀림
154	Qwid Meis Psld Akid Luld – ☂ ♬ ☆ ☁ ♨	① 맞음 ② 틀림
155	Weid Forx Sorp Ceol Akid – ♡ ♧ ☼ ☁ ☽	① 맞음 ② 틀림

보기

시루떡 = apple	가래떡 = cake	절편 = coke	쑥떡 = pepper	경단 = paper
송편 = bike	찹쌀떡 = duck	백설기 = straw	두텁떡 = pasta	인절미 = stew

156	절편 인절미 두텁떡 송편 시루떡 − coke stew pasta bike apple	① 맞음	② 틀림
157	찹쌀떡 가래떡 쑥떡 절편 백설기 − duck cake pepper stew straw	① 맞음	② 틀림
158	시루떡 경단 송편 인절미 찹쌀떡 − apple paper bike stew duck	① 맞음	② 틀림
159	절편 송편 쑥떡 두텁떡 백설기 − stew bike coke pasta straw	① 맞음	② 틀림
160	가래떡 경단 인절미 절편 쑥떡 − cake paper pepper coke stew	① 맞음	② 틀림

보기

love = 과자	water = 과실	beauty = 과시	pizza = 과정	color = 과용
phone = 과제	hand = 과음	cafe = 과장	cream = 과업	noodle = 과락

161	love pizza phone cafe noodle − 과자 과정 과제 과장 과락	① 맞음	② 틀림
162	color cream cafe love beauty − 과용 과업 과장 과자 과시	① 맞음	② 틀림
163	hand water noodle pizza phone − 과음 과실 과락 과용 과제	① 맞음	② 틀림
164	cream hand love beauty color − 과업 과장 과자 과시 과정	① 맞음	② 틀림
165	phone noodle hand cream cafe − 과제 과락 과음 과업 과장	① 맞음	② 틀림

보기

B3v = 남	O5u = 금	J7f = 복	W8w = 북	P2x = 보
S6s = 원	D3h = 월	Q0d = 인	U1x = 일	K4q = 입

166	D3h P2x S6s J7f U1x – 월 보 원 복 일	① 맞음 ② 틀림
167	P2x B3v U1x D3h J7f – 부 남 인 월 복	① 맞음 ② 틀림
168	P2x O5u D3h U1x K4q – 보 금 원 일 인	① 맞음 ② 틀림
169	J7f W8w S6s Q0d O5u – 복 북 원 인 금	① 맞음 ② 틀림
170	B3v Q0d K4q W8w S6s – 남 일 인 북 원	① 맞음 ② 틀림

보기

소일 = ⑤	생일 = ⑧	시일 = ⑨	제일 = ③	주일 = ⑥
수일 = ②	세일 = ④	유일 = ①	익일 = ⑦	양일 = ⓪

171	소일 유일 시일 세일 수일 – ⑤ ⑥ ⑨ ④ ①	① 맞음 ② 틀림
172	주일 제일 양일 생일 익일 – ⑥ ③ ⑦ ⑧ ⓪	① 맞음 ② 틀림
173	시일 생일 세일 익일 양일 – ⑨ ⑧ ④ ⑦ ⓪	① 맞음 ② 틀림
174	수일 유일 주일 소일 제일 – ② ① ⑥ ⑤ ③	① 맞음 ② 틀림
175	소일 주일 수일 제일 시일 – ⑤ ⑥ ① ② ⑨	① 맞음 ② 틀림

보기

매력 = 인간	매수 = 인지	매정 = 인식	매화 = 인사	매점 = 인정
유리 = 국수	유화 = 국자	유연 = 국밥	유행 = 국지	유명 = 국화

176	매화 매수 유연 유명 유리 – 인사 인지 국밥 국화 국수	① 맞음 ② 틀림
177	매점 매정 유화 유행 유명 – 인정 인식 국자 국지 국화	① 맞음 ② 틀림
178	유행 유리 매화 매력 매수 – 국지 국수 인정 인간 국밥	① 맞음 ② 틀림
179	유연 유명 유화 매정 매점 – 국밥 인정 국자 인지 인식	① 맞음 ② 틀림
180	유리 유연 매력 매화 유명 – 국수 국밥 인간 인사 국화	① 맞음 ② 틀림

보기

눈구름 = 공습	열구름 = 미사일	삿갓구름 = 병참	양떼구름 = 기갑	뜬구름 = 탄약
안개구름 = 대포	실구름 = 방공호	새털구름 = 군장	매지구름 = 습격	꽃구름 = 전함

181	새털구름 열구름 눈구름 양떼구름 꽃구름 – 군장 미사일 습격 기갑 전함	① 맞음 ② 틀림
182	꽃구름 뜬구름 매지구름 안개구름 양떼구름 – 전함 군장 습격 방공호 기갑	① 맞음 ② 틀림
183	삿갓구름 새털구름 열구름 눈구름 실구름 – 병참 군장 미사일 공습 방공호	① 맞음 ② 틀림
184	실구름 꽃구름 매지구름 안개구름 뜬구름 – 방공호 전함 습격 대포 탄약	① 맞음 ② 틀림
185	뜬구름 실구름 눈구름 열구름 새털구름 – 탄약 방공호 공습 미사일 기갑	① 맞음 ② 틀림

보기

KDLF = ☇	BJSL = ☏	TYCI = ☈	SPOL = ☚	XKEG = ♡
PQLE = ♧	WLDO = ♨	BJEL = ♤	WTJE = ☹	MEOP = ☀

186	KDLF BJEL SPOL XKEG WLDO － ☇ ☏ ☚ ♡ ♨	① 맞음 ② 틀림
187	PQLE TYCI MEOP KDLF BJSL － ♧ ☈ ☀ ☇ ☏	① 맞음 ② 틀림
188	XKEG WTJE SPOL BJSL BJEL － ♡ ☹ ☚ ☏ ♤	① 맞음 ② 틀림
189	SPOL KDLF TYCI BJEL PQLE － ☚ ☈ ☇ ♤ ♧	① 맞음 ② 틀림
190	BJSL XKEG WLDO WTJE MEOP － ☏ ♡ ♨ ☹ ☀	① 맞음 ② 틀림

보기

사랑 = ⑤	사람 = ⑧	사수 = ⑨	사자 = ③	사연 = ⑥
사지 = ②	사서 = ④	사유 = ①	사제 = ⑦	사임 = ⓪

191	사유 사제 사연 사자 사람 － ① ⑦ ⑥ ③ ⑧	① 맞음 ② 틀림
192	사지 사자 사임 사람 사랑 － ② ③ ⓪ ⑧ ⑤	① 맞음 ② 틀림
193	사제 사서 사유 사연 사지 － ⑦ ⑨ ① ⑧ ②	① 맞음 ② 틀림
194	사수 사임 사랑 사유 사연 － ⑨ ⓪ ⑤ ① ⑥	① 맞음 ② 틀림
195	사제 사수 사람 사랑 사서 － ② ⑨ ⑤ ⑧ ④	① 맞음 ② 틀림

보기

L3v = 명	O5u = 영	G7f = 준	W8w = 중	D2x = 존
S6s = 말	B3h = 동	Q0d = 도	U1x = 글	Z4q = 금

196	B3h D2x S6s G7f U1x – 동 준 말 존 글	① 맞음 ② 틀림
197	D2x L3v U1x B3h G7f – 존 명 글 동 준	① 맞음 ② 틀림
198	D2x O5u B3h U1x Z4q – 존 영 동 글 금	① 맞음 ② 틀림
199	G7f W8w S6s Q0d O5u – 준 중 말 동 영	① 맞음 ② 틀림
200	L3v Q0d Z4q W8w S6s – 명 도 글 중 말	① 맞음 ② 틀림

문자 찾기

TIP

✔ **유형 설명**

왼쪽에 굵은 글씨체로 표시된 문자·숫자·기호 등을 오른쪽에 나열된 보기 중에서 찾아 그 개수를 세는 문제이다. 총 10문제가 출제되며, 난도는 어렵지 않으나 정답이 10개 이상인 것이 많아 실수하기 쉽다.

✔ **문제 접근방식**

왼쪽에 제시된 굵은 글씨체(문자·숫자·기호 등)를 오른쪽에 나열된 것에서 찾는다.

[201 ~ 300] 다음의 〈보기〉에서 각 문제의 왼쪽에 표시된 굵은 글씨체의 기호, 문자, 숫자의 개수를 모두 세어 오른쪽에서 찾으시오.

		〈보기〉	〈개수〉
201	**ㅇ**	진정한 청렴이란 아무도 알아주지 않을 것을 알면서도 옳은 일을 하는 것이다.	① 12개 ② 13개 ③ 14개 ④ 15개
202	**8**	89413265989844655615698984561654648998446 5665448	① 8개 ② 9개 ③ 10개 ④ 11개
203	**e**	Autumn is a second spring when every leaf is a flower.	① 5개 ② 6개 ③ 7개 ④ 8개
204	**➯**	➯➭⇨▷➭▷➯⇨➯➭⇨▷➯⇨➯⇨➯⇨⇨⇨⇨➯⇨ ➯⇨▷➭⇨▷⇨⇨▷▷➭▷	① 6개 ② 7개 ③ 8개 ④ 9개
205	**1**	51615168496152132168498798416549874185415 65698549	① 8개 ② 9개 ③ 10개 ④ 11개
206	**h**	When I was younger, I could remember anything, whether it had happened or not.	① 6개 ② 7개 ③ 8개 ④ 9개
207	**ㄴ**	모든 어린이는 예술가이다. 문제는 어떻게 하면 이들이 커서도 예술가로 남을 수 있게 하느냐이다.	① 8개 ② 9개 ③ 10개 ④ 11개
208	**☷**	☷☷☷☷☷☷☷☷☷☷☷☷☷☷☷☷☷☷☷ ☷☷☷☷☷☷☷☷	① 10개 ② 11개 ③ 12개 ④ 13개
209	**6**	98649645163621866915615368986514464634168 4696318	① 12개 ② 13개 ③ 14개 ④ 15개
210	**ㄱ**	무언가를 열렬히 원한다면 그것을 얻기 위해 전부를 걸 만큼의 배짱을 가져라.	① 4개 ② 5개 ③ 6개 ④ 7개

		〈보기〉	〈개수〉
211	ㅣ	절망으로부터 도망칠 유일한 피난처는 자아를 세상에 내동댕이치는 일이다.	① 3개 ② 5개 ③ 7개 ④ 9개
212	5	812845295024894682516213823458024894685110249465870	① 6개 ② 7개 ③ 8개 ④ 9개
213	O	I believe I can soar. I see me running through that open door.	① 5개 ② 6개 ③ 7개 ④ 8개
214	⊃	≫⊃⊇⊃∋⊃∈⊆⊂≡⊃⊇∈⊆⊂≡⊆⊇⊃≫⊇≫∈⊃∈⊃⊂≡⊇∈⊃≫≡⊃	① 7개 ② 8개 ③ 9개 ④ 10개
215	찾	착착찾착찬찾찻추찾축춤찾차충축챙찾찬찻찾착첵찾채책챈찾차챙찾충찬찻체춤찾	① 10개 ② 11개 ③ 12개 ④ 13개
216	6	489606027894526823165755026258306220611623662450983664	① 9개 ② 10개 ③ 11개 ④ 12개
217	ㅇ	해야 할 일은 해야 한다. 어떠한 고난과 장애와 위험, 그리고 압력이 있더라도 그것은 모든 인간 도덕의 기본인 것이다.	① 15개 ② 16개 ③ 17개 ④ 18개
218	▦	▤▥▦▨▤▦▧▨▦▤▩▤■▨▤▦▨■▦▤▥▧▦■▧▥▦▨▥▧▦▤▤▩	① 8개 ② 9개 ③ 10개 ④ 11개
219	7	896572458017271367745892731255732153751202 75548793127	① 10개 ② 11개 ③ 12개 ④ 13개
220	M	Let us make one point, that we meet each other with a smile, when it is difficult to smile. Smile at each other, make time for each other in your family.	① 6개 ② 7개 ③ 8개 ④ 9개

		〈보기〉	〈개수〉
221	5	28378825341050928359434754638905234351239909876545354655	① 8개 ② 9개 ③ 10개 ④ 11개
222	ㅁ	내 경험으로 미루어 보건대, 단점이 없는 사람은 장점도 거의 없다.	① 5개 ② 6개 ③ 7개 ④ 8개
223	7	6857957049470027234751672897034573625390998123342345344	① 6개 ② 7개 ③ 8개 ④ 9개
224	T	A trouble shared is a trouble halved. Whenever you are in trouble, talks together	① 5개 ② 6개 ③ 7개 ④ 8개
225	◐	◑◓◐◒◔◐◕◓◑◍◉◐●◓◒◕◔◐◉◑◍◓◐●◍◓●◔◕◑◓◐◐◐◓◑◐◐◐◐	① 11개 ② 12개 ③ 13개 ④ 14개
226	촉	쵸채촉초최촉채차촉촌쳐추채춋채촉춘쳐촉츄츠촉치쵸챠채체쵸촉초촉츄추축춘치초축촉	① 6개 ② 7개 ③ 8개 ④ 9개
227	8	88123849056746374882342615264508099045683792338452618758	① 8개 ② 9개 ③ 10개 ④ 11개
228	a	He surely was happy that he won the company award.	① 6개 ② 7개 ③ 8개 ④ 9개
229	ㄹ	나머지 인생을 설탕물이나 팔면서 보내고 싶습니까, 아니면 세상을 바꿔놓을 기회를 갖고 싶습니까?	① 6개 ② 7개 ③ 8개 ④ 9개
230	e	The memory chips were sold to companies like Dell and Apple.	① 7개 ② 8개 ③ 9개 ④ 10개

		〈보기〉	〈개수〉
231	ㅜ	자연에 숨어 있는 진실의 일부를 탐구하는 것이 방대한 수의 책에 숨겨진 진실을 탐색하는 것과 비슷하게 편해질 것이다.	① 2개 ② 3개 ③ 4개 ④ 5개
232	2	12895742800453226248622795756428922411105857485728 8	① 9개 ② 10개 ③ 11개 ④ 12개
233	o	This allows you to replace existing group members.	① 4개 ② 5개 ③ 6개 ④ 7개
234	5	48395483504812050983785643204589093584523000352178	① 5개 ② 6개 ③ 7개 ④ 8개
235	⍂	#⌘⍂⌦□Φ⌦#⍂⌦Φ⍂#⌘⍂□Φ#⍂⌦⍂#Φ□⌘Φ⍂□#Φ⍂⌦⍂⌘□⌦	① 9개 ② 10개 ③ 11개 ④ 12개
236	0	457069680474360705250170364480805740397457580630407	① 11개 ② 12개 ③ 13개 ④ 14개
237	슈	소수슈슈쇼셔사샤시세쉬슈쉐셔소셔슈쉬슈쉐쇼슈시소쉐셔셔소슈샤시쇼사슈쇼셔시슈쉬슈셔슈	① 10개 ② 11개 ③ 12개 ④ 13개
238	k	fghjdkyeuhkfgwkgddffhekugipqpkasxkcdvcfbnzmxnsdgk	① 6개 ② 7개 ③ 8개 ④ 9개
239	ㄹ	일시적으로 사람들을 기분 좋게 하는 것보다, 옳다고 알고 있는 일을 함으로써 사람들을 불편하게 하는 것이 낫다.	① 10개 ② 11개 ③ 12개 ④ 13개
240	o	To open a group member's calendar from a group calendar.	① 5개 ② 6개 ③ 7개 ④ 8개

		〈보기〉	〈개수〉
241	2	42569982758513200145657485452846312058826894 22	① 6개 ② 7개 ③ 8개 ④ 9개
242	벡	박백벡뱍복뵤벡뷰보백벽복비빅벡뱍빔벼벅벡박벙방벡바봉붕뱅빛빗벡백봊붓뱍벡	① 6개 ② 7개 ③ 8개 ④ 9개
243	9	091549978945798234422596789513204534836591209	① 6개 ② 7개 ③ 8개 ④ 9개
244	t	Let no one ever come to you without leaving better and happier.	① 5개 ② 6개 ③ 7개 ④ 8개
245	ㄹ	그 시절, 나의 말은 노래였고, 나의 걸음걸이는 춤추고 있었다. 하나의 리듬이 나의 사상을 낳고 나의 존재를 다스렸다.	① 9개 ② 10개 ③ 11개 ④ 12개
246	◑	◐○◑◎●◑♧◉♤♡◐◎◉◈◑◎◐○◑●♤◑♡◉♧◐♧◎◉	① 5개 ② 6개 ③ 7개 ④ 8개
247	i	If I had to live my life again, I'd make the same mistakes, only sooner.	① 5개 ② 6개 ③ 7개 ④ 8개
248	5	014859756352112548959728519351005246587230212	① 8개 ② 9개 ③ 10개 ④ 11개
249	e	Many of life's failures are people who did not realize how close they were to success when they gave up.	① 13개 ② 14개 ③ 15개 ④ 16개
250	ㅏ	갈라진 두 길이 있었지, 그리고 나는 사람들이 덜 다닌 길을 택했고, 그것이 모든 것을 바꾸어 놓았네.	① 7개 ② 8개 ③ 9개 ④ 10개

		〈보기〉	〈개수〉
251	2	1928242784942958596002364758729856726021892560	① 6개 ② 7개 ③ 8개 ④ 9개
252	ㅇ	2년간 다른 사람으로 하여금 당신에게 관심을 갖게 만들어 사귄 것보다 더 많은 친구를 2달 동안 다른 사람에게 관심을 가져 사귈 수 있다.	① 9개 ② 10개 ③ 11개 ④ 12개
253	3	9087132456573465789031299093686735763953960495866	① 6개 ② 7개 ③ 8개 ④ 9개
254	g	A freight train leaves town every morning, going south.	① 4개 ② 5개 ③ 6개 ④ 7개
255	◴	◷◕◎◴◍◶◔◴◕◍◵◴◎◴◔◶◕◎◴◶◴◍◴◔◕◍◶◎◶○◴◍◶◔◴◕◎	① 9개 ② 10개 ③ 11개 ④ 12개
256	허	하호허후효허햐허혀해허호하흐희허후헤호허해흐흐허햐효후흐후히후호하히호하효	① 5개 ② 6개 ③ 7개 ④ 8개
257	4	1246784530498978469740124368489049984332416535798478230271	① 10개 ② 11개 ③ 12개 ④ 13개
258	o	Our team handed in an outstanding proposal to the committee.	① 6개 ② 7개 ③ 8개 ④ 9개
259	ㅣ	그들은 상황이 얼마나 나쁜지에 대해 듣고 싶어 하고 최악의 상황에 대해 듣고 싶어 하는 유일한 사람들입니다.	① 6개 ② 7개 ③ 8개 ④ 9개
260	a	Are you having problems again with your team?	① 5개 ② 6개 ③ 7개 ④ 8개

		〈보기〉	〈개수〉
261	8	881892034865876352486464538098746585127543 432408934237888	① 11개 ② 12개 ③ 13개 ④ 14개
262	⊙	〰☢⊙〰☂☼☈⊙☹☂☢☂⊙☼☈⊙〰☢☹⊙☂⊙☈ ☂☢☼⊙☂☹〰☹⊙☼☹☼〰☹〰☼☈☈⊙	① 9개 ② 10개 ③ 11개 ④ 12개
263	쿄	쿄쿄코쿄켜쾨쿠쿄캬캐쿄커쿄켜케쿄켁쿄칵키쿄킴쿄큐 크쿄크캬캐쿄	① 9개 ② 10개 ③ 11개 ④ 12개
264	1	113158991708968571487231859814096196186868 7625364768980791	① 9개 ② 10개 ③ 11개 ④ 12개
265	ㄱ	세상은 그들이 생각하는 만족스러운 미래가 사실은 이상화된 과거로의 회귀인 사람들로 가득하다.	① 7개 ② 8개 ③ 9개 ④ 10개
266	☊	⊓☊#☊⁂✿☊#⊓#☊✿⊓☍☊⊓#☊⁂⊓☊☊✿ ✿⊓☍☊⁂☍#☍#⁂☊☊	① 11개 ② 12개 ③ 13개 ④ 14개
267	i	I heard the dog barking his head off early in the morning.	① 5개 ② 6개 ③ 7개 ④ 8개
268	o	A tall man who looks like a lot of the other tall men around here has a question mark over his head.	① 6개 ② 7개 ③ 8개 ④ 9개
269	ㅏ	성공은 아무것도 아닌 그저 우연에 불과하다. 그러나 자신에 대한 확신을 갖는 것은 이와는 확실히 다르다. 그것이 바로 기개이다.	① 9개 ② 10개 ③ 11개 ④ 12개
270	w	However, they are poisonous so people should swim away when they see one in the water.	① 5개 ② 6개 ③ 7개 ④ 8개

		〈보기〉	〈개수〉
271	2	265325865128097424699416236963125904132165 41313213	① 6개 ② 7개 ③ 8개 ④ 9개
272	ㅣ	배움은 우연히 얻어지는 것이 아니라 열성을 다해 갈구하고 부지런히 집중해야 얻을 수 있는 것이다.	① 6개 ② 7개 ③ 8개 ④ 9개
273	4	876640086241234976408742658128424890156176 45164801	① 6개 ② 7개 ③ 8개 ④ 9개
274	o	A mind troubled by doubt cannot focus on the course to victory.	① 5개 ② 6개 ③ 7개 ④ 8개
275	악	악약익악액익억액악익역옥악욕익욱액악익액악악익엑 악악욱윽욕약악약익익액앗익	① 10개 ② 11개 ③ 12개 ④ 13개
276	e	To believe with certainty we must begin with doubting.	① 5개 ② 6개 ③ 7개 ④ 8개
277	ㄴ	화살 하나는 쉽게 부러져도 화살 한 묶음은 절대 부러지지 않는다.	① 5개 ② 6개 ③ 7개 ④ 8개
278	5	095987872451238650987625987475235156884965 21351512	① 8개 ② 9개 ③ 10개 ④ 11개
279	⇭	⇪⇭⇮⇮⇪⇭⇫⇪⇭⇪⇭⇪⇯⇭⇭⇪⇫⇭⇫⇭⇭⇫⇭ ⇮⇫⇭⇯⇫⇭⇮⇭	① 10개 ② 11개 ③ 12개 ④ 13개
280	a	When you take a man as he is, you make him worse. When you take a man as he can be, you make him better.	① 10개 ② 11개 ③ 12개 ④ 13개

		〈보기〉	〈개수〉
281	◶	◷◴◴◵◶◵◷◴◵◶◴◶◵◶◷◷◵◴◶◷◴◶◵ ◶◷◶◵◶◷◴◶◷	① 7개 ② 8개 ③ 9개 ④ 10개
282	8	48534871938847987918486718658138786798713 1 4368768	① 12개 ② 13개 ③ 14개 ④ 15개
283	ㄴ	뇌는 놀라운 장기이다. 뇌는 아침에 일어나는 순간부터 활동하기 시작해 사무실에 도착하기 전까지 그 활동을 멈추지 않는다.	① 16개 ② 17개 ③ 18개 ④ 19개
284	t	At a dinner party one should eat wisely but not too well, and talk well but not too wisely.	① 10개 ② 11개 ③ 12개 ④ 13개
285	6	654653165416165231364154165131365416516654 161361631	① 12개 ② 13개 ③ 14개 ④ 15개
286	♫	♩♪♫♬♪♬♫♬♬♩♪♭♫♩♪♭♫♩♪♭♫♭♭ ♩♪♫♬♩♪♫♬♩♭♫♪♩♬	① 5개 ② 6개 ③ 7개 ④ 8개
287	ㄹ	월가는 롤스로이스를 타고 다니는 사람이 지하철을 타고 다니는 사람에게 자문을 구하는 유일한 곳이다.	① 10개 ② 11개 ③ 12개 ④ 13개
288	5	519165321591563156198561965165196516196516 6191519	① 10개 ② 11개 ③ 12개 ④ 13개
289	e	The people I distrust most are those who want to improve our lives but have only one course of action.	① 8개 ② 9개 ③ 10개 ④ 11개
290	◨	◧◨◪◩◧◩◪◨◨◩◪◪◨◩◧◩◩◨◪◧◧◪◩ ◨◩◨◧◨◪◧◪◨◨◧	① 8개 ② 9개 ③ 10개 ④ 11개

		〈보기〉	〈개수〉
291	6	26532536512309742463941623654131649841561369 63125304	① 6개 ② 7개 ③ 8개 ④ 9개
292	갸	가갸겨가구가겨고가교기긔겨가겨갸갸겨갸가규갸그갸갸가거갸고갸게그가겨계걔	① 6개 ② 7개 ③ 8개 ④ 9개
293	7	28757863704737351278674537647362947875372942 74375237	① 15개 ② 16개 ③ 17개 ④ 18개
294	d	Integrity without knowledge is weak and useless, and knowledge without integrity is dangerous and dreadful.	① 5개 ② 6개 ③ 7개 ④ 8개
295	아	야아요어아의여어아야아야어오으아야아이아야예아야야어여어으아어오우의유어아	① 10개 ② 11개 ③ 12개 ④ 13개
296	o	Waste no more time talking about great souls and how they should be. Become one yourself.	① 9개 ② 10개 ③ 11개 ④ 12개
297	ㅇ	우리는 특정한 역사적 시기의 과학적 성과의 한계를 과학적 인식 그 자체의 본성적인 한계로 혼동해서는 안 된다.	① 9개 ② 10개 ③ 11개 ④ 12개
298	8	09548747489245124984568643877894664598734351 68758326	① 6개 ② 7개 ③ 8개 ④ 9개
299	∸	∺ ∸ ∺ ∹ ∺ ∻ ∹ ∸ ∻ ∸ ∺ ∹ ∻ ∸ ∹ ∻ ∺ ∺ ∻ ∸ ∹ ∺ ∸ ∻ ∸ ∹ ∹ ∸ ∺ ∹ ∸ ∸ ∺ ∻ ∻ ∹ ∸	① 10개 ② 11개 ③ 12개 ④ 13개
300	h	Light is not less necessary than fresh air to health.	① 4개 ② 5개 ③ 6개 ④ 7개

PART

2

최종모의고사

제 1 회 최종모의고사

정답 및 해설 p.098

QR코드 접속을 통해
풀이시간 측정, 자동 채점
그리고 결과 분석까지!

언어논리 25문항 / 20분

01 다음 밑줄 친 부분의 의미가 같은 것은?

> 상대편의 작전을 읽다.

① 소설을 읽다.
② 체온계의 눈금을 읽다.
③ 애인의 마음을 읽다.
④ 메일을 읽다.
⑤ 반야심경을 읽다.

02 밑줄 친 단어들을 '흘러감'이라는 속성을 중심으로 짝 지어 보았을 때 단어 간의 관계성이 가장 미약한 것은?

> 자전거를 타고 저어갈 때, 세상의 길들은 몸속으로 흘러 들어온다. 강물이 생사(生死)가 명멸(明滅)하는 시간 속을 흐르면서 낡은 시간의 흔적을 물 위에 남기지 않듯이, 자전거를 타고 갈 때 25,000분의 1 지도 위에 머리카락처럼 표기된 지방도・우마차로・소로・인도・등산로들은 몸속으로 흘러 들어오고 몸 밖으로 흘러 나간다. 흘러오고 흘러가는 길 위에서 몸은 한없이 열리고, 열린 몸이 다시 몸을 이끌고 나아간다. 구르는 바퀴 위에서, 몸은 낡은 시간의 몸이 아니고 생사가 명멸하는 현재의 몸이다. 이끄는 몸과 이끌리는 몸이 현재의 몸속에서 합쳐지면서 자전거는 앞으로 나아가고, 가려는 몸과 가지 못하는 몸이 화해하는 저녁 무렵의 산 속 오르막길 위에서 자전거는 멈춘다. 그 나아감과 멈춤이 오직 한 몸의 일이어서, 자전거는 땅 위의 일엽편주(一葉片舟)처럼 외롭고 새롭다.

① 길 – 몸
② 몸 – 강물
③ 몸 – 시간
④ 길 – 자전거
⑤ 강물 – 시간

03 다음 중 맞춤법이 옳은 것으로 묶인 것은?

> • 이번 일은 (금새/금세) 끝날 것이다.
> • 이 사건에 대해 (일절/일체) 말하지 않았다.
> • 새 프로젝트가 최고의 결과를 (낳았다/나았다).

① 금세, 일체, 낳았다
② 금새, 일체, 나았다
③ 금세, 일절, 나았다
④ 금새, 일절, 나았다
⑤ 금세, 일절, 낳았다

04 다음 중 중대장이 범하는 오류와 유형상 가장 가까운 것은?

> 중대장 : 자네는 왜 그렇게 목소리에 군기가 없는가?
> 병사 : 감기에 걸려서 목소리에 힘이 없습니다.
> 중대장 : 그게 무슨 말인가? 목소리에 군기가 빠져 있고 힘이 없으니 감기 따위에 걸리는 게 아닌가!

① 내가 쓰는 휴대 전화가 제일 좋은 것이야. 왜냐하면 그게 제일 많이 팔리니까.
② 내가 본 모든 골초들은 나중에 폐렴을 앓았지. 오늘 소개를 받은 김 형사 역시 골초더구먼. 김 형사도 폐렴을 앓게 될 거야.
③ CEO는 직원보다 뉴스 시청 시간이 많다는 연구 결과가 있다. 당신은 CEO가 되길 원하는가? 그렇다면 뉴스를 자주 시청하라!
④ 급격한 원화 절상은 수출 감소를 초래하며, 수출 감소는 고용 부진으로 이어진다. 원화가 갑자기 절상했다. 따라서 틀림없이 고용 부진이 나타날 것이다.
⑤ 소크라테스의 인생철학은 가치가 없다. 왜냐하면 그는 공처가였기 때문이다.

05 다음 중 괄호 안에 들어갈 말이 올바르게 짝 지어진 것은?

> • 편을 (가름/갈음)
> • 마음을 (조리다/졸이다)
> • 발이 (저리다/절이다)

① 가름, 조리다, 저리다
② 가름, 졸이다, 저리다
③ 갈음, 조리다, 저리다
④ 갈음, 졸이다, 절이다
⑤ 갈음, 조리다, 절이다

06 단어의 뜻풀이가 적절하지 않은 것은?

① 중개(仲介) : 제삼자로서 두 당사자 사이에서 일을 주선함
② 중재(仲裁) : 분쟁에 끼어들어 쌍방을 화해시킴
③ 인수(引受) : 돈을 받고 자기의 물건을 남에게 빌려 줌
④ 야기(惹起) : 일이나 사건 따위를 일으킴
⑤ 응수(應酬) : 상대편이 한 말이나 행동을 받아서 마주 응함

07 다음 글의 ㉠~㉤을 바꾸어 쓸 때 적절하지 않은 것은?

> 산등성이가 검은 바위로 끊기고 산봉우리가 여기저기 솟아 있어서 이들 산은 때로 ㉠ 황량하고 접근할 수 없는 것처럼 험준해 보인다. 산봉우리들은 분홍빛의 투명한 자수정으로 빛나고, 그 그림자는 짙은 코발트빛을 띠며 내려앉고, 하늘은 푸른 금빛을 띤다. 서울 인근의 풍광은 이른 봄에도 아름답다. 이따금 녹색의 연무가 산자락을 ㉡ 휘감고, 산등성이는 연보랏빛 진달래로 물들고, 불그레한 자두와 화사한 벚꽃, 그리고 ㉢ 흐드러지게 핀 복숭아꽃이 예상치 못한 곳에서 나타난다.
>
> 서울처럼 인근에 아름다운 산책로와 마찻길이 있고 외곽 지대로 조금만 나가더라도 한적한 숲이 펼쳐져 있는 도시는 동양에서는 거의 찾아볼 수 없다. 또 한 가지 덧붙여 말한다면, 서울만큼 안전한 도시는 없다는 것이다. 내가 직접 경험한 바이지만, 이곳에서는 여자들이 유럽에서처럼 누군가를 ㉣ 대동하지 않고도 성 밖의 어느 곳이든 아무런 ㉤ 성가신 일을 겪지 않고 나다닐 수 있다.

① ㉠ → 경사가 급하고
② ㉡ → 둘러 감고
③ ㉢ → 탐스럽게
④ ㉣ → 데리고 가지
⑤ ㉤ → 번거로운

08 다음 문장 중 속담이 적절하게 사용되지 않은 예는?

① 그의 말이 틀린 것이 아닌데. '모난 돌이 정 맞는다'는 말처럼 사람들의 공격을 받아서 안타까워.
② '머리를 삶으면 귀까지 익는다'는 말처럼 작은 문제부터 하나하나 해결해 나가자 결국 가장 핵심이 되는 문제까지 큰 무리 없이 해결할 수 있었어.
③ 많이 해 본 일이라고 주의를 기울이지 않더니, 역시 '홍시 먹다 이 빠진다'는 말이 괜히 있는 것이 아니야.
④ '눈으로 우물 메우기'라고 애만 쓴다고 다 되는 것이 아니지.
⑤ 신입이 이번에 큰 프로젝트를 맡았다며, 이거 '개미가 절구통을 물어 간다'는 상황이네.

09 다음 중 오류의 종류가 다른 하나는?

① 너희 가족은 교회에 다니지 않는다고? 그럼 절에 다니나 보구나.
② 태완이는 수학을 싫어한댔으니까 국어를 좋아할 거야.
③ 귀신이 존재하지 않는다는 증거가 없으므로 귀신은 존재한다.
④ 나는 너를 좋아하지 않으니까 싫어하는 거야.
⑤ 안 춥다고? 그럼 덥니?

10 다음 ㉠~㉣의 빈칸에 들어갈 단어가 순서대로 연결된 것은?

> 대중이 급부상한 두 번째 이유는 문명의 (㉠)에 있다. 정치사상에 대한 것이든, 과학 기술에 대한 것이든 지금껏 문명은 꾸준히 발달해 왔다. 자유, 평등의 이념을 바탕으로 (㉡)한 사유를 전개하여 만들어 낸 근대 정치사상과 자연에 대한 치밀한 탐구를 통해 발견해 낸 자연 과학적 원리들은 대중의 삶에 (㉢) 영향을 미쳤다. 그런데 여기서 문제는 대중이 자신들의 삶이 (㉣) 누리게 된 생활 편의를 아주 당연한 것으로 여기게 되었다는 데 있다.

① 퇴보 – 치열 – 긍정적인 – 갑자기
② 퇴보 – 안일 – 긍정적인 – 서서히
③ 퇴보 – 치열 – 부정적인 – 서서히
④ 발달 – 치열 – 긍정적인 – 갑자기
⑤ 발달 – 안일 – 부정적인 – 갑자기

11 다음 글에서 도출한 결론을 반박하는 주장으로 가장 적합한 것은?

> 국경 없이 누구나 자유롭게 정보를 주고받을 수 있는 인터넷이 최근 급속히 늘고 있는 성인 인터넷 방송들 때문에 오히려 청소년에게 해로운 매체가 될 수 있다는 사실은 선진국에서도 동감하고 있다. 그러므로 인터넷 등급제를 만들어 유해한 환경으로부터 청소년들을 보호하고, 이를 어긴 사업자는 엄격한 처벌로 다스려야만 한다.

① 인터넷 등급제를 만들어 규제를 하는 것도 완전한 방법은 아니기 때문에 유해한 인터넷 내용에는 원천적으로 접속할 수 없는 조치를 취해야 한다.
② 인터넷 등급제는 정보에 대한 책임을 일방적으로 사업자에게만 지우는 조치로, 잘못하면 국민의 표현의 자유와 알 권리를 침해할 수 있다.
③ 인터넷 등급제는 미니스커트나 장발 규제와 같은 구태의연한 조치다.
④ 청소년들 스스로가 정보의 유해를 가릴 수 있는 식견을 마련할 수 있도록 가능한 많은 정보를 접해야 한다. 그러므로 인터넷 등급제는 좋은 방법이 아니다.
⑤ 인터넷 등급제는 IT강국으로서의 대한민국의 입지를 위축시킬 수 있으므로 실행하지 않는 것이 옳다.

12 다음 글에서 〈보기〉의 문장이 들어갈 위치로 가장 적절한 곳은?

(가) 다시 말해서 현상학적 측면에서 볼 때 철학도 지식의 내용이 존재하는 어떤 것이라는 점에서는 과학적 지식의 구조와 다를 바가 없다. 존재하는 것과 그 존재하는 무엇으로 의식되는 것과의 사이에는 근본적인 구별이 선다. 백두산의 금덩어리는 누가 그것을 의식하든 말든 그대로 있고, 화성에서 일어나는 여러 가지 물리적 현상도 누가 의식하든 말든 그대로 존재한다. 존재와 의식과의 위와 같은 관계를 우리는 존재차원과 의미차원이란 말로 구별할 수 있을 것이다. 여기서 차원이란 말을 붙인 까닭은 의식 이전의 백두산과 의식 이후의 백두산은 순전히 관점의 문제, 즉 백두산을 생각할 수 있는 차원의 문제이기 때문이다. 현상학적 사고를 존재 차원에서 이루어지는 것이라고 말할 수 있다면 분석철학에서 주장하는 사고는 의미 차원에서 이루어진다. 바꿔 말하자면 현상학적 측면에서 볼 때, 철학은 아무래도 어떤 존재를 인식하는 데 그 근본적인 기능이 있다고 보아야 하는 데 반해서, 분석철학의 측면에서 볼 때, 철학은 존재와는 아무런 직접적인 관계가 없이 존재에 대한 이야기, 서술을 대상으로 한다. 구체적으로 말해서 철학은 그것이 서술할 존재의 대상을 갖고 있지 않고, 오직 어떤 존재를 서술한 언어만을 갖고 있다. 그러나 철학이 언어를 사고의 대상으로 삼는다고 말은 하지만, 사실상 철학은 언어학과 다르다. (나) 그래서 언어학은 한 언어의 기원이라든지, 한 언어가 왜 그러한 특정한 기호, 발음 혹은 문법을 갖게 되었는가, 또는 그것들이 각기 어떻게 체계화되는가 등을 알려고 한다. (다) 이에 반해서 분석철학은 언어를 대상으로 하되, 그 언어의 구체적인 면에는 근본적인 관심을 두지 않고 그와 같은 구체적인 언어가 가진 의미를 밝히고자 한다. 여기서 철학의 기능은 한 언어가 가진 개념을 해명하고 이해하는 데 있다. 바꿔 말해서, 철학의 기능은 언어가 서술하는 어떤 존재를 인식하는 데 있지 않고, 그와는 관계없이 한 언어가 무엇인가를 서술하는 경우, 무엇인가의 느낌을 표현하는 경우 또는 그 밖의 경우에 그 언어가 정확히 어떻게 의미가 있는가를 이해하는 데 있다. (라) 개념은 어떤 존재하는 대상을 표상(表象)하는 경우도 많으므로 존재와 그것을 의미하는 개념과는 언뜻 보아서 어떤 인과적 관계가 있는 듯하다. (마)

보기

㉠ 과학에서 말하는 현상과 현상학에서 말하는 현상은 다른 내용을 가지고 있지만, 그것들은 다 같이 어떤 존재, 즉 우주 안에서 일어나는 사건을 가리킨다.

㉡ 언어학은 과학의 한 분야로서 그 연구의 대상을 하나의 구체적 사물로 취급한다.

	㉠	㉡
①	(가)	(나)
②	(가)	(다)
③	(나)	(다)
④	(나)	(라)
⑤	(다)	(마)

13 다음 제시된 문단 뒤에 이어질 내용으로 논리적 순서에 맞게 나열한 것은?

PTSD(Post Traumatic Stress Disorder)는 '외상 후 스트레스 장애'로서, 외부로부터 피해를 당한 사람에게서 나타나는 일종의 정신질환이다. 성폭행 피해자, 화재를 진압한 소방관, 참전 군인 등에게 상대적으로 많이 발생한다고 한다.

㉠ 현대에 와서야 PTSD를 겁쟁이로 보지 않고 일종의 정신질환으로 보기 시작했다. 가장 가까운 시기로는 이라크 전쟁에 파병되었다가 온 병사들의 사례가 있다. 이들은 PTSD 때문에 매일 약을 먹으며 살고 있다고 한다.

㉡ 사실 과거에 PTSD는 정신질환으로 인정되지 않았다. 잔혹한 임무수행을 해야 하는 군대에서 그러한 경우가 많이 나타나는데, PTSD에 걸린 병사를 정신질환자가 아니라 겁쟁이로 생각했다.

㉢ 이렇게 충동억제장애 등으로 나타나는 PTSD가 다른 정신질환보다 더 문제가 되는 것은 전쟁에 의한 PTSD 질환자들이 건장한 병사 출신으로서, 정신이상 상태로 타인에게 큰 피해를 줄 수 있다는 점도 한몫을 할 것이다.

㉣ 전술한 것처럼 PTSD는 약을 먹어야만 하는 질환이다. PTSD가 발병하였을 때 적절한 치료가 이루어지지 않는다면, 일반적으로 생각되는 정신질환이 발생하게 되며 그 종류도 다양하다. 보통 PTSD는 분노조절장애, 충동억제장애 등의 양상을 보이며, 이외에 우울증이나 공황장애와 함께 발병한다.

① ㉠－㉡－㉣－㉢
② ㉠－㉡－㉢－㉣
③ ㉠－㉢－㉡－㉣
④ ㉡－㉠－㉢－㉣
⑤ ㉡－㉠－㉣－㉢

제1회

14 다음 글에 나타난 글쓴이의 특징으로 가장 적절한 것은?

우리나라의 전통음악은 정악(正樂)과 민속악으로 나눌 수 있다. 정악은 주로 양반들이 향유하던 음악으로, 궁중에서 제사를 지낼 때 사용하는 제례악과 양반들이 생활 속에서 즐기던 풍류음악 등이 이에 속한다. 이와 달리 민속악은 서민들이 즐기던 음악으로, 서민들이 생활 속에서 느낀 기쁨, 슬픔, 한(恨) 등의 감정이 솔직하게 표현되어 있다.

정악의 제례악에는 종묘제례악과 문묘제례악이 있다. 본래 제례악의 경우 중국 음악을 사용하였는데, 이 때문에 우리나라의 정악을 중국에서 들어온 것으로 여기고 순수한 우리의 음악으로 받아들이지 않을 수 있다. 그러나 종묘제례악은 세조 이후부터 세종대왕이 만든 우리 음악을 사용하였고, 중국 음악으로는 문묘제례악과 이에 사용되는 악기 몇 개일 뿐이다.

정악의 풍류음악은 주로 양반 사대부들이 사랑방에서 즐기던 음악으로, 궁중에서 경사가 있을 때 연주되기도 하였다. 대표적인 곡으로는 '영산회상', '여민락' 등이 있으며, 양반 사대부들은 이러한 정악곡을 반복적으로 연주하면서 음악에 동화되는 것을 즐겼다. 이처럼 대부분의 정악은 이미 오래 전부터 우리 민족 고유의 정서와 감각을 바탕으로 만들어져 전해 내려온 것으로 부정할 수 없는 우리의 전통 음악이다.

① 예상되는 반론에 대비하여 근거를 들어 주장을 강화하고 있다.
② 비교·대조를 통해 여러 가지 관점에서 대상을 살펴보고 있다.
③ 기존 견해를 비판하고 새로운 견해를 제시하고 있다.
④ 대상의 장점과 단점을 분석하고 있다.
⑤ 구체적인 사례를 들며 대상을 설명하고 있다.

15 다음은 코로나19와 관련하여 본 한국 경제에 대한 전망이다. 다음 자료에 따라 판단할 때, 추론한 내용으로 가장 적절한 것은?

> 코로나19 팬데믹으로 촉발된 온택트(Ontact) 시장의 고성장이 예상되나, 일부 분야에서 낮은 진입 장벽으로 인한 과당 경쟁과 팬데믹의 추세적 완화로 인한 수요 정체로 성장의 한계에 직면할 것으로 예상되나 물리적 이동성이 제약되면서 다양한 온택트 분야들이 급부상 중이다. 온택트 시장의 대표적인 분야는 비대면 온라인 소비 시장으로 감염에 대한 심리적 불안감이 확산되면서 시장 규모가 빠르게 증가하고 있다. 온택트 확산의 영향은 서비스 시장을 넘어 최근에는 상품 시장으로 범위를 확대하고 있는데, 최근 ICT 관련 제품의 수출이 호조를 보이는 이유가 여기에 있다고 판단된다. 다만, 온택트 시장의 성장도 근본적인 한계를 가질 수밖에 없기 때문에 분야별로 명암이 엇갈릴 것으로 전망된다.
>
> 코로나19로 인한 경제위기에 직면하여 정책 당국의 대규모 유동성 확대 정책이 지속되는 것은 불가피하나, 주식 및 부동산 등의 자산시장 버블과 3대 경제 주체들의 부채 급증 확대가 경제의 건전성을 약화시킬 것으로 전망된다. 2021년에도 팽창적 통화정책과 확장적 재정정책 기조가 유지되면서 시중 과잉유동성이 확대될 것으로 예상된다. 정부의 유동성 공급이 투자 등 실물경제의 활성화로 이어지는 것이 바람직하나, 사상 초유의 경제위기로 정상 수익률이 보장되기 어려워 시중 풍부한 유동성의 자산시장 유입 동기는 확대될 것으로 예상된다. 과잉유동성 이슈의 핵심은 가계, 기업의 민간 경제주체들의 부채가 급증한다는 점이며, 민간의 신용 과다는 금융시장을 외부 충격에 취약하게 만들어 경제의 건전성을 훼손할 우려가 있다. 한편, 정부 주체에서도 국가채무가 빠르게 증가하면서 2021년에는 재정건전성 이슈가 부상할 것으로 전망된다.
>
> 2021년도 한국 경제는 3% 성장률로의 회귀가 가능할 것으로 전망된다. 내수 소비와 투자, 대외교역의 전반적인 개선 흐름이 예상되기 때문이다. 2020년과 마찬가지로 2021년에도 코로나19 재확산 여부가 경기 흐름을 좌우하는 요인이 될 것이기는 하나, 경제주체들의 적응력 역시 이전보다 강화되면서 코로나19 발생 초기와 같은 경제 활동의 급격한 위축이 재발할 가능성이 낮다는 점을 전제로 한다. 2021년 전반적인 경기 흐름은 상반기보다 하반기에 개선세가 강화되는 '상저하고'를 예상한다.

① 코로나19로 인한 경기침체는 민간 경제주체들의 부채를 증가시키지만 국가경제의 건전성을 개선시킬 여지가 있다.

② 온라인 소비 시장의 경우, 공급자의 급증에도 불구하고 수요의 감소로 인해 시장규모가 감소하고 있다.

③ 온택트 시장에서는 상품 수요의 증대가 서비스 수요로 확장되는 양상을 보인다.

④ 한국 경제는 2021년도 상반기에는 2020년도의 역성장이 유지되겠지만, 하반기에 성장세가 역전되어 회복기에 진입할 것이다.

⑤ 2021년에 코로나19가 재확산되어 내수 소비의 증가폭이 예상보다 줄어들더라도 2020년만큼의 경기위축은 발생하지 않을 가능성이 크다.

16 다음 글을 읽고 이해한 것으로 올바른 것은?

〈사고 · 재난 발생 시 대처요령〉

1. 사고나 차량고장이 발생하면 비상등을 켜고 차량을 갓길로 신속하게 이동한 후 차량의 후방에 안전삼각대 혹은 불꽃신호기를 설치하고 운전자와 동승자 모두 가드레일 밖 안전지대로 대피해야 한다. 만일 차량이동이 어려우면 차량이 정지해 있다는 신호(비상등, 삼각대, 불꽃신호기, 트렁크 열기)를 뒤따르는 차량에 알려주는 조치를 취한 후 신속히 가드레일 밖 안전지대로 대피한다.
2. 고속도로 같은 자동차 전용도로의 경우 사고차량을 갓길로 빼냈다고 해서 결코 안심할 수 있는 것은 아니다. 갓길에도 2차 사고 위험이 크므로 될 수 있는 대로 빨리 견인조치 하는 것이 가장 안전한 방법이다.
3. 사고차량을 도로 한가운데 세워 놓고 잘잘못을 따지는 사람들을 볼 수 있는데, 뒤따르는 차들이 알아서 피해가겠거니 생각하면 오산이다. 이때는 신속하게 차량을 갓길로 이동시켜야 한다. 가벼운 접촉사고임에도 불구하고 다투느라 도로에 서 있는 것은 정말 위험천만한 일이다.
4. 사고지점 통과요령 및 사고제보 방법
   - 고속도로 운전의 경우 가능한 한 시야를 넉넉하게 유지함으로써 전방의 돌발 상황에 기민하게 대처할 수 있다. 전방 돌발 상황 발견 시 비상등을 신속하게 작동하여 후행차량에게 알리고 차량의 흐름에 따라 통과하되 사고현장을 구경하기 위해 서행하거나 정차하는 일은 지양하여야 한다.
   - 돌발 상황 발생 시 한국도로공사 콜센터로 신고하고, 인명피해가 발생한 경우에는 119로 신고하여 신속하게 안전조치가 이루어질 수 있도록 하여야 한다. 아울러 후속차량의 유도나 사고수습 등을 이유로 고속도로 본선은 물론 갓길을 확보하는 사례는 2차 사고의 위험이 높으므로 지양하여야 한다.

① 차량 사고 시에 차량을 갓길로 이동시킨 후 운전자와 동승자 모두 가드레일 밖으로 대피한다.
② 고속도로에서 사고가 난 경우 2차 사고가 일어나지 않는 갓길로 이동시킨다.
③ 접촉사고가 일어났을 경우 사고현장의 보존을 위하여 차량 이동을 될 수 있는 대로 자제한다.
④ 돌발 상황을 발견한 경우 후행차량의 접근을 막기 위해 일시적으로 정차해야 한다.
⑤ 돌발 상황 발견 시 사고수습 차량의 이동을 위해 갓길을 확보해야 한다.

17 다음 사실을 근거로 한 진술 중 올바르지 않은 것은?

ASEM에서 논의 중인 아시아 지역에서의 무역자유화를 위해 한국 정부에서는 A와 B, 두 가지 협상안 중 한 가지를 선택하고자 한다. A안이 선택되었을 때, 다른 회원국들의 협조가 있다면 한국은 연간 약 30억 원의 경제적 이익을, 다른 회원국들은 230억 원의 경제적 이익을 볼 수 있다. 그러나 A안이 선택되었을 때, 다른 회원국들의 협조가 없다면 한국이 얻을 수 있는 경제적 이익은 없고, 다른 회원국들의 이익은 150억 원 정도가 된다. B안이 선택될 경우, 다른 회원국들의 협조가 있다면 한국은 연간 20억 원의 경제적 이익을, 다른 회원국들은 200억 원의 경제적 이익을 얻을 수 있다. 그러나 다른 회원국들의 협조가 없다면 한국은 연간 10억 원의 경제적 손실을, 다른 회원국들은 180억 원의 경제적 이익을 얻을 수 있다.

① 한국의 입장에서는 다른 회원국들이 협조할 것이라고 판단되면, A안을 선택하는 것이 유리하다.
② 제안국인 전체 아시아 지역의 경제적 이익을 모두 고려하는 ASEM은 다른 회원국들이 협조할 것으로 판단되면, A안을 선택하는 것이 유리하다.
③ 한국의 입장에서는 다른 회원국들이 비협조할 것이라고 판단되면, B안을 선택하는 것이 유리하다.
④ 아시아 전체적으로 보아 A안이 선택되면, 모든 회원국들이 협조하는 것이 유리하다.
⑤ 다른 회원국이 비협조하는 경우 한국이 A안을 선택하면 경제적 이익은 없다.

18 다음 빈칸에 들어갈 문장을 〈보기〉에서 골라 순서대로 나열한 것은?

어떤 한 규범은 그와 다른 규범보다 강하거나 약할 수 있다. 예를 들어, "재산을 빼앗지 말라."는 규범은 "부동산을 빼앗지 말라."는 규범보다 강하다. 다른 이의 재산을 빼앗지 않는 사람이라면 누구든지 부동산 또한 빼앗지 않을 것이지만, 그 역은 성립하지 않기 때문이다. 한편, "재산을 빼앗지 말라."는 규범은 "해를 끼치지 말라."는 규범보다 약하다. 다른 이에게 해를 끼치지 않는 사람이라면 누구든지 재산을 빼앗지 않을 것이지만, 그 역은 성립하지 않기 때문이다. 그렇다고 해서 모든 규범이 위의 두 예처럼 어떤 다른 규범보다 강하다거나 약하다고 말할 수 있는 것은 아니다. 예를 들어, "재산을 빼앗지 말라."는 규범은 "운동 전에는 몸풀기를 충분히 하라."는 일종의 규범에 비해 약하지도 강하지도 않다. 다른 이의 재산에 관한 규범을 준수하는 사람이라도 운동에 앞서 몸풀기를 게을리 할 수 있으며, 또 동시에 운동에 앞서 충분히 몸풀기하는 사람이라도 다른 이의 재산에 관한 규범을 어길 수 있기 때문이다.

규범 간의 이와 같은 강・약 비교는 일종의 규범인 교통법규에도 적용될 수 있다. 예를 들어, "도로에서는 시속 110km 이하로 운전하라."는 ______(가)______보다 약하다. "도로의 교량 구간에서는 시속 80km 이하로 운전하라."는 "도로에서는 시속 110km 이하로 운전하라."보다는 약하다고 할 수 없지만, ______(나)______보다는 약하다. 한편, "도로의 교량 구간에서는 100m 이상의 차간 거리를 유지한 채 시속 80km 이하로 운전하라."는 "도로의 교량 구간에서는 시속 80km 이하로 운전하라."보다는 강하지만 ______(다)______보다는 강하다고 할 수 없다.

보기

㉠ "도로의 교량 구간에서는 시속 70km 이하로 운전하라."
㉡ "도로에서는 시속 80km 이하로 운전하라."
㉢ "도로의 교량 구간에서는 90m 이상의 차간 거리를 유지한 채 시속 90km 이하로 운전하라."

① ㉠－㉡－㉢
② ㉠－㉢－㉡
③ ㉡－㉠－㉢
④ ㉡－㉢－㉠
⑤ ㉢－㉡－㉠

19 빈칸에 들어갈 내용으로 가장 적절한 것은?

> 민주주의의 목적은 다수가 폭군이나 소수의 자의적인 권력 행사를 통제하는 데 있다. 민주주의의 이상은 모든 자의적인 권력을 억제하는 것으로 이해되었는데 이것이 오늘날에는 자의적 권력을 정당화하기 위한 장치로 변화되었다. 이렇게 변화된 민주주의는 민주주의 그 자체를 목적으로 만들려는 이념이다. 이것은 법의 원천과 국가권력의 원천이 주권자 다수의 의지에 있기 때문에 국민의 참여와 표결 절차를 통하여 다수가 결정한 법과 정부의 활동이라면 그 자체로 정당성을 갖는다는 것이다. 즉, 유권자 다수가 원하는 것이면 무엇이든 실현할 수 있다는 말이다.
>
> 이런 민주주의는 '무제한적 민주주의'이다. 어떤 제약도 없는 민주주의라는 의미이다. 이런 민주주의는 자유주의와 부합할 수가 없다. 그것은 다수의 독재이고 이런 점에서 전체주의와 유사하다. 폭군의 권력이든, 다수의 권력이든, 군주의 권력이든, 위험한 것은 권력 행사의 무제한성이다. 중요한 것은 이러한 권력을 제한하는 일이다.
>
> 민주주의 그 자체를 수단이 아니라 목적으로 여기고 다수의 의지를 중시한다면, 그것은 다수의 독재를 초래하고, 그것은 전체주의만큼이나 위험하다. 민주주의 존재 그 자체가 언제나 개인의 자유에 대한 전망을 밝게 해 준다는 보장은 없다. 개인의 자유와 권리를 보장하지 못하는 민주주의는 본래의 민주주의가 아니다. 본래의 민주주의는 [　　　　　　　　　　]

① 민주적 절차 준수에 그치지 않고 과도한 권력을 실질적으로 견제할 수 있어야 한다.
② 서로 다른 목적의 충돌로 인한 사회적 불안을 해소할 수 있어야 한다.
③ 다수 의견보다는 소수 의견을 채택하면서 진정한 자유주의의 실현에 기여해야 한다.
④ 무제한적 민주주의를 과도기적으로 거치며 개인의 자유와 권리보장에 기여해야 한다.
⑤ 다수의 의견을 수렴하여 이를 그대로 정책에 반영해야 한다.

제1회

20 다음은 보행자도로의 발전방안에 대해 설명하는 기사이다. 다음 기사의 내용과 일치하지 않는 것은?

> 보행자도로에서 횡단경사를 기존 1/25 이하에서 1/50 이하로 완화시키면, 통행 시 한 쪽 쏠림현상, 휠체어 이용자 방향 조절 불편함 등을 저감시켜서 보행자 및 교통약자의 통행 안전을 향상시킬 수 있다. 또한 보행자 통행에만 이용되는 보도의 유효 폭 최소 기준도 기존 1.2m에서 1.5m로 확대시키면 보행자는 보다 넓은 공간에서 통행할 수 있게 되고, 휠체어나 유모차 이용자도 통행할 수 있는 최소한의 보도 폭을 확보하게 된다.
>
> 그리고 보도 포장 등에 대한 구체적인 시공과 유지관리 방법으로 보행자 안전성에 문제가 있거나 현재 사용하지 않는 포장 재료를 삭제해야 하며, 포장공법별 시공 및 품질관리 기준을 마련해 보행자도로 특성에 맞는 시공과 관리가 가능하도록 해야 한다.
>
> 다음으로 도로관리청별로 상이하게 관리하던 보행자도로에 대한 관리 기준을 포장상태 서비스 수준별로 등급(A ~ E)을 마련하여 관리하는 한편, 보행자도로의 경우는 일정 수준(C등급) 이상의 관리가 필요하다.
>
> 마지막으로 기존 '험프형 횡단보도'를 '도로교통법'에서 사용하는 '고원식 횡단보도'로 용어를 변경하고, 고원식 횡단보도의 정의, 설치 위치, 형식, 구조 등을 제시하여 일관성 있는 설치를 통해 자동차 운전자와 보행자의 통행 안전성을 확보할 수 있도록 해야할 것이다.

① 보행자도로의 보도 유효 폭을 1.5m로 확대하면 휠체어 이용자도 통행할 수 있게 된다.
② 보행자도로에서 횡단경사가 완화되면 한 쪽 쏠림현상을 저감시킬 수 있다.
③ 보행자도로에 대한 관리 기준을 포장상태 서비스 수준별로 등급을 마련해 관리해야 한다.
④ 보행자도로의 포장상태 서비스 수준은 C등급 이상이 되도록 관리되어야 한다.
⑤ 넓은 공간 통행을 위해 가로수를 포함한 보도의 유효 폭 최소 기준을 확대해야 한다.

21 다음 글의 구조로 가장 적절한 것은?

㉠ 과학 기술이 예술에 영향을 끼친 사례는 무수히 많다. ㉡ 우선 과학의 신(新)이론이나 새로운 발견은 예술가의 이성과 감성에 영향을 준다. ㉢ 물론 이 영향은 예술가의 작품에 반영되고 새로운 예술 풍조, 더 나아가서 새로운 예술 사상이 창조되는 원동력으로서 작용되기도 한다. ㉣ 그리고 과학 기술의 발전은 예술가로 하여금 변화하기를 강요한다. ㉤ 예를 들어, 수 세기 동안 회화는 2차원의 캔버스에 3차원의 환영을 나타내는 것을 궁극적인 목표로 삼아 왔으나 사진 기술의 발달은 직접적·간접적으로 사실적인 회화 기법의 입지를 약화시키는 역할을 했다. ㉥ 또 과학 기술의 발전은 예술가에게 새로운 연장, 그리고 재료를 제공함으로써 예술가는 자신의 표현 영역을 넓힐 수 있게 되고 한 걸음 더 나아가서 새로운 기법, 새로운 예술 양식의 출현을 가져온다.

①
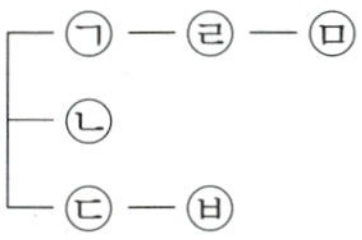

②
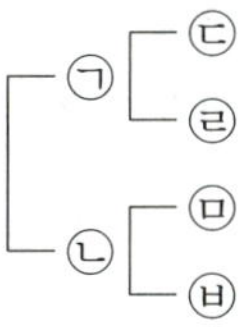

③
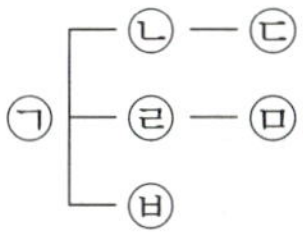

④
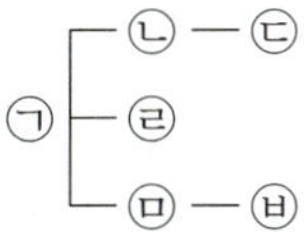

⑤
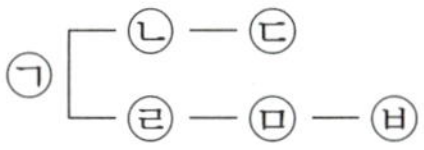

22 다음 글에서 〈보기〉가 들어갈 위치로 가장 적절한 곳은?

(가) '원시인'이라는 말은 아프리카 · 남태평양 · 아메리카 및 아시아 등지의 지역에 사는 원주민을 일컫는 일반적인 명칭이다. 원주민들이 유럽인들에 의해 발견된 것은 주로 15세기에서 19세기 사이였으며, 어떤 경우에는 20세기까지 포함되기도 한다. 현대에 발견되는 원시인은 대부분 선사 시대인이나 현대 유럽인과 신체적으로 다르지만, 그들을 원시인이라고 판단하는 기준은 그들의 신체적 특징이 아닌 문화적 발달단계에 의한 것이다. 원시인의 문화적 발달단계는 혹자가 '야만적'이라고 표현하는 단계부터 비교적 고도로 발달된 단계까지 다양하다. 그래서 원시인이라는 단어는 그 자체의 의미상 규정이 명확하지 않다. ㉠

(나) ㉡ 우리들 자신의 문명을 표준으로 삼는 일조차 그 문명의 어떤 측면이나 특징을 결정적인 것으로 생각하는가 하는 문제가 발생한다. 보통 규범 체계, 과학 지식, 기술적 성과와 같은 요소를 생각할 수 있다. 이러한 측면에서 원시 문화를 살펴보면, 현대의 문화와 동일한 종류는 아니지만, 같은 기준선상에서의 평가가 가능하다. 대부분의 원시 부족은 고도로 발달된 규범 체계를 갖고 있었다. 헌법으로 규정된 국가조직과 관습으로 규정된 부족조직 사이에는 본질적인 차이가 없으며, 원시인들 또한 국가를 형성하기도 했다. 또한 원시인들의 법은 단순한 체계를 가지고 있었지만 정교한 현대의 법체계와 마찬가지로 효과적인 강제력을 지니고 있었다. 과학이나 기술 수준 역시 마찬가지다. 폴리네시아의 선원들은 천문학 지식이 매우 풍부하였는데 그것은 상당한 정도의 과학적 관찰을 필요로 하는 일이었다. 에스키모인은 황폐한 국토에 내장되어 있는 빈곤한 자원을 최대한 활용할 수 있는 기술을 발전시켰다. 현대의 유럽인이 같은 조건 하에서 생활한다면, 북극지방의 생활에 적응하기 위하여 그들보다 더 좋은 도구를 만들어 내지 못할 것이며, 에스키모인의 생활 양식을 응용해야 한다. ㉢

(다) ㉣ 원시인을 말 그대로 원시인이라고 느낄 수 있는 부분은 그나마 종교적인 면에서일 뿐이다. 우리의 관점에서 보면 다양한 형태의 원시종교는 비논리적이지는 않더라도 매우 불합리하다. 원시종교에서는 주술이 중요한 역할을 담당하지만, 문명사회에서는 주술이나 주술사의 힘을 믿는 경우는 거의 찾아볼 수 없다. ㉤

보기

'문명인'과 구분하여 '원시인'에 대해 적당한 정의를 내리는 일은 불가능하지 않지만 어려운 일이다.

① ㉠
② ㉡
③ ㉢
④ ㉣
⑤ ㉤

23 다음 (가)~(다)의 빈칸에 넣을 수 없는 문장은?

> 우리나라 교과서에는 아메리카 정복 시기의 역사적인 사실들을 잘못 기록하거나 왜곡하여 서술한 오류가 자주 발견된다.
>
> (가)
>
> 위의 인용문에는 유럽 사람네들이 "라틴아메리카를 탐험하고 정복하였다."고 기술했는데, '라틴아메리카'를 '아메리카'로 정정해야 한다. 이 사건은 영국이 아메리카 북동부에 식민지를 건설하기 전에 이루어졌기 때문이다. 1670년 에스파냐와 영국 간의 협약에 따라 북쪽 지역이 영국의 식민지가 된 이후에야 앵글로아메리카와 라틴아메리카라는 용어를 사용할 수 있다. 또한, 에스파냐인 정복자 에르난 코르테스가 16세기 중반에 멕시코를 탐험했다는 내용도 오류다. 그는 16세기 중반이 아니라 초반인 1519년에 멕시코의 베라크루스 지역에 도착했고, 아스테카 제국의 수도인 테노치티틀란을 멸망시킨 것은 1521년이었다.
>
> (나)
>
> 엘도라도가 '황금으로 가득 찬 도시'라는 뜻이라고 설명한 것도 오류다. 에스파냐어 'El Dorado'는 직역하자면 '황금으로 도금된 사람' 정도이고, 의역하면 아메리카에서 황금을 찾아 벼락부자가 된 '황금의 사나이'란 뜻이다. 이외에도 아메리카 정복에 관해 흔히들 오해하는 내용이 있다.
>
> (다)
>
> 우리는 일반적으로 에스파냐 왕실이 아메리카 정복을 직접 지휘했고 정복자들은 에스파냐의 정식 군인이었다고 생각한다. 이러한 생각은 완전히 착각이다. 아메리카 정복은 민간 사설 무장 집단이 주도했고, 정복자들도 일반 민간인이었다.

① 엘도라도에 대한 호기심과 황금에 대한 욕심 때문에 유럽 사람들이 라틴아메리카를 탐험하고 정복하였다.

② 1532년 11월 16일 잉카 제국은 에스파냐의 피사로가 이끄는 180여 명의 군대에 의해 멸망했다.

③ 이후 16세기 중반에 멕시코를 탐험하였던 코르테스가 카카오를 에스파냐의 귀족과 부유층에 소개하여, 17세기 중반에는 유럽 전역에 퍼졌다.

④ 코르테스는 이 도시를 철저하게 파괴하여 폐허로 만들고, 그 위에 '새로운 에스파냐'라고 불리는 멕시코시티를 건설하였다.

⑤ '황금의 도시 엘도라도'를 꿈꾸는 수많은 정복자들이 원정을 강행하였고, 그중 가장 유명한 원정은 곤살로 피사로의 엘도라도 원정이다.

[24 ~ 25] 다음 글을 읽고 이어지는 물음에 답하시오.

개인의 자아실현은 사회 · 문화적 환경의 영향에서 자유로울 수 없다. 정도의 차이는 있겠지만, 모든 사회는 개인의 자아실현을 쉽게 이룰 수 없게 하는 여러 장애 요인들을 안고 있다. 우리가 살고 있는 시대도 마찬가지이다. 그중에서도 모든 사람들에게 커다란 영향을 미치면서 그 전모가 쉽게 드러나지 않는 것이 있다. 그것은 바로 남성과 여성에 대한 편견, 그리고 그에 근거한 차별이라 할 수 있다. 이 오래된 편견은 사람들의 마음속에 고정관념으로 자리 잡고 있으면서 수많은 남성과 여성의 삶을 제약하고 자아실현을 방해하고 있다.

성에 대한 고정관념을 지닌 사회에서 태어난 사람은 태어나는 순간부터 성별에 따라 다른 대우를 받게 된다. 여자 아기에게는 분홍색, 남자 아기에게는 파란색을 주로 입히거나 아기의 성별에 따라 부모가 서로 다른 행동을 하는 것 등이 대표적인 예가 될 수 있다. 아기가 커 가면서 이러한 구별은 더욱 엄격해져서 아동은 성별에 따라 해도 되는 행동과 해서는 안 되는 행동의 내용이 다르다는 것을 알게 된다. 타고난 호기심으로 성별과 무관하게 새로운 행동을 탐색해 나가는 과정에서, 아동은 자신의 성별에 적합한 행동을 할 때 칭찬, 상, 은근한 미소 등으로 격려를 받는 반면, 부적합한 행동을 할 때에는 꾸중, 벌, 무관심 등의 제지를 당하면서 자신의 풍성한 잠재력의 한 부분을 일찍이 잠재워 버리게 된다.

아동이 이러한 성 역할과 성적 고정관념을 보상과 처벌, 그리고 일정한 역할 모델을 통하여 습득하면 이는 아동의 자아 개념의 중요한 일부분을 형성하게 된다. 그리고 이렇게 자아 개념이 형성되면, 그 이후에는 외부로부터의 보상과 처벌에 관계없이도 자아 개념에 부합하도록 행동함으로써 스스로 심리적 보상을 받게 된다. 이는 초기에 형성된 고정관념을 계속 유지 · 강화하는 역할을 하게 된다. 이렇게 되면, 아동은 자신이 가진 무한한 잠재력을 다 발휘할 기회를 갖지 못하고 성별에 따라 제한된 영역에서만 활동하고 그에 만족을 느끼는 것이 옳다고 생각하게 된다.

최근에는 이러한 장벽을 무너뜨려 모든 사람들이 좀 더 자유롭게 살 수 있게 하기 위한 노력이 다방면에서 이루어지고 있다. 그러한 노력의 하나로 심리학에서 제안한 것이 양성성(兩性性)이라는 개념이다. 이것은 모든 여성은 '여성답고' 모든 남성은 '남성다운' 것이 바람직하다고 여겼던 고정관념과는 달리, 모든 인간은 각자의 고유한 특성에 따라 지금까지 여성적이라고 규정되어 왔던 바람직한 특성과 남성적이라고 규정되어 왔던 바람직한 특성을 동시에 지닐 수 있다고 보는 것이다.

미래 사회는 어떤 모습이 될 것인가? 생활 양식과 가족 구조에 급격한 변화가 올 것은 자명하다. 사람들이 지향하는 가치관에도 변화가 올 것이다. 이런 사회가 도래했을 때, 지금도 유지되고 있는 전통적 성 역할 규범은 골동품이 되고 말 것이다. 남녀 모두가 집에서도 업무를 볼 수 있게 되고 함께 자녀를 돌보고 키우게 됨으로써 '남자는 일터에, 여자는 가정에'라는 케케묵은 공식은 더 이상 성립하지 않게 될 것이다. 여성다움이나 남성다움을 넘어 모든 인간이 자신이 가지고 있는 고유한 특성에 따라 자아를 실현할 수 있는 사회를 기대해 본다.

24 윗글의 내용과 일치하지 않는 것은?

① 사회·문화적 환경의 영향 중 커다란 영향력을 행사하는 것은 성차별이다.
② 전통적 성 역할 규범이 생활 양식과 가족 구조에 급격한 변화를 초래했다.
③ 성 역할의 규범은 성에 대한 고정관념을 지닌 사회에서 더 뚜렷이 나타난다.
④ 아동의 자아 개념 형성에 성 역할과 성적 고정관념이 중요한 역할을 한다.
⑤ 전통적 성 역할 규범으로 인해 개인은 자아실현에 제한을 받아 왔다.

25 윗글의 제목을 붙이려고 할 때 가장 적절한 것은?

① 편견, 자아실현의 방해 요소
② 성(性), 인간의 행동의 결과
③ 미래 사회의 가치관 변화
④ 양성성, 남성다움과 여성다움을 넘어
⑤ 가부장제, 양성평등의 걸림돌

01 손 세정제를 판매하는 A기업 마케팅부의 오 차장은 손 세정제의 가격 인상을 고려하고 있다. 손 세정제의 현재 가격 및 판매량과 가격 인상에 따른 판매량 변화가 다음과 같을 때, 매출액을 최대로 늘릴 수 있는 손 세정제의 가격은 얼마인가?

〈손 세정제〉

- 현재 가격 : 2,000원
- 현재 판매량 : 6,000개

〈가격 변화에 따른 영향〉

가격을 $2x$원 인상하였을 때, 판매량은 $3x$개 감소한다.

① 4,000원
② 3,500원
③ 3,000원
④ 2,500원

02 프로젝트를 완료하는 데 A준위가 혼자 하면 7시간, B준위가 혼자 하면 9시간이 걸린다. 3시간 동안 두 사원이 함께 프로젝트를 진행하다가 B준위가 반일 연가를 내는 바람에 나머지는 A준위가 혼자 처리해야 한다. A준위는 남은 프로젝트를 완료하는 데에는 시간이 얼마나 더 걸리겠는가?

① 1시간 20분
② 1시간 40분
③ 2시간 10분
④ 2시간 20분

03 K공사가 공사 내 공원에 다음 그림의 흰색 부분과 같이 산책로를 조성하려고 할 때, 산책로의 폭으로 옳은 것은?

- 공원의 넓이는 가로 18m, 세로 10m이다.
- 산책로가 아닌 면적의 넓이는 153m^2이다.
- 산책로의 폭은 일정하다.

① 1m
② 2m
③ 3m
④ 4m

04 K씨의 집은 A지역에 있고, 직장은 D지역에 있다. 출근할 때에는 B지역을 거치고, 퇴근할 때에는 C지역을 거친다. K씨가 출·퇴근하는 모든 경로의 수는 총 몇 가지인가?

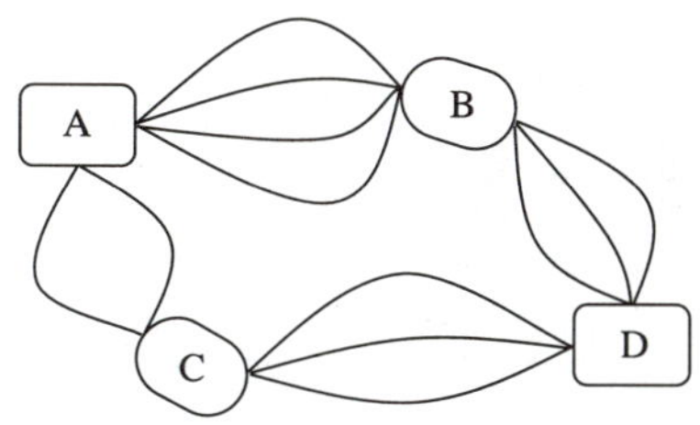

① 18가지
② 24가지
③ 36가지
④ 72가지

05 양궁 대회에 참여한 진수, 민영, 지율, 보라 네 명의 최고점이 모두 달랐다. 진수의 최고점에 민영이 최고점의 2배를 합한 점수가 10점이었고, 지율이의 최고점에 보라 최고점의 2배를 합한 점수가 35점이었다. 진수의 2배, 민영이의 4배와 지율이의 5배를 한 총점이 85점이었다면 보라의 최고점은 몇 점인가?

① 8점
② 9점
③ 10점
④ 11점

06 다음은 음식물 A에 포함된 영양소의 비율을 나타낸 표이다. 음식물 A가 지방 40g을 함유하고 있다면 음식물 A에 들어 있는 단백질의 함유량은 얼마인가?

구분	단백질	지방	탄수화물	기타	계
백분율(%)	40	10	15	35	100

① 120g
② 150g
③ 160g
④ 200g

07 다음 그림과 같이 3개의 항아리가 있다. 이를 이용하여 아래 〈조건〉을 만족시키면서 수행순서의 모든 단계를 완료한 후, 10L 항아리에 남아 있는 물의 양을 구하면?

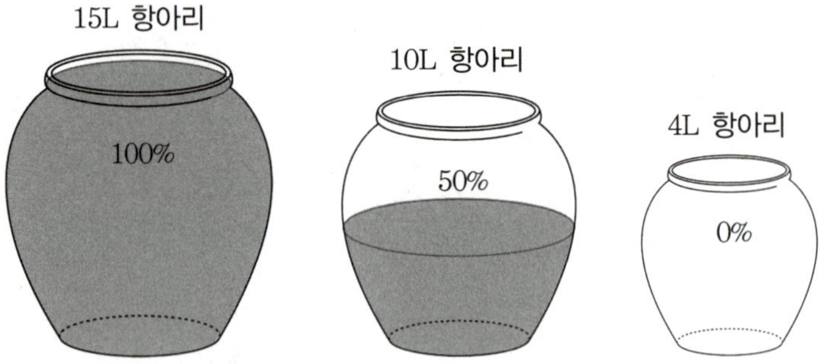

- 15L 항아리에는 물이 100% 차 있다.
- 10L 항아리에는 물이 50% 차 있다.
- 4L 항아리는 비어 있다.

〈수행순서〉

- 1단계 : 15L 항아리의 물을 4L 항아리에 붓는다.
- 2단계 : 15L 항아리의 물을 10L 항아리에 붓는다.
- 3단계 : 4L 항아리의 물을 15L 항아리에 붓는다.
- 4단계 : 10L 항아리의 물을 4L 항아리에 붓는다.
- 5단계 : 4L 항아리의 물을 15L 항아리에 붓는다.
- 6단계 : 10L 항아리의 물을 15L 항아리에 붓는다.

조건

- 한 항아리에서 다른 항아리로 물을 부을 때, 주는 항아리가 완전히 비거나 받는 항아리가 가득 찰 때까지 물을 붓는다.
- 수행순서 각 단계에서 물의 손실은 없다.

① 4L ② 5L
③ 6L ④ 7L

08 농도가 4%인 소금물 100g과 농도가 6%인 소금물 300g을 섞은 후, 30분 동안 가열하였다. 5분마다 15g의 물이 증발한다고 할 때, 가열 후 남은 순수한 물의 양은?

① 288g ② 290g
③ 292g ④ 294g

09 **다음은 의무복무병에게 계급별로 매월 지급하는 급여를 매년 집계한 자료이다. 모든 계급이 동일한 인상률을 가진다고 가정할 때, 다음 자료를 통해 알 수 있는 것으로 적절하지 않은 것은?**

〈계급별 사병 봉급 추이〉

(단위 : 천 원)

구분		2010년	2011년	2012년	2013년	2014년	2015년
봉급	병장	97.5	103.8	108	129.6	149	171.4
	상병	88	93.7	97.5	(a)	134.6	154.8
	일병	79.5	84.7	88.2	105.8	121.7	140
	이병	73.5	78.3	81.5	97.8	112.5	129.4

① 2013년의 사병 봉급은 전년 대비 20% 증가하였다.

② 전년 대비 봉급 인상률은 2012년이 가장 낮다.

③ 2016년의 인상률을 10%로 가정하면 2016년의 일병 계급 봉급은 2015년의 상병 계급 봉급보다 많아질 것이다.

④ 상병 계급의 2013년 봉급은 117,000원이다.

10 **다음은 학년별 온라인수업 수강 방법에 대해 조사한 자료이다. 자료에 대한 설명으로 〈보기〉에서 옳은 것을 모두 고른 것은?**

〈학년별 온라인수업 수강 방법〉

(단위 : %)

구분		스마트폰	태블릿PC	노트북	PC
학년	초등학생	7.2	15.9	34.4	42.5
	중학생	5.5	19.9	36.8	37.8
	고등학생	3.1	28.5	38.2	30.2
성별	남학생	10.8	28.1	30.9	30.2
	여학생	3.8	11.7	39.1	45.4

보기

㉠ 초등학생에서 중학생, 고등학생으로 올라갈수록 스마트폰과 PC의 이용률은 감소하고, 태블릿PC와 노트북의 이용률은 증가한다.

㉡ 초·중·고등학생의 노트북과 PC의 이용률의 차는 고등학생이 가장 작다.

㉢ 태블릿PC의 남학생·여학생 이용률의 차는 노트북의 남학생·여학생 이용률 차의 2배이다.

① ㉠　　② ㉠, ㉡

③ ㉠, ㉢　　④ ㉠, ㉡, ㉢

11 다음은 주요 국가의 연도별 이산화탄소 배출량을 조사하여 나타낸 자료이다. 이에 대한 설명으로 옳지 않은 것은?

〈주요 국가의 연도별 이산화탄소 배출량〉

(단위 : 백만 톤)

구분	2005년	2006년	2007년	2008년	2009년	2010년
한국	469.1	476.6	490.3	501.7	515.5	562.92
중국	5,062.4	5,602.9	6,028.4	6,506.8	6,800.7	7,126.0
인도	1,164.8	1,256.3	1,361.9	1,438.5	1,564.0	1,625.8
이란	421.6	455.0	488.4	497.7	513.9	509.0
일본	1,220.7	1,205.0	1,242.3	1,154.3	1,095.7	1,143.1
캐나다	559.4	544.1	568.5	550.5	525.5	536.6
미국	5,771.7	5,684.9	5,762.7	5,586.8	5,184.8	5,368.6
프랑스	388.4	379.6	373.1	370.2	351.4	357.8
독일	809.0	820.9	796.3	800.1	747.1	761.6
러시아	1,516.2	1,579.8	1,578.5	1,593.4	1,520.4	1,581.4
영국	533.0	534.7	522.9	512.8	465.5	483.5

① 2010년 이산화탄소 배출량이 가장 많은 국가는 중국이며, 2010년 중국의 이산화탄소 배출량은 이란의 이산화탄소 배출량의 14배이다.

② 2005년 대비 2010년 한국의 이산화탄소 배출량의 증가율은 10%이다.

③ 영국의 2006년과 2010년 이산화탄소 배출량의 차는 일본의 2006년과 2010년 이산화탄소 배출량 차이보다 작다.

④ 2008년 이산화탄소 배출량이 많았던 5개 국가를 순서대로 나열하면, 중국, 미국, 러시아, 인도, 일본 순이다.

12 매일 하루에 한 번 어항에 자동으로 먹이를 주는 기계가 다음 〈규칙〉에 따라 먹이를 준다. 당일에 줄 먹이 양이 0이 되는 날은 먹이를 준 지 13일 차였을 때, 이때까지 준 총 먹이 양의 합은 얼마인가?(단, m은 자연수이고, 1일 차는 홀수 일이다)

〈규칙〉

㉠ 첫날 어항에 준 먹이의 양은 3mkg이다.

㉡ 당일에 줄 먹이의 양은 전날이 홀수 일인 경우, 전날 먹이의 양에 1kg을 더한다.

㉢ 당일에 줄 먹이의 양은 전날이 짝수 일인 경우, 전날 먹이의 양에 2kg을 뺀다.

① 46kg　　② 47kg

③ 48kg　　④ 49kg

13 다음은 어느 대학의 모집 단위별 지원자 수 및 합격자 수를 나타낸 자료이다. 이에 대한 설명으로 옳지 않은 것은?

〈모집 단위별 지원자 수 및 합격자 수〉

(단위 : 명)

모집 단위	남성		여성		계	
	합격자 수	지원자 수	합격자 수	지원자 수	모집 정원	지원자 수
A	512	825	89	108	601	933
B	353	560	17	25	370	585
C	138	417	131	375	269	792
계	1,003	1,802	237	508	1,240	2,310

※ $(\text{경쟁률})=\frac{(\text{지원자 수})}{(\text{모집 정원})}$

① 세 개의 모집 단위 중 총 지원자 수가 가장 많은 집단은 A이다.

② 세 개의 모집 단위 중 합격자 수가 가장 적은 집단은 C이다.

③ 이 대학의 남자 합격자 수는 여자 합격자 수의 5배 이상이다.

④ B집단의 경쟁률은 $\frac{117}{74}$ 이다.

14 다음은 2009년부터 2013년까지 제대군인의 지원 현황 추이를 나타낸 그래프이다. 다음 중 그래프를 해석한 것으로 적절하지 않은 것은?

〈제대군인 현황 추이 실적〉

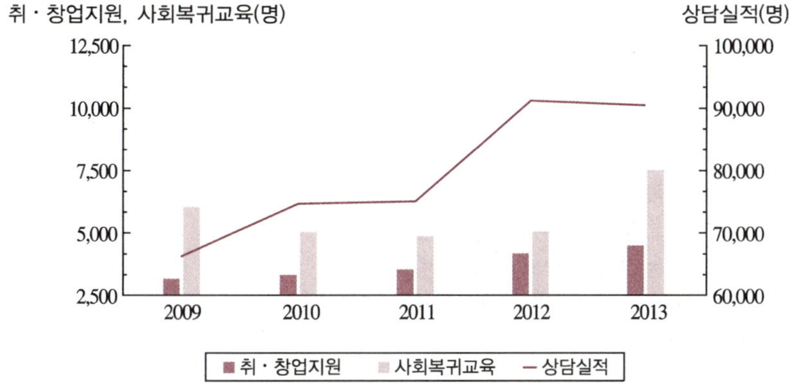

① 사회복귀교육 지원 수는 감소세를 보이다가 2011년을 전환점으로 다시 증가하였다.

② 2011년까지 상담실적은 증가했으나 사회복귀교육 지원 수는 감소하였다.

③ 2010 ~ 2013년 중 사회복귀교육 지원 수가 전년 대비 가장 많이 증가한 해는 2013년이다.

④ 2012년에 상담실적은 가장 많았던 반면 사회복귀교육 지원 수는 가장 적었다.

15 다음은 2014～2020년 연말 기준 '갑'국의 국가채무 및 GDP에 관한 자료이다. 이에 대한 〈보기〉의 설명 중 옳은 것만을 모두 고르면?

〈GDP 대비 국가채무 및 적자성채무 비율 추이〉

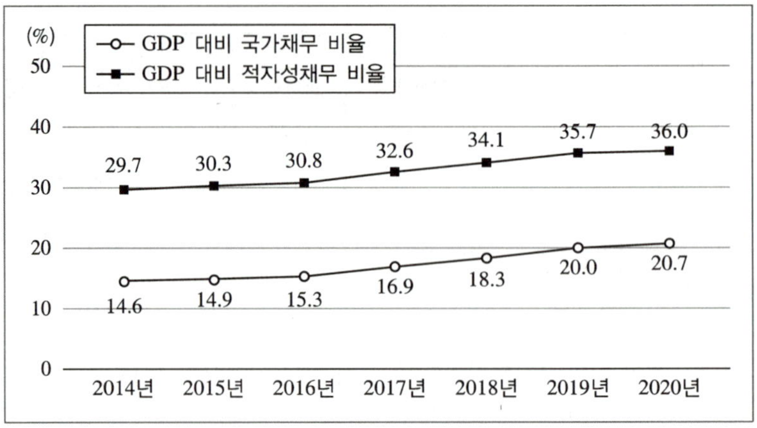

※ 국가채무=적자성채무+금융성채무

〈GDP 추이〉

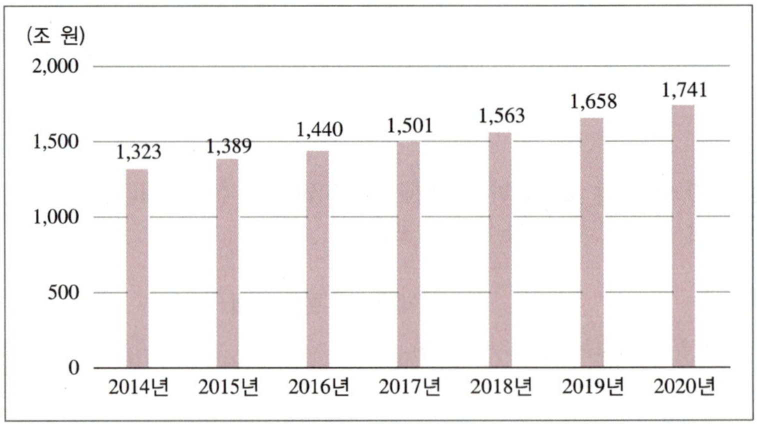

보기

ㄱ. 2020년 적자성채무는 2014년의 1.5배 이상이다.
ㄴ. GDP 대비 금융성채무 비율은 매년 증가한다.
ㄷ. 국가채무는 2019년부터 300조 원 이상이다.
ㄹ. 금융성채무는 매년 적자성채무의 50% 이상이다.

① ㄱ, ㄴ　　② ㄱ, ㄷ
③ ㄱ, ㄴ, ㄹ　　④ ㄴ, ㄷ, ㄹ

16 다음은 2015년부터 2020년까지 우리나라 인구성장률과 합계출산율에 대한 자료이다. 다음 중 자료에 대한 설명으로 올바르지 않은 것은?

〈인구성장률〉

(단위 : %)

구분	2015년	2016년	2017년	2018년	2019년	2020년
인구성장률	0.53	0.46	0.63	0.53	0.45	0.39

〈합계출산율〉

(단위 : %)

구분	2015년	2016년	2017년	2018년	2019년	2020년
합계출산율	1.297	1.187	1.205	1.239	1.172	1.052

※ 합계출산율 : 가임여성 1명이 평생 낳을 것으로 예상되는 평균 출생아 수

① 우리나라 인구성장률은 2017년 이후로 계속해서 감소하고 있다.
② 2016년부터 2017년까지 합계출산율과 인구성장률의 전년 대비 증감추세는 동일하다.
③ 2015년부터 2020년까지 인구성장률과 합계출산율이 두 번째로 높은 해는 2018년이다.
④ 2020년 인구성장률은 2017년 대비 40% 이상 감소하였다.

17 다음은 2000년 극한기후 유형별 발생일수와 발생지수에 관한 자료이다. 자료에 따라 2000년 극한기후 유형별 발생지수를 산출할 때, 이에 대한 설명으로 옳은 것은?

〈2000년 극한기후 유형별 발생일수와 발생지수〉

유형	폭염	한파	호우	대설	강풍
발생일수(일)	16	5	3	0	1
발생지수	5.00	( )	( )	1.00	( )

※ 극한기후 유형은 폭염, 한파, 호우, 대설, 강풍만 존재함

〈산정식〉

$$(\text{극한기후 발생지수})=4\times\left(\frac{A-B}{C-B}\right)+1$$

A=당해년도 해당 극한기후 유형 발생일수
B=당해년도 폭염, 한파, 호우, 대설, 강풍의 발생일수 중 최솟값
C=당해년도 폭염, 한파, 호우, 대설, 강풍의 발생일수 중 최댓값

① 발생지수가 가장 높은 유형은 한파이다.
② 호우의 발생지수는 2.00 이상이다.
③ 대설과 강풍의 발생지수의 합은 호우의 발생지수보다 크다.
④ 극한기후 유형별 발생지수의 평균은 3.00 이상이다.

제1회

[18 ~ 20] 다음은 연구개발비에 대한 자료이다. 이어지는 물음에 답하시오.

〈주요산업국 연도별 연구개발비 추이〉

(단위 : U.S 백만 달러)

구분	2014년	2015년	2016년	2017년	2018년	2019년
한국	23,587	28,641	33,684	31,304	29,703	37,935
중국	29,898	37,664	48,771	66,430	84,933	-
일본	151,270	148,526	150,791	168,125	169,047	-
독일	69,317	73,737	84,148	97,457	92,552	92,490
영국	39,421	42,693	50,016	47,138	40,291	39,924
미국	325,936	350,923	377,594	403,668	401,576	-

〈2018년 연구개발비 분포〉

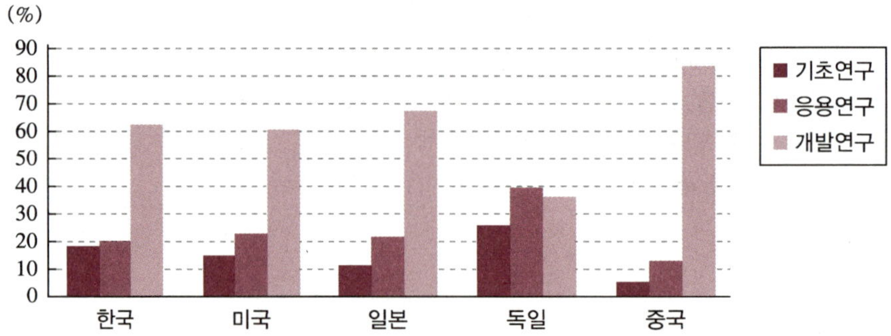

18 다음 중 옳은 것을 모두 고르면?

ㄱ. 2018년도 연구개발비가 전년 대비 감소한 국가는 4개국이다.
ㄴ. 2014년에 비해 2018년도 연구개발비 증가율이 가장 높은 국가는 중국이고, 가장 낮은 국가는 일본이다.
ㄷ. 전년 대비 2016년 한국의 연구개발비 증가율은 독일보다 높고, 중국보다 낮다.

① ㄱ ② ㄱ, ㄴ
③ ㄱ, ㄷ ④ ㄴ, ㄷ

19 2018년 미국의 개발연구비는 한국의 응용연구비의 약 몇 배인가?(단, 소수점 이하 둘째 자리에서 반올림한다)

① 40.2배 ② 40.4배
③ 40.6배 ④ 41.2배

20 다음 중 옳은 것을 모두 고르면?

ㄱ. 2018년도 기초연구비 비율이 가장 높은 나라가 응용연구비 비율도 가장 높다.
ㄴ. 2018년도 개발연구비 비율이 가장 높은 나라와 가장 낮은 나라의 비율 차이보다 기초연구비 비율이 가장 높은 나라와 가장 낮은 나라의 비율 차이가 더 크다.
ㄷ. 2018년도 기초연구비 비율이 두 번째로 높은 나라가 개발연구비 비율도 두 번째로 높다.

① ㄱ ② ㄴ
③ ㄱ, ㄴ ④ ㄴ, ㄷ

[01 ~ 05] 다음에 이어지는 물음에 답하시오.

- 입체도형을 펼쳐 전개도를 만들 때, 전개도에 표시된 그림(예 : ▮, ◪ 등)은 회전의 효과를 반영함. 즉, 본 문제의 풀이과정에서 보기의 전개도상에 표시된 "▮"와 "▬"은 서로 다른 것으로 취급함.
- 단, 기호 및 문자(예 : ☎, ♤, ♨, K, H 등)의 회전에 의한 효과는 본 문제의 풀이과정에 반영하지 않음. 즉, 입체도형을 펼쳐 전개도를 만들 때, "☎"의 방향으로 나타나는 기호 및 문자도 보기에서는 "☎"의 방향으로 표시하며 동일한 것으로 취급함.

01 다음 입체도형의 전개도로 알맞은 것은?

①
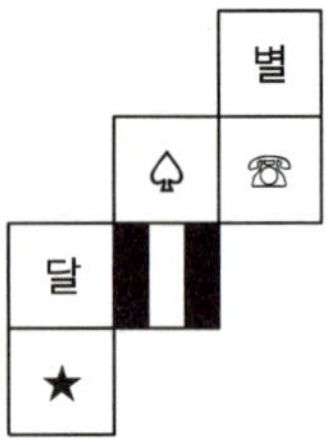

②
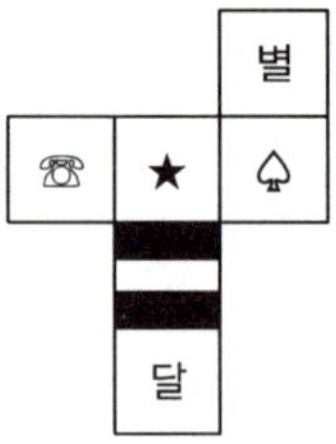

③
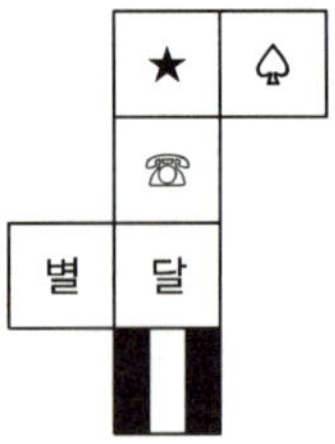

④
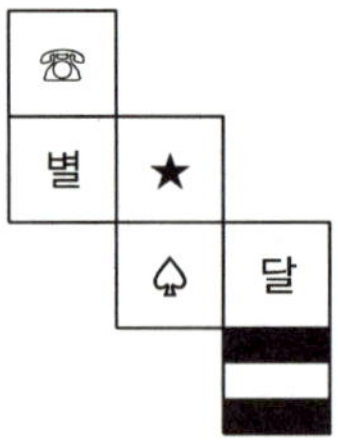

02 다음 입체도형의 전개도로 알맞은 것은?

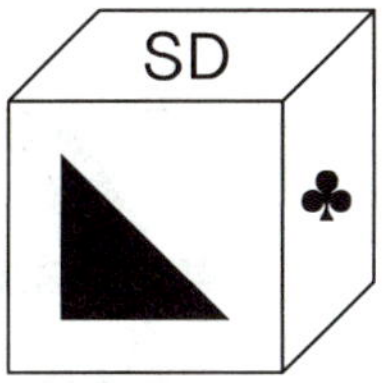

①
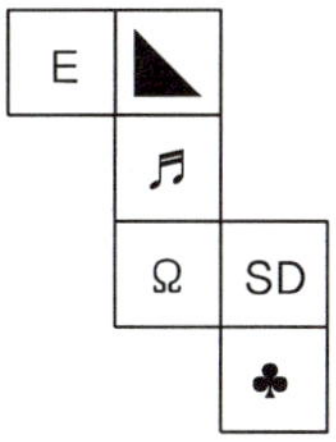

②
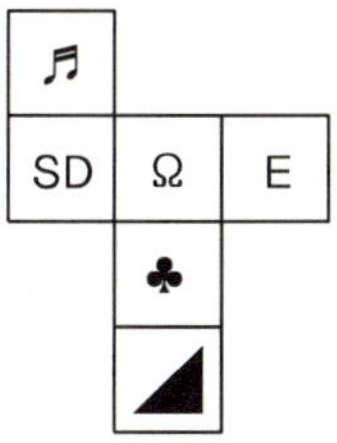

③
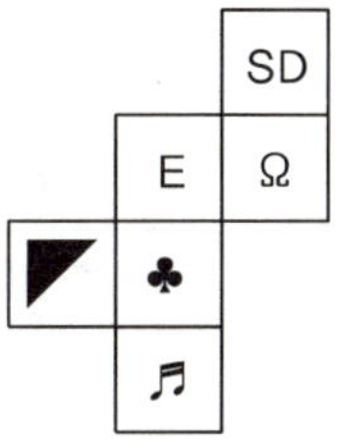

④
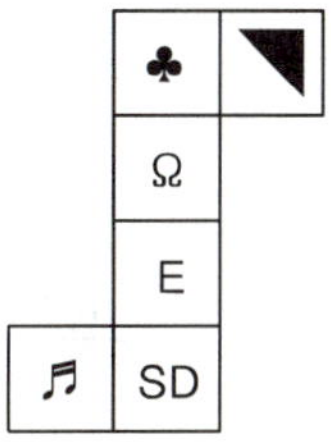

03 다음 입체도형의 전개도로 알맞은 것은?

①
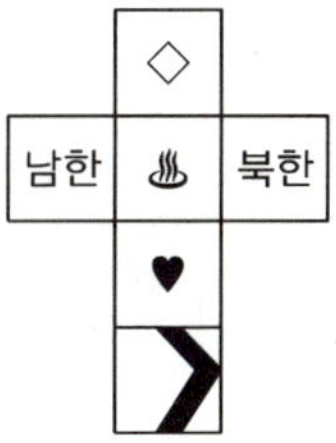

②
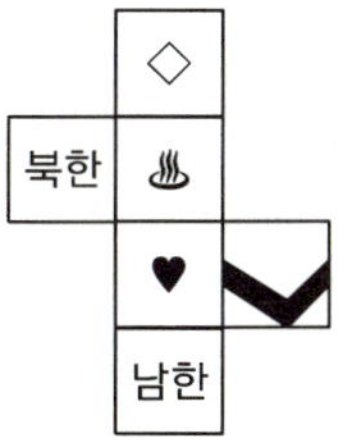

③
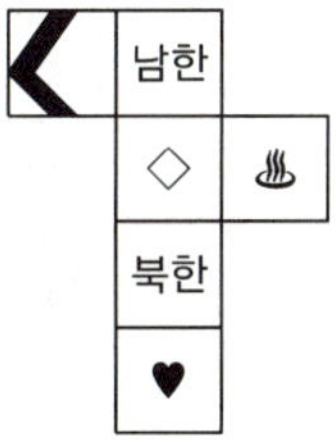

④
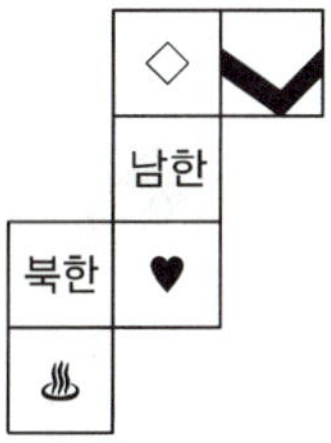

04 다음 입체도형의 전개도로 알맞은 것은?

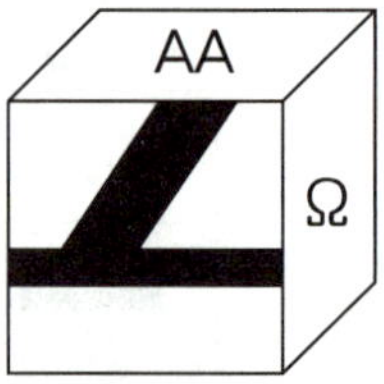

①
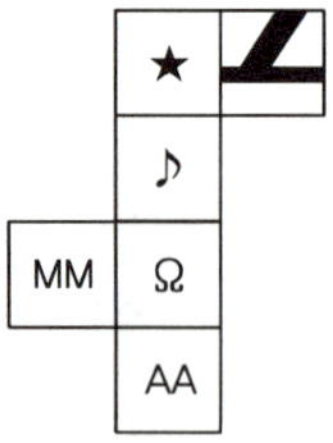

②
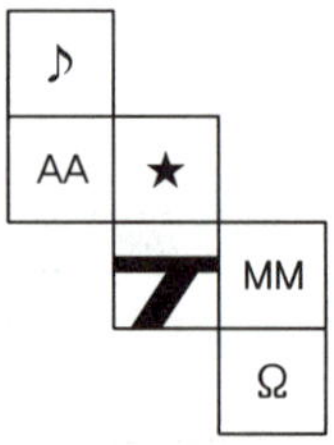

③
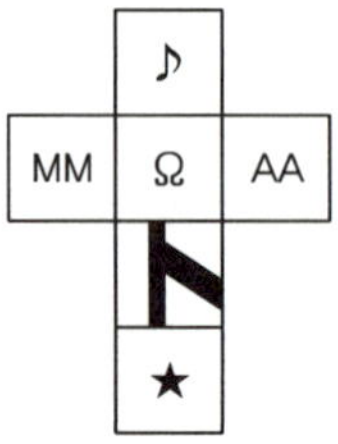

④
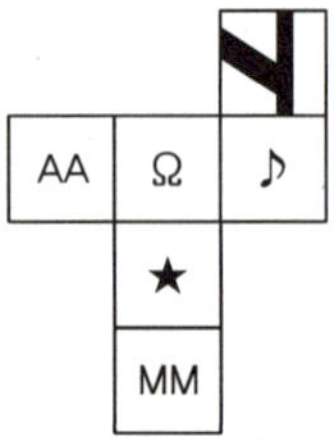

05 다음 입체도형의 전개도로 알맞은 것은?

①
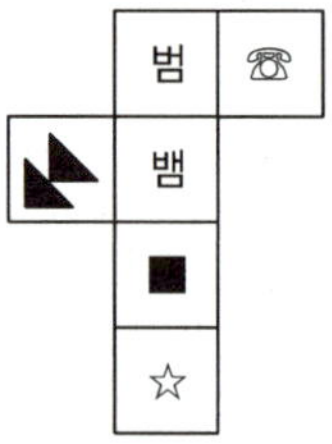

②
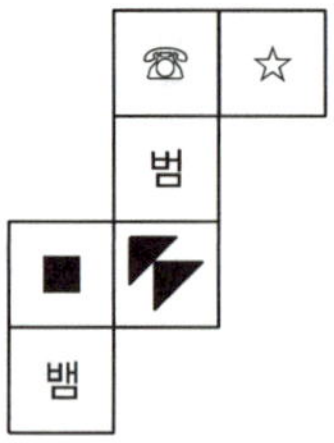

③
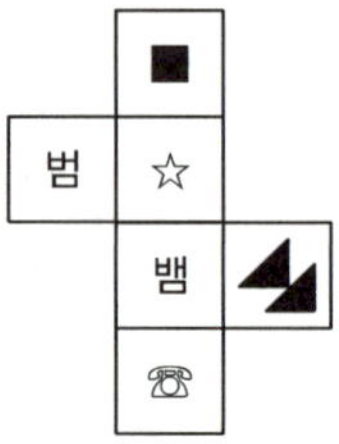

④
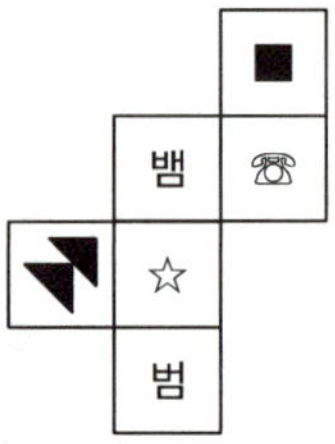

[06 ~ 10] 다음에 이어지는 물음에 답하시오.

- 전개도를 접을 때 전개도상의 그림, 기호, 문자가 입체도형의 겉면에 표시되는 방향으로 접음.
- 전개도를 접어 입체도형을 만들 때, 전개도에 표시된 그림(예 : ◧, ◪ 등)은 회전의 효과를 반영함. 즉, 본 문제의 풀이과정에서 보기의 전개도상에 표시된 "◧"와 "⊟"은 서로 다른 것으로 취급함.
- 단, 기호 및 문자(예 : ☎, ♤, ♨, K, H)의 회전에 의한 효과는 본 문제의 풀이과정에 반영하지 않음. 즉, 전개도를 접어 입체도형을 만들 때, "☎"의 방향으로 나타나는 기호 및 문자도 보기에서는 "☎" 방향으로 표시하며 동일한 것으로 취급함.

06 다음 전개도의 입체도형으로 알맞은 것은?

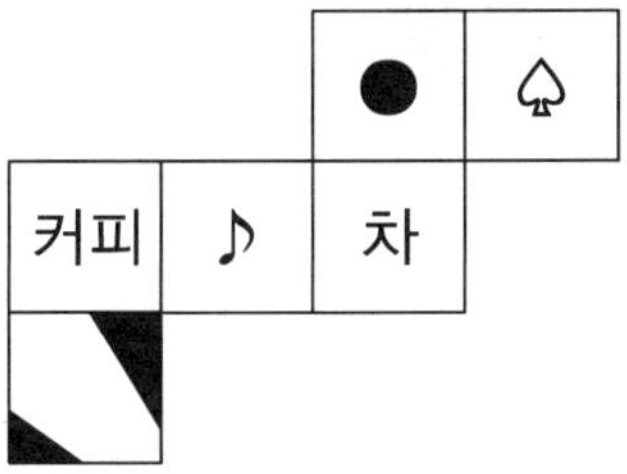

① 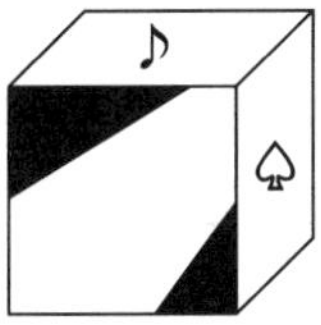

② 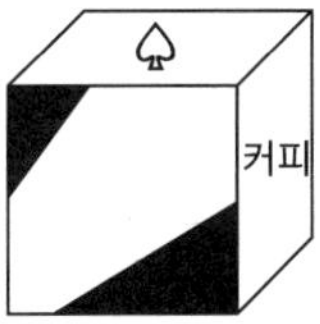

③ 

④ 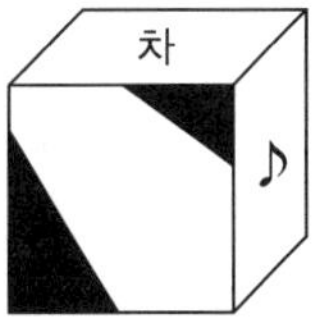

07 다음 전개도의 입체도형으로 알맞은 것은?

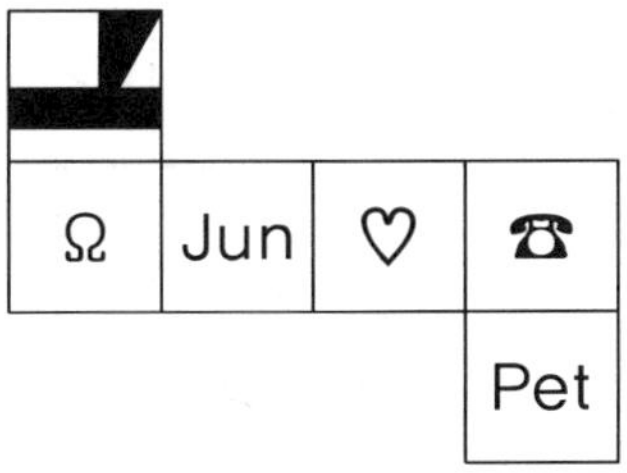

① 

② 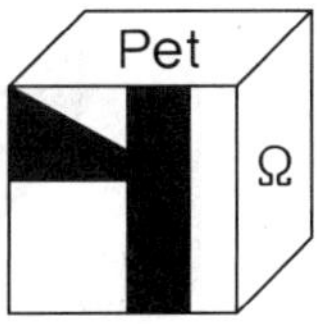

③ 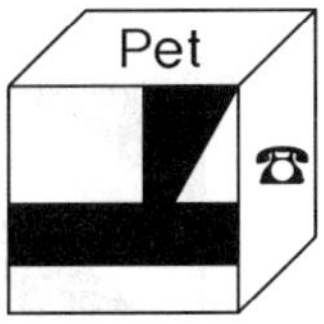

④ 

08 다음 전개도의 입체도형으로 알맞은 것은?

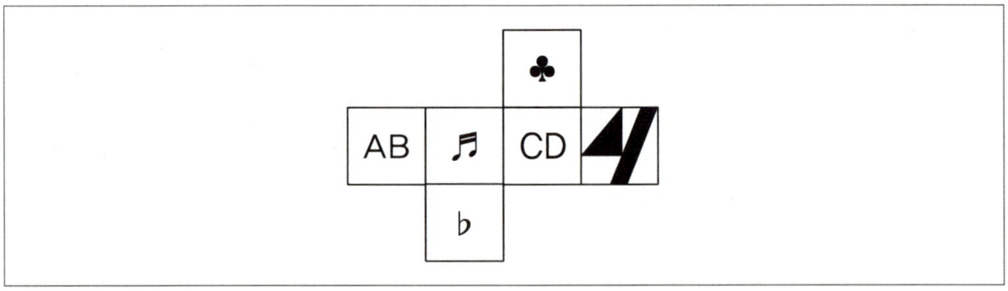

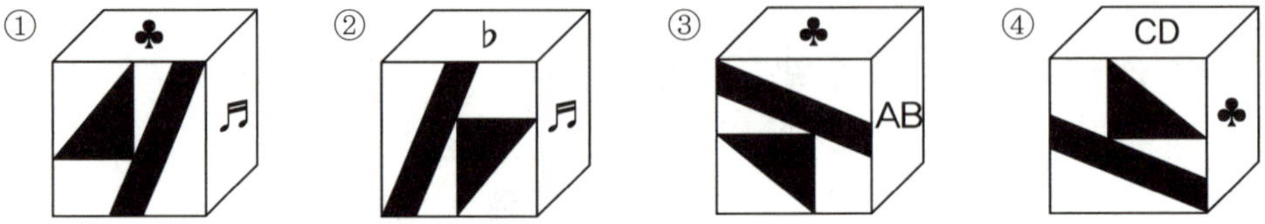

09 다음 전개도의 입체도형으로 알맞은 것은?

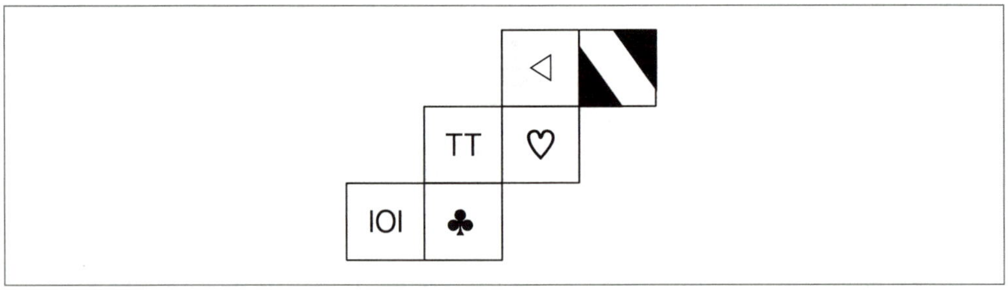

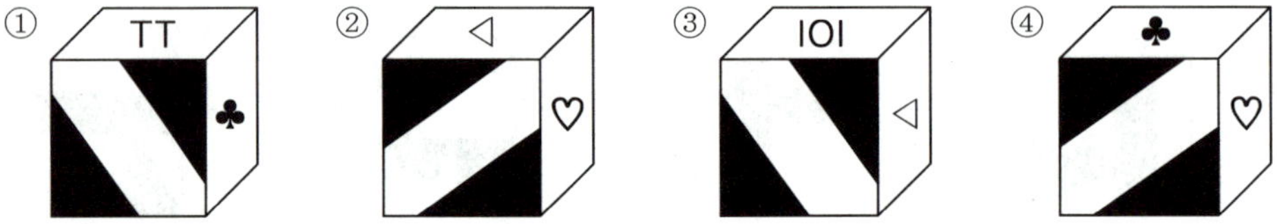

10 다음 전개도의 입체도형으로 알맞은 것은?

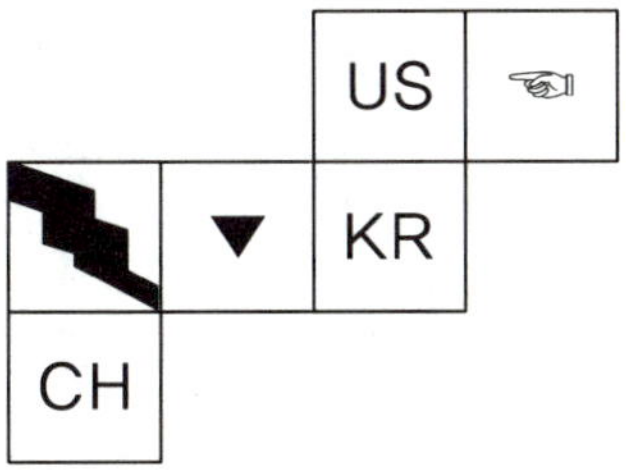

①
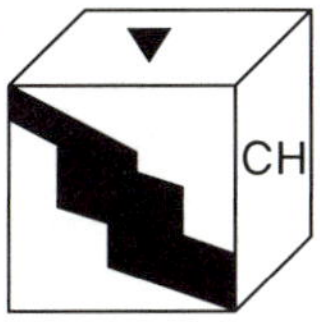

②

③
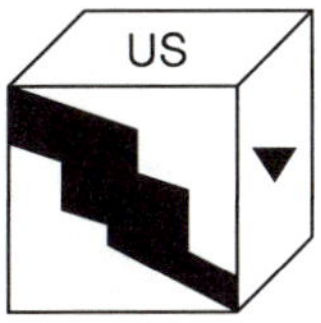

④

제1회

[11 ~ 14] 아래에 제시된 그림과 같이 쌓기 위해 필요한 블록의 수를 고르시오.

* 블록은 모양과 크기가 모두 동일한 정육면체임

11

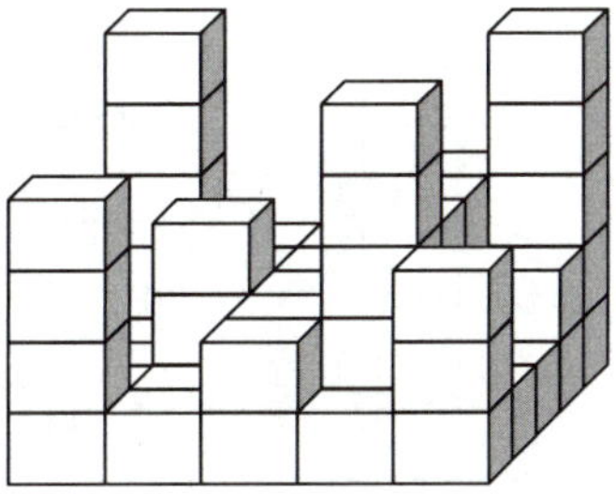

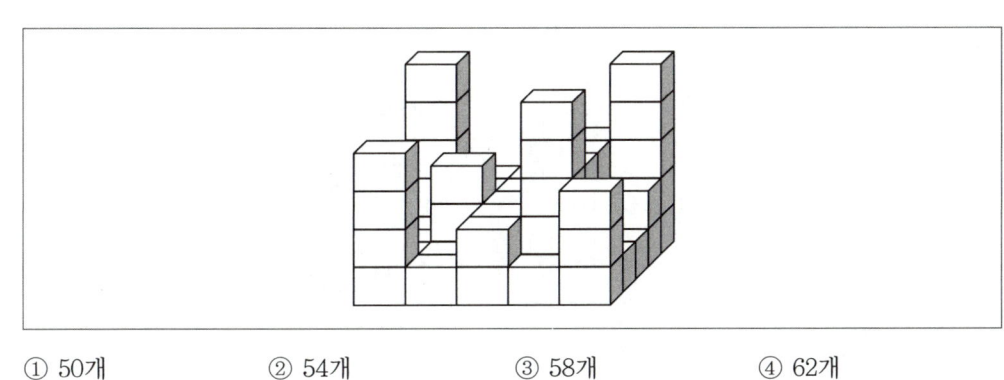

① 50개　　② 54개　　③ 58개　　④ 62개

12

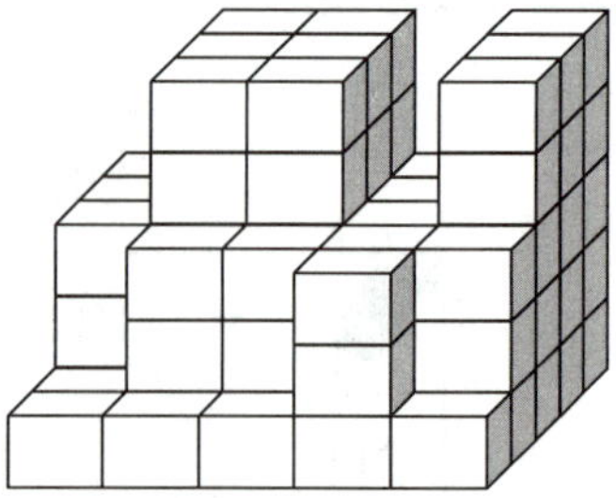

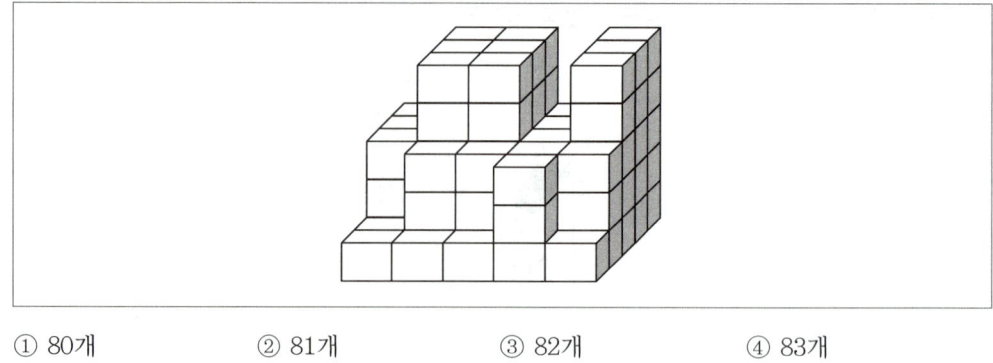

① 80개　② 81개　③ 82개　④ 83개

13

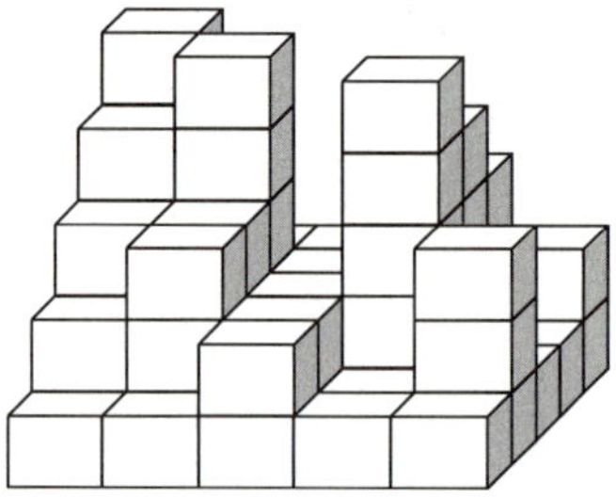

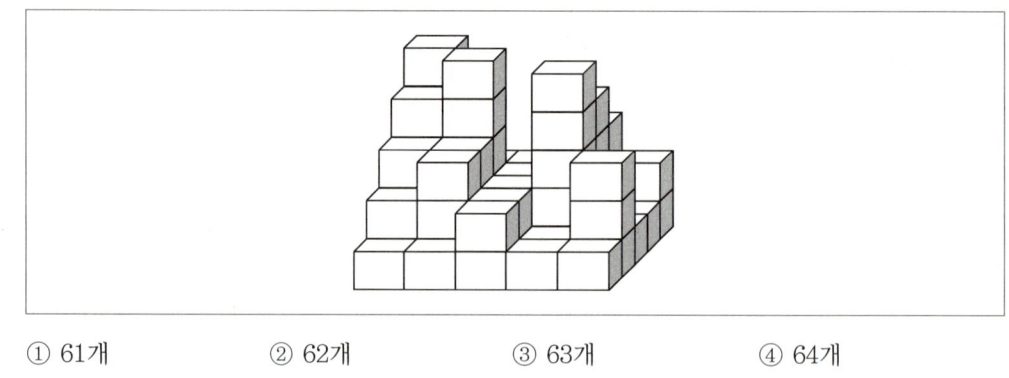

① 61개　② 62개　③ 63개　④ 64개

14

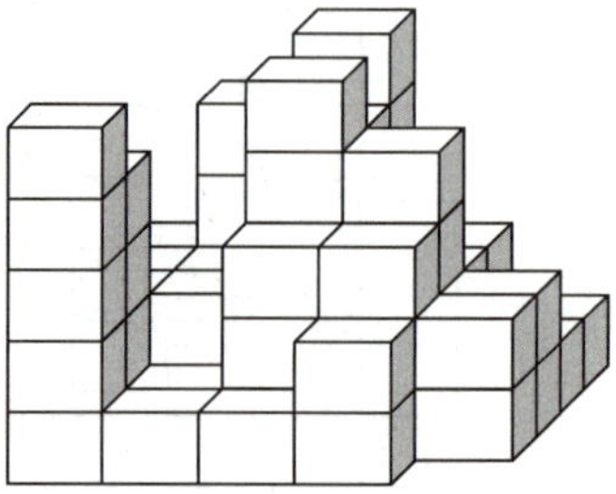

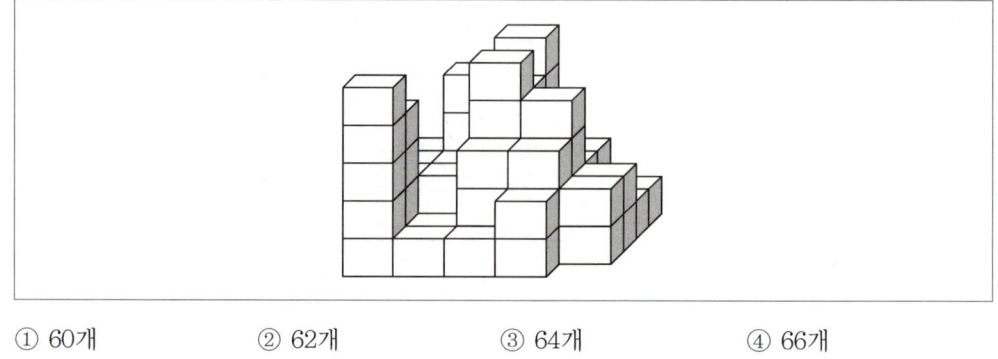

① 60개　② 62개　③ 64개　④ 66개

[15 ~ 18] 아래에 제시된 블록들을 화살표 표시한 방향에서 바라봤을 때의 모양으로 알맞은 것을 고르시오.

* 블록은 모양과 크기가 모두 동일한 정육면체임
* 바라보는 시선의 방향은 블록의 면과 수직을 이루며 원근에 의해 블록이 작게 보이는 효과는 고려하지 않음

15

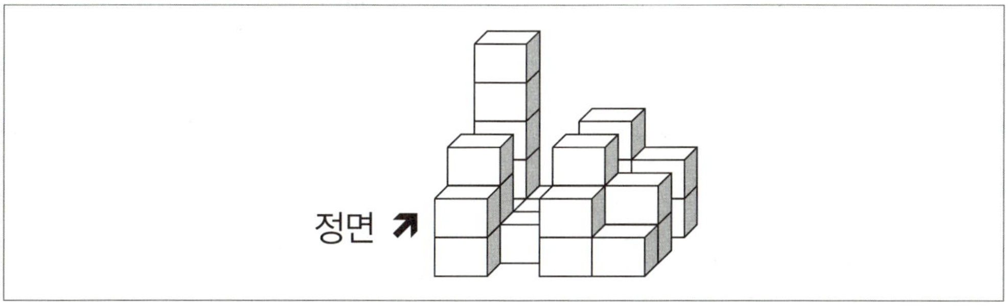

① 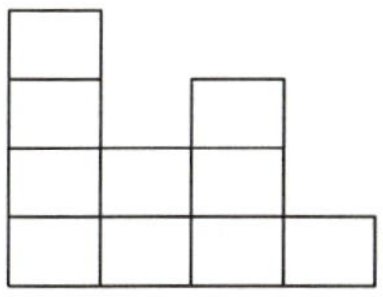

② 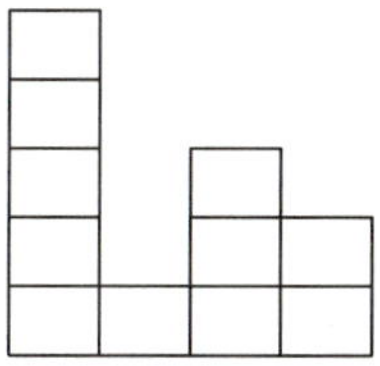

③ 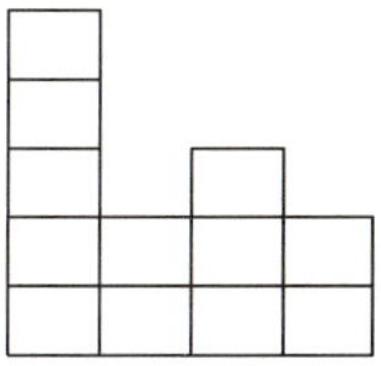

④ 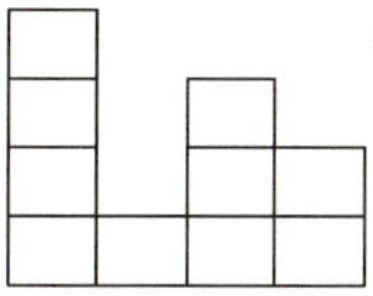

제1회

16

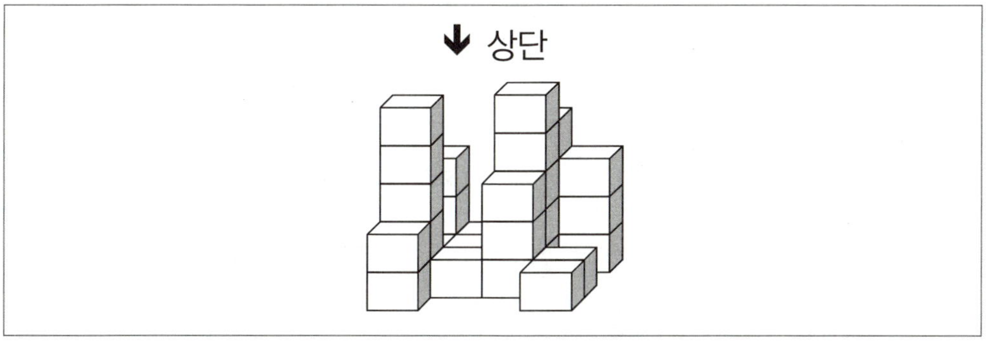

① 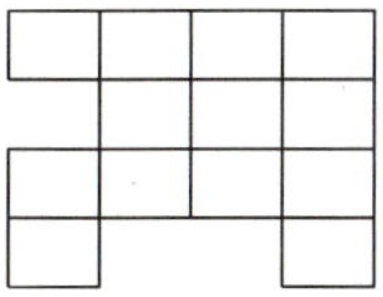

② 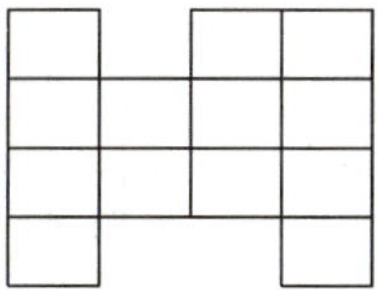

③ 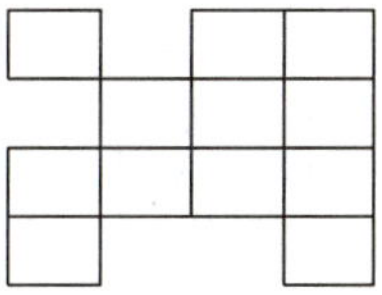

④ 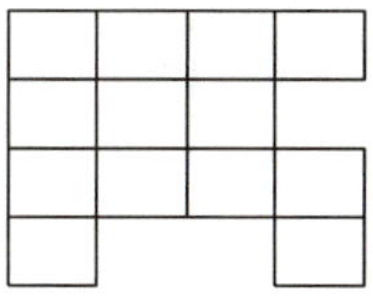

17

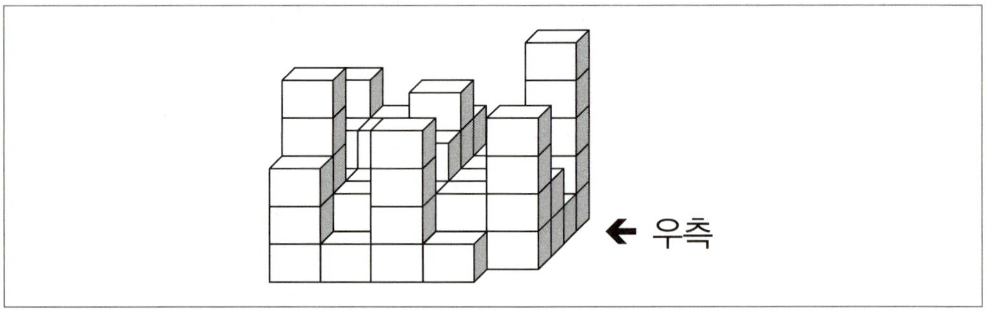

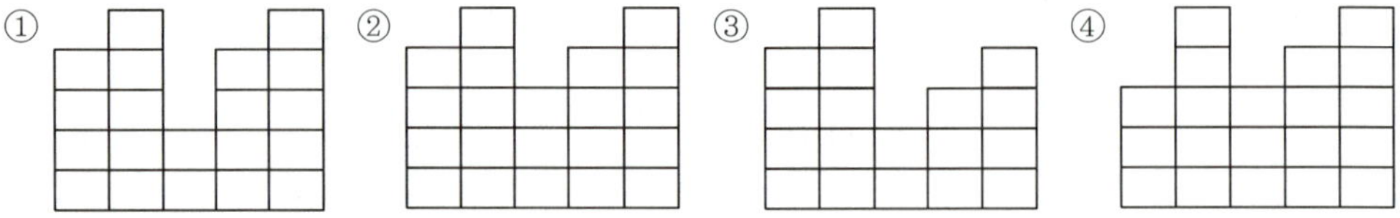

18

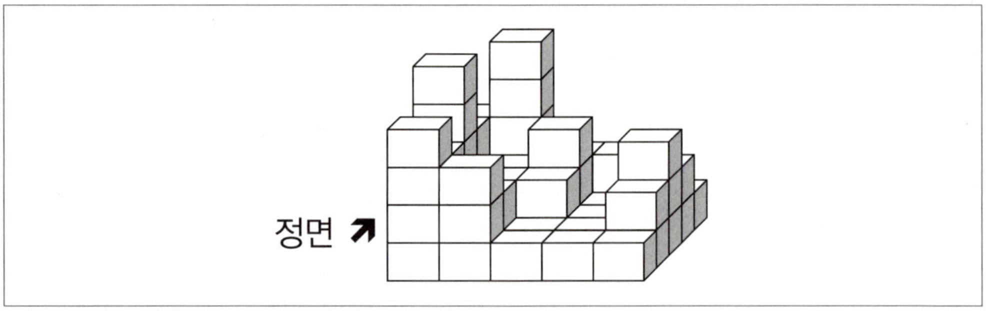

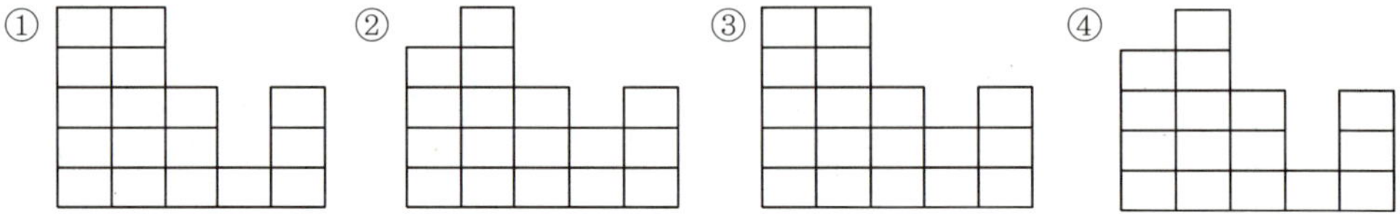

지각속도 30문항 / 3분

[01 ~ 10] 다음 〈보기〉의 왼쪽과 오른쪽 기호의 대응을 참고하여 각 문제의 대응이 같으면 답안지에 '① 맞음'을, 틀리면 '② 틀림'을 선택하시오.

보기

Ⅳ = smile	Ⅲ = rabbit	Ⅷ = play	Ⅹ = shark	Ⅵ = draw
Ⅰ = task	Ⅸ = tension	Ⅱ = angel	Ⅶ = monitor	Ⅴ = wind

01	Ⅸ Ⅶ Ⅵ Ⅰ Ⅷ – tension monitor draw task play	① 맞음 ② 틀림
02	Ⅲ Ⅱ Ⅹ Ⅴ Ⅳ – rabbit tension shark wind draw	① 맞음 ② 틀림
03	Ⅰ Ⅶ Ⅸ Ⅷ Ⅲ – task monitor angel shark rabbit	① 맞음 ② 틀림
04	Ⅵ Ⅳ Ⅴ Ⅱ Ⅲ – draw smile wind angel rabbit	① 맞음 ② 틀림
05	Ⅴ Ⅹ Ⅳ Ⅷ Ⅸ – wind shark smile play tension	① 맞음 ② 틀림

보기

10 = ☆	40 = ◪	55 = ★	6 = ●	16 = ❖
60 = ◎	34 = ◇	15 = ◆	66 = ◈	43 = ◩

06	10 15 66 16 6 – ☆ ◈ ◆ ❖ ●	① 맞음 ② 틀림
07	60 40 55 43 34 – ◎ ◪ ★ ◩ ◇	① 맞음 ② 틀림
08	16 6 60 55 66 – ❖ ● ◎ ★ ◈	① 맞음 ② 틀림
09	15 34 10 40 16 – ◆ ◇ ★ ◩ ◈	① 맞음 ② 틀림
10	43 60 6 55 15 – ◩ ◎ ● ★ ◆	① 맞음 ② 틀림

[11 ~ 20] 다음 〈보기〉의 왼쪽과 오른쪽 기호의 대응을 참고하여 각 문제의 대응이 같으면 답안지에 '① 맞음'을, 틀리면 '② 틀림'을 선택하시오.

보기

aowl = ⊙	dpqj = ☂	gurp = ♨	fuvb = ☀	sptq = ♡
skft = ☼	widj = ☺	blsd = ☆	dmsa = ☏	tkfk = ☎

11	sptq blsd widj dpqj skft – ♡ ☆ ☺ ☂ ☼	① 맞음 ② 틀림
12	tkfk aowl gurp dmsa fuvb – ☎ ⊙ ♨ ☏ ☀	① 맞음 ② 틀림
13	blsd widj dmsa tkfk sptq – ☆ ☺ ☂ ☏ ♡	① 맞음 ② 틀림
14	dpqj gurp skft aowl sptq – ☂ ♨ ☼ ⊙ ♡	① 맞음 ② 틀림
15	fuvb dmsa tkfk blsd widj – ☼ ☏ ☎ ☆ ♡	① 맞음 ② 틀림

보기

분홍 = 미국	검정 = 영국	초록 = 태국	빨강 = 콩고	청록 = 인도
파랑 = 한국	노랑 = 중국	연두 = 일본	주황 = 독일	보라 = 호주

16	보라 연두 청록 초록 검정 – 호주 일본 태국 인도 영국	① 맞음 ② 틀림
17	빨강 노랑 주황 분홍 파랑 – 콩고 중국 독일 미국 한국	① 맞음 ② 틀림
18	초록 파랑 검정 빨강 보라 – 태국 한국 영국 콩고 호주	① 맞음 ② 틀림
19	주황 청록 연두 검정 노랑 – 독일 인도 일본 중국 영국	① 맞음 ② 틀림
20	분홍 노랑 초록 보라 청록 – 독일 중국 태국 한국 콩고	① 맞음 ② 틀림

[21 ~ 30] 다음의 〈보기〉에서 각 문제의 왼쪽에 표시된 굵은 글씨체의 기호, 문자, 숫자의 개수를 모두 세어 오른쪽에서 찾으시오.

		〈보기〉	〈개수〉
21	8	8784831284846866564851315846879898153218468 13321456	① 11개 ② 12개 ③ 13개 ④ 14개
22	Ⓒ	ⒶⒷⒹⒸⒷⒶⒹⒸⒹⒷⒶⒸⒷⒹⒶⒸⒶⒷⒹⒸⒶⒸⒹⒷ ⒶⒸⒶⒷⒹⒸⒶⒷⒸⒹⒷⒶ	① 6개 ② 7개 ③ 8개 ④ 9개
23	◍	◍○⊙⊙⊜◎◍⊜⊙◍⊙◍⊜◎○⊙⊜◍◎⊜○◍⊙○ ◎⊙◍⊜○○⊙⊜⊜◍⊙○	① 5개 ② 6개 ③ 7개 ④ 8개
24	s	When one wants to create a path of one's own liking in life, one has to make many turns and overcome many obstacles.	① 5개 ② 6개 ③ 7개 ④ 8개
25	어	어아요어아의여어아야아야어우으아야아이아야예아야야 어여어으아어오우의유어아왜	① 5개 ② 6개 ③ 7개 ④ 8개
26	i	A real success does not happen overnight and efforts to make something valuable and we also meet many difficulties along the way.	① 4개 ② 5개 ③ 6개 ④ 7개
27	ㄱ	역사라는 것은 과거로부터의 연속이기 때문에, 걸어온 길을 완전히 무시하고 새로 출발한다는 것은 가능하지도 않고 바람직하지도 않다.	① 10개 ② 11개 ③ 12개 ④ 13개
28	5	4875122358959621572415368515178065965125468 5356795146	① 10개 ② 11개 ③ 12개 ④ 13개
29	ㄴ	인생은 한 권의 책과 같다. 어리석은 이는 그것을 마구 넘겨 버리지만, 현명한 이는 열심히 읽는다. 인생은 단 한 번만 읽을 수 있다는 것을 알기 때문이다.	① 18개 ② 20개 ③ 22개 ④ 24개
30	h	As the soil, however rich it may be, cannot be productive without cultivation, so the mind without culture can never produce good fruit.	① 4개 ② 5개 ③ 6개 ④ 7개

제1회

제 2 회

PART 2 최종모의고사

최종모의고사

정답 및 해설 p.116

QR코드 접속을 통해
풀이시간 측정, 자동 채점
그리고 결과 분석까지!

언어논리 25문항 / 20분

01 다음 밑줄 친 관용어가 잘못 쓰인 것은?

① 눈 가리고 아웅해도 네 잔꾀에는 속아 넘어가지 않는다.
② 눈에 쌍심지를 켠 얼굴을 보니 슬픔이 충분히 짐작된다.
③ 눈에 헛거미가 잡혀서 누나의 진정한 사랑을 알지 못했다.
④ 눈에 흙이 들어가기 전까지는 너를 용서하지 않으리라.
⑤ 눈앞이 캄캄하여 아무것도 할 수 없었다.

02 다음 중 ㉠과 ㉡의 관계와 가장 유사한 것은?

> 남성적 특성과 여성적 특성을 모두 가지고 있는 사람이 남성적 특성 혹은 여성적 특성만 지니고 있는 사람에 비하여 훨씬 더 다양한 ㉠ 자극에 대하여 다양한 ㉡ 반응을 보일 수 있다. 이렇게 여러 개의 반응 레퍼토리를 가지고 있다는 것은 다시 말하면, 그때그때 상황의 요구에 따라 적합한 반응을 보일 수 있다는 것이며, 이는 곧 사회적 환경에 더 유연하고 효과적으로 대처할 수 있다는 것을 의미한다.

① 개인 – 사회
② 정신 – 육체
③ 물고기 – 물
④ 입력 – 출력
⑤ 후보자 – 당선자

03 제시된 명제가 모두 참일 때, 마지막에 들어갈 명제로 가장 적절한 것은?

> • 인생은 예술보다 짧다.
> • 하루살이는 인생보다 짧다.
> • 그러므로 ____________________

① 예술은 인생보다 길지 않다.
② 하루살이는 예술보다 짧다.
③ 어떤 예술은 인생보다 짧다.
④ 인생이 가장 짧다.
⑤ 하루살이가 가장 길다.

04 다음 밑줄 친 단어 중 의미가 서로 비슷한 것을 모두 고르시오.

> ㉠ 다른 사람을 배려하는 윤아의 모습이 참 예뻐 보였다.
> ㉡ 여기저기 눈치를 살피는 그의 모습이 도무지 미쁘게 보이지 않는다.
> ㉢ 주어진 모든 일에 성실한 민우는 정말 믿음직해 보인다.
> ㉣ 크게 숨을 들이마시고, 마음을 굳세게 먹은 채 시험장으로 들어섰다.
> ㉤ 그의 미더운 목소리는 곧 다정한 속삭임으로 변했다.
> ㉥ 얼핏 보기에 미약해 보이는 힘도 여럿이 모이면 세상을 바꿀 수 있다.

① ㉠, ㉡, ㉢
② ㉠, ㉢, ㉣
③ ㉡, ㉢, ㉤
④ ㉢, ㉤, ㉥
⑤ ㉣, ㉤, ㉥

제2회

05 다음 내용을 가장 잘 요약한 한자성어는?

> 그런데 현행 농어업 재해 대책은 한해 농사를 망쳐도 보상을 받을 길이 극히 제한돼 있다. 정부는 대규모 피해가 발생한 지역을 특별재난구역으로 선포하고 복구액의 최대 70%까지를 국비로 지원한다. 하지만 재난구역에 대한 지원은 대부분 시설 복구에 국한되고 농작물 피해는 제외되어 있다. 이번처럼 벼가 쭉정이만 남는 큰 피해를 입어도 시설 피해가 적다는 이유로 재난구역에 포함되지 못하는 실정이다.

① 유명무실(有名無實)
② 각주구검(刻舟求劍)
③ 사후약방문(死後藥方文)
④ 자업자득(自業自得)
⑤ 연목구어(緣木求魚)

06 다음 제시된 글의 내용과 일치하는 속담은?

이제 우리 사회는 어디에서나 새로운 특성을 지닌 디지털 세대들을 만날 수 있다. 과연 이들이 사회에 주력으로 편입되기 시작하면 어떤 변화가 올까? 새로운 사회는 새로운 인재가 이끌어 갈 수밖에 없다. 중요한 것은 기성세대, 디지털세대 중 한쪽의 사고방식이나 행동양식이 더 우월하다고 믿어서는 안 된다는 것이다. 두 세대는 그저 '다를' 뿐이다.

① 궁하면 통한다
② 새 술은 새 부대에
③ 천 리 길도 한 걸음부터
④ 굴러온 돌이 박힌 돌 뺀다
⑤ 국수 잘하는 솜씨가 수제비 못하랴

07 다음 글에 대한 반박으로 가장 적절한 것은?

"향후 은행 서비스(Banking)는 필요하지만 은행(Bank)은 필요 없을 것이다." 최근 4차 산업혁명으로 대변되는 빅데이터, 사물인터넷, AI, 블록체인 등 신기술이 금융업을 강타하면서 빌 게이츠의 20년 전 예언이 화두로 부상했다. 모든 분야에서 초연결화, 초지능화가 진행되고 있는 4차 산업혁명이 데이터 주도 경제를 열어가면서 데이터에 기반을 둔 금융업에도 변화의 물결이 밀려들고 있다. 이미 전통적인 은행, 증권, 보험, 카드업 등 전 분야에서 금융기술기업인 소위 '핀테크(Fintech)'가 출현하면서 금융서비스의 가치 사슬이 해체되기 시작한 것이다. 이전에는 상상조차 하지 못했던 IT 등 이종 업종의 금융업 진출도 활발하게 이루어지면서 전통 금융회사들을 위협하고 있다.

빅데이터, 사물인터넷, 인공지능, 블록체인 등 새로운 기술로 무장한 4차 산업혁명으로 인해 온라인 플랫폼을 통한 크라우드 펀딩 등 P2P 금융의 출현, 로보 어드바이저에 의한 저렴한 자산관리 서비스의 등장, 블록체인 기술기반의 송금 등 다양한 가치 거래의 탈중계화가 진행되면서 금융 중계, 재산 관리, 위험 관리, 지급 결제 등 금융의 본질적인 요소들이 변화하고 있는 것은 아닌지 의구심이 일어나고 있는 것이다. 혹자는 이들 변화의 종점에 금융의 정체성(Identity) 상실이 기다리고 있다며 금융업 종사자의 입장에서 보면 우울한 전망마저 내놓고 있다. 금융도 디지털카메라의 등장으로 사라진 필름회사 코닥과 같은 비운을 피하기 어렵다며 금융의 종말(The Demise of Banking), 은행의 해체(Unbundling the Banks), 탈중계화, 플랫폼 혁명(Platform Revolution) 등 다양한 화두가 미디어의 전면에 등장하고 있다.

① 가치 거래의 탈중계화는 금융 거래의 보안성에 심각한 위협 요인으로 작용할 것이다.
② 금융 발전의 미래를 위해 금융업에 있어 인공지능의 도입을 막아야 한다.
③ 기술 발전은 금융업에 있어 효율성 향상이라는 제한적인 틀에서 크게 벗어나지 못했다.
④ 로보어드바이저에 의한 자산관리서비스는 범죄에 악용될 위험이 크다.
⑤ 금융의 종말을 방지하기 위해서라도 핀테크 도입의 법적인 제도 마련이 필요하다.

08 중대장 A는 부대원들의 위생 관리를 위해 관련 기사를 매주 월요일마다 제공하고 있다. 관련 기사를 본 부대원들의 반응 중 옳지 않은 것은?

> **올해 첫 비브리오패혈증 환자 발생 … 예방수칙 지키세요!**
> **어패류 충분히 가열해 먹어야 … 피부 상처 있으면 바닷물 접촉 금지**
>
> 올해 첫 비브리오패혈증 환자가 발생했다. 질병관리본부는 만성 간 질환자와 당뇨병 환자, 알코올 중독자 등 비브리오패혈증 고위험군은 감염 예방을 위해 각별한 주의를 당부했다.
>
> 질병관리본부에 따르면 올해 첫 비브리오패혈증 환자는 이달 발생해 항생제 치료를 받고 현재는 회복한 상태다. 이 환자는 B형간염을 동반한 간경화를 기저질환으로 앓고 있는 상태이다. 질병관리본부는 역학조사를 통해 위험요인 등을 확인하고 있다.
>
> 비브리오패혈증은 어패류를 날로 또는 덜 익혀 먹었을 때, 상처 난 피부가 오염된 바닷물에 접촉했을 때 감염될 수 있으며 급성 발열과 오한, 복통, 구토, 설사 등의 증세가 나타난다. 이후 24시간 이내에 발진, 부종 등 피부 병변이 생기기 시작해 수포가 형성되고 점차 범위가 커지며 괴사성 병변으로 진행된다. 특히 간 질환이나 당뇨병 등 만성질환자, 알코올 중독자, 백혈병 환자, 면역결핍 환자 등 고위험군은 치사율이 50%까지 높아지므로 더욱 주의해야 한다.
>
> 비브리오패혈증은 6월부터 10월 사이에 주로 발생하고 환자는 9월에 가장 많이 나온다. 비브리오패혈증균은 지난 3월 전라남도 여수시 해수에서 올해 처음으로 검출된 이후 전남과 경남, 인천, 울산의 바다에서 계속 확인되고 있다. 그러므로 예방을 위해서는 어패류를 충분히 가열해 먹고 피부에 상처가 있는 사람은 오염된 바닷물과 접촉을 금지해야 한다. 또 어패류는 가급적 5℃ 이하로 저온 저장하고 어패류를 요리한 도마, 칼 등은 소독 후 사용해야 한다.

① 강 중사 : 건강검진에서 간 수치가 높게 나왔는데 어패류를 날로 먹지 않는 것이 좋겠어요.
② 박 중사 : 어패류 조리 시에 해수로 깨끗이 씻어야겠어요.
③ 한 중사 : 어패류를 먹고 발열이나 복통 증세가 나타나면 비브리오패혈증을 의심해볼 수 있겠어요.
④ 윤 원사 : 어패류를 요리한 도마, 칼등은 항상 소독 후 사용하는 습관을 들여야겠어요.
⑤ 이 원사 : 어패류를 요리할 때 장갑을 착용하는 것이 좋겠어요.

09 다음 명제들의 결론으로 적당한 것은?

- 종이 책은 휴대가 가능하고, 값이 싸며, 읽기 쉬운 데 반해 컴퓨터는 들고 다닐 수가 없고, 값도 비싸며, 전기도 필요하다.
- 전자 기술의 발전은 이런 문제를 해결할 것이다. 조만간 지금의 종이 책 크기만한, 아니 더 작은 컴퓨터가 나올 것이고, 컴퓨터 모니터도 훨씬 정교하고 읽기 편해질 것이다.
- 조그만 칩 하나에 수백 권 분량의 정보가 기록될 것이다.

① 컴퓨터는 종이 책을 대신할 것이다.
② 컴퓨터는 종이 책을 대신할 수 없다.
③ 컴퓨터도 종이 책과 함께 사라질 것이다.
④ 종이 책의 역사는 앞으로도 계속될 것이다.
⑤ 전자 기술의 발전은 종이 책의 발전과 함께 할 것이다.

10 다음 빈칸에 들어갈 말로 가장 적절한 것은?

어느 시대든 사람들은 원인이 무엇인지 알고 있다고 믿었다. 사람들은 그런 앎을 어디서 얻는가? 원인을 안다고 믿는 사람들의 믿음은 어디서 생기는 것일까?

새로운 것, 체험되지 않은 것, 낯선 것은 원인이 될 수 없다. 알려지지 않은 것에서는 위험, 불안정, 걱정, 공포감이 뒤따라 나오기 때문이다. 우리 마음의 불안한 상태를 없애고자 한다면, 우리는 알려지지 않은 것을 알려진 것으로 환원해야 한다. 이러한 환원은 우리 마음을 편하게 해주고 안심시키며 만족하게 하고 힘을 느끼게 한다. 이 때문에 우리는 이미 알려진 것, 체험된 것, 기억에 각인된 것을 원인으로 설정하게 된다. '왜?'라는 물음의 답으로 나온 것은 그것이 진짜 원인이기 때문에 우리에게 떠오른 것이 아니다. 그것이 우리에게 떠오른 것은 그것이 우리를 안정시켜주고 성가신 것을 없애주며 무겁고 불편한 마음을 가볍게 해주기 때문이다. 따라서 원인을 찾으려는 우리의 본능은 위험, 불안정, 걱정, 공포감 등에 의해 촉발되고 자극받는다.

우리는 '설명이 없는 것보다 설명이 있는 것이 언제나 더 낫다'고 믿는다. 우리는 특별한 유형의 원인만을 써서 설명을 만들어 낸다. [　　　　　　　　　　] 그래서 특정 유형의 설명만이 점점 더 우세해지고, 그러한 설명들이 하나의 체계로 모아져 결국 그런 설명이 우리의 사고방식을 지배하게 된다. 기업인은 즉시 이윤을 생각하고, 기독교인은 즉시 원죄를 생각하며, 소녀는 즉시 사랑을 생각한다.

① 이것은 우리의 호기심과 모험심을 자극한다.
② 이것은 인과관계에 대한 우리의 지식을 확장시킨다.
③ 이것은 낯설고 체험하지 않았다는 느낌을 가장 빠르고 가장 쉽게 제거해 버린다.
④ 이것은 우리가 왜 불안한 심리 상태에 있는지를 설명해준다.
⑤ 이것은 새롭고 낯선 것에서 원인을 발견하려는 우리의 본래 태도를 점차 약화시키고 오히려 그 반대의 태도를 우리의 습관으로 굳어지게 한다.

11 다음 글의 ㉠ ~ ㉢에 각각 들어갈 말을 바르게 짝 지은 것은?

> 사회사적 의미에 있어서의 '시민계급'이란 용어는 세 가지의 각각 다른 개념의 내용과 결부되어 있다. 그 하나는, '시민계급'이란 특수한 성질을 가진 (㉠) 이해관계에 있는 계급이라는 특정한 범주를 포괄할 수 있는 것이다. 이러한 한정된 개념에서 본다면 시민계급은 하등 통일적인 것이 아니다. 다음 (㉡) 의미에 있어서는, 시민계급이란 특정한 권리 담당자로서의 특성을 갖는 모든 국가시민을 포함한다. 끝으로 우리가 (㉢) 의미에 있어서의 시민계급이라 하는 경우에는 국외자로부터 '재산과 교양을 갖고 있는 사람들'이라고 지목되는 사회계층을 의미하는 것이다.
>
> 이러한 개념 중 첫째 의미의 시민은 서양에서만 볼 수 있는 특유한 것이다. 물론, 그 어느 곳에나 수공업자, 즉 기업가는 존재할 수 있으며, 또 존재하고 있었다. 그러나 과거 어느 때나 어떠한 곳에서도 그들이 하나의 통일적인 사회의 계층으로 존재한 일은 없었다. 국가시민이라는 개념은 고대 및 중세의 도시에서 그 선구적 맹아를 볼 수 있다. 고대 및 중세에 있어서는 정치권력의 담당자로서의 시민은 있었으나 서구 이외의 곳에서는 겨우 그 흔적만을 우리가 볼 수 있을 뿐이다. 동방으로 감에 따라 점차로 이러한 흔적은 희미해진다. 예를 들면, 이슬람의 여러 나라 및 인도와 중국에서는 국가시민이라는 것이 존재하지 않았다. 끝으로 재산 및 교양을 지닌 사람 또는 재산이 있는 사람 또는 교양이 있는 사람의 특정한 계층화는 부르주아 계급 개념과 마찬가지로 전적으로 근대 서양의 독특한 개념이며, 이 계층화는 시민을 한편으로 귀족에 대립시키고, 또 다른 한편으로는 무산자계층에 대립시키고 있는 것이다.

	㉠	㉡	㉢
①	신분적	정치적	경제적
②	경제적	신분적	정치적
③	정치적	경제적	신분적
④	경제적	정치적	신분적
⑤	정치적	신분적	경제적

제2회

12 다음 글의 논지를 뒷받침할 수 있는 논거로 가장 부적절한 것은?

아마도 영화가 처음 등장하여 그것에 관한 이론화가 시작되었을 때 대부분의 이론가들에게 아주 현저하게 눈에 띄는 영화의 특징으로 자주 다루어지던 것이 있었다면, 그것은 바로 '시점의 해방'이라고 불리어진 것이었다. 같은 시각 이미지의 영역에 속하는 것이라 할지라도 회화와 연극 등과는 전혀 다른 특징을 영화는 가지고 있다. 영화는 여러 개의 쇼트(Shot)로 이루어져 있다. 이 각각의 쇼트에서 인물이나 사건을 향하는 카메라의 각도와 거리 그리고 방향은 언제나 변화한다. 영화에 대한 초기의 사유는 이러한 시점의 끊임없는 변화에서 의식을 변화시킬 수 있는 잠재력을 보았던 것이다.

① 홍콩 영화 '영웅본색'에서의 격투씬은 그 장면을 보는 사람, 싸우고 있는 사람의 시점에 따라 다르게 촬영된다.
② 공포 영화 '스크림'에서 쫓기고 있는 주인공의 시점은 곧 뒤따르는 살인마의 시점으로 전환된다.
③ 최근 개봉한 영화 '마운틴'은 에베레스트를 항공 촬영한 장면이 압권이라는 평을 듣고 있다.
④ 4명의 가족을 주인공으로 하는 영화 '패밀리'는 각자의 시점을 분할해 구성한 마지막 장면이 깊은 여운을 남겼다.
⑤ '남영동 1985'에서 가장 고통스러웠던 장면은 고문을 받는 주인공의 시점에서 사람들이 고문하며 조롱하고 억압하는 모습이 시점의 변화대로 장면이 전환되었기 때문이다.

13 다음 중 밑줄 친 단어의 맞춤법이 올바르게 짝 지어진 것은?

오늘은 웬지 아침부터 기분이 좋지 않았다. 회사에 가기 싫은 마음을 다독이며 출근 준비를 하였다. 회사에 겨우 도착하여 업무용 컴퓨터를 켰지만, 모니터 화면에는 아무것도 보이지 않았다. 심각한 바이러스에 노출된 컴퓨터를 힘들게 복구했지만, 며칠 동안 힘들게 작성했던 문서가 훼손되었다. 당장 오늘까지 제출해야 하는 문서인데, 이 문제를 어떡게 해결해야 할지 걱정이 된다. 문서를 다시 작성하든지, 팀장님께 사정을 말씀드리던지 해결책을 찾아야만 한다. 현재 나의 간절한 바램은 이 문제가 무사히 해결되는 것이다.

① 웬지, 며칠, 훼손
② 며칠, 어떡게, 바램
③ 며칠, 훼손, 작성하든지
④ 며칠, 말씀드리던지, 바램
⑤ 어떡게, 말씀드리던지, 바램

14 다음 글을 알맞게 배열한 것은?

(가) 하지만 지금은 고령화 시대를 맞아 만성질환이 다수다. 꾸준히 관리 받아야 건강을 유지할 수 있다. 치료보다 치유가 대세다. 이 때문에 미래 의료는 간호사 시대라고 말한다. 그럼에도 간호사에 대한 활용은 시대 흐름과 동떨어져 있다.

(나) 인간의 질병 구조가 변하면 의료 서비스의 비중도 바뀐다. 과거에는 급성질환이 많았다. 맹장염(충수염)이나 구멍 난 위궤양 등 수술로 해결해야 할 상황이 잦았다. 따라서 질병 관리 대부분을 의사의 전문성에 의존해야 했다.

(다) 현재 2년 석사과정을 거친 전문 간호사가 대거 양성되고 있다. 하지만 이들의 활동은 건강보험 의료수가에 반영되지 않고, 그러니 병원이 전문 간호사를 적극적으로 채용하려 하지 않는다. 의사의 손길이 미치지 못하는 곳은 전문성을 띤 간호사가 그 역할을 대신해야 함에도 말이다.

(라) 고령 장수 사회로 갈수록 간호사의 역할은 커진다. 병원뿐 아니라 다양한 공간에서 환자를 돌보고 건강관리가 이뤄지는 의료 서비스가 중요해졌다. 간호사 인력 구성과 수요는 빠르게 바뀌어 가는데 의료 환경과 제도는 한참 뒤처져 있어 안타깝다.

① (나) – (가) – (다) – (라)
② (나) – (라) – (가) – (다)
③ (다) – (라) – (가) – (나)
④ (가) – (다) – (라) – (나)
⑤ (가) – (나) – (다) – (라)

15 다음 글을 통해 추론할 수 없는 것은?

2001년 인간 유전체 프로젝트가 완료된 후, 영국의 일요신문 『옵저버』는 “드디어 밝혀진 인간 행동의 비밀, 열쇠는 유전자가 아니라 바로 환경”이라는 제목의 기사를 실었다. 유전체 연구 결과, 인간의 유전자 수는 애당초 추정치인 10만 개에 크게 못 미치는 3만 개로 드러났다. 해당 기사는 인간 유전체 프로젝트의 핵심 연구자였던 크레이그 벤터 박사의 주장을 다음과 같이 인용하였다. “유전자 결정론이 옳다고 보기에는 유전자 수가 턱없이 부족합니다. 인간 행동과 형질의 놀라운 다양성은 우리의 유전자 속에 들어있지 않다는 것이죠. 환경에 그 열쇠가 있습니다. 우리의 행동양식은 유전자가 환경과 상호작용함으로써 비로소 결정되죠. 인간은 유전자의 지배를 받는 존재가 아닌 것이죠. 우리는 자유의지를 발휘할 수 있는 존재인 것입니다.” 여러 신문들은 이 같은 기사를 실었다. 이를 계기로, 본성 대 양육이라는 해묵은 논쟁은 인간의 행동을 결정하는 것이 유전인지 아니면 환경인지 하는 논쟁의 형태로 재점화되었다. 인간이란 결국 신체를 구성하는 물질에 의해 구속받는 존재인지 아니면 인간에게 자유의지가 허락되는지를 놓고도 열띤 토론이 벌어졌다.

① 처음 인간의 유전자 수는 약 10만 개 정도로 추정되었다.
② 『옵저버』에 실린 기사는 크레이그 벤터 박사의 주장을 인용하고 있다.
③ 제시된 기사는 인간의 행동을 결정하는 것이 유전자와 환경의 상호작용이라 보고 있다.
④ 인간의 행동양식을 결정하는 것이 본성인지 양육인지에 대한 논쟁은 오래전부터 존재했다.
⑤ 여러 신문사의 기사를 통해 인간의 행동이 유전자와 환경의 상호작용에 의해 결정된다는 것이 정설로 여겨짐을 알 수 있다.

16 다음 글의 내용과 일치하는 것은?

뉴턴은 빛이 눈에 보이지 않는 작은 입자라고 주장하였고, 이것은 그의 권위에 의지하여 오랫동안 정설로 여겨졌다. 그러나 19세기 초에 토마스 영의 겹실틈 실험은 빛의 파동성을 증명하였다. 이 실험의 방법은 먼저 한 개의 실틈을 거쳐 생긴 빛이 다음에 설치된 두 개의 겹실틈을 지나가게 하여 스크린에 나타나는 무늬를 관찰하는 것이다. 이때 빛이 파동이냐 입자이냐에 따라 결과 값이 달라진다. 즉, 빛이 입자라면 일자 형태의 띠가 두 개 나타나야 하는데, 실험 결과 스크린에는 예상과 다른 무늬가 나타났다. 마치 두 개의 파도가 만나면 골과 마루가 상쇄와 간섭을 일으키듯이, 보강 간섭이 일어난 곳은 밝아지고 상쇄 간섭이 일어난 곳은 어두워지는 간섭무늬가 연속적으로 나타난 것이다. 그러나 19세기 말부터 빛의 파동성으로는 설명할 수 없는 몇 가지 실험적 사실이 나타났다. 1905년에 아인슈타인은 빛은 광량자라고 하는 작은 입자로 이루어졌다는 광량자설을 주장하였다. 빛의 파동성은 명백한 사실이었으므로 이것은 빛이 파동이면서 동시에 입자인 이중적인 본질을 가지고 있다는 것을 의미하는 것이었다.

① 뉴턴의 가설은 그의 권위에 의해 현재까지도 정설로 여겨진다.
② 겹실틈 실험은 한 개의 실틈을 거쳐 생긴 빛이 다음 설치된 두 개의 겹실틈을 지나가게 해서 그 틈을 관찰하는 것이다.
③ 겹실틈 실험 결과, 일자 형태의 띠가 두 개 나타났으므로 빛은 입자이다.
④ 토마스 영의 겹실틈 실험은 빛의 파동성을 증명하였지만, 이는 아인슈타인에 의해서 거짓으로 판명 났다.
⑤ 아인슈타인의 광량자설은 뉴턴과 토마스 영의 가설을 모두 포함한다.

17 다음 빈칸에 들어갈 가장 알맞은 접속어는?

'딥페이크(Deepfake)'란 딥러닝(Deep Learning)과 페이크(Fake)의 합성어로, 인공 지능(AI) 기술을 이용해 제작된 가짜 동영상 또는 가짜 동영상 제작 프로세스 자체를 의미한다. 생성적 적대신경망(GAN)이라는 기계학습 기술을 사용하여 사진이나 영상을 원본 영상에 겹쳐서 만들어낸다. 이는 미국의 한 네티즌이 온라인 소셜 커뮤니티인 레딧(Reddit)에 할리우드 배우의 얼굴과 포르노 영상 속 인물의 얼굴을 악의적으로 합성한 편집물을 올리면서 시작되었다. 연예인이나 정치인 등 유명인뿐만 아니라 일반인도 딥페이크의 피해자가 될 수 있다는 우려가 커지면서 사회적 문제가 되고 있다.

( ) 딥페이크 기술을 유용하게 쓰는 방안도 등장했다. 과학기술 전문지 〈뉴 사이언티스트〉에 따르면 이스라엘의 기업인 '캐니 인공 지능(Canny AI)'은 동영상을 여러 다른 언어로 더빙하는 데 딥페이크 기술을 이용하고 있다. 이 기업은 현재 유명 연예인이 촬영한 광고나 홍보 동영상을 다양한 언어로 더빙하는 데 딥페이크 기술을 활용하고 있으며, 향후 텔레비전 프로그램이나 영화 더빙에 이를 확대 적용할 예정이다.

① 이를 통해
② 그러므로
③ 한편
④ 즉
⑤ 그래서

18 다음 글의 주제로 알맞은 것은?

동영상 압축 기술인 MPEG는 일반적으로 허프만 코딩 방식을 사용한다. 허프만 코딩은 데이터 발생빈도수에 따라 서로 다른 길이의 부호를 부여하여 데이터를 비트로 압축하는 방식이다. 예를 들어 데이터 abccdddddd를 허프만 코딩 방식으로 압축해 보면, 먼저 데이터 abccdddddd를 발생빈도와 발생확률에 따라 정리한다. 그리고 발생확률이 0.1로 가장 낮은 문자 a와 b를 합하여 0.2로 만들고, 이것을 S_1로 표시한다. 이 S_1을 다음으로 발생확률이 낮은 c의 0.2와 합한다. 그리고 이를 S_2라고 표시한다. 다시 S_2의 발생확률 0.4를 d의 발생확률 0.6과 더하고 그것을 S_3이라고 표시한다. 이런 방식으로 만들면 발생확률의 합은 1이 된다. 이와 같은 과정을 이어가며 나타낸 것을 허프만 트리라고 한다. 허프만 트리는 맨 위 S_3을 기준으로 왼쪽으로 뻗어 나가는 줄기는 0으로 표시하고, 오른쪽으로 뻗어가는 줄기는 1로 표시한다. 이렇게 원래의 데이터를 0과 1의 숫자로 코드화한다. 그러면 a는 000, b는 001, c는 01, d는 1이 된다. 이렇게 발생빈도에 따라 데이터의 부호 길이는 달리 표시된다. 이런 과정을 거치면 코딩 이전의 원래 데이터 abccdddddd는 0000010101111111로 표현된다.

① MPEG의 종류
② 허프만 코딩 방식의 정의
③ 허프만 코딩 방식의 과정
④ 허프만 트리의 양상
⑤ 데이터의 표현 방법

19 다음 글에서 〈보기〉가 들어갈 위치로 가장 적절한 곳은?

유럽, 특히 영국에서 가장 사랑받는 음료인 홍차의 기원은 16세기 중엽 중국에서 시작된 것으로 전해지고 있다. (가) 본래 홍차보다 덜 발효된 우롱차가 중국에서 만들어져 유럽으로 수출되기 시작했고, 그중에서도 강하게 발효된 우롱차가 환영을 받으면서 홍차가 탄생하게 되었다는 것이다. 중국인들이 녹차와 우롱차의 차이를 설명하는 과정에서 쓴 영어 'Black Tea'가 홍차의 어원이 되었다는 것이 가장 강력한 가설로 꼽히고 있다. (나)

홍차는 1662년 찰스 2세가 포르투갈 출신의 캐서린 왕비와 결혼하면서 영국에 전해지게 되는데, 18세기 초에 영국은 홍차의 최대 소비국가가 된다. (다) 영국에서의 홍차 수요가 급증함과 동시에 홍차의 가격이 치솟아 무역적자가 심화되자, 영국 정부는 자국 내에서 직접 차를 키울 수는 없을까 고민하지만 별다른 방법을 찾지 못했고, 홍차의 고급화는 점점 가속화됐다. (라)

하지만 영국의 탐험가인 로버트 브루스 소령이 아삼 지방에서 차나무의 존재를 발견하면서 홍차 산업의 혁명이 도래하는데, 아삼 지방에서 발견한 차는 찻잎의 크기가 중국종의 3배쯤이며 열대기후에 강하고, 홍차로 가공했을 때 중국차보다 뛰어난 맛을 냈다.

그러나 아이러니하게도 아삼 홍차는 3대 홍차에 꼽히지 않는데 이는 19세기 영국인들이 지닌 차에 대한 인식 때문이다. (마) 당시 중국차에 대한 동경과 환상을 지녔던 영국인들은 식민지에서 자생한 차나무가 중국의 차나무보다 우월할 것이라고 믿지 못했기에 아삼차를 서민적인 차로 취급한 것이었다.

보기

이처럼 홍차가 귀한 취급을 받았던 이유는 중국이 차의 수출국이란 유리한 입지를 지키기 위하여 차의 종자, 묘목의 수출 등을 엄중하게 통제함과 동시에 차의 기술이나 제조법을 극단적으로 지켰기 때문이다.

① (가)
② (나)
③ (다)
④ (라)
⑤ (마)

20 A기업은 담수화 플랜트 관련 사업을 추진하며 현 실태를 파악하기 위해 담수화 과정을 도입하고 있는 나라와 그 배경을 조사하였다. 조사 중 한 신문에서 다음과 같은 글을 보았을 때 글에서 언급한 내용으로 적절하지 않은 것은?

> 최근 세계적으로 사막화가 빠른 속도로 진행되고 있다. 이러한 사막화가 인류에게 심각한 위협이라는 인식을 전 세계가 공유해야만 한다. 유엔의 조사결과, 이대로 가면 지구 육지 면적의 3분의 1이 사막화될 것으로 예상된다.
>
> 사막화란 건조 지대에서 일어나는 토지 황폐화 현상으로, 지구 온난화를 비롯한 지구 환경의 변화 때문에 발생한다. 과도한 경작으로 땅을 혹사시키거나 무분별한 벌목으로 삼림을 파괴하는 인간의 잘못된 활동에 의해서도 일어날 수 있다. 사막화는 많은 나라에서 진행되기 때문에 심각한 문제이다. 그중 특히 심각한 곳은 아프리카이고 중동이나 호주, 중국도 심각한 수준이다.
>
> 사막화의 피해는 눈에 띌 정도로 뚜렷하게 나타난다. 우선 생산력을 잃은 토지에서 식물이 자랄 수 없게 되고 농경이 불가능해진다. 이것은 식량 생산의 감소를 의미한다. 또한, 식수가 부족하게 될 것이다. 최근 중동 지역이나 호주 같은 나라들은 이 문제를 해결하기 위해 바닷물을 담수화 과정을 거쳐 식수로 만들고 있다.

① 사막화를 막는 방안
② 사막화가 심한 지역
③ 사막화 진행 이유
④ 사막화의 정의
⑤ 사막화의 부정적 전망

제2회

21 다음 글을 읽고 추론할 수 있는 것은?

미국 사회에서 동양계 미국인 학생들은 '모범적 소수 인종(Model Minority)'으로, 즉 미국의 교육체계 속에서 뚜렷하게 성공한 소수 인종의 전형으로 간주되어 왔다. 그리고 그들은 성공적인 학교생활을 통해 주류 사회에 동화되고 이것에 의해 사회적 삶에서 인종주의의 영향을 약화시킨다는 주장으로 이어졌다. 하지만 동양계 미국인 학생들이 이렇게 정형화된 이미지처럼 인종주의의 장벽을 넘어 미국 사회의 구성원으로 참여하고 있는가는 의문이다. 미국 사회에서 동양계 미국인 학생들의 인종적 정체성은 다수자인 '백인'의 특성이 장점이라고 생각하는 것과 소수자인 동양인의 특성이 단점이라고 생각하는 것의 사이에서 구성된다. 그리고 이것은 그들에게 두 가지 보이지 않는 결과를 제공한다. 하나는 대부분의 동양계 미국인 학생들이 인종적인 차이에 대한 그들의 불만을 해소하고 인종 차이에서 발생하는 차별을 피하고자 백인이 되기를 원하는 것이다. 다른 하나는 다른 사람들이 자신을 동양인으로 연상하지 않도록 자신 스스로 동양인들의 전형적인 모습에서 벗어나려고 하는 것이다. 그러므로 모범적 소수 인종으로서의 동양계 미국인 학생은 백인에 가까운 또는 동양인에서 먼 '미국인'으로 성장할 위험 속에 있다.

① '모범적 소수 인종'은 특유의 인종적 정체성을 내면화하고 있다.
② '동양계 미국인 학생들'의 성공은 일시적이고 허구적인 것이다.
③ 여러 소수 인종 집단은 인종 차이가 초래할 부정적인 효과에 대해 의식하고 있다.
④ 여러 집단의 인종은 사회에서 한정된 자원의 배분을 놓고 갈등하고 있다.
⑤ 다인종 사회에서 다수파 인종은 은폐된 형태로 인종차별을 지속시키고 있다.

[22 ~ 23] 다음 글을 읽고 이어지는 물음에 답하시오.

> 에이즈(AIDS; Acquired Immune Deficiency Syndrome)는 HIV(Human Immunodeficiency Virus), 즉 인체면역결핍바이러스가 몸속에 침입하여 면역 세포를 파괴함으로써 체내의 면역 기능을 저하시키는 감염병이다. HIV에 감염되어도 별다른 증상이 나타나지 않아 감염 사실을 알지 못하는 환자가 많다. 일반적으로 6주에서 12주 정도가 지나야 항체가 형성되는데, 항체가 형성되어야만 감염 여부를 검사할 수 있기 때문에 심각한 감염 증상이 발생한 후에야 에이즈로 진단되는 경우가 많다.
>
> 에이즈 감염자는 에이즈에 대한 편견과 오해로 사회 곳곳에서 차별을 당하고 있다. 에이즈는 음식을 같이 먹으면 감염된다거나 침이 묻어도 감염된다는 등의 소문으로 인해 감염성이 높은 질병이라는 인식이 강하다. 그러나 음식에 들어간 HIV는 생존할 수 없으며, 땀이나 침에는 극히 소량의 HIV가 들어있어 상대방의 체내로 들어간다 해도 감염을 일으키기는 어렵다. 에이즈에 걸리려면 충분한 양의 HIV가 체내로 들어와야 하므로 일상적인 신체 접촉으로는 감염되지 않는다.
>
> 그렇다면 에이즈에 걸리면 곧 죽게 될까? 사실 에이즈에 걸린다고 해서 금방 사망에 이르지는 않는다. HIV에 감염된 후 아무런 치료를 받지 않더라도 사망에 이르기까지는 약 10 ~ 12년이 걸린다. 게다가 의학의 발달로 새로운 치료제가 계속 개발되고 있어 꾸준히 치료한다면 30년 이상 생존할 수 있다. 과거에는 에이즈가 원인도 알 수 없는 불치병이었으나, 지금은 약물로 치료하면 증상이 개선될 수 있는 질병이 되었다. 1991년에 에이즈 감염 사실을 공개한 미국의 프로농구 선수 매직 존슨은 지금까지도 정상적인 삶을 살고 있다.

22

다음 중 글을 이해한 내용으로 옳은 것은?

① 에이즈는 면역계의 결함으로 인해 나타나는 선천성 질환이다.
② HIV에 감염되더라도 항체가 형성되기 전이라면 별다른 증상이 나타나지 않는다.
③ HIV는 음식에 들어가 생존할 수 없으나, 인체의 체액 내에서는 생존할 수 있다.
④ 에이즈는 악수를 통해서도 전염될 수 있으므로 직접적인 접촉은 피하는 것이 좋다.
⑤ 의학의 발달로 에이즈를 완치할 수 있는 치료제들이 계속 개발되고 있다.

제2회

23

다음 〈보기〉를 참고할 때, 글쓴이가 주장할 내용으로 가장 적절한 것은?

> 보기
>
> 정부가 국민들을 대상으로 실시한 설문 조사 결과, 국민들은 에이즈(AIDS)에 대해 '불치병', '죽음' 등 부정적으로 인식하는 경우가 많은 것으로 나타났다. 그러나 실제 응답자 중 주변에서 에이즈 감염인을 본 적이 있다는 답변은 0.6%에 불과하여 에이즈에 대한 잘못된 인식은 미디어를 통해 간접 경험한 낙인이 내면화된 것으로 보인다.

① 에이즈 환자는 자신의 감염 사실을 주변에 적극적으로 알려야 한다.
② 주기적인 검진을 통해 병을 조기에 발견한다면 건강을 지킬 수 있다.
③ 에이즈에 감염된 채 살아가야 하는 환자의 삶을 존중해야 한다.
④ 에이즈 치료제를 개발하기 위한 연구에 보다 많은 투자가 필요하다.
⑤ 에이즈를 다루고 있는 미디어에 대한 보다 검증적인 시각이 필요하다.

[24 ~ 25] 다음 글을 읽고 이어지는 물음에 답하시오.

서민들의 생활문화에서 생성되고, 향수되었던 민속음악에는 궁중음악이나 선비 풍류 음악과 다른 특성이 깃들어 있다. 먼저 민속음악은 기쁘고, 노엽고, 슬프고, 즐거운 마음의 변화를 드러내는 것을 주저하지 않는다. 풀어질 수 있는 데까지 풀어져 보고, 직접 음악에 뛰어들어 보는 현실적인 음악성을 추구하며, 흥과 신명은 드러내고 한(恨)을 풀어냄으로써 팍팍한 삶의 고비를 흥겹게 넘게 하는 음악, 이것이 민속음악이 지닌 큰 미덕이라고 할 수 있다.

다음으로 민속음악은 일정한 격식이나 외적인 연주 조건에 얽매이지 않기 때문에 악대의 편성과 공연 방식이 매우 개방적이다. 일상에서는 한두 가지 악기로 장단과 가락에 맞추어 노래하거나 춤을 곁들이는 경우가 많고, 또한 음악에서 격식이나 사상을 표출하기보다는 음악에 개인의 생활과 감정을 담기 때문에 표현도 직접적이고 적극적인 경우가 많다. 음악의 농현이나 시김새를 변화 있게 사용하여 흥과 한, 신명을 마음껏 표현한다. 음을 떨어내는 농현을 격렬하게 해서 음악을 극적으로 유도하며 음의 진행에 나타나는 '조이고 푸는' 과정을 뚜렷하게 내보인다. 음악의 속도는 느린 것과 빠른 것이 짝을 이루기도 하고, 음악의 진행에 따라 속도가 조절되기도 하지만, 대체로 느리고 엄숙한 이미지를 지닌 궁중음악이나 선비 풍류 음악에 비해 빠르고 발랄하다. 그런가 하면 민속음악에서는 곱고 예쁘게 다듬어내는 음보다 힘있고 역동적으로 표출되는 음이 아름답다고 여긴다. 판소리 명창이 고함치듯 질러대는 높은 소리에 청중들은 기다렸다는 듯이 '얼씨구'라는 추임새로 호응한다.

이러한 특성은 서양 클래식이나 정악의 개념에서 볼 때 이해하기 어려운 부분이다.

민속음악은 또 즉흥적인 신명성을 추구한다. 악보나 작곡자의 뜻이 강하게 반영되는 음악과 달리 우리의 민속음악가들은 어느 정도의 음악적 틀을 지키는 가운데 그때그때의 흥을 실어 즉흥적인 음악성을 발휘하는 것이다. 그것은 또 청중의 음악적 기대와도 상통한다. 즉, 민속음악을 듣는 데 귀가 트인 명창들은 판소리 명창들이 매번 똑같이 연주하는 것을 '사진 소리'라 하여 생명력 없는 음악으로 여겼다는 것은 널리 알려진 사실이다. 이러한 점은 산조에서도 마찬가지고 시나위 연주에서도 마찬가지여서 민속음악은 '배운대로 잘하면 대가가 되는 것'이 아니라 자기가 음악을 자유자재로 이끌어 갈 수 있도록 민속음악의 어법에 완전히 달통한 경지에 이르러야 비로소 좋은 연주를 하게 되는 것이다.

또한 민속음악이 지닌 가장 큰 특징 중 하나는 지역에 따라 음악의 표현 요소가 많이 다르다는 것이다. 마치 각 지역의 방언이 다르듯, 민속음악은 서도와 남도, 동부, 경기 지역에 따라 다른 음악 언어를 갖는다. 민요와 풍물, 무속음악을 말할 때 반드시 지역을 구분하는 것은 민속음악이 지닌 지역적 특징 때문이다.

24 **윗글에 제시된 민속음악의 특징으로 옳지 않은 것은?**

① 기쁘고, 노엽고, 슬프고, 즐거운 마음의 변화를 드러낸다.
② 일정한 격식이나 외적인 연주 조건에 얽매이지 않는다.
③ 음악의 농현이나 시김새를 변화 있게 사용하여 흥과 한, 신명을 마음껏 표현한다.
④ 곱고 예쁘게 다듬어내는 음에 청중들이 추임새로 호응한다.
⑤ 서도와 남도, 동부, 경기 지역에 따라 다른 음악 언어를 갖는다.

25 **윗글에 대한 이해를 심화·발전시키기 위한 활동으로 가장 적절한 것은?**

① 각 지역적 민속음악 요소를 반영한 공연을 관람한다.
② 서양의 클래식과 궁중음악의 공통점과 차이점을 비교해 보았다.
③ 박물관에 가서 전통 악보에 대해 관찰하고 보고서를 작성했다.
④ 민속음악과 서양음악의 협업 공연을 관람한다.
⑤ 전통음악을 하는 명창들과 현대의 대중가수를 비교·분석하여 공통점을 찾아보았다.

01 6%의 소금물 700g에서 한 컵의 소금물을 퍼내고, 퍼낸 양만큼 13%의 소금물을 넣었더니 9%의 소금물이 되었다. 이때, 퍼낸 소금물의 양은?

① 300g
② 320g
③ 350g
④ 450g

02 집에서 도서관을 거쳐 영화관에 갔다가 되돌아오려고 한다. 집에서 도서관에 가는 길은 3가지이고, 도서관에서 영화관에 가는 길은 4가지일 때, 다음 〈조건〉을 만족하는 모든 경우의 수는?

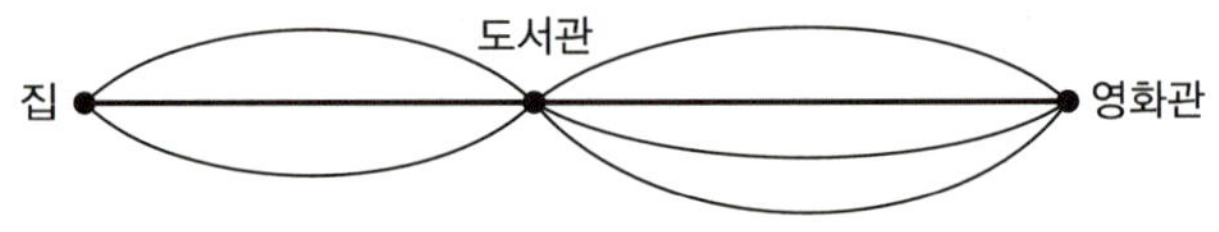

조건

- 도서관에서 영화관을 다녀올 때 같은 길을 이용한다면, 집과 도서관 사이에는 다른 길을 이용해야 한다.
- 도서관에서 영화관을 다녀올 때 다른 길을 이용한다면, 집과 도서관 사이에는 같은 길을 이용해야 한다.

① 12가지
② 48가지
③ 60가지
④ 128가지

03 가로의 길이가 135cm, 세로의 길이가 75cm인 직사각형 모양의 벽이 있다. 이 벽에 남는 부분이 없이 가능한 가장 큰 정사각형 모양의 타일을 붙이려고 한다. 타일의 한 변의 길이를 몇 cm로 하면 되겠는가?

① 7cm
② 10cm
③ 12cm
④ 15cm

04 어떤 그룹에 속해 있는 사람들의 던지기 기록을 다음과 같이 도수분포다각형으로 나타냈을 때, 30m 이상 40m 미만을 던진 사람은 모두 몇 명인가?

〈던지기 기록 도수분포다각형〉

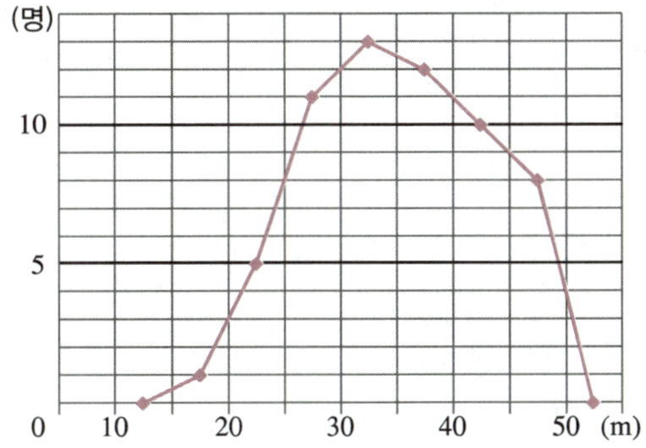

① 13명
② 20명
③ 25명
④ 30명

05 A와 B는 꽁꽁 언 강 위에서 각각 다른 일정한 속력으로 썰매를 타고 있다. A는 B의 출발선보다 1.2m 앞에서 동시에 출발하여 B가 따라잡기로 하였다. A의 속력은 0.6m/s이며, B가 출발하고 6초 후에 A를 따라잡았다고 할 때, B의 속력은 몇 m/s인가?

① 0.8m/s
② 1.0m/s
③ 1.2m/s
④ 1.4m/s

제2회

06 농도가 7%인 소금물이 있다. 이 소금물을 얼마간 증발시킨 후, 농도가 3%인 소금물을 줄어든 양만큼 넣었더니, 농도가 9%가 되었다. 증발한 물의 양이 60g이라면, 소금물이 증발한 후 3%의 소금물을 넣기 전 소금물의 농도는?

① 15%
② 17%
③ 19%
④ 21%

07 다음은 2019년 주요 7개 지역(A ~ G)의 재해 피해 현황이다. 이에 대한 설명으로 옳지 않은 것은?

〈2019년 주요 7개 지역의 재해 피해 현황〉

구분 / 지역	피해액(천 원)	행정면적(km^2)	인구(명)	1인당피해액(원)
전국	187,282,994	100,387	51,778,544	3,617
A	2,898,417	1,063	2,948,542	983
B	2,883,752	10,183	12,873,895	224
C	3,475,055	10,540	3,380,404	1,028
D	7,121,830	16,875	1,510,142	4,716
E	24,482,562	8,226	2,116,770	11,566
F	86,648,708	19,031	2,691,706	32,191
G	(　　　)	7,407	1,604,432	36,199

※ 피해밀도(원/km^2)＝피해액/행정면적

① G 지역의 피해액은 전국 피해액의 35% 이하이다.
② 주요 7개 지역을 합친 지역의 1인당 피해액은 나머지 전체 지역의 1인당 피해액보다 크다.
③ D 지역과 F 지역을 합친 지역의 1인당 피해액은 전국 1인당 피해액의 5배 이상이다.
④ 주요 7개 지역 중 피해밀도가 가장 낮은 지역은 D 지역이다.

08 다음은 시 · 도별 인구변동 현황에 관한 자료이다. 〈보기〉 중 옳은 내용을 모두 고른 것은?

〈시 · 도별 인구변동 현황〉

(단위 : 천 명)

구분	2016년	2017년	2018년	2019년	2020년	2021년	2022년
서울	10,173	10,167	10,181	10,193	10,201	10,208	10,312
부산	3,666	3,638	3,612	3,587	3,565	3,543	3,568
대구	2,525	2,511	2,496	2,493	2,493	2,489	2,512
인천	2,579	2,600	2,624	2,665	2,693	2,710	2,758
광주	1,401	1,402	1,408	1,413	1,423	1,433	1,455
대전	1,443	1,455	1,466	1,476	1,481	1,484	1,504
울산	1,081	1,088	1,092	1,100	1,112	1,114	1,126
경기	10,463	10,697	10,906	11,106	11,292	11,460	11,787

보기

㉠ 서울 인구와 경기 인구의 차는 2016년보다 2022년에 더 컸다.
㉡ 2022년 인구가 2016년보다 감소한 지역은 부산뿐이다.
㉢ 2017 ~ 2022년 중 광주의 전년 대비 인구가 가장 많이 증가한 해는 2022년이다.
㉣ 대구의 인구는 2017년부터 꾸준히 감소했다.

① ㉠, ㉡
② ㉠, ㉢
③ ㉠, ㉡, ㉢
④ ㉡, ㉢, ㉣

09 다음은 2개의 음식점에 대한 만족도를 5개 부문으로 나누어 평가한 자료이다. 이에 대한 내용으로 옳지 않은 것은?

〈A, B음식점의 만족도 평가〉

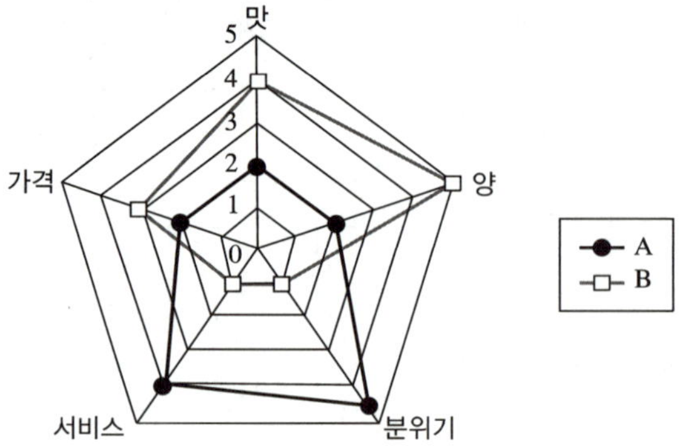

① A음식점은 2개 부문에서 B음식점을 능가한다.
② 맛 부문에서 만족도가 더 높은 음식점은 B음식점이다.
③ A와 B음식점 간 가장 큰 차이를 보이는 부문은 서비스이다.
④ B음식점은 가격보다 맛과 양 부문에서 상대적 만족도가 더 높다.

10 다음은 갑 기업의 모집단위별 지원자 수 및 합격자 수를 나타낸 자료이다. 자료에 대한 설명 중 옳지 않은 것은?

〈모집단위별 지원자 수 및 합격자 수〉

(단위 : 명)

모집단위	남성		여성		합계	
	합격자 수	지원자 수	합격자 수	지원자 수	합격자 수	지원자 수
A집단	512	825	89	108	601	933
B집단	353	560	17	25	370	585
C집단	138	417	131	375	269	792
합계	1,003	1,802	237	508	1,240	2,310

※ $[\text{경쟁률}(\%)]=\frac{(\text{지원자 수})}{(\text{모집정원})}\times 100$

※ 경쟁률은 소수점 이하 첫째 자리에서 반올림

① 세 개의 모집단위 중 총 지원자 수가 가장 많은 집단은 A집단이다.
② B집단의 경쟁률은 158%이다.
③ 갑 기업의 남성 합격자 수는 여성 합격자 수의 5배 이상이다.
④ C집단에서는 남성의 경쟁률이 여성의 경쟁률보다 높다.

11 다음은 남북 군사회담 개최 현황과 대북 지원 현황에 관한 자료이다. 이에 대한 내용으로 옳지 않은 것은?

〈남북 군사회담 개최 현황〉

(단위 : 회)

구분	2005년	2006년	2007년	2008년	2009년	2010년	2011년	2012년	2013년	2014년
국방 장관회담	0	0	1	–	0	0	0	0	0	0
군사 실무회담	0	0	7	2	0	1	1	0	0	0
군사 실무접촉	0	0	0	–	0	0	0	0	0	0
장성급 군사회담	0	2	3	–	0	0	0	0	0	0
실무 대표회담	2	0	0	–	0	0	0	0	0	0
합계	3	4	11	2	0	1	1	0	0	0

〈대북 지원 현황〉

(단위 : 억 원)

구분		2005년	2006년	2007년	2008년	2009년	2010년	2011년	2012년	2013년	2014년
정부차원	무상지원	1,360	2,273	1,983	438	294	204	65	23	133	141
	식량차관	1,787	0	1,505	0	0	0	0	0	0	0
민간차원(무상)		779	709	909	725	377	200	131	118	51	54
총액		3,926	2,982	4,397	1,163	671	404	196	141	183	195

① 2008년 이후로 대북 지원은 주로 민간차원으로 이루어졌다.

② 2007년에 정부의 대북 무상지원 금액은 최고치를 기록하였으며 군사회담도 가장 많이 개최되었다.

③ 정부의 남북 간 긴장 완화를 위한 노력이 있었으나, 2008년 이후로는 다시 경색 국면에 접어들었다.

④ 정부차원의 대북 지원은 2013년을 기점으로 다시 증가하고 있는 추세이다.

제2회

12 K대대에 근무하는 장교 8명은 다음 그림과 같은 8인승 자동차를 타고 이동한다. 제시된 〈조건〉과 같이 좌석을 배치하려고 할 때, 8명 모두 자동차에 탑승하는 방법의 수는?

〈8인승 자동차 좌석배치도〉

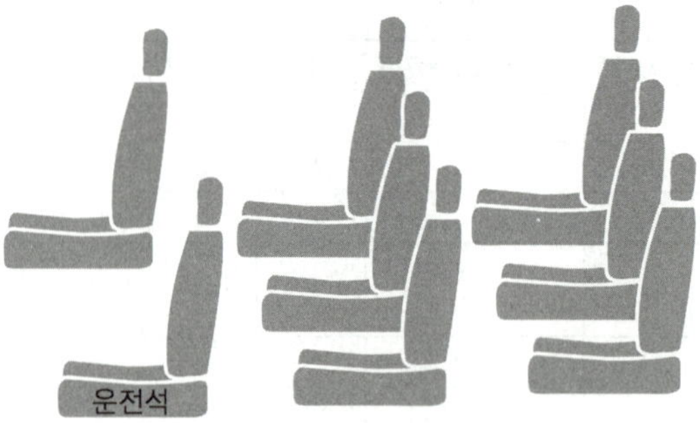

조건

- 좌석은 앞줄에 2개, 가운데 줄과 뒷줄에 각각 3개씩 있다.
- 운전석에는 장교들 중 운전면허 소지자인 K와 L만 앉을 수 있다.
- 전날 야간근무를 한 H와 P는 뒷줄에 앉아 자면서 가기로 했다.
- J는 가운데 줄에 앉아 훈련 장소의 현지 담당자와 연락하면서 가야한다.

① 96가지
② 192가지
③ 288가지
④ 864가지

13 표준 업무시간이 80시간인 업무를 각 부서에 할당해 본 결과, 다음과 같은 〈표〉를 얻었다. 어느 부서의 업무효율이 가장 높은가?

〈부서별 업무시간 분석결과〉

부서명	투입인원(명)	개인별 업무시간(시간)	회의	
			횟수(회)	소요시간(시간/회)
A	2	41	3	1
B	3	30	2	2
C	4	22	1	4
D	3	27	2	1

※ 1) 업무효율=표준 업무시간÷총 투입시간
2) 총 투입시간은 개인별 투입시간의 합임
개인별 총 투입시간=개인별 업무시간+회의 소요시간
3) 부서원은 업무를 분담하여 동시에 수행할 수 있음
4) 투입된 인원의 개인별 업무능력과 인원당 소요시간이 동일하다고 가정함

① A
② B
③ C
④ D

14 다음은 2016년부터 2021년까지 A지역의 연도별 탈세제보자료를 나타낸 자료이다. 이에 대한 설명으로 적절한 것은?

〈탈세제보자료 처리현황〉

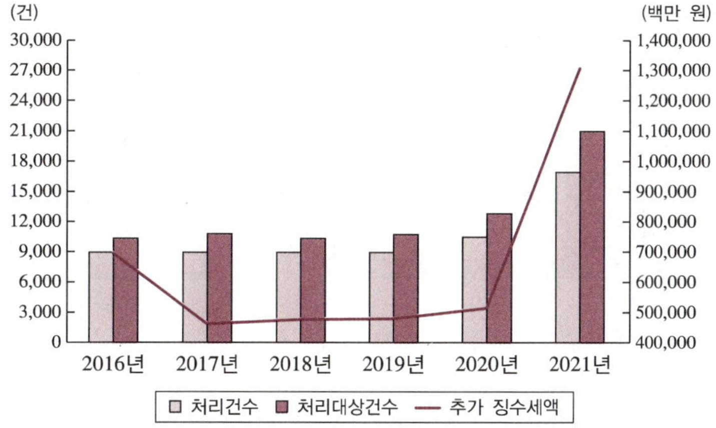

〈연도별 탈세제보자료 처리현황〉

(단위 : 건, 백만 원)

구분	처리대상건수			추가 징수세액
	합계	전년이월	당년접수	
2017년	10,743	1,293	9,450	462,057
2018년	10,559	1,613	8,946	477,853
2019년	10,744	1,538	9,206	481,229
2020년	12,795	1,708	11,087	522,351
2021년	20,866	2,096	18,770	1,321,053

① 2020년에 처리한 건수는 11,087건이다.

② 추가 징수세액과 처리대상건수는 2016년부터 2019년까지 거의 변화가 없다.

③ 처리건수당 추가 징수세액은 2016년이 2017년보다 많다.

④ 2017년에는 전년도에 비해 탈세가 적게 일어났을 것이다.

15 **다음은 한국인이 가장 좋아하는 산 및 등산 횟수에 관한 설문 조사 결과이다. 다음 설명 중 적절하지 않은 것은?**

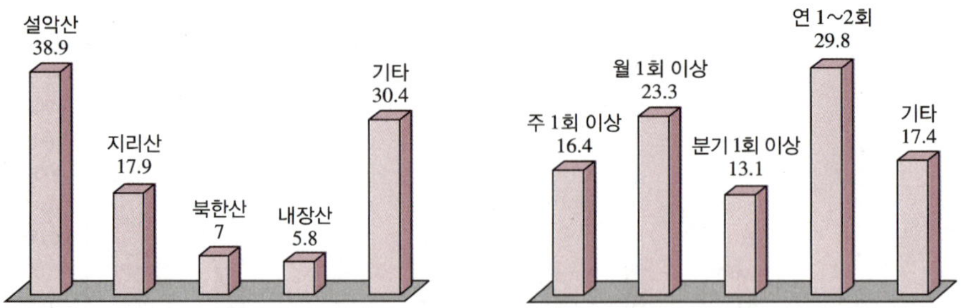

① 한국인이 가장 좋아하는 산은 설악산이다.
② 한국인의 80% 이상은 일 년에 최소 1번 이상 등산을 한다.
③ 설문 조사에서 설악산을 좋아한다고 답한 사람은 지리산, 북한산, 내장산을 좋아한다고 답한 사람의 합보다 더 적다.
④ 한국인이 가장 좋아하는 산 중 선호도가 높은 3개의 산에 대한 비율은 50% 이상이다.

16 **다음은 지난달 봉사 장소별 봉사자 수를 연령별로 조사한 자료이다. 다음 〈보기〉에서 이에 대한 이해로 옳은 것을 모두 고른 것은?**

〈봉사 장소의 연령대별 봉사자 수〉

(단위 : 명)

구분	10대	20대	30대	40대	50대	전체
보육원	148	197	405	674	576	2,000
요양원	65	42	33	298	296	734
무료급식소	121	201	138	274	381	1,115
노숙자쉼터	0	93	118	242	347	800
유기견보호소	166	117	56	12	0	351
전체	500	650	750	1,500	1,600	5,000

보기

ㄱ. 전체 보육원 봉사자 중 30대 이하가 차지하는 비율은 36%이다.
ㄴ. 전체 무료급식소 봉사자 중 40 ~ 50대는 절반 이상이다.
ㄷ. 전체 봉사자 중 50대의 비율은 20대의 3배이다.
ㄹ. 노숙자쉼터 봉사자 중 30대는 15% 미만이다.

① ㄱ, ㄷ
② ㄱ, ㄹ
③ ㄴ, ㄷ
④ ㄴ, ㄹ

17 다음 〈표〉는 조선 전기(1392~1550년) 홍수재해 및 가뭄재해 발생 건수에 대한 자료이다. 이에 대한 〈보기〉의 설명 중 옳은 것만을 모두 고르면?

〈조선 전기 홍수재해 발생 건수〉

(단위 : 건)

분류기간 \ 월	1	2	3	4	5	6	7	8	9	10	11	12	합
1392 ~ 1450년	0	0	0	0	4	12	8	3	0	0	0	0	27
1451 ~ 1500년	0	0	0	0	1	3	4	0	0	0	0	0	( )
1501 ~ 1550년	0	0	0	0	5	7	9	15	1	0	0	0	37
계	0	0	0	0	( )	22	21	( )	1	0	0	0	( )

〈조선 전기 가뭄재해 발생 건수〉

(단위 : 건)

분류기간 \ 월	1	2	3	4	5	6	7	8	9	10	11	12	합
1392 ~ 1450년	0	1	1	5	9	8	9	2	1	0	0	1	37
1451 ~ 1500년	0	0	0	5	2	5	4	1	0	0	0	0	17
1501 ~ 1550년	0	0	0	4	7	7	6	1	0	0	0	0	( )
계	0	1	1	( )	18	( )	19	4	1	0	0	1	( )

보기

ㄱ. 홍수재해 발생 건수는 총 72건이며, 분류기간별로는 1501 ~ 1550년에 37건으로 가장 많이 발생했다.

ㄴ. 홍수재해는 모두 5 ~ 8월에만 발생했다.

ㄷ. 2 ~ 7월의 가뭄재해 발생 건수는 전체 가뭄재해 발생 건수의 90% 이상을 차지한다.

ㄹ. 매 분류기간마다 가뭄재해 발생 건수는 홍수재해 발생 건수보다 많다.

① ㄱ, ㄴ　　② ㄱ, ㄷ

③ ㄴ, ㄹ　　④ ㄱ, ㄷ, ㄹ

[18 ~ 19] 다음은 2017 ~ 2021년 우리나라의 예산분야별 재정지출 추이를 나타낸 자료이다. 이어지는 물음에 답하시오.

〈우리나라의 예산분야별 재정지출 추이〉

(단위 : 조 원, %)

구분	2017년	2018년	2019년	2020년	2021년	연평균 증가율
예산	137.3	147.5	153.7	165.5	182.8	7.4
기금	59.0	61.2	70.4	72.9	74.5	6.0
교육	24.5	27.6	28.8	31.4	35.7	9.9
사회복지·보건	32.4	49.6	56.0	61.4	67.5	20.1
R&D	7.1	7.8	8.9	9.8	10.9	11.3
SOC	27.1	18.3	18.4	18.4	18.9	−8.6
농림·해양·수산	12.3	14.1	15.5	15.9	16.5	7.6
산업·중소기업	11.4	11.9	12.4	12.6	12.6	2.5
환경	3.5	3.6	3.8	4.0	4.4	5.9
국방비	18.1	21.1	22.5	24.5	26.7	10.2
통일·외교	1.4	2.0	2.6	2.4	2.6	16.7
문화·관광	2.3	2.6	2.8	2.9	3.1	7.7
공공질서·안전	7.6	9.4	11.0	10.9	11.6	11.2
균형발전	5.0	5.5	6.3	7.2	8.1	12.8
기타	43.5	35.2	35.1	37.0	38.7	−2.9
총 지출	196.3	208.7	224.1	238.4	257.3	7.0

※ (총 지출)=(예산)+(기금)

18

다음 중 자료에 대한 내용으로 옳은 것은?(단, 비율은 소수점 첫째 자리에서 반올림한다)

① 교육 분야의 전년 대비 재정지출 증가율이 가장 높은 해는 2018년이다.
② 전년 대비 재정지출액이 증가하지 않은 해가 있는 분야는 5개이다.
③ 기금을 제외하면, 사회복지·보건 분야가 예산에서 차지하고 있는 비율은 언제나 가장 높다.
④ 기금의 연평균 증가율보다 낮은 연평균 증가율을 보이는 분야는 3개이다.

19

다음 중 2019년 대비 2020년 사회복지·보건 분야의 재정지출 증감률과 공공질서·안전 분야의 재정지출 증감률의 차는 얼마인가?(단, 소수점 둘째 자리에서 반올림한다)

① 9.4%p ② 10.5%p
③ 11.2%p ④ 12.6%p

20 다음은 군수품 조달집행추이에 관한 자료이다. 다음 중 자료를 통해 추론할 수 있는 것은?

〈군수품 조달집행추이〉

(단위 : 억 원)

구분	2015년	2016년	2017년	2018년	2019년	2020년
합계	36,546	37,712	40,572	41,031	44,484	44,611
중앙조달	31,718	32,954	35,683	34,758	34,954	33,833
– 내자	21,573	21,925	26,833	25,555	25,679	23,108
– 외자	10,145	11,029	8,850	9,203	9,275	10,725
*상업	5,026	4,825	4,750	5,896	6,052	6,728
*FMS	5,119	6,204	4,100	3,307	3,223	3,997
부대조달	2,240	1,801	1,983	2,656	2,116	2,547
조달청조달	2,588	2,957	2,906	3,617	7,414	8,231

※ 총계 : 국방비 중 경상비로 구매한 군수품 계약 집행액

※ 중앙조달 : 방위 사업청에서 각 군 수요물량을 통합 구매한 계약 집행액

※ 부대조달 : 각 군/기관에서 중앙조달 이외의 품목을 자체 구매한 계약 집행액

※ 조달청조달 : 조달청에 의뢰하여 위탁 구매한 계약 집행액

① 방위 사업청에서 집행한 금액이 전년보다 증가한 해에는 부대 조달 금액이 감소하였다.

② 매년 조달청 위탁 구매 금액이 가장 적다.

③ 각 군이나 기관에서 자체적으로 구매한 계약 집행액은 2020년에 가장 많았다.

④ 조달청을 통한 위탁 구매가 크게 증가함으로써 계약의 투명성이 확보되었다고 할 수 있다.

제2회

[01 ~ 05] 다음에 이어지는 물음에 답하시오.

- 입체도형을 펼쳐 전개도를 만들 때, 전개도에 표시된 그림(예 : ◨, ◪ 등)은 회전의 효과를 반영함. 즉, 본 문제의 풀이과정에서 보기의 전개도상에 표시된 “◨”와 “⊟”은 서로 다른 것으로 취급함.
- 단, 기호 및 문자(예 : ☎, ♤, ♨, K, H 등)의 회전에 의한 효과는 본 문제의 풀이과정에 반영하지 않음. 즉, 입체도형을 펼쳐 전개도를 만들 때, “☎”의 방향으로 나타나는 기호 및 문자도 보기에서는 “☎”의 방향으로 표시하며 동일한 것으로 취급함.

01 다음 입체도형의 전개도로 알맞은 것은?

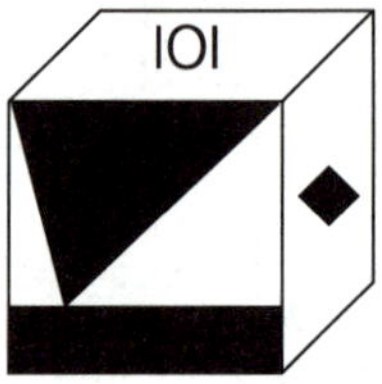

①
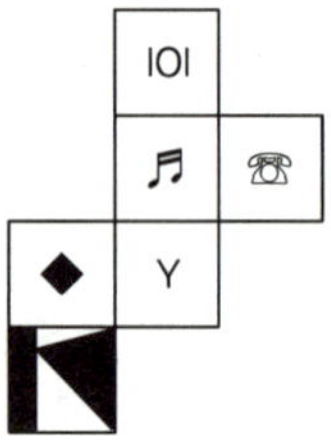

②
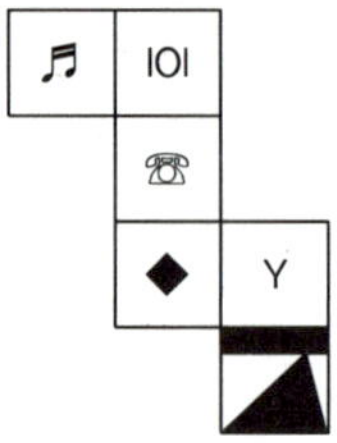

③
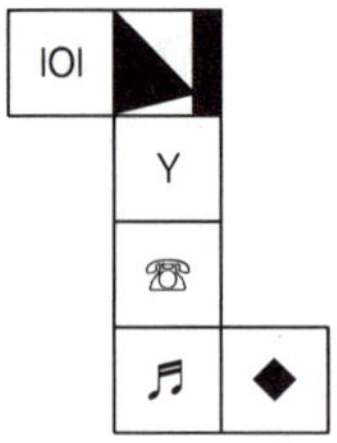

④

02 다음 입체도형의 전개도로 알맞은 것은?

①
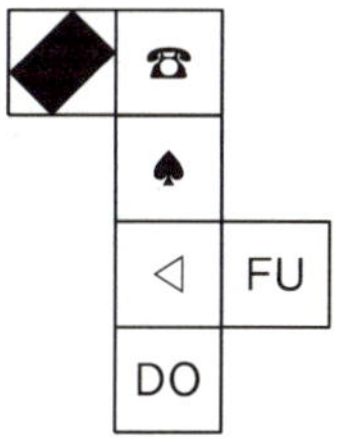

②

③
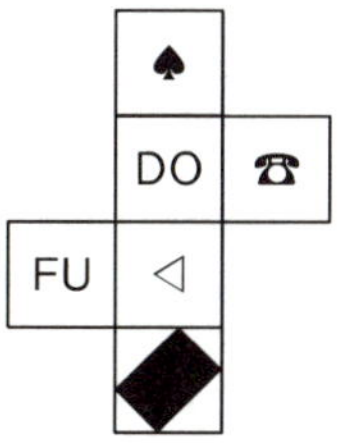

④
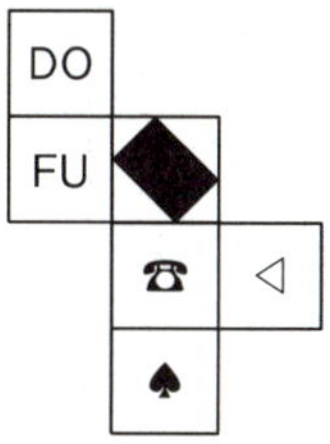

03 다음 입체도형의 전개도로 알맞은 것은?

①
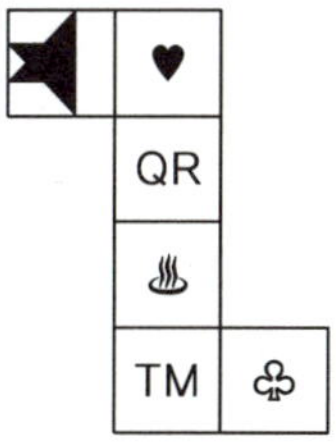

②
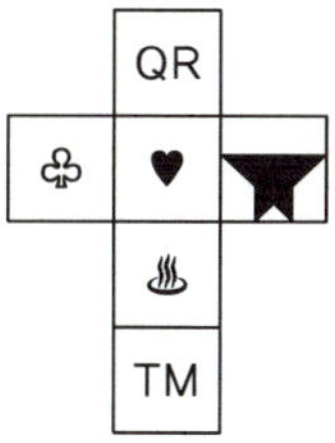

③
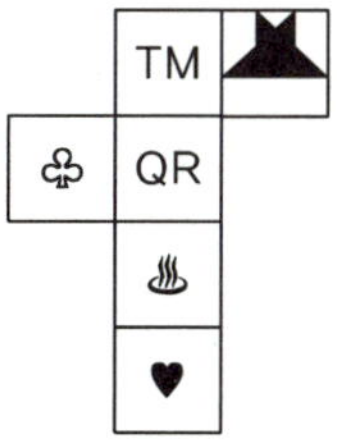

④
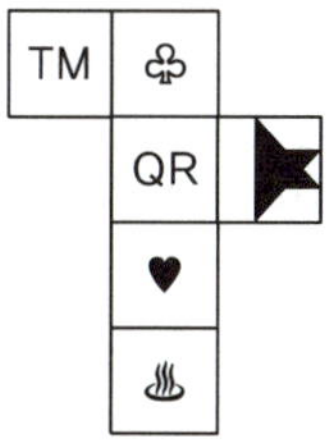

04 다음 입체도형의 전개도로 알맞은 것은?

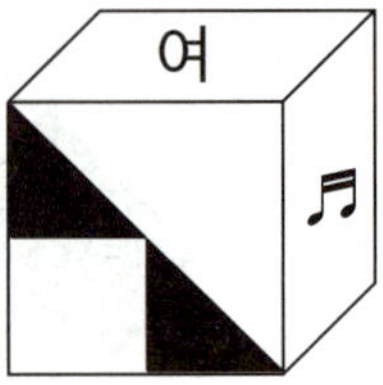

①
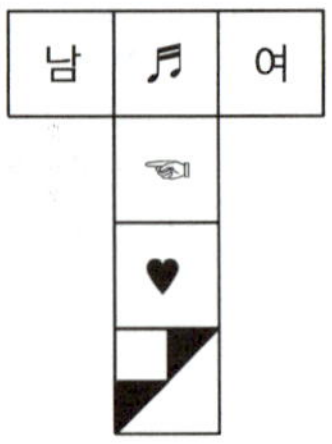

②
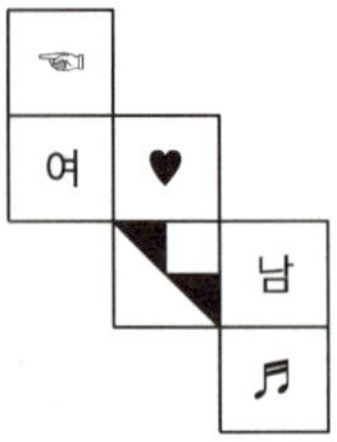

③
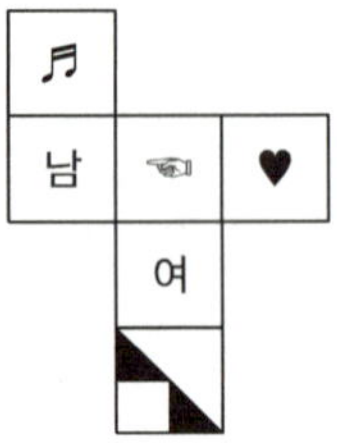

④
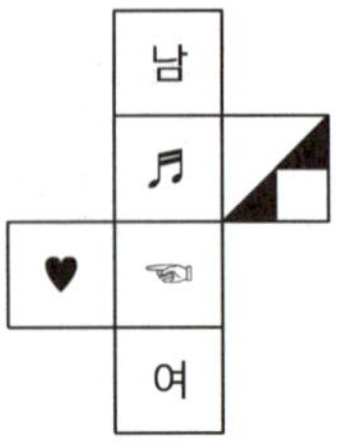

05 다음 입체도형의 전개도로 알맞은 것은?

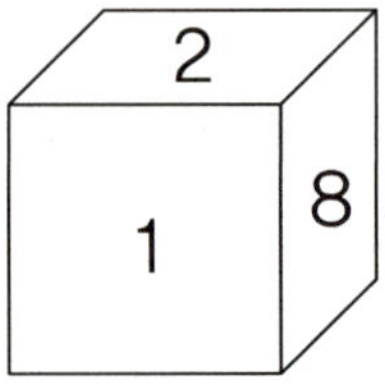

①
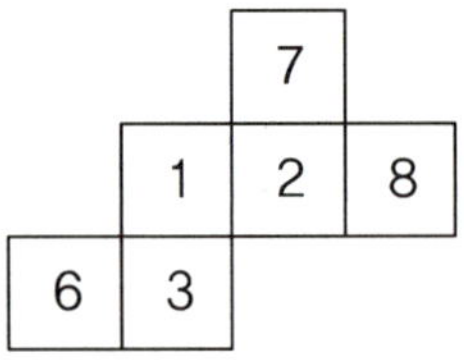

②
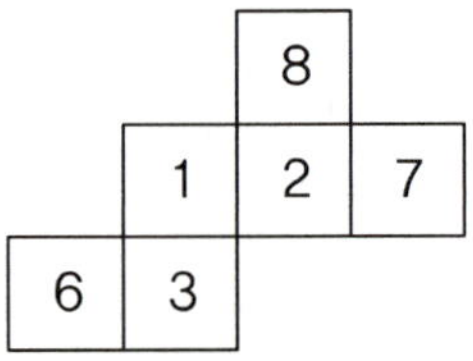

③
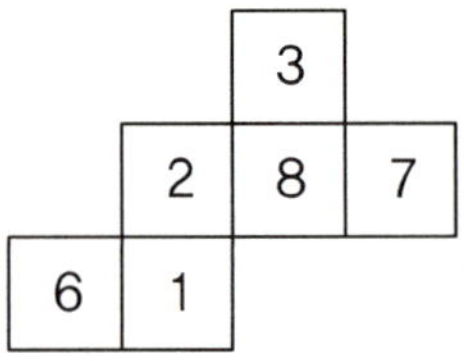

④
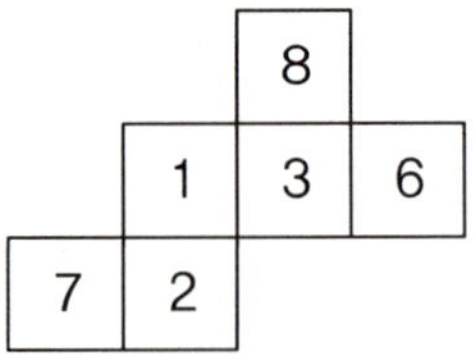

[06 ~ 10] 다음에 이어지는 물음에 답하시오.

- 전개도를 접을 때 전개도상의 그림, 기호, 문자가 입체도형의 겉면에 표시되는 방향으로 접음.
- 전개도를 접어 입체도형을 만들 때, 전개도에 표시된 그림(예 : ▮, ◪ 등)은 회전의 효과를 반영함. 즉, 본 문제의 풀이과정에서 보기의 전개도상에 표시된 "▮"와 "▬"은 서로 다른 것으로 취급함.
- 단, 기호 및 문자(예 : ☎, ♤, ♨, K, H)의 회전에 의한 효과는 본 문제의 풀이과정에 반영하지 않음. 즉, 전개도를 접어 입체도형을 만들 때, "☎"의 방향으로 나타나는 기호 및 문자도 보기에서는 "☎" 방향으로 표시하며 동일한 것으로 취급함.

06 다음 전개도의 입체도형으로 알맞은 것은?

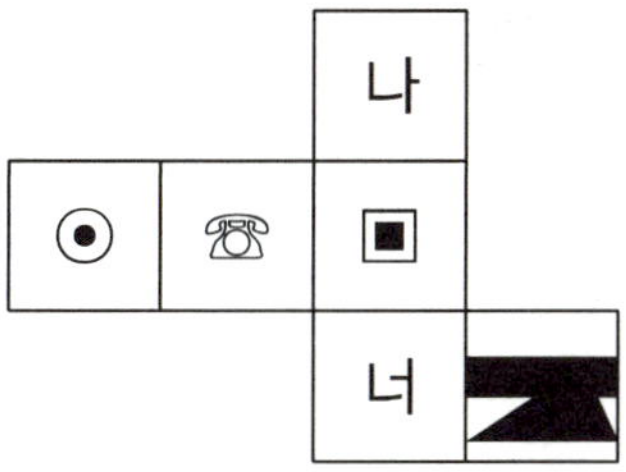

① 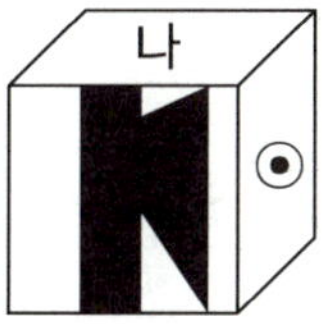

② 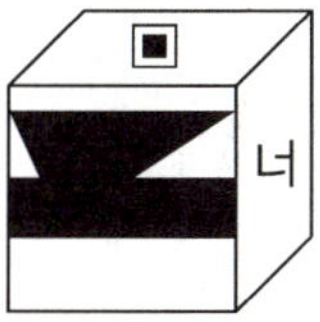

③ 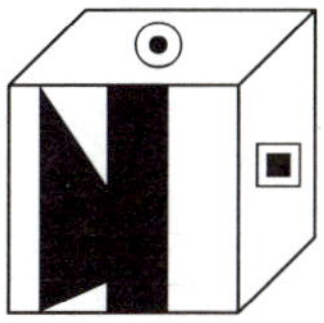

④ 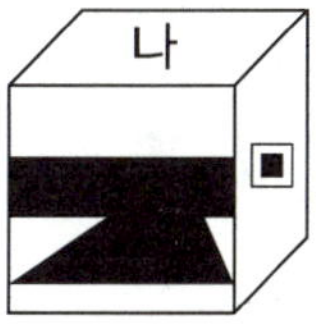

07 다음 전개도의 입체도형으로 알맞은 것은?

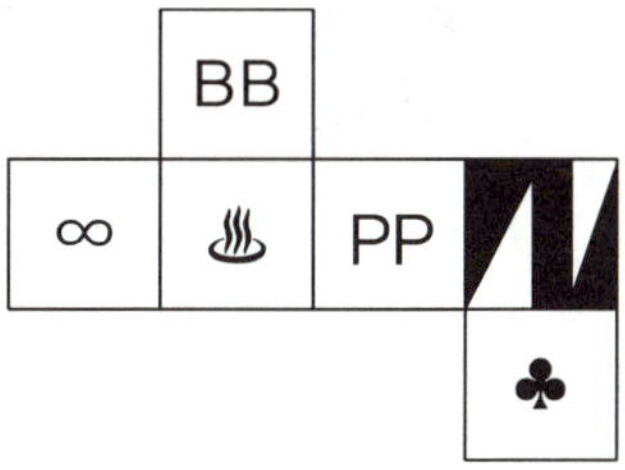

① 

② 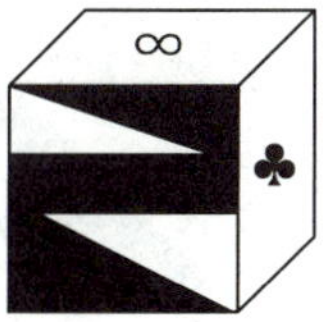

③ 

④ 

08 다음 전개도의 입체도형으로 알맞은 것은?

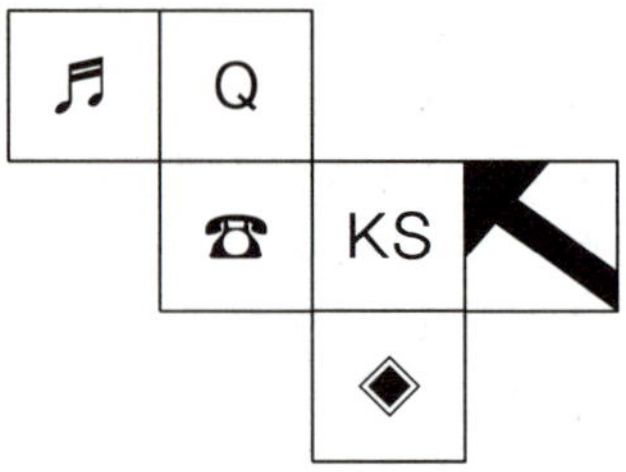

①

②

③

④
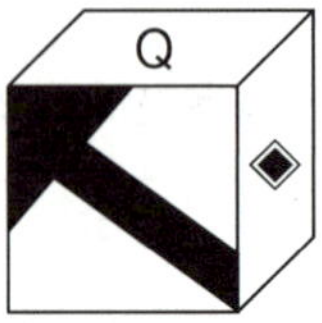

09 다음 전개도의 입체도형으로 알맞은 것은?

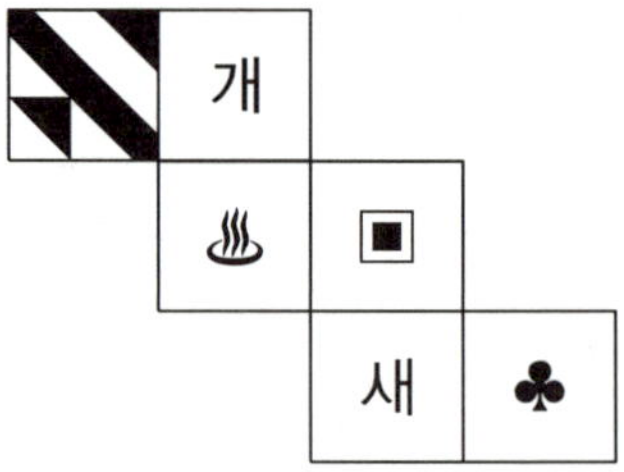

①

②

③

④

10 다음 전개도의 입체도형으로 알맞은 것은?

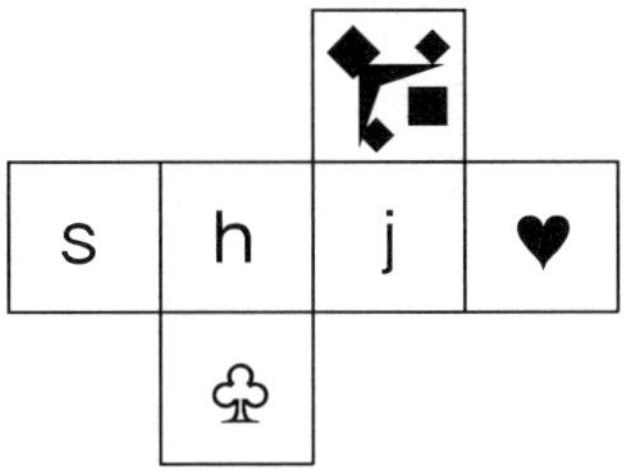

①
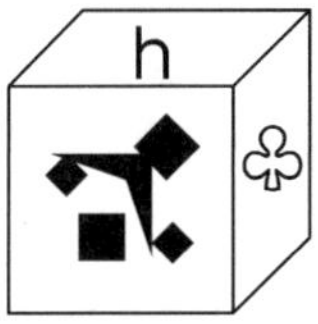

②

③

④

[11 ~ 14] 아래에 제시된 그림과 같이 쌓기 위해 필요한 블록의 수를 고르시오.

*블록은 모양과 크기가 모두 동일한 정육면체임

11

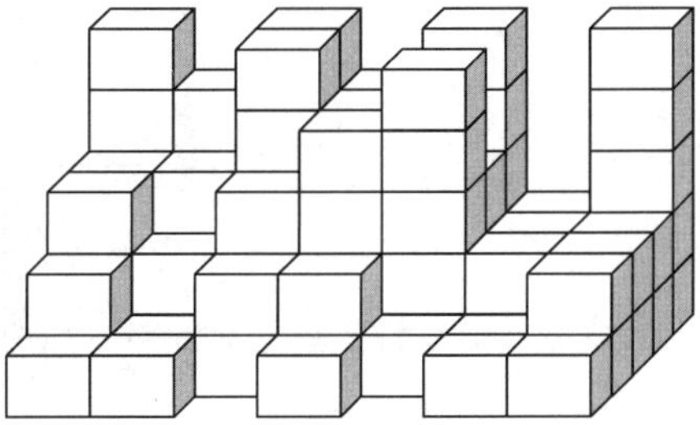

① 80개 ② 83개 ③ 86개 ④ 89개

12

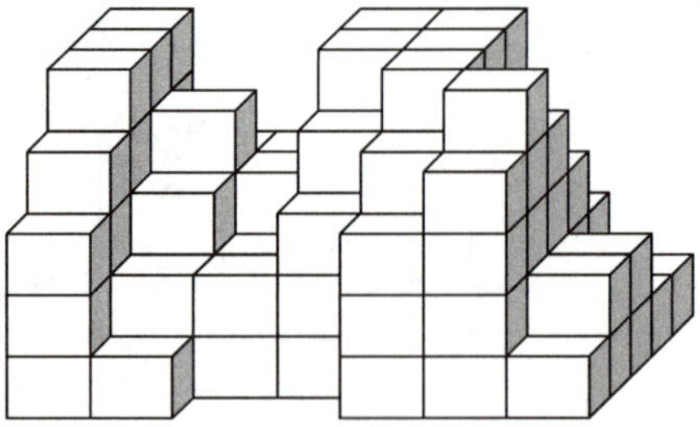

① 109개　② 111개　③ 113개　④ 115개

13

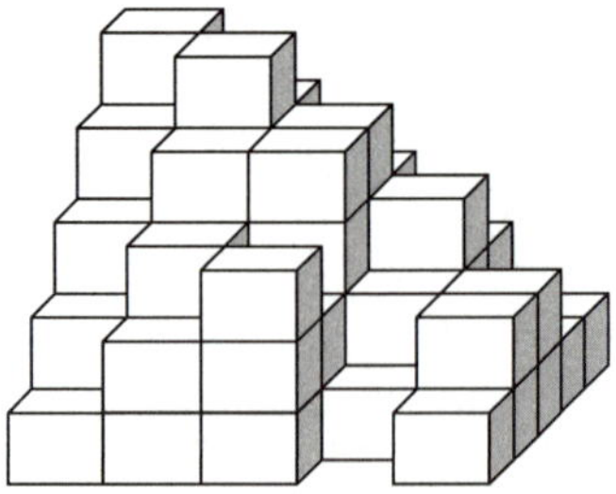

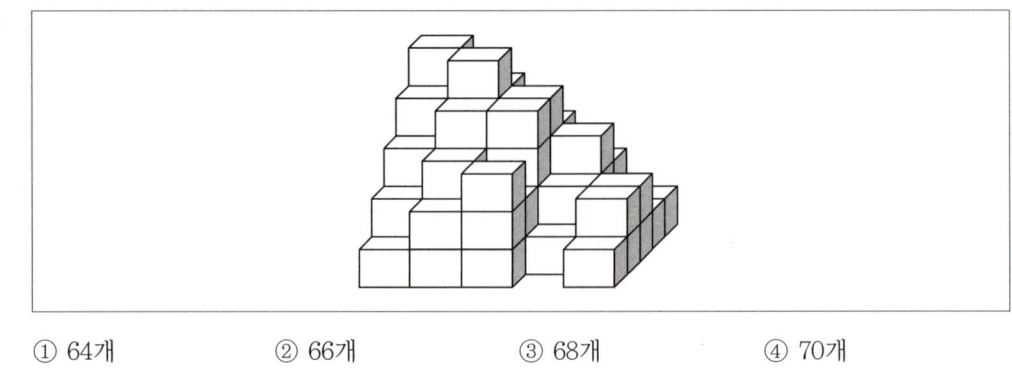

① 64개　② 66개　③ 68개　④ 70개

14

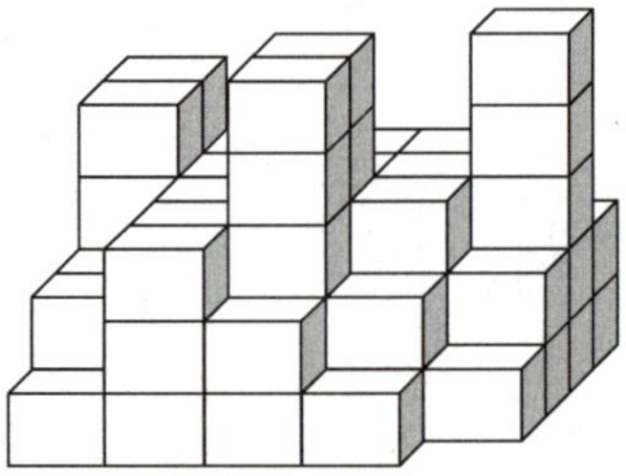

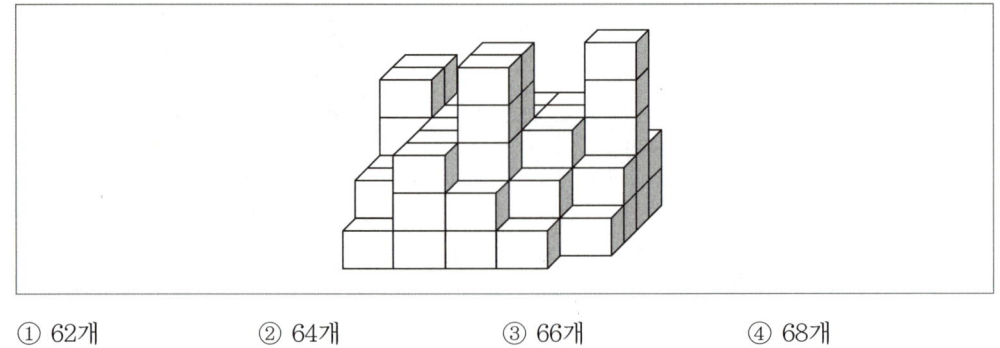

① 62개　② 64개　③ 66개　④ 68개

[15 ~ 18] 아래에 제시된 블록들을 화살표 표시한 방향에서 바라봤을 때의 모양으로 알맞은 것을 고르시오.

* 블록은 모양과 크기가 모두 동일한 정육면체임
* 바라보는 시선의 방향은 블록의 면과 수직을 이루며 원근에 의해 블록이 작게 보이는 효과는 고려하지 않음

15

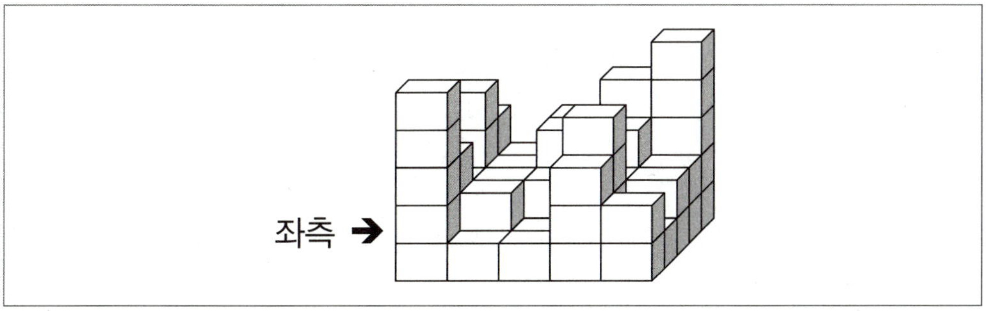

①
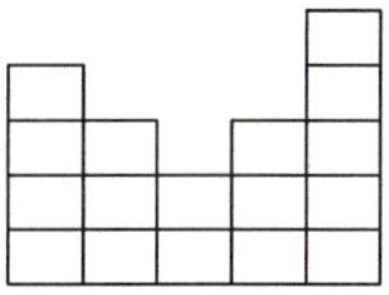
②
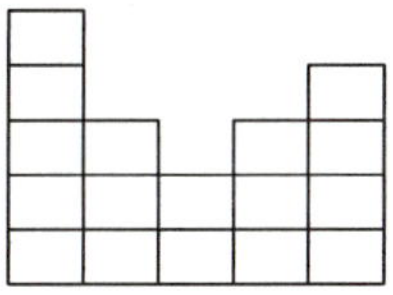
③
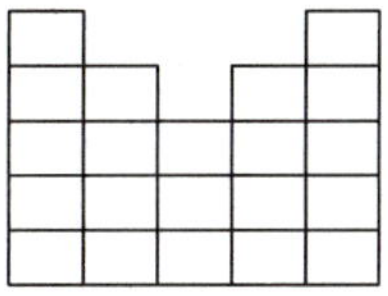
④
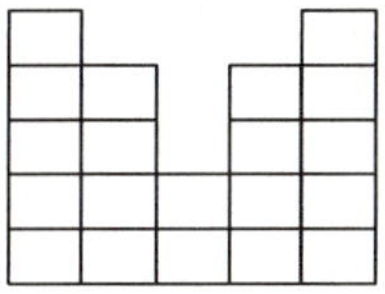

16

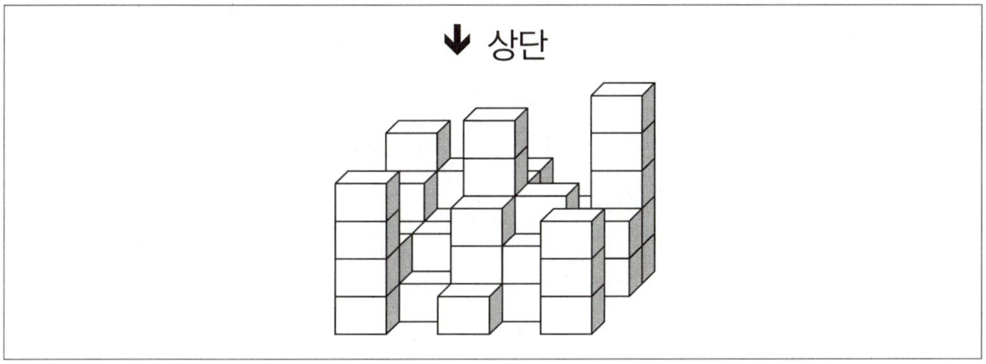

①
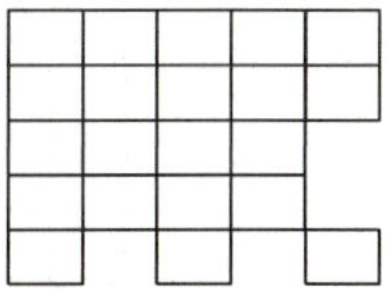
②
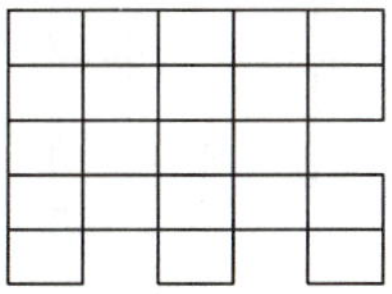
③
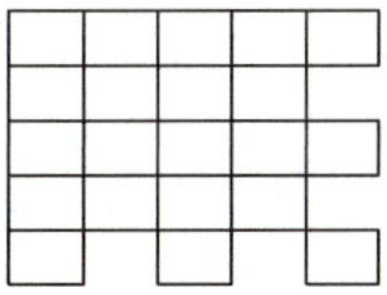
④
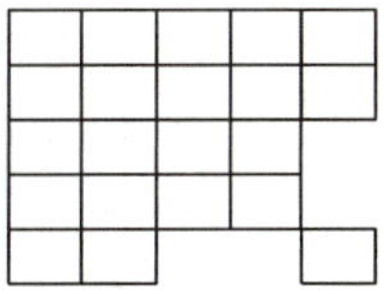

17

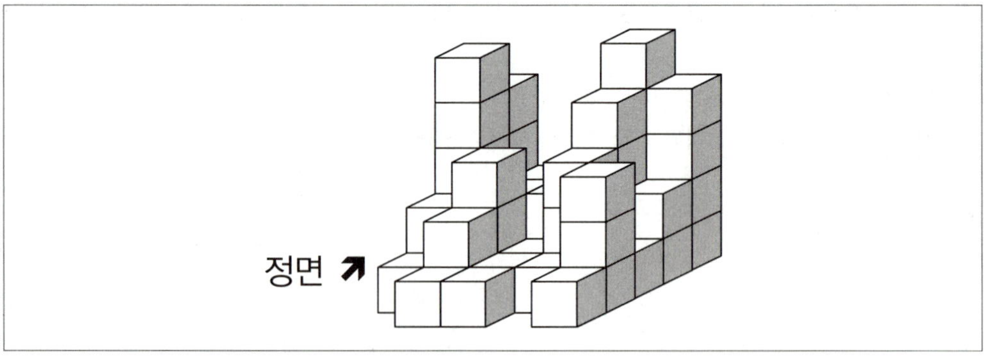

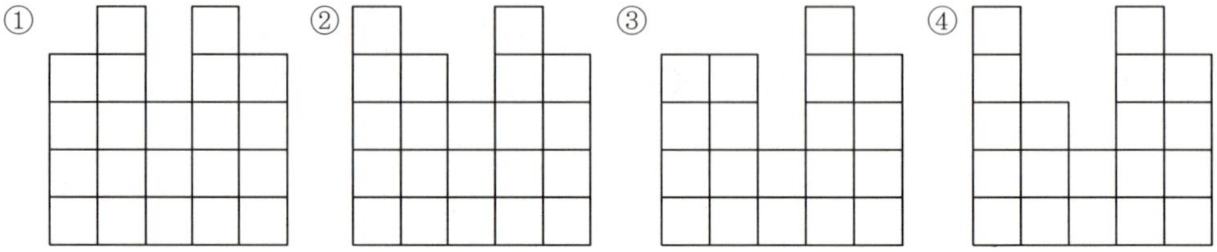

18

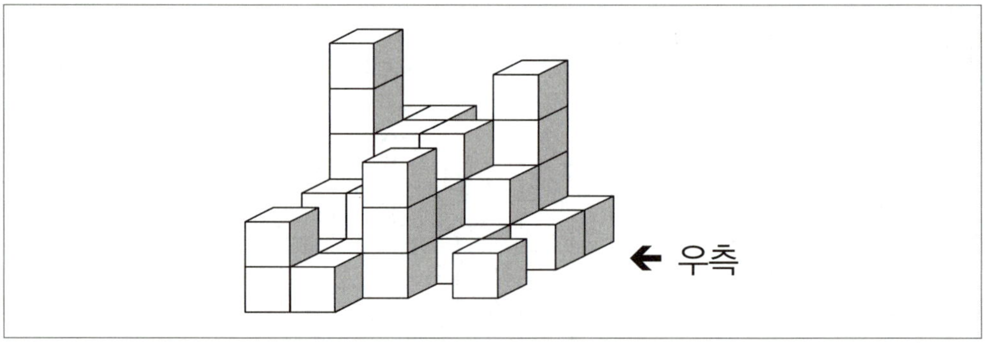

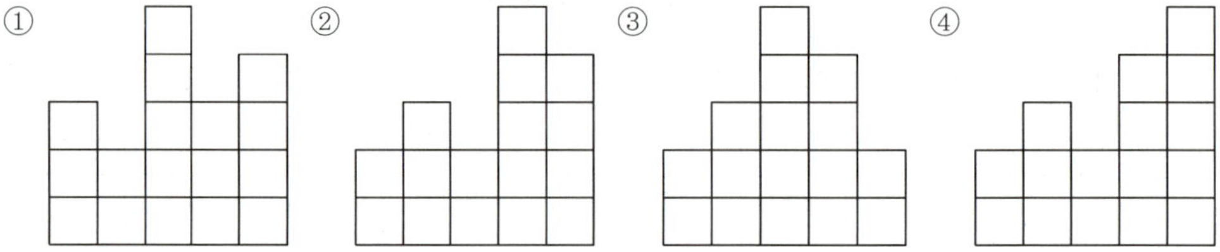

지각속도 30문항 / 3분

[01 ~ 10] 다음 〈보기〉의 왼쪽과 오른쪽 기호의 대응을 참고하여 각 문제의 대응이 같으면 답안지에 '① 맞음'을, 틀리면 '② 틀림'을 선택하시오.

보기

조리 = ⑤	의리 = ⑧	유리 = ⑨	진리 = ③	수리 = ⑥
지리 = ②	비리 = ④	자리 = ①	소리 = ⑦	부리 = ⓪

01	조리 자리 유리 비리 지리 – ⑤ ② ⑨ ④ ①	① 맞음 ② 틀림
02	수리 진리 의리 부리 소리 – ⑥ ③ ⑧ ⑦ ⑥	① 맞음 ② 틀림
03	유리 의리 비리 소리 부리 – ⑨ ⑧ ④ ⑦ ⓪	① 맞음 ② 틀림
04	지리 자리 수리 조리 진리 – ② ① ⑥ ⑤ ③	① 맞음 ② 틀림
05	조리 수리 지리 자리 유리 – ⑤ ⑥ ① ⑤ ⑨	① 맞음 ② 틀림

보기

BAT = 소유	SAT = 경유	RAT = 고유	JAT = 정유	YAT = 공유
GAT = 예가	TAT = 양가	QAT = 유가	WAT = 여가	NAT = 요가

06	SAT QAT JAT NAT GAT – 경유 유가 정유 요가 예가	① 맞음 ② 틀림
07	YAT TAT BAT RAT WAT – 공유 양가 정유 고유 여가	① 맞음 ② 틀림
08	GAT JAT SAT QAT NAT – 예가 소유 경유 유가 양가	① 맞음 ② 틀림
09	RAT YAT WAT BAT JAT – 고유 공유 여가 소유 정유	① 맞음 ② 틀림
10	SAT GAT TAT QAT NAT – 경유 정유 양가 요가 유가	① 맞음 ② 틀림

[11 ~ 20] 다음 〈보기〉의 왼쪽과 오른쪽 기호의 대응을 참고하여 각 문제의 대응이 같으면 답안지에 '① 맞음'을, 틀리면 '② 틀림'을 선택하시오.

보기

B2v = 갹	C5u = 겗	J7f = 눏	Y8w = 늏	P2x = 댊
S6s = 됸	T3h = 됩	O0d = 랷	U1x = 몣	K4q = 뵎

11	T3h P2x S6s J7f U1x – 됩 댊 눏 늏 몣	① 맞음 ② 틀림
12	P2x B2v U1x T3h J7f – 댊 갹 몣 됩 눏	① 맞음 ② 틀림
13	P2x C5u T3h U1x K4q – 댊 겗 됩 뵎 갹	① 맞음 ② 틀림
14	J7f Y8w S6s O0d C5u – 눏 늏 됸 랷 겗	① 맞음 ② 틀림
15	B2v O0d K4q Y8w S6s – 갹 랷 뵎 늏 됸	① 맞음 ② 틀림

보기

가방 = 파스타	가요 = 부침개	가설 = 회덮밥	가면 = 계란탕	가보 = 생선찜
가수 = 떡볶이	가지 = 팔보채	가미 = 콩국수	가명 = 토란국	가상 = 해장국

16	가지 가수 가설 가보 가방 – 팔보채 떡볶이 회덮밥 생선찜 파스타	① 맞음 ② 틀림
17	가요 가면 가명 가상 가설 – 부침개 토란국 계란탕 해장국 부침개	① 맞음 ② 틀림
18	가미 가방 가보 가수 가지 – 콩국수 생선찜 부침개 떡볶이 팔보채	① 맞음 ② 틀림
19	가면 가미 가명 가방 가보 – 계란탕 콩국수 토란국 파스타 생선찜	① 맞음 ② 틀림
20	가요 가설 가수 가상 가면 – 부침개 회덮밥 떡볶이 해장국 콩국수	① 맞음 ② 틀림

[21 ~ 30] 다음의 〈보기〉에서 각 문제의 왼쪽에 표시된 굵은 글씨체의 기호, 문자, 숫자의 개수를 모두 세어 오른쪽에서 찾으시오.

		〈보기〉	〈개수〉
21	2	58962152124889512754621865249865257512352478512689545 28	① 11개 ② 12개 ③ 13개 ④ 14개
22	(a)	(r)(b)(a)(s)(a)(p)(a)(m)(i)(e)(a)(c)(t)(a)(j)(g)(e)(a)(q)(a)(p)(a)(g)(a)(d)(g)(a)(q)(a)(i)(j)(e)(a)	① 11개 ② 12개 ③ 13개 ④ 14개
23	ㄹ	누구나 자유롭게 정보를 주고받을 수 있는 인터넷이 오히려 청소년에게 해로운 매체가 될 수 있다는 사실은 선진국에서도 동감하고 있다.	① 5개 ② 6개 ③ 7개 ④ 8개
24	ㅡ	역경은 누가 진정한 친구인지 가르쳐준다. 가지고 싶은 건 한없이 많은데 주고 싶은 건 하나도 없는 사람을 가까이 하지 말라.	① 5개 ② 6개 ③ 7개 ④ 8개
25	☲	☲☰☱☳☲☶☵☴☷☶☳☰☱☵☳☲☴☷☱ ☲☲☱☰☵☴☳☱☲☳☵☲☷☲☱☲☳☱	① 5개 ② 7개 ③ 9개 ④ 11개
26	r	The French are famous for their sauces, the Italians for their pasta, and the Germans for their sausages.	① 3개 ② 5개 ③ 7개 ④ 9개
27	ㅅ	아리스토텔레스는 인간은 그 스스로 결정하는 일에 참여할 뿐만 아니라 그런 기회를 실제로 가짐에 따라 결정하는 법을 배우는 사회적 동물이라고 했다.	① 2개 ② 4개 ③ 6개 ④ 8개
28	1	7845145454514841415464124564122145127856184513451657168 91	① 10개 ② 11개 ③ 12개 ④ 13개
29	⇋	⇋⇁⇄⇆⇈⇉↹⇌⇋⇆⇄⇂⇅⇆⇋⇁⇋↼⇋↽ ⇁⇆⇋↹⇋⇆⇁⇋↼⇋⇆↹⇋	① 8개 ② 10개 ③ 12개 ④ 14개
30	ㅎ	칸트는 우리가 특정한 목적을 달성하기 위해 준수해야 할 일 또는 어떤 처지가 안 되기 위해 회피해야 할 일에 대한 것을 가언적 명령이라고 했다.	① 7개 ② 9개 ③ 11개 ④ 13개

제 3 회 최종모의고사

정답 및 해설 p.134

QR코드 접속을 통해
풀이시간 측정, 자동 채점
그리고 결과 분석까지!

언어논리 25문항 / 20분

01 다음 중 밑줄 친 단어 간의 관계와 같은 것은?

> 풍수사상은 음양오행설을 바탕으로 지리 지형과 그에 따른 기(氣)가 인간의 길흉화복에 영향을 미친다는 것으로, 민간에 널리 퍼져 있었다. 집터나 도읍 등을 정할 때 고려한 양택풍수와 <u>조상</u>의 묏자리가 <u>후손</u>들의 길흉화복에 영향을 미친다는 음택풍수로 분류할 수 있다.

① 빨갛다 – 붉다
② 형 – 삼촌
③ 오르다 – 내리다
④ 삶다 – 찌다
⑤ 책상 – 의자

02 늑대, 사자, 여우, 치타, 표범, 퓨마, 호랑이가 달리기 시합을 했다. 다음과 같은 결과가 나타났다고 할 때, 항상 참인 것은?

> ㉠ 여우는 치타보다 느리고 퓨마보다는 빠르다.
> ㉡ 늑대는 치타보다 빠르고 호랑이보다 느리다.
> ㉢ 사자와 동시에 도착한 동물이 있고, 치타보다 빠르다.
> ㉣ 치타는 두 마리 동물보다 빠르고 동시에 도착한 동물들보다 느리다.
> ㉤ 호랑이는 표범보다 느리고 동시에 도착한 동물들보다 빠르다.

① 사자는 호랑이보다 빠르다.
② 여우는 늑대보다 빠르다.
③ 호랑이는 늑대보다 느리다.
④ 사자는 늑대보다 느리다.
⑤ 늑대는 사자와 동시에 도착했다.

03 다음 중 맞춤법에 어긋난 문장을 모두 골라 묶은 것은?

> ㉠ 시간이 있으면 제 사무실에 들리세요.
> ㉡ 나무를 꺽으면 안 됩니다.
> ㉢ 사람은 누구나 옳바른 행동을 해야 한다.
> ㉣ 좋은 물건을 고르려면 이쪽에서 고르세요.

① ㉠, ㉡
② ㉡, ㉣
③ ㉢, ㉣
④ ㉠, ㉢
⑤ ㉠, ㉡, ㉢

04 다음 중 어문규범에 맞는 것은?

① 각 분야에서 <u>내로라하는</u> 사람들이 모였다.
② <u>생각컨대</u> 그가 거짓말을 하는 것이 분명했다.
③ 철수야, 친구를 괴롭히면 <u>안되요</u>.
④ 그를 <u>만난지</u> 한 달이 지났다.
⑤ 그녀는 일을 하는 <u>틈틈히</u> 공부를 했다.

05 다음 밑줄 친 부분과 가장 관계가 깊은 한자성어는?

> 옛날 혼인식 때 신랑이 들어서면 재(간혹 볶은 콩)를 뿌린 풍습이 있었다. 깨끗하게 차려 입고 대례식에 들어서는 신랑에게 어찌하여 재나 볶은 콩을 뿌린 것일까? <u>좋은 일에는 나쁜 일이 끼어들기 쉽다</u>. 기쁜 일, 웃는 일, 바쁜 일 중에는 사람들의 마음이 들뜨게 되어 흉마귀(凶魔鬼)가 좀처럼 발각되지 아니한다. 그렇다고 내버려 두어서는 안 될 일이 아닌가? 그 예방으로써 재와 콩을 뿌린 것이다. 이들은 불맛을 보았다는 점에서 공통성이 있는 것이다.

① 설상가상(雪上加霜)
② 연목구어(緣木求魚)
③ 호사다마(好事多魔)
④ 새옹지마(塞翁之馬)
⑤ 금상첨화(錦上添花)

06 다음 글의 주장에 대한 반박으로 가장 적절한 것은?

인간은 사회 속에서만 자신을 더 나은 존재로 느낄 수 있기 때문에 자신을 사회화하고자 한다. 인간은 사회 속에서만 자신의 자연적 소질을 실현할 수 있는 것이다. 그러나 인간은 자신을 개별화하거나 고립시키려는 성향도 강하다. 이는 자신의 의도에 따라서만 행위하려는 반사회적인 특성을 의미한다. 그리고 저항하려는 성향이 자신뿐만 아니라 다른 사람에게도 있다는 사실을 알기 때문에, 그 자신도 곳곳에서 저항에 부딪히게 되리라 예상한다.

이러한 저항을 통하여 인간은 모든 능력을 일깨우고, 나태해지려는 성향을 극복하며, 명예욕이나 지배욕, 소유욕 등에 따라 행동하게 된다. 그리하여 동시대인들 가운데에서 자신의 위치를 확보하게 된다. 이렇게 하여 인간은 야만의 상태에서 벗어나 문화를 이룩하기 위한 진정한 진보의 첫걸음을 내딛게 된다. 이때부터 모든 능력이 점차 계발되고 아름다움을 판정하는 능력도 형성된다. 나아가 자연적 소질에 의해 도덕성을 어렴풋하게 느끼기만 하던 상태에서 벗어나, 지속적인 계몽을 통하여 구체적인 실천 원리를 명료하게 인식할 수 있는 성숙한 단계로 접어든다. 그 결과 자연적인 감정을 기반으로 결합된 사회를 도덕적인 전체로 바꿀 수 있는 사유 방식이 확립된다.

인간에게 이러한 반사회성이 없다면, 인간의 모든 재능은 꽃피지 못하고 만족감과 사랑으로 가득 찬 목가적인 삶 속에서 영원히 묻혀 버리고 말 것이다. 그리고 양처럼 선량한 기질의 사람들은 가축 이상의 가치를 자신의 삶에 부여하기 힘들 것이다. 자연 상태에 머물지 않고 스스로의 목적을 성취하기 위해 자연적 소질을 계발하여 창조의 공백을 메울 때, 인간의 가치는 상승되기 때문이다.

① 사회성만으로도 충분히 목가적 삶을 영위할 수 있다.
② 반사회성만으로는 자신의 재능을 계발하기 어렵다.
③ 인간은 타인과의 갈등을 통해서도 사회성을 기를 수 있다.
④ 인간은 사회성만 가지고도 자신의 재능을 키워나갈 수 있다.
⑤ 인간의 자연적인 성질은 사회화를 방해한다.

07 다음 〈보기〉에서 지문의 빈칸에 들어갈 단어를 적절하게 짝 지은 것은?

광고주들은 광고를 통해 상품의 인지도를 높이고 상품에 대한 호의적 태도를 확산시키려 한다. 간접 광고에서 이러한 광고 (㉮)을/를 거두기 위해 주류적 배치와 주변적 배치를 (㉯)한다. 주류적 배치는 출연자가 상품을 (㉰)하거나 대사를 통해 상품을 언급하는 것이고, 주변적 배치는 화면 속의 배경을 통해 상품을 노출하는 것인데, 시청자들은 주변적 배치보다 주류적 배치에 더 주목하기 때문에 주류적 배치가 광고 (㉱)이/가 높다.

보기

㉠ 활용	㉡ 효용	㉢ 효과	㉣ 조율
㉤ 효율	㉥ 사용	㉦ 과시	㉧ 효능

	㉮	㉯	㉰	㉱
①	㉡	㉠	㉥	㉤
②	㉡	㉣	㉦	㉧
③	㉢	㉠	㉥	㉤
④	㉢	㉠	㉥	㉧
⑤	㉤	㉣	㉦	㉧

08 다음 글에 제시된 초파리 실험의 결과를 가장 잘 설명할 수 있는 가설은?

초파리는 물리적 자극에 의해 위로 올라가는 성질이 있다. 그런데 파킨슨씨병에 걸린 초파리는 운동성이 결여되어 물리적 자극을 주어도 위로 올라가지 않는다. 이번 실험은 파킨슨씨병에 관련이 있다고 추정되는 유전자 A와 약물 B를 이용하였다. 먼저 정상 초파리와 유전자 A가 돌연변이 된 초파리를 준비하여 각각 약물 B가 들어 있는 배양기와 들어 있지 않은 배양기에 일정 시간 동안 두었다. 이후 물리적 자극을 주어 이들의 운동성을 테스트한 결과, 약물 B가 들어 있는 배양기의 정상 초파리와 약물 B가 들어 있지 않은 배양기의 정상 초파리 모두 위로 올라가는 성질을 보였다. 반면, 유전자 A가 돌연변이 된 초파리는 약물 B를 넣은 배양기에서 위로 올라가지 못하고, 약물 B를 넣지 않은 배양기에서는 위로 올라가는 것을 관찰할 수 있었다.

① 약물 B를 섭취한 초파리의 유전자 A는 돌연변이가 된다.
② 유전자 A가 돌연변이 된 초파리는 약물 B를 섭취하지 않으면 운동성이 결여된다.
③ 유전자 A가 돌연변이 된 초파리는 약물 B를 섭취하면 파킨슨씨병에 걸린다.
④ 물리적 자극에 대한 운동성이 정상인 초파리는 약물 B를 섭취하면 운동성이 결여된다.
⑤ 물리적 자극에 대한 운동성이 비정상인 초파리는 약물 B를 섭취하면 파킨슨씨병에 걸린다.

09 다음 제시된 명제로부터 추론할 수 없는 사실은?

> A, B, C, D 네 명이 스키 시합을 했는데 C가 우승했고, A는 D보다 결승점에 먼저 도달했다. 결승점에 다른 사람과 동시에 들어온 사람은 없다.

① C는 D보다 일찍 결승점에 도달했다.
② A는 꼴등으로 들어오지 않았다.
③ 꼴등은 B나 D 두 사람 중에 하나이다.
④ D는 2등이 아니다.
⑤ B는 A보다 늦게 결승점에 도달했다.

10 다음 ㉠~㉣의 빈칸에 들어갈 단어들이 순서대로 나열된 것은?

> 오늘날의 사회는 (㉠)로 움직인다. 이른바 세계화라는 물결이 전 세계를 휘감으면서, 사람들은 이윤 창출을 위해 끊임없이 움직여야 하게 되었다. 이 움직임이 조금만 (㉡) 도태되기 십상이다. 뿐만 아니라, 내가 살아남기 위해 남을 죽여야 하는 (㉢) 사회 풍토 또한 심화되고 있다. 이기는 자가 모든 몫을 가지는 소위 (㉣) 독식 체제가 견고해지고 있기 때문이다.

① 저속도 – 빨라져도 – 낙천적 – 패자
② 급속도 – 늦어져도 – 경쟁적 – 승자
③ 급속도 – 늦어져도 – 낙천적 – 승자
④ 저속도 – 늦어져도 – 경쟁적 – 승자
⑤ 급속도 – 늦어져도 – 경쟁적 – 패자

11 다음 글을 서두에 배치하여 세태를 비판하는 글을 쓴다고 할 때, 이어질 비판의 내용으로 가장 적절한 것은?

> 순자(荀子)는 “군자의 학문은 귀로 들어와 마음에 붙어서 온몸으로 퍼져 행동으로 나타난다. 소인의 학문은 귀로 들어와 입으로 나온다. 입과 귀 사이에는 네 치밖에 안 되니 어찌 일곱 자나 되는 몸을 아름답게 할 수 있을 것인가?”라고 했다.

① 사치와 낭비를 일삼는 태도
② 줏대 없이 이랬다저랬다 하는 행동
③ 약삭빠르게 이익만을 추종하는 태도
④ 간에 붙었다 쓸개에 붙었다 하는 행동
⑤ 실천은 하지 않고 말만 앞세우는 현상

12 다음 글의 ㉠과 ㉡에 들어갈 말을 가장 적절하게 나열한 것은?

> 애덤 스미스의 '보이지 않는 손'이라는 가정은 시장에서 개인의 이익추구 활동을 제한하지 않는 것이 전체 이윤을 극대화하는 최선의 방책임을 보여주는 것으로 간주되었다. 그렇다면 다음의 경우는 어떠한가?
>
> 공동 소유의 목초지에 양을 치기에 알맞은 풀이 자라고 있다고 생각해 보자. 일정 넓이의 목초지에 방목할 수 있는 가축 두수에는 일정한 한계가 있기 마련이다. 즉 '수용 한계'가 존재하는 것이다. 그 목초지에 한 마리를 더 방목시킨다고 해서 다른 가축들이 갑자기 죽거나 병에 걸리는 것은 아니다. 하지만 목초지의 수용 한계를 넘어 양을 키울 경우, 목초가 줄어들어 그 목초지에서 양을 키워 얻을 수 있는 전체 생산량이 줄어든다. 나아가 수용 한계를 과도하게 초과할 정도로 사육 두수가 늘어날 경우 목초지 자체가 거의 황폐화된다.
>
> 예를 들어 수용 한계가 양 20마리인 공동 목초지에서 4명의 농부가 각각 5마리의 양을 키우고 있다고 해 보자. 그 목초지의 수용 한계에 이미 도달한 상태이지만, 그중 한 농부가 자신의 이익을 늘리고자 방목하는 양의 두수를 늘리려 한다. 그러면 5마리를 키우고 있는 농부들은 목초지의 수용 한계로 인하여 기존보다 이익이 줄어들지만, 두수를 늘린 농부의 경우 그의 이익이 기존보다 조금 늘어난다. 손실을 만회하기 위해 다른 농부들도 사육 두수를 늘리고자 할 것이다. 이러한 상황이 장기화될 경우, ________㉠________ 이와 같이 애덤 스미스의 '보이지 않는 손'에 시장을 맡겨 둘 경우 ________㉡________ 결과가 나타날 것이다.

① ㉠ : 농부들의 총이익은 기존보다 증가할 것이다.
　㉡ : 한 사회의 공공 영역이 확장되는
② ㉠ : 농부들의 총이익은 기존보다 감소할 것이다.
　㉡ : 한 사회의 전체 이윤이 감소하는
③ ㉠ : 농부들의 총이익은 기존보다 감소할 것이다.
　㉡ : 한 사회의 전체 이윤이 유지되는
④ ㉠ : 농부들의 총이익은 기존과 동일하게 될 것이다.
　㉡ : 한 사회의 전체 이윤이 유지되는
⑤ ㉠ : 농부들의 총이익은 기존과 동일하게 될 것이다.
　㉡ : 한 사회의 공공 영역이 보호되는

제3회

13 다음 글에서 〈보기〉의 문장이 들어갈 위치로 가장 적절한 것은?

기억이 착오를 일으키는 프로세스는 인상적인 사물을 받아들이는 단계부터 이미 시작된다. (가) 감각적인 지각의 대부분은 무의식 중에 기록되고 오래 유지되지 않는다. (나) 대개는 수 시간 안에 사라져 버리며, 약간의 본질만이 남아 장기 기억이 된다. 무엇이 남을지는 선택에 의해서 그 사람의 견해에 따라서도 달라진다. (다) 분주하고 정신이 없는 장면을 보여 주고, 나중에 그 모습에 대해서 이야기하게 해 보자. (라) 어느 부분에 주목하고, 또 어떻게 그것을 해석했는지에 따라 즐겁기도 하고 무섭기도 하다. (마) 단순히 정신 사나운 장면으로만 보이는 경우도 있다. 기억이란 원래 일어난 일을 단순하게 기록하는 것이 아니다.

보기

일어난 일에 대한 묘사는 본 사람이 무엇을 중요하게 판단하고, 무엇에 흥미를 가졌느냐에 따라 크게 다르다.

① (가)
② (나)
③ (다)
④ (라)
⑤ (마)

14 다음 글의 빈칸에 들어갈 내용으로 가장 적절한 것은?

A는 말벌이 어떻게 둥지를 찾아가는지 알아내고자 했다. 이에 A는 말벌이 둥지에 있을 때, 둥지를 중심으로 솔방울들을 원형으로 배치했는데, 그 말벌은 먹이를 찾아 둥지를 떠났다가 다시 둥지로 잘 돌아왔다. 이번에는 말벌이 먹이를 찾아 둥지를 떠난 사이, A가 그 솔방울들을 수거하여 둥지 부근 다른 곳으로 옮겨 똑같이 원형으로 배치했다. 그랬더니 돌아온 말벌은 솔방울들이 치워진 그 둥지로 가지 않고 원형으로 배치된 솔방울들의 중심으로 날아갔다.

이러한 결과를 관찰한 A는 말벌이 방향을 찾을 때 솔방울이라는 물체의 재질에 의존한 것인지 혹은 솔방울들로 만든 모양에 의존한 것인지를 알아내고자 하였다. 그래서 이번에는 말벌이 다시 먹이를 찾아 둥지를 떠난 사이, 앞서 원형으로 배치했던 솔방울들을 치우고 그 자리에 돌멩이들을 원형으로 배치했다. 그리고 거기 있던 솔방울들을 다시 가져와 둥지를 중심으로 삼각형으로 배치했다. 그러자 A는 돌아온 말벌이 원형으로 배치된 돌멩이들의 중심으로 날아가는 것을 관찰할 수 있었다.

이 실험을 통해 A는 먹이를 찾으러 간 말벌이 둥지로 돌아올 때, '＿＿＿＿＿＿＿＿＿＿＿＿' 는 결론에 이르렀다.

① 물체의 재질보다 물체로 만든 모양에 의존하여 방향을 찾는다.
② 물체로 만든 모양보다 물체의 재질에 의존하여 방향을 찾는다.
③ 물체의 재질과 물체로 만든 모양 모두에 의존하여 방향을 찾는다.
④ 물체의 재질이나 물체로 만든 모양에 의존하지 않고 방향을 찾는다.
⑤ 경우에 따라 물체의 재질에 의존하기도 하고 물체로 만든 모양에 의존하기도 하면서 방향을 찾는다.

15 다음 중 (가) ~ (라)를 논리적 순서로 배열할 때 가장 적절한 것은?

'국어 순화'를 달리 이르는 말로 이제는 '우리말 다듬기'라는 말이 쓰이고 있다. '국어 순화'라는 말부터 순화해야 한다는 지적이 있었던 상황에서 '우리말 다듬기'라는 말은 그 의미를 대강 짐작할 수 있는 쉬운 우리말이라는 점에서, 국어 순화의 기본 정신에 걸맞은 말이라 할 수 있다.

(가) 우리말 다듬기는 국어 속에 있는 잡스러운 것을 없애고 순수성을 회복하는 것과 복잡한 것을 단순하게 하는 것으로 이해된다.
(나) 또한, 그것은 복잡한 것으로 알려진 어려운 말을 쉬운 말로 고치는 일도 포함한다.
(다) 이렇게 볼 때, 우리말 다듬기란 한마디로 고운 말, 바른 말, 쉬운 말을 가려 쓰는 것을 말한다.
(라) 따라서 우리말 다듬기는 잡스러운 것으로 알려진 들어온 말 및 외국어를 가능한 한 고유어로 재정리하는 것과 비속한 말이나 틀린 말을 고운 말, 표준말로 바르게 하는 것이다.

즉, 우리말 다듬기는 '순 우리말(토박이말)'이 아니거나 '쉬운 우리말'이 아닌 말을 순 우리말이나 쉬운 우리말로 바꾸어 쓰는 '순 우리말 쓰기'나 '쉬운 우리말 쓰기'를 두루 아우르는 말이다. 그러나 우리말 다듬기의 범위를 넓게 잡으면 '순 우리말 쓰기'와 '쉬운 우리말 쓰기'뿐만 아니라 '바른 우리말 쓰기', '고운 우리말 쓰기'까지도 포함할 수 있다. '바른 우리말 쓰기'는 규범이나 어법에 맞지 않는 말이나 표현을 바르게 고치는 일을 가리키고, '고운 우리말 쓰기'는 비속한 말이나 표현을 우아하고 아름다운 말로 고치는 일을 가리킨다.

① (가) – (나) – (다) – (라)
② (가) – (다) – (라) – (나)
③ (가) – (라) – (나) – (다)
④ (가) – (라) – (다) – (나)
⑤ (가) – (다) – (나) – (라)

제3회

16 다음 글을 근거로 판단할 때 옳지 않은 것은?

조선시대 임금에게 올리는 진지상을 수라상이라 하였다. 수라는 올리는 시간 순서에 따라 각각 조(朝)수라, 주(晝)수라, 석(夕)수라로 구분되고, 조수라 전에 밥 대신 죽을 주식으로 올리는 죽(粥)수라도 있었다. 수라상은 두 개의 상, 즉 원(元)반과 협(狹)반에 차려졌다.

수라 전후에 반과(盤果)상이나 미음(米飮)상이 차려지기도 했는데, 반과상은 올리는 시간 순서에 따라 조다(早茶), 주다(晝茶), 만다(晩茶), 야다(夜茶) 등을 앞에 붙여서 달리 불렀다. 반과상은 국수를 주식으로 하고, 찬과 후식류를 자기(磁器)에 담아 한 상에 차렸다. 미음상은 미음을 주식으로 하고, 육류 음식인 고음(膏飮)과 후식류를 한 상에 차렸다.

다음은 경복궁을 출발한 행차 첫째 날과 둘째 날에 임금에게 올리기 위해 차린 전체 상차림이다.

첫째 날		둘째 날	
장소	상차림	장소	상차림
노량참	조다반과	화성참	죽수라
노량참	조수라	화성참	조수라
시흥참	주다반과	화성참	주다반과
시흥참	석수라	화성참	석수라
시흥참	야다반과	화성참	야다반과
중로	미음		

① 행차 둘째 날에 협반은 총 1회 사용되었다.
② 화성참에서는 미음이 주식인 상이 차려지지 않았다.
③ 행차 첫째 날 낮과 둘째 날 낮에는 주수라가 차려지지 않았다.
④ 행차 첫째 날 밤과 둘째 날 밤에는 후식류를 자기에 담은 상차림이 있었다.
⑤ 국수를 주식으로 한 상은 행차 첫째 날과 둘째 날을 통틀어 총 5회 차려졌다.

17 다음 글의 ㉠~㉤에 대한 판단으로 적절한 것은?

어떤 음성이나 부호가 무의미하다는 것은 '드룰'이나 '며문'과 같은 무의미한 음절들처럼 단순히 의미를 결여했다는 것으로 여겨진다. 그런데 철학자 A는 ㉠ 모든 의미 있는 용어는 그 용어가 지칭하는 대상이 존재한다고 여긴다. 그는 '비물질적 실체'와 같은 용어는 의미가 없다고 주장하는데, 그 이유는 오직 물질적 실체만이 존재하며 ㉡ '비물질적 실체'라는 용어가 지칭하는 대상이 존재하지 않는다는 것이다.

이에 철학자 B는 A의 입장이 터무니없다고 주장한다. ㉢ '비물질적 실체'라는 용어가 의미가 없다면, 우리는 비물질적 실체가 존재하는가에 대해 긍정도 부정도 할 수 없다. 그러나 ㉣ 우리는 그것이 존재하는가에 대해 긍정이나 부정을 할 수 있다. 실제로 ㉤ 우리의 어휘 중에는 의미를 지니고 그것이 지칭하는 대상이 존재하지 않는 용어들이 있다. 이 세상에 오직 물질적 실체만이 존재해서 비물질적 실체가 존재하지 않더라도 '비물질적 실체'라는 용어가 의미가 없다는 것은 지나친 주장이다.

① ㉠이 참이면, ㉤이 반드시 참이다.
② ㉠과 ㉢이 참이면, ㉤이 반드시 참이다.
③ ㉢과 ㉤이 참이면, ㉣이 반드시 거짓이다.
④ ㉠, ㉡, ㉢이 참이면, ㉣이 반드시 참이다.
⑤ ㉠, ㉢, ㉣이 참이면, ㉡이 반드시 거짓이다.

제3회

18 다음 글에 의해 반박될 수 있는 주장을 〈보기〉에서 모두 고르면?

신약의 효능이나 독성을 검사할 때 동물 실험을 하는 것이 일반적이다. 이때 반드시 짚고 넘어가야 할 문제가 있다. 그것은 동물 실험 결과를 인간에게 적용할 수 있는가 하는 문제이다. 동물과 인간의 생리적 특성이 달라 동물 실험의 결과를 인간에게 적용할 수 없는 경우가 있기 때문이다. 따라서 임상 시험에 들어가기 전 동물 실험을 통해 효능이나 독성 검사를 하는 것이 과연 얼마나 의미가 있는지에 대한 물음이 제기되고 있다.

이와 관련한 대표적인 사례인 '탈리도마이드 사건'을 살펴보자. 탈리도마이드는 1954년 독일 회사가 합성해 4년 후부터 안정제로 판매되기 시작했다. 동물 실험 결과 이 약은 그 안전성을 인정받았다. 생쥐에게 엄청난 양(몸무게 1kg당 10g 정도까지 실험)을 투여해도 생명에 지장이 없었다. 그래서 입덧으로 고생하는 임신부들까지 이를 복용했고, 그 결과 1959년부터 1961년 사이에 팔다리가 형성되지 않은 기형아가 1만여 명이나 태어났다. 반대의 사례도 있는데, 항생제로 지금까지도 널리 사용되는 페니실린은 일부 설치류에게 치명적인 독성을 나타낸다.

이에 따라 기존에 동물 실험이나 임상 시험에서 독성이 나타나 후보 목록에서 제외되었던 물질이 최근 들어 재조명되는 사례가 늘고 있다. 동물에게 독성이 나타나더라도 사람에게 독성이 없는 것으로 판명되거나, 일부 사람에게는 독성이 나타나더라도 이에 내성이 있는 사람에게는 투여 가능한 경우도 있기 때문이다.

보기

ㄱ. 동물 실험 결과, 안전하다고 판단된 약물은 사람에게도 안전하다.
ㄴ. 어떤 약물이 사람에게 안전하다면, 동물에게도 안전하다.
ㄷ. 신약 개발을 위한 임상 시험에서 독성이 나타난 물질은 어느 누구에게도 투여해서는 안 된다.
ㄹ. 내성이 있는 사람에게 부작용이 나타난 약물은 모든 사람에게 부작용이 나타난다.

① ㄱ, ㄷ
② ㄴ, ㄹ
③ ㄱ, ㄴ, ㄷ
④ ㄴ, ㄷ, ㄹ
⑤ ㄱ, ㄴ, ㄷ, ㄹ

19 **다음 글의 구조를 올바르게 분석한 것은?**

> 전통의 계승에는 긍정적 계승도 있고 부정적 계승도 있다는 각도에서 설명할 때 문화의 지속성과 변화에 대한 더욱 명확한 이해가 이루어진다. 전통은 앞 시대 문학이 뒤 시대 문학에 미치는 작용이다. 일단 이루어진 앞 시대의 문학은 어떻게든지 뒤 시대 문학에 작용을 미친다. 그 작용이 퇴화할 수도 있고 생동하는 모습을 지닐 수도 있지만, 퇴화가 전통의 단절이라고 할 수 있는 것은 아니다. 전통이 단절되면 다시 계승하는 것이 불가능하지만, 퇴화된 전통은 필요에 따라서 다시 계승할 수 있는 잠재적인 가능성이 있다. 앞 시대 문학이 뒤 시대 문학에 미치는 작용에 있어 생동하는 모습을 지닐 때, 이것을 전통의 계승이라고 할 수 있다. 이때, 계승은 단절과 반대되는 것이 아니고, 퇴화와 반대되는 것이다. 그런데 전통의 계승은 반드시 긍정적인 계승만이 아니고, 부정적인 계승일 수도 있다. 긍정적인 계승에서는 변화보다는 지속성이 두드러지게 나타나고, 부정적인 계승에서는 지속성보다 변화가 두드러지게 나타난다. 앞 시대 문학의 작용이 뒤 시대에도 계속 의의가 있다고 생각해서 이 작용을 그대로 받아들이고자 하면, 긍정적 계승이 이루어진다. 앞 시대 문학의 작용은 뒤 시대에 이르러서 극복해야 할 장애라고 생각해서 이 작용을 극복하고자 하면 부정적 계승이 이루어진다. 부정적 계승은 앞 시대 문학의 작용을 논쟁과 극복의 대상으로 인식하는 점에서 전통의 퇴화를 초래하는 앞 시대 문학의 작용에 대한 무관심과는 구별된다. 부정적 계승은 전통 계승의 정상적인 방법의 하나이고 문학의 발전을 초래하지만, 전통의 퇴화는 문학의 발전에 장애가 생겼을 때 나타나는 현상이다.

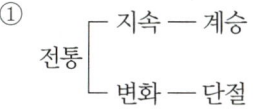

① 전통
- 지속 — 계승
- 변화 — 단절

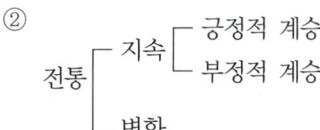

② 전통
- 지속
  - 긍정적 계승
  - 부정적 계승
- 변화

③ 전통
- 계승 — 긍정적 계승
- 퇴화 — 부정적 계승

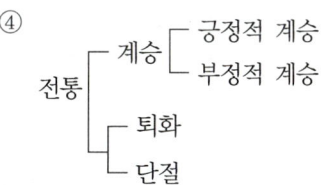

④ 전통
- 계승
  - 긍정적 계승
  - 부정적 계승
- 퇴화
- 단절

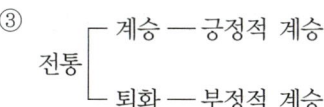

⑤ 전통
- 계속 — 긍정적 계승
- 퇴화, 단절 — 부정적 계승

[20 ~ 21] 다음 글을 읽고 이어지는 질문에 답하시오.

변혁적 리더십은 리더가 조직 구성원의 사기를 고양하기 위해 미래의 비전과 공동체적 사명감을 강조하고, 이를 통해 조직의 장기적 목표를 달성하는 것을 핵심으로 한다. 거래적 리더십이 협상과 교환을 통해 구성원의 동기를 부여한다면, 변혁적 리더십은 구성원의 변화를 통해 동기를 부여하고자 한다. 또한 거래적 리더십은 합리적 사고와 이성에 호소하는 반면, 변혁적 리더십은 감정과 정서에 호소하는 측면이 크다.

이러한 변혁적 리더십은 조직의 합병을 주도하고 신규 부서를 만들어 내며, 조직문화를 창출해 내는 등 조직 변혁을 주도하고 관리한다. 따라서 오늘날 급변하는 환경과 조직의 실정에 적합한 리더십 유형으로 주목받고 있다. 변혁적 리더는 주어진 목적의 중요성과 의미에 대한 구성원의 인식 수준을 제고시키고, 개인적 이익을 넘어서 구성원 자신과 조직 전체의 이익을 위해 일하도록 만든다. 그리고 구성원의 욕구 수준을 상위 수준으로 끌어올림으로써 구성원을 근본적으로 변혁시킨다. 즉, 거래적 리더십을 발휘하는 리더는 구성원에게서 기대되었던 성과만을 얻어내지만, 변혁적 리더는 ______________________.

변혁적 리더가 변화를 이끌어내는 전문적 방법의 하나는 카리스마와 긍정적인 행동 양식을 보여주는 것이다. 이를 통해 리더는 구성원들의 신뢰와 충성심을 얻을 수 있다. 조직의 비전을 구체화하여 알려주고 어떻게 목표를 달성할 것인지를 설명해 주거나 높은 윤리적 기준으로 모범이 되는 것도 좋은 방법이 된다.

지속적으로 구성원의 동기를 부여하는 것도 매우 중요하다. 팀워크를 장려하고, 조직의 비전을 구체화하여 개인의 일상 업무에도 의미를 부여할 수 있도록 해야 한다. 변혁적 리더는 구성원이 조직의 중요한 부분이 될 수 있도록 노력하게 만드는 데에 초점을 둔다. 따라서 높지만 달성 가능한 목표를 세워 구성원의 생산력을 향상시키고, 구성원에게는 성취 경험을 제공하여 그들이 계속 성장할 수 있도록 만들어야 한다.

현재 상황에 대한 의문은 새로운 변화를 일어나게 한다. 변혁적 리더는 구성원들의 지적 자극을 불러일으켜 조직의 이슈에 대해 적극적으로 관심을 갖도록 만들며, 이를 통해서 참신한 아이디어와 긍정적인 변화가 일어날 수 있도록 한다.

변혁적 리더는 개개인의 관점을 소홀히 생각하지 않는다. 각각의 구성원들을 독특한 재능, 기술 등을 보유한 독립된 개인으로 인지한다. 리더가 구성원들을 개개인으로 인지하게 되면 그들의 능력에 적합한 역할을 부여할 수 있으며, 구성원들 역시 개인적인 목표를 용이하게 달성할 수 있게 된다. 따라서 리더는 각 구성원의 소리에 귀 기울이고, 구성원 개개인에게 관심을 표현해야 한다.

20 다음 중 빈칸에 들어갈 내용으로 적절한 것은?

① 개개인의 성과를 얻어낼 수 있다.
② 구체적인 성과를 얻어낼 수 있다.
③ 기대 이상의 성과를 얻어낼 수 있다.
④ 참신한 아이디어도 함께 얻어낼 수 있다.
⑤ 구성원들의 신뢰도 함께 얻어낼 수 있다.

21 다음 중 글의 내용과 일치하지 않는 것은?

① 변혁적 리더는 구성원의 합리적 사고와 이성에 호소한다.
② 변혁적 리더는 구성원의 변화를 통해 동기를 부여하고자 한다.
③ 변혁적 리더는 구성원이 자신과 조직 전체의 이익을 위해 일하도록 한다.
④ 변혁적 리더는 구성원에게 카리스마와 긍정적 행동 양식을 보여준다.
⑤ 변혁적 리더는 구성원 개개인에게 관심을 표현한다.

22 다음 문단을 논리적 순서대로 올바르게 나열한 것은?

(A) 과거에 한 월간 잡지가 여성 모델이 정치인과 사귄다는 기사를 내보냈다가 기자는 손해배상을 하고 잡지도 폐간된 경우가 있었다. 일부는 추측 기사이고 일부는 사실도 있었지만, 사실이든 허위든 관계없이 남의 명예와 인권을 침해하였기에 그 책임을 진 것이다.
(B) 인권이라는 이름으로 남의 사생활을 침해하는 일은 자기 인권을 내세워 남의 불행을 초래하는 것이므로 보호받을 수 없다. 통상 대중 스타나 유명인들의 사생활은 일부 노출되어 있고, 이러한 공개성 속에서 상품화되므로 비교적 보호 강도가 약하기는 하지만 그들도 인간으로서 인권이 보호되는 것은 마찬가지다.
(C) 우리 사회에서 이제 인권이라는 말은 강물처럼 넘쳐흐른다. 과거에는 인권을 말하면 붙잡혀 가고 감옥에도 가곤 했지만, 이제는 누구나 인권을 스스럼없이 주장한다. 그러나 중요한 점은 인권이라 하더라도 무제한 보장되는 것이 아니라 남의 행복과 공동체의 이익을 침해하지 않는 범위 안에서만 보호된다는 것이다.
(D) 그런데 남의 명예를 훼손하여도 손해배상을 해주면 그로써 충분하고, 자기 잘못을 사죄하는 광고를 신문에 강제로 싣게 할 수는 없다. 헌법재판소는 남의 명예를 훼손한 사람이라 하더라도 강제로 사죄 광고를 싣게 하는 것은 양심에 반하는 가혹한 방법이라 하여 위헌으로 선고했다.

① (A) – (B) – (C) – (D)
② (B) – (A) – (C) – (D)
③ (C) – (B) – (A) – (D)
④ (C) – (B) – (D) – (A)
⑤ (D) – (C) – (B) – (A)

23 다음 글을 뒷받침할 수 있는 근거로 거리가 먼 것은?

인간의 뇌는 '네 삶의 가장 초기에 네가 친밀하게 알고 지냈던 사람에 대해서는 성적인 관심을 끊어라.'라는 규칙을 따르도록 프로그램 되어 있다.

① 키부츠에서는 탁아소에 맡겨진 아이들이 마치 전통적인 가정의 형제자매처럼 친밀하게 양육된다. 인류학자 조셉 셰퍼와 그의 동료들은 이런 환경에서 자란 2,769쌍의 신혼부부 중에서 같은 키부츠 출신은 한 쌍도 없다는 사실을 1971년 보고했다.
② 친족 이성 간의 욕정은 근본적이고 강제적인 것으로서 그 어떤 억제 본능보다 강하다. 따라서 근친상간과 그로인한 가정의 재앙을 막기 위해 사회는 '금기'라는 것을 고안하였다.
③ 타이완의 민며느리제는 성비 불균형과 가난으로 인해 나중에 아들의 혼삿길이 막힐까봐 미리 어린 나이의 며느리를 데려오는 전략이다. 이런 부부들은 정상적으로 결혼한 부부에 비해 이혼율이 세 배나 높다.
④ 여러 사회에서 수집된 자료를 보면 유년기의 결정적인 기간 동안 이성 간의 관계가 친밀할수록 그 둘 간의 성 접촉 빈도가 감소한다.
⑤ 사회성을 가진 영장류 종(種)에서 젊은 개체들은 인간의 족외혼을 연상케 하는 짝짓기 패턴을 보인다. 그들은 몸이 어른 크기가 되기 전에 자신이 속해 있는 집단을 떠나 다른 집단에 합류한다.

[24 ~ 25] 다음 글을 읽고 이어지는 물음에 답하시오.

본질주의적 세계관을 가진 철학자들이 세계 자체의 모습에 관심을 갖는 데 반해 로크를 비롯한 유명론적(有名論的) 세계관을 가진 철학자들은 인간이 세계를 보는 방식에 대하여 관심을 갖는다. 유명론자들은 인식 방식의 변화에도 불구하고 변하지 않는 '세계 자체의 모습'과 같은 것은 생각할 수도 없는 것으로 여긴다. 세계는 언제나 우리가 어떻게 보고 말하느냐에 따라 모습을 달리하는 인식 상대적이고 언어 의존적인 존재이다. ㉠ 본질이라는 것도 알고 보면 이미 있는 것을 우리가 발견하는 것이 아니라, 우리가 사물을 분류하고 말하는 방식에 따라 결정되는 '이름만의 본질'일 뿐이다. 지금의 본질은 우리가 알고 있는 속성들의 집합일 뿐이지, 우리가 알 수 없는 비밀스럽고 불변하는 속성들의 집합이 아니라는 것이다.

세계를 본질주의적 시각에서 보는 견해는 세계를 목적의 산물로 보는 '목적론적 세계관'과 맥을 같이하고 있다. 자동차는 왜 존재하게 되었는가? 사람과 물건을 빠르고 편하게 한 장소에서 다른 장소로 이동시키기 위하여. 둑은 왜 존재하는가? 홍수를 막기 위하여. 이와 같이 우리는 소위 '인공물'이라고 불릴 수 있는 대상들이 존재하는 이유를 목적론적으로 설명할 수 있다. 사람들이 그러한 대상들을 만들 때 언제나 어떤 목적이 있게 마련이기 때문이다. 그러나 목적론적 세계관에 의하면 단순히 인공물뿐만 아니라 ㉡ 자연의 산물조차도 어떤 목적을 가진 것으로 본다. 그래서 감 씨는 감나무 열매가 되어 감을 열게 하기 위해서 존재하고, 비는 땅을 적시어 생명체들이 살 수 있게 하기 위해서 내리는 것이다. 이러한 목적은 본질 속에 내재되어 있든지, 아니면 어떤 초자연적인 존재의 마음속에 있는 것이다.

24 **윗글에 따라 밑줄 친 ㉠의 내용에 부합되는 것은?**

① 본질이란 인간이 사물에 대하여 부여한 의미일 뿐이다.
② 본질이란 인간이 이론적으로만 떠들어대는 비실용적인 것이다.
③ 본질이란 인간이 단정적으로 규정할 수 없는 신비한 것이다.
④ 본질이란 인간이 관찰할 수도, 상상할 수도 없는 내면세계이다.
⑤ 본질이란 인간이 창조해 낸 인공물의 목적과 같은 의미를 가진다.

25 **'유명론적(有名論的) 세계관'의 입장에서 밑줄 친 ㉡을 비판하고자 할 때 알맞은 한자성어는?**

① 유명무실(有名無實)
② 적반하장(賊反荷杖)
③ 견강부회(牽强附會)
④ 조삼모사(朝三暮四)
⑤ 토사구팽(兔死狗烹)

01 희철이는 전체 문항 수가 30개이고 문항 배점이 각각 2, 3, 4점인 시험에서 8문제를 틀려 71점을 받았다. 맞힌 3점 문항의 개수가 맞힌 4점 문항의 개수보다 3개 더 많다고 할 때, 희철이가 맞힌 3점 문항의 개수는?

① 9개
② 10개
③ 11개
④ 12개

02 일정한 규칙으로 수를 나열할 때, 빈칸 안에 들어갈 알맞은 수를 고르시오.

0.5	1.4	1.2	4.1	2.8	12.2	6.2	(　)

① 36.5
② 36.6
③ 37.5
④ 37.6

03 펜싱선수 갑과 을은 총 3회전의 경기를 치렀다. 갑이 3회전에서 얻은 점수는 1·2회전에서 얻은 점수의 $\frac{3}{7}$이다. 을의 최종점수는 갑이 1·2회전에서 얻은 점수의 2배를 획득하였다. 갑과 을 모두 총점이 20점 미만 두 자리 자연수일 때, 갑이 3회전에서 얻은 점수는 몇 점인가?

① 1점
② 2점
③ 3점
④ 4점

04 커피숍 주인인 S씨는 매장 내부의 가로 600cm, 세로 500cm 크기의 직사각형 벽을 하늘색 또는 크림색 정사각형 타일로 채우려고 한다. 타일의 크기와 비용이 다음과 같을 때, 어떤 타일을 선택하는 것이 얼마 더 경제적인가?(단, 타일은 세트로만 판매 가능하다)

〈타일의 크기와 비용〉

(단위 : m, 만 원)

구분	크기	1세트당 개수	1세트당 가격
하늘색 타일	1m×1m	2	5만 원
크림색 타일	1m×1m	3	7만 원

	타일	구매비용의 차
①	하늘색 타일	3만 원
②	하늘색 타일	5만 원
③	크림색 타일	3만 원
④	크림색 타일	5만 원

05 어항 안에 A금붕어와 B금붕어가 각각 1,675마리, 1,000마리가 있다. 다음과 같이 금붕어가 팔리고 있다면, 10일 차에 남아있는 금붕어는 각각 몇 마리인가?

〈금붕어 판매 현황〉

(단위 : 마리)

구분	1일 차	2일 차	3일 차	4일 차	5일 차
A금붕어	1,675	1,554	1,433	1,312	1,191
B금붕어	1,000	997	992	983	968

	A금붕어	B금붕어
①	560마리	733마리
②	586마리	733마리
③	621마리	758마리
④	700마리	758마리

06 길이가 0.5km인 열차가 시속 50km의 일정한 속력으로 달린다. 이 열차가 터널을 완전히 통과하는 데 3분이 걸렸다면 터널의 길이는 얼마인가?

① 1.5km
② 2km
③ 2.5km
④ 3km

07 다음은 어느 집단의 노트북과 태블릿PC의 보유 현황을 조사한 자료이다. 노트북과 태블릿PC가 모두 없는 사람이 10명이라면, 노트북과 태블릿PC가 모두 있는 사람의 수는 몇 명인가?

〈노트북과 태블릿PC 보유 현황〉

(단위 : 명)

구분	보유	미보유
노트북	75명	25명
태블릿PC	40명	60명

① 15명
② 20명
③ 25명
④ 30명

08 전체가 200명인 집단을 대상으로 S, K, M 3개의 방송사 오디션 프로그램에 대한 선호도를 조사하였더니 다음과 같은 결과를 얻었다. S방송사의 오디션 프로그램을 좋아하는 사람 중 남자의 비율은 얼마인가?

〈결과〉

- 각 응답자는 'S사', 'K사', 'M사' 중 하나로 응답하였다.
- 전체 응답자 중 여자는 60%이다.
- 여자 응답자 중 50%가 'S사'를 선택했다.
- 'K사'를 선택한 남자 응답자는 30명이다.
- 남자 응답자 중 'M사'를 선택한 사람은 40%이다.
- 'M사'를 선택한 여자 응답자는 20명이다.

① $\frac{1}{5}$
② $\frac{2}{5}$
③ $\frac{3}{13}$
④ $\frac{19}{39}$

09 8개의 칸이 일렬로 늘어서 있는 화단에 장미, 튤립, 백합을 심기로 했다. 다음 〈조건〉 따라 꽃을 심으려고 할 때, 다음 중 올바르지 않은 것은?

조건

- 장미는 빨간색, 분홍색, 튤립은 빨간색, 분홍색, 노란색, 흰색, 백합은 주황색과 흰색이고, 종류별로 한 칸씩 심는다.
- 같은 색상이나 같은 종류의 꽃을 연속해서 심지 않는다.
- 양 가장자리는 빨간색 꽃을 심는다.
- 주황색 꽃은 노란색 꽃 옆에 심을 수 없다.
- 분홍색 꽃은 두 칸을 사이에 두고 심는다.
- 화단을 절반으로 나누었을 때, 오른쪽에는 백합을 심지 않는다.

① 왼쪽에서 1번째 칸에는 항상 빨간색 튤립을 심는다.
② 분홍색 튤립의 양 옆은 항상 백합이다.
③ 노란색 튤립의 양 옆은 항상 장미이다.
④ 노란색 튤립은 항상 분홍색 장미 바로 옆에 심는다.

10 다음 자료를 참고할 때, 하루 동안 고용할 수 있는 최대 인원은?

총 예산	본예산	500,000원
	예비비	100,000원
고용비	1인당 수당	50,000원
	산재보험료	(수당)×0.504%
	고용보험료	(수당)×1.3%

① 10명　　② 11명
③ 12명　　④ 13명

11 다음은 우리나라 일부 업종에서 일하는 근로자 수 및 고령근로자 비율과 국가별 65세 이상 경제활동 참가율 현황에 관한 자료이다. 이에 대한 설명으로 옳은 것은?

〈업종별 근로자 수 및 고령근로자 비율〉

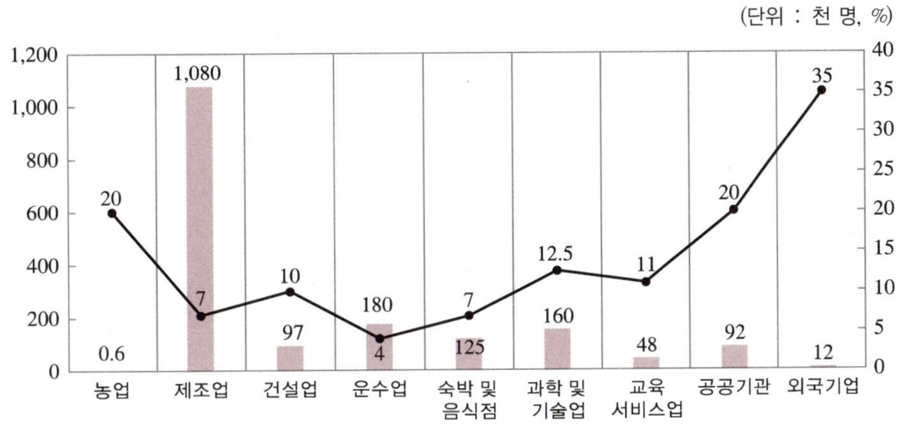

〈국가별 65세 이상 경제활동 참가율〉

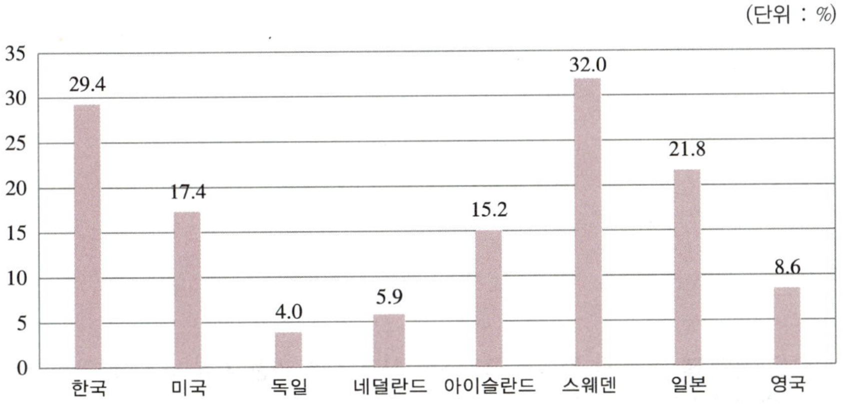

① 건설업에 종사하는 고령근로자는 외국기업에 종사하는 고령근로자 수의 3배 이상이다.

② 국가별 65세 이상 경제활동 조사 인구가 같을 경우 미국의 고령근로자 수는 영국 고령근로자 수의 3배 이상이다.

③ 모든 업종의 전체 근로자 수에서 제조업에 종사하는 전체 근로자 비율은 80% 이상이다.

④ 농업과 교육 서비스업, 공공기관에 종사하는 총 고령근로자 수는 과학 및 기술업에 종사하는 고령근로자 수보다 많다.

제3회

12 다음은 방송통신위원회가 발표한 2019년 지상파방송의 프로그램 수출입 현황이다. 프로그램 수입에서 영국이 차지하는 비율은 약 얼마인가?

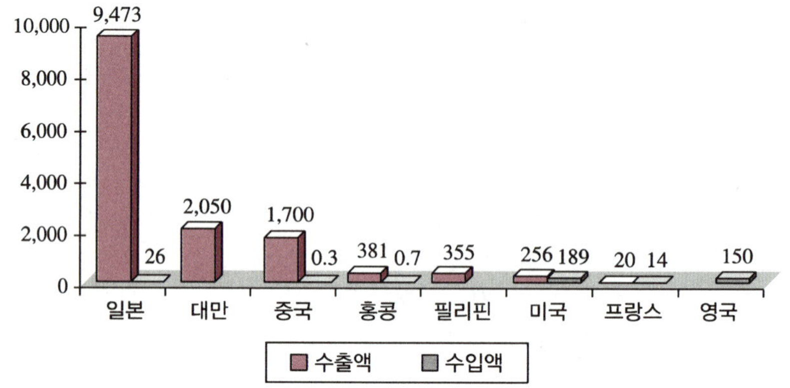

① 45.2% ② 43.8%
③ 41.1% ④ 39.5%

13 다음은 최근 몇 년 동안 검찰의 국가소송 사건 수에 관한 자료이다. (a)와 (b)에 들어갈 알맞은 수를 순서대로 짝 지은 것은?

〈국가소송 사건 수〉

(단위 : 건)

구분	2010년	2011년	2012년	2013년	2014년
접수건수	9,929	10,086	10,887	11,891	13,412
처리건수	4,140	3,637	3,120	3,373	3,560
승소건수	(a)	1,440	1,170	1,477	1,623
승소율(%)	35.0	39.6	(b)	43.8	45.6
패소건수	635	565	514	522	586
패소율(%)	15.3	15.5	16.5	15.5	16.5

① 1,449, 37.5 ② 3,476, 10.7
③ 1,439, 34.8 ④ 3,375, 11.8

14 다음은 산업별 월간 국내카드 승인액이다. 이에 대한 〈보기〉의 설명으로 옳은 것을 모두 고른 것은?

〈산업별 월간 국내카드 승인액〉

(단위 : 억 원)

산업별	2019.8	2019.9	2019.10	2019.11	2019.12	2020.1
도매 및 소매업	3,116	3,245	3,267	3,261	3,389	3,241
운수업	161	145	165	159	141	161
숙박 및 음식점업	1,107	1,019	1,059	1,031	1,161	1,032
사업시설관리 및 사업지원 서비스업	40	42	43	42	47	48
교육 서비스업	127	104	112	119	145	122
보건 및 사회복지 서비스업	375	337	385	387	403	423
예술, 스포츠 및 여가관련 서비스업	106	113	119	105	89	80
협회 및 단체, 수리 및 기타 개인 서비스업	163	155	168	166	172	163

보기

ㄱ. 교육 서비스업의 2020년 1월 국내카드 승인액의 전월 대비 감소율은 25% 이상이다.

ㄴ. 2019년 11월 운수업과 숙박 및 음식점업의 국내카드 승인액의 합은 도매 및 소매업 의 국내카드 승인액의 40% 미만이다.

ㄷ. 2019년 10월부터 2020년 1월까지 사업시설관리 및 사업지원 서비스업과 예술, 스포츠 및 여가관련 서비스업 국내카드 승인액의 전월 대비 증감 추이는 동일하다.

ㄹ. 2019년 9월 협회 및 단체, 수리 및 기타 개인 서비스업의 국내카드 승인액은 보건 및 사회복지 서비스업 국내카드 승인액의 35% 이상이다.

① ㄱ, ㄴ　　② ㄱ, ㄷ

③ ㄴ, ㄹ　　④ ㄷ, ㄹ

제3회

15 다음은 100명에 대한 몸무게의 상대도수의 분포를 나타낸 그래프이다. 몸무게가 40kg 이상 50kg 미만인 사람은 모두 몇 명인가?

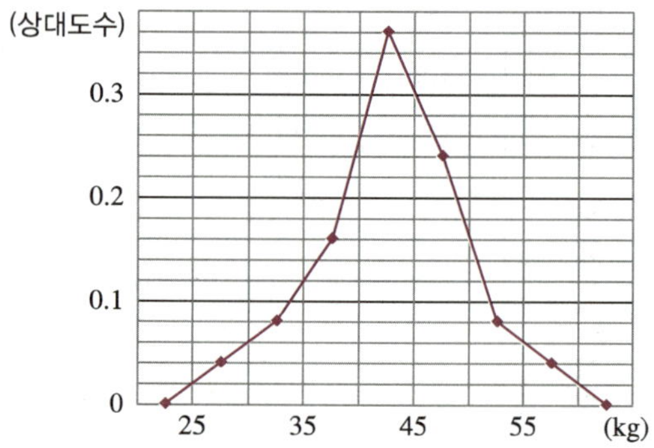

① 18명
② 30명
③ 36명
④ 60명

16 甲조선소는 6척(A ~ F)의 선박 건조를 수주하였다. 오늘을 포함하여 30일 이내에 선박을 건조할 계획이며, 甲조선소의 하루 최대투입가능 근로자 수는 100명이다. 다음 〈공정표〉에 근거할 때, 옳은 것을 〈보기〉에서 모두 고른 것은?(단, 작업은 오늘부터 개시되며 각 근로자는 투입된 선박의 건조가 끝나야만 다른 선박의 건조에 투입할 수 있다)

〈공정표〉

상품(선박)	소요기간	1일 필요 근로자 수	수익
A	5일	20명	15억 원
B	10일	30명	20억 원
C	10일	50명	40억 원
D	15일	40명	35억 원
E	15일	60명	45억 원
F	20일	70명	85억 원

※ 1일 필요 근로자 수 이상의 근로자가 투입되더라도 선박당 건조 소요기간은 변하지 않는다.

보기

ㄱ. 甲조선소가 건조할 수 있는 선박의 수는 최대 4척이다.
ㄴ. 甲조선소가 벌어들일 수 있는 수익은 최대 160억 원이다.
ㄷ. 계획한 기간이 15일 연장된다면 수주한 모든 선박을 건조할 수 있다.
ㄹ. 최대투입가능 근로자 수를 120명/일로 증가시킨다면 계획한 기간 내에 모든 선박을 건조할 수 있다.

① ㄱ, ㄷ
② ㄱ, ㄹ
③ ㄴ, ㄷ
④ ㄴ, ㄹ

17 다음은 A대학교 학생 2,500명을 대상으로 진행한 인터넷 쇼핑 이용 현황에 관한 자료이다. 이에 대한 설명으로 옳지 않은 것은?(단, 매년 조사 인원수는 동일하다)

〈인터넷 쇼핑 월평균 이용 빈도〉

구분	2016년	2017년	2018년
평균 이용 빈도(회)	2.7	2.8	2.9

〈월간 인터넷 쇼핑 이용 빈도〉

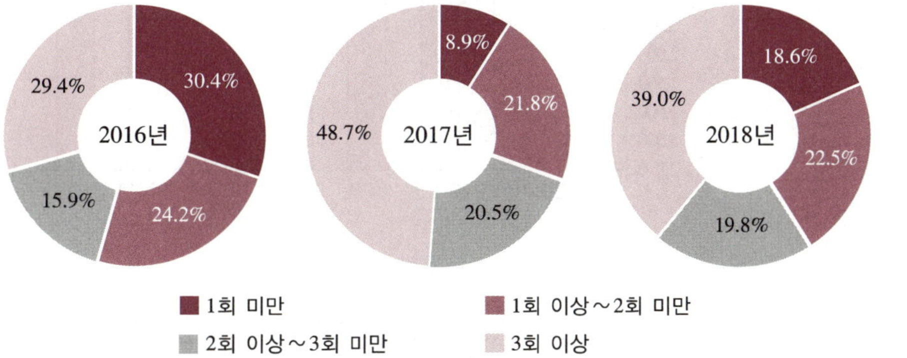

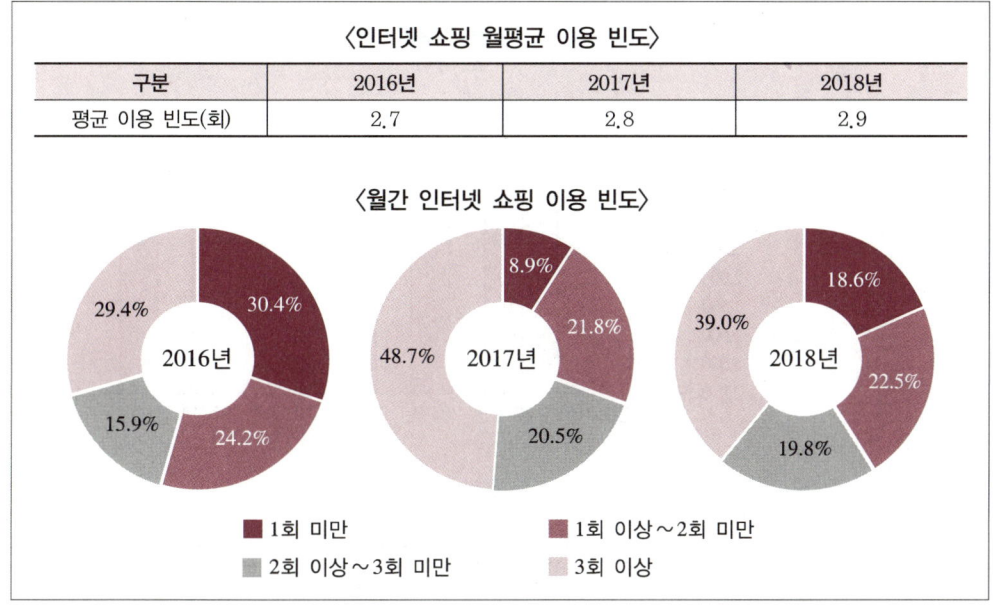

① 2017년 월간 인터넷 쇼핑을 3회 이상 이용했다고 응답한 사람은 1,210명 이상이다.
② 3년간의 인터넷 쇼핑 이용 빈도수를 누적했을 때, 두 번째로 많이 응답한 인터넷 쇼핑 이용 빈도수는 1회 미만이다.
③ 2018년 월간 인터넷 쇼핑을 2회 이상 3회 미만 이용했다고 응답한 사람은 2017년 1회 미만으로 이용했다고 응답한 사람보다 2배 이상 많다.
④ 1회 이상 2회 미만 쇼핑했다고 응답한 사람은 2017년 대비 2018년에 3% 이상 증가했다.

18 다음은 연도별 예비군 해당 인원과 훈련 유형별 대상에 관한 자료이다. 이에 대한 설명으로 옳은 것은?

〈예비군 해당 인원〉

(단위 : 천 명)

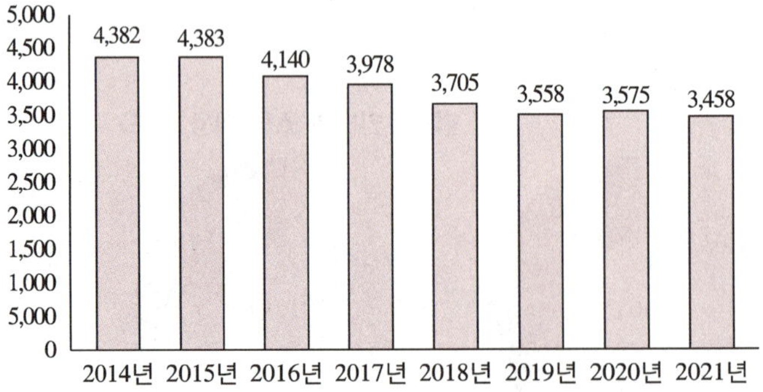

〈훈련 유형별 대상〉

(단위 : 천 명)

구분		2014년	2015년	2016년	2017년	2018년	2019년	2020년	2021년
예비군 해당 대상	동원훈련	617	597	553	595	580	577	(나)	530
	동미참훈련	505	496	482	346	311	254	(다)	289
	향방기본훈련	1,212	1,239	1,185	1,172	1,134	1,109	1,110	1,084
	향방작계훈련	2,048	(가)	1,920	1,865	1,680	1,618	1,585	1,555
참석자		3,459	4,139	3,699	3,644	3,510	3,290	3,348	3,328
불참자		923	244	441	335	195	268	227	131

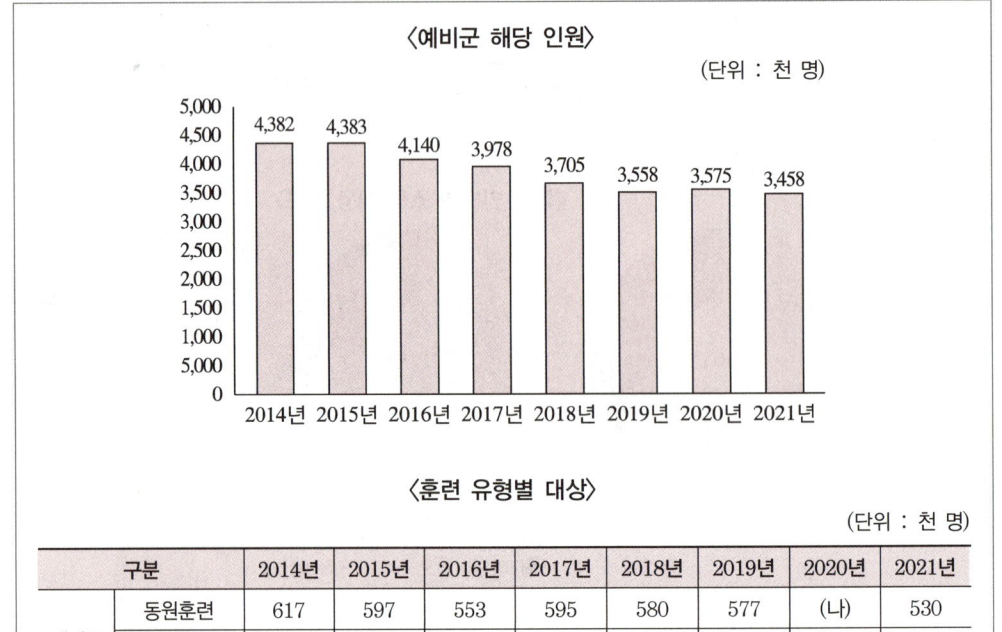

① (가)에 들어갈 숫자는 2,261이다.

② 2018년의 예비군 참석자 수는 불참자 수의 17.2배에 해당한다.

③ 2017년의 향방기본훈련 대상자의 참석률은 약 91.6%에 달한다.

④ 2016년의 동원훈련과 동미참훈련 대상자는 그 해 전체 예비군 해당자의 25%에 해당한다.

19 다음은 조선시대 A지역 인구 및 사노비 비율에 대한 자료이다. 이에 대한 〈보기〉의 설명 중 옳은 것만을 모두 고르면?

〈A지역 인구 및 사노비 비율〉

구분 / 조사연도	인구(명)	인구 중 사노비 비율(%)			
		솔거노비	외거노비	도망노비	전체
1720년	2,228	18.5	10.0	11.5	40.0
1735년	3,143	13.8	6.8	12.8	33.4
1762년	3,380	11.5	8.5	11.7	31.7
1774년	3,189	14.0	8.8	12.0	34.8
1783년	3,056	14.9	6.7	9.3	30.9
1795년	2,359	18.2	4.3	6.5	29.0

※ 1) 사노비는 솔거노비, 외거노비, 도망노비로만 구분됨
2) 비율은 소수점 이하 둘째 자리에서 반올림한 값임

보기

ㄱ. A지역 인구 중 도망노비를 제외한 사노비가 차지하는 비율은 조사연도 중 1720년이 가장 높다.
ㄴ. A지역 사노비 수는 1774년이 1720년보다 많다.
ㄷ. A지역 사노비 중 외거노비가 차지하는 비율은 1720년이 1762년보다 낮다.
ㄹ. A지역 인구 중 솔거노비가 차지하는 비율은 매 조사연도마다 낮아진다.

① ㄱ, ㄴ
② ㄱ, ㄷ
③ ㄷ, ㄹ
④ ㄱ, ㄴ, ㄹ

20 다음은 병영생활관 개선 사업 실적에 관한 자료이다. 이에 대한 설명으로 옳지 않은 것은?

〈병영생활관 개선 사업 실적〉

(단위 : 억 원, 개)

구분		2013년	2014년	2015년	2016년	2017년	2018년	2019년	2020년	2021년
육군생활관(대대)	사업예산	2,525	3,791	4,882	3,703	2,572	3,670	3,990	4,435	4,438
	개선실적	43	56	59	17	24	46	55	51	27
GOP/해강안 소초(동)	사업예산	800	719	682	501	660	1,650	–	–	–
	개선실적	98	100	81	75	90	275	–	–	–
해・공군 생활관(동)	사업예산	497	962	1,417	1,017	922	1,537	1,945	2,395	1,936
	개선실적	38	46	69	52	49	108	70	159	85

① 육군생활관(대대)의 사업예산은 2015년까지 증가했다가 2016년과 2017년에 감소하였고 그 이후 계속 증가하는 추세를 보였다.

② 해・공군 생활관(동)의 개선실적이 가장 많았던 해의 사업예산은 육군생활관(대대) 사업예산의 50% 이상이다.

③ 2015 ~ 2018년 중에서 전체 사업예산이 가장 많았던 해는 2015년이다.

④ 2018년 GOP/해강안 소초(동) 사업예산은 2013년에 비해 120% 이상 증가하였다.

공간능력 18문항 / 10분

[01 ~ 05] 다음에 이어지는 물음에 답하시오.

> • 입체도형을 펼쳐 전개도를 만들 때, 전개도에 표시된 그림(예 : ◨, ◪ 등)은 회전의 효과를 반영함. 즉, 본 문제의 풀이과정에서 보기의 전개도상에 표시된 "◨"와 "⊟"은 서로 다른 것으로 취급함.
> • 단, 기호 및 문자(예 : ☎, ♤, ♨, K, H 등)의 회전에 의한 효과는 본 문제의 풀이과정에 반영하지 않음. 즉, 입체도형을 펼쳐 전개도를 만들 때, "☎"의 방향으로 나타나는 기호 및 문자도 보기에서는 "☎"의 방향으로 표시하며 동일한 것으로 취급함.

01 다음 입체도형의 전개도로 알맞은 것은?

①
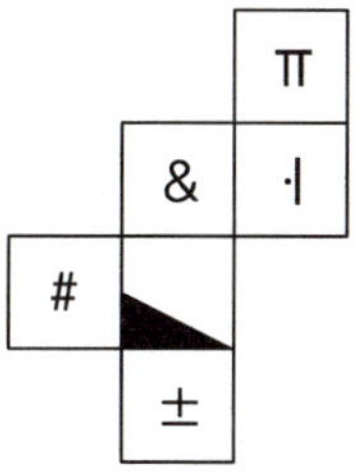

②
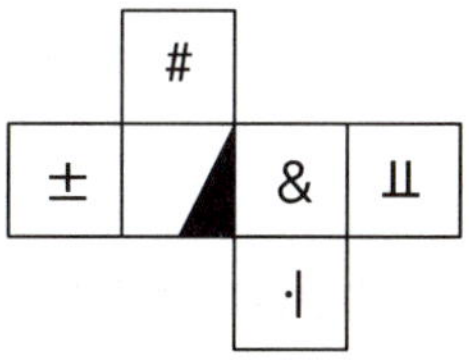

③
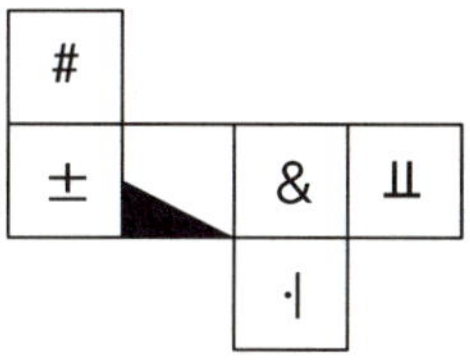

④
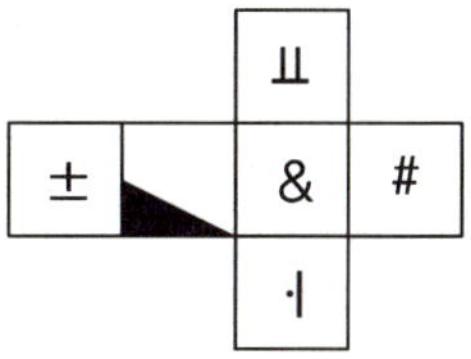

제3회

02 다음 입체도형의 전개도로 알맞은 것은?

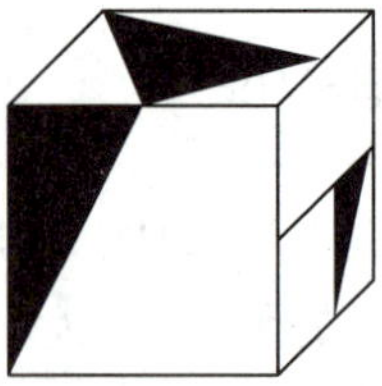

① 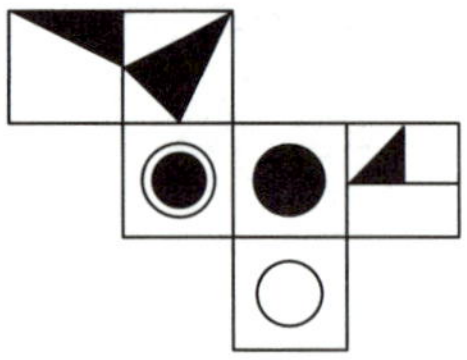

② 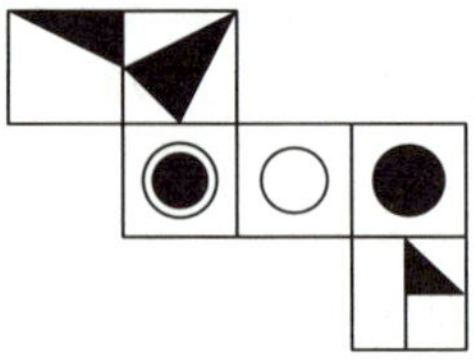

③ 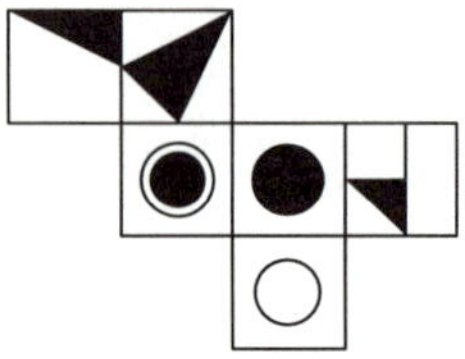

④ 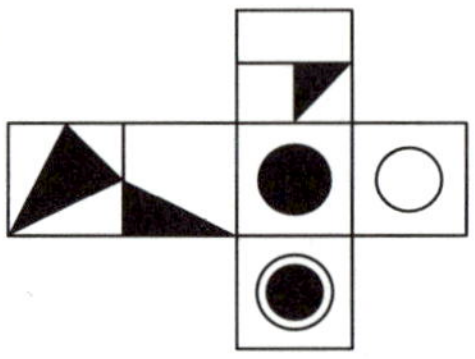

03 다음 입체도형의 전개도로 알맞은 것은?

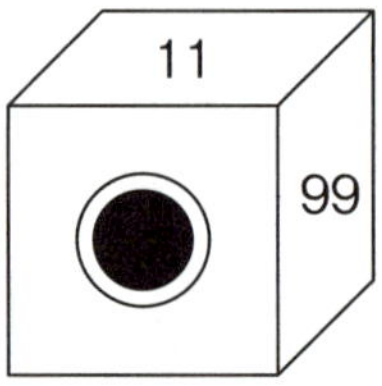

① 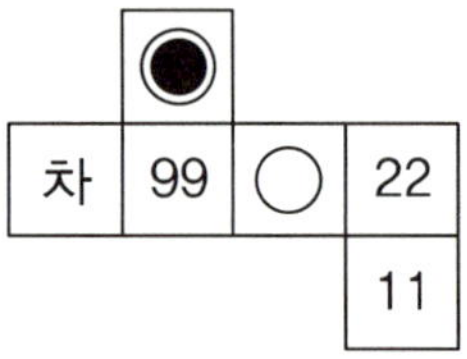

② 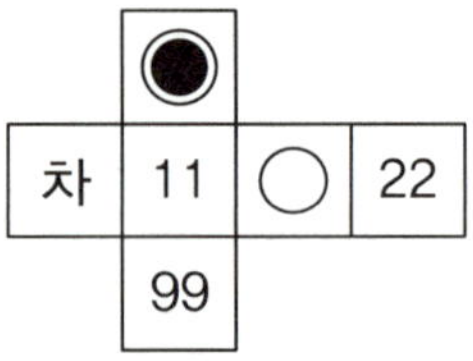

③ 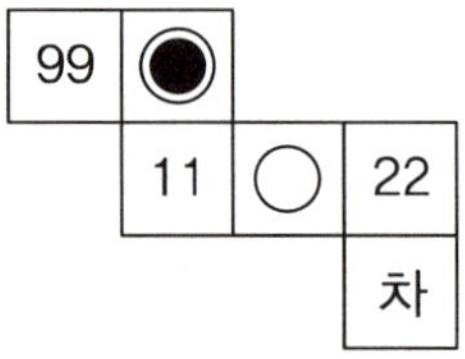

④ 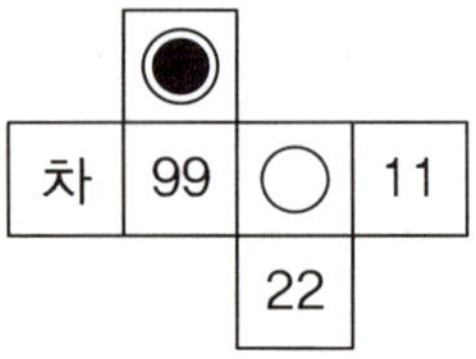

04 다음 입체도형의 전개도로 알맞은 것은?

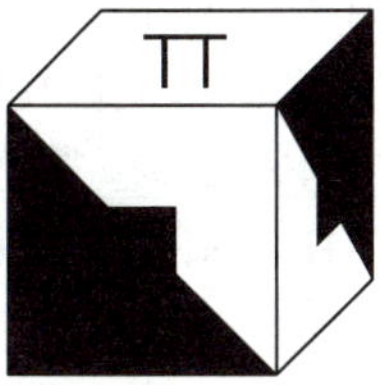

①

②

③
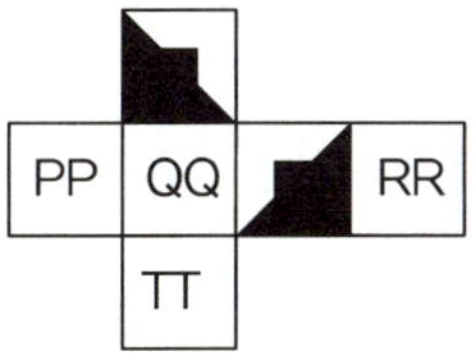

④

05 다음 입체도형의 전개도로 알맞은 것은?

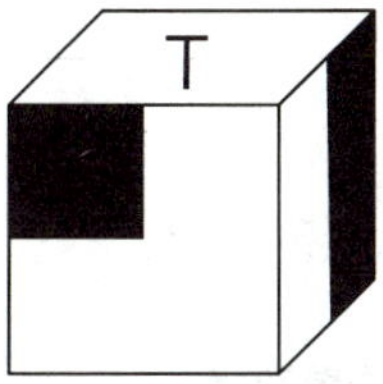

①

②

③

④

[06 ~ 10] 다음에 이어지는 물음에 답하시오.

- 전개도를 접을 때 전개도상의 그림, 기호, 문자가 입체도형의 겉면에 표시되는 방향으로 접음.
- 전개도를 접어 입체도형을 만들 때, 전개도에 표시된 그림(예 : ▮, ◪ 등)은 회전의 효과를 반영함. 즉, 본 문제의 풀이과정에서 보기의 전개도상에 표시된 "▮"와 "▬"은 서로 다른 것으로 취급함.
- 단, 기호 및 문자(예 : ☎, ♤, ♨, K, H)의 회전에 의한 효과는 본 문제의 풀이과정에 반영하지 않음. 즉, 전개도를 접어 입체도형을 만들 때, "☎"의 방향으로 나타나는 기호 및 문자도 보기에서는 "☎" 방향으로 표시하며 동일한 것으로 취급함.

06 다음 전개도의 입체도형으로 알맞은 것은?

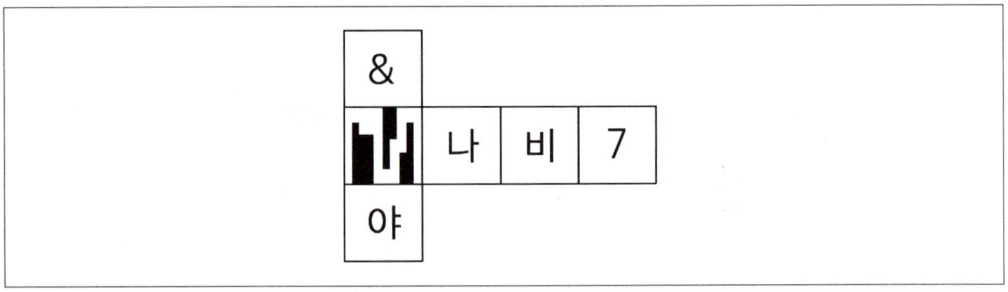

①
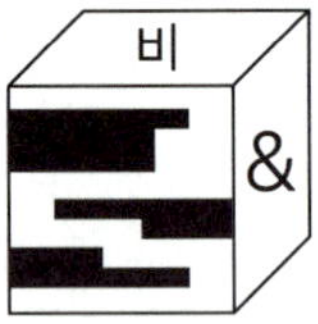

②
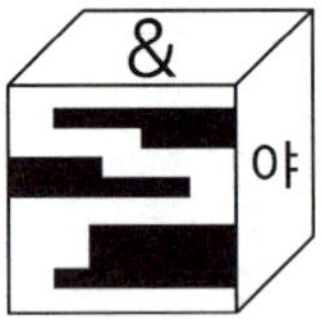

③
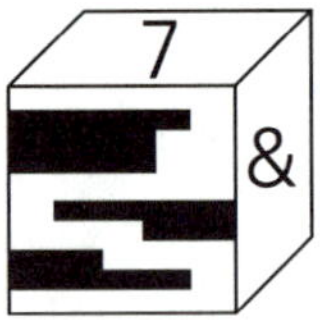

④
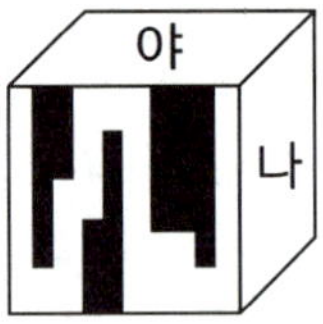

07 다음 전개도의 입체도형으로 알맞은 것은?

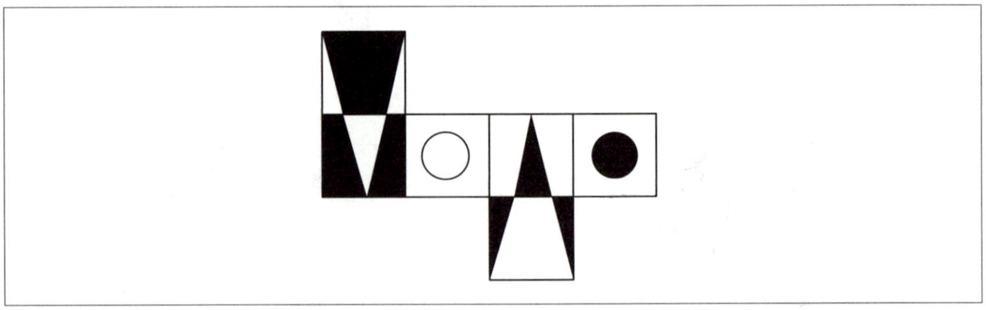

①

②
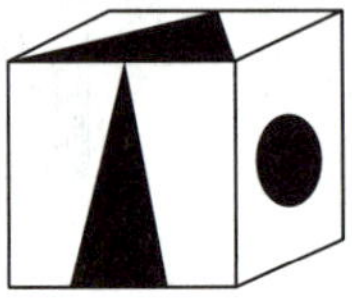

③
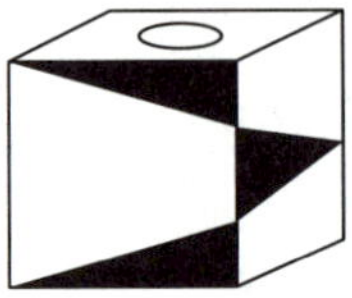

④

08 다음 전개도의 입체도형으로 알맞은 것은?

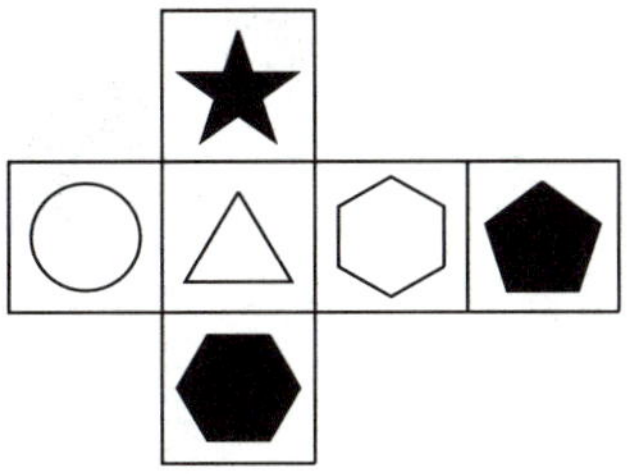

① 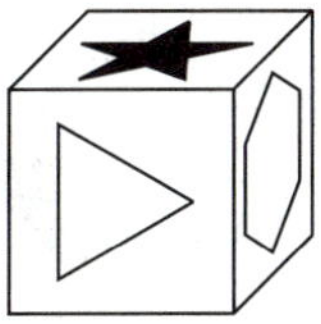 ② 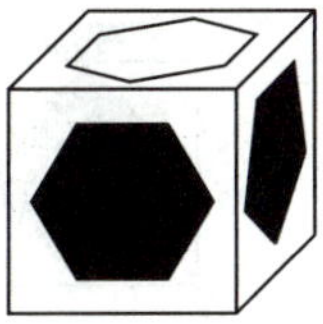 ③ 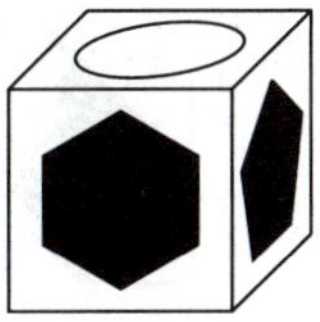 ④ 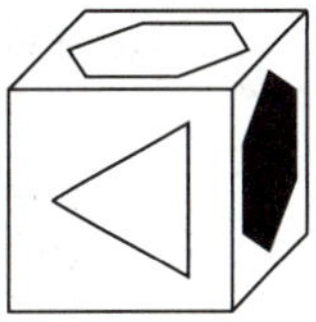

09 다음 전개도의 입체도형으로 알맞은 것은?

① 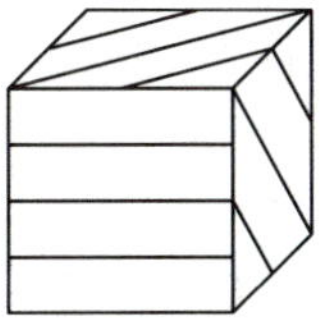 ② 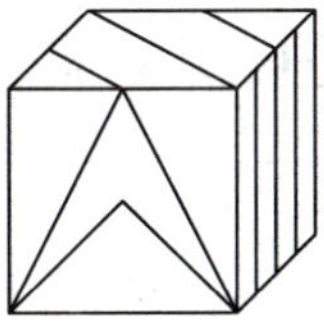 ③  ④ 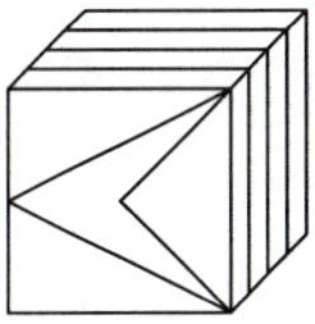

10 다음 전개도의 입체도형으로 알맞은 것은?

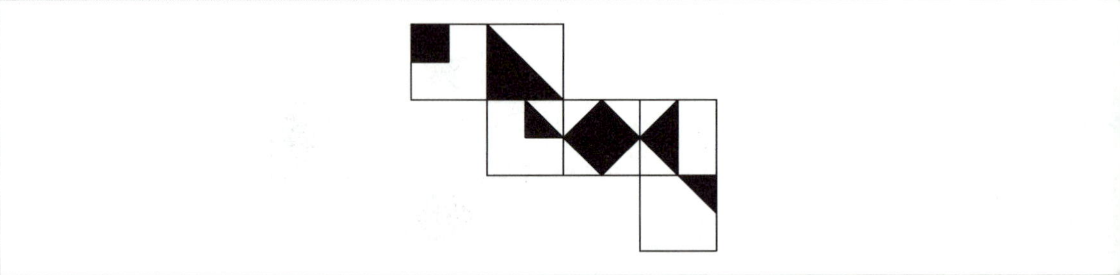

①

②
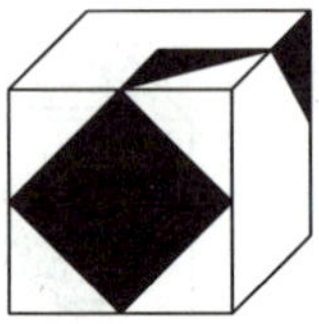
③
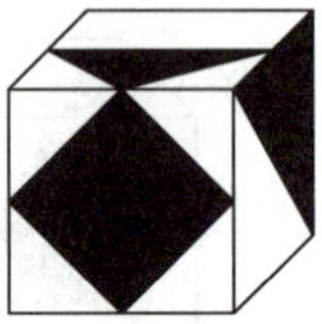
④

[11 ~ 14] 아래에 제시된 그림과 같이 쌓기 위해 필요한 블록의 수를 고르시오.

* 블록은 모양과 크기가 모두 동일한 정육면체임

11

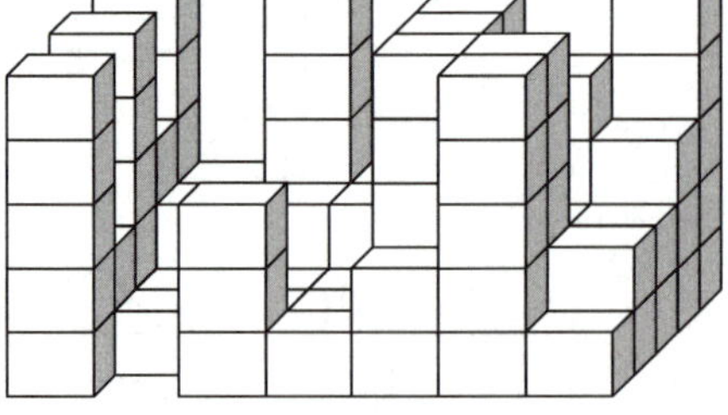

① 101개 ② 104개 ③ 107개 ④ 110개

12

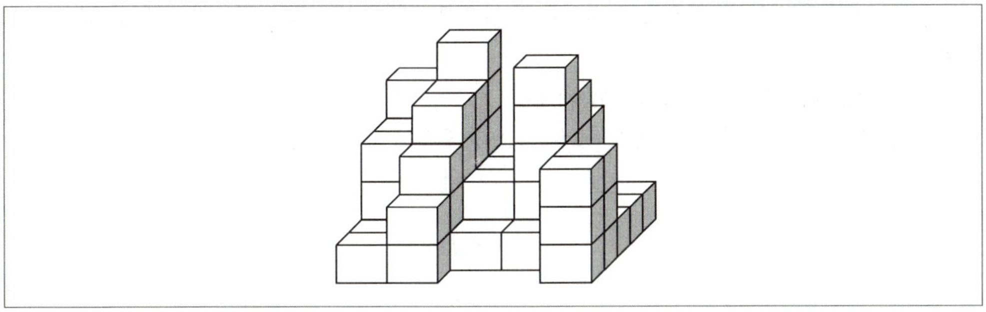

① 56개 ② 59개 ③ 62개 ④ 65개

13

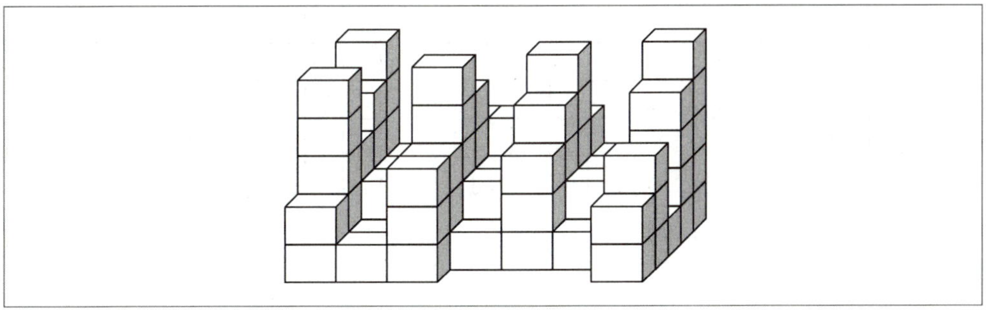

① 75개 ② 80개 ③ 85개 ④ 90개

14

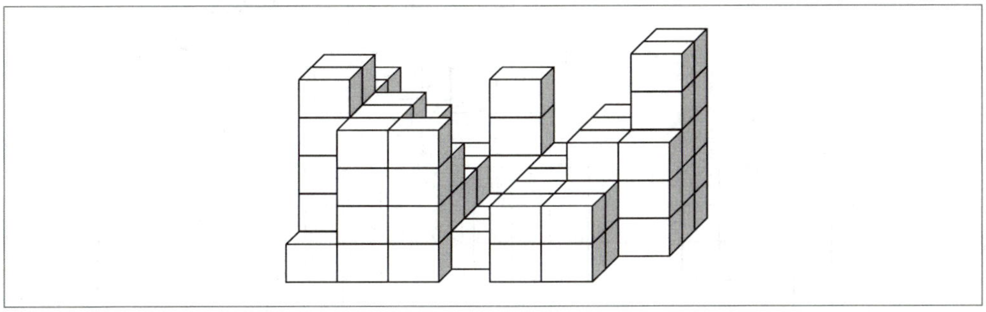

① 90개 ② 93개 ③ 96개 ④ 99개

제3회

[15 ~ 18] 아래에 제시된 블록들을 화살표 표시한 방향에서 바라봤을 때의 모양으로 알맞은 것을 고르시오.

* 블록은 모양과 크기가 모두 동일한 정육면체임

* 바라보는 시선의 방향은 블록의 면과 수직을 이루며 원근에 의해 블록이 작게 보이는 효과는 고려하지 않음

15

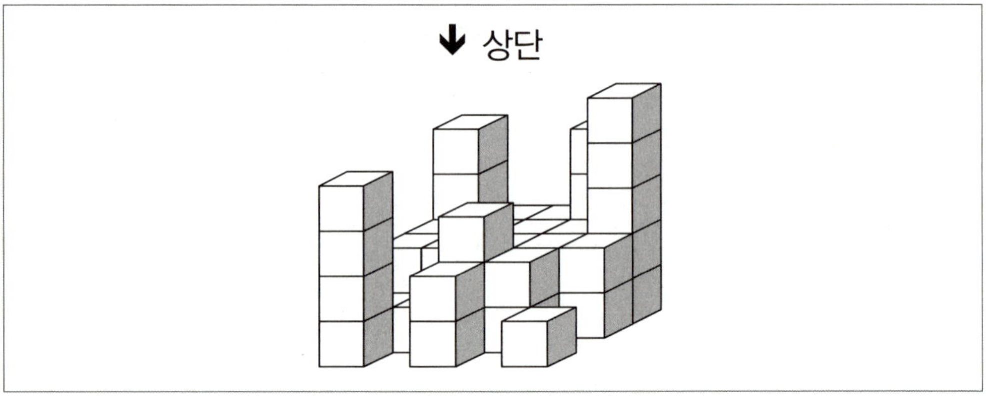

① 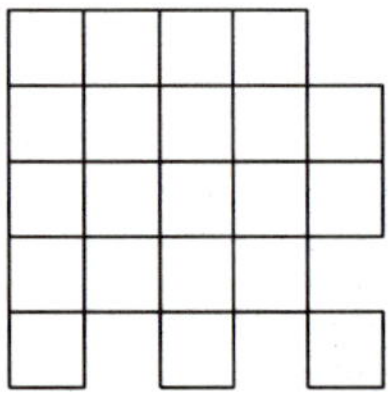 ② 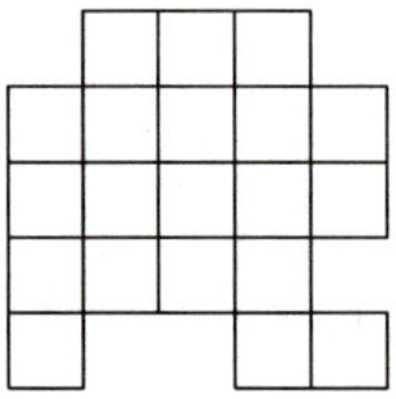 ③ 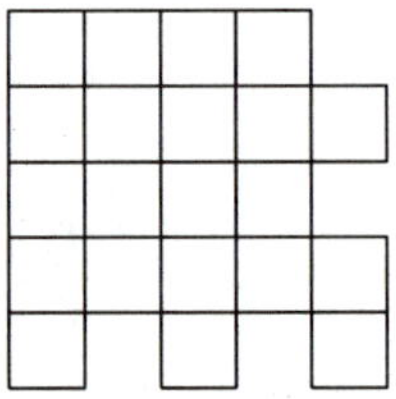 ④ 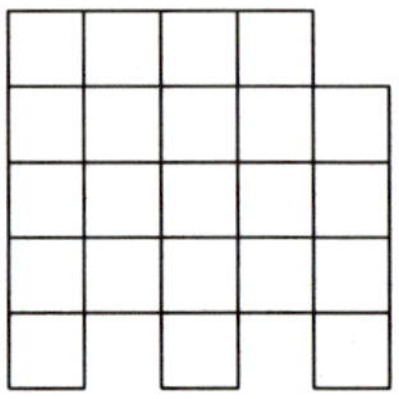

16

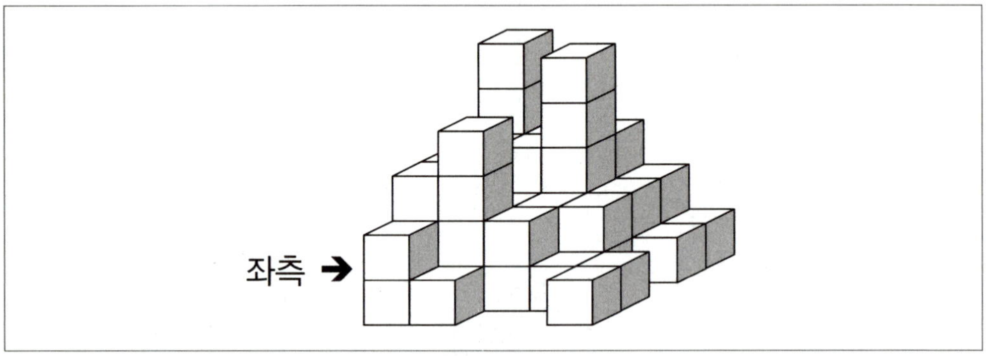

① 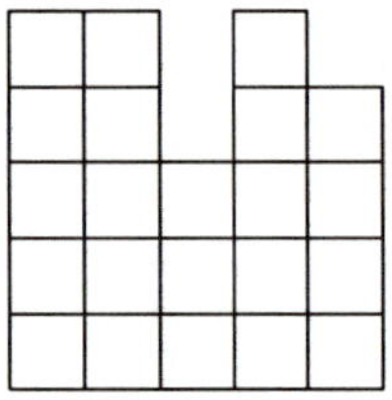 ② 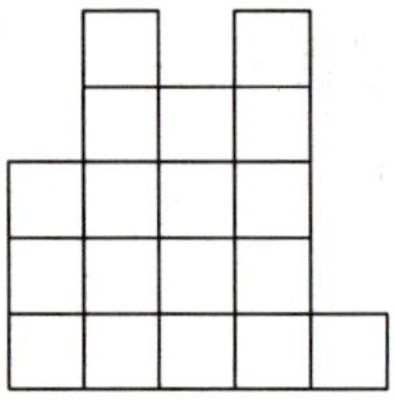 ③ 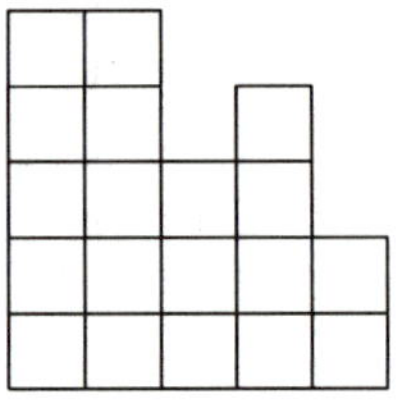 ④ 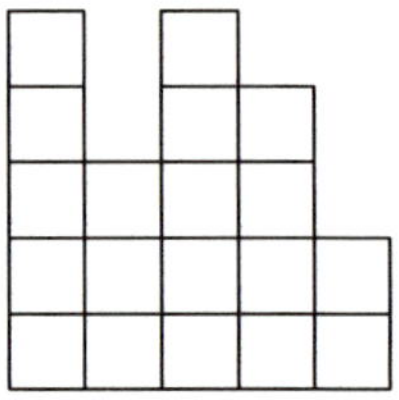

17

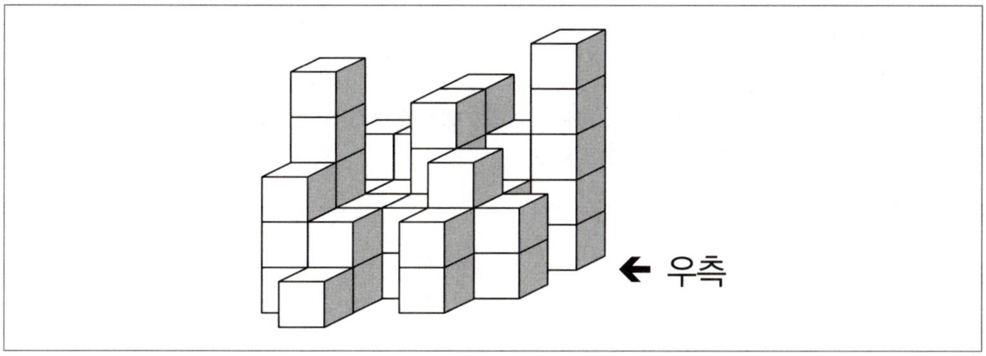

① 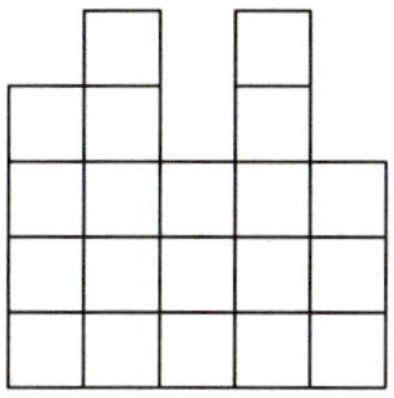 ② 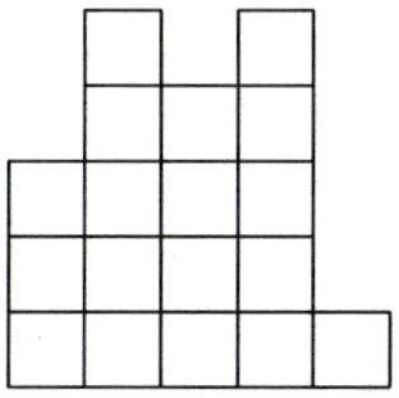 ③ 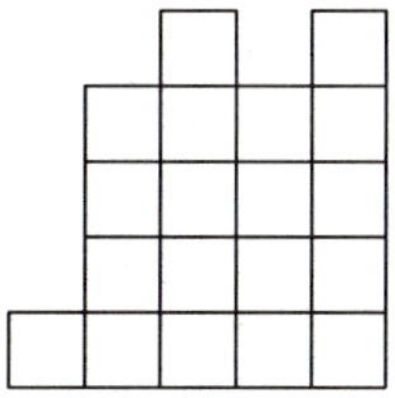 ④ 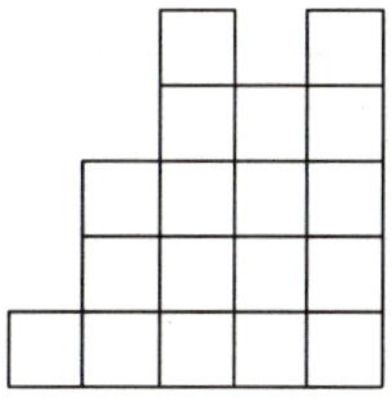

18

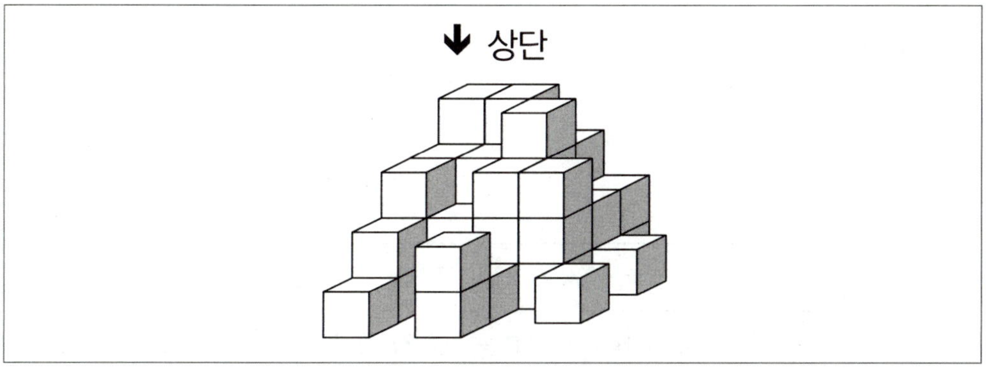

① 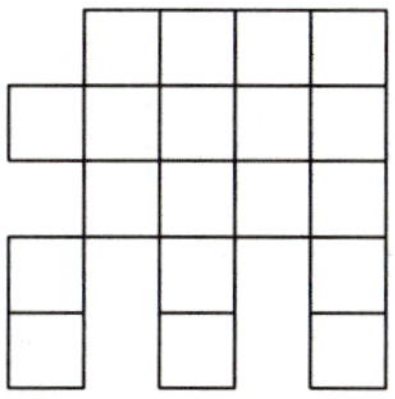 ② 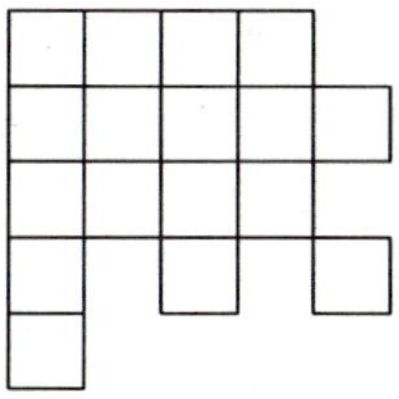 ③ 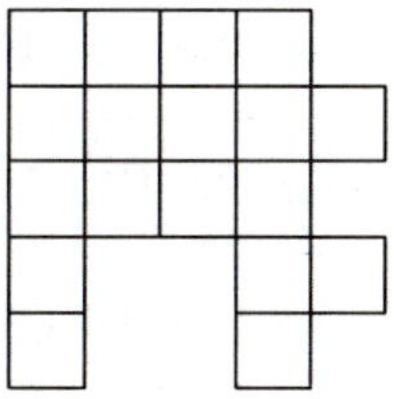 ④ 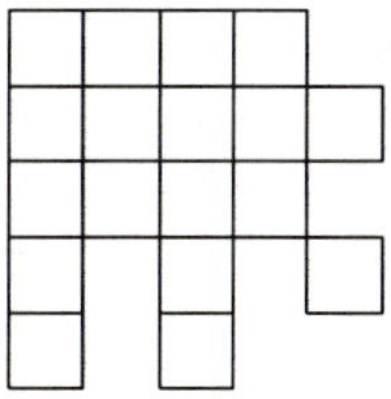

[01 ~ 10] 다음 〈보기〉의 왼쪽과 오른쪽 기호의 대응을 참고하여 각 문제의 대응이 같으면 답안지에 '① 맞음'을, 틀리면 '② 틀림'을 선택하시오.

보기

18 = ★	08 = ♤	88 = ♠	80 = ♬	05 = ♫
50 = ♪	10 = ◇	55 = ◆	11 = ◈	15 = ◫

01	18 80 05 55 10 – ★ ♬ ♫ ◆ ◇	① 맞음 ② 틀림
02	15 50 11 05 55 – ◫ ♪ ♤ ♬ ◆	① 맞음 ② 틀림
03	88 08 18 10 50 – ♠ ◆ ★ ◇ ♫	① 맞음 ② 틀림
04	11 15 05 18 08 – ◈ ◫ ♫ ★ ♤	① 맞음 ② 틀림
05	08 88 80 15 55 – ♤ ♠ ♬ ◫ ◆	① 맞음 ② 틀림

보기

L3v = 갉	O5u = 갬	G7f = 갱	W8w = 갔	D2x = 갅
S6s = 갤	B3h = 갠	Q0d = 값	U1x = 갱	Z4q = 걓

06	L3v Q0d Z4q W8w S6s – 갉 값 걓 갔 갠	① 맞음 ② 틀림
07	D2x L3v U1x B3h G7f – 갅 갉 갱 갠 갱	① 맞음 ② 틀림
08	G7f W8w S6s Q0d O5u – 갬 갔 갤 값 갭	① 맞음 ② 틀림
09	D2x O5u B3h U1x Z4q – 갅 갬 갠 갱 걓	① 맞음 ② 틀림
10	B3h D2x S6s G7f U1x – 갠 갔 갤 갱 걓	① 맞음 ② 틀림

[11 ~ 20] 다음 〈보기〉의 왼쪽과 오른쪽 기호의 대응을 참고하여 각 문제의 대응이 같으면 답안지에 '① 맞음'을, 틀리면 '② 틀림'을 선택하시오.

보기

오리 = ⑤	오래 = ⑧	오동 = ⑨	오감 = ③	오가 = ⑥
오해 = ②	오후 = ④	오등 = ①	오다 = ⑦	오기 = ⓪

11	오등 오다 오동 오래 오리 － ① ⑦ ⑨ ⑧ ⑤	① 맞음 ② 틀림
12	오해 오기 오후 오등 오가 － ② ⑧ ④ ① ⑥	① 맞음 ② 틀림
13	오감 오리 오다 오기 오래 － ③ ⑤ ⑦ ⓪ ⑧	① 맞음 ② 틀림
14	오등 오동 오해 오가 오감 － ① ⑨ ④ ⑥ ③	① 맞음 ② 틀림
15	오리 오래 오동 오다 오기 － ⑤ ⑧ ⑨ ⑦ ⑥	① 맞음 ② 틀림

보기

포도 = 영주	키위 = 무주	홍시 = 여주	수박 = 청주	레몬 = 공주
사과 = 경주	딸기 = 제주	단감 = 양주	참외 = 광주	자몽 = 의주

16	딸기 자몽 레몬 사과 단감 － 제주 공주 의주 경주 양주	① 맞음 ② 틀림
17	포도 홍시 키위 자몽 수박 － 영주 여주 무주 의주 청주	① 맞음 ② 틀림
18	참외 레몬 사과 단감 키위 － 광주 공주 영주 여주 무주	① 맞음 ② 틀림
19	키위 자몽 딸기 단감 참외 － 무주 의주 제주 양주 광주	① 맞음 ② 틀림
20	홍시 포도 수박 자몽 레몬 － 여주 영주 광주 무주 공주	① 맞음 ② 틀림

[21 ~ 30] 다음의 〈보기〉에서 각 문제의 왼쪽에 표시된 굵은 글씨체의 기호, 문자, 숫자의 개수를 모두 세어 오른쪽에서 찾으시오.

		〈보기〉	〈개수〉
21	**↘**	**←↖↗↘→↙↖↗←→↘↙↘↗←↗↘↖↙↘↗←→↖←↙↗↗→←↖↗←↘**	① 6개 ② 7개 ③ 8개 ④ 9개
22	**ㅕ**	미래에 사로잡혀 있으면 현재를 있는 그대로 볼 수 없을 뿐 아니라 과거까지 재구성하려 들게 된다.	① 4개 ② 5개 ③ 6개 ④ 7개
23	**4**	48904654106134987046153241687980463514310219874897013	① 6개 ② 7개 ③ 8개 ④ 9개
24	**i**	I remain just one thing, and one thing only, and that is a clown. It places me on a far higher plane than any politician.	① 10개 ② 11개 ③ 12개 ④ 13개
25	**9**	89749871987146978791696371937879678397937987967987862	① 12개 ② 13개 ③ 14개 ④ 15개
26	**◀**	△▽◀▶▽△▽▶▽▶△▽◀▽▶▶◀△◀▽▶▽△▶▶◀△◀▽◀◀◀▽▽△◀△	① 8개 ② 9개 ③ 10개 ④ 11개
27	**ㅇ**	할 일이 아무것도 없는 것은 즐겁지 않다. 할 일이 많은데 안 하고 있는 것이 즐거운 것이다.	① 12개 ② 13개 ③ 14개 ④ 15개
28	**8**	41964198198794161321989798446541987984981651263194898	① 6개 ② 7개 ③ 8개 ④ 9개
29	**o**	Only those who will risk going too far can possibly find out how far one can go.	① 10개 ② 11개 ③ 12개 ④ 13개
30	**려**	랴라리래레라려리려려랴라려레레리랴랴라래레려랴려레레려랴려랴랴라레려	① 8개 ② 9개 ③ 10개 ④ 11개

많이 보고 많이 겪고 많이 공부하는 것은 배움의 세 기둥이다.

– 벤자민 디즈라엘리 –

배우기만 하고 생각하지 않으면 얻는 것이 없고,
생각만 하고 배우지 않으면 위태롭다.

- 공자 -

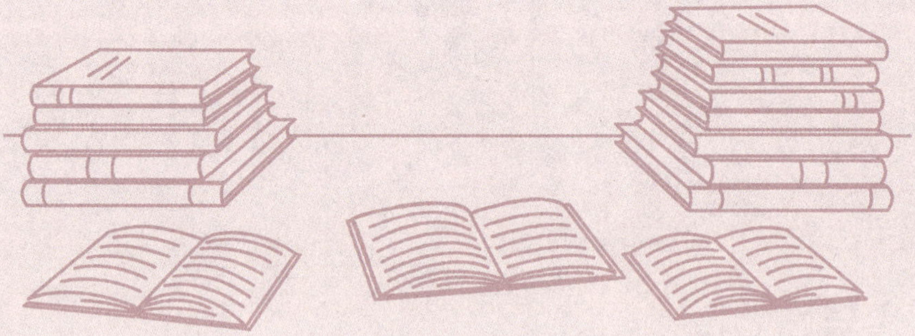

우리가 해야할 일은 끊임없이 호기심을 갖고
새로운 생각을 시험해보고 새로운 인상을 받는 것이다.

-월터 페이터-

인생이란 결코 공평하지 않다. 이 사실에 익숙해져라.

-빌 게이츠-

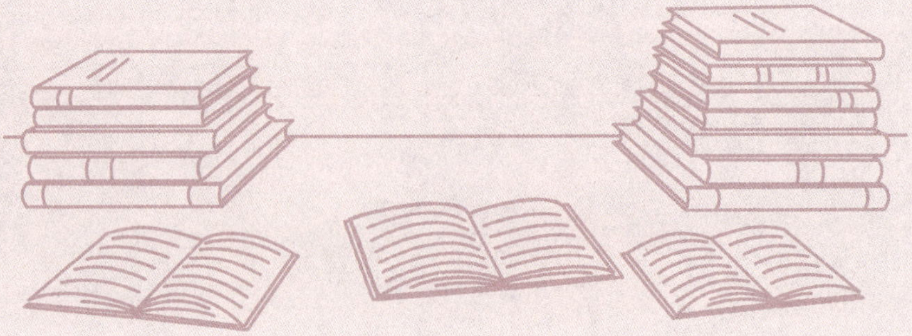

2025

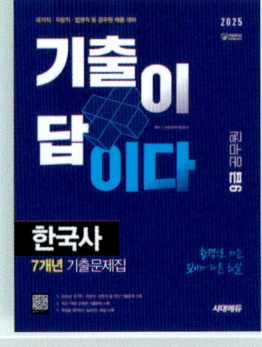

안심도서
항균99.9%

Win

육군 준사관 회전익항공기조종
: 이기는 방법

정답 및 해설

KIDA 간부선발도구 최다 수록 + 최종모의고사 3회분

시대장교수험기획실 편저 | 예) 육군 대령 오세훈 감수

국군 전문교육 기업

시대에듀

Win

육군 준사관 회전익항공기조종

: 이기는 방법

CHAPTER 01

PART 1 실전문제

언어논리 정답 및 해설

어휘

01	02	03	04	05	06	07	08	09	10	11	12	13	14	15	16	17	18	19	20
②	③	①	④	⑤	③	②	①	①	⑤	⑤	⑤	⑤	⑤	①	③	③	④	③	①

01 정답 ②

알음알음 : 서로 아는 관계

오답체크

① 경둥경둥 : 침착하지 못하고 채신없이 가볍게 행동하는 모양
③ 너붓너붓 : 엷은 천이나 종이 따위가 나부끼어 자꾸 흔들리는 모양
④ 옴니암니 : 아주 자질구레한 것이나 그런 일까지 좀스럽게 셈하거나 따지는 모양
⑤ 고깃고깃 : 고김살이 생기게 자꾸 함부로 고기는 모양

02 정답 ③

부모와 자식은 얼핏 생각하면 부모가 자식을 낳고 사회적으로는 상하 관계이기 때문에 계층적 관계의 상하 관계에 해당하는 예라고 생각하기 쉽다. 그러나 언어학적 관점에서는 부모라는 단어가 더 일반적인 의미 영역을 지니거나 자식이라는 단어가 더 구체적인 의미 영역을 지니지 않고 두 단어의 층위가 동일하다. 따라서 부모와 자식은 계층적 관계가 아닌 등위적 관계라고 할 수 있으며, 등위적 관계에 속하는 반의 관계이다.

오답체크

① 꽃과 장미는 계층적 관계에 속하는 상하 관계이다.
② 동물과 호랑이는 계층적 관계에 속하는 상하 관계이다.
④ 나무와 잎은 계층적 관계에 속하는 부분 관계이다.
⑤ 몸과 다리는 계층적 관계에 속하는 부분 관계이다.

03 정답 ①

제시문에서 인터넷은 국경 없이 누구나 자유롭게 정보를 주고받을 수 있는 기능과 함께 성인 인터넷 방송과 같은 청소년에게 해로운 매체가 될 수 있는 가능성을 동시에 내포하고 있다. 즉 ㉠은 ㉡의 의미를 포함한다. 따라서 '책'과 '동화책'의 관계와 유사하다.

PART

1

실전문제

정답 및 해설

04 정답 ④

괄호 안에 공통으로 들어갈 수 있는 단어는 '트다'이다. '트다'는 '서로 스스럼없이 사귀는 관계가 되다.', '막혀 있던 것을 거두고 통하게 하다.', '더 기대할 것이 없는 상태가 되다.'라는 의미를 가지고 있다.

오답체크

① '다른 사람에게 정이나 마음을 베풀거나 터놓다.'의 의미로 쓰일 경우, 첫 번째 문장에서만 쓰일 수 있다.
② '자기의 마음을 다른 사람에게 터놓거나 다른 사람의 마음을 받아들이다.'와 '닫히거나 잠긴 것을 트거나 벗기다.'의 의미로 쓰일 때, 첫 번째 문장과 두 번째 문장에서만 쓰일 수 있다.
③ '길, 통로, 창문 따위가 생기다.'의 의미일 때, 두 번째 문장에서만 쓰일 수 있다.
⑤ '어떤 상태나 조건이 좋지 않게 되다.'의 의미일 때, 세 번째 문장에서만 쓰일 수 있다.

05 정답 ⑤

㉣ 구상하다 : 앞으로 이루려는 일에 대하여 그 일의 내용이나 규모, 실현 방법 따위를 어떻게 정할 것인지 이리저리 생각하다.
㉤ 입안하다 : 어떤 안(案)을 세우다.
㉥ 설계하다 : 계획을 세우다.

오답체크

㉠ 의지하다 : 다른 것에 마음을 기대어 도움을 받다.
㉡ 무너지다 : 몸이 힘을 잃고 쓰러지거나 밑바닥으로 내려앉다.
㉢ 무지하다 : 지식이나 아는 것이 없다.

06 정답 ③

눈 밖에 나다 : (신임을 받지 못하고) 미움을 받게 되다.

07 정답 ②

㉠ 고독하다 : 세상에 홀로 떨어져 있는 듯이 매우 외롭고 쓸쓸하다.
㉢ 고혈하다 : 가족이나 친척이 없어 외롭다.
㉤ 외롭다 : 혼자가 되거나 의지할 곳이 없어 쓸쓸하다.

오답체크

㉡ 후미지다 : 아주 구석지고 으슥하다.
㉣ 혼란스럽다 : 보기에 뒤죽박죽이 되어 어지럽고 질서가 없는 데가 있다.
㉥ 뒤숭숭하다 : 느낌이나 마음이 어수선하고 불안하다.

08 정답 ①

제시문의 '떠올리다'는 '기억을 되살려내거나 잘 구상되지 않던 생각을 나게 하다'라는 의미를 가지고 있다. 따라서 '지난 일을 돌이켜 생각하다'의 의미를 지닌 '회상하다'는 제시문의 '떠올리다'와 바꿔 사용할 수 있다.

오답체크

② 연상하다 : 하나의 관념이 다른 관념을 불러일으키다.
③ 상상하다 : 실제로 경험하지 않은 현상이나 사물에 대하여 마음속으로 그려 보다.
④ 남고하다 : 고적(古跡)을 찾아보고 당시의 일을 회상하다.
⑤ 예상하다 : 어떤 일을 직접 당하기 전에 미리 생각하여 두다.

09 정답 ①

상응(相應) : 서로 응하거나 어울림

오답체크

② 부응(副應) : 기대나 요구 따위에 좇아서 응함
③ 호응(呼應) : 부름이나 호소 따위에 대답하거나 응함
④ 대응(對應) : 어떤 일이나 사태에 맞추어 태도나 행동을 취함
⑤ 상통(相通) : 서로 막힘없이 길이 트임

10 정답 ⑤

〈보기〉의 '지키다'는 '어떠한 상태나 태도 따위를 그대로 계속 유지하다.'의 뜻으로 사용되었다.

오답체크

① 길목이나 통과 지점 따위를 주의를 기울여 살피다.
②·④ 규정, 약속, 법, 예의 따위를 어기지 아니하고 그대로 실행하다.
③ 재산, 이익, 안전 따위를 잃거나 침해당하지 아니하도록 보호하거나 감시하여 막다.

11 정답 ⑤

틈 : 벌어져 사이가 난 자리

오답체크

① 사람들 사이에 생기는 심리적 거리
② 모여 있는 사람들의 속
③ 겨를
④ 어떤 행동을 할 만한 기회

12 정답 ⑤

포획(捕獲) : 적병을 사로잡음. 또는 짐승이나 물고기를 잡음

- 좋은 성적을 획득하려면 열심히 공부해야 한다.
- 곡식을 수확하기 위해 일찍부터 밭으로 나섰다.
- 돌풍이 불어 흩어진 물건들을 재빨리 수습하였다.
- 이번 시험에서 직무적성검사 유형을 파악하게 된 것을 큰 수확으로 생각한다.
- 그는 남의 아이들까지 양육하느라 고생이 많았다.

오답체크

① 수확(收穫) : 익은 농작물을 거두어들임. 또는 어떤 일을 하여 얻은 성과를 비유적으로 이르는 말
② 획득(獲得) : 얻어 내거나 얻어 가짐
③ 양육(養育) : 아이를 보살펴서 자라게 함
④ 수습(收拾) : 흩어진 재산이나 물건을 거두어 정돈함. 또는 어수선한 사태를 거두어 바로잡음

13 정답 ⑤

눈 위의 혹 : 몹시 미워서 눈에 거슬리는 사람을 비유하는 말

오답체크

① 난장을 치다 : 함부로 마구 떠들다.
② 달다 쓰다 말이 없다 : 아무런 반응도 나타내지 않다.
③ 한몫 잡다 : 단단히 이득을 취하다.
④ 간을 꺼내어 주다 : 비위를 맞추기 위해 중요한 것을 아낌없이 주다.

14 정답 ⑤

제시문과 ⑤의 '잡다'는 '어느 한쪽으로 기울거나 굽거나 잘못된 것을 바르게 만들다.'의 의미이다.

오답체크

① 붙들어 손에 넣다.
② 권한 따위를 차지하다.
③ 실마리, 요점, 단점 따위를 찾아내거나 알아내다.
④ 담보로 맡다.

15 정답 ①

- 십벌지목(十伐之木) : '열 번 찍어 아니 넘어가는 나무가 없다.'로 어떤 어려운 일이라도 여러 번 계속하여 끊임없이 노력하면 기어이 이루어 내고야 만다는 뜻
- 반복무상(反覆無常) : 언행이 이랬다저랬다 하며 일정하지 않거나 일정한 주장이 없음을 이르는 말

오답체크

② 마부작침(磨斧作針) : 도끼를 갈아 바늘을 만든다는 뜻으로, 아무리 어려운 일이라도 끈기 있게 노력하면 이룰 수 있음을 비유하는 말
③ 우공이산(愚公移山) : 우공이 산을 옮긴다는 뜻으로, 남이 보기엔 어리석은 일처럼 보이지만 한 가지 일을 끝까지 밀고 나가면 언젠가는 목적을 달성할 수 있다는 말
④ 적진성산(積塵成山) : 티끌 모아 태산이라는 뜻으로, 작은 것도 쌓이면 크게 된다는 말
⑤ 철저성침(鐵杵成針) : 철 절굿공이로 바늘을 만든다는 뜻으로, 아주 오래 노력하면 성공한다는 말

16 정답 ③

지금은 듣기 좋은 말만 하며 비위를 맞추지만 언제라도 등을 돌릴 수 있기 때문에 이를 경계한다는 문장에 '겉으로는 꿀맛 같은 말을 하며 친한 척하지만, 속으로는 음해할 생각을 하거나 돌아서서 헐뜯는다.'는 의미인 '구밀복검(口蜜腹劍)'이 적절하다.

오답체크

① 금의야행(錦衣夜行) : 비단옷을 입고 밤길을 간다는 뜻으로, 자랑삼아 하지 않으면 생색이 나지 않음을 이르거나 아무 보람이 없는 일을 함을 이르는 말
② 부화뇌동(附和雷同) : 우레 소리에 맞추어 천지 만물이 함께 울린다는 뜻으로 자기 생각이나 주장 없이 남의 의견에 동조한다는 말
④ 과유불급(過猶不及) : 모든 사물이 정도를 지나치면 미치지 못한 것과 같다는 뜻으로, 중용이 중요함을 가리키는 말
⑤ 결자해지(結者解之) : 맺은 사람이 풀어야 한다는 뜻으로, 자기가 저지른 일은 자기가 해결하여야 한다는 말

17 정답 ③

제시된 글은 현대 사회에서 우리는 물질주의에 따른 문제점을 잘못된 것이라고 여기면서도, 자본주의 사회에서의 물질주의가 편의를 증진시킨다는 사실을 당연시하는 모순적 상황에 대해 이야기하고 있다. 따라서 빈칸에 들어갈 적절한 한자성어는 서로 모순되어 양립할 수 없는 두 개의 명제를 뜻하는 '이율배반(二律背反)', '자가당착(自家撞着)', '자기모순(自己矛盾)', '모순당착(矛盾撞着)' 등이다. ③ 표리부동(表裏不同)은 '마음이 음흉하고 불량하여 겉과 속이 다름을 이르는 말'이므로 적절하지 않다.

18 정답 ④

호랑이 없는 골에 토끼가 왕 노릇 한다 : 뛰어난 사람이 없는 곳에서 보잘것없는 사람이 득세함을 비유적으로 이르는 말이다.

오답체크

① 싸움 끝에 정이 붙는다 : 싸움을 통해 서로 가지고 있던 오해나 나쁜 감정을 풀어 버리면 오히려 더 가까워지게 된다.
② 미련은 먼저 나고 슬기는 나중 난다 : 무슨 일을 잘못 생각한 후에야 이랬더라면 좋았을 것을 하고 궁리한다.
③ 배부르니까 평안 감사도 부럽지 않다 : 굶주렸던 사람이 배가 부르도록 먹으면 만족하게 된다.
⑤ 집 태우고 바늘 줍는다 : 큰 것을 잃은 후에 작은 것을 아끼려고 한다.

19 정답 ③

'언 발에 오줌 누기'는 임시변통은 될지 모르나 그 효력이 오래가지 못할 뿐만 아니라 결국에는 그 사태가 더 나빠짐을 이르는 말로 A씨의 상황과 가장 관련 깊은 속담이다.

오답체크

① 소 잃고 외양간 고치기 : 일을 그르친 뒤에는 후회해도 소용없다는 말
② 도랑 치고 가재 잡기 : 일의 순서가 뒤바뀌어서 애쓴 보람이 나타나지 않음. 한 가지 일로 두 가지 이상의 이득을 얻게 됨
④ 눈 가리고 아웅 하기 : 무슨 일이 있는지 다 알고 있는데 얕은 수단으로 속이려 함을 이르는 말
⑤ 이미 엎질러진 물 : 한 번 저지른 일은 어찌할 수 없음

20 정답 ①

제시된 글은 사람들의 내면세계를 중요시하던 '과거를 향유했던 사람'이, 내면보다는 겉모습의 느낌을 중시하는 '현 시대를 살아가는 사람'을 비판하고 있다. 이럴 경우 보기 좋게 꾸며진 겉보다는 실속이 있는 내면이 더 중요하다는 내용으로 비판할 수 있을 것이다. 이에 해당하는 속담은 ①이다. '뚝배기보다 장맛'이라는 속담은 겉보기보다는 속이 더 낫다는 뜻으로, 즉 형식보다 내용이 중요하다는 의미를 가지기 때문이다.

오답체크

② 같은 값이면 다홍치마 : 값이 같거나 같은 노력을 한다면 품질이 좋은 것을 택함
③ 보기 좋은 떡이 먹기도 좋다 : 겉모양새를 잘 꾸미는 것도 필요함
④ 나무를 보고 숲을 보지 못한다 : 부분만 보고 전체는 보지 못하는 근시안적인 행동
⑤ 장님 코끼리 만지는 격 : 일부분을 알면서도 전체를 아는 것처럼 여기는 어리석음

어법

21	22	23	24	25	26	27	28	29	30										
①	③	④	②	②	④	②	①	⑤	③										

21 정답 ①

'본받다'는 '본을 받다'에서 목적격 조사가 생략되고, 명사 '본'과 동사 '받다'가 결합한 합성어이다. 즉, 하나의 단어로 '본받는'이 옳은 표기이다.

22 정답 ③

'어찌 된'의 뜻을 나타내는 관형사는 '웬'이므로, '어찌된 일로'라는 함의를 가진 '웬일'이 맞는 말이다.

오답체크

② 치다꺼리 : 남의 자잘한 일을 보살펴서 도와줌. 또는 그런 일
④ 베다 : 날이 있는 연장 따위로 무엇을 끊거나 자르거나 가르다.
⑤ 지그시 : 슬며시 힘을 주는 모양

23 정답 ④

엉기정기 : 질서 없이 여기저기 벌여 놓은 모양

오답체크

① 씨억씨억 : 성질이 굳세고 활발한 모양
② 어룽어룽 : 뚜렷하지 아니하고 흐리게 어른거리는 모양
③ 귀둥대둥 : 말이나 행동 따위를 되는대로 아무렇게나 하는 모양
⑤ 괴발개발 : 글씨를 되는대로 아무렇게나 써놓은 모양을 이르는 말(=개발새발)

24 정답 ②

'찌개 따위를 끓이거나 설렁탕 따위를 담을 때 쓰는 그릇'을 뜻하는 단어는 '뚝배기'이다.

오답체크

① '손가락 따위로 어떤 방향이나 대상을 집어서 보이거나 말하거나 알리다.'의 의미를 가진 단어는 '가리키다'이다.

③ '사람들의 관심이나 주의가 집중되는 사물의 중심 부분'의 의미를 가진 단어는 '초점'이다.

④ '액체 따위를 끓여서 진하게 만들다, 약재 따위에 물을 부어 우러나도록 끓이다.'의 의미를 가진 단어는 '달이다'이다.

⑤ '길게 뻗어 나가면서 다른 물건을 감기도 하고 땅바닥에 퍼지기도 하는 식물의 줄기'의 의미를 가진 단어는 '넝쿨', '덩굴'이다.

25 정답 ②

선생님에 대한 높임의 주격 조사 '–께서'를 써야 하고, 선생님께서 오라고 말씀하신 것이므로 주체 높임의 선어말 어미 '–시–'를 써서 '오라셔.'로 고쳐야 한다.

• 철수야, 선생님<u>께서</u> 빨리 오<u>라셔</u>.

주체 높임법

• 직접 높임 : '–시–(선어말 어미), –님(접미사), –께서(조사)'에 의해 실현된다.

  예 어머니, 선생님께서 오십니다.

• 간접 높임 : '–시–(선어말 어미)'를 붙여 간접적으로 높인다.

  예 할아버지는 연세가 많으시다.

26 정답 ④

• 뿐 : '그것만이고 더는 없음'을 의미하는 보조사로 붙여 쓴다.

• 바 : '방법, 일'의 뜻을 의미하는 의존 명사로 띄어 쓴다.

오답체크

① 만난지도 → 만난 지도 / 3년 째다 → 3년째다
  • 지 : '어떤 일이 있었던 때로부터 지금까지의 동안'을 의미하는 의존 명사로 띄어 쓴다.
  • 째 : '계속된 그동안'을 의미하는 접미사로 붙여 쓴다.

② 공부 밖에 → 공부밖에 / 한 번 → 한번
  • 밖 : '그것 말고는'을 의미하는 조사로 붙여 쓴다.
  • 한번 : '기회 있는 어떤 때'를 의미하는 명사로 붙여 쓴다.

③ 나타 난 → 나타난 / 안된다는 → 안 된다는
  • 나타나다 : '보이지 않던 어떤 것이 겉으로 드러나다.'는 뜻의 동사이므로 붙여 쓴다.
  • 안 : 부정의 뜻인 '아니 되다.'로 쓸 경우에는 띄어 쓴다.

⑤ 있는만큼만 → 있는 만큼만 / 고객님 께는 → 고객님께는
  • 만큼 : '정도'를 의미하는 의존 명사로 띄어 쓴다.
  • 께 : '에게'의 높임말을 의미하는 조사로 붙여 쓴다.

27 정답 ②

제시된 명제를 정리하면 '여름은 겨울보다 비가 많이 내림 → 비가 많이 내리면 습도가 높음 → 습도가 높으면 먼지와 정전기가 잘 일어나지 않음'이 성립한다. 즉, 비가 많이 내리면 습도가 높고 습도가 높으면 먼지가 잘 나지 않으므로 비가 많이 오지 않는 겨울이 여름보다 먼지가 잘 난다.

오답체크

① 첫 번째 명제와 두 번째 명제로 추론할 수 있다.
③ 제시된 명제 전부로 추론할 수 있다.
④ 첫 번째 명제와 네 번째 명제로 추론할 수 있다.
⑤ 네 번째 명제의 대우와 첫 번째 명제로 추론할 수 있다.

28 정답 ①

첫 번째 명제의 대우 명제는 '팀플레이가 안 되면 패배한다.'이다. 삼단논법이 성립하려면 '패스하지 않으면 팀플레이가 안 된다.'라는 명제가 필요하며, 이 명제의 대우 명제는 ①이다.

29 정답 ⑤

교수는 기본적인 항목에 대해서는 학생이 말한 공부 방법으로 확실히 습득할 수 있다고 가정하고 있지만, 기본적인 항목이 일반적으로 기억하기 쉽다고는 말하고 있지 않다. 따라서 논리의 모순을 지적한 기술로는 타당하지 않다.

30 정답 ③

제시문은 '분할'의 오류이다. 전체의 속성을 부분에 적용하는 오류를 범하고 있다.

오답체크

① 타당한 삼단논법으로 연역 추리이다.
② 결합(합성)의 오류를 범하고 있다.
④ 성급한 일반화의 오류를 범하고 있다.
⑤ 무지에 호소하는 오류를 범하고 있다.

독해

31	32	33	34	35	36	37	38	39	40	41	42	43	44	45	46	47	48	49	50
④	③	②	②	①	④	④	④	①	③	②	⑤	④	⑤	①	②	③	①	④	⑤
51	52	53	54	55	56	57	58	59	60	61	62	63	64	65	66	67	68	69	70
③	③	④	④	④	③	⑤	③	③	④	②	④	②	①	②	②	①	①	③	②
71	72	73	74	75	76	77	78	79	80	81	82	83	84	85	86	87	88	89	90
①	①	⑤	③	④	⑤	①	②	④	④	⑤	③	④	④	②	①	⑤	①	⑤	①
91	92	93	94	95	96	97	98	99	100	101	102	103	104	105	106	107	108	109	110
①	④	④	①	②	③	③	③	②	②	⑤	③	⑤	①	④	⑤	①	③	③	①
111	112	113	114	115	116	117	118	119	120										
③	④	④	③	⑤	①	⑤	①	②	③										

순서 배열하기

순서배열 TIP

- 접속사 및 지시대명사 → 핵심어 찾기 → 문단별 중심문장 찾기 → 전체 주제 찾기
- 접속사, 지시대명사, 순서를 가리키는 단어 등이 포함된 문장이 있는지 먼저 체크한다. 접속사 및 지시대명사가 없을 경우, 각 문단의 첫 문장이나 핵심어를 통해 문단 순서를 유추한다.

31 **정답** ④

제시문은 E놀이공원이 음식물쓰레기로 인한 낭비의 심각성을 인식하여 환경부와 함께 음식문화 개선대책 협약을 맺었고, 이 협약으로 인해 대기업 중심의 국민적인 음식문화 개선 운동이 확산될 것이라는 내용의 글이다. 따라서 (나) 음식물쓰레기로 인한 낭비에 대한 심각성을 인식한 E놀이공원과 환경부 → (라) 음식문화 개선 대책 협약 체결 → (다) 협약에 따라 사업장별 특성에 맞는 음식물쓰레기 감량 활동을 전개하는 E놀이공원 → (가) 협약을 계기로 대기업 중심의 범국민적 음식문화 개선 운동이 확산될 것을 기대하는 환경부 국장의 순서로 배열해야 한다.

32 **정답** ③

방사능 비상사태의 조치를 이야기하는 ㉢, '이러한 조치'로 인한 부작용을 말하는 ㉡, 부작용에 대한 예를 드는 ㉠, 따라서 보호 조치의 기본 원칙의 기준이 조치에 의한 '이로움'이 되어야 한다는 ㉣로 ㉢ – ㉡ – ㉠ – ㉣의 순서로 배열해야 한다.

33 **정답** ②

제시문은 고전 소설의 현실 공간과 초현실 공간에 대해 설명하고 있다. (라)는 초현실 공간과 현실 공간이 겹쳐지는 것, 즉 (가)에 대한 부연 설명이고, (다)는 꿈속 공간에 대한 것, 즉 (나)에 대한 부연 설명이다.

34 정답 ②

제시문은 글쓴이가 글을 쓸 때 전략이 있어야 하고, 독자 역시 글을 읽을 때 글쓴이의 의도를 파악해야 함을 구체적인 예를 들어 설명하는 글이다. 따라서 (나) 글쓴이가 글을 쓰는 목적에 따라 달라지는 글쓰기 전략 → (다) 글을 쓰는 목적에 따른 글쓰기 전략의 예 → (라) 독자가 글을 읽는 방법 → (가) 독자가 글의 구조를 고려하여 글을 읽는 방법에 대한 구체적인 예시의 순서로 배열해야 한다.

35 정답 ①

제시문은 최대수요입지론에 의해 업체가 입지를 선택하는 방법을 설명하는 글이다. 따라서 (나) 최대수요입지론에서 입지를 선정할 때 고려하는 요인 → (가) 최초로 입지를 선정하는 업체의 입지 선정법 → (다) 다음으로 입지를 선정하는 업체의 입지 선정법 → (라) 다른 변인이 생기는 경우 두 경쟁자의 입지 선정법의 순서로 배열해야 한다.

36 정답 ④

제시문은 '온난화 기체 저감을 위한 습지 건설 기술'에 대한 내용으로 (나) 인공 습지 개발 가정 → (다) 그에 따른 기술적 성과 → (가) 개발 기술의 활용 → (라) 기술 이전에 따른 기대 효과 순서로 배열해야 한다.

37 정답 ④

길을 만들기에 앞서서 가장 먼저 길 이름부터 짓기로 했다는 것으로 보아 (다)가 시작 문단일 확률이 높다. 그다음으로는 (다)에서 언급한 길에 대한 지향점을 설명하고 있는 (라)가, 그다음으로는 주위 사람들에게 자신의 지향점을 설명했지만 맘에 드는 것이 없었다는 (나), 그렇게 이름을 찾아보던 와중에 (가)에서 김진애 선배가 제시한 '올레'라는 단어, '올레'라는 단어로 길 이름을 결정한 사건과, '올레'의 의미 설명으로 마무리되는 (마)의 순서가 가장 자연스럽다.

38 정답 ④

먼저 정신과 물질의 관계에 관한 이원론과 동일론을 언급하며 동일론의 문제점을 이야기하는 (다) 문단이 오는 것이 적절하다. 다음으로는 그러한 동일론의 문제점을 해결할 수 있는 기능론에 관해 설명하는 (나) 문단이, 그 뒤를 이어 기능론을 비판하는 이원론의 입장에서 감각질과 관련한 사고 실험에 대해 설명하는 (라) 문단이 오는 것이 적절하다. 마지막으로는 그러한 사고 실험에서 감각질이 뒤집혀도 겉으로 드러난 행동과 말이 똑같은 이유를 설명하는 (가) 문단의 순서로 배열해야 한다.

39 정답 ①

제시된 단락의 마지막 문장을 통해, 이어질 내용이 초콜릿의 기원임을 유추할 수 있다. 역사적 순서에 따라 나열하면 (나) – (다) – (라)가 되고, 그러한 초콜릿의 한국에 전해진다는 내용은 각론에 해당하므로 (가)는 마지막에 위치한다.

40 정답 ③

㉡ 네 번째 문장에서 '그렇다고 남의 향락을 위하여 스스로 고난의 길을 일부러 걷는 것이 학자는 아니다.'라고 했으므로 학자에 대한 설명이 이어져야 함 → ㉠ 상아탑이 제구실을 못함 → ㉢ 학문의 목적은 진리 탐구임 → ㉤ 학문 악용의 폐단 → ㉣ 학문에 대한 의문 제기의 순서로 배열해야 한다.

41 정답 ②

제시된 글의 구조는 담배의 유해성을 설명한 후, 유해성과 관련하여 담배회사와 건강보험공단 간의 소송의 흐름으로 이어진다. 따라서 (라) 약초로 알고 있던 선조의 생각과는 달리 유해한 담배 → (가) 연구결과에 따른 흡연자들의 높은 암 발생률 → (다) 담배의 유해성을 안건으로 담배회사와 소송을 진행하던 중 문제가 생긴 건강보험공단 → (나) 이에 대응하는 건강보험공단 순서로 문단을 배열해야 한다.

오답체크

- (다)와 (가) 중 우선하는 문단 고르기 : (라)의 마지막 줄에 담뱃갑에 명시되어 있는 담배연기의 발암성 물질에 대한 언급이 있는 것으로 보아 (라)가 글의 맨 앞에 오는 것을 알 수 있다. 이어질 글의 내용은 크게 두 문단으로 나눠볼 수 있는데, 전반부는 '담배의 유해물질'에 관하여, 후반부는 '담배회사와 국민건강보험의 소송'에 관한 내용이다. (가)의 내용은 담배의 유해물질로 인해 흡연자가 비흡연자에 비해 암에 걸릴 확률이 높다는 내용이고, (다)의 내용은 담배의 유해성으로 인한 소송의 내용이므로, (라) 바로 뒤에 올 문단은 (가)임을 알 수 있다.
- (나)가 마지막 문단인 이유 : (나)에서 '이에 대해'라고 지적하고 있는 것은 (다)의 '소송당사자가 될 수 있는지'를 의미하므로 두 문단의 순서는 (다) – (나)이다.

42 정답 ⑤

〈보기〉는 관심사가 하나뿐인 사람을 1차원 그래프로 표시할 수 있다는 내용이다. 이는 제시문의 1차원적 인간에 대한 구체적인 예시에 해당하므로 ㉤에 〈보기〉를 넣으면 된다.

43 정답 ④

〈보기〉의 중심 내용은 맹장이라도 길 찾기가 중요하다는 것이다. (라)의 앞에서 '길을 잃어버리는 것'을 '전체의 핵심을 잡지 못하는 것'으로 비유한 내용을 찾을 수 있다. (라) 뒤의 내용 역시 요점과 핵심의 중요성을 강조하고 있으므로 (라)에 〈보기〉를 넣으면 된다.

44 정답 ⑤

(마) 문단에서는 정보와 지식이 커뮤니케이션 속에서 살아 움직이며 진화함을 말하고 있다. 따라서 정보의 순환 속에서 새로운 정보로 거듭나는 역동성에 대한 설명의 사례로 〈보기〉의 내용이 이어질 수 있다. 한 나라의 관광 안내 책자 속 정보가 섬세하고 정확한 것은 소비자들에 의해 몇몇 오류에 대한 수정이 이루어져 개정되는 것이 정보와 지식의 커뮤니케이션 속에서 새로운 정보로 거듭나는 것을 잘 나타내고 있기 때문이다. 따라서 (마) 문단 뒤에 〈보기〉를 넣으면 된다.

45 정답 ①

먼저 문단의 첫 부분을 빠르게 훑어 접속사 및 지시대명사를 찾아보면, ㉡, ㉢, ㉣, ㉤, ㉥ 순서대로 '따라서', '그들은', '그런데', '그 발상은', '왜냐하면'을 찾을 수 있다. 여기서 '그런데'를 제외한 접속사 및 지시대명사는 결론, 이유나 부연설명 정도이므로 '그런데'를 기점으로 글이 나뉨을 알 수 있다. 따라서 ㉠, ㉡, ㉢ / ㉣, ㉤, ㉥으로 나눠진 선택지 ①이 정답 후보가 되며, 다시 글로 돌아가 처음부터 순서대로 읽으며 확인해 보면 ㉡은 ㉠의 결론, ㉢은 ㉡의 부연, ㉣은 전환되는 부분, ㉤은 ㉣에 대한 부연, ㉥은 ㉤에 대한 이유로 ①이 답임을 알 수 있다.

오답체크

②・⑤와 같은 구조가 되기 위해서는, ㉠이 서론으로 전체 글을 포괄적으로 품어야 한다. 하지만 ㉣의 전환되는 내용을 통해 ㉠이 전체 글을 어우르는 서론이 될 수 없음을 알 수 있으므로 ②・⑤는 답이 될 수 없다.

세부 내용 파악하기

46 정답 ②

제시문에 고야가 이성의 존재를 부정했다는 내용은 제시되어 있지 않다. 다섯 번째 문장 '세상이 완전하게 이성에 의해서만 지배되지는 않음을 표현하고 있을 뿐이다.'를 통해 ②의 내용이 적절하지 않음을 알 수 있다.

47 정답 ③

수소 원자와 헬륨 원자는 양성자 및 헬륨 원자핵과 전자가 결합해야 만들어지는 것으로, 양성자와 헬륨 원자핵이 결합하여 만들어진다는 설명은 옳지 않다.

오답체크

① '대폭발 우주론에서는 우주가 약 137억 년 전 밀도와 온도가 매우 높은 상태의 대폭발로부터 시작하였다고 본다.'라는 내용에서 알 수 있다.
② '양(+)의 전하를 가지고 있는 양성자 및 헬륨 원자핵'이라는 설명에서 알 수 있다.
④ '온도가 높은 상태에서는 전자가 원자핵에 쉽게 붙들리지 않기 때문에 양성자 및 헬륨 원자핵과 전자가 결합해야 만들어지는 수소 원자와 헬륨 원자가 잘 만들어지지 않았지만, 온도가 내려가자 자유 전자가 양성자 및 헬륨 원자핵에 붙들려 결합된다.'라는 설명에서 온도가 높아질수록 수소 원자와 헬륨 원자는 만들어지지 않는다는 것을 알 수 있다.
⑤ '전자가 양성자에 붙들리지 않은 채 자유롭게 우주공간을 움직일 수 있다가 온도가 내려가자 자유 전자가 양성자 및 헬륨 원자핵과 결합했다.'라는 설명에서 알 수 있다.

48 정답 ①

프리드만의 '우주는 극도의 고밀도 상태에서 시작돼 점차 팽창하면서 밀도가 낮아졌다.'라는 이론과 르메트르의 '우주가 원시 원자들의 폭발로 시작됐다.'라는 이론은 상호 모순되지 않는 이론이다. 따라서 프리드만의 이론과 르메트르의 이론은 양립할 수 없는 관계라는 해석은 제시문에 대한 이해로 바르지 않다.

49 정답 ④

꼭 필요한 부위에만 접착제와 대나무 못을 사용하여 목재가 수축・팽창하더라도 뒤틀림과 휘어짐이 최소화될 수 있도록 하였다. 따라서 접착제와 대나무 못을 사용하면 수축과 팽창이 발생하지 않는다는 말은 옳지 않다.

50 정답 ⑤

2000년대 초 연준의 금리 인하로 국공채에 투자한 퇴직자의 소득이 줄어들었다는 것은 지문의 내용과 일치하나, 지문의 네 번째 문단 두 번째 문장에서 금융업으로부터 정부로가 아닌, 정부로부터 금융업으로 부가 이동했다는 것을 알 수 있다. 따라서 ⑤가 지문의 내용에 부합하지 않는다.

오답체크

① 두 번째 문단 두 번째 문장에서 확인할 수 있는 내용이다.
② 마지막 문단의 첫 번째 문장에서 확인할 수 있는 내용이다.
③ 첫 번째 문단 마지막 문장에서 2000년대 초가 산업 거품의 붕괴로 인한 경기 침체였다는 것을 알 수 있으며, 세 번째 문단 두 번째, 세 번째 문장에서 2000년대 초에 대부분의 부문에서 설비 가동률이 낮은 상황이었다는 것을 확인할 수 있다.
④ 두 번째 문단 마지막 문장과 세 번째 문단 마지막 문장에서 각각 금리 인하 정책으로 인해 주택 가격과 주식 가격이 상승하였음을 알 수 있다.

51 정답 ③

대통령은 국무회의 심의 결과에 구속되지 않는다는 점에서 자문기관과 큰 차이가 없다고 하였으므로 옳지 않은 내용이다.

오답체크

① 행정부에는 국무총리, 행정각부, 감사원 등이 있으며 이들은 모두 대통령 소속하에 있다고 하였으므로 옳은 내용이다.
②·④ 영국 의원내각제의 내각은 의결기관이지만 국무회의는 이와 법적 성격이 다르다고 하였고, 국무회의의 심의 사항은 헌법에 명시되어 있으며 해당 심의는 필수적이라는 점에서 단순한 자문기관이 아니라고 하였으므로 옳은 내용이다.
⑤ 국무위원으로서 행정각부의 장은 대통령, 국무총리와 법적으로 동등한 지위를 갖는다고 하였으므로 옳은 내용이다.

52 정답 ③

마지막 문단에서 '선비들은 어려서부터 머리가 희어질 때까지 오직 글쓰기나 서예 등만 익혔을 뿐이므로 갑자기 지방관리가 되면 당황하여 어찌할 바를 모른다.'고 하면서 형벌에 대한 사대부들의 무지를 비판하고 있다.

53 정답 ④

④의 내용은 제시문 전체를 통해서 확인할 수 있다.

오답체크

①·②·⑤ 제시문의 내용만으로 단정지을 수 없다.
③ 익살이 조형 위에 구현된 것은 해학미이다.

54 정답 ④

제시문은 분자 상태의 수소와 산소가 결합하여 물이 되는 과정을 설명한 것이다. 글에서는 수소 분자와 산소 분자가 원자로 분해되고, 분해된 산소 원자 하나와 수소 원자 두 개가 결합하여 물이라는 화합물이 생성된다고 설명하고 있다. ④는 산소 분자와 수소 분자가 '각각' 물이 된다고 했으므로 이는 옳지 않은 설명이다.

55 정답 ④

오답체크

①은 두 번째 문장, ②는 제시문의 흐름, ③과 ⑤는 마지막 문장에서 각각 확인할 수 있다.

56 정답 ③

한백겸과 이원익 등이 광해군이 즉위 초에 공물을 쌀로 내게 하는 조치인 대동법을 경기도에 시행하자고 하였으며 광해군이 이를 받아들였다고 하였으므로 옳은 내용이다.

오답체크

① 현종이 대동법을 전라도 전역에 확대 시행했다고는 하였으나 전국 모든 지역으로까지 확대했는지는 알 수 없는 내용이다.
② 효종은 전라도 일부 지역과 충청도까지 대동법을 적용했다고 하였을 뿐이며 김육의 주장을 받아들인 것은 효종이 아니라 인조이므로 옳지 않은 내용이다.
④ 이원익 등이 제안한 것은 백성들이 소유한 토지의 다과에 따라 쌀을 공물로 거두고, 이렇게 수납한 쌀을 국가가 필요로 하는 물품을 구매하는 데 사용하자는 것이지 방납을 금지하자는 것은 아니었으므로 옳지 않은 내용이다.
⑤ 한백겸 등이 대동법을 주장한 배경에는 상인이 백성들의 의뢰를 받아 특산물을 생산지에서 구매하는 방납의 폐단이 있었을 것이지만 이를 제시문에서 명시적으로 찾을 수는 없으며, 또한 방납 역시 상인이 관청의 의뢰를 받아 대납하는 것이 아닌 백성의 의뢰를 받아 대납하는 것이므로 옳지 않은 내용이다.

57 정답 ⑤

지식 통합 작업은 지식을 수집하여 독자들에게 제공하고자 하는 애초의 목적에서 더 나아가 지식을 선별하고 배치하는 편집 권한까지 포함하게 된다고 하였으므로 옳은 내용이다.

오답체크

① 소송을 제기한 것은 저작권자가 아니라 출판업계이며 그나마 이 합의도 연방법원이 거부하였다.
②·③ 구글의 지식 통합 작업을 통한 지식의 독점은 한 쪽이 상대방보다 훨씬 많은 지식을 가지는 지식의 비대칭성을 강화하여 사회계약의 토대 자체가 무너질 수 있다고 하였으므로 옳지 않은 내용이다.
④ 구글의 디지털도서관에서 무료로 서비스되고 있는 것들은 저작권 보호기간이 지난 책들이지 스캔을 완료한 1,500만 권의 도서 전체가 아니다.

58 정답 ③

제시문은 민감한 기계에도 사용할 수 있는 동력원인 스털링 엔진에 대한 글이다.
ⓛ은 첫 번째 문단 두 번째 문장에서 확인할 수 있다.
ⓔ은 첫 번째 문단 마지막 문장에서 확인할 수 있다.

오답체크

㉠은 첫 번째 문단 두 번째 문장에서 '실린더는 피스톤을 움직일 수 있는 장치이다.'라고 설명하고 있다.
ⓒ은 두 번째 문단에서 '한 쌍으로 이루어져 있는 스털링 엔진의 한쪽 끝마다 고열원과 저열원이 따로 설치되어 있다.'라고 설명하고 있다.

59 **정답** ③

ㄱ. '사적 한계순생산가치'란 한 기업이 생산과정에서 투입물 1단위를 추가할 때 그 기업에 의해 직접 발생하는 순생산가치의 증가분이며 여기에 부가적으로 발생하는 사회적 비용과 편익을 고려한 것이 '사회적 한계순생산가치'이다. 따라서 '사적 한계순생산가치'에는 사회적 편익이 고려되지 않으므로 옳은 내용이다.

ㄴ. '사회적 한계순생산가치'는 '사적 한계순생산가치'에 부가적으로 발생하는 사회적 비용과 편익을 고려한 것이다. 그런데 이것이 존재하지 않는다면 '사적 한계순생산가치'와 '사회적 한계순생산가치'가 동일하게 되므로 옳은 내용이라고 볼 수 있다.

오답체크

ㄷ. 사회에 부가적으로 발생하는 비용이 동일하다고 하더라도 각 기업의 '사적 한계순생산가치'와 부가적으로 발생하는 사회적 편익이 다르다면 기업 A와 B의 '사회적 한계순생산가치'는 다르게 되므로 옳지 않은 내용이다.

60 **정답** ④

ㄱ. 甲국에서 고급 휘발유로 판매되는 휘발유의 옥탄가가 93이므로 A시에서 판매되는 고급휘발유의 옥탄가는 이보다 2가 낮은 91이다.

ㄴ. 실린더 내의 과도한 열이나 압력, 혹은 질 낮은 연료의 사용 등으로 인해 노킹 현상이 발생한다고 하였으므로 옳은 내용이다.

ㄷ. 노킹 현상이란 공기·휘발유 혼합물이 점화되기 전에 연소되는 현상을 말하므로 노킹 형상이 일어나지 않는다면 공기·휘발유 혼합물은 점화가 된 이후에 연소된다는 것을 알 수 있다.

오답체크

ㄹ. 연소란 탄화수소가 공기 중의 산소와 반응하여 이산화탄소와 물을 생성하는 것이므로 옳지 않은 내용이다.

중심내용 · 제목 찾기

61 **정답** ②

제시문에서는 인지부조화의 개념과 과정을 설명한 후, 이러한 인지부조화를 감소시키는 행동에 자기방어적인 행동을 유발하는 비합리적인 면이 있음을 지적하며, 이러한 행동이 부정적 결과를 초래할 수 있다고 밝히고 있다.

62 **정답** ④

제시문은 국제사회에서의 개인의 위상과 국력의 관계를 통하여 국력의 중요성을 말하고 있다.

63 **정답** ②

제시문은 복지란 각 시민이 갖고 있는 현재의 선호들만 만족시키는 것이라는 '이론 P'를 제시하고, 그 이론 P가 기초하고 있는 두 개의 근거를 서술하고 있다. 그리고 그 근거들을 반박하면서 이론 P에 허점이 많음을 보이고 있으므로 이와 내용적으로 가장 유사한 ②가 적절하다.

64 정답 ①

제시된 글은 CCTV가 인공지능(AI)과 융합되면 기대할 수 있는 효과들(범인 추적, 자연재해 예측)에 대해 말하고 있다. 따라서 AI와 융합한 CCTV의 진화가 적절하다.

65 정답 ②

제시된 글에서 우려하고 있는 것은 외환 위기라는 표면적인 이유 때문에 무조건 외제 상품을 배척하는 행위이다. 즉, 문제의 본질을 잘못 이해하여 임기응변식의 대응을 하는 것에 문제를 제기하고 있는 것이다. 이럴 때 쓸 수 있는 관용적 표현은 '언 발에 오줌 누기'이다.

오답체크

① 타산지석 : 다른 사람의 본이 되지 않는 사소한 언행도 자신의 지식과 인격을 수양하는 데에 도움이 됨
③ 우물에서 숭늉 찾기 : 성미가 몹시 급함
④ 소 잃고 외양간 고치다 : 일이 이미 잘못된 뒤에는 손을 써도 소용이 없다.
⑤ 배부르니까 평안 감사도 부럽지 않다 : 굶주렸던 사람이 배가 부르도록 먹으면 만족하게 된다.

| 내용 추론하기 |

66 정답 ②

빈칸의 내용 때문에 불꽃의 색을 분리시키는 분광 분석법을 창안해 냈으므로, 불꽃의 색이 여럿 겹쳐 보이는 것이 문제였음을 추측할 수 있다.

67 정답 ①

제시문은 '발전'에 대한 개념을 설명하고 있다. 이러한 유형의 문제는 괄호 앞, 뒤의 문맥을 먼저 살피는 것이 하나의 요령이다. 괄호 앞에는 '발전'에 대해 '모든 형태의 변화가 전부 발전에 해당하는 것은 아니다.'라고 하면서 '교통신호 등'을 예로 들고 있다. 괄호 뒤에는 '사태의 진전 과정에서 나중에 나타나는 것은 적어도 그 이전 단계에 내재적으로나마 존재했던 것의 전개에 해당한다.'라고 상술하고 있다. 여기에 제시문의 첫 번째 문장까지 고려한다면, ①의 내용이 빈칸에 들어가는 것이 자연스럽다.

68 정답 ①

글로벌 시대에서는 남의 것을 모방하는 것이 아닌 창의적인 개발이 중요하다고 말하고 있다.

69 정답 ③

- 얼굴을 맞대고 하는 접촉이 매체를 통한 접촉보다 결정적인 영향력을 미친다.
- 새 어형이 전파되는 것은 매체보다는 사람과의 직접적인 접촉에 의해서라는 것이 더 일반적인 견해이다.
- 매체를 통한 것보다 자주 접촉하는 사람들을 통해 언어 변화가 진전된다는 사실은 언어 변화의 여러 면을 바로 이해하는 핵심적인 내용이라 해도 좋을 것이다.

위 내용을 종합해 보면 '접촉의 형식도 언어 변화에 영향을 미치는 요소이다.'로 종합할 수 있다.

70 정답 ②

아리스토텔레스의 견해에 의하면 스스로 결정하는 일에 참가할 때 교육적 효과가 가장 두드러짐을 알 수 있다. 따라서 도덕적 결정의 상황에 실제로 참여해 보는 직접적 경험이 중요하다.

71 정답 ①

S는 자신의 연구 결과를 토대로 가족 구성원이 많은 집에 사는 아이들은 가족 구성원들이 집안으로 끌고 들어오는 병균들에 의한 잦은 감염 덕분에 장기적으로 알레르기 예방에 유리하다고 주장하고 있다. 결국 이는 알레르기에 걸릴 확률은 병균들에 얼마나 많이 노출되었는지에 달려 있으므로 이와 의미가 가장 유사한 ①이 적절하다.

72 정답 ①

②・③・④는 ①의 주장을 드러내기 위해 현재의 상황을 서술한 내용이며, ⑤는 글과 일치하지 않는 내용이다.

73 정답 ⑤

⑤는 경쟁사 간의 갈등으로, 다른 사회적 기반을 가진 집단 사이의 갈등이 아니다.

오답체크

① 노사 갈등, ② 세대 갈등, ③ 빈부 갈등, ④ 지역 갈등

74 정답 ③

제시문에서는 한국 사람들이 자기보다 우월한 사람들을 준거집단으로 삼기 때문에 이로 인한 상대적 박탈감으로 행복감이 낮다고 설명하고 있으므로, 이를 반증하는 사례를 통해 반박해야 한다. 만약 자신보다 우월한 사람들을 준거집단으로 삼으면서도 행복감이 높은 나라가 있다면 이에 대한 반박으로 적절하다.

75 정답 ④

본인만이 느끼는 어떤 감각을 지시하여 'W'라는 용어의 의미로 삼는 경우 용어의 올바른 사용과 잘못된 사용을 구분할 방법이 어디에도 없게 되고, 이처럼 올바른 적용에 관해 결정을 내릴 수 없는 용어는 아무런 의미도 갖지 않는다. 즉, 본인만이 느끼는 감각을 지시하는 용어는 결과적으로 아무 의미도 갖지 않는다는 것이 지문의 핵심 내용이고, 이를 통해 ④를 추론할 수 있다.

76 정답 ⑤

과거에 비해 현재는 여론 조사 결과의 공표 금지 기간이 대폭 줄어들었다고 했다. 이는 국민의 알 권리를 보장하기 위한 조치이므로 공표 금지 기간이 길어질수록 국민의 알 권리가 약화된다는 것을 알 수 있다.

77 정답 ①

멸종위기종 복원센터에서는 2030년까지 43종의 멸종위기 야생동물을 도입하고, 이 중 20종의 복원을 목표로 하고 있다. 복원센터에서는 스라소니, 금개구리, 나도풍란, 사향노루 등도 언젠가 복원할 예정이지만, 기사에서 현재 우선 복원사업 대상인 것은 소똥구리와 대륙사슴 등이므로 '소똥구리가 우리 곁에 돌아온다.'가 기사의 제목으로 적절하다.

78 정답 ②

제시문에서 '옵트인 방식은 수신 동의 과정에서 발송자와 수신자 양자에게 모두 비용이 발생한다.'라고 했으므로 수신자의 경제적 손실을 막을 수 있다는 ②의 내용은 옳지 않다.

79 정답 ④

제시문의 논리는 '이성의 명령에 따른 것이 아니라면 그것은 심리적 성향에서 비롯된 행위이다.'라는 명제로 나타낼 수 있는데 선택지의 진술은 이것과 이(異)의 관계가 있는 명제로서 논리적으로 동일한 명제라고 할 수 없다. 따라서 옳지 않은 내용이다.

오답체크

① 동물의 행위는 단지 본능적 욕구에 따라 행동하는 것일 뿐이기 때문에 이를 선하다거나 악하다고, 즉 도덕적으로 평가할 수 없다고 하였으므로 옳은 내용이다.
② 감정이나 욕구는 주관적이어서 사람마다 다르며, 같은 사람이라도 상황에 따라 변하기 마련이다. 이 때문에 감정이나 욕구는 시공간을 넘어 모든 인간에게 적용될 수 있는 보편적인 도덕의 원리가 될 수 없다고 하였으므로 옳은 내용이다.
③ 심리적 성향에서 비롯된 행위는 감정과 욕구에 따른 것이지 도덕성과는 무관한 것이라고 하였으므로 옳은 내용이다.
⑤ 의무에서 나온 행위가 아니라면 심리적 성향에서 비롯된 행위가 된다는 점에서 알 수 있는 내용이다.

80 정답 ④

〈보기〉는 수열에너지에 기반을 두어 융·복합 클러스터 조성사업(K-Cloud Park)을 시행했을 때의 기대효과를 말하고 있다. 따라서 융·복합 클러스터 조성사업(K-Cloud Park)을 소개하고 있는 문장의 뒤와 사례를 소개하고 있는 문장의 앞인 (라)에 위치해야 한다.

81 정답 ⑤

흄이 가장 중요하게 생각하는 것은 '당사자 간의 합의 여부'이다. 즉, 아무리 그러한 작업이 필요했더라도 합의가 있지 않았다면 그에 대한 대가를 지불할 필요가 없다는 것이다. ⑤는 제시문에 등장하는 수리업자의 논리이며 흄은 그의 논리를 반대하고 있다.

82 정답 ③

도킨스에 따르면 인간 개체는 유전자라는 진정한 주체의 매체에 지나지 않게 된다. 이러한 생각에는 살아가고 있는 구체적 생명체를 경시하게 되는 논리가 잠재되어 있다. 따라서 무엇이 진정한 주체인가에 대한 물음이 필자의 문제 제기로 적절하다.

83 **정답** ④

범죄 보도가 가져오는 법적·윤리적 논란에 관하여 설명하고 있으므로 범죄에 관한 지나친 보도가 문제가 될 수 있다는 내용이 이어져야 한다.

84 **정답** ④

대중문화가 대중을 사회 문제로부터 도피하게 하거나 사회 질서에 순응하게 하는 역기능을 수행하여 혁명을 불가능하게 만든다는 내용이다. 따라서 이 주장에 대한 반박은 대중문화가 순기능을 한다는 태도여야 한다. 그러나 ④는 현대 대중문화의 질적 수준에 대한 평가에 관한 내용이므로 연관성이 없다.

85 **정답** ②

직장에서의 프라이버시 침해 위협에 대해 우려하는 것이 이 글의 논지이므로 ②는 제시문의 내용과 부합하지 않는다.

86 **정답** ①

태초의 자연은 인간과 균형적인 관계로, 서로 소통하고 공생할 수 있었다. 그러나 기술의 발달로 인간은 자연을 정복하고 폭력을 행사했다. 이는 인간과 자연 양쪽에게 해가 되는 일이므로 힘의 균형을 통해 대칭적인 관계를 회복해야 한다는 것이 이 글의 중심 내용이다. 따라서 뒤에 올 내용으로는 그 대칭적인 관계를 회복하기 위한 방법이 적절하다.

87 **정답** ⑤

수출주도형 성장전략은 수요가 외부에 존재한다는 측면에서 공급중시 경제학적 관점을 띠고 있다. 따라서 수요가 외부에 존재한다는 점과 공급을 중시하는 점에 대해 비판할 수 있다. ⑤에서 내부의 수요를 증대시키는 것은 비판의 입장이지만, 수요 증대를 위해 물품 생산의 공급을 강조하는 것은 반론하는 내용이 아니다.

88 **정답** ①

부족 A의 사람들은 친척이 한 명 죽을 때마다 '상명'을 한 가지 추가로 갖게 되는 것이므로, 부족 A의 어떤 사람이 죽을 때까지 가질 수 있는 상명의 수는 그의 친척이었던 모든 사람의 수보다 많을 수 없다.

오답체크

ㄴ. 부족 B의 어떤 사람의 모친이 죽어 모친의 재혼으로 인해 새로운 이름을 갖게 되는 일이 없더라도, 자신의 이름을 지어 준 사람이 모친의 죽음 이후에 죽게 되면 그 사람이 지어준 이름을 쓸 수 없기 때문에, 모친이 죽는다고 해서 기존의 이름이 최종적인 이름이 되는 것은 아니다.

ㄷ. 부족 A의 사람들은 '고유명'을 갖고 태어난 후 친척의 죽음에 따라 계속해서 다른 '상명'을 갖게 되지만, 이름이 없이 지내게 되는 경우는 존재하지 않는다.

89 정답 ⑤

ㄱ. 탈억제는 사람들이 부정적인 감정을 강하게 느낄 때 훨씬 더 잘 일어난다고 하였으므로, 부정적인 감정을 조절하는 교육 프로그램은 탈억제 현상을 감소시키는 데 도움이 될 것이다.

ㄴ. 전전두엽 피질에 위치한 충동억제회로가 상대에게 적절하고 부드럽게 응답하도록 하며, 무례하게 행동하거나 분노를 표출하려는 충동을 억제하는 역할을 한다고 하였다. 따라서 이 회로에 이상이 생긴다면 상대방에게 무례한 응답을 할 가능성이 높아질 것이다.

ㄷ. 충동억제기제가 잘 작동하기 위해서는 얼굴을 맞대고 대화하면서 실시간으로 피드백을 받을 수 있어야 하는데, 인터넷은 그러한 피드백을 허용하지 않아 충동억제회로가 제대로 작동하지 않는다고 하였다. 따라서 인터넷상에서도 면대면 실시간 대화의 효과를 낼 수 있다면 충동억제기제가 제대로 작동하여 탈억제 현상이 감소할 수 있을 것이다.

90 정답 ①

소거의 종류에 대해서는 다루고 있지 않다.

오답체크

②는 두 번째 문단 마지막 문장에서 확인할 수 있다.
③은 첫 번째 문단에서 확인할 수 있다.
④는 세 번째 문단에서 이유를 간단히 제시했고, 네 번째 문단에서 부연설명하고 있다.
⑤는 다섯 번째 문단에서 조건 반사를 수정하는 방법 두 가지를 제시했다.

| 글의 맥락 파악하기 |

91 정답 ①

빈칸 앞에서는 문학이 보여주는 세상은 실제의 세상 그 자체가 아니라고 했고, 괄호 뒤에서는 문학 작품 안에 있는 세상이나 실제로 존재하는 세상이 본질에 있어서는 다를 바가 없다고 하였다. 따라서 빈칸 안에는 앞의 내용과 뒤의 내용이 상반되는 접속 부사 '그러나'가 적절하다.

92 정답 ④

- 즉 : 앞의 내용을 바꾸어 말하거나 간추려 짧게 요약함
- 한편 : 뒤의 내용이 앞의 내용과는 다른, 새로운 생각이나 사실을 서술하여 화제를 바꾸어 이어 줌
- 그러나 : 앞의 내용과 상반되는 내용을 이어 줌
- 왜냐하면 : 앞뒤의 문장을 '원인'과 '결과' 또는 '결과'와 '원인'으로 이어 줌

93 정답 ④

㉠에는 앞에 있는 말을 뒤에 있는 말이 보충 설명해 주고 있으므로 '즉'이, ㉡에는 앞과 뒤의 문장이 서로 반대되므로 '그러나'가, ㉢에는 문장의 마지막 부분에 있는 '~때문이다'라는 표현과 호응하는 '왜냐하면'이, ㉣에는 시간의 흐름에 따라 앞의 현상의 결과가 제시되고 있으므로 '결과적으로'라는 표현이 와야 한다.

94 정답 ①

㉠은 앞의 문장의 내용을 환기하므로 '즉'이 적절하다. ㉡의 앞뒤 문장은 서로 반대되므로 ㉡에는 역접 관계인 '그러나'가 적절하다. ㉢에 이어지는 문장의 마지막에 있는 '~ 때문이다'라는 표현을 통해 알맞은 말이 '왜냐하면'임을 알 수 있다. 또, 부정하는 말 앞에서 '다만', '오직'의 뜻으로 쓰이는 말인 '비단'이 ㉣에 들어가는 것을 알 수 있다.

95 정답 ②

㉠ 실험 결과, 두뇌 연구가가 가졌던 일반적인 기준이나 예상과는 전혀 다른 결과가 나타났으므로 빈칸에 들어갈 알맞은 부사는 '오히려'이다.

㉡ 디폴트 네트워크는 긴장을 풀고 몽상을 즐길 때나 잠을 자는 동안에 활발한 활동을 하는데, 그에 따라 정보가 유입되지 않는다 해서 우리 두뇌가 쉬는 것은 아니라는 사실을 알 수 있다. 따라서 앞의 내용이 뒤의 내용의 이유나 원인, 근거가 될 때 쓰는 접속어인 '그러므로'가 들어가는 것이 적절하다.

| 글의 전개방식 파악하기 |

96 정답 ③

제시된 지문에서는 법조문과 관련된 '반대 해석'과 '확장 해석'의 개념을 일상의 사례를 들어 설명하고 있다.

97 정답 ③

글쓴이는 황소개구리나 블루길이 우리나라에 들어와 생태계를 교란시키는 경우를 비유로 들어서, 토종이 강한 힘을 가지고 있지 못하면 도입종들에 의해 피해를 받듯이 우리말과 우리글을 제대로 세우지 않으면 영어에 의해 정복될지도 모른다고 주장하고 있다.

98 정답 ③

㉠은 '기계 번역이 인간이 한 번역보다 정확성이 떨어진다.'는 문제에 대해 '기계 번역이 맥락에 따라 달리 쓰이는 언어의 복잡한 의미를 반영하기 어렵기 때문'이라는 원인을 밝히고 있다.

99 정답 ②

'-하지 마라!' 형태의 문장 뒤에 그에 대한 이야기를 하는 구조가 반복된 뒤, 결론이 제시되고 있다.

100 정답 ②

제시문은 첫 문단에서 유행에 따라 변화하는 흥행영화 제목의 글자 수에 대한 이야기를 언급한 뒤 다음 문단에서 2000년대에 유행했던 영화의 제목 글자 수와 그 예시를, 그 다음 문단에서는 2010년대에 유행했던 영화의 제목 글자 수와 그 사례 그리고 흥행에 실패한 사례를 예시로 들고 있다.

| 복합 지문 |

101 정답 ⑤

맹사성은 여름이면 소나무 그늘 아래에 앉아 피리를 불고, 겨울이면 방 안 부들자리에 앉아 피리를 불었다.

오답체크

① 맹사성은 고려 시대 말 과거에 급제하여 조선이 세워진 후 조선 전기의 문화 발전에 큰 공을 세웠다.
② 맹사성의 행색을 야유한 고을 수령이 스스로 도망을 가다 관인을 인침연에 빠뜨렸다.
③ 『필원잡기』의 저자는 서거정으로, 맹사성의 평소 생활 모습이 담겨 있다.
④ 사사로운 손님은 받지 않았으나, 꼭 만나야 할 손님이 오면 잠시 문을 열어 맞이하였다.

언어논리

102 정답 ③

• 사사(私私)롭다 : 공적이 아닌 개인적인 범위나 관계의 성질이 있다.
• 사소(些少)하다 : 보잘것없이 작거나 적다.

103 정답 ⑤

제시된 글은 우리나라 최초의 순수 전투용 함선인 판옥선의 해전술에 대해 이야기하고 있다. 판옥선은 접전을 막고 우리의 장기인 궁시에 의한 공격효율을 높이기 위해 만들어졌으며, 2층 구조로 유리한 위치에서 적군을 공격할 수 있었다.

104 정답 ①

세 번째 문단에서 전통적인 궁술이 포격으로 발전하였을 뿐만 아니라 사정거리도 월등히 길다고 하였으므로 지문 내용과 일치하지 않다.

오답체크

②·③·④은 두 번째 문단에서 확인할 수 있다.
⑤은 두 번째, 세 번째 문단에서 확인할 수 있다.

105 정답 ④

제시문은 서구화된 우리 문화의 현실 속에서 민족 문화의 전통을 계승하자는 논의가 결코 국수주의가 아님을 밝히고 구체적인 사례를 검토하면서 전통의 본질적 의미와 그것의 올바른 계승의 방법을 모색한 논설문이다. 글쓴이는 전통이란 과거의 것 중에서 현재의 문화 창조에 이바지하는 것이라고 보고, 우리 스스로 전통을 찾고 창조해야 한다고 주장하였다.

106 정답 ⑤

제시문에서 전통은 과거에서 이어져 와 현재의 문화창조에 이바지할 수 있다고 생각되는 것이라고 설명하였다.

107 정답 ①

'휴리스틱'의 개념 설명을 시작으로 휴리스틱에 반대되는 '알고리즘'에 대한 내용이 이어지고, 다음으로는 휴리스틱을 이용하는 방법인 '이용 가능성 휴리스틱'에 대한 설명과 휴리스틱의 문제점인 '바이어스(Bias)'의 개념을 연이어서 설명하며 '휴리스틱'에 대한 정보의 폭을 넓혀가며 설명하고 있다.

108 정답 ③

확률이나 빈도를 바탕으로 주관적인 판단에 따라(이유가 있음) 사건을 예측하였지만, 예측하지 못한 결과가 발생하는 것, 주관적인 판단과 객관적인 판단 사이에 오는 차이를 '바이어스'라고 한다. ③과 같이 확률이나 빈도를 바탕으로 주관적인 확률에 따라 사건(최근 한달 동안 가장 높은 타율)을 예측하였지만 결과가 예상할 수 없었던 모습(4타수 무안타)으로 나타나는 것을 말한다.

109 정답 ③

정보 통신의 급속한 발달이 관광, 스포츠, 예술 등의 문화 산업부터 시작하여 문화의 상업화를 가속시키고 있다는 것이 제시된 글의 내용이다.

오답체크

①은 다섯 번째 문단에서 확인할 수 있다.
②은 두 번째 문단 첫 번째 문장에서 확인할 수 있다.
④은 제시된 글 전체에서 확인할 수 있고 첫 번째, 세 번째 문단에서 구체적으로 설명하고 있다.
⑤은 다섯 번째, 여섯 번째 문단에서 문화적 다양성이 사라지는 것은 좋지 않음을 설명하고 있다.

110 정답 ①

지문은 '접속'과 '문화 자본주의'라는 용어를 사용하여 모든 문화가 상품화되는 사회 현상을 소개하고 있다(현상). 이어서 그와 같은 현상의 의미와 이것이 인간의 삶에 미치는 영향을 밝히고 있다(진단). 마지막 부분에서는 이러한 현상에 제대로 대응하기 위해서 우리가 해야 할 일을 제시하고 있다(대응 방안).

111 정답 ③

㉠은 기업들이 더 많은 이익을 내기 위해 '디자인의 향상'에 몰두하는 것이 바람직하다는 판단이다. 즉, '상품의 사회적 마모를 짧게 해서 소비를 계속 증가시키기 위한' 방안인데, 이것에 대한 반론이 되기 위해서는 ㉠의 주장이 지니고 있는 문제점을 비판하여야 한다. ㉠이 지니고 있는 가장 큰 문제점은 '과연 성능 향상 없는 디자인 변화가 소비를 촉진시킬 수 있는 것인가'가 되어야 한다. 디자인 변화는 분명히 상품의 소비를 촉진시킬 수 있는 효과적 방법 중의 하나이지만 '성능이나 기능, 내구성'의 향상이 전제되지 않으면 효과를 내기 힘들기 때문이다.

112 정답 ④

㉡은 '자본주의 상품의 모순'을 설명하고 있는 부분인데, 이는 '상품의 기능이나 성능, 내구성이 향상되었는데도 상품의 생명이 짧아지는 것'을 의미한다. 이에 대한 사례로는 ④와 같이 상품을 아직 충분히 쓸 수 있는데도 불구하고 새로운 상품을 구매하는 행위이다.

113 정답 ④

(나) 제도의 발달과 경제 성장의 관계 → (다) 지리적 조건과 경제 성장의 관계 → (가) (다)에 대한 반론 → (라) 결론의 순서로 배열해야 한다.

114 정답 ③

제도의 발달과 경제 성장의 관계에 대한 예가 제시되므로 첫 번째 괄호에는 '예를 들어'가 적절하고, 두 번째 괄호에는 앞 문장과 반대되는 내용이 진술되고 있기 때문에 '그러나'가 와야 한다. 세 번째 괄호에는 앞 문장을 받아 부연하고 있기 때문에 '이 때문에'가 적절하다.

115 정답 ⑤

갈등 이론은 법과 형사 사법 체계가 전체적인 사회의 이해관계나 규범보다는 사회에서 가장 힘 있는 집단의 이해관계와 규범을 구체화시킨다고 주장한다. ⑤는 합의 이론과 관련된 내용이다.

116 정답 ①

'하지만 청소년 비행이나 살인, 절도, 방화, 화이트칼라범죄, 조직범죄와 같은 대다수의 범죄에는 갈등이론이 설명력을 갖지 못한다.'라는 문장을 통해 ①이 사례로 옳지 않다는 것을 알 수 있다.

117 정답 ⑤

어떤 사람이 왜 범죄를 저지를 수밖에 없었는가에 초점을 맞춰 범죄 발생 원인에 중점을 두는 것은 합의 이론의 관점이지만 범죄인가 아닌가의 판단 여부를 밝히는 것은 법 집행과 관련된 것이므로 갈등 이론의 관점이다.

118 정답 ①

비-REM수면의 수면 진행 과정을 측정되는 뇌파에 따라 4단계로 나누어 설명하고 있다.

119 정답 ②

분당 2 ~ 5번 정도 나타나는 뇌파는 수면방추이며, 수면방추는 세타파 중간마다 마치 실이 감겨져 있는 것처럼 촘촘한 파동의 모습을 보인다. 세타파 사이사이에 아래위로 삐죽하게 솟아오르는 모습을 보이는 뇌파는 K-복합체로, K-복합체의 주기는 글에 나타나 있지 않다.

120 정답 ③

수면 단계에서 측정되는 뇌파들을 고려할 때 〈보기〉의 사람이 잠에서 깨는 것을 방지해 주는 역할을 하여 깊은 수면을 유도하는 '이것'은 ⓒ 앞에서 설명하는 'K-복합체'임을 알 수 있다. 즉, K-복합체는 수면 중 갑작스러운 소음이 날 때 활성화되어 잠자는 사람이 소음으로 인해 깨는 것을 방지해 준다.

CHAPTER 02

PART 1 실전문제

자료해석 정답 및 해설

경우의 수/확률

01	02	03	04	05												
③	④	④	①	④												

01 정답 ③

총 주차 시간이 3시간을 초과하므로 2단계로 나누어 계산하면 다음과 같다.

i) 주차 시작～3시간 이하 : 첫 1시간을 제외한 나머지 2시간에 해당하는 주차비는 30분당 500원이므로 모두 500원×4=2,000원이 발생한다.

ii) 3시간 초과～주차 종료 : 잔여시간이 30분 미만일 경우 30분으로 간주한다고 하였으므로 요금부과 기준 시간은 1시간 45분이 아니라 2시간으로 산정된다. 따라서 주차비는 2,000원×4=8,000원이 발생한다.

결과적으로 총 주차 요금은 2,000+8,000=10,000원이다.

02 정답 ④

• 흰 구슬을 먼저 뽑고, 검은 구슬을 뽑을 확률 : $\frac{4}{10}\times\frac{6}{9}=\frac{4}{15}$

• 검은 구슬을 먼저 뽑고, 흰 구슬을 뽑을 확률 : $\frac{6}{10}\times\frac{4}{9}=\frac{4}{15}$

따라서 흰 구슬, 검은 구슬을 각각 1개씩 뽑을 확률은 $\frac{4}{15}+\frac{4}{15}=\frac{8}{15}$이다.

03 정답 ④

동전을 한 번 던져 게임이 끝날 경우는 동전의 뒷면이 나오는 경우이다. 따라서 동전을 한 번 던져 게임이 끝날 확률은 $\frac{1}{2}\times\frac{1}{2}=\frac{1}{4}$이다. 동전을 세 번 던져 게임이 끝날 경우는 첫 번째에 앞면이 나오고, 두 번째·세 번째에 뒷면이 나오는 경우이다. 따라서 동전을 세 번 던져 게임이 끝날 확률은 $\frac{1}{2}\times\frac{1}{2}\times\frac{1}{2}=\frac{1}{8}$이다.

따라서 동전을 세 번 이하로 던져 게임이 끝날 확률은 $\frac{1}{2}+\frac{1}{4}+\frac{1}{8}=\frac{7}{8}$이다.

04 정답 ①

부서 인원 6명을 2명씩 3개 조로 만들 수 있는 방법은 ${}_6C_2\times{}_4C_2\times{}_2C_2\times\frac{1}{3!}=\frac{6\times5}{2}\times\frac{4\times3}{2}\times1\times\frac{1}{3\times2\times1}=15$가지이다. 또한, 3개의 조가 8월 첫째 주부터 셋째 주 중 여름휴가를 신청할 수 있는 방법은 $3!=3\times2\times1=6$가지이다. 따라서 부서에서 여름휴가를 신청할 수 있는 방법은 총 $15\times6=90$가지이다.

다른 해설

부서 인원 6명을 2명씩 3개 조로 만들 때 조의 순서를 구별하지 않으므로 3!으로 나눠야 한다.
하지만 조별로 첫째 주부터 셋째 주 중 한 주에 한 조씩 순서대로 신청하기 때문에 순서를 구별해야 한다.
따라서 3!으로 나눌 필요 없이 바로 답을 구할 수 있다.

${}_6C_2\times{}_4C_2\times{}_2C_2=\frac{6\times5}{2}\times\frac{4\times3}{2}\times1=90$가지

05 정답 ④

A, B, C, D 네 팀이 서로 다른 팀과 한 번씩 경기하는 방법을 나열하면 다음과 같다.
(A, B), (A, C), (A, D), (B, C), (B, D), (C, D)
따라서 네 팀이 치르는 경기의 총 횟수는 6회이다.

다른 해설

A, B, C, D 네 팀이 서로 다른 팀과 한 번씩 경기하는 방법은 서로 다른 4개 중 2개를 선택하는 방법의 수와 같다. 따라서 네 팀이 치르는 경기의 총 횟수는 ${}_4C_2=\frac{4\times3}{2\times1}=6$회이다.

인원수/개수/나이/증가 · 감소

06	07	08	09	10	11	12	13										
②	④	③	②	①	①	①	③										

06 정답 ②

남학생이 여학생보다 200명이 많으므로, 남학생은 600명, 여학생은 400명이다.

안경 낀 여학생을 x명이라 하면, 안경 낀 남학생은 $\frac{15}{10}x=\frac{3}{2}x$명이다.

이때, 안경 낀 학생은 $x+\frac{3}{2}x=\frac{5}{2}x$명, 안경을 끼지 않은 학생은 $\left(1{,}000-\frac{5}{2}x\right)$명이므로

$\frac{5}{2}x+300=1{,}000-\frac{5}{2}x \rightarrow 5x=700$

$\therefore x=140$

따라서 안경 낀 여학생은 140명이다.

07 정답 ④

작년 A제품의 생산량을 a개, B제품의 생산량을 b개라고 하자.

작년 전체 생산량은 1,000개이므로 $a+b=1{,}000$ ⋯ ㉠

올해 A제품과 B제품은 각각 10% 증가, 10% 감소하여 전체 생산량은 4% 증가했으므로

$\frac{10}{100}a-\frac{10}{100}b=\frac{4}{100}\times 1{,}000 \rightarrow a-b=400$ ⋯ ㉡

㉠과 ㉡을 연립하면 $a=700$, $b=300$

따라서 올해 A제품의 생산량은 $700\times(1+0.1)=770$개이다.

08 정답 ③

A사, B사, C사 자동차를 가진 사람 수를 각각 a명, b명, c명이라 하자.

두 번째, 세 번째, 네 번째 조건을 식으로 나타내면 다음과 같다.

- 두 번째 조건 : $a=b+10$ ⋯ ㉠
- 세 번째 조건 : $b=c+20$ ⋯ ㉡
- 네 번째 조건 : $a=2c$ ⋯ ㉢

㉠에 ㉢을 대입하면 $2c=b+10$ ⋯ ㉣

㉡과 ㉣을 연립하면 $b=50$, $c=30$이고, 구한 c의 값을 ㉢에 대입하면 $a=60$이다.

첫 번째 조건에 따르면 자동차를 2대 이상 가진 사람은 없으므로 세 회사에서 생산된 어떤 자동차도 가지고 있지 않은 사람 수는 $200-(60+50+30)=60$명이다.

09 정답 ②

뮤지컬을 관람할 동아리 회원 수를 x명이라고 하자.

$10{,}000x \geq 30\times 10{,}000\times\left(1-\frac{15}{100}\right) \rightarrow x \geq 30\times\frac{85}{100}=25.5$

따라서 26명 이상이면 단체관람권을 사는 것이 개인관람권을 구매하는 것보다 유리하다.

10 정답 ①

x, y를 각각 아버지, 아들의 현재 나이라고 하면

$x-y=25$ ⋯ ㉠

$x+3=2(y+3)+7$ ⋯ ㉡

㉠과 ㉡을 연립하면 $x=40$, $y=15$

따라서 현재 아버지의 나이는 40세이다.

11 정답 ①

설문에 응한 총 고객 수를 x명이라고 하자.

연비를 장점으로 선택한 260명의 고객은 전체의 13%이므로 $\frac{13}{100}x=260$

$\therefore x=260\times\frac{100}{13}=2{,}000$

따라서 설문에 응한 총 고객 수는 2,000명이다.

12 정답 ①

작년에 생산된 사과의 개수를 x개라고 하면 작년에 생산된 배의 개수는 $(500-x)$개이다.
올해 사과의 생산량은 작년 생산량의 절반이고, 올해 배의 생산량은 작년의 두 배이므로

$\frac{1}{2}x+2(500-x)=700 \rightarrow -\frac{3}{2}x=-300$

$\therefore x=200$

따라서 올해 생산된 사과의 개수는 $\frac{1}{2}\times 200=100$개이다.

13 정답 ③

정상가로 A~C과자를 2봉지씩 구매할 수 있는 금액은 $(1,500+1,200+2,000)\times 2=4,700\times 2=9,400$원이다. 이 금액으로 A, B, C과자를 할인된 가격으로 2봉지씩 사고 남은 금액은
$9,400-\{(1,500+1,200)\times 0.8+2,000\times 0.6\}\times 2=9,400-3,360\times 2=9,400-6,720=2,680$원이다.
따라서 남은 금액으로 A과자를 $\frac{2,680}{1,500\times 0.8}\fallingdotseq 2.23$, 즉 2봉지 더 살 수 있다.

비용

14	15	16	17	18															
④	①	④	④	③															

14 정답 ④

흡연자 A씨가 금연프로그램에 참여하면서 진료 및 상담 비용과 금연보조제(니코틴패치) 구매에 지불해야 하는 부담금은 지원금을 제외한 나머지이다. 따라서 A씨가 부담하는 금액은 총 $30,000\times 0.1\times 6+12,000\times 0.25\times 3=18,000+9,000=27,000$원이다.

15 정답 ①

A, B, C등급의 선수 한 명에게 지급될 금액을 각각 a만 원, b만 원, c만 원이라고 하자.

A등급 선수에게는 B등급 선수가 받는 포상금의 2배를 지급하므로 $a=2b \rightarrow b=\frac{a}{2}$

B등급 선수에게는 C등급 선수가 받는 포상금의 $\frac{3}{2}$배를 지급하므로

$b=\frac{3}{2}c=\frac{a}{2} \rightarrow c=\frac{a}{3}$

$5a+10\times\frac{a}{2}+15\times\frac{a}{3}=4,500 \rightarrow 15a=4,500$

$\therefore a=300$

따라서 A등급의 선수 한 명에게 지급될 금액은 300만 원이다.

16 정답 ④

용훈이가 구입한 물건 1개의 가격을 x원, 할인율을 a%라고 하자.

• 물건 100개의 원가 : $100x$원

• 처음 50개의 판매가 : $50x\left(1+\frac{25}{100}\right)=\frac{125}{2}x$원

• 나머지 50개의 판매가 : $\frac{125}{2}x\left(1-\frac{a}{100}\right)=\frac{125}{2}x-\frac{5}{8}ax$원

용훈이가 물건을 다 팔았을 때 본전이 되었다고 했으므로, (원가)=(총 판매가)이다.

즉, $100x=\frac{125}{2}x+\left(\frac{125}{2}x-\frac{5}{8}ax\right)$ → $100=125-\frac{5}{8}a$ → $\frac{5}{8}a=25$

$\therefore a=40$

따라서 할인율은 40%이다.

17 정답 ④

협동조합이 산지에서 구매한 배추 가격을 a원이라고 하자. 판매처별 배추 가격을 구하면 다음과 같다.

• 협동조합 : $a\left(1+\frac{20}{100}\right)=1.2a$

• 도매상 : 도매상의 판매가를 x원이라고 하면 $\frac{80}{100}x=1.2a$ → $x=1.5a$

• 소매상 : $1.5a\left(1+\frac{20}{100}\right)=1.8a$

즉, 상승한 배추 가격은 $1.8a-a=0.8a$이다.

따라서 협동조합의 최초 배추 구매가격 대비 유통과정에서 상승한 배추 가격의 비율은 $\frac{0.8a}{a}\times100=80\%$ 이다.

18 정답 ③

자기계발 과목에 따라 해당되는 지원 금액과 신청 인원은 다음과 같다.

구분	영어회화	컴퓨터 활용	세무 회계
지원 금액	70,000원×0.5=35,000원	50,000원×0.4=20,000원	60,000원×0.8=48,000원
신청 인원	3명	3명	3명

각 교육프로그램마다 3명씩 지원했으므로, 총 지원비는 $(35{,}000+20{,}000+48{,}000)\times3=309{,}000$원 이다.

농도

19	20	21	22																
③	③	②	①																

19 **정답** ③

4%의 소금물의 양을 xg이라 하자. 이때 10%의 소금물의 양은 $(600-x)$g이므로

$$\frac{4}{100}x+\frac{10}{100}(600-x)=\frac{8}{100}\times 600$$

양변에 100을 곱하면

$4x+10(600-x)=4{,}800 \rightarrow 6x=1{,}200$

$\therefore x=200$

따라서 처음 컵에 들어 있던 4% 소금물의 양은 200g이다.

20 **정답** ③

A, B, C설탕물의 설탕 질량을 구하면 다음과 같다.

- A설탕물의 설탕 질량 : $200\times 0.12=24$g
- B설탕물의 설탕 질량 : $300\times 0.15=45$g
- C설탕물의 설탕 질량 : $100\times 0.17=17$g

A, B설탕물을 합치면 설탕물 500g에 들어 있는 설탕은 $24+45=69$g, 농도는 $\frac{69}{500}\times 100=13.8$%이다. 합친 설탕물을 300g만 남기고, C설탕물과 합치면 설탕물 400g이 되고 여기에 들어 있는 설탕의 질량은 $300\times 0.138+17=58.4$g이다. 또한 이 합친 설탕물도 300g만 남기면 농도는 일정하므로 설탕물이 $\frac{3}{4}$으로 줄어든 만큼 설탕의 질량도 같이 줄어든다. 따라서 설탕의 질량은 $58.4\times\frac{3}{4}=43.8$g이다.

21 **정답** ②

A설탕물과 B설탕물의 농도를 각각 a%, b%라 하자.

- 8%의 설탕물이 만들어질 때

$$300\times\frac{a}{100}+100\times\frac{b}{100}=400\times\frac{8}{100}$$

- 10%의 설탕물이 만들어질 때

$$200\times\frac{a}{100}+300\times\frac{b}{100}=500\times\frac{10}{100}$$

두 식을 정리하면

$3a+b=32$ ⋯ ㉠

$2a+3b=50$ ⋯ ㉡

㉠과 ㉡을 연립하면

$7a=46$

$\therefore a = \dfrac{46}{7}$

따라서 A설탕물의 농도는 $\dfrac{46}{7}$%이다.

22 정답 ①

5%의 묽은 염산의 양을 xg이라 하자.
20%의 묽은 염산과 5%의 묽은 염산을 섞었을 때 농도가 10%보다 작거나 같아야 하므로

$$\frac{20}{100} \times 300 + \frac{5}{100} \times x \le \frac{10}{100}(300+x)$$

$$6{,}000 + 5x \le 10(300+x) \rightarrow 5x \ge 3{,}000$$

$$\therefore x \ge 600$$

따라서 필요한 5% 묽은 염산의 최소량은 600g이다.

수열

23	24	25
②	③	③

23 정답 ②

앞의 항에 $+1^2$, $+2^2$, $+3^2$, $+4^2$, $+5^2$, $+6^2$을 하는 수열이다.

$+1^2$　$+2^2$　$+3^2$　$+4^2$　$+5^2$　$+6^2$

-8　-7　-3　6　(22)　47　83

24 정답 ③

수는 1부터 1씩 계속 증가하며 $+$, $-$, $\times$가 반복하여 적용되는 수열이다.

$+1$　-2　$\times3$　$+4$　-5　$\times6$　$+7$　-8　$\times9$

5　(6)　4　12　16　11　66　(73)　65　585

따라서 $A=5+1=6$, $B=66+7=73$이므로 $B-A=67$이다.

25 정답 ③

홀수 항은 6씩 더하는 수열이고, 짝수 항은 2씩 더하는 수열이다.

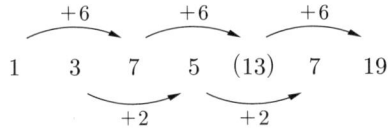

$+6$　$+6$　$+6$

1　3　7　5　(13)　7　19

$+2$　$+2$

거리/속도/시간

26	27	28	29	30															
②	③	④	②	③															

26 정답 ②

A, B기차의 길이를 각각 am, bm라고 가정하고 터널을 지나는 시간에 대한 방정식을 세우면 다음과 같다.

- A기차 : $\frac{600+a}{36}=25 \rightarrow 600+a=900 \rightarrow a=300$
- B기차 : $\frac{600+b}{36}=20 \rightarrow 600+b=720 \rightarrow b=120$

따라서 A기차의 길이는 300m, B기차의 길이는 120m이다.

27 정답 ③

A와 B 두 사람의 걷는 속력을 각각 $x$km/h, $y$km/h($x>y$)라고 하자.
(속력)×(시간)=(거리)이므로, $x-y=9.8$ ⋯ ㉠

$\frac{x}{2}+\frac{y}{2}=9.8 \rightarrow x+y=19.6$ ⋯ ㉡

㉠과 ㉡을 연립하면 $x=14.7$, $y=4.9$
따라서 A의 속력은 14.7km/h, B의 속력은 4.9km/h이다.

28 정답 ④

욕조의 부피를 x라 하면, 그 욕조를 가득 채우는 데 1분당 채워지는 물의 양은 $\frac{1}{40}x$이다. 또한 물을 빼는 데 1분당 빠지는 물의 양은 $\frac{1}{90}x$이다. 이때 실수로 마개를 뺐다면 $\frac{1}{40}x-\frac{1}{90}x=\frac{9-4}{360}x=\frac{5}{360}x$

따라서 1분 동안에는 $\frac{1}{72}$만큼 욕조에 물이 차게 되므로, 가득 채우는 데는 72분(=1시간 12분)이 걸린다.

29 정답 ②

누리가 15km를 간 뒤에, 수연이가 출발했으므로 수연이가 자전거로 40km를 이동했을 때, 누리는 걸어서 $40-15=25$km를 이동했다. 누리의 속력을 $x$km/h라고 하면, 수연이가 자전거를 타고 움직인 속력은 $(x+10)$km/h이다.

$\frac{40}{x+10}=\frac{25}{x} \rightarrow 40x=25(x+10) \rightarrow x=\frac{50}{3}$

따라서 두 사람이 함께 운동한 시간은 $25\div\frac{50}{3}=\frac{3}{2}$시간=1시간 30분이다.

30 정답 ③

$(\text{평균속력})=\frac{(\text{전체 이동거리})}{(\text{전체 이동시간})}$ 공식으로 평균속력을 구하면 다음과 같다.

전체 이동거리는 $10+4+7=21$km이고, 전체 이동시간은 $1+0.5+1.5=3$시간이다. 따라서 평균속력은 $21\div3=7$km/h이다.

수리

31	32	33																	
④	②	②																	

31 정답 ④

* 소인수분해를 이용하여 최대공약수를 구하는 방법
: 각 수를 소인수분해한 뒤 공통인 소인수 중 지수가 작거나 같은 것을 택하여 곱한다.

A와 B의 최대공약수는 $2^4\times3$이다. A와 B의 공약수의 개수는 최대공약수의 약수의 개수와 같다. 따라서 A, B의 공약수의 개수는 $(4+1)\times(1+1)=10$개이다.

32 정답 ②

자료의 분포는 B가 더 고르지 못하므로 표준편차는 B가 더 크다.

오답체크

① 사계절의 판매량을 각각 더해보면 된다. A의 경우 200이고, B의 경우 200이 약간 넘는다.
③ 봄 판매량의 합은 80으로 가장 적다.
④ 시간이 지남에 따라 두 상품의 판매량의 차는 점차 감소한다.

33 정답 ②

- A지점에 반드시 표지판 설치 → 설치 간격 : $\overline{BA}$와 $\overline{AC}$의 공약수

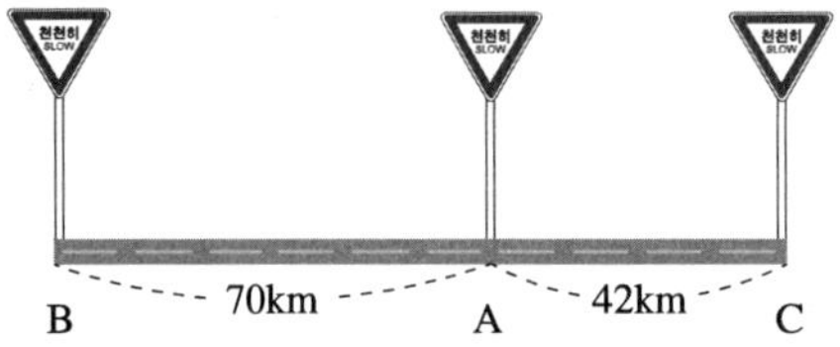

- 표지판의 개수가 최소 → 설치 간격이 최대
- 70과 42를 소인수분해하면 $70=2\times5\times7$, $42=2\times3\times7$이고, 70과 42의 최대공약수는 $2\times7=14$이므로 설치 간격은 14km이다.
- 표지판을 설치해야 하는 전체 구간은 $70+42=112$km이므로 간격의 수는 $112\div14=8$군데이다.

이때, 구간의 양 끝에 표지판을 설치해야 하므로 필요한 표지판의 개수는 $8+1=9$개이다.

기타

34	35	36	37																
①	②	①	③																

34 정답 ①

제시된 원기둥의 부피를 $V\text{cm}^3$이라고 하자.

$V = \pi r^2 h = 3 \times 30^2 \times 80 = 216{,}000\text{cm}^3 (\because \pi = 3)$

$1\text{cm}^3 = 1\text{mL}$, $1{,}000\text{mL} = 1\text{L}$이므로 $V = 216{,}000(\text{cm}^3) \rightarrow 216\text{L}$

35 정답 ②

줄여야 하는 가로의 길이를 $x$cm라고 하자. 이때 줄인 후의 가로의 길이는 $(20-x)$cm이다.

직사각형의 넓이의 반은 $20 \times 15 \div 2 = 150\text{cm}^2$이므로

$15(20-x) \le 150 \rightarrow 15x \ge 150$

$\therefore x \ge 10$

따라서 가로의 길이를 최소 10cm 이상 줄여야 한다.

36 정답 ①

10시 10분일 때 시침과 분침의 각도를 구하면 다음과 같다.

- 10시 10분일 때 시침의 각도 : $30° \times 10 + 0.5° \times 10 = 305°$
- 10시 10분일 때 분침의 각도 : $6° \times 10 = 60°$

따라서 시침과 분침이 이루는 작은 쪽의 각도는 $(360-305)° + 60° = 115°$이다.

37 정답 ③

가장 큰 정사각형의 한 변의 길이를 $a$cm라고 하자. 가장 큰 정사각형의 넓이가 255cm^2를 넘으면 안 되므로 $a < 16$cm이다. 다음으로 가장 큰 $a$cm 정사각형과 그 다음으로 큰 $(a-1)$cm 정사각형의 넓이를 더했을 때, 255cm^2를 넘지 않아야 한다.

$15^2 + 14^2 = 225 + 196 = 421\text{cm}^2 \rightarrow \times$

$14^2 + 13^2 = 196 + 169 = 365\text{cm}^2 \rightarrow \times$

$13^2 + 12^2 = 169 + 144 = 313\text{cm}^2 \rightarrow \times$

$12^2 + 11^2 = 144 + 121 = 265\text{cm}^2 \rightarrow \times$

$11^2 + 10^2 = 121 + 100 = 221\text{cm}^2 \rightarrow \bigcirc$

이런 방법으로 개수를 늘리면서 a, $(a-1)$, $(a-2)\cdots$의 넓이의 합을 구하면 다음과 같다.

$11^2 + 10^2 + 9^2 = 121 + 100 + 81 = 302\text{cm}^2 \rightarrow \times$

$10^2 + 9^2 + 8^2 + 7^2 = 100 + 81 + 64 + 49 = 294\text{cm}^2 \rightarrow \times$

$9^2 + 8^2 + 7^2 + 6^2 + 5^2 = 81 + 64 + 49 + 36 + 25 = 255\text{cm}^2 \rightarrow \bigcirc$

정사각형의 한 변의 길이는 각각 5, 6, 7, 8, 9cm이다.

이 사각형의 둘레를 구하면 세로의 길이는 9cm이고, 가로의 길이는 $5+6+7+8+9 = 35$cm이다.

따라서 $(35+9) \times 2 = 44 \times 2 = 88$cm이다.

자료해석

표 해석

38	39	40	41	42	43	44	45	46	47	48	49	50	51	52	53	54	55	56	57
③	②	④	③	①	③	④	④	①	③	③	③	③	③	③	④	①	④	①	④
58	59	60	61	62	63	64	65	66	67	68	69	70	71	72	73	74	75	76	77
③	④	②	④	①	①	④	①	④	③	④	③	④	④	④	④	②	③	③	②
78	79																		
④	②																		

38 정답 ③

A국과 F국을 비교해 보면 참가선수는 A국이 더 많지만, 동메달 수는 F국이 더 많다.

오답체크

① 금메달은 F>A>E>B>D>C 순서로 많고, 은메달은 C>D>B>E>A>F 순서로 많다.
② C국은 금메달을 획득하지 못했지만 획득한 메달 수는 149개로 가장 많다.
④ 참가선수와 메달 합계의 순위는 동일하다.

39 정답 ②

오답체크

① 용돈을 받는 남학생과 여학생의 비율은 각각 82.9%, 85.4%이므로 여학생이 더 높다.
③ 고등학교 전체 인원을 100명이라 한다면 그중에 용돈을 받는 학생은 약 80.8명이다. 80.8명 중에 용돈을 5만 원 이상 받는 학생의 비율은 40%이므로 $80.8 \times 0.4 ≒ 32.3$명이다.
④ 전체에서 금전출납부의 기록, 미기록 비율은 각각 30%, 70%이므로 기록하는 비율이 더 낮다.

40 정답 ④

(가) 시지역의 남자의 비중은 $\frac{2,574}{7,800} \times 100 = 33\%$이다.

(나) 군지역의 여자의 비중은 $\frac{764}{1,149} \times 100 ≒ 66.5\%$이다.

41 정답 ③

ㄱ. 주어진 식에 해당되는 수치를 대입하면 $6 = \frac{50 \times 12}{(\text{전세금}) - 25,000} \times 100$이며 이 방정식을 통해 전세금을 구하면 35,000만 원임을 알 수 있다.

ㄹ. 주어진 식에 해당되는 수치를 대입하면 $12 = \frac{(\text{월세}) \times 12}{58,000 - 53,000} \times 100$이며 이를 통해 월세를 구하면 50만 원임을 알 수 있다.

오답체크

ㄴ. 주어진 식에 해당되는 수치를 대입하면 $\frac{60 \times 12}{42,000 - 30,000} \times 100$이므로 B의 전·월세 전환율은 6%임을 알 수 있다.

ㄷ. 주어진 식에 해당되는 수치를 대입하면 $3 = \frac{70 \times 12}{60,000 - (\text{월세보증금})} \times 100$이며 이를 통해 월세보증금을 구하면 32,000만 원임을 알 수 있다.

42 정답 ①

구입 후 1년 동안 대출된 도서의 수는 $10,000 - 5,302 = 4,698$권이다.
$10,000 \div 2 = 5,000 > 4,698$이므로 옳지 않은 설명이다.

오답체크

② 구입 후 3년 동안 4,021권이, 5년 동안 3,041권이 대출되지 않았으므로 옳은 설명이다.
③ 구입 후 1년 동안 1회 이상 대출된 도서는 4,698권이고, 이 중 2,912권이 1회 대출되었다.
$\frac{2,912}{4,698} \times 100 \fallingdotseq 61.98\%$이므로 옳은 설명이다.
④ $\frac{5,302 \times 0 + 2,912 \times 1 + 970 \times 2 + 419 \times 3 + 288 \times 4 + 109 \times 5}{10,000} = \frac{7,806}{10,000} \fallingdotseq 0.78$

43 정답 ③

오답체크

① 초등학교와 중학교의 학생 수는 계속해서 감소하고 있으나, 고등학교의 학생 수는 2009년까지 증가하다가 그 이후에는 감소하고 있다.
② 2007년 대비 2013년 초등학교 교원 수의 증가율은 $\frac{182 - 167}{167} \times 100 \fallingdotseq 8.98\%$이다.
따라서 2013년 초등학교 교원 수는 2007년에 비해 약 0.09배 증가하였다.
④ 초등학교 학생 수는 계속해서 감소하는 반면, 초등학교 교원 수는 계속해서 증가하고 있다. 따라서 초등학교의 교원 1인당 학생 수는 지속적으로 감소하고 있음을 알 수 있다.

44 정답 ④

2012년 대비 2022년 신장의 증가량은 A가 22cm, B가 21cm, C가 28cm로 C가 가장 많이 증가하였다.

오답체크

① B의 2022년 체중은 2017년에 비해 감소하였다.
② 2022년의 신장 순위는 C, B, A 순이지만, 체중 순위는 C, A, B 순으로 동일하지 않다.
③ 2022년에 세 사람 중 가장 키가 큰 사람은 C이다.

45 정답 ④

2015년 이후 전년에 비해 친환경 농산물 총생산량이 처음으로 감소한 시기는 2019년이며, 이때부터 저농약 인증이 폐지되었다. 따라서 옳은 내용이다.

오답체크

① 친환경 농산물 총생산량은 2018년도에 증가하고 2019년에는 감소하였다. 따라서 저농약 신규 인증 중단(2017년) 이후 친환경 농산물의 총생산량이 매년 감소한 것은 아니다.

② 저농약 인증 폐지(2019년) 이전인 2014 ~ 2018년의 기간 동안 저농약 농산물 생산량은 2018년을 제외하고 매년 전체 친환경 농산물 총 생산량의 절반 이상을 차지하였으므로 옳지 않은 내용이다.

③ 2017년과 2018년의 경우 무농약 농산물 생산량은 친환경 농산물 총생산량의 50%에 미치지 못한다. 따라서 옳지 않은 내용이다.

46 정답 ①

운전자	공회전 발생률(%)	공회전 시 연료소모량(cc)	탄소포인트의 총합(P)
A	$\frac{20}{200}\times 100=10$	$20\times 20=400$	$100+0=100$
B	$\frac{15}{30}\times 100=50$	$15\times 20=300$	$50+25=75$
C	$\frac{10}{50}\times 100=20$	$10\times 20=200$	$80+50=130$
D	$\frac{5}{25}\times 100=20$	$5\times 20=100$	$80+75=155$
E	$\frac{25}{50}\times 100=50$	$25\times 20=500$	$50+0=50$

$\therefore$ D > C > A > B > E

47 정답 ③

- 각 테이블의 메뉴구성을 살펴보면 전체 메뉴는 5가지이며 각 두 그릇씩 주문이 되었다는 것을 알 수 있다. 즉, 1번부터 5번 테이블까지의 주문 총액을 2로 나누면 전체 메뉴의 총합을 알 수 있다는 것이다. 실제로 테이블 1 ~ 5까지의 총합은 90,000원이며 이것을 2로 나눈 45,000원이 전체 메뉴의 총합이 됨을 알 수 있다.
- 테이블 1부터 3까지만 따로 떼어놓고 본다면 다른 것은 모두 한 그릇씩이지만 짜장면만 두 그릇이 됨을 알 수 있다. 이를 다르게 생각하면 테이블 1 ~ 3까지의 총합(51,000원)과 45,000원의 차이가 바로 짜장면 한 그릇의 가격이 된다는 것이다. 따라서 짜장면 한 그릇의 가격은 6,000원임을 알 수 있다.

48 정답 ③

2011년 대비 2019년 장르별 공연건수의 증가율은 다음과 같다.

- 양악 : $\frac{4,628-2,658}{2,658}\times 100 ≒ 71\%$
- 국악 : $\frac{2,192-617}{617}\times 100 ≒ 255\%$

• 무용 : $\frac{1,521-660}{660}\times 100 ≒ 130\%$

• 연극 : $\frac{1,794-610}{610}\times 100 ≒ 194\%$

따라서 2011년 대비 2019년 공연건수의 증가율이 가장 높은 장르는 국악이다.

오답체크

① 2015년과 2018년에는 연극 공연건수가 국악 공연건수보다 더 많았다.

② 2014년까지는 양악 공연건수가 국악, 무용, 연극 공연건수의 합보다 더 많았지만, 2015년 이후에는 국악, 무용, 연극 공연건수의 합보다 더 적다. 또한, 2017년에는 무용 공연건수 자료가 집계되지 않았으므로 양악의 공연건수 다른 공연건수의 합보다 많은지 적은지 판단할 수 없으므로 옳지 않은 설명이다.

④ 2017년의 무용 공연건수가 제시되어 있지 않으므로 연극 공연건수가 무용 공연건수보다 많아진 것이 2018년부터인지 판단할 수 없으므로 옳지 않은 설명이다.

49 정답 ③

ㄴ. 완치된 환자 수가 많은 약물부터 나열하면 B(26명), D(23명), A(21명), C(14명)이므로 옳은 내용이다.

ㄷ. 각 질병별로 완치된 환자 수를 나열하면 가(20명), 나(27명), 다(37명)이므로 옳은 내용이다.

오답체크

ㄱ. 표에 따르면 약물 B는 여자가 2명 많은 반면, C는 남자가 2명 많으므로 B와 C의 총합은 동일해진다. 그리고 약물 A는 남자가 1명 많은 반면 D는 여자가 3명 많으므로 A~D의 완치된 환자 수를 모두 합한 수치는 여자가 2명 많은 것으로 계산할 수 있다.

ㄹ. 전체 환자 수가 120명이므로 25%는 30명인데, 약물 D를 투여 받고 완치된 환자 수는 23명에 불과하므로 옳지 않다.

50 정답 ③

• 자가격리자가 전일 기준 자가격리자보다 늘어나기 위해서는 해제 인원이 신규 인원보다 적어야 한다. (전체 신규 인원)−(전체 해제 인원)은 A : +386명, B : −106명, C : +23명, D : +210명이다. 따라서 첫 번째 을의 대답에서 세종이 B임을 알 수 있다.

• 두 번째 을의 대답에서 모니터링 요원 대비 자가격리자의 비율이 1.8 이상인 지역이 대전, 세종, 충북이라고 했으므로

A : $\frac{9,778+7,796}{10,142} ≒ 1.73$

C : $\frac{1.147+414}{196} ≒ 6.57$

D : $\frac{9,263+7,626}{8,898} ≒ 1.90$

따라서 A가 충남이다.

• 갑의 세 번째 말에서 자가격리자 중 외국인이 차지하는 비중을 구하면,

C : $\frac{141}{1,147+141}\times 100 ≒ 10.95\%$

D : $\frac{7,626}{9,263+7,626}\times 100 ≒ 45.15\%$

따라서 D의 비중이 더 높기 때문에 C가 충북, D가 대전임을 알 수 있다.

51 정답 ③

• 2006년 대비 2056년 인도 인구의 예상 증가율 : $\frac{1,628-1,122}{1,122} \times 100 \fallingdotseq 45.10\%$

• 2006년 대비 2056년 중국 인구의 예상 증가율 : $\frac{1,437-1,311}{1,311} \times 100 \fallingdotseq 9.61\%$

따라서 2006년 대비 2056년 인도 인구는 중국의 인구보다 증가율이 높을 것으로 예상된다.

오답체크

① 제시된 자료를 보면, 콩고는 2006년 인구 상위 10개국 안에 들지 못했음을 알 수 있다. 즉, 2006년 콩고의 인구는 10위인 일본의 인구보다 적음을 추론할 수 있다. 2006년 콩고의 인수를 일본과 같은 128백만 명이라고 가정했을 때, 2006년 대비 2056년 콩고 인구의 증가율은 $\frac{196-128}{128} \times 100 \fallingdotseq 53.1\%$이므로 옳은 설명이다.

② 제시된 자료를 보면, 러시아는 2056년 예상인구 상위 10개국 안에 들지 못했음을 알 수 있다. 즉, 2056년 러시아의 예상 인구는 10위인 에티오피아의 예상 인구보다 적음을 추론할 수 있다. 따라서 러시아는 2006년보다 인구가 감소할 것이라고 예상할 수 있다.

④ • 2006년 대비 2056년 중국 인구의 예상 증가율 : 약 9.61%

• 2006년 대비 2056년 미국 인구의 예상 증가율 : $\frac{420-299}{299} \times 100 \fallingdotseq 40.47\%$

52 정답 ③

지정 취소 전 전체 멸종위기종 중 '조류'의 비율은 $\frac{63}{264}$인데, 각 분류에서 5종씩 지정을 취소한다면 분모는 35만큼, 분자는 5만큼 감소하게 된다. 이에 따르면, 분모는 10% 이상의 감소율을 보이게 되지만 분자는 10%에 미치지 못하게 감소하므로 전체 분수값은 커지게 된다. 따라서 옳지 않은 내용이다.

오답체크

① 멸종위기종으로 '포유류'만 10종을 추가로 지정한다면, 전체 멸종위기종은 274종, 포유류는 30종으로 증가한다. 그런데 274의 10%는 27.4로 30보다 작으므로 멸종위기종 중 '포유류'의 비율은 10% 이상임을 알 수 있다.

② 멸종위기종 중 멸종위기 I 급의 비율을 구하면 '무척추동물'과 '식물' 모두 $\frac{1}{8}$로 동일하므로 옳은 내용이다.

④ 전형적인 분수비교 문제이다. 먼저 '조류' 중에서 멸종위기 II 급의 비율은 $\frac{49}{63}$이고, '양서·파충류'의 비율은 $\frac{6}{8}\left(=\frac{3}{4}\right)$인데, '조류'와 비교하기 위해 이의 분모와 분자에 15를 곱한 $\frac{45}{60}$와 비교해 보자. 분모의 경우는 60에서 63로 3만큼 증가한 상태이며, 분자는 45에서 49로 4만큼 증가한 상태이다. 그런데, 분자의 경우 분모보다 더 적은 수에서 더 많이 증가하였으므로 증가율은 분모보다 크다는 것을 확인할 수 있으며, 이는 결국 $\frac{49}{63}$가 $\frac{45}{60}$보다 더 크다는 것을 의미한다.

53 정답 ④

ㄴ. 건설 부문의 도시가스 소비량은 2018년 1,808TOE, 2019년 2,796TOE로, 2019년의 전년 대비 증가율은 $\frac{2,796-1,808}{1,808}\times 100 \fallingdotseq 54.6\%$이다. 따라서 옳은 설명이다.

ㄷ. 2019년 온실가스 배출량 중 간접 배출이 차지하는 비중은 $\frac{28,443}{35,639}\times 100 \fallingdotseq 79.8\%$이고, 2018년 온실가스 배출량 중 고정 연소가 차지하는 비중은 $\frac{4,052}{30,823}\times 100 \fallingdotseq 13.1\%$이다.

그 5배는 $13.1\times 5=65.5\%$로 2019년 온실가스 배출량 중 간접배출이 차지하는 비중인 79.8%보다 작으므로 옳은 설명이다.

오답체크

ㄱ. 에너지 소비량 중 이동 부문에서 경유가 차지하는 비중은 2018년에 $\frac{196}{424}\times 100 \fallingdotseq 46.2\%$, 2019년에 $\frac{179}{413}\times 100 \fallingdotseq 43.3\%$로, 전년 대비 약 2.9%p 감소하였으므로 옳지 않은 내용이다.

54 정답 ①

선택지의 문장이 옳게 되기 위해서는 각 지방청들을 '업무 만족도'와 '인적 만족도'가 큰 순서대로 나열했을 때 순서가 동일해야 한다. 하지만, '업무 만족도'가 가장 낮은 것은 충청청인 데 반해, '인적 만족도'가 가장 낮은 것은 '호남청'이므로 둘의 순서는 같지 않다. 따라서 옳지 않은 내용이다.

오답체크

② '30세 미만'에서 '50세 이상'으로 연령대가 높아질수록 '업무 만족도'와 '인적 만족도'가 모두 높아진다는 것을 확인할 수 있으므로 옳은 내용이다.

③ 경인청의 '업무 만족도'와 '인적 만족도'는 5개 지방청 중 가장 높으며, '시설 만족도'는 동남청과 공동 1위를 차지하고 있는 상황이다. 따라서 직접 이들의 합을 계산할 필요없이 경인청의 만족도의 합이 가장 크다는 것을 알 수 있으므로 옳은 내용이다.

④ 가중평균의 원리를 이용한 문제이다. 만약 남자 응답자와 여자 응답자가 동수라면 전체 업무 만족도는 남자(4.07점)과 여자(4.15점)의 산술평균인 4.11점이 되어야 한다. 하지만 실제 전체 업무 만족도는 4.12로 여자 응답자쪽에 가까운 상황이므로 여자 응답자의 수가 더 많다는 것을 알 수 있다. 마찬가지로 인적 만족도와 시설 만족도로 계산해도 같은 결과임을 알 수 있다.

55 정답 ④

ㄱ. 학과당 교원 수가 공립대학은 $\frac{354}{40}=8.85$명, 사립대학은 $\frac{49,770}{8,353} \fallingdotseq 5.96$명이므로 옳은 내용이다.

ㄴ. 전체 대학 입학생 수에서 국립대학 입학생 수가 차지하는 비율은 $\frac{78,888}{355,772}\times 100 \fallingdotseq 22.2\%$이므로 옳은 내용이다.

ㄷ. 입학생 수 대비 졸업생 수의 비율은

• 공립대학: $\frac{1,941}{1,923} \times 100 > 100\%$

• 국립대학: $\frac{66,890}{78,888} \times 100 < 100\%$

따라서 공립대학이 국립대학보다 높으므로 옳은 내용이다.

오답체크

ㄹ. 공립대학의 경우에 여성 직원 수가 전체의 절반을 넘으므로 옳지 않은 내용임을 알 수 있다.

56 정답 ①

조건을 반영하여 표를 다시 정리하면 다음과 같다.

간편식	A	B	C	D	E	F	평균
판매량	95	(x)	(95)	(x)	($x-23$)	($x-27$)	70

x를 구하면

$$\frac{95+x+95+x+(x-23)+(x-27)}{6}=70 \rightarrow 140+4x=420$$

$\therefore x=70$

따라서 B는 70개, E는 47개이다.

57 정답 ④

• 2015년 총투약일수가 120일인 경우, 종합병원의 총약품비 : $2,025 \times 120 = 243,000$원

• 2016년 총투약일수가 150일인 경우, 상급종합병원의 총약품비 : $2,686 \times 150 = 402,900$원

따라서 구하는 값은 $243,000+402,900=645,900$원이다.

58 정답 ③

(ㄱ) 두 번째 정보에 따라 2012년부터 2020년까지 연도별 합계출산율 순위 중 2012년도가 두 번째로 높은 연도이므로 가장 많은 2013년 합계출산율인 1.297명보다 낮고, 세 번째로 많은 2016년도의 1.239명보다 높아야 된다. 따라서 선택지에서 1.244명과 1.247명이 범위에 포함된다.

(ㄴ) 세 번째 정보로부터 2014년부터 2016년까지의 출생성비가 동일함을 알 수 있다. 따라서 빈칸에 들어갈 수는 105.3명이다.

(ㄷ) 첫 번째 정보에서 2017 ~ 2020년 동안 전년 대비 출생아수는 감소하는 추세이며, 빈칸에 해당하는 2020년 전년 대비 감소한 출생아수가 가장 적다고 하였다. 연도별 전년 대비 출생아수 감소 인원은 다음과 같다.

연도	2017년	2018년	2019년
전년 대비 출생아수 감소 인원	$438,420-406,243$ $=32,177$명	$406,243-357,771$ $=48,472$명	$357,771-326,822$ $=30,949$명

2017 ~ 2019년 중 2019년도가 전년 대비 감소 인원이 가장 적으므로 이보다 적게 차이가 나는 수를 찾으면 선택지 중 302,676명이다.

• 2020년 전년 대비 출생아수 감소 인원 : $326,822-302,676=24,146$명$<30,949$명

따라서 빈칸 (ㄱ), (ㄴ), (ㄷ)에 들어갈 적절한 수로 나열된 선택지는 ③이다.

59 정답 ④

달러 환율이 가장 낮은 달은 1월이고, 가장 높은 달은 10월이다. 1월의 엔화 환율은 946원/100엔, 10월의 엔화 환율은 1,003원/100엔이다. 따라서 1월의 엔화 환율은 10월의 엔화 환율 대비 $\frac{946-1,003}{1,003}\times 100$ ≒ −5.7%이므로 5% 이상 낮다.

오답체크

① 1월의 엔화 환율 946원/100엔은 2월의 엔화 환율 990원/100엔 대비 $\frac{946-990}{990}\times 100$ ≒ −4.4%이므로 5% 미만 이득이다.

② 월별로 달러 환율과 엔화 환율의 차를 구하면, 1월은 1,065−946=119원, 2월은 1,090−990=100원, 3월은 1,082−1,020=62원, 4월은 1,070−992=78원, 5월은 1,072−984=88원, 6월은 1,071−980=91원, 7월은 1,119−1,011=108원, 8월은 1,117−1,003=114원, 9월은 1,119−1,004=115원, 10월은 1,133−1,003=130원이다. 따라서 달러 환율과 엔화 환율의 차가 가장 큰 것은 10월이다.

③ 전월 대비 7월의 달러 환율 증가율은 $\frac{1,119-1,071}{1,071}\times 100$ ≒ 4.5%이고, 전월 대비 10월의 달러 환율 증가율은 $\frac{1,133-1,119}{1,119}\times 100$ ≒ 1.3%이므로 4배인 5.2%에 못 미친다.

60 정답 ②

ㄱ. 습도가 70%일 때 연간소비전력량이 가장 적은 제습기는 A(790kWh)임을 알 수 있으므로 옳은 내용이다.

ㄷ. 습도가 40%일 때 제습기 E의 연간소비전력량은 660kWh이고, 습도가 50%일 때 제습기 B의 연간소비전력량은 640kWh이므로 옳은 내용이다.

오답체크

ㄴ. 제습기 D와 E를 비교하면, 60%일 때 D(810kWh)가 E(800kWh)보다 소비전력량이 더 많은 반면, 70%일 때에는 E(920kWh)가 D(880kWh)보다 더 많다. 따라서 순서가 다르므로 옳지 않은 내용이다.

ㄹ. 제습기 E의 경우 습도가 40%일 때의 연간전력소비량은 660kWh이어서 이의 1.5배는 990kWh로 계산되는 반면, 습도가 80%일 때의 연간전력소비량은 970kWh이므로 1.5배보다 작다. 따라서 옳지 않은 내용이다.

61 정답 ④

2021년의 전체 수익은 420,000+496,000+388,000+291,000=1,595,000원으로 옳지 않은 내용이다.

오답체크

② • 2020년 4분기 제품가격 : 627,000원
• 2021년 4분기 제품가격 : 559,000원
따라서 2021년 4분기 제품가격의 전년 동분기 대비 감소폭은 627,000−559,000=68,000원으로 옳은 내용이다.

③ 2021년에 소요한 재료비용은 177,000+191,000+190,000+268,000=826,000원으로 옳은 내용이다.

62 정답 ①

2022년 1분기의 재료비는 $(1.6\times 70,000)+(0.5\times 250,000)+(0.15\times 200,000)=267,000$원이다.
2022년 1분기의 수익은 2021년 4분기 수익과 동일해야 하므로 책정해야 할 제품가격은
$291,000+267,000=558,000$원이다.

63 정답 ①

(가) (충원 수)=(내부임용 수)+(외부임용 수)이므로, 166 =(가)+72이다. 따라서 (가)=94이다.

(나) (외부임용률)$=\frac{(\text{외부임용 수})}{(\text{충원 수})}\times 100$이므로, 나$=\frac{67}{149}\times 100 \fallingdotseq 45.0$이다($\because$ 소수점 이하 둘째 자리에서 반올림).

64 정답 ④

(운동시간)=1일 때, (운동효과)=4이므로, $4=a\times 1-b^2 \cdots$ (가)

(운동시간)=2일 때, (운동효과)=62이므로, $62=a\times 2-\frac{b^2}{2} \cdots$ (나)

(가)와 (나)를 연립하면 2(가)×(나) → $a=40,\ b^2=36$

→ (운동효과)$=40\times$(운동시간)$-\frac{36}{(\text{운동시간})}$

- (운동시간)=3일 때, ㉠$=40\times 3-\frac{36}{3}=108$

  ∴ ㉠$=108$

- (운동시간)=4일 때, ㉡$=40\times 4-\frac{36}{3}=151$

  ∴ ㉡$=151$

65 정답 ①

ㄱ. ○ 표시는 인과관계가 성립한다는 것이고, × 표시는 인과관계가 성립하지 않는다는 것을 의미한다. 따라서 모든 방향에 있어서 × 표시가 되어 있는 미국, 영국, 독일, 이탈리아는 경제성장과 1차 에너지소비 사이에 어떤 방향으로도 인과관계가 존재하지 않는다는 것을 알 수 있다.

ㄴ. 캐나다, 프랑스, 일본의 경우는 경제성장에서 1차 에너지소비로의 일방적인 인과관계가 나타나고 있기 때문에, 에너지소비절약 정책이 경제구조를 왜곡시키지는 않을 것으로 예측한다.

오답체크

ㄷ. ㄴ과 같은 맥락에서 볼 때, 한국에서의 에너지절약 정책은 경제성장에 장애를 유발하지 않고 추진될 수 있다고 할 수 있다.

ㄹ. 표에 나타난 국가들은 한국을 제외하고는 모두 G7 국가이다. ㄱ과 ㄴ에 의해, 올바른 진술이 아니다.

66 정답 ④

㉡ 자료에 제시된 국가는 이산화탄소 배출량 상위 10개국으로, 2021년 이산화탄소 배출량이 가장 많은 국가는 중국이다.
2021년 중국의 이산화탄소 배출량이 전 세계 이산화탄소 배출량에서 차지하는 비중은
$\frac{6,877.2}{28,999.4} \times 100 \fallingdotseq 23.75\%$이다.

㉢ 러시아와 이란의 2015년과 2021년 이산화탄소 배출량 차이를 각각 구하면
- 러시아 : $2,178.8 - 1,532.6 = 646.2$백만 TC
- 이란 : $533.2 - 179.6 = 353.6$백만 TC

따라서 옳은 내용이다.

㉣ 2015년 대비 2021년 한국의 이산화탄소 배출량 증가율은 $\frac{515.5 - 229.3}{229.3} \times 100 \fallingdotseq 124.81\%$이다.

오답체크

㉠ 2021년 전 세계 이산화탄소 배출량은 전년보다 감소했다.

67 정답 ③

- 첫 번째 정보 : (가)의 범위는 58.5 ~ 65.7(→ ④는 제외)
- 두 번째 정보 : (나)의 범위는 0 ~ 20.7(→ ①은 제외)
- 세 번째 정보 : (다)의 범위는 114.0 ~ 119.2(→ ②는 제외)
- 네 번째 정보 : (라)의 범위는 92.5 ~ (→ ①은 제외)

68 정답 ④

ㄴ. 수사단서 중 현행범 유형의 건수가 가장 많은 범죄는 60,042건인 강력범죄(폭력)이다.
ㄷ. 형법범죄의 수사단서 합계는 958,865건으로, 특별법범죄의 수사단서 합계인 866,011건보다 더 많다.
ㄹ. 특별법범죄의 경우, 수사단서 중 미신고 유형의 건수가 35만 건을 넘는다. 따라서 틀린 설명이다.

오답체크

ㄱ. 표를 보면 풍속범죄의 경우 수사단서 중 현행범(2,308건)과 신고(4,380)보다도 미신고 유형(5,473)이 많음을 알 수 있다.

69 정답 ③

형법범죄 중 수사단서로 '신고'의 건수가 가장 많은 범죄는 470,114건인 재산범죄이며, 가장 적은 범죄는 공무원범죄로 1,560건이다. 신고 건수의 차는 $470,114 - 1,560 = 468,554$건이다.

70 정답 ④

2021년 9월 온라인쇼핑 거래액 모두 전년 동월보다 같거나 높다.

오답체크

① 2021년 9월 온라인쇼핑 거래액은 7조억 원으로 전년 동월 대비 $\frac{70,000-50,000}{50,000}\times 100=40\%$ 증가했다.

② 2021년 9월 온라인쇼핑 거래액 중 모바일쇼핑 거래액은 4조 2,000억 원으로 전년 동월 대비 $\frac{42,000-30,000}{30,000}\times 100=40\%$ 증가했다.

③ 2021년 9월 모바일 거래액 비중은 전체 온라인쇼핑 거래액의 $\frac{42,000}{70,000}\times 100=60\%$를 차지한다.

71 정답 ④

- 2014 · 2015년의 평균 : $\frac{826+806}{2}=816$만 명
- 2020 · 2021년의 평균 : $\frac{795+811}{2}=803$만 명

따라서 2014 · 2015년의 평균과 2020 · 2021년 평균의 차는 $816-803=13$만 명이다.

72 정답 ④

A ~ E도시의 인구를 각각 a, b, c, d, e라고 하자.

주어진 식을 이용하면, (두 도시 인구의 곱)$=\frac{\text{(두 도시 간의 거리)}\times\text{(두 도시의 인구이동량)}}{k}$이다.

- $ab=\frac{60\times 2}{k}=\frac{120}{k}$
- $ac=\frac{30\times 4.5}{k}=\frac{135}{k}$
- $ad=\frac{25\times 7.5}{k}=\frac{187.5}{k}$
- $ae=\frac{55\times 4}{k}=\frac{220}{k}$

B ~ E도시의 인구는 A도시 인구와의 곱에 비례한다.
따라서 각 도시의 인구는 E－D－C－B 순이다.

73 정답 ④

2015년의 경우 SOC 투자규모는 전년 대비 감소한 반면, 총 지출 대비 SOC 투자규모 비중은 증가하였으므로 둘의 증감방향은 동일하지 않다. 따라서 옳지 않다.

오답체크

① 2017년 총지출 대비 SOC 투자규모 비중이 6.9%이므로 2017년 총지출은 $\frac{23.1}{6.9}\times 100 ≒ 335$조 원이다.

② 2014년 'SOC 투자규모'의 전년 대비 증가율은 $\frac{25.4-20.5}{20.5}\times 100 ≒ 23.9\%$이므로 30% 이하이다.

③ 2014 ~ 2017년 동안 'SOC 투자규모'가 전년에 비해 가장 큰 비율로 감소한 해는 SOC 투자규모의 변화가 크지 않은 상황에서 전년 대비 감소폭이 1.3조 원으로 가장 큰 2017년이다.

74 정답 ②

2009년 자영업주 수는 $23,500 \times 0.24 = 5,640$천 명이다.

오답체크

① 2007년 대비 2012년 자영업주 수의 감소폭은 $6,049 - 5,718 = 331$천 명이다.
③ 전년 대비 2010년 전체 취업자 수의 증가폭은 $23,829 - 23,500 = 329$천 명이다.
④ 2008년 전체 취업자 수는 $5,970 \div 0.25 = 23,880$천 명이다.

75 정답 ③

2015년과 2020년을 비교했을 때, 국유지 면적의 차이는 $24,087 - 23,033 = 1,054\,km^2$이고, 법인 면적의 차이는 $6,287 - 5,207 = 1,080\,km^2$이므로 법인 면적의 차이가 더 크다.

오답체크

① 국유지 면적은 매년 증가하고, 민유지 면적은 매년 감소하는 것을 확인할 수 있다.
② 전년 대비 2016 ~ 2020년 군유지 면적의 증가량은 다음과 같다.
- 2016년 : $4,788 - 4,741 = 47\,km^2$
- 2017년 : $4,799 - 4,788 = 11\,km^2$
- 2018년 : $4,838 - 4,799 = 39\,km^2$
- 2019년 : $4,917 - 4,838 = 79\,km^2$
- 2020년 : $4,971 - 4,917 = 54\,km^2$

따라서 군유지 면적의 증가량은 2019년에 가장 많다.

④ 전년 대비 2020년 전체 국토면적의 증가율은 $\frac{100,033 - 99,897}{99,897} \times 100 \fallingdotseq 0.14\%$이므로 1% 미만이다.

76 정답 ③

㉠ 추석 연휴 전날과 평소 주말의 하루 평균 사고 건수 · 부상자 수의 차를 구하면 다음과 같다.
- 사고 건수 차 : $822.0 - 581.7 = 240.3$건
- 부상자 수 차 : $1,178.0 - 957.3 = 220.7$명

평소 주말 하루 평균 교통사고 사망자 수의 1.3배는 $12.9 \times 1.3 = 16.77$이다.
즉, 추석 연휴 전날의 하루 평균 교통사고 사망자 수는 평소 주말보다 30% 이상 많았다.

㉢ 추석 연휴 하루 평균 졸음운전사고 수는 7.8건으로 평소 주말 하루 평균 졸음운전사고 수인 8.2건보다 적다. 추석 연휴 하루 평균 졸음운전사고의 부상자와 사망자의 수는 각각 21.1건, 0.6건으로 평소 주말 하루 평균 졸음운전사고의 부상자와 사망자 수인 17.1건, 0.3건보다 많다.

㉤ 어린이사고의 추석 연휴와 평소 주말의 하루 평균 사고 건수 · 부상자 수 · 사망자 수의 차를 구하면 다음과 같다.
- 사고 건수 : $45.4 - 39.4 = 6.0$건
- 부상자 수 : $59.4 - 51.3 = 8.1$명
- 사망자 수 : $0.4 - 0.3 = 0.1$명

오답체크

㉡ 추석 당일과 추석 전날의 교통사고 건당 부상자 수와 교통사고 건당 사망자 수를 구하면 다음과 같다.

- 교통사고 건당 부상자 수
  - 추석 당일 : $1,013.3 \div 448.0 \fallingdotseq 2.26$명
  - 추석 전날 : $865.0 \div 505.3 \fallingdotseq 1.71$명
- 교통사고 건당 사망자 수
  - 추석 당일 : $10.0 \div 448.0 \fallingdotseq 0.02$명
  - 추석 전날 : $15.3 \div 505.3 \fallingdotseq 0.03$명

즉, 교통사고 건당 부상자 수는 추석 당일이 추석 전날보다 많지만 교통사고 건당 사망자 수는 추석 당일이 추석 전날보다 적다.

㉣ • 사망자 증가율 : $\frac{0.6-0.3}{0.3}\times 100=100\%$

• 부상자 증가율 : $\frac{21.1-17.1}{17.1}\times 100 \fallingdotseq 23.4\%$

따라서 사망자의 증가율은 부상자의 증가율의 10배 미만이다.

77 정답 ②

26일은 첫 번째 조건에 따라 비가 오는 날이므로 A는 커피류를 마신다. 또한, 두 번째 조건에 따라 평균기온은 27℃로 26℃ 이상이므로 큰 컵으로 마시고, 세 번째 조건에 따라 카페라테를 마신다.

78 정답 ④

24일은 비가 오지 않는 화요일이며, 평균기온은 28℃이므로 A는 밀크티 큰 컵을 마신다. 그리고 23일은 맑은 날이고 26℃이므로, A는 자몽에이드 큰 컵을 마셨을 것이다. 그러므로 B에게는 자몽에이드 큰 컵을 사 줄 것이다.

따라서 A가 지불할 금액은 $4,800+4,700=9,500$원이다.

79 정답 ②

갑이 향후 1년간 자동차를 유지하는 데 소요될 총비용을 세분화하면 다음과 같다.

- 감가상각비 : (1,000만 원−100만 원)÷10년=90만 원
- 자동차보험료 : 120만 원×90%=108만 원(블랙박스 설치로 인한 10% 할인 반영)
- 주유비용 : 매달 500km를 운행하므로 매월 50리터의 기름이 소모된다. 따라서 주유비용은 50리터×1,500원×12개월=90만 원

따라서 1년간 총 유지비용은 90만 원+108만 원+90만 원=288만 원이다.

그래프 해석

80	81	82	83	84	85	86	87	88	89	90	91	92	93	94	95	96	97	98	99
③	④	④	①	④	④	③	③	①	④	④	③	③	②	②	④	③	①	②	④
100																			
④																			

80 정답 ③

인구성장률 그래프의 경사가 완만할수록 인구의 변동이 적다.

오답체크

① 인구성장률은 1970년 이후 계속 감소하고 있다.
② 총인구가 감소하려면 인구성장률 그래프가 (−)값을 가져야 하는데 2011년과 2015년에는 (+)값을 갖는다.
④ 그래프를 통해 1990년 인구가 더 적다는 것을 알 수 있다.

81 정답 ④

- 영남지역의 기초생활수급자 수 : $1,346+688+225+1,419+1,201=4,879$명
- 영남지역의 차상위계층 수 : $335+204+36+737+690=2,002$명
- 영남지역의 차상위초과 수 : $591+364+53+1,014+1,105=3,127$명
- 영남지역 전체 노인돌봄서비스 이용자 수 : $4,879+2,002+3,127=10,008$명

$10,008\times\frac{50}{100}=5,004<2,022+3,127=5,149$

즉, 영남지역 전체 노인돌봄서비스 이용자 수에서 차상위계층과 차상위초과 이용자 수가 차지하는 비중은 50%를 넘는다.

오답체크

① 제시된 자료를 보면 충남을 제외한 모든 지역의 노인돌봄서비스 이용자 수는 기초생활수급 − 차상위초과 − 차상위계층 순으로 많음을 알 수 있다.
② 수도권지역 노인돌봄서비스의 차상위계층 이용자 수를 구하면 $355+199+666=1,220$명이다. $1,220\div2=610<666$이므로 옳은 설명이다.
③ • 호남지역의 기초생활수급자 수 : $1,109+1,761+1,425=4,295$명
  • 호남지역의 차상위계층 수 : $358+863+1,159=2,380$명
  • 호남지역의 차상위초과 수 : $549+1,014+1,305=2,868$명
  • 호남지역 전체 노인돌봄서비스 이용자 수 : $4,295+2,380+2,868=9,543$명
  따라서 호남지역 전체 노인돌봄서비스 이용자 중 기초생활수급자가 차지하는 비율은
  $\frac{4,295}{9,543}\times100≒45\%$이다.

82 정답 ④

그래프를 보면 A국과 C국의 웰빙지수 차이가 가장 작은 항목은 '안전'이다. 그러나 B국과 D국의 '안전' 항목에서의 웰빙지수의 차이는 '교육', '건강' 항목에서의 차이보다 크다.

오답체크

① 그래프를 통해 A국의 항목당 웰빙지수의 근삿값을 구하면 다음과 같다.

항목	소득	노동시장	주거	일가정양립	건강	교육	사회관계	시민참여	환경	안전	주관적만족도
지수	5.5	7.8	6.8	8.9	8	7.3	8	6.5	8.7	9	8.8

각 항목의 웰빙지수의 합은 $5.5+7.8+6.8+8.9+8+7.3+8+6.5+8.7+9+8.8=85.3$이고,

A국의 종합웰빙지수는 $\frac{85.3}{11} \fallingdotseq 7.75$이다. 따라서 A국의 종합웰빙지수는 7 이상이다.

② 그래프를 통해 B국의 항목당 웰빙지수의 근삿값을 구하면 다음과 같다.

항목	소득	노동시장	주거	일가정양립	건강	교육	사회관계	시민참여	환경	안전	주관적만족도
지 수	4.2	6.1	5.7	8	7.1	6	7.2	5	7.5	8.8	5.6

각 항목의 웰빙지수의 합은 $4.2+6.1+5.7+8+7.1+6+7.2+5+7.5+8.8+5.6=71.2$이다.

즉, B국의 종합웰빙지수는 $\frac{71.2}{11} \fallingdotseq 6.47$이다.

그래프를 통해 D국의 항목당 웰빙지수의 근삿값을 구하면 다음과 같다.

항목	소득	노동시장	주거	일가정양립	건강	교육	사회관계	시민참여	환경	안전	주관적만족도
지수	3.8	6.4	5.5	7	6.8	6.2	6.3	5.2	7.2	8.4	6.5

각 항목의 웰빙지수의 합은 $3.8+6.4+5.5+7+6.8+6.2+6.3+5.2+7.2+8.4+6.5=69.3$이다.

즉, D국의 종합웰빙지수는 $\frac{69.3}{11}=6.3$이다.

B국과 D국의 종합웰빙지수의 차는 $6.47-6.3=0.17$이므로 B국과 D국의 종합웰빙지수의 차는 1 미만이다.

③ D국의 웰빙지수가 B국보다 높은 항목은 '노동시장', '교육', '시민참여', '주관적 만족도'이다. 즉, 전체 11개 항목 중 4개 항목의 웰빙지수가 B국보다 높으므로 D국의 웰빙지수가 B국보다 높은 항목의 수는 전체 항목 수의 50% 미만이다.

83 정답 ①

ㄱ. 산업용 전기요금은 일본(160)이 가장 높고 가정용 전기요금은 독일(203)이 가장 높다.

ㄴ. 한국의 경우 가정용, 산업용 전기요금지수는 (75, 95)이다. 2018년 한국의 가정용, 산업용 전기요금은 100kw 당 각각 $120, $95이므로, 가정용, 산업용 OECD 평균 전기요금을 구할 수 있다. OECD 평균 가정용 전기요금을 x, OECD 산업용 전기요금을 y라고 하면

$$\frac{120}{x}\times 100=75 \rightarrow 75x=12{,}000 \quad \therefore x=\frac{12{,}000}{75}=160$$

$$\frac{95}{y}\times 100=95 \quad \therefore y=100$$

따라서 x(OECD 평균 가정용 전기요금)는 y(OECD 산업용 전기요금)보다 1.5배 이상이다.

오답체크

ㄷ. 가정용 전기요금이 한국보다 비싼 미국의 경우 산업용 전기요금지수는 한국보다 싸다. 따라서 틀린 설명이다.

ㄹ. 일본은 산업용 전기요금이 가정용 전기요금보다 비싸다. 일본의 가정용, 산업용 전기요금지수는 (138, 160)이다.

가정용 전기요금을 x라 하고 산업용 전기요금을 y라고 하면,

$$\frac{x}{160}\times 100=138 \quad \therefore x=\frac{138\times 160}{100}=220.8$$

$$\frac{y}{100}\times 100=160 \quad \therefore y=160$$

따라서 가정용 전기요금(x)이 산업용 전기요금(y)보다 비싸다.

84 정답 ④

연도	단팥빵 구매액	남은 금액	월급
2016년	140,000	21,000	161,000
2012년	84,000	4,300	88,300

2016년과 2012년 남은 금액의 차는 21,000－4,300＝16,700원으로 15,000원보다 크므로 옳은 내용이다.

오답체크

① 이병 월급은 2012년 81,700원에서 2020년 408,100원으로 5배 이상 증가하였으므로 400% 이상 증액되었다. 따라서 옳지 않은 내용이다.

② 증가율을 직접 구할 필요 없이 배수만으로도 판단이 가능하다. 상병의 2016년 월급은 2012년에 비해 2배에 미치지 못하게 증가하였으나 2020년 월급은 2016년에 비해 2배 이상 증가하였다. 따라서 옳지 않은 내용이다.

③ 단팥빵의 경우 매 기간별로 400원씩 동일한 액수만큼 증가하고 있으므로 보다 적은 값에서 같은 금액만큼 증가한 2016년의 2012년 대비 증가율이 더 높다. 따라서 옳지 않은 내용이다.

85 정답 ④

제시된 자료에 따르면 2002년 모든 품목의 가격지수는 100이다. 품목별로 2002년 가격지수 대비 2020년 3월 가격지수의 상승률을 구하면 다음과 같다.

- 육류 : $\frac{177.0-100}{100}\times 100=77\%$
- 낙농품 : $\frac{184.9-100}{100}\times 100=84.9\%$
- 곡물 : $\frac{169.8-100}{100}\times 100=69.8\%$
- 유지류 : $\frac{151.7-100}{100}\times 100=51.7\%$
- 설탕 : $\frac{187.9-100}{100}\times 100=87.9\%$

따라서 2002년 가격지수 대비 2020년 3월 가격지수의 상승률이 가장 낮은 품목은 유지류이다.

오답체크

① 전년 동월 대비 2020년 3월의 식량 가격지수 하락률은 $\frac{213.8-173.8}{213.8}\times 100 \fallingdotseq 18.71\%$이다.

② 품목별 전년 동월 대비 2015년 3월 식량 가격지수의 하락폭을 구하면 다음과 같다.

- 육류 : $185.5-177.0=8.5$
- 낙농품 : $268.5-184.9=83.6$
- 곡물 : $208.9-169.8=39.1$
- 유지류 : $204.8-151.7=53.1$
- 설탕 : $254.0-187.9=66.1$

따라서 전년 동월 대비 2020년 3월 식량 가격지수가 가장 큰 폭으로 하락한 품목은 낙농품이다.

③ 〈품목별 가격지수〉자료를 통해 확인할 수 있다.

86 정답 ③

2016년에 지니계수는 B국가가 A국가보다 낮다. 따라서 2016년에 B국가는 A국가보다 계층 간 소득 차가 적었다.

오답체크

① 2012년에 지니계수는 B국가가 A국가보다 낮으므로 B국가가 A국가보다 빈부의 격차가 더 적다.

② A국가의 지니계수가 점점 작아지고 있으므로 소득차이가 점점 적어지고 있음을 알 수 있다.

④ 제시된 그래프를 보면, 두 국가의 지니계수 차이가 가장 작은 해는 2018년임을 알 수 있다.

87 정답 ③

ㄴ. 입항 횟수는 2011년 대비 2015년에 $\frac{412-149}{149}\times 100 \fallingdotseq 176.5\%$ 증가하였다.

ㄷ. 2014년 입항 횟수당 입국자 수는 $\frac{954,685}{462} \fallingdotseq 2,066$명/회이므로 2011년 입항 횟수당 입국자 수의 2배인 $\frac{153,193}{149}\times 2 \fallingdotseq 2,056$명/회보다 많다.

오답체크

ㄱ. 입국자 수를 나타낸 막대그래프에서 전년 대비 높이 차이가 많이 나는 해는 2013년, 2016년, 2017년이다. 각 해의 입국자 수와 입항 횟수의 전년 대비 증감량을 구하면 다음과 같다.

구분	입국자 수(명)	입항 횟수(회)
2013년	$698,945-278,369=420,576$	$433-223=210$
2016년	$2,258,334-1,045,876=1,212,458$	$785-412=373$
2017년	$\|505,283-2,258,334\|=1,753,051$	$\|262-785\|=523$

따라서 입국자 수의 전년 대비 증감량이 두 번째로 큰 해는 2016년이고, 입항 횟수의 전년 대비 증감량이 가장 큰 해는 2017년이다.

ㄹ. 2013년 대비 2015년의 입국자 수의 증가율은 $\frac{1,045,876-698,945}{698,945}\times 100 \fallingdotseq 49.6\%$로 60% 이하이다.

88 정답 ①

- 2013년 : $\frac{698,945}{433} \fallingdotseq 1,614$명/회
- 2014년 : $\frac{954,685}{462} \fallingdotseq 2,066$명/회
- 2015년 : $\frac{1,045,876}{412} \fallingdotseq 2,539$명/회
- 2016년 : $\frac{2,258,334}{785} \fallingdotseq 2,877$명/회

따라서 2013년의 입국 횟수당 입국자 수가 가장 적다.

89 정답 ④

㉡ • 2009년 창업보육센터의 전체 입주업체 수 : $279 \times 17.1 = 4,770.9$개
• 2010년 창업보육센터의 전체 입주업체 수 : $286 \times 16.8 = 4,804.8$개
따라서 2010년 창업보육센터의 전체 입주업체 수는 전년보다 많다.

㉣ 2008 ~ 2010년 창업보육센터 입주업체의 전체 매출액을 구하면 다음과 같다.
• 2008년 : $273 \times 85.0 = 23,205$억 원
• 2009년 : $279 \times 91.0 = 27,063$억 원
• 2010년 : $286 \times 86.7 = 24,796.2$억 원
따라서 옳지 않은 설명이다.

오답체크

㉠ • 2010년 창업보육센터 지원금액의 전년 대비 증가율 : $\frac{353-306}{306} \times 100 \fallingdotseq 15.36\%$
• 2010년 창업보육센터 수의 전년 대비 증가율 : $\frac{286-279}{279} \times 100 \fallingdotseq 2.51\%$
$2.51 \times 5 = 12.55 < 15.36$이므로 옳은 설명이다.

㉢ 〈연도별 창업보육센터당 입주업체 수 및 매출액〉 자료를 통해 확인할 수 있다.

90 정답 ④

2019년 4대 범죄 발생 건수 대비 검거 건수 비율은 $\frac{16,630}{19,670} \times 100 \fallingdotseq 84.5\%$ 이상이다.

오답체크

① 2017년 인구 10만 명당 발생 건수를 구하면 $\frac{18,258}{49,364} \times 100 \fallingdotseq 37.0$건이다. 따라서 인구 10만 명당 발생 건수는 매년 증가하고 있다.

② 발생 건수의 증가량을 살펴보면 2019년의 전년 대비 발생 건수 증가량이 가장 적으므로 이 해의 증가율이 가장 낮을 것으로 추정할 수 있다. 또한, 검거 건수의 증가량을 보았을 때 2018년과 2019년의 전년 대비 증가량이 가장 적으므로 이 두 해의 전년 대비 증가율을 살펴보면 다음과 같다.
• 2018년 : $\frac{16,404-16,125}{16,125} \times 100 \fallingdotseq 1.8\%$
• 2019년 : $\frac{16,630-16,404}{16,404} \times 100 \fallingdotseq 1.4\%$
따라서 발생 건수와 검거 건수 모두 전년 대비 증가율이 가장 낮은 해는 2019년이다.

③ 2020년 발생 건수 대비 검거 건수 비율이 가장 낮은 범죄 유형은 발생 건수 대비 발생 건수와 검거 건수 간의 차가 가장 큰 절도이다. 또한 절도는 4대 범죄 발생 건수의 $\frac{14,778}{22,310} \times 100 \fallingdotseq 66.3\%$로 60% 이상이다.

자료해석

91 정답 ③

일본은 2021년도 평균 교육기간이 2020년 평균 교육기간보다 $12.8-12.7=0.1$년 높다.

오답체크

① 한국은 2019 ~ 2021년까지 평균 교육기간은 12.1년으로 동일하다.

② 2019년보다 2020년의 평균 교육기간이 높아진 국가는 중국, 인도, 인도네시아, 일본, 터키이다.

④ 2019 ~ 2021년 동안 항상 평균 교육기간이 8년 이하인 국가는 중국, 인도, 인도네시아, 터키이다.

92 정답 ③

2019년도 평균 교육기간이 8년 이하인 국가는 중국, 인도, 인도네시아, 터키로 네 국가의 평균 교육기간의 평균은 $\frac{7.7+6.3+7.9+7.8}{4}=\frac{29.7}{4}=7.425$년이다.

93 정답 ②

아동기 가정폭력 경험 수준이 낮은 집단에서는 A유전자 미보유 집단이 A유전자 보유 집단에 비해 반사회적 인격장애 발생 비율이 높다.

오답체크

① 〈청소년의 반사회적 인격장애 발생 비율〉자료를 통해 알 수 있다.

③·④ 〈청소년의 품행장애 발생 비율〉자료를 통해 확인할 수 있다.

94 정답 ②

ㄴ. B국부터 F국까지 5개국의 GDP를 모두 백의 자리에서 올림하여 계산하더라도 15,500십억 달러에 불과하여 A국의 18,562십억 달러에 미치지 못한다. 따라서 옳은 내용이다.

오답체크

ㄱ. B국과 C국을 비교하면 GDP와 GDP 대비 국가자산총액의 변화 방향이 동일함을 알 수 있으나 선택지의 진술은 이와 반대로 서술되어 있으므로 옳지 않은 내용이다.

ㄷ. 각주에서 주어진 산식을 통해 국가자산총액은 (GDP 대비 국가자산총액)×GDP로 계산됨을 알 수 있다. 즉 단위수를 무시하면 D국의 국가자산총액은 $2,650\times522$, F국은 $1,404\times828$로 나타낼 수 있는데 이를 대략적으로 어림산을 해보더라도 전자가 훨씬 큼을 알 수 있으므로 옳지 않은 내용이다.

95 정답 ④

ㄴ. 주어진 식을 활용하면 (에너지소비량)=(에너지원단위)×(매출액)이다. 이에 의하면 2015년은 2014년에 비해 매출액과 에너지원단위가 모두 증가하였으므로 둘의 곱인 에너지소비량 역시 증가하였으며, 2016년과 2017년의 경우 매출액은 증가하고 에너지원단위는 감소하였으나 매출액의 증가율이 에너지원단위의 감소율을 상쇄하고도 남을 정도로 크므로 에너지소비량 역시 증가하였음을 알 수 있다. 따라서 옳은 내용이다.

ㄷ. 단위수를 배제하고 2016년 기업 A의 에너지소비량을 구하면 $0.25\times400=100$이고, 기업 B는 $0.15\times800=120$이므로 기업 B가 더 크다는 것을 알 수 있다. 따라서 옳은 내용이다.
참고로, ㄴ과 ㄷ에서 에너지소비량을 일일이 계산하여 수치가 증가하였는지 확인할 수도 있지만, 에너지소비량의 크기가 주어진 점과 원점을 잇는 직선을 대각선으로 하는 직사각형 면적임을 이해한다면 그 크기를 통해 보다 직관적으로 비교할 수 있다.

96 정답 ③

통근수단으로 버스와 지하철을 모두 이용하는 직원은 $1,200 \times 0.45 \times 0.55 = 297$명이고, 도보를 이용하는 직원 수는 $1,200 \times 0.39 = 468$명이다. 따라서 통근수단으로 버스와 지하철 모두 이용하는 직원 수는 통근수단으로 도보를 이용하는 직원 수보다 $468 - 297 = 171$명 적다.

오답체크

① 통근시간이 30분 이하인 직원은 $1,200 - (260 + 570 + 160) = 210$명으로 전체 직원 수의 $\frac{210}{1,200} \times 100 = 17.5\%$를 차지한다.

② 통근수단으로 대중교통을 이용하는 직원 수는 $1,200 \times 0.45 = 540$명이고, 이 중의 25%는 135명이다. 통근시간이 60분을 초과하는 인원의 80%는 $160 \times 0.8 = 128$명이므로 대중교통을 이용하면서 통근시간이 60분을 초과하는 인원은 통근시간이 60분을 초과하는 전체 인원의 80% 이상을 차지한다.

④ 전체 직원 중 통근수단으로 자가용을 이용하는 인원은 $1,200 \times 0.16 = 192$명이므로 조사에 응한 A부서의 인원 중 통근수단으로 자가용을 이용하는 인원은 192명 이하이다.

자료해석

97 정답 ①

통근수단으로 도보 또는 버스만 이용하는 직원 중 25%는 $1,200 \times (0.39 + 0.45 \times 0.25) \times \frac{1}{3} = 201$명이다.

30분 초과 45분 이하인 인원에서 통근수단으로 도보 또는 버스만 이용하는 직원을 제외한 인원은 $260 - 201 = 59$명이 된다. 따라서 이 인원이 자가용으로 출근하는 전체 인원에서 차지하는 비중은 $\frac{59}{1,200 \times 0.16} \times 100 \fallingdotseq 31\%$이다.

98 정답 ②

제시된 그래프에서 선의 기울기가 가파른 구간은 2006 ~ 2007년, 2007 ~ 2008년, 2010 ~ 2011년이다. 2007년, 2008년, 2011년 물이용부담금 총액의 전년 대비 증가폭을 구하면

- 2007년 : $6,631 - 6,166 = 465$억 원
- 2008년 : $7,171 - 6,631 = 540$억 원
- 2011년 : $8,108 - 7,563 = 545$억 원

따라서 물이용부담금 총액이 전년 대비 가장 많이 증가한 해는 2011년이다.

오답체크

㉠ 제시된 자료를 통해 확인할 수 있다.

㉢ 2015년 금강유역 물이용부담금 총액 : $8,661 \times 0.2 = 1,732.2$억 원

따라서 2015년 금강유역에서 사용한 물의 양은 1,732.2억 원 ÷ 160원/m^3 ≒ 10.83억m^3이다.

㉣ 2015년 물이용부담금 총액의 전년 대비 증가율은 $\frac{8,661 - 8,377}{8,377} \times 100 \fallingdotseq 3.39\%$이다.

99 정답 ④

주어진 자료에서 중학생과 고등학생의 수가 구체적으로 나와 있지 않으므로 알 수 없다.

오답체크

① 전문계 고등학생 1인당 월평균 사교육비는 6만 7천 원으로 학교급별 1인당 월평균 사교육비가 가장 적다.

② 1인당 월평균 사교육비는 일반고 학생이 24만 원으로 가장 많다.

③ 초등학생 20명당 사교육을 받는 학생 수는 $200 \times \frac{88.8}{100} = 177.6$이다.

100 정답 ④

〈평가방법〉에 따라 각각의 묘목의 건강성 평가점수를 구하면 다음과 같다.

묘목	건강성 평가점수
A	$(0.7 \times 30) + \left(\frac{15}{9} \times 30\right) + (0 \times 40) = 71$
B	$(0.7 \times 30) + \left(\frac{9}{12} \times 30\right) + (1 \times 40) = 83.5$
C	$(0.7 \times 30) + \left(\frac{17}{17} \times 30\right) + (1 \times 40) = 91$
D	$(0.9 \times 30) + \left(\frac{12}{18} \times 30\right) + (0 \times 40) = 47$
E	$(0.8 \times 30) + \left(\frac{10}{15} \times 30\right) + (1 \times 40) = 84$

따라서 평가점수가 두 번째로 높은 묘목은 E이고, 가장 낮은 묘목은 D이다.

공간능력 정답 및 해설

전개도 펼침

01	02	03	04	05	06	07	08	09	10	11	12	13	14	15	16	17	18	19	20
①	③	①	④	④	②	①	④	④	①	①	③	④	②	④	③	③	①	④	③
21	22	23	24	25															
④	②	③	①	②															

01 정답 ①

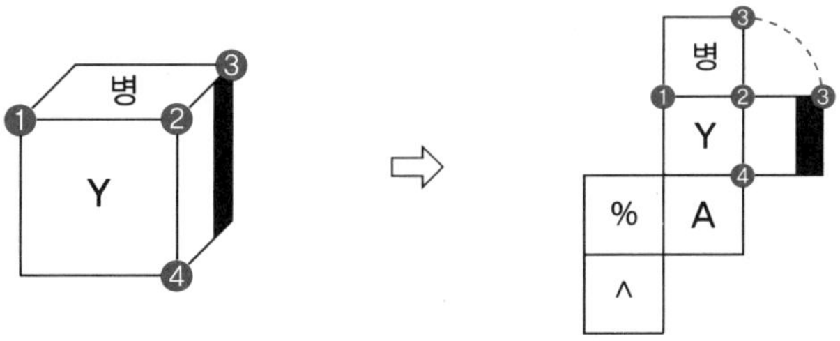

02 정답 ③

03 정답 ①

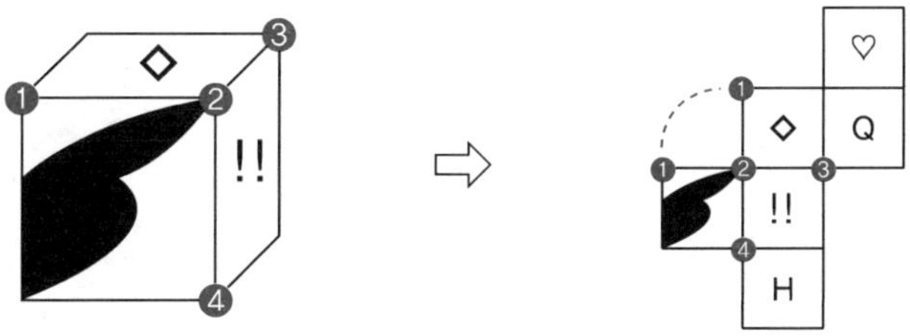

04 정답 ④

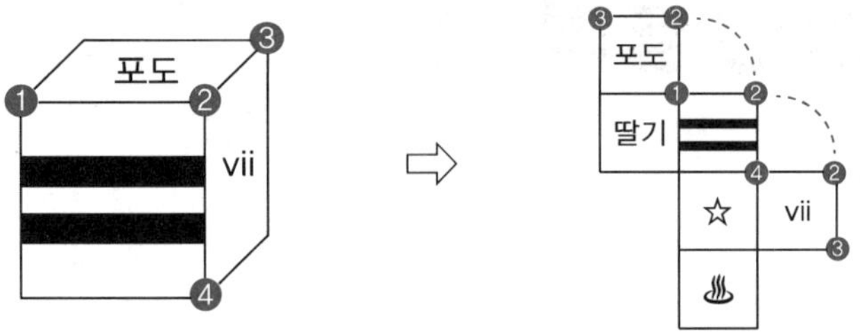

05 정답 ④

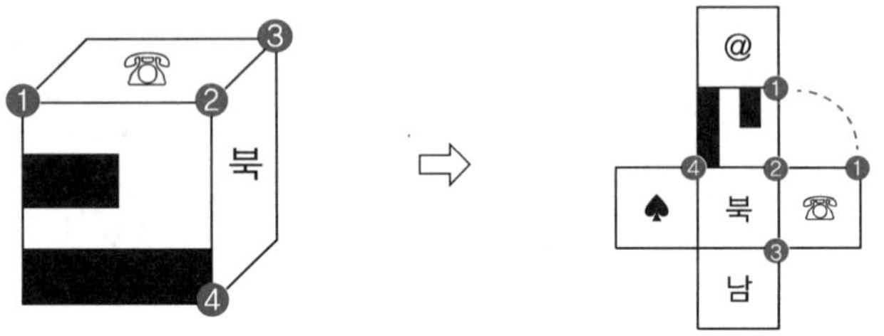

06 정답 ②

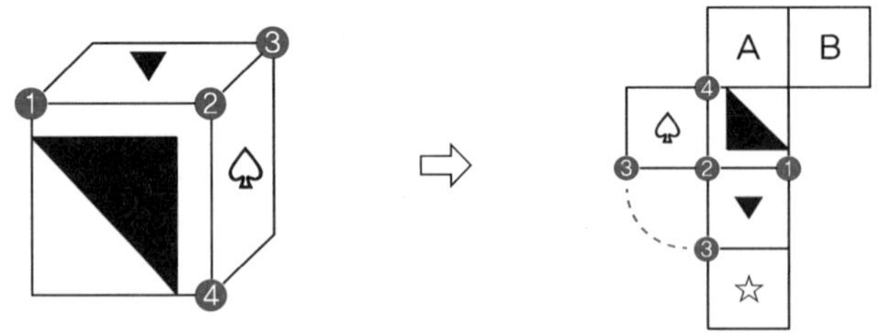

07 정답 ①

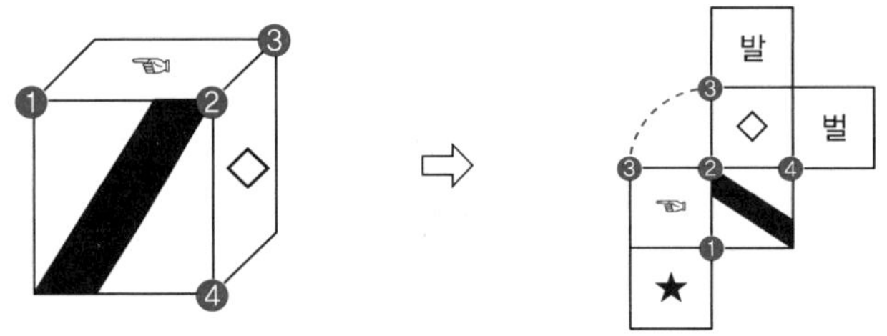

08 정답 ④

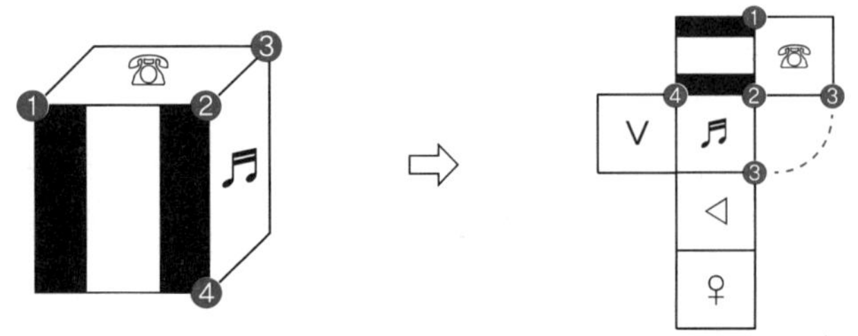

09 정답 ④

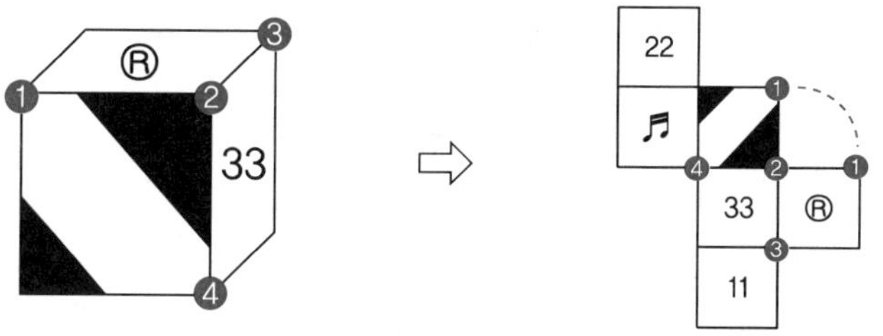

10 정답 ①

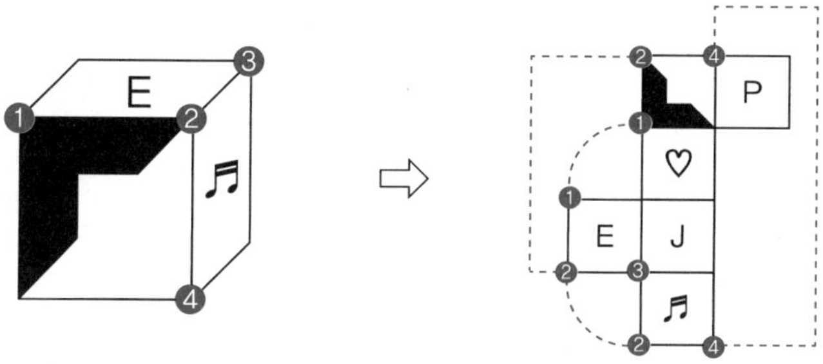

11 정답 ①

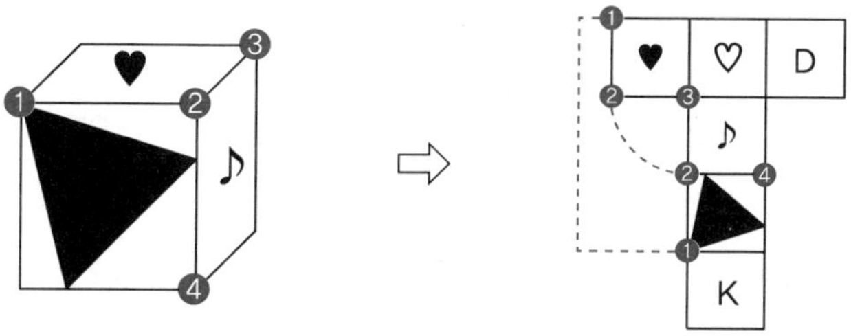

12 정답 ③

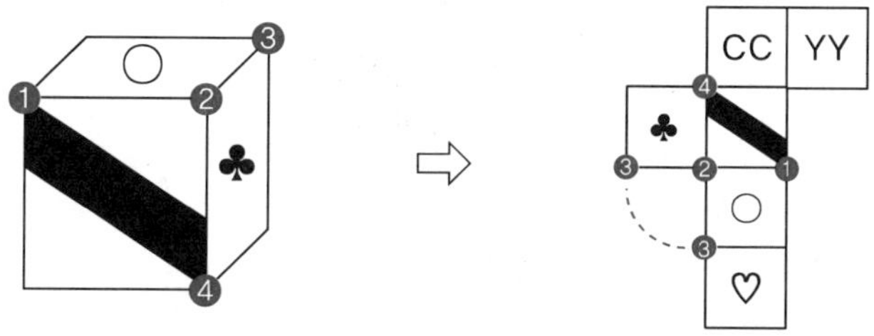

공간능력

13 정답 ④

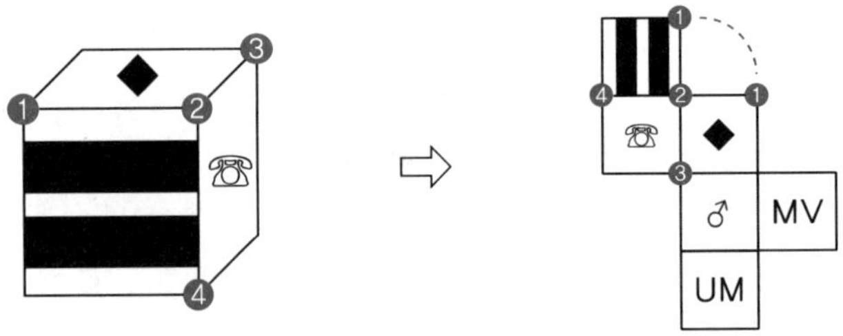

14 정답 ②

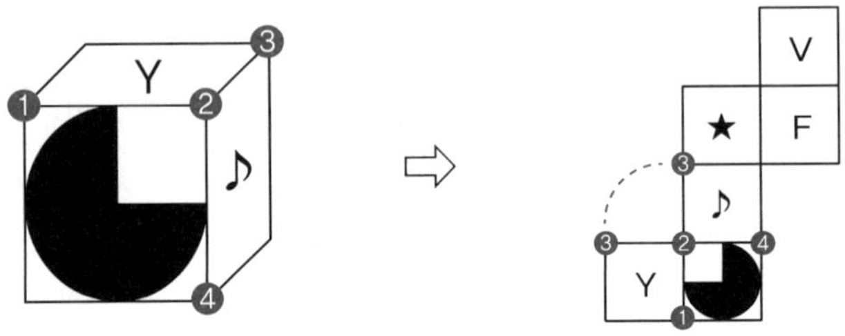

15 정답 ④

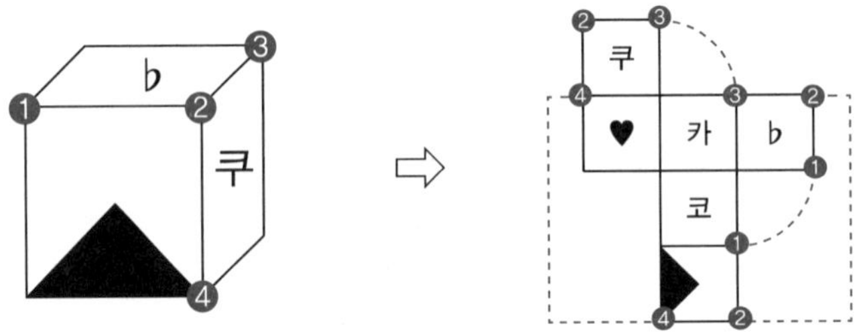

16 정답 ③

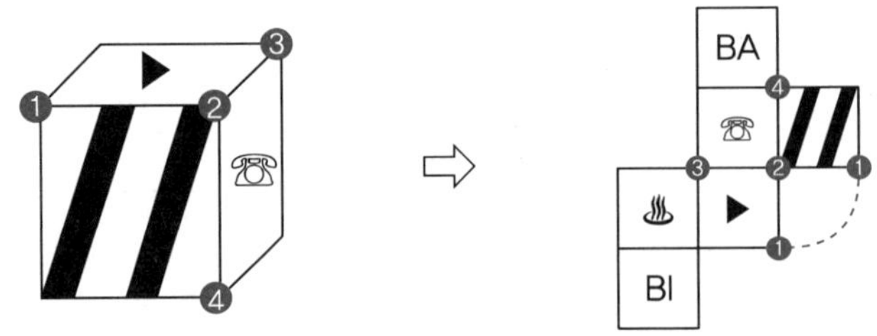

17 정답 ③

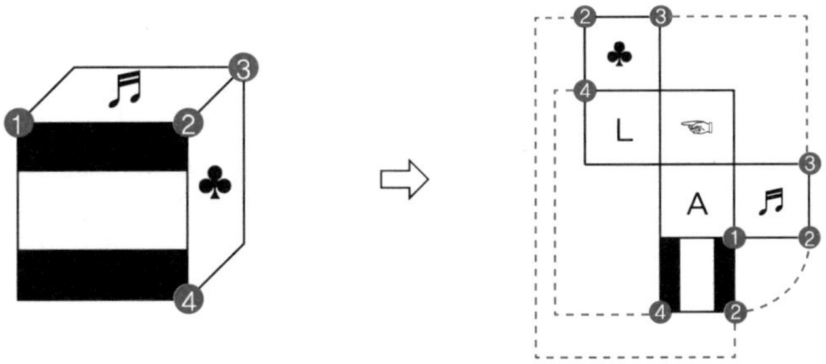

18 정답 ①

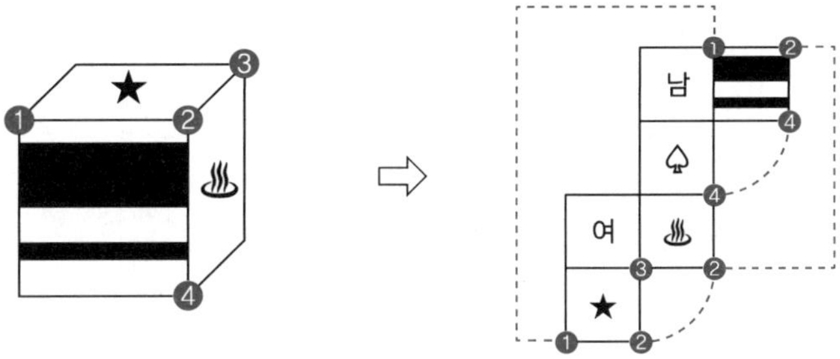

19 정답 ④

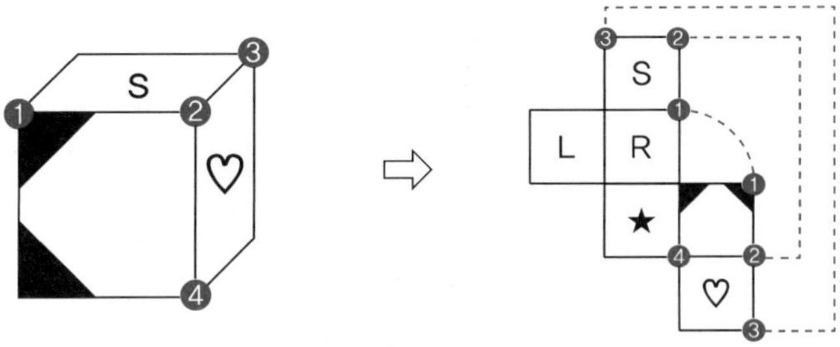

20 정답 ③

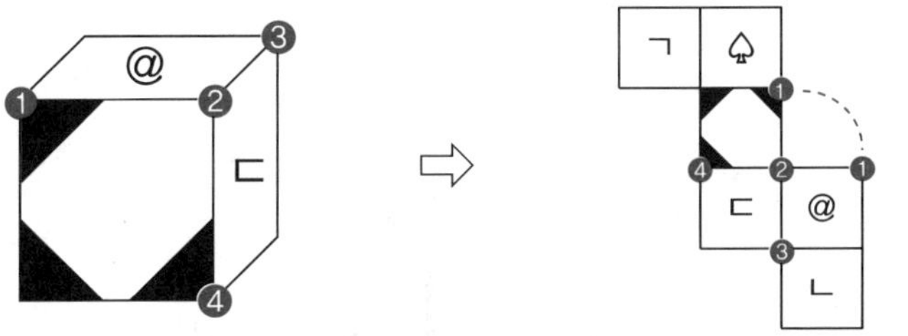

21 **정답** ④

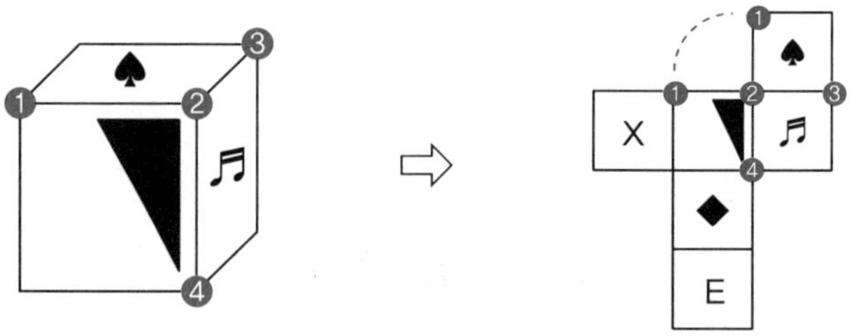

22 **정답** ②

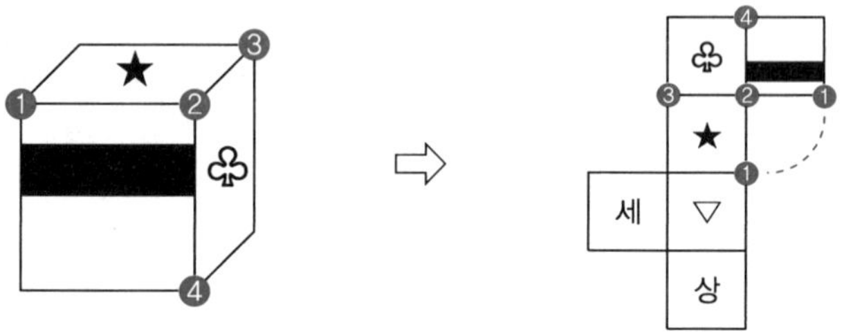

23 **정답** ③

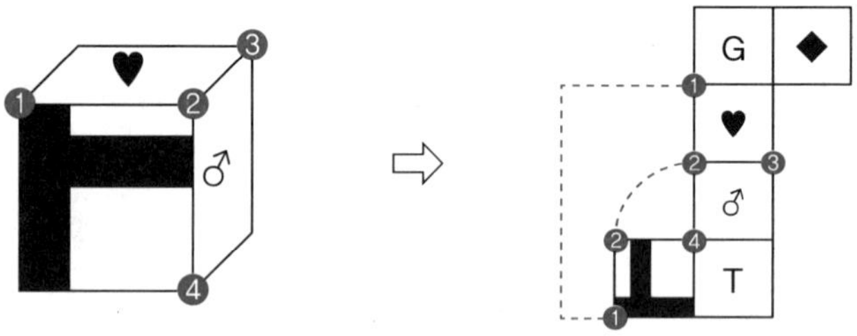

24 **정답** ①

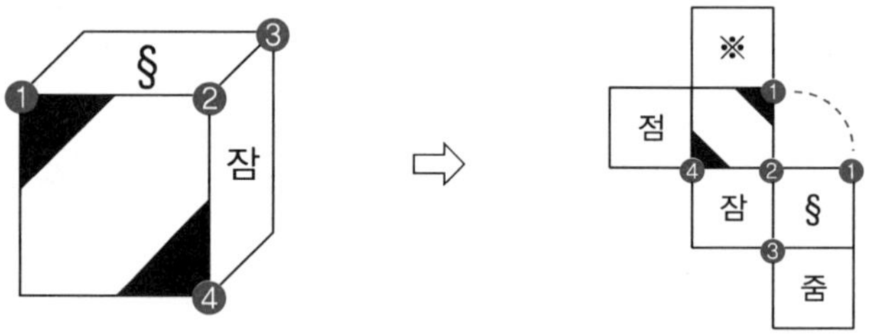

25 **정답** ②

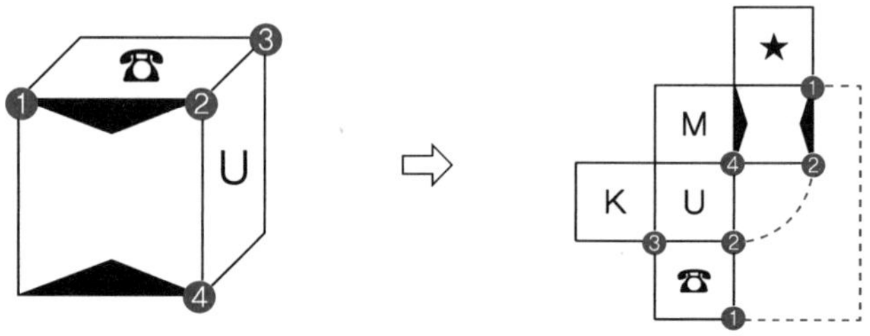

전개도 닫힘

26	27	28	29	30	31	32	33	34	35	36	37	38	39	40	41	42	43	44	45
④	④	①	④	③	②	③	②	②	③	④	③	②	④	④	②	④	①	①	③
46	47	48	49	50															
②	④	①	②	④															

26 정답 ④

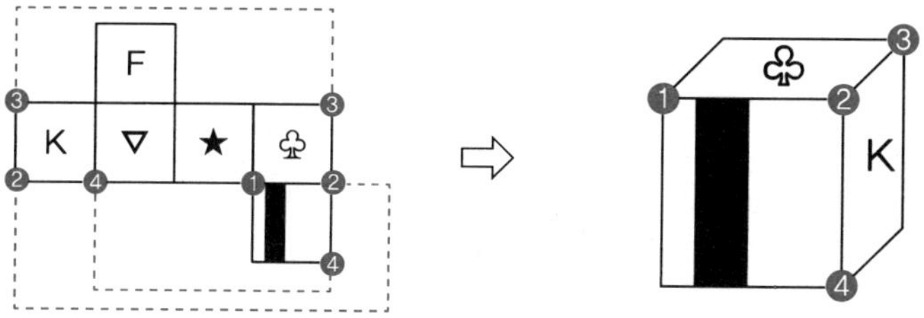

27 정답 ④

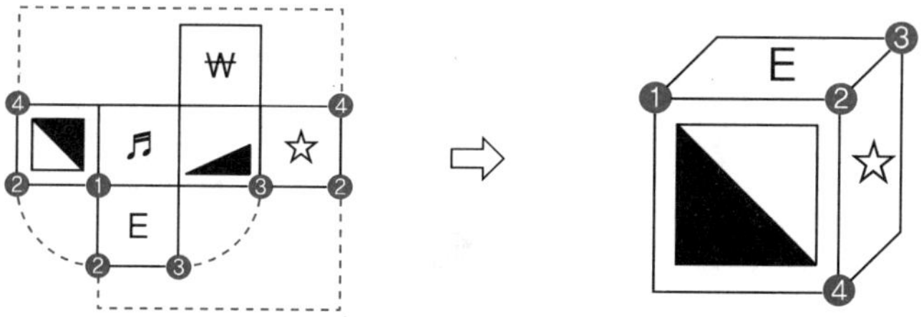

28 정답 ①

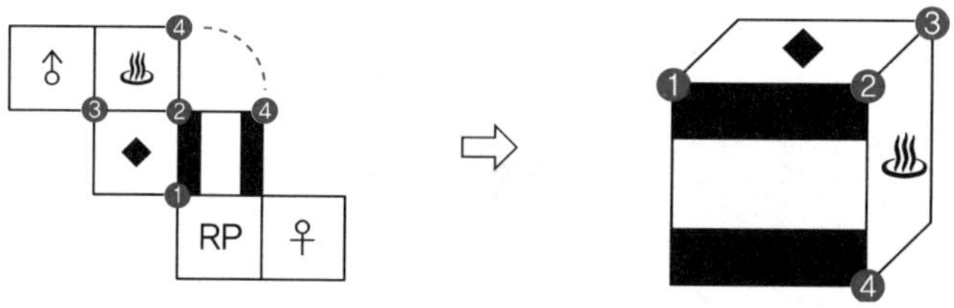

29 정답 ④

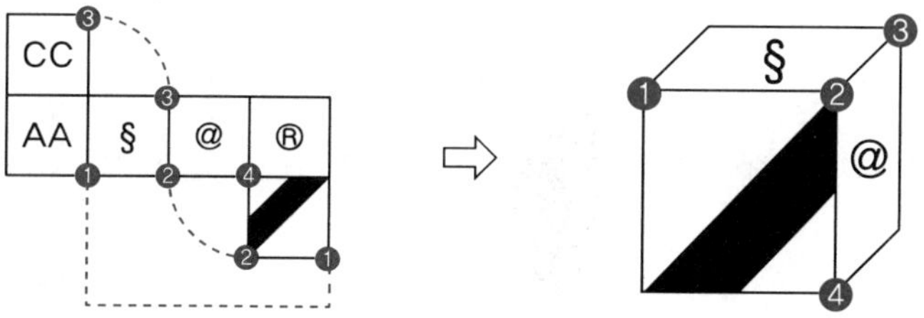

30 정답 ③

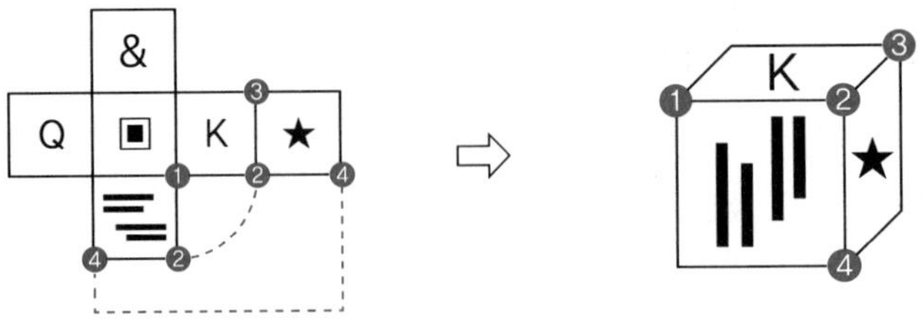

31 정답 ②

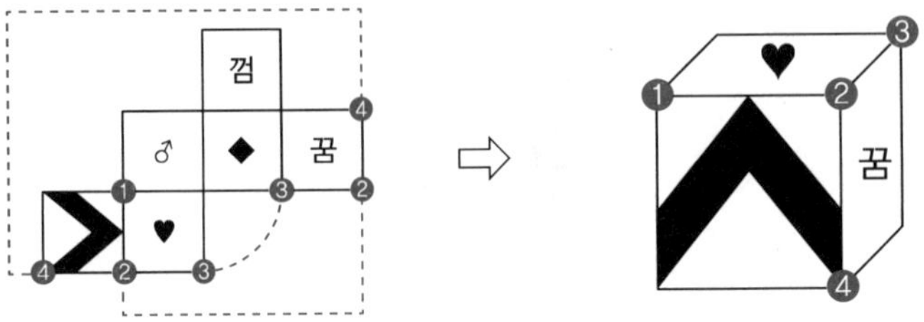

32 정답 ③

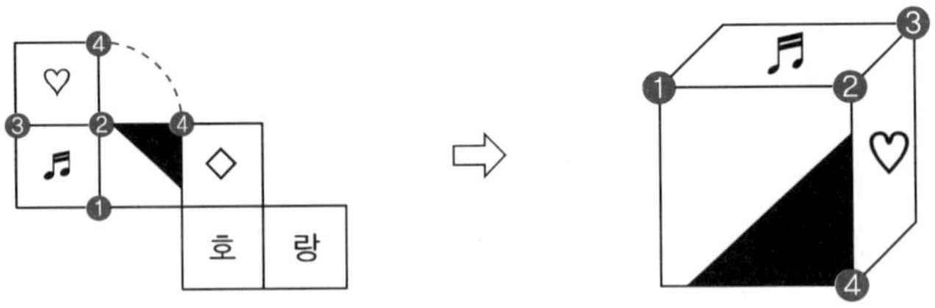

33 정답 ②

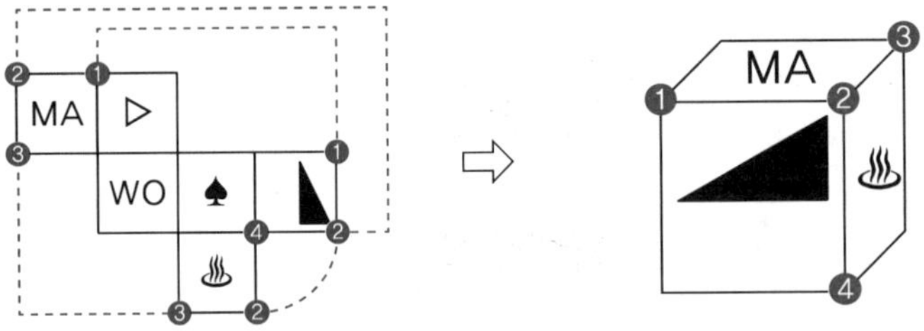

34 정답 ②

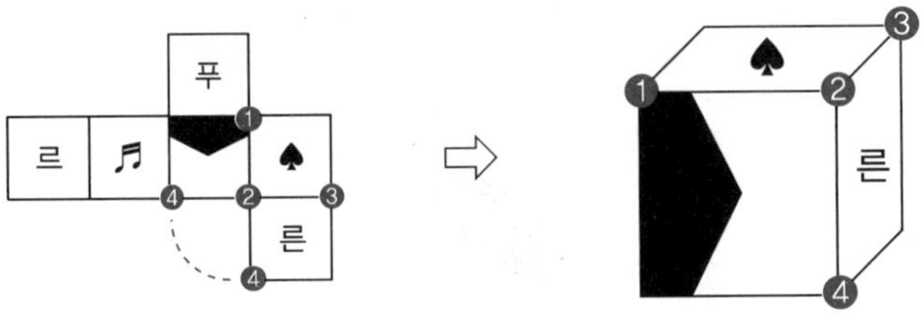

35 정답 ③

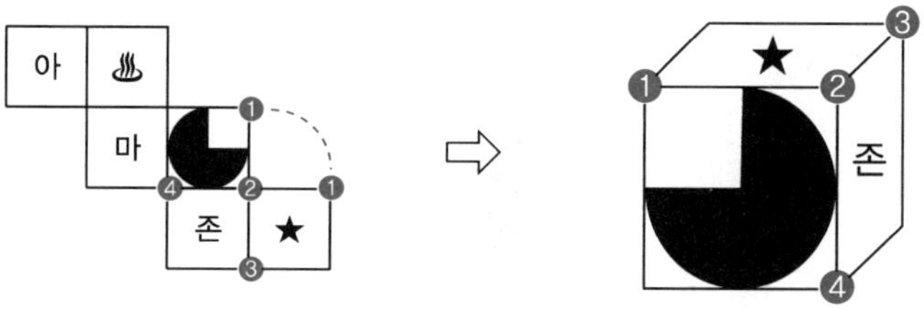

36 정답 ④

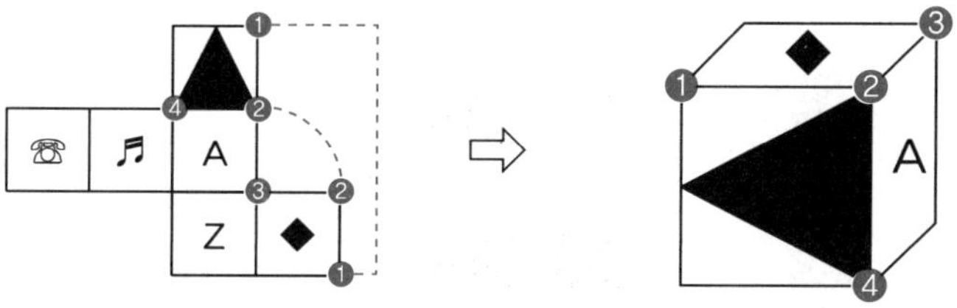

37 정답 ③

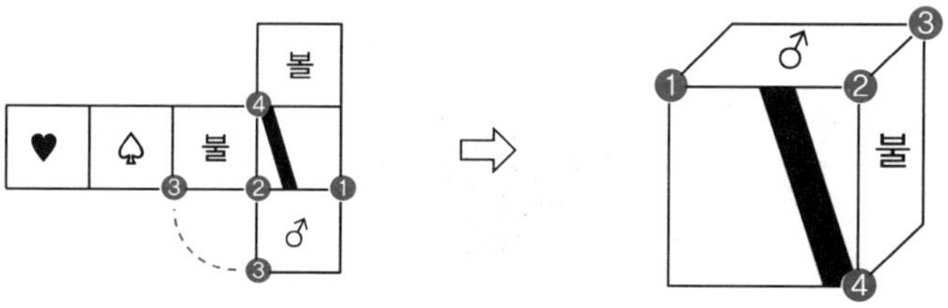

38 정답 ②

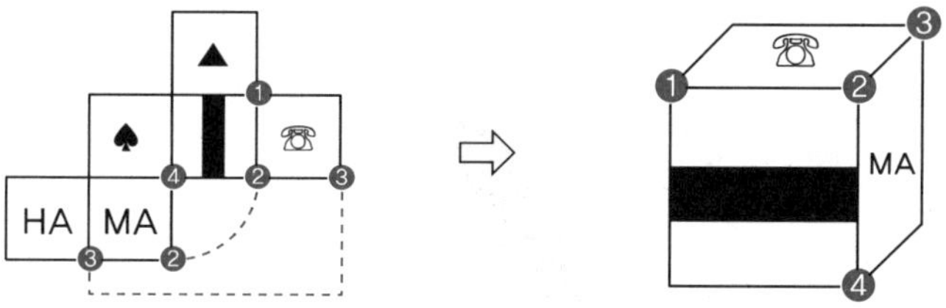

39 정답 ④

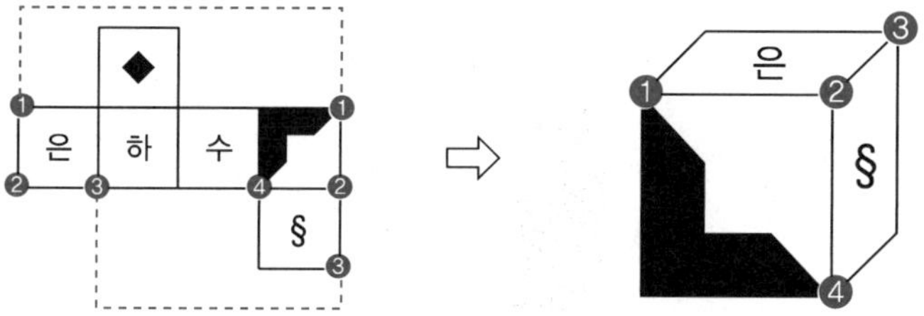

40 정답 ④

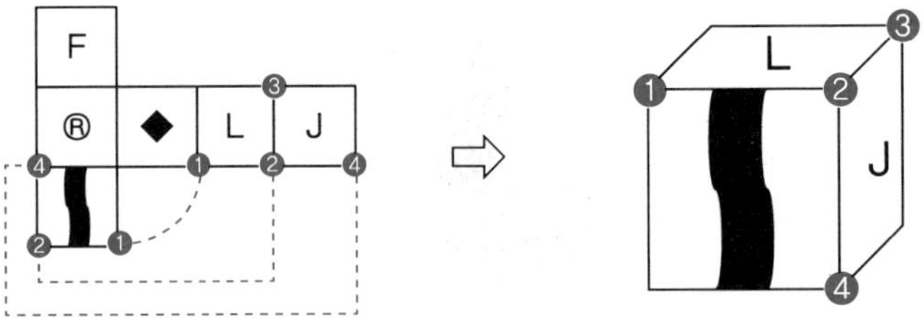

41 정답 ②

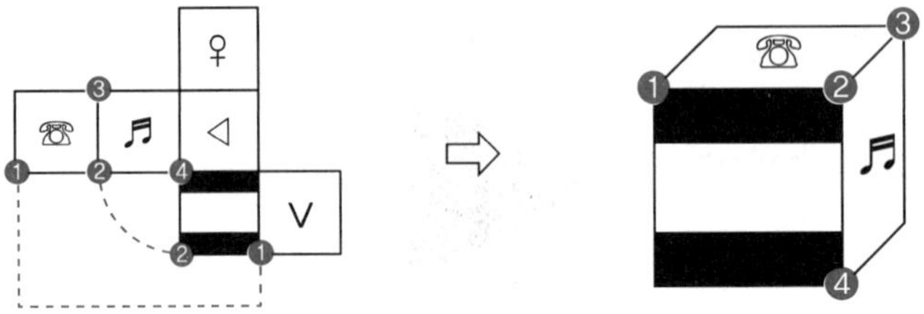

42 정답 ④

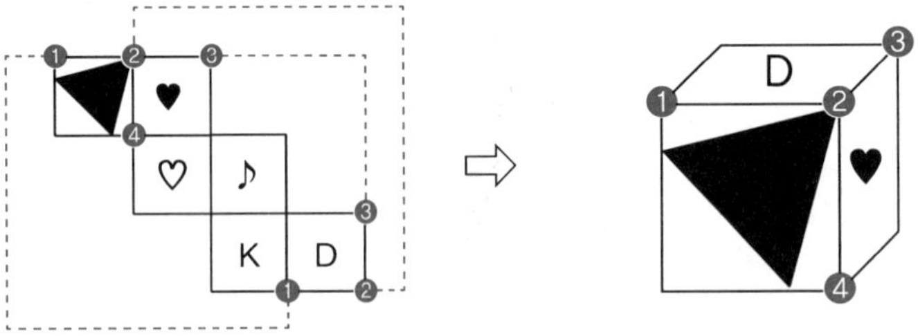

43 정답 ①

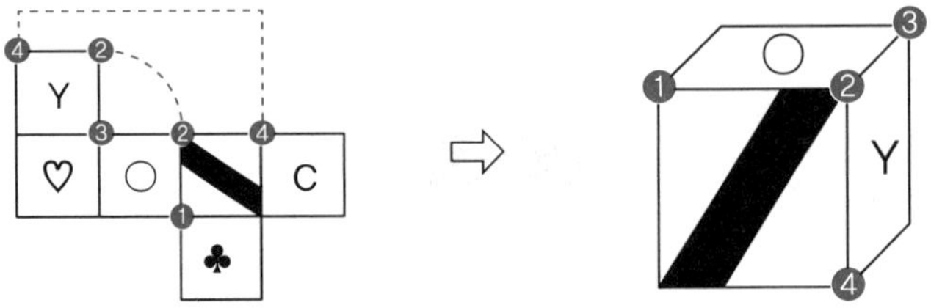

44 정답 ①

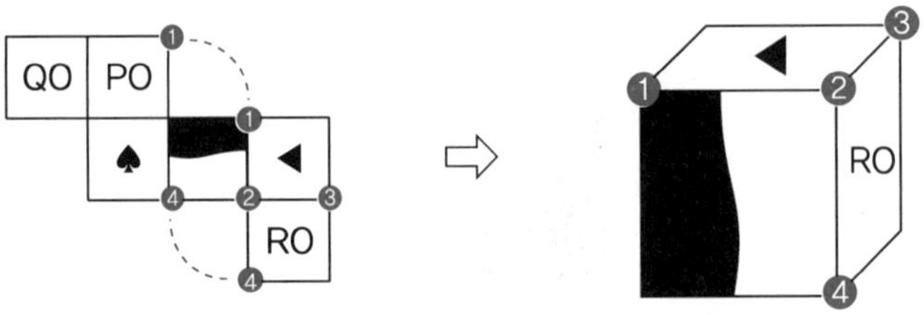

45 정답 ③

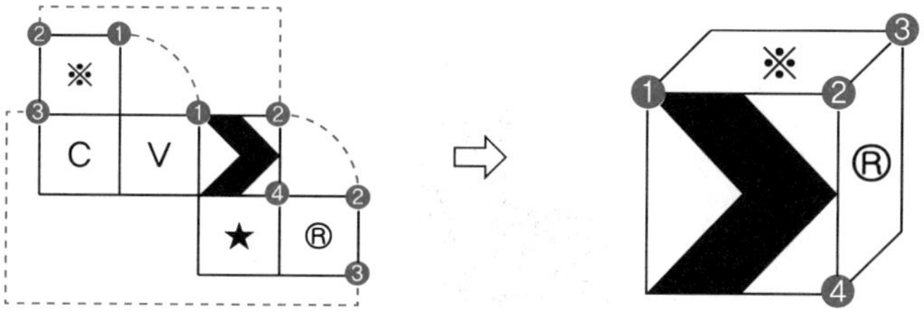

46 정답 ②

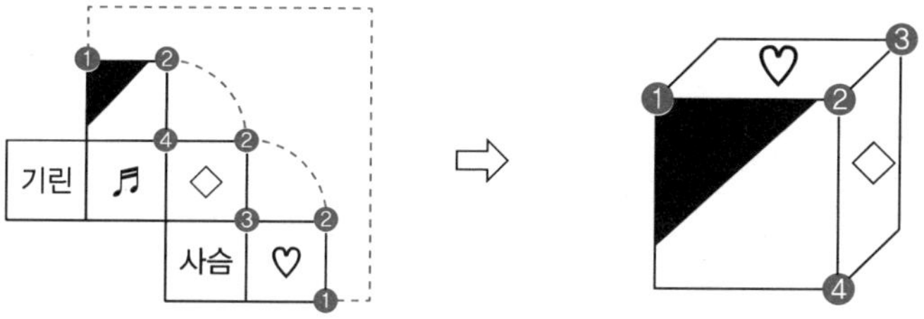

47 정답 ④

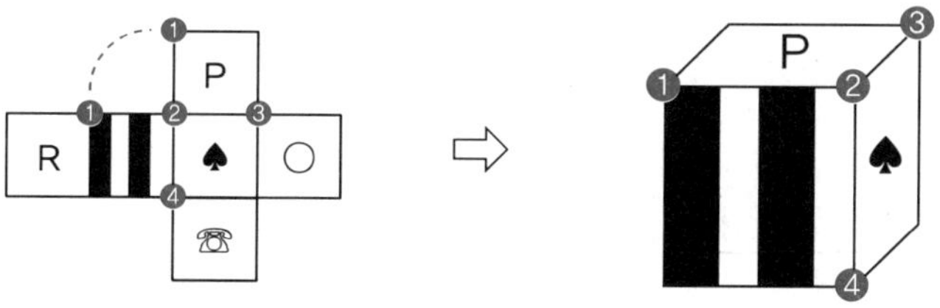

48 정답 ①

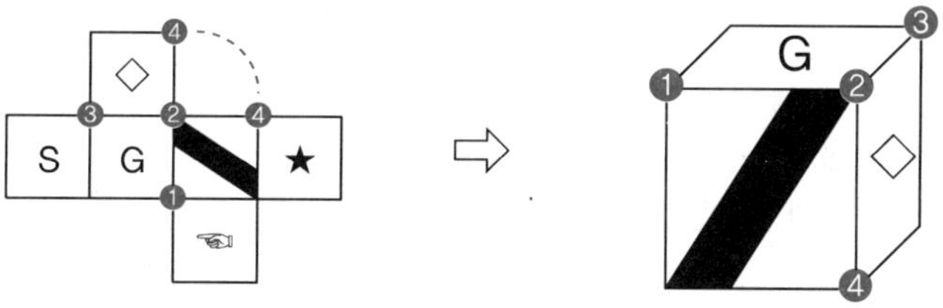

49 정답 ②

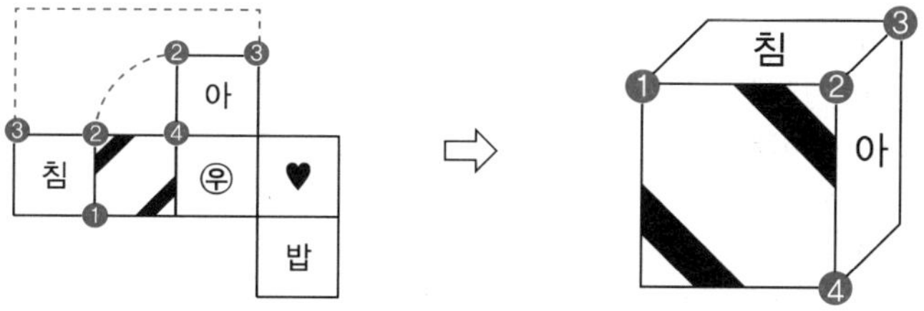

50 정답 ④

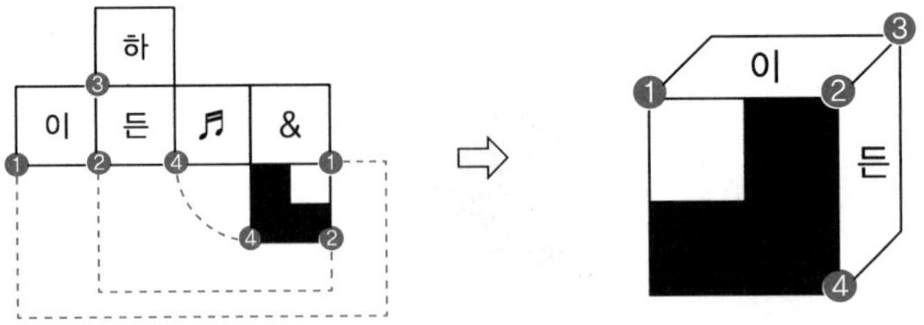

블록 개수

51	52	53	54	55	56	57	58	59	60	61	62	63	64	65	66	67	68	69	70
④	③	②	①	④	③	①	①	①	②	④	④	②	②	③	③	①	③	④	②
71	72	73	74	75															
③	②	③	①	①															

51 정답 ④

1층 : 5+4+4+5+5=23개
2층 : 5+4+4+5+5=23개
3층 : 5+4+4+4+3=20개
4층 : 3+2+2+4+0=11개
5층 : 3+1+1+4+0=9개
∴ 23+23+20+11+9=86개

52 정답 ③

1층 : 5+5+5+5+5+5+5=35개
2층 : 4+4+0+2+1+3+4=18개
3층 : 3+0+0+0+1+2+2=8개
4층 : 1+0+0+0+1+1+1=4개
5층 : 0+0+0+0+0+1+0=1개
∴ 35+18+8+4+1=66개

53 정답 ②

1층 : 5+4+4+4+5+4+5=31개
2층 : 2+4+4+4+4+4+1=23개
3층 : 0+4+1+3+3+4+1=16개
4층 : 0+3+0+0+2+3+0=8개
5층 : 0+0+0+0+1+1+0=2개
∴ 31+23+16+8+2=80개

54 정답 ①

1층 : 5+4+4+4+5=22개
2층 : 4+3+4+4+3=18개
3층 : 3+2+1+2+2=10개
4층 : 2+0+1+2+0=5개
5층 : 0+0+0+1+0=1개
∴ 22+18+10+5+1=56개

55 정답 ④

1층 : 5+5+5+5+5=25개
2층 : 5+3+2+5+2=17개
3층 : 5+3+1+4+1=14개
4층 : 2+3+1+2+0=8개
5층 : 2+3+0+0+0=5개
∴ 25+17+14+8+5=69개

56 정답 ③

1층 : 5+5+5+5+5+5+5=35개
2층 : 5+5+3+3+5+5+1=27개
3층 : 2+0+3+3+3+2+1=14개
4층 : 2+0+0+3+3+2+1=11개
5층 : 2+0+0+0+2+2+0=6개
∴ 35+27+14+11+6=93개

57 정답 ①

1층 : 5+5+4+4+5+5+5=33개
2층 : 4+5+3+3+3+4+4=26개
3층 : 3+4+0+2+2+3+3=17개
4층 : 2+1+0+0+2+3+2=10개
5층 : 2+0+0+0+0+1+1=4개
∴ 33+26+17+10+4=90개

58 정답 ①

1층 : 5+5+4+5+3+5+4=31개
2층 : 5+3+2+0+1+3+4=18개
3층 : 3+2+1+0+1+2+2=11개
4층 : 2+1+0+0+0+1+1=5개
5층 : 0+1+0+0+0+0+0=1개
∴ 31+18+11+5+1=66개

59 정답 ①

1층 : $5+5+4+5+5=24$개

2층 : $4+5+4+5+5=23$개

3층 : $3+5+0+3+3=14$개

4층 : $0+3+0+2+2=7$개

5층 : $0+1+0+0+2=3$개

$\therefore$ $24+23+14+7+3=71$개

60 정답 ②

1층 : $5+5+5+5+5+5+5=35$개

2층 : $3+0+4+4+4+4+4=23$개

3층 : $2+0+3+4+3+4+2=18$개

4층 : $2+0+3+4+3+4+2=18$개

5층 : $2+0+0+4+0+4+0=10$개

$\therefore$ $35+23+18+18+10=104$개

61 정답 ④

1층 : $5+5+4+5+5+5+5=34$개

2층 : $4+4+4+0+4+5+3=24$개

3층 : $4+0+2+0+3+5+3=17$개

4층 : $4+0+2+0+3+5+3=17$개

5층 : $0+0+2+0+3+3+0=8$개

$\therefore$ $34+24+17+17+8=100$개

62 정답 ④

1층 : $4+4+4+4+5+5+5=31$개

2층 : $4+4+2+2+1+4+3=20$개

3층 : $2+1+1+1+0+2+2=9$개

4층 : $1+1+0+0+0+2+1=5$개

5층 : $0+1+0+0+0+1+0=2$개

$\therefore$ $31+20+9+5+2=67$개

63 정답 ②

1층 : $5+5+5+5+5=25$개

2층 : $4+3+3+4+4=18$개

3층 : $4+2+2+4+2=14$개

4층 : $2+0+0+3+2=7$개

5층 : $2+0+0+2+0=4$개

$\therefore$ $25+18+14+7+4=68$개

64 정답 ②

1층 : $5+5+4+5+5+4+5=33$개

2층 : $5+3+2+5+4+3+3=25$개

3층 : $5+3+2+4+3+1+2=20$개

4층 : $5+2+1+3+3+0+2=16$개

5층 : $1+0+0+2+0+0+1=4$개

$\therefore$ $33+25+20+16+4=98$개

65 정답 ③

1층 : $5+3+4+5+4+4+5=30$개

2층 : $2+3+4+4+0+4+2=19$개

3층 : $2+3+4+2+0+3+2=16$개

4층 : $2+3+2+0+0+2+2=11$개

5층 : $2+2+0+0+0+0+1=5$개

$\therefore$ $30+19+16+11+5=81$개

66 정답 ③

1층 : $5+5+5+4+5+5=29$개

2층 : $4+3+4+1+2+2=16$개

3층 : $2+0+3+0+1+1=7$개

4층 : $1+0+2+0+0+0=3$개

5층 : $0+0+1+0+0+0=1$개

$\therefore$ $29+16+7+3+1=56$개

67 정답 ①

1층 : $5+4+5+4+5=23$개

2층 : $5+2+5+3+3=18$개

3층 : $4+0+4+2+2=12$개

4층 : $3+0+2+0+1=6$개

5층 : $2+0+0+0+0=2$개

$\therefore$ $23+18+12+6+2=61$개

68 정답 ③

1층 : $5+5+5+5+5+5+5=35$개

2층 : $4+5+4+5+4+5+3=30$개

3층 : $4+5+4+3+0+5+2=23$개

4층 : $3+5+4+3+0+4+2=21$개

5층 : $0+2+0+1+0+2+0=5$개

$\therefore$ $35+30+23+21+5=114$개

69 정답 ④

1층 : $5+5+5+4+5+3+5=32$개

2층 : $5+3+5+4+5+3+2=27$개

3층 : $5+2+5+4+5+2+0=23$개

4층 : $2+0+4+2+3+0+0=11$개

5층 : $1+0+3+0+2+0+0=6$개

$\therefore$ $32+27+23+11+6=99$개

70 정답 ②

1층 : $5+3+4+3+4+4+5=28$개

2층 : $5+2+2+2+3+1+5=20$개

3층 : $3+1+1+2+2+1+3=13$개

4층 : $1+1+0+1+1+1+1=6$개

5층 : $0+1+0+1+0+1+0=3$개

$\therefore$ $28+20+13+6+3=70$개

71 정답 ③

1층 : $5+4+5+3+3+1=21$개

2층 : $3+3+3+2+1+1=13$개

3층 : $3+1+2+1+1+1=9$개

4층 : $1+0+1+0+0+1=3$개

$\therefore$ $21+13+9+3=46$개

72 정답 ②

1층 : $5+5+5+5+5=25$개

2층 : $5+5+5+5+4=24$개

3층 : $4+5+4+5+4=22$개

4층 : $2+5+4+5+4=20$개

5층 : $0+2+3+2+4=11$개

$\therefore$ $25+24+22+20+11=102$개

73 정답 ③

1층 : $4+3+4+3+3=17$개

2층 : $4+3+4+3+2=16$개

3층 : $2+3+3+3+2=13$개

4층 : $1+2+2+2+1=8$개

$\therefore$ $17+16+13+8=54$개

74 정답 ①

1층 : $4+4+5+4+5+3+3=28$개
2층 : $1+2+1+2+2+1+2=11$개
3층 : $1+2+1+1+0+1+2=8$개
4층 : $1+1+0+0+0+0+2=4$개
5층 : $1+0+0+0+0+0+1=2$개
$\therefore$ $28+11+8+4+2=53$개

75 정답 ①

1층 : $4+5+3+5+4+3+3=27$개
2층 : $3+3+2+4+4+3+1=20$개
3층 : $2+3+0+3+4+1+0=13$개
4층 : $1+1+0+3+3+0+0=8$개
5층 : $0+0+0+3+1+0+0=4$개
$\therefore$ $27+20+13+8+24=72$개

공간능력

블록 겨냥도

76	77	78	79	80	81	82	83	84	85	86	87	88	89	90	91	92	93	94	95
④	③	①	④	②	④	③	①	②	①	④	②	①	③	④	③	③	②	①	②
96	97	98	99	100															
①	③	①	②	③															

76 정답 ④

우측에서 바라보았을 때, 1층 – 2층 – 3층 – 5층 – 4층으로 구성되어 있다.

77 정답 ③

상단에서 바라보았을 때, 5층 – 2_1층 – 3층 – 5층 – 2층으로 구성되어 있다.

78 정답 ①

정면에서 바라보았을 때, 5층 – 3층 – 3층 – 2층 – 5층으로 구성되어 있다.

79 정답 ④

우측에서 바라보았을 때, 3층 – 3층 – 2층 – 5층 – 5층으로 구성되어 있다.

80 정답 ②

우측에서 바라보았을 때, 2층 – 3층 – 5층 – 5층 – 2층으로 구성되어 있다.

81 정답 ④

상단에서 바라보았을 때, 5층 – 4층 – 5층 – 2층 – 1_3층으로 구성되어 있다.

82 정답 ③

정면에서 바라보았을 때, 5층 – 2층 – 4층 – 5층 – 2층으로 구성되어 있다.

83 정답 ①

상단에서 바라보았을 때, 5층 – 4층 – 5층 – 1_2층 – 1_1층으로 구성되어 있다.

84 정답 ②

좌측에서 바라보았을 때, 5층 – 4층 – 5층 – 2층 – 4층으로 구성되어 있다.

85 정답 ①

우측에서 바라보았을 때, 4층 – 2층 – 5층 – 4층 – 4층으로 구성되어 있다.

86 정답 ④

상단에서 바라보았을 때, 3층 – 5층 – 4층 – 1_2층 – 2_2층으로 구성되어 있다.

87 정답 ②

정면에서 바라보았을 때, 4층 – 3층 – 2층 – 5층 – 3층으로 구성되어 있다.

88 정답 ①

우측에서 바라보았을 때, 4층 – 3층 – 3층 – 4층 – 5층으로 구성되어 있다.

89 정답 ③

상단에서 바라보았을 때, 4층 – 5층 – 4층 – 5층 – 1_1층으로 구성되어 있다.

90 정답 ④

정면에서 바라보았을 때, 4층 – 3층 – 5층 – 4층 – 5층으로 구성되어 있다.

91 **정답** ③

우측에서 바라보았을 때, 2층 – 5층 – 3층 – 3층 – 4층으로 구성되어 있다.

92 **정답** ③

좌측에서 바라보았을 때, 5층 – 2층 – 4층 – 5층 – 3층으로 구성되어 있다.

93 **정답** ②

우측에서 바라보았을 때, 2층 – 5층 – 3층 – 2층 – 5층으로 구성되어 있다.

94 **정답** ①

정면에서 바라보았을 때, 2층 – 5층 – 2층 – 4층 – 3층으로 구성되어 있다.

95 **정답** ②

상단에서 바라보았을 때, 5층 – 4층 – 1_1층 – 4층 – 3층으로 구성되어 있다.

96 **정답** ①

정면에서 바라보았을 때, 4층 – 5층 – 3층 – 5층 – 3층으로 구성되어 있다.

97 **정답** ③

정면에서 바라보았을 때, 4층 – 5층 – 5층 – 3층 – 2층으로 구성되어 있다.

98 **정답** ①

상단에서 바라보았을 때, 4층 – 5층 – 4층 – 5층 – 4층으로 구성되어 있다.

99 **정답** ②

좌측에서 바라보았을 때, 4층 – 3층 – 2층 – 3층 – 3층으로 구성되어 있다.

100 **정답** ③

우측에서 바라보았을 때, 2층 – 3층 – 5층 – 5층 – 4층으로 구성되어 있다.

지각속도 정답 및 해설

좌우 비교

01	02	03	04	05	06	07	08	09	10	11	12	13	14	15	16	17	18	19	20
①	①	②	②	①	②	①	②	①	①	①	②	①	②	①	①	②	②	①	②
21	22	23	24	25	26	27	28	29	30	31	32	33	34	35	36	37	38	39	40
①	①	①	②	②	②	①	①	②	①	①	①	①	②	②	①	②	①	②	②
41	42	43	44	45	46	47	48	49	50	51	52	53	54	55	56	57	58	59	60
②	②	①	①	①	①	②	②	①	②	②	②	①	①	②	①	②	①	①	②
61	62	63	64	65	66	67	68	69	70	71	72	73	74	75	76	77	78	79	80
②	①	①	①	②	②	①	②	①	②	②	①	②	①	①	①	②	②	②	①
81	82	83	84	85	86	87	88	89	90	91	92	93	94	95	96	97	98	99	100
②	①	①	①	②	②	①	①	②	②	②	①	①	①	②	②	①	①	②	②
101	102	103	104	105	106	107	108	109	110	111	112	113	114	115	116	117	118	119	120
①	②	①	①	②	①	②	①	②	①	②	①	①	②	①	①	①	②	②	①
121	122	123	124	125	126	127	128	129	130	131	132	133	134	135	136	137	138	139	140
②	①	①	①	②	①	②	①	②	②	①	①	②	②	①	②	①	②	①	②
141	142	143	144	145	146	147	148	149	150	151	152	153	154	155	156	157	158	159	160
②	①	②	②	①	①	②	②	①	①	①	①	②	①	②	①	②	①	②	②
161	162	163	164	165	166	167	168	169	170	171	172	173	174	175	176	177	178	179	180
①	①	②	②	①	①	②	②	①	②	②	②	①	①	②	①	①	②	②	①
181	182	183	184	185	186	187	188	189	190	191	192	193	194	195	196	197	198	199	200
②	②	①	①	②	②	①	①	②	①	①	①	②	①	②	②	①	①	②	②

03 **정답** ②

우리 주기 우유 여가 두부 → 우리 주기 우유 모두 두부

04 **정답** ②

요가 주리 두리 우리 주기 → 요가 주리 두유 우리 주기

06 정답 ②

♗ ♛ ♖ ♗ ♕ → ♗ ♛ ♖ <u>♙</u> ♕

08 정답 ②

♛ ♗ ♕ ♔ ♖ → ♛ ♗ <u>♔</u> <u>♕</u> ♖

12 정답 ②

★ ∬ ♧ ▲ □ → <u>§</u> <u>★</u> ♧ ▲ □

14 정답 ②

♬ ※ ♧ § ★ → ♬ ※ <u>♤</u> § ★

17 정답 ②

☀ ☈ ☎ ☞ ◑ → ☀ ☈ ☎ <u>⇔</u> ◑

18 정답 ②

♠ ☞ ‖ Σ ⇔ → ♠ ☞ <u>◉</u> Σ ⇔

20 정답 ②

☞ ‖ ⇔ ☎ Σ → ☞ <u>◑</u> ⇔ ☎ <u>☈</u>

24 정답 ②

현 준 독 복 하 → <u>하</u> 준 독 복 <u>현</u>

25 정답 ②

준 복 현 순 경 → 준 <u>욘</u> 현 순 경

26 정답 ②

book dive bite up street → <u>cut</u> dive bite up street

지각속도

29 정답 ②

word up lake street cut → word off lake up cut

34 정답 ②

▷ ♨ ▥ ♤ ▽ → ▷ ♨ ▥ ♤ 】

35 정답 ②

】 ▷ ◀ ▽ ♨ → 】 ▽ ◀ ▷ ♨

37 정답 ②

◁ ▽ ◤ △ ◥ → ◁ ▽ ◤ ▲ ◥

39 정답 ②

▽ ▲ △ ◤ ▶ → ▽ ▲ △ ◥ ▶

40 정답 ②

◤ ◁ ◭ ▽ ▼ → ◤ ▶ ◭ ▽ ▼

41 정답 ②

☺ ☼ ☉ ☎ ★ → ☺ ☆ ☉ ☎ ♡

42 정답 ②

★ ☈ ☉ ♡ ☎ → ★ ☈ ☼ ♡ ☎

47 정답 ②

desk note soup paper pizza → desk note sour paper pizza

48 정답 ②

door sour desk note soup → east sour desk cup soup

50 정답 ②

door east cup coffee desk → pizza east cup coffee soup

51 **정답** ②

ab ij mn st cd → ab gh mn st cd

52 **정답** ②

ef mn qr kl ab → ef ab qr kl op

55 **정답** ②

st qr ab kl cd → st qr op kl cd

57 **정답** ②

달 하천 산 오름 바다 → 달 하늘 산 오름 바다

60 **정답** ②

강 달 바다 하늘 오름 → 강 별 바다 하늘 구름

61 **정답** ②

튤립 장미 국화 코스모스 데이지 → 튤립 무궁화 국화 코스모스 카네이션

65 **정답** ②

국화 데이지 장미 카네이션 카라 → 코스모스 데이지 장미 카네이션 카라

66 **정답** ②

해군 해병대 사단 대대 중대 → 연대 해병대 사단 대대 중대

68 **정답** ②

사단 해병대 공군 소대 연대 → 사단 중대 공군 소대 연대

70 **정답** ②

소대 대대 공군 해병대 해군 → 육군 대대 공군 중대 해군

71 **정답** ②

동 물 말 개 양 → 동 칡 말 개 양

지각속도

73 정답 ②

물 개 칡 등 돈 → 물 개 칡 돈 등

77 정답 ②

◑ ◈ ◉ □ ◇ → ◑ ◈ ◉ □ ■

78 정답 ②

■ ◇ ○ ▣ ◎ → ■ ◇ ○ ▣ ◉

79 정답 ②

○ ◑ ◐ ■ ◎ → ○ ◐ ◑ ■ ◎

81 정답 ②

☀ ☂ ♥ ♨ ∝ → ☀ ☂ ☎ ♨ ∝

85 정답 ②

☀ ♧ ☂ ♡ ∝ → ♨ ♧ ☂ ☎ ∝

86 정답 ②

berry aroma pen paper shop → berry aroma pen pasta shop

89 정답 ②

paper pasta berry aroma pen → paper pasta desk aroma pen

90 정답 ②

aroma paper berry duck door → aroma pen berry note door

91 정답 ②

⊙ ♨ ▽ ☏ ☗ → ⊙ ♨ ▽ ☏ ☪

95 정답 ②

☪ ☂ ▥ ⊙ ☗ → ♨ ☂ ▥ ☪ ☗

96 **정답** ②

촉 초 추 차 체 → 촉 축 추 차 체

99 **정답** ②

초 치 채 처 촉 → 초 체 채 처 추

100 **정답** ②

체 축 치 추 축 → 체 축 치 추 촉

102 **정답** ②

☎ ⊠ ☈ ♡ ☮ → ☂ ⊠ ☈ ♡ ☮

105 **정답** ②

★ ☎ ▣ ☈ ♡ → ★ ☎ ⊠ ☈ ⊙

107 **정답** ②

mail door tea table ring → desk west tea table ring

109 **정답** ②

pin ring tea set table → pin ring mail set table

111 **정답** ②

⇓ ⇏ ← ⇌ ⇈ → ⇓ ⇏ ← ⇅ ⇈

114 **정답** ②

↕ ⇓ ← ⇊ ⇏ → ↕ ⇅ ← ⇊ ⇏

118 **정답** ②

다 도 던 동 디 → 당 도 던 동 디

119 **정답** ②

댜 뎌 돗 디 듬 → 댜 뎌 닫 디 동

121 정답 ②

◉ ♠ ☎ ◑ ♧ → ◉ ♠ ☎ ◐ ♧

125 정답 ②

☜ ♠ ◑ ◈ ☎ → ☜ ♧ ◑ ▣ ☎

127 정답 ②

철수 영희 승현 두혁 영애 → 철수 영희 승현 지우 영애

129 정답 ②

재순 승현 순희 철수 영애 → 지우 승현 순희 철수 영애

130 정답 ②

두혁 기태 순희 철수 지우 → 두혁 기태 순희 철수 지현

133 정답 ②

만장굴 용두암 애월 함덕 억새 → 해안 용두암 애월 함덕 억새

134 정답 ②

애월 일출봉 억새 해안 바람 → 애월 함덕 오름 해안 바람

136 정답 ②

결혼 신부 상견례 반지 약혼 → 결혼 신랑 상견례 반지 약혼

138 정답 ②

예단 결혼 예식 반지 신랑 → 예단 약혼 예식 결혼 신부

140 정답 ②

신부 반지 상견례 예식 약혼 → 청혼 반지 상견례 예식 신부

141 정답 ②

♤ ♬ ♡ ♨ ◈ → ♠ ♬ ♡ ♨ ◆

143 정답 ②

♨ ♡ ♥ ❖ ◆ → ♨ ♡ ♥ ◆ ❖

144 정답 ②

◈ ♠ ◆ ♠ ♬ → ◈ ♠ ◆ ♤ ♬

147 정답 ②

양 돈 등 솔 개 → 양 등 돈 솔 개

148 정답 ②

말 약 양 동 손 → 말 약 손 동 솔

153 정답 ②

♠ ☽ ☂ ☆ ♡ → ♠ ☽ ☂ ♧ ♡

155 정답 ②

♡ ♧ ✺ ☁ ☽ → ♡ ♧ ✺ ☽ ☁

157 정답 ②

duck cake pepper stew straw → duck cake pepper coke straw

159 정답 ②

stew bike coke pasta straw → coke bike pepper pasta straw

160 정답 ②

cake paper pepper coke stew → cake paper stew coke pepper

163 정답 ②

과음 과실 과락 과용 과제 → 과음 과실 과락 과정 과제

164 정답 ②

과업 과장 과자 과시 과정 → 과업 과음 과자 과시 과용

167 정답 ②

부 남 인 월 복 → 보 남 일 월 복

168 정답 ②

보 금 원 일 인 → 보 금 월 일 입

170 정답 ②

남 일 인 북 원 → 남 인 입 북 원

171 정답 ②

⑤ ⑥ ⑨ ④ ① → ⑤ ① ⑨ ④ ②

172 정답 ②

⑥ ③ ⑦ ⑧ ⓪ → ⑥ ③ ⓪ ⑧ ⑦

175 정답 ②

⑤ ⑥ ① ② ⑨ → ⑤ ⑥ ② ③ ⑨

178 정답 ②

국지 국수 인정 인간 국밥 → 국지 국수 인사 인간 인지

179 정답 ②

국밥 인정 국자 인지 인식 → 국밥 국화 국자 인식 인정

181 정답 ②

군장 미사일 습격 기갑 전함 → 군장 미사일 공습 기갑 전함

182 정답 ②

전함 군장 습격 방공호 기갑 → 전함 탄약 습격 대포 기갑

185 정답 ②

탄약 방공호 공습 미사일 기갑 → 탄약 방공호 공습 미사일 군장

186 정답 ②

☇ ☏ ☛ ♡ ♨ → ☇ ♤ ☛ ♡ ♨

189 정답 ②

☛ ☈ ☇ ♤ ♧ → ☛ ☇ ☈ ♤ ♧

193 정답 ②

⑦ ⑨ ① ⑧ ② → ⑦ ④ ① ⑥ ②

195 정답 ②

② ⑨ ⑤ ⑧ ④ → ⑦ ⑨ ⑧ ⑤ ④

196 정답 ②

동 준 말 존 글 → 동 존 말 준 글

199 정답 ②

준 중 말 동 영 → 준 중 말 도 영

200 정답 ②

명 도 글 중 말 → 명 도 금 중 말

문자 찾기

201	202	203	204	205	206	207	208	209	210	211	212	213	214	215	216	217	218	219	220
④	①	②	③	②	①	④	②	③	③	③	①	①	③	①	④	③	①	②	③
221	222	223	224	225	226	227	228	229	230	231	232	233	234	235	236	237	238	239	240
④	①	③	②	②	④	③	①	③	②	④	③	①	④	①	②	②	②	④	①
241	242	243	244	245	246	247	248	249	250	251	252	253	254	255	256	257	258	259	260
③	②	④	②	②	①	③	②	③	②	④	④	②	①	①	③	②	①	②	①
261	262	263	264	265	266	267	268	269	270	271	272	273	274	275	276	277	278	279	280
③	①	④	②	④	①	①	④	④	①	③	④	④	④	①	②	③	③	④	②
281	282	283	284	285	286	287	288	289	290	291	292	293	294	295	296	297	298	299	300
④	③	①	①	③	④	③	②	③	③	④	④	①	④	①	①	④	④	②	②

201 정답 ④

진정한 청렴이란 아무도 알아주지 않을 것을 알면서도 옳은 일을 하는 것이다. (15개)

202 정답 ①

894132659898446556156989845616546489984465665448 (8개)

203 정답 ②

Autumn is a second spring when every leaf is a flower. (6개)

204 정답 ③

➩➭⇨⇨➭⇨➩⇨➩➭⇨⇨➩⇨➩⇨➩⇨⇨⇨⇨➩⇨➩⇨⇨➭⇨⇨⇨⇨⇨⇨➭⇨ (8개)

205 정답 ②

5161516849615213216849879841654987418541565698549 (9개)

206 정답 ①

When I was younger, I could remember anything, whether it had happened or not. (6개)

207 정답 ④

모든 어린이는 예술가이다. 문제는 어떻게 하면 이들이 커서도 예술가로 남을 수 있게 하느냐이다. (11개)

208 정답 ②

☶☷☶☷☴☶☴☷☴☲☶☴☷☴☶☴☷☶☷☶☷☷☷☷☲☷☲ (11개)

209 정답 ③

98649645163621866915615368986514464634168469631 8 (14개)

210 정답 ③

무언가를 열렬히 원한다면 그것을 얻기 위해 전부를 걸 만큼의 배짱을 가져라. (6개)

211 정답 ③

절망으로부터 도망칠 유일한 피난처는 자아를 세상에 내동댕이치는 일이다. (7개)

212 정답 ①

81284529502489468251621382345802489468511024946587 0 (6개)

213 정답 ①

I believe I can soar. I see me running through that open door. (5개)

214 정답 ③

≫⊃⊇⊃∋⊃∈⊆⊂≡⊃⊇∈⊆⊂≡⊆⊇⊃≫⊇≫∈⊃∈⊃⊂≡⊇∈⊃≫≡⊃ (9개)

215 정답 ①

착착찾착찬찾찻추찾축춤찾차충축챙찾찬찻찾착첵찾채책챈찾차챙찾충찬찻체춤찾 (10개)

216 정답 ④

489606027894526823165755026258306220611623662450983664 (12개)

217 정답 ③

해야 할 일은 해야 한다. 어떠한 고난과 장애와 위험 그리고 압력이 있더라도 그것은 모든 인간 도덕의 기본인 것이다. (17개)

218 정답 ①

▤▥▦▨▤▦▧▨▦▤▩▤■▨▤▦▨■▦▤▥▧▦■▧▥▦▨▥▧▦▤▤▩ (8개)

219 정답 ②

89657245801727136774589273125573215375120275548793127 (11개)

220 정답 ③

Let us make one point, that we meet each other with a smile, when it is difficult to smile. Smile at each other, make time for each other in your family. (8개)

221 정답 ④

28378825341050928359434754638905234351239909876545354655 (11개)

222 정답 ①

내 경험으로 미루어 보건대, 단점이 없는 사람은 장점도 거의 없다. (5개)

223 정답 ③

6857957049470027234751672897034573625390998123342345344 (8개)

224 정답 ②

A trouble shared is a trouble halved. Whenever you are in trouble, talks together. (6개)

225 정답 ②

◑◓◐◒◔◐◕◓◑◍◉◐●◓◒◕◔◐◉◑◍◓◐●◍◓●◔◕◑◓◐◐◐◓◑◐◐◐◐ (12개)

226 정답 ④

쵸채촉조최촉재차촉촌쳐추채촛채촉춘쳐촉츄츠촉치쵸차재체쵸촉조촉츄추축춘치조축촉 (9개)

227 정답 ③

88123849056746374882342615264508099045683792338452618758 (10개)

228 정답 ①

He surely was happy that he won the company award. (6개)

229 정답 ③

나머지 인생을 설탕물이나 팔면서 보내고 싶습니까, 아니면 세상을 바꿔놓을 기회를 갖고 싶습니까? (8개)

230 정답 ②

The memory chips were sold to companies like Dell and Apple. (8개)

231 정답 ④

자연에 숨어 있는 진실의 일부를 탐구하는 것이 방대한 수의 책에 숨겨진 진실을 탐색하는 것과 비슷하게 편해질 것이다. (5개)

232 정답 ③

1289574280045322624862279575642892241110585748572 88 (11개)

233 정답 ①

This allows you to replace existing group members. (4개)

234 정답 ④

48395483504812050983785643204589093584523000352178 (8개)

235 정답 ①

♯⌘⍂⌧□Φ⌧♯⍂⌧Φ⍂♯⌘⍂□Φ♯⍂⌧⍂♯Φ□⌘Φ⍂□♯Φ⍂⌧⍂⌘□⌧ (9개)

236 정답 ②

4570696804743607052501703644808057403974575806304 07 (12개)

237 정답 ②

소수슈슈쇼셔사샤시세쉬슈쉐셔소셔슈쉬슈쉐쇼슈시소쉐셔셔소슈샤시쇼사슈쇼셔시슈쉬슈셔슈 (11개)

238 정답 ②

fghjdkyeuhkfgwkgddffhekugipqpkasxkcdvcfbnzmxnsdgk (7개)

239 정답 ④

일시적으로 사람들을 기분 좋게 하는 것보다, 옳다고 알고 있는 일을 함으로써 사람들을 불편하게 하는 것이 낫다. (13개)

240 정답 ①

To open a group member's calendar from a group calendar. (5개)

241 정답 ③

4256998275851320014565748545284631205882689422 (8개)

242 정답 ②

박백벡뱍복뵤벡뷰보백벽복비빅벡뱍빔벼벅벡박벙방벡바봉붕뱅빛빗벡백봇붓뱍벡 (7개)

243 정답 ④

091549978945798234422596789513204534836591209 (9개)

244 정답 ②

Let no one ever come to you without leaving better and happier. (6개)

245 정답 ②

그 시절, 나의 말은 노래였고, 나의 걸음걸이는 춤추고 있었다. 하나의 리듬이 나의 사상을 낳고 나의 존재를 다스렸다. (10개)

246 정답 ①

◐○◑◎●◑♧◉♤♡◐◎◉◈◑◎◐○◑●♤◑♡◉♧◐♧◎◉ (5개)

247 정답 ③

If I had to live my life again, I'd make the same mistakes, only sooner. (7개)

248 정답 ②

014859756352112548959728519351005246587230212 (9개)

249 정답 ③

Many of life's failures are people who did not realize how close they were to success when they gave up. (15개)

250 정답 ②

갈라진 두 길이 있었지, 그리고 나는 사람들이 덜 다닌 길을 택했고, 그것이 모든 것을 바꾸어 놓았네. (8개)

251 정답 ④

1928242784942958596002364758729856726021892560 (9개)

252 정답 ④

2년간 다른 사람으로 하여금 당신에게 관심을 갖게 만들어 사귄 것보다 더 많은 친구를 2달 동안 다른 사람에게 관심을 가져 사귈 수 있다. (12개)

253 정답 ②

9087132456573465789031299093686735763953960495866 (7개)

254 정답 ①

A freight train leaves town every morning, going south. (4개)

255 정답 ①

◷◕◎◴◍◶◔◴◕◍◵◴◎◴◔◶◕◎◴◶◴◍◴◔◕◍◶◎◶○◴◍◶◔◴◕◎ (9개)

256 정답 ③

하호허후효허하허혀해허호하흐희허후헤호허해흐흐허하효후흐후히후호하히호하효 (7개)

257 정답 ②

1246784530498978469740124368489049984332416535798478230271 (11개)

258 정답 ①

Our team handed in an outstanding proposal to the committee. (6개)

259 정답 ②

그들은 상황이 얼마나 나쁜지에 대해 듣고 싶어 하고 최악의 상황에 대해 듣고 싶어 하는 유일한 사람들입니다. (7개)

260 정답 ①

Are you having problems again with your team? (5개)

261 정답 ③

881892034865876352486464538098746585127543432408934237888 (13개)

262 정답 ①

☁☢⊙☁☂☀☈⊙☹☂☢☂⊙☀☈⊙☁☢☹⊙☂⊙☈☂☢☀⊙☂☹☁☹⊙☀☹☀☁☹☁☀☈☈⊙ (9개)

263 정답 ④

쿄쿄코쿄켜쾨쿠쿄캬캐쿄커쿄켜케쿄켁쿄칵키쿄킴쿄큐크쿄크캬캐쿄 (12개)

264 정답 ②

1131589917089685714872318598140961961868687625364768980791 (10개)

265 정답 ④

세상은 그들이 생각하는 만족스러운 미래가 사실은 이상화된 과거로의 회귀인 사람들로 가득하다. (10개)

266 정답 ①

∏☊♯☊⁂✿☊♯∏♯☊✿∏☍☊∏♯☊⁂∏☊☊✿✿∏☍☊⁂☍♯☍♯⁂☊☊ (11개)

267 정답 ①

I heard the dog barking his head off early in the morning. (5개)

268 정답 ④

A tall man who looks like a lot of the other tall men around here has a question mark over his head. (9개)

269 정답 ④

성공은 아무것도 아닌 그저 우연에 불과하다. 그러나 자신에 대한 확신을 갖는 것은 이와는 확실히 다르다. 그것이 바로 기개이다. (12개)

270 정답 ①

However, they are poisonous so people should swim away when they see one in the water. (5개)

271 정답 ③

2653258651280974246994162369631259041321654131321 3 (8개)

272 정답 ④

배움은 우연히 얻어지는 것이 아니라 열성을 다해 갈구하고 부지런히 집중해야 얻을 수 있는 것이다. (9개)

273 정답 ④

876640086241234976408742658128424890156176451648 01 (9개)

274 정답 ④

A mind troubled by doubt cannot focus on the course to victory. (8개)

275 정답 ①

악약익악액익억액악익역옥악욕익욱액악익액악악익엑악악욱윽욕약악약익익액앗익 (10개)

276 정답 ②

To believe with certainty we must begin with doubting. (6개)

277 정답 ③

화살 하나는 쉽게 부러져도 화살 한 묶음은 절대 부러지지 않는다. (7개)

지각속도

278 정답 ③

09598787245123865098762598747523515688496521351512 (10개)

279 정답 ④

⇫⇑⇮⇮⇫⇑⇭⇫⇑⇫⇑⇫⇮⇑⇑⇫⇭⇑⇭⇑⇑⇭⇑⇮⇭⇑⇮⇭⇑⇮⇑ (13개)

280 정답 ②

When you take a man as he is, you make him worse. When you take a man as he can be, you make him better. (11개)

281 정답 ④

◷◴◴◵◶◵◷◴◵◶◴◶◵◶◷◷◵◴◶◷◴◶◵◶◷◶◵◶◷◴◶◷ (10개)

282 정답 ③

4853487193884798791848671865813878679871314368768 (14개)

283 정답 ①

뇌는 놀라운 장기이다. 뇌는 아침에 일어나는 순간부터 활동하기 시작해 사무실에 도착하기 전까지 그 활동을 멈추지 않는다. (16개)

284 정답 ①

At a dinner party one should eat wisely but not too well, and talk well but not too wisely. (10개)

285 정답 ③

654653165416165231364154165131365416516654161361631 (14개)

286 정답 ④

♩♪♫♬♪♬♫♬♬♩♪♭♫♩♪♭♫♩♪♭♫♭♭♩♪♫♬♩♪♫♬♩♭♫♪♩♬ (8개)

287 정답 ③

월가는 롤스로이스를 타고 다니는 사람이 지하철을 타고 다니는 사람에게 자문을 구하는 유일한 곳이다. (12개)

288 정답 ②

5191653215915631561985619651651965161965166191519 (11개)

289 정답 ③

The people I distrust most are those who want to improve our lives but have only one course of action. (10개)

290 정답 ③

 (10개)

291 정답 ④

2653253651230974246394162365413164984156136963125304 (9개)

292 정답 ④

가갸겨가구가겨고가교기긔겨가겨갸갸겨갸가규갸그갸갸가거갸고갸게그가겨계걔 (9개)

293 정답 ①

2875786370473735127867453764736294787537294274375237 (15개)

294 정답 ④

Integrity without knowledge is weak and useless, and knowledge without integrity is dangerous and dreadful. (8개)

295 정답 ①

야아요어아의여어아야아야어오으아야아이아야예아야야어여어으아어오우의유어아 (10개)

296 정답 ①

Waste no more time talking about great souls and how they should be. Become one yourself. (9개)

297 정답 ④

우리는 특정한 역사적 시기의 과학적 성과의 한계를 과학적 인식 그 자체의 본성적인 한계로 혼동해서는 안 된다. (12개)

298 정답 ④

0954874748924512498456864387789466459873435168758326 (9개)

299 정답 ②

∺ ∸ ∺ ∹ ∺ ∻ ∹ ∸ ∻ ∸ ∺ ∹ ∻ ∸ ∹ ∻ ∺ ∺ ∻ ∸ ∹ ∺ ∸ ∻ ∸ ∹ ∹ ∸ ∺ ∹ ∸ ∸ ∺ ∻ ∻ ∹ ∸ (11개)

300 정답 ②

Light is not less necessary than fresh air to health. (5개)

PART

2

최종모의고사 정답 및 해설

PART 2 최종모의고사

제 1 회 최종모의고사 정답 및 해설

언어논리

01	02	03	04	05	06	07	08	09	10	11	12	13	14	15	16	17	18	19	20
③	②	⑤	③	②	③	①	②	③	④	②	①	⑤	①	⑤	①	③	③	①	⑤
21	22	23	24	25															
③	②	④	②	④															

01 정답 ③

제시문과 ③의 '읽다'는 '사람의 표정이나 행위 따위를 보고 뜻이나 마음을 알아차리다.'의 의미이다.

02 정답 ②

'몸 – 강물'은 직접적인 관련성을 맺고 있지는 않다. '강물'은 단지 시간의 흐름을 비유하는 보조관념으로 동원되었기 때문이다.

오답체크

① · ④ '길 – 몸', '길 – 자전거'는 자전거를 타는 행위를 고려하면 관계성이 긴밀하다.
③ '몸'으로 '자전거'를 움직이게 한다는 것은 필연적으로 '시간'의 사용을 전제해야 하기 때문에, '몸'과 '시간'은 관계성이 깊다.
⑤ '강물 – 시간'은 흐름의 속성 면에서 유사성을 지녔으므로 관계성이 깊다.

03 정답 ⑤

- 금세 : 지금 바로. '금시에'가 줄어든 말로 구어체에서 많이 사용된다.
- 일절 : 아주, 전혀, 절대로의 뜻으로, 흔히 행위를 그치게 하거나 어떤 일을 하지 않을 때에 사용된다.
- 낳았다 : 어떤 결과를 이루거나 가져오다.

오답체크

- 금새 : 물건의 값. 또는 물건 값의 비싸고 싼 정도
- 일체 : 모든 것
- 나았다 : 감기 등의 병이 나았을 때 사용된다.

04 정답 ③

중대장이 범하는 오류의 유형은 자료적 오류 중 하나로, 진행되고 있는 논점에서 벗어난 것을 제기할 때 생기는 '논점 일탈의 오류'이다.

오답체크

① 대중에 호소하는 오류 : 많은 사람들이 지지하는 점에서 그 주장이 옳음을 주장
②·④ 성급한 일반화의 오류 : 특수한 사례를 근거로 일반적인 법칙을 이끌어내는 오류
⑤ 인신공격의 오류 : 어떤 주장에 대한 비판의 근거로, 그 주장을 하는 사람의 인품·성격 등을 비난함으로써 그 주장이 거짓임을 내세우는 오류

05 정답 ②

- '가름'은 나누는 것을, '갈음'은 대신·대체하는 것을 뜻한다.
- '조리다'는 '어육이나 채소 따위를 양념하여 국물이 바특하게 바짝 끓이다.'라는 뜻을, '졸이다'는 '속을 태우다시피 마음을 초조하게 먹다.'라는 뜻을 가진다.
- '저리다'는 '살이나 뼈마디가 오래 눌리어 피가 잘 돌지 못해서 힘이 없고 감각이 둔하다.'라는 뜻이고, '절이다'는 '절다'의 사동사(예 염분을 먹여서 절게 하다)이다.

06 정답 ③

'돈을 받고 자기의 물건을 남에게 빌려 주다'는 인계(引繼)이다. '인수(引受)'란 '물건이나 권리를 건네받음'의 뜻을 가진다.

07 정답 ①

'황량한'은 황폐하여 거칠고 쓸쓸한 것을 의미한다.

08 정답 ②

'머리를 삶으면 귀까지 익는다'는 핵심을 해결하면 부차적인 문제는 자연히 해결된다는 뜻이다.

오답체크

① 모난 돌이 정 맞는다 : 두각을 나타내는 사람이 남에게 미움을 받게 된다는 말
③ 홍시 먹다 이 빠진다 : 생각했던 일이 뜻밖에 어려워 힘이 많이 들거나 실패한 경우를 이르는 말
④ 눈으로 우물 메우기 : 헛되이 애만 쓰는 경우를 이르는 말
⑤ 개미가 절구통을 물어 간다 : 약하고 작은 사람이 힘에 겨운 큰일을 맡아 하거나, 무거운 것을 가지고 감을 비유적으로 이르는 말

09 **정답** ③

무지에 호소하는 오류 : 어떤 주장에 대해 증명할 수 없거나 결코 알 수 없음을 들어 상대에게 반박하는 오류

오답체크

①·②·④·⑤ 흑백 논리의 오류 : 어떤 집합의 원소가 단 두 개밖에 없다고 여기고, 이것이 아니면 저것일 수밖에 없다고 단정 짓는 데서 오는 오류

10 **정답** ④

앞뒤 문장의 호응을 고려할 때 ㉠에는 '발달'이 맞다. ㉡ 역시 뒤의 자연에 대한 치밀한 탐구라는 말과 호응해야 하므로 '치열'이 맞다. ㉢은 앞의 맥락이 긍정적이므로 역시 '긍정적인'이라는 말이 맞다. ㉣은 첫 문장의 '급부상'이라는 단어로부터 '갑자기'를 유추할 수 있다.

11 **정답** ②

언론매체에 대한 사전 검열은 표현의 자유와 개인의 알 권리를 침해할 가능성을 배제할 수 없으므로 적절한 반박은 ②이다.

12 **정답** ①

㉠ (가) 이후 '다시 말해서 ~'가 이어지는 것으로 보아 앞에 비슷한 내용을 언급하고 있는 문장이 와야 한다. ㉠은 우주 안에서 일어나는 사건이라는 측면에서 과학에서 말하는 현상과 현상학에서 말하는 현상은 다를 바가 없고, (가)에서는 현상학적 측면에서 볼 때, 철학의 구조와 과학적 지식의 구조가 다를 바 없음을 말하고 있음으로 (가)에 들어가는 것이 적절하다.

㉡ 언어학의 특징을 설명하고 있다. (나)의 앞에서 철학과 언어학의 차이를 언급하고 있으며, 뒤 문장에서는 언어학에 대한 설명이 이어지고 있으므로 (나)에 들어가는 것이 적절하다.

13 **정답** ⑤

제시된 문단에서는 PTSD를 간략하게 소개하고 있고, 이어질 내용은 PTSD에 대한 자세한 설명이다. 따라서 ㉡ 과거에는 정신질환으로 인정되지 않은 PTSD – ㉠ 현대에 와서야 정신질환으로 보기 시작했고 PTSD 때문에 약을 먹는 이라크 파병 병사들의 사례 제시 – ㉣ PTSD의 증상 설명 – ㉢ PTSD의 문제점의 순서로 배열해야 한다.

14 **정답** ①

글쓴이는 우리의 전통음악인 정악에 대해 설명하면서 정악을 우리의 음악으로 받아들이지 않는 혹자의 의견을 예상하고 있으며, 이에 대해 종묘제례악과 풍류음악을 근거로 들어 정악은 우리의 전통음악임을 주장하고 있다.

15 정답 ⑤

예상과 달리 2021년에 내수 소비의 증가폭이 기대보다 감소하게 되더라도, 경제주체들의 시장적응도가 2020년에 비해 높아졌으므로 2020년만큼의 급격한 경기위축은 발생하지 않을 가능성이 크다.

오답체크

① 코로나19로 인한 경기침체는 정상 수익률을 악화시켜, 더 높은 수익률을 얻기 위해 민간의 자금이 자산시장에 대거 유입되게 만든다. 이는 민간경제주체들의 부채 증대를 의미하며, 이러한 과잉유동성은 경제의 재정건전성을 악화시킨다.

② 온라인 소비 시장의 경우, 낮은 진입장벽으로 인해 공급자가 급증하여 과당 경쟁이 실현되고 있으며, 팬데믹의 완화에 따라 수요가 정체되고 있지만, 수요의 증가추세가 정체되는 것뿐 감소하는 것은 아니며, 시장 규모 역시 급증하고 있다고 제시되어 있다.

③ 온택트 시장에서는 서비스 시장이 먼저 확대된 후 상품 시장으로 확대되고 있다.

④ 2021년 상반기에도 양의 성장을 이루어 내어 경기를 회복할 것이며, 하반기에는 더욱 큰 성장성 회복을 보일 것이다.

16 정답 ①

오답체크

② 차량을 갓길로 이동시킨다고 2차 사고가 일어나지 않는 것이 아니다. 갓길에서도 2차 사고가 일어날 가능성이 크므로 빨리 견인조치를 해야 한다.

③ 도로에서 사고가 일어났을 경우 뒤따르는 차에 의해 2차 사고가 유발될 수 있으므로 신속하게 차량을 갓길로 이동시켜야 한다.

④ 돌발 상황 발견 시 비상등을 작동하여 후행차량에 알려야 한다. 정차하는 일은 지양해야 한다.

⑤ 돌발 상황 발견 시 사고수습을 위하여 고속도로 본선·갓길을 확보하는 것은 2차 사고로 이어질 수 있으므로 지양해야 한다.

17 정답 ③

각 경우에 따른 한국과 다른 회원국의 이익을 표로 나타내면 다음과 같다.

구분	다른 회원국이 협조하는 경우		다른 회원국이 비협조하는 경우	
	한국	회원국	한국	회원국
A안	30억	230억	0	150억
B안	20억	200억	10억 손실	180억

다른 회원국의 비협조를 가정할 경우 한국은 손실보다는 현상유지를 할 수 있는 A안을 선택해야 하는데, ③은 B안을 선택하는 것이 유리하다고 했으므로 옳지 않다.

오답체크

① 한국의 입장에서는 다른 회원국들이 협조할 것으로 판단되면 30억을 이득 볼 수 있는 A안을 선택해야 한다.

② 회원국의 협조를 가정할 경우 A안은 총 260억, B안은 총 220억의 이득을 내므로 ASEM은 A안을 선택할 것이다.

④ A안이 선택되면, 협조하는 경우 총 이득이 260억으로 협조하지 않는 경우의 150억보다 이득을 더 많이 창출하므로 회원국들은 협조할 것으로 예상할 수 있다.

⑤ 다른 회원국이 협조하지 않을 경우 한국이 A안을 선택한다면 한국이 얻을 수 있는 경제적 이익은 없다.

18 정답 ③

(가) 앞 문장에서 '도로'라고 구체적으로 한정하고 있기 때문에, 빈칸에 들어갈 규범이 '약하다'라고 하려면, '도로'로 한정해야 한다. 따라서 ㉡이 적절하다.

(나) 앞 문장에서 '도로의 교량'이라고 언급하고 있으므로, ㉠이 적절하다.

(다) 빈칸보다는 강하다고 할 수 없다고 했으므로, 앞 문장과 빈칸은 구체적으로 한정하고 있는 부분이 다르다. 따라서 ㉢이 적절하다.

19 정답 ①

- 지문에서는 오늘날의 민주주의가 본래의 민주주의에서 변질되었으며, '무제한적 민주주의'로서 유권자 다수가 원하는 것이면 무엇이든 실현 가능한, 제약 없는 민주주의가 되었다고 비판하고 있다. 지문에서는 무제한적 민주주의의 경우 권력 행사가 무제한적으로 이루어져 개인의 자유와 권리를 제약하는 문제가 발생하므로, 적절한 권력의 제한이 필요하다고 주장하고 있다.
- 빈칸의 앞에서는 민주주의 자체가 목적이 되어서는 안 되고, 개인의 자유와 권리를 보장하지 못하는 민주주의는 본래의 민주주의가 아니라는 내용이 제시되었다. 따라서 빈칸에는, 본래의 민주주의는 현재 이같이 변질된 민주주의와는 대립되는 특성을 가지고 있었다는 내용이 들어가야 한다. 따라서 빈칸에 들어갈 내용으로 적절한 것은 ①과 같이 과도한 권력을 제한할 수 있었다는 내용이다.

20 정답 ⑤

보행자 통행에만 이용되는 보도의 유효 폭 최소 기준을 기존 1.2m에서 1.5m로 확대시키면 보행자는 보다 넓은 공간에서 통행할 수 있게 된다. 그러나 보도의 유효 폭에 가로수를 포함한다는 내용은 명시되어 있지 않다.

21 정답 ③

㉠에서는 과학 기술이 예술에 영향을 끼친다는 글의 핵심내용을 제시하고 있고, ㉡, ㉣, ㉥은 과학 기술이 예술에 영향을 끼치는 사례에 대한 구체적인 설명이며, ㉢은 ㉡의 보충설명, ㉤은 ㉣의 예시이다. 따라서 ③이 가장 적절하다.

22 정답 ②

전체적인 글을 보면 (가) 문단에서는 원시인이라는 개념에 대해 설명하면서 그 자체의 의미상 규정이 명확하지 않음을 설명하고, (나) 문단에서는 문명이나 규범 체계, 과학 지식, 기술적 성과 등의 요소를 표준으로 삼을 때 그 구분이 명확하지 못함을 밝히고 있으며, (다) 문단에서는 종교적인 면에 한해 원시인임을 느낄 수 있다고 하였다. 이때 (나) 문단에서 구분 짓는 것이 무엇과 무엇인지를 먼저 밝혀야 내용의 흐름이 자연스럽다. 따라서 '문명인'과 '원시인'에 대한 정의의 어려움을 언급한 〈보기〉가 (나) 문단의 앞인 ㉡에 오는 것이 적절하다.

23 정답 ④

이 글 전체로 볼 때, ④와 관련된 내용은 언급되지 않았다. 즉, 코르테스의 도시 파괴와 새로운 도시 건설은 확인할 수 없는 내용이다.

오답체크

① (가)에 들어갈 내용으로, '라틴아메리카'가 아니라 '아메리카'가 되어야 필자의 의견에 부합한다.
② (다)에 들어갈 내용으로, 180여 명의 군대에 의해 멸망한 것이 아니라 민간 사설 무장 집단이 주도했다고 언급하고 있다.
③ (가)에 들어갈 내용으로, 코르테스는 16세기 중반이 아니라 16세기 초반인 1519년에 멕시코의 베라크루스 지역에 도착했다.
⑤ (나)에 들어갈 내용으로, '엘도라도'는 사람을 뜻하기 때문에 황금으로 가득 찬 '도시'를 찾아 나섰다는 설명은 부적절하다.

24 정답 ②

다섯 번째 문단에서 미래 사회의 모습은 생활 양식과 가족 구조의 급격한 변화로 인해 사람들의 가치관이 달라져 현재까지 유지되고 있는 전통적 성 역할 규범이 골동품이 될 것이라고 하였다. ②는 현재의 모습을 진술하는 것이므로 지문의 내용과 부합하지 않는다.

25 정답 ④

제시된 글은 남성과 여성에 대한 편견과 그에 근거한 성차별이 사회의 구성원에게 어떠한 영향을 미치는지에 대해 설명하고 그에 따른 부작용과 해결 방안에 대해 서술하고 있으므로 ④가 제목으로 적당하다.

자료해석

01	02	03	04	05	06	07	08	09	10	11	12	13	14	15	16	17	18	19	20
③	②	①	④	④	③	②	①	③	③	②	③	③	④	②	④	③	③	③	①

01 정답 ③

현재 손 세정제의 매출액은 $2,000 \times 6,000 = 12,000,000$원이다. 가격 변화에 따른 판매량 변화를 고려하여 매출액을 계산하면 다음과 같다.

① $4,000 \times 3,000 = 12,000,000$원

② $3,500 \times 3,750 = 13,125,000$원

③ $3,000 \times 4,500 = 13,500,000$원

④ $2,500 \times 5,250 = 13,125,000$원

따라서 가격을 $3,000$원으로 책정할 때 매출액이 가장 커진다.

02 정답 ②

프로젝트를 완료하는 일의 양을 1이라 하면, A준위는 한 시간에 $\frac{1}{7}$, B준위는 한 시간에 $\frac{1}{9}$만큼의 일을 할 수 있다.

3시간 동안 같이 한 일의 양은 $\left(\frac{1}{7}+\frac{1}{9}\right)\times 3 = \frac{16}{21}$이므로, A준위가 혼자 해야 할 일의 양은

$1-\frac{16}{21}=\frac{5}{21}$가 된다.

이때 프로젝트를 완료하는 데 걸리는 시간을 x시간이라 하자.

$\frac{1}{7}\times x = \frac{5}{21} \rightarrow x = \frac{5}{3}$

따라서 A준위 혼자 프로젝트를 완료하는 데에는 총 1시간 40분이 더 걸린다.

- 전체의 값을 모르는 상태에서 비율을 묻는 문제의 경우 전체를 1이라고 하면 쉽게 풀이할 수 있다. 이는 단순히 일률을 계산하는 경우뿐만 아니라 조건부 확률과 같이 비율이 나오는 문제에는 공통적으로 적용 가능하다.
- 문제에서 제시하는 단위와 선택지의 단위가 같은지 확인한다.

03 정답 ①

산책로의 폭은 일정하므로 xm라고 할 때, 전체 공원의 넓이 $18 \times 10 = 180\text{m}^2$에서 산책로가 아닌 면적의 넓이 153m^2를 뺀 값은 산책로의 넓이이므로 x의 값을 구하면 다음과 같다.

$180-153=10x+18x-x^2 \rightarrow x^2-28x+27=0 \rightarrow (x-1)(x-27)=0$

$\therefore x=1$ 또는 $x=27$

산책로의 폭은 공원의 가로, 세로의 길이보다 클 수 없으므로 $x=1$이다.

04 정답 ④

K씨는 출근길에는 A → B → D로 이동하고, 퇴근길에는 D → C → A로 이동한다.

• A → B → D로 이동하는 경로의 수 : $4\times3=12$가지

• D → C → A로 이동하는 경로의 수 : $3\times2=6$가지

따라서 K씨가 출·퇴근하는 경로의 수는 $12\times6=72$가지이다.

05 정답 ④

진수, 민영, 지율, 보라 네 명의 최고점을 각각 a, b, c, d점이라고 하자.

$a+2b=10$ … ㉠

$c+2d=35$ … ㉡

$2a+4b+5c=85$ … ㉢

㉢과 ㉠을 연립하면 $2\times10+5c=85$ → $2d=22$ → $d=11$

㉡에 $d=11$을 대입하면 $c=11$이다.

따라서 보라의 최고점은 11점이다.

06 정답 ③

음식물 A의 단백질 함유량을 xg이라 하자. 음식물 A에 있는 단백질과 지방의 구성비는 각각 40%, 10%이므로 $x : 40=0.4 : 0.1$ → $0.1x=40\times0.4$

$\therefore x=160$

따라서 음식물 A의 단백질 함유량은 160g이다.

07 정답 ②

주어진 〈조건〉에 맞추어 단계별로 진행한 결과를 표시하면 다음과 같다.

단계	15L 항아리	10L 항아리	4L 항아리
1	11	5	4
2	6	10	4
3	10	10	0
4	10	6	4
5	14	6	0
6	15	5	0

따라서 모든 단계를 완료한 후 10L 항아리에 남아 있는 물의 양은 5L이다.

08 정답 ①

가열 후 남은 순수한 물의 양을 xg이라 하자.

• 4%인 소금물

– 소금의 양 : $\frac{4}{100}\times100=4$g

– 순수한 물의 양 : $100-4=96$g

• 6%인 소금물

– 소금의 양 : $\frac{6}{100} \times 300 = 18g$

– 순수한 물의 양 : $300 - 18 = 282g$

즉, 두 소금물을 섞었을 때 순수한 물의 양은 $96 + 282 = 378g$이다.

가열했을 때 5분마다 15g씩 물이 증발하므로 30분 가열했을 때 증발되는 물의 양은 $15 \times \frac{30}{5} = 90g$

$\therefore x = 378 - 90 = 288g$

따라서 가열 후 남은 순수한 물의 양은 288g이다.

09 정답 ③

2016년의 인상률이 10%라고 가정하면, 2016년의 봉급은 2015년의 봉급의 1.1배가 된다. 따라서 일병 계급의 봉급은 $140 \times 1.1 = 154$천 원이다.

오답체크

① 모든 계급이 동일한 인상률을 가진다고 가정했으므로, 전년 대비 2013년 봉급 인상률을 병장 계급의 봉급을 기준으로 구하면, $\frac{129.6 - 108}{108} \times 100 = 20\%$이다.

② 병장 계급의 봉급을 기준으로, 전년 대비 인상률을 구하면 다음과 같다.

- 2011년 : $\frac{103.8 - 97.5}{97.5} \times 100 ≒ 6.5\%$
- 2012년 : $\frac{108 - 103.8}{103.8} \times 100 ≒ 4.0\%$
- 2013년 : $\frac{129.6 - 108}{108} \times 100 = 20\%$
- 2014년 : $\frac{149 - 129.6}{129.6} \times 100 ≒ 15.0\%$
- 2015년 : $\frac{171.4 - 149}{149} \times 100 ≒ 15.0\%$

④ 2013년의 전년 대비 봉급 인상률은 20%이다. 따라서 2013년 상병 계급의 봉급은 $97.5 \times (1 + 0.2) = 117$천 원이다.

10 정답 ③

㉠ 초등학생에서 중학생, 고등학생으로 올라갈수록 스마트폰(7.2% → 5.5% → 3.1%)과 PC(42.5% → 37.8% → 30.2%)의 이용률은 감소하고, 태블릿PC(15.9% → 19.9% → 28.5%)와 노트북(34.4% → 36.8% → 38.2%)의 이용률은 증가하고 있다.

㉢ 태블릿PC와 노트북의 남학생・여학생 이용률의 차는 다음과 같다.

- 태블릿PC : $28.1 - 11.7 = 16.4\%p$
- 노트북 : $39.1 - 30.9 = 8.2\%p$

따라서 태블릿PC는 노트북의 $16.4 \div 8.2 = 2$배이다.

오답체크

㉡ 초・중・고등학생의 노트북과 PC의 이용률 차는 다음과 같다.

- 초등학생 : $42.5 - 34.4 = 8.1\%p$
- 중학생 : $37.8 - 36.8 = 1\%p$
- 고등학생 : $38.2 - 30.2 = 8\%p$

따라서 중학생이 가장 작다.

11 정답 ②

2005년 대비 2010년 한국의 이산화탄소 배출량의 증가율은 $\frac{562.92-469.1}{469.1}\times 100=\frac{93.82}{469.1}\times 100$ $=20\%$이다.

오답체크

① 2010년 이산화탄소 배출량이 가장 많은 국가는 중국이며, 2010년 중국의 이산화탄소 배출량은 이란의 이산화탄소 배출량의 $\frac{7,126}{509}=14$배이다.

③ • 영국의 2006년과 2010년 이산화탄소 배출량의 차 : $534.7-483.5=51.2$백만 톤
• 일본의 2006년과 2010년 이산화탄소 배출량의 차 : $1,205.0-1,143.1=61.9$백만 톤

④ 2008년 이산화탄소 배출량이 많았던 5개 국가를 순서대로 나열하면, 중국(6,506.8백만 톤), 미국(5,586.8백만 톤), 러시아(1,593.4백만 톤), 인도(1,438.5백만 톤), 일본(1,154.3백만 톤) 순이다.

12 정답 ③

㉠~㉢ 규칙에서 일차에 따라 먹이 개수를 나열하면 다음과 같다.

1일차	2일차	3일차	4일차	5일차	6일차	7일차
$3m$	$3m+1$	$3m-1$	$3m$	$3m-2$	$3m-1$	$3m-3$

홀수 일을 보면 1일 차$=3m$, 3일 차$=3m-1$, 5일 차$=3m-2$ … 로 -1씩 계산되어 13일 차에는 $(3m-6)$개의 먹이를 준다.
문제에서 13일 차에 먹이 개수가 0이 된다고 했기 때문에 $3m-6=0$ → $m=2$이다.
두 항씩 묶어서 계산하면, 첫 번째 항이 $6m+1$이고, 공차가 -2인 등차수열임을 알 수 있다.
(1일 차)+(2일 차)$=6m+1$, (3일 차)+(4일 차)$=6m-1$ …
12일 차까지는 6개의 항이 되며, 각항을 모두 더하면 $6\times 6m+(1-1-3-5-7-9)=36m-24$이다.
따라서 13일 차까지 어항에 준 먹이의 양은 $36\times 2-24=48$kg이다.

13 정답 ③

남자 합격자 수는 1,003명, 여자 합격자 수는 237명이고, $1,003\div 237\fallingdotseq 4.23$이므로, 남자 합격자 수는 여자 합격자 수의 5배 미만이다.

오답체크

④ (경쟁률)$=\frac{(\text{지원자 수})}{(\text{모집 정원})}$이므로, B집단의 경쟁률은 $\frac{585}{370}=\frac{117}{74}$이다.

14 정답 ④

사회복귀교육 지원 수는 2011년에 가장 적었다.

오답체크

② 선그래프로 나타낸 상담실적은 2011년까지 연도에 따라 증가함을 볼 수 있으나 막대그래프로 표현된 사회복귀교육 지원 수는 점점 감소함을 알 수 있다.

③ 2012년에서 2013년 사이에 사회복귀교육 지원을 받은 제대군인의 수는 약 2,500명이 증가하였고 가장 큰 수치이다.

제1회

15 정답 ②

ㄱ. 2020년 적자성채무는 $1{,}741 \times 36.0\% = 626.76$(조 원)이고, 2014년 적자성채무는 $1{,}323 \times 29.7\% ≒ 392.93$(조 원)이다. 2014년 적자성채무의 1.5배는 약 589.40(조 원)이므로 옳다.

ㄷ. 2018년의 국가채무는 $1{,}563 \times 18.3\% ≒ 286.03$(조 원)이며, 2019년 국가채무는 $1{,}658 \times 20.0\% = 331.6$(조 원), 2020년 국가채무는 $1{,}741 \times 20.7\% ≒ 360.39$(조 원)이다. 따라서 국가채무는 2019년부터 300조 원 이상이므로 옳다.

오답체크

ㄴ. 2019년과 2020년은 감소한다.

2014년	2015년	2016년	2017년	2018년	2019년	2020년
15.1	15.4	15.5	15.7	15.8	15.7	15.3

ㄹ. 2017년 금융성채무가 적자성채무에서 차지하는 비율은 $\frac{15.7}{32.6} \times 100\% ≒ 48.2\%$이므로, 매년 50% 이상을 차지한다는 설명은 옳지 않다.

16 정답 ④

2017년 인구성장률은 0.63%, 2020년 인구성장률 0.39%이다. 2020년 인구성장률은 2017년 인구성장률에서 40% 감소한 값인 $0.63 \times (1-0.4) = 0.378\%$보다 값이 크므로 40% 미만으로 감소하였다.

오답체크

① 〈인구성장률〉자료를 보면 2017년 이후 인구성장률이 매년 감소하고 있으므로 옳은 설명이다.

② 인구성장률과 합계출산율은 모두 2016년에는 전년 대비 감소하고, 2017년에는 전년 대비 증가하였으므로 옳은 설명이다.

③ 인구성장률이 높은 순서로 나열하면 2017년 – 2015년 – 2018년 – 2016년 – 2019년 – 2020년이다. 합계출산율이 높은 순서로 나열하면 2015년 – 2018년 – 2017년 – 2016년 – 2019년 – 2020년이다. 따라서 인구성장률과 합계출산율이 두 번째로 높은 해는 2018년이다.

17 정답 ③

빈칸의 수가 3개에 불과하고 그를 구할 수 있는 산식이 주어져 있는 유형이므로 결국에는 이 빈칸을 채워야만 선택지의 판단이 가능하다. 따라서 빈칸을 먼저 채운다. 먼저 산정식에서 B는 0이고, C는 16이므로 극한 기후 발생지수 산정식은 $\frac{A}{4}+1$로 단순화시킬 수 있다. 이를 이용하여 빈칸을 채워 넣으면 다음과 같다.

유형	폭염	한파	호우	대설	강풍
발생일수(일)	16	5	3	0	1
발생지수	5.00	$\left(\frac{9}{4}\right)$	$\left(\frac{7}{4}\right)$	1.00	$\left(\frac{5}{4}\right)$

대설(1.00)과 강풍$\left(\frac{5}{4}\right)$의 발생지수의 합은 $\frac{9}{4}$이므로, 호우의 발생지수 $\frac{7}{4}$보다 크다. 따라서 옳은 내용이다.

오답체크

① 발생지수가 가장 높은 것은 폭염(5.00)이므로 옳지 않은 내용이다.

② 호우의 발생지수는 $\frac{7}{4}$이므로 2.00에 미치지 못한다. 따라서 옳지 않은 내용이다.

④ 제시된 극한기후 유형별 발생지수를 모두 더하면 $\frac{(20+9+7+4+5)}{4}=\frac{45}{4}$이므로 이의 평균은 $\frac{9}{4}\left(=\frac{45}{20}\right)$임을 알 수 있다. 이는 3에 미치지 못하는 수치이므로 옳지 않은 내용이다.

18 정답 ③

ㄱ. 한국, 독일, 영국, 미국이 전년 대비 감소했다.

ㄷ. 전년 대비 2016년 한국, 중국, 독일의 연구개발비 증가율을 각각 구하면 다음과 같다.

- 한국 : $\frac{33,684-28,641}{28,641}\times 100 \fallingdotseq 17.6\%$
- 중국 : $\frac{48,771-37,664}{37,664}\times 100 \fallingdotseq 29.5\%$
- 독일 : $\frac{84,148-73,737}{73,737}\times 100 \fallingdotseq 14.1\%$

따라서 중국, 한국, 독일 순서로 증가율이 높다.

오답체크

ㄴ. 연구개발비가 2배 이상 증가한 국가가 없는 것에 비해 중국이 2.84배 이상 증가하였으므로 증가율이 가장 큰 것을 알 수 있다. 따라서 증가율이 가장 큰 국가는 중국이고, 영국이 $\frac{40,291-39,421}{39,421}\times 100 \fallingdotseq 2.2\%$로 가장 작다.

19 정답 ③

- 2018년 한국의 응용연구비 : $29,703\times 0.2=5,940.6$백만 달러
- 2018년 미국의 개발연구비 : $401,576\times 0.6=240,945.6$백만 달러

따라서 2018년 미국의 개발연구비는 한국의 응용연구비의 약 $240,945.6\div 5,940.6 \fallingdotseq 40.6$배이다.

20 정답 ①

ㄱ. 독일이 기초연구비 비율이 가장 높고, 응용연구비 비율도 가장 높다.

오답체크

ㄴ. 개발연구비 비율이 가장 높은 나라와 가장 낮은 나라의 비율 차이는 약 $82-35=47$%p, 기초연구비 비율이 가장 높은 나라와 가장 낮은 나라의 비율 차이는 약 $25-5=20$%p이다.

ㄷ. 기초연구비 비율이 두 번째로 높은 나라는 한국이고, 개발 연구비 비율은 세 번째이다.

공간능력

01	02	03	04	05	06	07	08	09	10	11	12	13	14	15	16	17	18		
③	②	①	①	②	②	①	④	④	③	③	④	①	②	②	④	②	③		

01 정답 ③

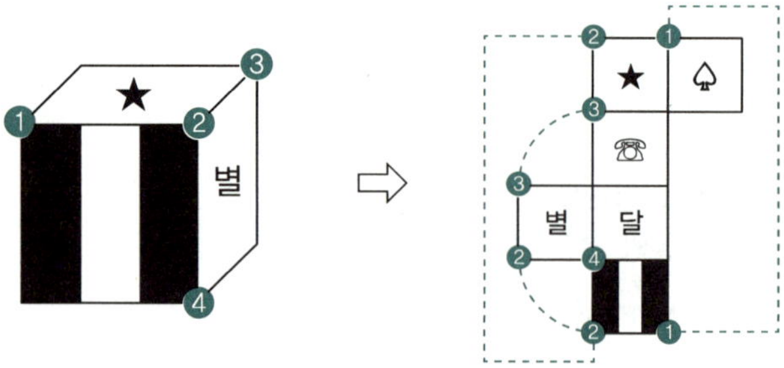

02 정답 ②

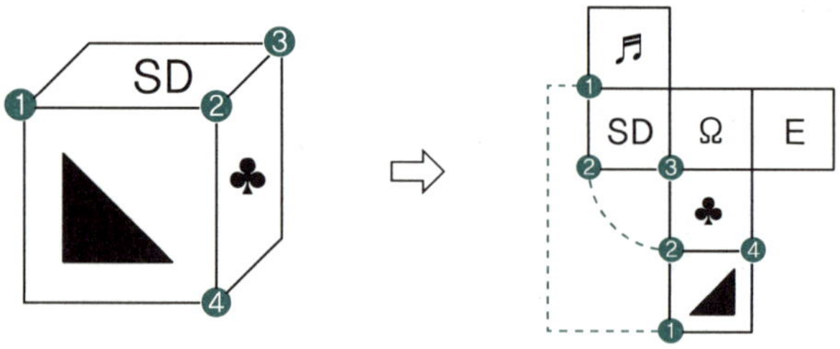

03 정답 ①

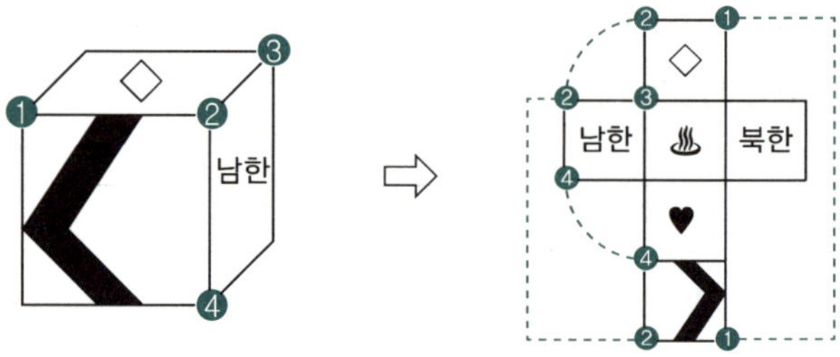

04 정답 ①

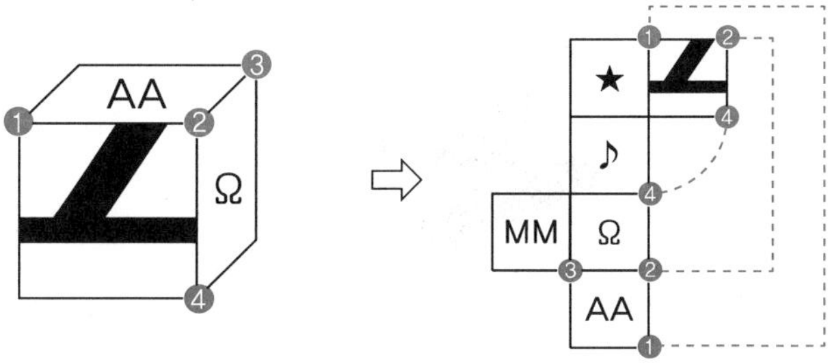

05 정답 ②

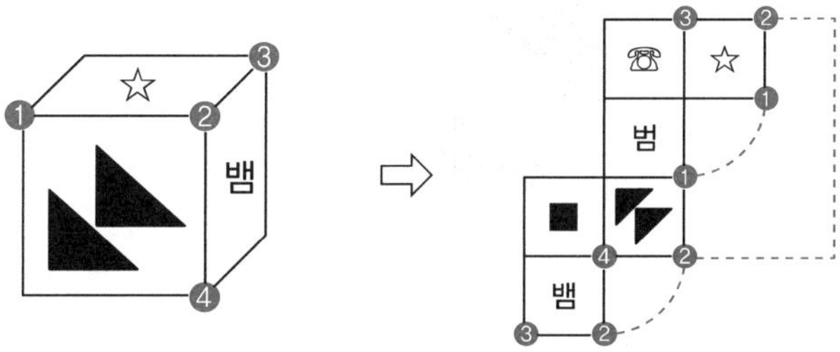

06 정답 ②

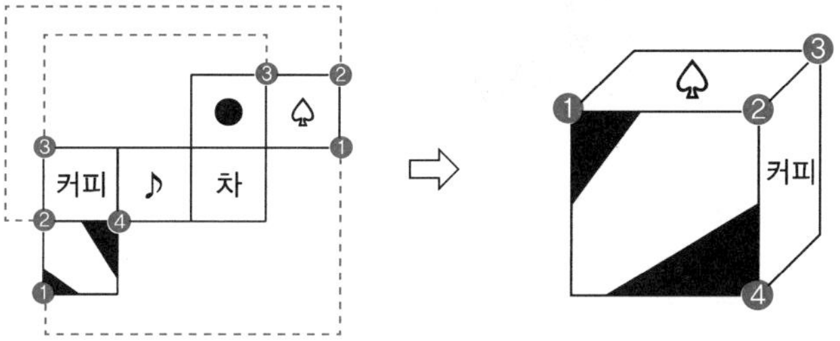

07 정답 ①

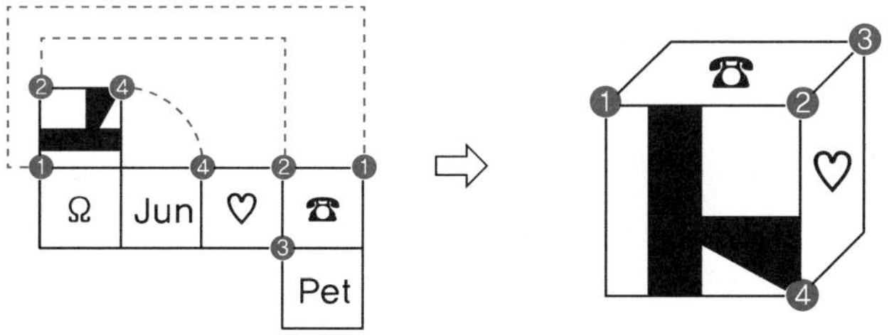

08 정답 ④

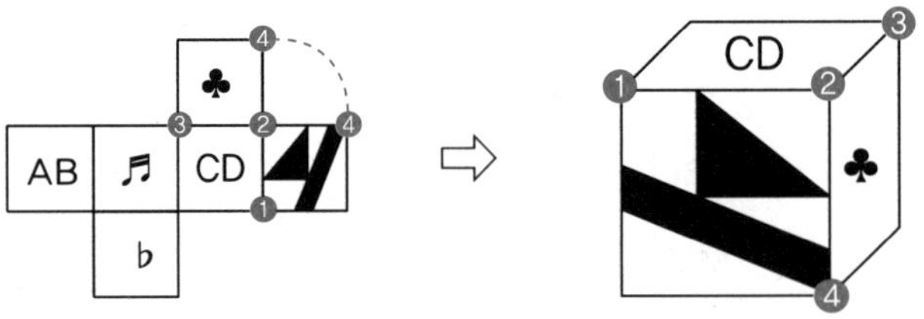

09 정답 ④

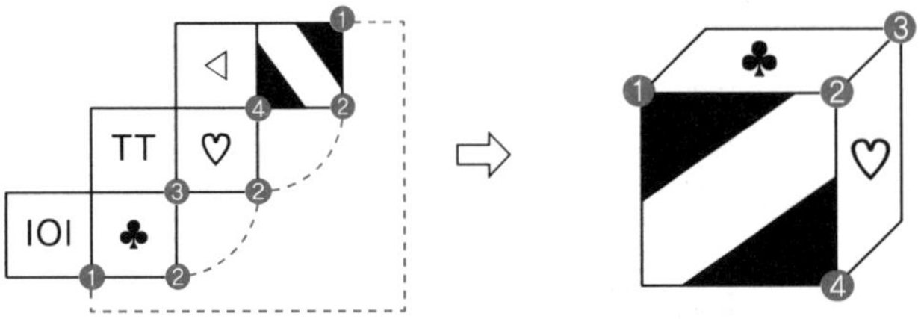

10 정답 ③

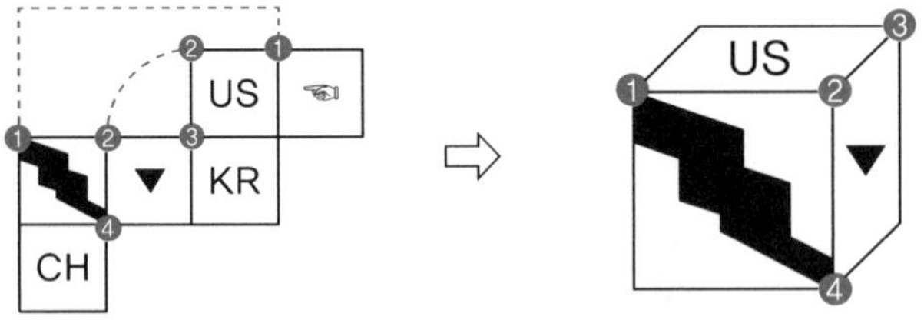

11 정답 ③

1층 : $5+5+5+5+5=25$개

2층 : $2+3+5+4+3=17$개

3층 : $2+1+0+4+2=9$개

4층 : $2+0+0+1+1=4$개

5층 : $1+0+0+1+1=3$개

$\therefore\ 25+17+9+4+3=58$개

12 정답 ④

1층 : $5+5+5+5+5=25$개

2층 : $3+4+4+5+4=20$개

3층 : $3+4+4+5+4=20$개

4층 : $0+3+3+0+3=9$개

5층 : $0+3+3+0+3=9$개

$\therefore\ 25+20+20+9+9=83$개

13 정답 ①

1층 : 5+5+5+5+5=25개

2층 : 4+4+5+3+2=18개

3층 : 3+3+0+3+1=10개

4층 : 2+1+0+2+0=5개

5층 : 1+1+0+1+0=3개

∴ 25+18+10+5+3=61개

14 정답 ②

1층 : 5+5+5+5+4=24개

2층 : 5+3+4+5+2=19개

3층 : 2+1+4+2+0=9개

4층 : 2+1+3+1+0=7개

5층 : 1+0+2+0+0=3개

∴ 24+19+9+7+3=62개

15 정답 ②

정면에서 바라보았을 때, 5층 – 1층 – 3층 – 2층으로 구성되어 있다.

16 정답 ④

상단에서 바라보았을 때, 4층 – 3층 – 3층 – 1_2층으로 구성되어 있다.

17 정답 ②

우측에서 바라보았을 때, 4층 – 5층 – 3층 – 4층 – 5층으로 구성되어 있다.

18 정답 ③

정면에서 바라보았을 때, 5층 – 5층 – 3층 – 2층 – 3층으로 구성되어 있다.

지각속도

01	02	03	04	05	06	07	08	09	10	11	12	13	14	15	16	17	18	19	20
①	②	②	①	①	②	①	①	②	①	①	①	②	①	②	②	①	①	②	②
21	22	23	24	25	26	27	28	29	30										
③	④	④	②	④	②	④	④	④	③										

02 정답 ②

rabbit tension shark wind draw → rabbit angel shark wind smile

03 정답 ②

task monitor angel shark rabbit → task monitor tension play rabbit

06 정답 ②

☆ ◈ ◆ ❖ ● → ☆ ◆ ◈ ❖ ●

09 정답 ②

◆ ◇ ★ ◩ ◈ → ◆ ◇ ☆ ◪ ❖

13 정답 ②

☆ ☺ ☂ ☏ ♡ → ☆ ☺ ☏ ☎ ♡

15 정답 ②

☼ ☏ ☎ ☆ ♡ → ☀ ☏ ☎ ☆ ☺

16 정답 ②

호주 일본 태국 인도 영국 → 호주 일본 인도 태국 영국

19 정답 ②

독일 인도 일본 중국 영국 → 독일 인도 일본 영국 중국

20 정답 ②

독일 중국 태국 한국 콩고 → 미국 중국 태국 호주 인도

21 **정답** ③

878483128484686656485131584687989815321846813321456 (13개)

22 **정답** ④

ⒶⒷⒹⒸⒷⒶⒹⒸⒹⒷⒶⒸⒷⒹⒶⒸⒶⒷⒹⒸⒶⒸⒹⒷⒶⒸⒶⒷⒹⒸⒶⒷⒸⒹⒷⒶ (9개)

23 **정답** ④

⦷○⊙⊙⦾◎⦷⦾⊙⦷⊙⦷⦾◎○⊙⦾⦷◎⦾○⦷⊙○◎⊙⦷⦾○○⊙⦾⦾⦷⊙○ (8개)

24 **정답** ②

When one wants to create a path of one's own liking in life, one has to make many turns and overcome many obstacles. (6개)

25 **정답** ④

어아요어아의여어아야아야어우으아야아이아야예아야야어여어으아어오우의유어아왜 (8개)

26 **정답** ②

A real success does not happen overnight and efforts to make something valuable and we also meet many difficulties along the way. (5개)

27 **정답** ④

역사라는 것은 과거로부터의 연속이기 때문에, 걸어온 길을 완전히 무시하고 새로 출발한다는 것은 가능하지도 않고 바람직하지도 않다. (13개)

28 **정답** ④

48751223589596215724153685151780659651254685356795146 (13개)

29 **정답** ④

인생은 한 권의 책과 같다. 어리석은 이는 그것을 마구 넘겨 버리지만, 현명한 이는 열심히 읽는다. 인생은 단 한 번만 읽을 수 있다는 것을 알기 때문이다. (24개)

30 **정답** ③

As the soil, however rich it may be, cannot be productive without cultivation, so the mind without culture can never produce good fruit. (6개)

제1회

제2회 최종모의고사 정답 및 해설

언어논리

01	02	03	04	05	06	07	08	09	10	11	12	13	14	15	16	17	18	19	20
②	④	②	③	①	②	③	②	①	③	④	③	③	①	⑤	⑤	③	③	④	①
21	22	23	24	25															
①	③	⑤	④	①															

01 정답 ②

'눈에 쌍심지를 켜다'는 '몹시 화가 나서 눈을 부릅뜨는 것'을 의미하는 말이므로, ②의 쓰임은 적절하지 않다.

오답체크

① 눈 가리고 아웅하다 : 얕은수로 남을 속이려 하다.
③ 눈에 헛거미가 잡히다 : 욕심에 눈이 어두워 사물을 바로 보지 못하다.
④ 눈에 흙이 들어가다 : 죽어서 땅에 묻히다.
⑤ 눈앞이 캄캄하다 : 어찌할 바를 몰라 아득하다.

02 정답 ④

자극과 반응은 조건과 결과의 관계이다.

오답체크

① 개별과 집합의 관계
② 대등 관계이자 상호 보완 관계
③ 존재와 생존의 조건 관계
⑤ 미확정과 확정의 관계

03 정답 ②

하루살이는 인생보다 짧고, 인생은 예술보다 짧다. 즉, 하루살이는 예술보다 짧다.

04 정답 ③

㉡ 미쁘다 : 믿음성이 있다.
㉢ 믿음직하다 : 매우 믿을 만하다.
㉤ 미덥다 : 믿음성이 있다.

05 정답 ①

유명무실(有名無實)은 이름만 그럴 듯하고 실속은 없는 것을 이르는 말이다. 이는 농작물이 큰 피해를 입어도 시설 피해가 적다는 이유로 재난구역에 포함되지 못한 현행 농어업 재해 대책을 표현하는 한자성어이다.

오답체크

② 각주구검(刻舟求劍) : 배에 흠집을 내어 칼을 찾는다는 뜻으로 엉뚱하고 미련해서 현실에 어둡다는 말
③ 사후약방문(死後藥方文) : 사람이 죽은 뒤에 약을 짓는다는 뜻으로 일을 그르친 뒤에는 아무리 뉘우쳐도 이미 늦었다는 말
④ 자업자득(自業自得) : 자기가 저지른 일의 결과를 자신이 감수함
⑤ 연목구어(緣木求魚) : 불가능한 일을 무리해서 굳이 하려함

06 정답 ②

제시된 글의 핵심은 새로운 사회는 새로운 인재가 이끌어 가야 한다는 것이다. 같은 뜻의 속담으로 '새로 빚은 술은 새로 만든 부대(그릇)에 담아야 한다'가 있다.

오답체크

① 궁하면 통한다 : 매우 궁박한 처지에 이르게 되면 도리어 펴 나갈 길이 생김
③ 천 리 길도 한 걸음부터 : 무슨 일이나 그 일의 시작이 중요함
④ 굴러온 돌이 박힌 돌 뺀다 : 새로 생긴 것이 이미 자리잡고 있던 것을 밀어냄
⑤ 국수 잘하는 솜씨가 수제비 못하랴 : 어떤 한 가지 일에 능숙한 사람은 그와 비슷한 다른 일도 잘함

07 정답 ③

제시문에서는 4차 산업혁명의 신기술로 인해 금융의 종말이 올 것을 예상하였다. 따라서 앞으로도 기술 발전은 금융업의 본질을 바꾸지 못할 것임을 나타내는 ③이 반박으로 가장 적절하다.

08 정답 ②

세 번째 문단에서 '해수에 비브리오패혈증균이 검출되었다.'는 문장을 통해 어패류 조리 시에 해수로 씻으면 안됨을 유추할 수 있다.

오답체크

① 강 중사 : 간 질환자의 경우 고위험군에 해당하므로 충분히 가열 후 먹는 것이 좋다.
③ 한 중사 : 급성 발열과 오한, 복통, 구토, 설사 등은 비브리오패혈증의 증상이다.
④ 윤 원사 : 어패류를 요리한 도마, 칼 등은 소독 후 사용해야 한다.
⑤ 이 원사 : 피부에 상처가 있으면 비브리오패혈증에 감염될 수 있으므로 요리 시 장갑을 끼는 것이 좋다.

09 정답 ①

제시된 명제들은 전자 기술이 발전하여 조그만 칩 하나에 수백 권 분량의 정보가 기록될 것이라고 서술하고 있다. 따라서 명제들의 결론으로 ①이 가장 적절하다.

10 정답 ③

빈칸의 앞 문장에서는 내용이 제시되어 있고, 빈칸의 바로 뒤에서는 '그래서 특정 유형의 설명만이 점점 더 우세해지고, 그런 설명이 우리 사고를 지배하게 된다.'는 내용이 이어지고 있다. 따라서 빈칸 부분에 들어갈 문장은 '우리가 특정한 유형의 원인을 사용하여 설명을 만들어내는 경우, 왜 특정 유형의 설명만이 점점 더 우세해지게 되는지'의 이유를 포함하고 있어야 한다. 지문 내용을 통해 보면, 우리가 익숙한 것을 원인으로 삼는 것은 알려지지 않은 것을 알려진 것으로 치환함으로써 우리 마음의 불안을 제거하기 위한 것이다. 그러므로, 빈칸에는 ③과 같이 낯설고 체험하지 않았다는 느낌을 가장 빠르고 쉽게 제거해 버리기 때문이라는 원인 설명이 들어가야 한다.

11 정답 ④

㉠ 수공업자나 기업가가 하나의 통일적인 사회적 계층으로 존재한 일이 없었기 때문에 경제적 개념으로 보면 시민계급은 통일적인 것이 아니다.

㉡ 모든 국가시민은 정치적 권리를 가진다.

㉢ 특정한 기준으로 시민계급을 나누는 것은 사회계층을 신분적 의미로 구분하는 것이다.

12 정답 ③

'시점의 해방'은 인물이나 사건의 변화에 따른 시점의 변화를 의미하는 것인데, 에베레스트를 항공 촬영한 것은 시점의 변화라 보기 어렵다.

13 정답 ③

오답체크

- 웬지 → 왠지
- 어떡게 → 어떻게
- 말씀드리던지 → 말씀드리든지
- 바램 → 바람

14 정답 ①

제시문은 인간의 질병 구조가 변화하고 있고 우리나라는 고령화 시대를 맞이함에 따라 만성질환이 증가하였으며 이에 따라 간호사가 많이 필요해진 상황에 대해 말하고 있다. 하지만 제도는 간호사를 많이 채용하지 않고 있어 뒤처진 제도에 대한 아쉬움을 토로하고 있는 글이다. 따라서 (나) 변화한 인간의 질병 구조 → (가) 고령화 시대를 맞아 증가한 만성질환 → (다) 간호사가 필요한 현실과는 맞지 않는 고용 상황 → (라) 간호사의 필요성과 뒤처진 의료 제도에 대한 안타까움의 순서로 배열해야 한다.

15 정답 ⑤

제시문을 통해 여러 신문들이 '우리의 행동양식은 유전자가 환경과 상호작용함으로써 결정된다.'는 내용의 기사를 실었음을 알 수 있으나, 그렇다고 하여 이것이 정설로 받아들여지는지는 알 수 없다.

오답체크

① 두 번째 문장을 통해 처음에 인간의 유전자 수를 10만 개로 추정했음을 알 수 있다.
② 세 번째 문장을 통해 크레이그 벤터 박사의 주장을 인용하여 쓴 기사임을 알 수 있다.
③ 제시된 기사에서는 인간의 행동양식이 유전자와 환경의 상호작용으로 결정된다고 보았다.
④ 인간의 행동을 결정하는 것에 대해 '본성 대 양육이라는 해묵은 논쟁'이라 한 것으로 보아, 이와 관련한 논쟁은 이전부터 있었던 것임을 짐작할 수 있다.

16 정답 ⑤

제시문은 빛의 본질에 관한 뉴턴, 토마스 영, 아인슈타인의 가설을 서술한 글이다. ⑤ 빛은 광량자라고 하는 작은 입자로 이루어졌다는 아인슈타인의 광량자설은 빛이 파동이면서 동시에 입자인 이중적인 본질을 가지고 있다는 것을 의미하는 것으로, 뉴턴의 입자설과 토마스 영의 파동설을 모두 포함한다.

오답체크

① 뉴턴의 가설은 그의 권위에 의해 오랫동안 정설로 여겨졌지만, 토마스 영의 겹실틈 실험에 의해 다른 가설이 생겨났다.
② 겹실틈 실험은 한 개의 실틈을 거쳐 생긴 빛이 다음 설치된 두 개의 겹실틈을 지나가게 해서 스크린에 나타나는 무늬를 관찰하는 것이다.
③ 일자 형태의 띠가 두 개 나타나면 빛은 입자임이 맞으나, 겹실틈 실험 결과 보강간섭이 일어난 곳은 밝아지고 상쇄간섭이 일어난 곳은 어두워지는 간섭무늬가 연속적으로 나타났다.
④ 토마스 영의 겹실틈 실험은 빛의 파동성을 증명하였고, 이는 명백한 사실이었으므로 아인슈타인은 빛이 파동이면서 동시에 입자인 이중적인 본질을 가지고 있다는 것을 증명하였다.

17 정답 ③

빈칸 앞 문단에서는 사회적 문제가 되고 있는 딥페이크의 악용 사례에 관해 이야기하고 있으나, 빈칸 뒤의 문단에서는 딥페이크 기술을 유용하게 사용하고 있는 이스라엘 기업의 사례를 이야기하고 있다. 따라서 빈칸에는 어떤 일에 대하여 앞에서 말한 측면과 다른 측면을 말할 때 사용하는 접속어인 '한편'이 적절하다.

18 정답 ③

제시문은 동영상 압축 기술 중 하나인 허프만 코딩 방식의 과정을 예를 들어서 설명하고 있다. 따라서 제시문의 주제는 허프만 코딩 방식의 과정이다.

오답체크

① MPEG의 종류 중 하나인 허프만 코딩 방식에 대한 글일 뿐, MPEG의 종류를 설명하는 글이 아니다.
②·④ 언급되었지만 부분이므로 전체의 주제가 될 수 없다.
⑤ 데이터의 표현 방법은 언급되지 않았다.

19 정답 ④

〈보기〉의 문장은 홍차가 귀한 취급을 받았던 이유에 대하여 구체적으로 설명하고 있다. 따라서 '홍차의 가격이 치솟아 무역적자가 심화되자, 영국 정부는 자국 내에서 직접 차를 키울 수는 없을까 고민하지만 별다른 방법을 찾지 못했고, 홍차의 고급화는 점점 가속화됐다.'의 뒤, 즉 (라)에 위치하는 것이 적절하다.

20 정답 ①

제시글은 최근 사막화가 빠르게 진행되고 있음을 경고하며 사막화가 발생하는 원인과 사막화로 인류에 미칠 위협을 설명하고 있을 뿐 사막화를 막는 방안에 대해서 설명하고 있지 않다.

오답체크

② 사막화가 심한 지역은 아프리카, 중동, 호주, 중국이다.
③ 사막화는 지구 온난화, 과도한 경작, 무분별한 벌목으로 인한 삼림 파괴 등에 의해 일어날 수 있다.
④ 사막화란 건조 지대에서 일어나는 토지 황폐화 현상이다.
⑤ 사막화가 계속 진행된다면 결국 식량 생산의 감소와 식수 부족으로 이어진다.

21 정답 ①

'미국 사회에서 동양계 ~ 구성된다.'에서 '모범적 소수 인종'의 인종적 정체성은 백인의 특성이 장점이라고 생각하는 것과 동양인의 특성이 단점이라고 생각하는 것의 사이에서 구성된다. 따라서 '모범적 소수 인종'은 특유의 인종적 정체성을 내면화하고 있음을 추론할 수 있다.

오답체크

② 제시글의 논점은 '동양계 미국인 학생들(모범적 소수 인종)'이 성공적인 학교 생활을 통해 주류 사회에 동화되고 있는 것이 사실인지 여부이다. 그에 따라 사회적 삶에서 인종주의의 영향이 약화될 수 있는지에 대한 문제이다. 따라서 '모범적 소수 인종'의 성공이 일시적·허구적인지에 대한 논점은 확인할 수 없다.
③ 동양계 미국인 학생들은 인종적인 차별을 의식하고 있다고 말할 수 있지만 소수 인종 모두가 의식하고 있는지는 제시문을 통해서 추측할 수 없다.
④ 인종차별을 의식하는 것은 알 수 있지만 한정된 자원의 배분을 놓고 갈등하는지는 알 수 없다.
⑤ 인종차별을 은폐된 형태로 지속시킨다는 것은 알 수 없다.

22 정답 ③

땀이나 침에 소량의 HIV가 들어있다는 내용을 통해 인체의 체액 내에서 HIV가 생존할 수 있음을 알 수 있다. 따라서 음식에 들어간 HIV는 생존할 수 없으나, 인체의 체액 내에 들어간 HIV는 생존할 수 있다.

오답체크

① 에이즈는 HIV가 체내에 침입하여 면역 기능을 저하시키는 감염병이므로 후천성 질환에 해당한다.
② HIV에 감염될 경우 항체의 형성 여부와 관계없이 별다른 증상이 나타나지 않는다.
④ 악수와 같은 일상적인 신체 접촉으로는 에이즈에 감염되지 않는다.
⑤ 의학의 발달로 인해 새로운 치료제가 계속해서 개발되고 있으나, 이는 에이즈의 증상을 개선할 수 있을 뿐 현재 완치할 수 있는 치료제가 개발되었는지는 제시문을 통해 알 수 없다.

23 정답 ⑤

제시문에서는 에이즈에 대한 사람들의 잘못된 편견과 오해에 관해 이야기하고 있으며, 〈보기〉에서는 이러한 에이즈에 대한 사람들의 잘못된 인식을 미디어를 통해 간접 경험된 낙인으로 보고 있다. 따라서 글쓴이가 주장할 내용으로는 미디어에 대한 검증적인 시각이 필요하다는 내용의 ⑤가 가장 적절하다.

24 정답 ④

민속음악은 곱고 예쁘게 다듬어내는 음이 아니라 힘있고 역동적으로 표출되는 음이 아름답다고 여긴다. 판소리 명창이 고함치듯 질러대는 높은 소리에 청중들은 기다렸다는 듯이 '얼씨구'라는 추임새로 호응한다.

25 정답 ①

민속음악이 지닌 가장 큰 특징이 지역에 따라 음악적 표현요소가 다른 것이라고 했으므로 이에 관한 공연을 찾아가 관람하는 것이 적절하다.

오답체크

② 민속음악과 서양음악, 궁중음악의 차이를 비교하고 있으므로 적절하지 않다.
③ 민속음악은 악보에 얽메이지 않고 즉흥성이 많이 반영되는 음악이기 때문에 적절하지 않다.
④ 민속음악의 특징을 이야기하고 있으므로 적절하지 않다.
⑤ 현대의 대중음악과 전통음악을 비교하는 글이 아니므로 적절하지 않다.

자료해석

01	02	03	04	05	06	07	08	09	10	11	12	13	14	15	16	17	18	19	20
①	③	④	③	①	④	④	②	③	③	②	④	④	③	③	④	②	②	②	④

01 정답 ①

퍼낸 소금물의 양을 xg이라고 하면 $\frac{6}{100}\times 700-\frac{6}{100}x+\frac{13}{100}x=\frac{9}{100}\times 700$

→ $4,200-6x+13x=6,300$

→ $7x=2,100$

$\therefore\ x=300$

따라서 퍼낸 소금물의 양은 300g이다.

02 정답 ③

i) 집 – 도서관 : $3\times 2=6$가지

도서관 – 영화관 : $4\times 1=4$가지 → $6\times 4=24$가지

ii) 집 – 도서관 : $3\times 1=3$가지

도서관 – 영화관 : $4\times 3=12$가지 → $3\times 12=36$가지

$\therefore\ 24+36=60$가지

03 정답 ④

직사각형의 벽면에 남는 부분이 없이 정사각형 모양의 타일을 붙이려 할 때, 가능한 정사각형의 한 변의 길이는 직사각형 벽면의 가로와 세로의 공약수이다.

3) 75 135

5) 25 45

  5 9

∴ (최대공약수)$=3\times 5=15$

따라서 가장 큰 정사각형 모양 타일의 한 변의 길이는 15cm이다.

04 정답 ③

제시된 도수분포다각형을 도수분포표로 나타내면 다음과 같다.

던진 거리(m)	사람 수(명)	던진 거리(m)	사람 수(명)
10 이상 ~ 15 미만	0	35 ~ 40	12
15 ~ 20	1	40 ~ 45	10
20 ~ 25	5	45 ~ 50	8
25 ~ 30	11	50 ~ 55	0
30 ~ 35	13		

따라서 30m 이상 40m 미만으로 던진 사람은 $13+12=25$명이다.

05 정답 ①

A의 속력은 0.6m/s이고, B가 6초 후에 따라잡았으므로, A가 이동한 거리는 3.6m이다. B는 A보다 1.2m 뒤에 있었으므로 B가 이동한 총 거리는 $3.6+1.2=4.8$m이고, 출발한 지 6초 만에 A를 따라잡았으므로 B의 속력은 $\frac{4.8}{6}=0.8$m/s이다.

06 정답 ④

농도가 7%인 소금물의 양을 xg이라 하자.

$\frac{7}{100}x+\frac{3}{100}\times 60=\frac{9}{100}x$

$7x+180=9x$

$2x=180$

$\therefore x=90$

즉, 7% 소금물에 들어있는 소금의 양은

$\frac{7}{100}\times 90=\frac{63}{10}$g

증발했을 때 소금물의 양은

$90-60=30$g

증발 전과 후의 소금의 양은 변하지 않으므로 증발 후 소금물의 농도는

$\left(\frac{63}{10}\times\frac{1}{30}\right)\times 100=21\%$

07 정답 ④

주어진 식은 피해밀도$=\frac{\text{피해액}}{\text{행정면적}}$이다.

G의 피해액은 1인당 피해액×인구 수$=36,199\times 1,604,432=58,078,833,968$명이다.
따라서 피해 밀도가 가장 낮은 곳은 B이다.

오답체크

① '피해액=인구×1인당 피해액'이다. 따라서 G지역의 피해액은 $1,604,432\times 36,199=58,078,833,968$원이며, 전국 피해액은 187,282,994천 원이므로 G지역의 피해액은 전국 피해액의 $\frac{58,079}{187,283}\times 100 \fallingdotseq 31.01\%$이므로 35% 이하이다.

② 주요 7개 지역을 합친 지역의 인구는 27,125,891명, 피해액은 185,589,158천 원이므로 1인당 피해액은 약 6,842원이며 나머지 전체 지역의 인구는 $51,778,544-27,125,891=24,652,653$명이고 피해액은 $187,282,994-185,589,158=1,693,836$천 원이므로, 1인당 피해액은 68원이다. 따라서 옳다.

③ D지역과 F지역을 합친 지역의 인구 수는 $1,510,142+2,691,706=4,201,848$명이고, 피해액은 $7,121,830+86,648,708=93,770,538$천 원이므로 1인당 피해액은 22,316원이다. 전국 1인당 피해액의 5배는 $3,617\times 5=18,085$원이므로 옳다.

08 정답 ②

㉠ • 2016년 서울 인구와 경기 인구의 차 : 10,463－10,173＝290천 명

• 2022년 서울 인구와 경기 인구의 차 : 11,787－10,312＝1,475천 명

따라서 서울 인구와 경기 인구의 차이는 2016년보다 2022년에 더 컸다.

㉢ 2022년에는 22천 명이 증가해 다른 해보다 2배 이상 증가하였다.

오답체크

㉡ 부산뿐 아니라 대구도 감소했다.

㉣ 대구의 인구는 2017년부터 감소하다가 2022년에 다시 증가했다.

09 정답 ③

A와 B음식점이 가장 큰 차이를 보이는 부문은 분위기이다.

10 정답 ③

남자 합격자 수는 1,003명, 여자 합격자 수는 237명이고, $\frac{1,003}{237} \fallingdotseq 4.23$이므로 남자 합격자 수는 여자 합격자 수의 5배 미만이다.

오답체크

① 세 개의 모집단위 중 총 지원자 수가 가장 많은 집단은 A집단인 것을 확인할 수 있다.

② 주어진 식에 해당되는 수치를 대입하면 B집단의 경쟁률은 $\frac{585}{370} \times 100 \fallingdotseq 158\%$이다.

④ • C집단 남성의 경쟁률 : $\frac{417}{269} \times 100 \fallingdotseq 155\%$

• C집단 여성의 경쟁률 : $\frac{375}{269} \times 100 \fallingdotseq 139\%$

따라서 C집단에서는 남성의 경쟁률이 여성의 경쟁률보다 높다.

11 정답 ②

군사회담은 2007년에 가장 많이 개최되었으나(총 11건), 정부의 대북 무상지원은 2006년에 최고치(2,273억 원)를 기록하였다.

오답체크

① 2008년 이후의 대북 지원 현황을 보면, 2013년과 2014년은 정부 차원의 무상 지원이 더 많았지만(2010년은 그 차이가 매우 미미함), 이 두 해를 제외하고는 민간 차원의 무상 지원이 더 많았다. 따라서 2008년 이후로 대북 지원은 주로 민간차원으로 이루어졌다고 보아야 한다.

③ 대북 지원 총액을 보면 2007년까지는 지속적으로 증가했고 그 액수도 컸다. 그리고 군사회담이 개최된 횟수도 크게 늘었다. 그러나 2008년부터는 대북 지원 총액과 군사회담 횟수가 다 눈에 띄게 줄어들었다. 이것으로 보아 2008년 이후로는 남북 관계가 경색되어 왔다고 해석할 수 있다.

④ 정부차원의 대북 지원은 2013년을 기점으로 다시 증가하고 있는 추세이다.

12 정답 ④

- 운전석에는 K와 L만 앉을 수 있으므로 운전석에 앉을 수 있는 방법의 수는 ${}_2P_1=2$
- 뒷줄에는 H와 P가 앉아야 하므로 방법의 수는 ${}_3P_2=3\times2=6$
- J가 가운데 줄에 앉는 방법의 수는 ${}_3P_1=3$
- 나머지 4명이 빈자리에 앉는 방법의 수는 $4!=4\times3\times2\times1=24$

따라서 구하는 방법의 수는 $2\times6\times3\times24=864$가지이다.

13 정답 ④

각 부서별로 총 투입시간을 계산해보면 다음과 같다.

부서명	인원(명)	개인별 총 투입시간	총 투입시간
A	2	$41+(3\times1)=44$	88
B	3	$30+(2\times2)=34$	102
C	4	$22+(1\times4)=26$	104
D	3	$27+(2\times1)=29$	87

표준 업무시간은 80시간으로 동일하므로, 업무효율이 가장 높은 부서는 총 투입시간이 가장 낮은 부서인 D가 된다.

14 정답 ③

그래프에서 2016년과 2017년의 처리건수는 비슷하나 추가 징수세액이 2016년이 더 많음으로 미루어 보아 처리건수당 추가 징수세액은 2016년이 더 많다고 할 수 있다.

오답체크

① (2020년 처리건수)=(2020년 처리대상건수)−(2021년 전년 이월건수)=12,795−2,096=10,699건
② 2017 ~ 2020년 추가 징수세액 그래프의 기울기는 완만한 반면, 2016 ~ 2017년 추가 징수세액 그래프의 기울기는 급하다. 즉, 2016년과 2017년 사이 추가 징수세액의 변화율이 큼을 알 수 있다.
④ 실제 탈세가 일어난 건수는 주어진 자료로는 알 수 없다.

15 정답 ③

- 설악산을 좋아한다고 응답한 사람의 비율 : 38.9%
- 지리산, 북한산, 내장산을 좋아한다고 응답한 사람의 비율의 합 : $17.9+7+5.8=30.7\%$

오답체크

① 한국인이 가장 좋아하는 산은 설악산(38.9%)이다.
② 연 1회 이상 등산을 한다고 응답한 사람의 비율은 $100-17.4=82.6\%$이다.
④ 한국인에게 선호도가 높은 3개의 산은 설악산, 지리산, 북한산으로 응답 비율의 합은 $38.9+17.9+7=63.8\%$이다.

제2회

16 정답 ④

ㄴ. 무료급식소 봉사자 중 40 ~ 50대는 $274+381=655$명으로 전체 1,115명의 절반 이상이다.

ㄹ. 노숙자쉼터 봉사자는 800명으로 이 중 30대는 118명이다. 따라서 노숙자쉼터 봉사자 중 30대가 차지하는 비율은 $\frac{118}{800}\times 100=14.8\%$이다.

오답체크

ㄱ. 전체 보육원 봉사자는 총 2,000명으로 이 중 30대 이하 봉사자는 $148+197+405=750$명이다. 따라서 전체 보육원 봉사자 중 30대 이하가 차지하는 비율은 $\frac{750}{2,000}\times 100=37.5\%$이다.

ㄷ. 전체 봉사자 중 50대의 비율은 $\frac{1,600}{5,000}\times 100=32\%$이고, 20대의 비율은 $\frac{650}{5,000}\times 100=13\%$이다. 따라서 전체 봉사자 중 50대의 비율은 20대의 약 $\frac{32}{13}\fallingdotseq 2.5$배이다.

17 정답 ②

ㄱ. 〈조선 전기 홍수재해 발생 건수〉의 빈칸을 채우면 홍수재해 발생 건수는 총 72건이며, 분류기간별로는 1501 ~ 1550년에 37건으로 가장 많이 발생했음을 알 수 있으므로 옳은 내용이다.

ㄷ. 여사건 개념을 활용하여 8 ~ 1월의 가뭄재해 발생 건수가 전체의 10% 미만임을 살펴보는 것이 더 빠르다. 자료에 의하면 8 ~ 1월의 건수는 6건으로 전체 79건의 10%에 미치지 못한다. 따라서 옳은 지문이다.

오답체크

ㄴ. 〈조선 전기 홍수재해 발생 건수〉를 통해 9월에도 발생했음을 알 수 있다.

18 정답 ②

'SOC, 산업・중소기업, 통일・외교, 공공질서・안전, 기타'의 5개 분야에서 전년 대비 재정지출액이 증가하지 않은 해가 있으므로 옳은 설명이다.

오답체크

① 교육 분야의 전년 대비 재정지출 증가율은 다음과 같다.

- 2018년 : $\frac{27.6-24.5}{24.5}\times 100\fallingdotseq 12.7\%$
- 2019년 : $\frac{28.8-27.6}{27.6}\times 100\fallingdotseq 4.3\%$
- 2020년 : $\frac{31.4-28.8}{28.8}\times 100\fallingdotseq 9.0\%$
- 2021년 : $\frac{35.7-31.4}{31.4}\times 100\fallingdotseq 13.7\%$

따라서 교육 분야의 전년 대비 재정지출 증가율이 가장 높은 해는 2021년이다.

③ 2017년에는 기타 분야가 예산에서 차지하고 있는 비율이 더 높았다.

④ 'SOC(−8.6%), 산업・중소기업(2.5%), 환경(5.9%), 기타(−2.9%)'의 4개 분야에서 연평균의 증가율이 기금보다 낮다.

19 정답 ②

• 사회복지 · 보건 분야의 2019년 대비 2020년 재정지출 증감률 : $\frac{61.4-56.0}{56.0}\times 100 \fallingdotseq 9.6\%$

• 공공질서 · 안전 분야의 2019년 대비 2020년 재정지출 증감률 : $\frac{10.9-11.0}{11.0}\times 100 \fallingdotseq -0.9\%$

따라서 두 분야의 2019년 대비 2020년 재정지출 증감률의 차는 $9.6-(-0.9)=10.5\%$p이다.

20 정답 ④

2018년과 2019년, 2020년에 조달청 위탁 구매가 크게 증가하고 있는데, 이것은 계약의 투명성 및 효율성 확보를 위한 확대 추진으로 해석할 수 있다.

오답체크

① 2017년에는 전년보다 중앙조달과 부대조달 모두 증가하였다.
② 매년 가장 적은 계약 집행액에 해당하는 것은 부대조달이다.
③ 부대조달에 의한 계약 집행액은 2018년에 가장 많았다.

제2회

공간능력

01	02	03	04	05	06	07	08	09	10	11	12	13	14	15	16	17	18		
④	③	②	①	③	①	②	②	④	②	④	①	①	④	④	①	④	②		

01 정답 ④

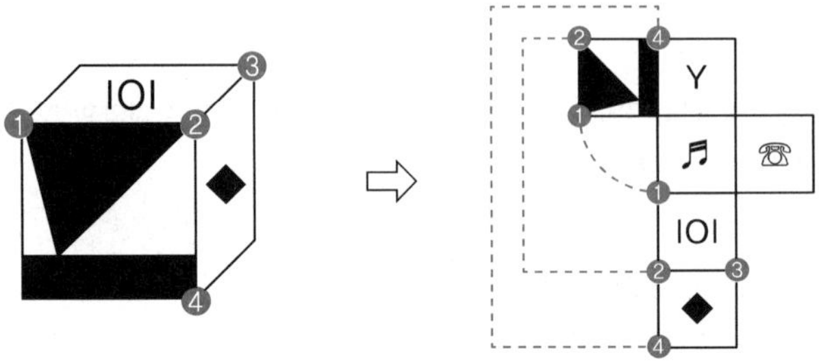

02 정답 ③

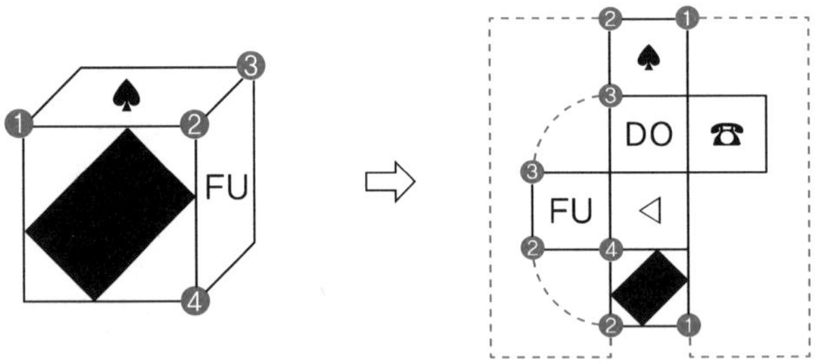

03 정답 ②

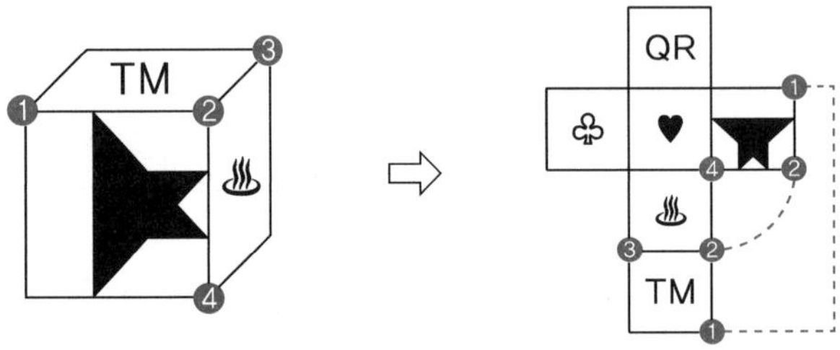

04 정답 ①

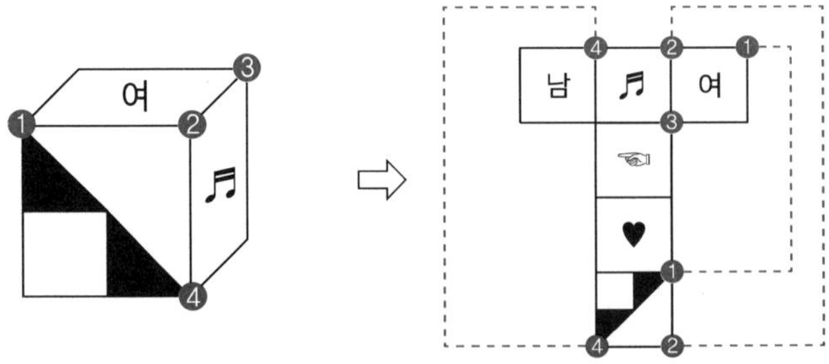

05 정답 ③

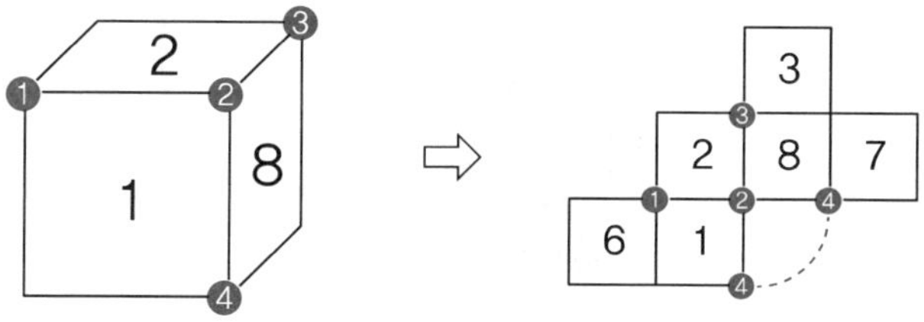

06 정답 ①

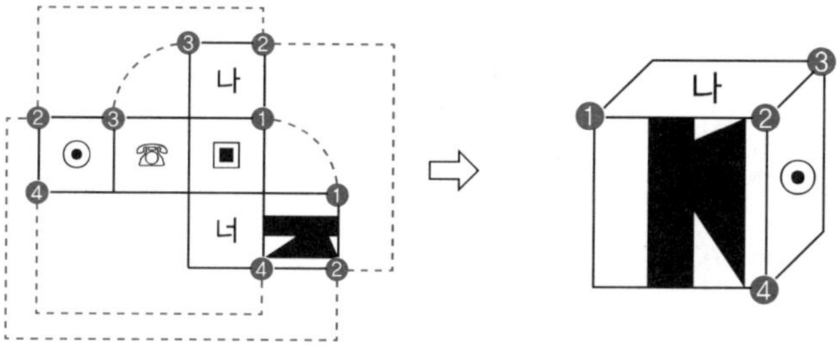

07 정답 ②

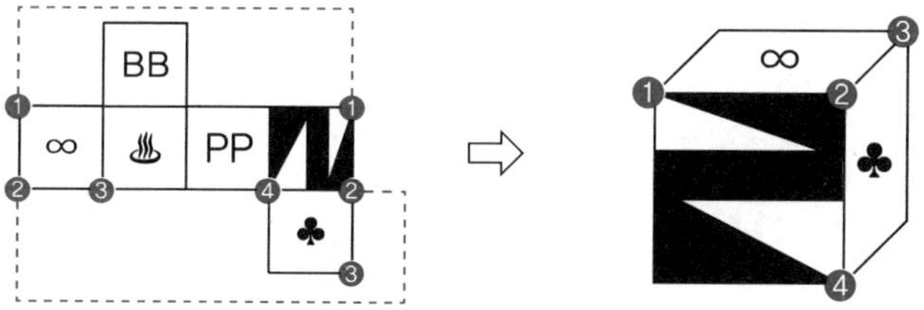

08 정답 ②

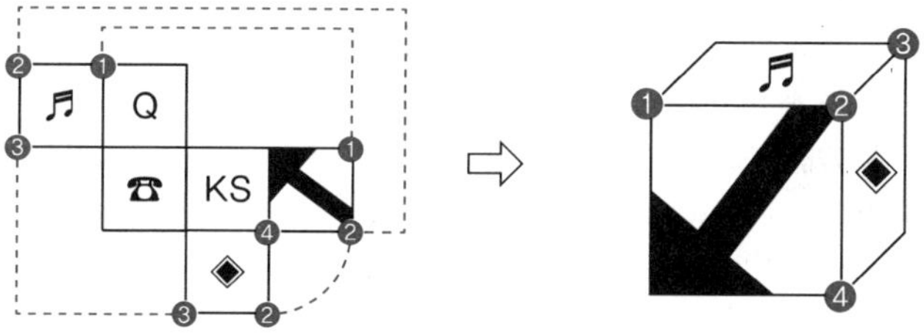

09 정답 ④

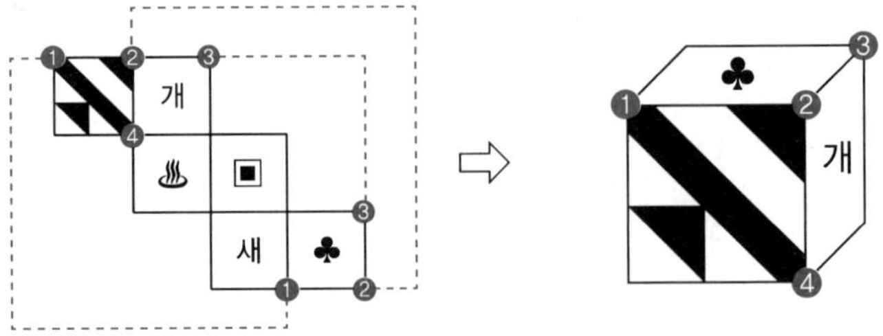

10 정답 ②

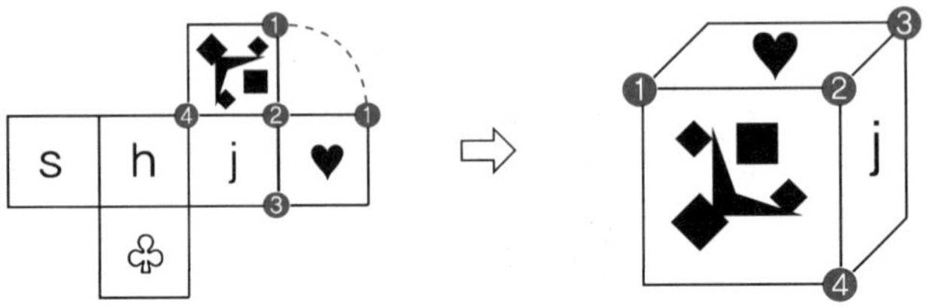

11 정답 ④

1층 : 5+5+4+5+4+5+5=33개
2층 : 4+3+4+4+3+3+4=25개
3층 : 3+2+3+3+3+0+1=15개
4층 : 1+1+2+3+2+0+1=10개
5층 : 1+0+2+0+2+0+1=6개
∴ 33+25+15+10+6=89개

12 정답 ①

1층 : 5+5+4+4+5+5+5=33개
2층 : 5+4+4+4+5+5+2=29개
3층 : 5+3+2+4+5+4+0=23개
4층 : 4+1+0+3+4+3+0=15개
5층 : 3+0+0+2+3+1+0=9개
∴ 33+29+23+15+9=109개

13 정답 ①

1층 : 5+5+5+4+5=24개
2층 : 4+5+5+3+2=19개
3층 : 3+4+4+1+0=12개
4층 : 2+3+2+0+0=7개
5층 : 1+1+0+0+0=2개
∴ 24+19+12+7+2=64개

14 정답 ④

1층 : $5+5+5+5+4=24$개

2층 : $4+5+5+4+3=21$개

3층 : $2+5+4+3+1=15$개

4층 : $2+0+2+0+1=5$개

5층 : $0+0+2+0+1=3$개

$\therefore\ 24+21+15+5+3=68$개

15 정답 ④

좌측에서 바라보았을 때, 5층 – 4층 – 2층 – 4층 – 5층으로 구성되어 있다.

16 정답 ①

상단에서 바라보았을 때, 5층 – 4층 – 5층 – 4층 – 2_1층으로 구성되어 있다.

17 정답 ④

정면에서 바라보았을 때, 5층 – 3층 – 2층 – 5층 – 4층으로 구성되어 있다.

18 정답 ②

우측에서 바라보았을 때, 2층 – 3층 – 2층 – 5층 – 4층으로 구성되어 있다.

지각속도

01	02	03	04	05	06	07	08	09	10	11	12	13	14	15	16	17	18	19	20
②	②	①	①	②	①	②	②	①	②	②	①	②	①	①	①	②	②	①	②
21	22	23	24	25	26	27	28	29	30										
①	②	④	③	③	④	③	④	②	③										

01 정답 ②

⑤ ② ⑨ ④ ① → ⑤ ① ⑨ ④ ②

02 정답 ②

⑥ ③ ⑧ ⑦ ⑥ → ⑥ ③ ⑧ ⓪ ⑦

05 정답 ②

⑤ ⑥ ① ⑤ ⑨ → ⑤ ⑥ ② ① ⑨

07 정답 ②

공유 양가 정유 고유 여가 → 공유 양가 소유 고유 여가

08 정답 ②

예가 소유 경유 유가 양가 → 예가 정유 경유 유가 요가

10 정답 ②

경유 정유 양가 요가 유가 → 경유 예가 양가 유가 요가

11 정답 ②

됿 댊 놃 늫 몇 → 됿 댊 됪 놃 몇

13 정답 ②

댊 겖 됿 뵚 걋 → 댊 겖 됿 몇 뵚

17 정답 ②

부침개 토란국 계란탕 해장국 부침개 → 부침개 계란탕 토란국 해장국 회덮밥

18 정답 ②

콩국수 생선찜 부침개 떡볶이 팔보채 → 콩국수 파스타 생선찜 떡볶이 팔보채

20 **정답** ②

부침개 회덮밥 떡볶이 해장국 콩국수 → 부침개 회덮밥 떡볶이 해장국 계란탕

21 **정답** ①

5896215212488951275462186524986525751235247851268954528 (11개)

22 **정답** ②

(r)(b)(a)(s)(a)(p)(a)(m)(i)(e)(a)(c)(t)(a)(j)(g)(e)(a)(q)(a)(p)(a)(g)(a)(d)(g)(a)(q)(a)(i)(j)(e)(a) (12개)

23 **정답** ④

누구나 자유롭게 정보를 주고받을 수 있는 인터넷이 오히려 청소년에게 해로운 매체가 될 수 있다는 사실은 선진국에서도 동감하고 있다. (8개)

24 **정답** ③

역경은 누가 진정한 친구인지 가르쳐준다. 가지고 싶은 건 한없이 많은데 주고 싶은 건 하나도 없는 사람을 가까이 하지 말라. (7개)

25 **정답** ③

☳☰☱☱☳☴☲☴☵☴☱☰☱☲☱☳☴☵☱☳☳☱☰☴☴☱☰☳☱☲☳☵☳☱☳☵☵

(9개)

26 **정답** ④

The French are famous for their sauces, the Italians for their pasta, and the Germans for their sausages. (9개)

27 **정답** ③

아리스토텔레스는 인간은 그 스스로 결정하는 일에 참여할 뿐만 아니라 그런 기회를 실제로 가짐에 따라 결정하는 법을 배우는 사회적 동물이라고 했다. (6개)

28 **정답** ④

7845145454514841415464124564122145127856184513451657168891 (13개)

29 **정답** ②

⇋→⇄⇆⇈⇉⇤⇌⇋⇆⇄⇂⇅⇆⇋→⇋↼⇋↽→⇆⇋⇤⇋⇆→⇋↼⇋⇆⇤⇋ (10개)

30 **정답** ③

칸트는 우리가 특정한 목적을 달성하기 위해 준수해야 할 일 또는 어떤 처지가 안 되기 위해 회피해야 할 일에 대한 것을 가언적 명령이라고 했다. (11개)

제2회

제3회 최종모의고사 정답 및 해설

언어논리

01	02	03	04	05	06	07	08	09	10	11	12	13	14	15	16	17	18	19	20
③	⑤	⑤	①	③	④	③	③	⑤	②	⑤	②	④	①	③	①	⑤	③	④	③
21	22	23	24	25															
①	③	②	①	③															

01 **정답** ③

'조상'과 '후손'은 반의 관계이다. ③도 반의 관계이다.

02 **정답** ⑤

- ⓒ, ⓓ에 의해 치타는 뒤에서 세 번째이며, 동시에 도착한 동물 중 한 마리가 사자임을 알 수 있다.
- ⓔ에 의해 호랑이는 치타와 사자를 포함한 5마리보다 빠르지만 표범보다 느린 두 번째이며, 표범이 첫 번째로 도착한 동물임을 알 수 있다.
- ㉠, ㉡을 통해 늑대는 치타와 호랑이 사이의 세 번째임과 동시에 사자와 동시에 도착한 동물이며, 퓨마보다 빠른 여우가 여섯 번째, 가장 마지막 동물이 퓨마임을 확인할 수 있다.

따라서 표범 – 호랑이 – 사자・늑대 – 치타 – 여우 – 퓨마의 순서로 도착했으며, 늑대가 사자와 동시에 도착했음을 알 수 있다.

03 **정답** ⑤

㉠ 들리세요 → 들르세요
㉡ 꺽으면 → 꺾으면
㉢ 옳바른 → 올바른

04 **정답** ①

오답체크

② 생각컨대 → 생각건대
③ 안되요 → 안돼요
④ 만난지 → 만난 지
⑤ 틈틈히 → 틈틈이

05 정답 ③

밑줄 친 내용의 의미를 가진 한자성어는 '좋은 일에는 흔히 탈이 끼어들기 쉬움'의 뜻을 가진 호사다마(好事多魔)이다.

오답체크

① 설상가상(雪上加霜) : 눈 위에 서리가 덮인다는 뜻으로, 난처한 일이나 불행한 일이 잇따라 일어남
② 연목구어(緣木求魚) : 나무에 올라가서 물고기를 구한다는 뜻으로, 도저히 불가능한 일을 굳이 하려 함
④ 새옹지마(塞翁之馬) : 인생의 길흉화복은 변화가 많아서 예측하기가 어렵다는 말
⑤ 금상첨화(錦上添花) : 비단 위에 꽃을 더한다는 뜻으로, 좋은 일 위에 또 좋은 일이 더하여짐

06 정답 ④

제시문에서는 인간에게 사회성과 반사회성이 공존하고 있다고 설명하고 있으며, 이 중 반사회성이 없다면 재능을 꽃피울 수 없다고 하였으므로, 사회성만으로도 자신의 재능을 키울 수 있다는 주장인 ④가 반론이 될 수 있다. 반사회성이 재능을 계발한다는 주장을 포함하는 동시에 반사회성을 포함한 다른 어떤 요소가 있어야 한다는 주장인 ②는 제시문에 대한 직접적인 반론은 될 수 없다.

07 정답 ③

ⓒ 효과(效果) : 보람이 있는 좋은 결과
㉠ 활용(活用) : 살려서 잘 응용함
ⓑ 사용(使用) : 물건을 쓰거나 사람을 부림
ⓜ 효율(效率) : 들인 노력과 얻은 결과의 비율

오답체크

ⓛ 효용(效用) : 보람 있게 쓰거나 쓰임. 또는 그런 보람이나 쓸모
ⓡ 조율(調律) : 문제를 어떤 대상에 알맞거나 마땅하도록 조절함을 비유적으로 이르는 말
ⓢ 과시(誇示) : 자랑해 보임
ⓞ 효능(效能) : 효험을 나타내는 능력

08 정답 ③

정상 초파리는 약물 B 투여 여부와 무관하게 위로 올라가는 성질을 보였다. 반면 유전자 A가 돌연변이 된 초파리는 약물 B를 넣지 않는 경우에만 위로 올라갔다. ③ 유전자 A가 돌연변이 된 초파리가 약물 B를 섭취한 경우에만 위로 올라가지 못했다. 이는 초파리가 파킨슨씨병에 걸린다는 가설로 설명할 수 있다.

오답체크

① 정상 초파리는 약물 B를 섭취하더라도 위로 올라갔다.
② 유전자 A가 돌연변이 된 초파리가 약물 B를 섭취할 경우 운동성이 결여된다.
④ 정상 초파리는 약물 B를 섭취하더라도 운동성을 유지한다.
⑤ 유전자 A가 돌연변이 된 초파리가 약물 B를 섭취하면 파킨슨씨병에 걸리는 것이다. 물리적 자극에 대한 운동성이 비정상인 것은 파킨슨씨병의 증상이다.

09 **정답** ⑤

제시된 명제가 참일 때 가능한 순서는 'C－A－D－B', 'C－A－B－D', 'C－B－A－D' 세 가지가 있다.

10 **정답** ②

이른바 세계화라는 물결이 전 세계를 휘감으면서 사람들은 끊임없이 움직여야 한다는 두 번째 문장의 진술로 보아, '급속도'라는 말이 ㉠에 적절하다. 앞의 맥락을 고려할 때, 조금만 늦어져도 도태되는 것일 테니, ㉡에는 '늦어져도'가 적절하다. ㉢은 내가 살아남기 위해 남을 죽여야 하는 풍토를 낙천적 풍토라고 하지는 않고 경쟁적 풍토라고 부르므로 '경쟁적'이라는 말이 답이 된다. ㉣의 경우 이기는 자가 모든 몫을 가진다고 쓰여 있으므로 '승자'가 적절하다.

11 **정답** ⑤

먼저, 행동으로 나타나는 '군자의 학문'을 언급한 다음, 실천하지 않는 '소인의 학문'을 비판하는 내용이 이어질 것으로 예상할 수 있다.

12 **정답** ②

글쓴이는 애덤 스미스의 '보이지 않는 손'에 대해 반박하기 위해 정부가 개인의 이익 활동을 제한하지 않으면 발생할 수 있는 문제점을 예를 들어 설명하고 있다. 수용 한계를 넘은 상황에서 개인의 이익을 위해 상대방의 이익을 침범한다면, 상대방도 자신의 이익을 늘리기 위해 사육 두수를 늘릴 것이다. 이러한 상황이 장기화된다면 두 번째 단락에서 말했던 것과 같이 '목초가 줄어들어 그 목초지에서 양을 키워 얻을 수 있는 전체 생산량이 줄어든다.' 따라서 ㉠ '농부들의 총이익은 기존보다 감소할 것'이고 이는 ㉡ '한 사회의 전체 이윤이 감소하는' 결과를 초래한다.

13 **정답** ④

제시된 문장의 '묘사(描寫)'는 '어떤 대상이나 현상 따위를 있는 그대로 언어로 서술하거나 그림으로 그려서 나타내는 것'이다. 〈보기〉의 앞에는 어떤 모습이나 장면이 나와야 하므로 (다) 다음의 '분주하고 정신없는 장면'이 와야 한다. 또한 〈보기〉에서 묘사는 '본 사람이 무엇을 중요하게 판단하고, 무엇에 흥미를 가졌느냐에 따라 크게 다르다.'고 했으므로 〈보기〉 뒤에는 (다) 다음의 장면 중 '어느 부분에 주목하고, 또 어떻게 그것을 해석했는지에 따라 즐겁기도 하고 무섭기도 하다.'의 구체적 내용인 (라) 다음 부분이 이어져야 한다.

14 **정답** ①

제시된 첫 번째 실험에서는 아무것도 놓여있지 않은 둥지가 아닌 원형으로 배치된 솔방울의 중심으로 날아갔다고 하였으며, 두 번째 실험에서는 삼각형으로 배치된 솔방울(둥지가 놓여있는 곳)이 아닌 원형으로 배치된 돌멩이들의 중심으로 날아갔다고 하였다. 따라서 말벌은 물체의 재질보다 물체로 만든 모양에 의존하여 방향을 찾는다고 추론할 수 있다.

15 정답 ③

(가) 우리말 다듬기의 개념 : 잡스러운 것을 없애는 것+복잡한 것을 단순하게 하는 것 → (라) 우리말 다듬기 중 잡스러운 것을 없애는 예 : 외국어, 비속한 말, 틀린 말의 재정비 → (나) 우리말 다듬기 중 복잡한 것을 단순하게 하는 예 → (다) 우리말 다듬기의 최종적인 개념 정리 : 고운 말, 바른 말+쉬운 말

16 정답 ①

협반은 수라상을 차리는 두 개의 상 중 하나인데 둘째 날에 수라는 총 3회 차려졌으므로 협반 역시 3회 사용되었을 것이므로 옳지 않다.

오답체크

② 화성참은 둘째 날의 일정인데 상차림표에 미음은 등장하지 않는다. 미음은 첫째 날 중로에서만 차려졌으므로 옳은 내용이다.
③ 첫째 날과 둘째 날 낮에는 모두 주다반과만 차려졌음을 알 수 있으므로 옳은 내용이다.
④ 후식류를 자기에 담아 차린 것은 반과상인데 첫째 날 밤에는 시흥참에서, 둘째 날에는 화성참에서 야다반과가 차려졌으므로 옳은 내용이다.
⑤ 수를 주식으로 하는 것은 반과상인데 첫째 날에는 조다반과, 주다반과, 야다반과가 차려졌고, 둘째 날에는 주다반과, 야다반과가 차려졌으므로 총 5회 차려졌으므로 옳은 내용이다.

17 정답 ⑤

㉡이 참이라면, 즉 '비물질적 실체'라는 용어가 지칭하는 대상이 존재하지 않는다면, ㉠의 대우에 따라 '비물질적 실체'는 의미 있는 용어가 아니다. ㉢에 따라 비물질적 실체가 존재하는가에 대해 옳고 그름을 결정할 수 없다. 하지만 이렇게 되면 결론은 ㉣과 모순된다. 따라서 최초에 가정한 ㉡이 거짓이라는 점을 보일 수 있다.

18 정답 ③

ㄱ. 탈리도마이드의 사례를 들어 동물 실험 결과 안전성이 입증되었더라도 사람에게는 안전하지 않은 경우가 있다고 하였으므로 이를 통해 주장을 반박할 수 있다.
ㄴ. 페니실린의 경우 일부 설치류에게는 치명적인 독성을 지니지만 사람에게는 널리 사용되는 항생제라고 하였으므로 주장을 반박할 수 있다.
ㄷ. 임상시험에서 독성이 나타나더라도 내성이 있는 사람에게는 투여 가능한 경우가 있다고 하였으므로 주장을 반박할 수 있다.

오답체크

ㄹ. 제시문에서는 내성이 있는 사람에게 부작용이 나타난 경우는 언급하고 있지 않으므로 주장을 반박할 수 없다.

19 정답 ④

계승에는 긍정적 계승과 부정적 계승이 있고, 계승의 반대는 퇴화이다. 긍정적 계승에는 지속성이 두드러진다. 또한, 전통의 계승 가능성에 따라 퇴화와 단절을 구별해야 한다고 주장하고 있다.

20 정답 ③

빈칸 앞 문장에서 변혁적 리더는 구성원의 욕구 수준을 상위 수준으로 끌어올린다고 하였으므로 구성원에게서 기대되었던 성과만을 얻어내는 거래적 리더십을 발휘하는 리더와 달리 변혁적 리더는 구성원에게서 보다 더 높은 성과를 얻어낼 수 있을 것임을 추론해볼 수 있다. 따라서 빈칸에 들어갈 내용으로는 '기대 이상의 성과를 얻어낼 수 있다.'는 ③이 가장 적절하다.

21 정답 ①

합리적 사고와 이성에 호소하는 거래적 리더십과 달리 변혁적 리더십은 감정과 정서에 호소하는 측면이 크다. 따라서 변혁적 리더십을 발휘하는 변혁적 리더는 구성원의 합리적 사고와 이성이 아닌 감정과 정서에 호소한다.

22 정답 ③

(C) 인권에 관한 화제 도입 및 인권 보호의 범위 → (B) 사생활 침해와 인권 보호 → (A) 사생활 침해와 인권 보호에 대한 예시 → (D) 결론의 순서로 배열해야 한다.

23 정답 ②

'인간의 뇌에 프로그램되어 규칙에 따르도록 되어 있다.'라는 것은 교육 또는 사회적 제재를 통하지 않고 인간들이 자연스럽게 준수한다는 것을 뜻한다. 따라서 인간 삶의 초기에 가장 긴밀하게 지냈던 사람은 '성적인 관심이 미약하고, 강하지 않다.'라는 뜻으로 추측이 가능하다. 따라서 친족 이성 간 성적인 욕망이 매우 강해 그로 인한 가정의 재앙을 막기 위해서 '금기'라는 내용을 고안했다는 것은 제시문과 상충된다.

오답체크

① 키부츠에서 친밀하게 어린 시절을 보낸 사람들은 이성 간 서로 이끌려 부부가 된 경우가 없다는 사실로 제시문의 견해를 뒷받침하고 있다.
③ 어린 시절에 친밀하게 지냈던 사람들은 서로에 대한 성적인 관심 등이 약화되어 이혼율이 높다고 추측하고 있다. 따라서 이는 제시문 견해를 뒷받침하고 있다.
④ 유년기 때 친밀도가 높을수록 성 접촉 빈도수가 낮다는 것으로, 수집한 자료(근거)를 통해 제시문의 내용을 뒷받침하고 있다.
⑤ 인간과 가장 유사성이 높은 영장류도 본능적으로 가까운 족(族) 간의 짝짓기를 피한다는 내용으로 제시문을 뒷받침할 수 있다.

24 정답 ①

㉠에서는 본질이 있는 것이 아니라 우리가 사물들의 차이를 가려 언어로 표현해 놓은 것일 뿐이라는 견해를 표명한다. '이름만의 본질'이란 언어로 표현해 놓았을 뿐 실제로는 존재하지 않는 것이라는 의미를 함축하고 있다.

오답체크

③·④·⑤는 본질의 존재를 인정한 것이고, ②는 실용성 여부를 따지는 관점이다.

25 정답 ③

유명론에서 본질은 인간이 나름대로 부여한 것일 뿐이며 자연은 기계적 산물일 뿐이라고 여기므로, ⓒ에 대하여 목적론자들이 자기들의 주장에 억지로 갖다 붙인 것일 뿐이라고 비판하게 될 것이다. 따라서 '이치에 맞지 않는 말을 억지로 끌어 붙여 자기에게 유리하게 한다.'는 뜻인 ③의 '견강부회'가 적절하다.

오답체크

① 유명무실(有名無實) : 이름뿐이고 실상이 없음
② 적반하장(賊反荷杖) : 잘못한 사람이 도리어 화를 내고 덤벼듦
④ 조삼모사(朝三暮四) : 눈앞에 보이는 차이만을 알고 결과가 같음을 모름
⑤ 토사구팽(兎死狗烹) : 필요할 때는 쓰고 필요 없을 때는 야박하게 버림

제3회

자료해석

01	02	03	04	05	06	07	08	09	10	11	12	13	14	15	16	17	18	19	20
③	①	③	④	②	②	③	③	③	②	④	④	①	③	④	③	②	④	①	④

01 정답 ③

정답을 맞힌 2점 문항의 개수를 x개, 3점 문항의 개수를 y개라고 하면, 4점 문항의 개수는 $(y-3)$개이므로

$x+y+(y-3)=22 \rightarrow x+2y=25 \cdots$ ㉠

희철이가 받은 점수가 71점이므로

$2x+3y+4(y-3)=71 \rightarrow 2x+7y=83 \cdots$ ㉡

㉠, ㉡을 연립하면 $x=3$, $y=11$이다.

따라서 정답을 맞힌 3점 문항의 개수는 11개이다.

02 정답 ①

홀수 항은 $\times 2+0.2$, $\times 2+0.4$, $\times 2+0.6$, …, 짝수 항은 $\times 3-0.1$이 반복되는 수열이다.

따라서 ( )$=12.2\times 3-0.1=36.5$이다.

03 정답 ③

갑이 1, 2회전에서 얻은 점수를 X점이라 하면 을의 최종점수는 $2X$점이다. 또한 갑의 최종점수는 $X+\frac{3}{7}X=\frac{10}{7}X$점이며, 동시에 자연수이므로 이를 만족하는 X로 가능한 수는 7 또는 14이다. 만약 $X=14$라면 20점이 되기 때문에, $X=7$이 된다. 따라서 갑이 3회전에서 얻은 점수는 3점이다.

04 정답 ④

하늘색·크림색 타일의 면적은 $1\text{m}\times 1\text{m}=1\text{m}^2$이므로

타일을 붙일 벽의 면적은 $6\text{m}\times 5\text{m}=30\text{m}^2$이다.

즉, 필요한 타일의 개수는 $30\div 1=30$개이다.

- 하늘색 타일은 2개가 1세트이므로 구매할 세트의 수량은 $30\div 2=15$개
  하늘색 타일의 구매비용은 $15\times 5=75$만 원이다.
- 크림색 타일은 3개가 1세트이므로 구매할 세트의 수량은 $30\div 3=10$개
  크림색 타일의 구매비용은 $10\times 7=70$만 원이다.

따라서 크림색 타일을 선택하는 것이 하늘색 타일을 선택하는 것보다 경제적이며, 구매비용의 차는 $75-70=5$만 원이다.

05 정답 ②

A금붕어, B금붕어가 팔리는 일을 n일이라고 하고, 남은 금붕어의 수를 각각 a_n, b_n이라고 하자.

A금붕어는 하루에 121마리씩 감소하고 있으므로 $a_n = 1{,}675 - 121(n-1) = 1{,}796 - 121n$이다.

$1{,}796 - 121 \times 10 = 1{,}796 - 1{,}210 = 586$

10일 차에 남은 A금붕어는 586마리이다.

B금붕어는 매일 3, 5, 9, 15, …마리씩 감소하고 있고, 계차의 차는 2, 4, 6, …이다.

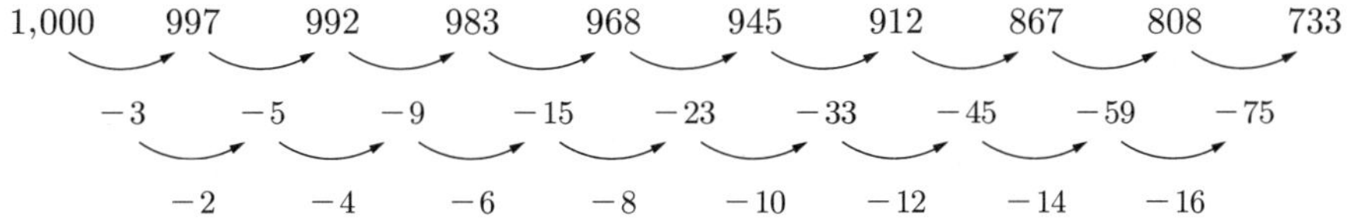

10일 차에 남은 B금붕어는 733마리이다.

따라서 A금붕어는 586마리, B금붕어는 733마리가 남았다.

06 정답 ②

열차가 터널을 통과할 때 이동거리는 (터널의 길이) + (열차의 길이)이다.

터널의 길이를 $x$km라고 하면, 이동거리는 $(x+0.5)$km이다.

열차의 속력은 50km/h, 이동시간은 3분이므로,

$$x + 0.5 = 50 \times \frac{3}{60} \rightarrow x + 0.5 = 2.5$$

$\therefore\ x = 2$

따라서 터널의 길이는 2km이다.

07 정답 ③

노트북을 보유한 사람의 집합을 A, 태블릿PC를 보유한 사람의 집합을 B라고 하자.

제시된 노트북과 태블릿PC의 보유 현황을 벤다이어그램으로 나타내면 다음과 같다.

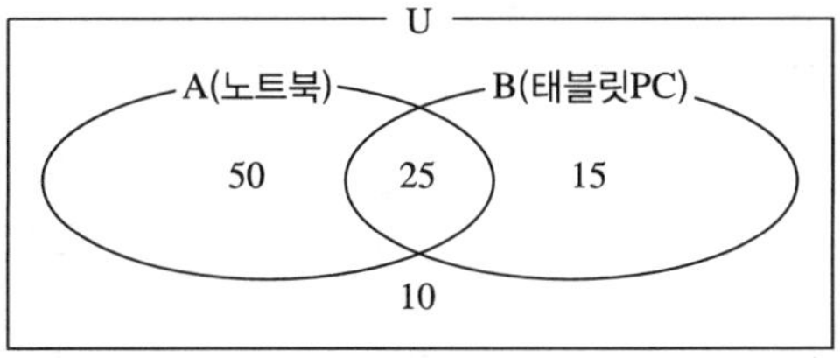

따라서 노트북과 태블릿PC가 모두 있는 사람은 25명이다.

08 정답 ③

제시된 결과를 이용해 성별·방송사별 응답자 수를 구하면 다음과 같다.

구분	전체 응답자 수	'S사' 응답자 수	'K사' 응답자 수	'M사' 응답자 수
남자	$\frac{40}{100}\times 200=80$명	18명	30명	$\frac{40}{100}\times 80=32$명
여자	$\frac{60}{100}\times 200=120$명	$\frac{50}{100}\times 120=60$명	40명	20명

즉, S방송사의 오디션 프로그램을 좋아하는 사람은 $18+60=78$명이다.

따라서 S방송사의 오디션 프로그램을 좋아하는 사람 중 남자의 비율은 $\frac{18}{78}=\frac{3}{13}$이다.

09 정답 ③

1	2	3	4	5	6	7	8
빨간색 꽃		분홍색 꽃			분홍색 꽃		빨간색 꽃

i) 세 번째 조건에 의해 빨간색 꽃을 양 끝에 배치한다.

ii) 다섯 번째 조건에 의해 분홍색 꽃 사이에는 두 칸이 있다.

iii) 마지막 조건에 의해 백합은 왼쪽에만 심을 수 있고, 두 번째 조건에 의해 같은 색이나 같은 종류의 꽃은 연속해서 심을 수 없으므로 3번째 칸과 6번째 칸에 분홍색 꽃을 심는다.

[경우 1] 주황색 백합을 2번 칸에, 흰색 백합을 4번 칸에 심을 경우

1	2	3	4	5	6	7	8
빨간색 꽃	주황색 백합	분홍색 꽃	흰색 백합		분홍색 꽃		빨간색 꽃

- 두 번째 조건에 의하여 같은 색의 꽃은 연속해서 심을 수 없으므로 흰색튤립을 7번 칸에, 노란색 튤립을 5번 칸에 심는다.
- 두 번째 조건에 의하여 같은 종류의 꽃은 연속해서 심을 수 없으므로 6번 칸과 8번 칸에 심을 꽃은 장미이다.

1	2	3	4	5	6	7	8
빨간색 튤립	주황색 백합	분홍색 튤립	흰색 백합	노란색 튤립	분홍색 장미	흰색 튤립	빨간색 장미

[경우 2] 흰색 백합을 2번 칸에, 주황색 백합을 4번 칸에 심을 경우

1	2	3	4	5	6	7	8
빨간색 꽃	흰색 백합	분홍색 꽃	주황색 백합		분홍색 꽃		빨간색 꽃

- 네 번째 조건에 의해 주황색 꽃 옆에는 노란색 꽃을 심을 수 없으므로 흰색 튤립을 5번 칸에, 노란색 튤립을 7번 칸에 심는다.
- 두 번째 조건에 의하여 같은 종류의 꽃은 연속해서 심을 수 없으므로 6번 칸과 8번 칸에 심을 꽃은 장미이다.

1	2	3	4	5	6	7	8
빨간색 튤립	흰색 백합	분홍색 튤립	주황색 백합	흰색 튤립	분홍색 장미	노란색 튤립	빨간색 장미

따라서 [경우 1]에 의하여 노란색 튤립 옆에 흰색 백합을 심을 수 있다.

10 정답 ②

• (하루 1인당 고용비)=(1인당 수당)+(산재보험료)+(고용보험료)
$= 50,000 + 50,000 \times 0.00504 + 50,000 \times 0.013 = 50,000 + 252 + 650 = 50,902$(원)

• (하루에 고용할 수 있는 인원수)$=\dfrac{(\text{본예산})+(\text{예비비})}{(\text{하루 1인당 고용비})}=\dfrac{600,000}{50,902} ≒ 11.8$(명)

따라서 하루 동안 고용할 수 있는 최대 인원은 11명이다.

11 정답 ④

농업에 종사하는 고령근로자 수는 $600 \times 0.2 = 120$명이고, 교육 서비스업은 $48,000 \times 0.11 = 5,280$명, 공공기관은 $92,000 \times 0.2 = 18,400$명이다. 따라서 총 $120 + 5,280 + 18,400 = 23,800$명으로 과학 및 기술업에 종사하는 고령근로자 수 $160,000 \times 0.125 = 20,000$명보다 많다.

오답체크

① 건설업에 종사하는 고령근로자 수는 $97,000 \times 0.1 = 9,700$명으로 외국기업에 종사하는 고령근로자 수의 3배인 $12,000 \times 0.35 \times 3 = 12,600$명 이하이다.
② 국가별 65세 이상 경제활동 조사 인구가 같을 경우 그래프에 나와 있는 비율로 비교하면 된다. 따라서 미국의 고령근로자 참가율 17.4%는 영국의 참가율의 3배인 $8.6 \times 3 = 25.8\%$ 이하이다.
③ 모든 업종의 전체 근로자 수에서 제조업에 종사하는 전체 근로자 비율은
$\dfrac{1,080}{0.6+1,080+97+180+125+160+48+92+12} \times 100 = \dfrac{1,080}{1,794.6} \times 100 ≒ 60.2\%$이다.
따라서 80% 미만이다.

12 정답 ④

도표에 나타난 프로그램 수입비용을 모두 합하면 380만 불이다.

따라서 프로그램 수입에서 영국이 차지하는 비율은 $\dfrac{150}{380} \times 100 ≒ 39.5\%$이다.

13 정답 ①

승소율과 패소율은 각각 처리건수에 대한 승소건수 또는 패소건수의 비율을 말한다.
(a) (승소건수)=(처리건수)×[승소율(%)]$\div 100 = 4,140 \times 35 \div 100 = 1,449$
(b) [승소율(%)]=(승소건수)÷(처리건수)$\times 100 = 1,170 \div 3,120 \times 100 = 37.5$

14 정답 ③

ㄴ. 2019년 11월 운수업과 숙박 및 음식점업의 국내카드 승인액의 합은 $159+1,031=1,190$억 원으로, 도매 및 소매업의 국내카드 승인액의 40%인 $3,261\times0.4=1,304.4$억 원보다 작다.

ㄹ. 2019년 9월 협회 및 단체, 수리 및 기타 개인 서비스업의 국내카드 승인액은 보건 및 사회복지 서비스업 국내카드 승인액의 $\frac{155}{337}\times100\fallingdotseq46.0\%$이다.

오답체크

ㄱ. 교육서비스업의 2020년 1월 국내카드 승인액의 전월 대비 감소율은 $\frac{122-145}{145}\times100\fallingdotseq-15.9\%$이다.

ㄷ. 2019년 10월부터 2020년 1월까지 사업시설관리 및 사업지원 서비스업의 국내카드 승인액의 전월 대비 증감 추이는 '증가 – 감소 – 증가 – 증가'이고, 예술, 스포츠 및 여가관련 서비스업은 '증가 – 감소 – 감소 – 감소'이다.

- 계산이 필요 없는 선택지를 먼저 해결한다.
  예 ㄷ은 빠르게 풀이가 가능하다.
- 정확한 값을 비교하기보다 근사치를 활용한다.

15 정답 ④

40kg 이상 50kg 미만인 학생의 상대도수를 그래프에서 확인하면 다음과 같다.

- 40kg 이상 45kg 미만 상대도수 : 0.36
- 45kg 이상 50kg 미만 상대도수 : 0.24

→ 40kg 이상 50kg 미만의 상대도수 : $0.36+0.24=0.6$

따라서 40kg 이상 50kg 미만인 사람은 모두 $100\times0.6=60$명이다.

16 정답 ③

ㄴ. 최대 수익은 다음과 같다.
- F를 먼저 시작하여 20일 뒤에 작업을 마치며 85억의 수익을 낸다.
- 동시에 B를 시작하여 10일 뒤에 작업을 마치며 20억의 수익을 낸다.
- 11일째부터 A를 시작하여 15일 뒤에 작업을 마치며 15억의 수익을 낸다.
- 21일째부터 C를 시작하여 30일 뒤에 마치며 40억의 수익을 낸다.

ㄷ. 계획한 기간이 45일이 되면, 작업은 다음과 같이 마칠 수 있다.
- D와 E를 먼저 시작하여 15일 뒤에 작업을 마칠 수 있다.
- 16일째부터 A, B와 C를 시작하여 25일째에 작업을 마칠 수 있다.
- 26일째부터 F를 시작하여 45일째에 작업을 마칠 수 있다.

오답체크

ㄱ. 선박의 수를 최대로 잡기 위해서는 근로자의 배분과 작업일자의 배분이 중요하기 때문에 두 변수를 고려하면 시작일에 100명이 동시에 투입할 수 있어야 하므로 다음과 같다.
- D와 E를 먼저 시작하면 15일 뒤에 작업을 모두 마칠 수 있다.
- 16일째부터는 A, B, C의 작업에 투입하면 25일째에는 총 5척의 선박을 건조할 수 있다.

ㄹ. 15일짜리가 2척, 20일짜리가 1척이며 여기에 소요되는 인원이 170명이므로 불가능하다. '130명/일'로 증가시켜야만 가능하다. 즉, 다음과 같은 배분이 이루어진다.

- F에 70명을 투입하고, 20일 뒤 완료. 이어서 B, C에 80명 투입하고 30일째 완료
- F와 동시에 E에 60명 투입하고, 15일 뒤 완료. D, A에 작업완료인원 투입 30일째에 완료

17 정답 ②

매년 조사대상자의 수는 동일하게 2,500명이므로 비율의 누적 값으로만 판단한다. 3년간의 월간 인터넷 쇼핑 이용 누적 비율을 구하면 다음과 같다.

- 1회 미만 : $30.4+8.9+18.6=57.9\%$
- 1회 이상 2회 미만 : $24.2+21.8+22.5=68.5\%$
- 2회 이상 3회 미만 : $15.9+20.5+19.8=56.2\%$
- 3회 이상 : $29.4+48.7+39.0=117.1\%$

따라서 두 번째로 많이 응답한 인터넷 쇼핑 이용 빈도수는 1회 이상 2회 미만이다.

오답체크

① 2017년 월간 인터넷 쇼핑을 3회 이상 이용했다고 응답한 사람은 $2,500\times0.487=1,217.5$명이다.

③ 매년 조사 대상이 2,500명씩 동일하므로 비율만 비교한다. 2018년 월간 인터넷 쇼핑을 2회 이상 3회 미만 이용했다고 응답한 비율은 19.8%이고, 2017년 1회 미만으로 이용했다고 응답한 비율은 8.9%이다. 따라서 $8.9\times2=17.8<19.8$이므로 2배 이상 많다.

④ 1회 이상 2회 미만 쇼핑했다고 응답한 사람의 2017년 비율은 21.8%이고, 2018년은 22.5%이다. 따라서 $\frac{22.5-21.8}{21.8}\times100 ≒ 3.2\%$이므로 3% 이상 증가했다.

18 정답 ④

- 2016년 동원훈련과 동미참훈련 대상자 : $553+482=1,035$천 명
- 2016년 전체 예비군 해당 대상자 : 4,140천 명

따라서 2016년 전체 예비군 해당 대상자 중 동원훈련과 동미참훈련 대상자가 차지하는 비중은 $\frac{1,035}{4,140}\times100=25\%$이다.

오답체크

① 해당 연도별 전체 해당 대상자 수에서 향방작계훈련을 제외한 예비군 해당 대상자의 수를 빼, (가)를 구하면 다음과 같다.

(가)$=4,383-(597+496+1,239)=2,051$천 명

② • 2018년 예비군 참석자 수 : 3,510천 명

• 2018년 예비군 불참자 수 : 195천 명

$\therefore \frac{3,510}{195}=18$

따라서 2018년 예비군 참석자 수는 불참자 수의 18배이다.

③ 항목별 예비군 훈련 참석률은 주어진 자료로는 알 수 없다.

19 정답 ①

ㄱ. A지역 인구 중 도망노비를 제외한 사노비(솔거노비, 외거노비)가 차지하는 비율은 1720년 28.5%인데 나머지 연도는 모두 20% 부근에 위치하고 있다. 따라서 옳은 내용이다.

ㄴ. 1720년 A지역의 사노비 수는 $2,228 \times 40\%$이며, 1774년은 $3,189 \times 34.8\%$이므로 곱셈비교를 이용하면 1774년의 사노비 수가 더 많다는 것을 알 수 있으므로 옳은 내용이다.

20 정답 ④

2013년 대비 2018년 GOP/해강안 소초(동) 사업예산의 증가율은

$\frac{1,650-800}{800} \times 100 = \frac{850}{800} \times 100 = 106.25\%$이다.

오답체크

① 제시된 자료를 보면 육군생활관(대대)의 사업예산은 2015년까지 4,882억 원까지 증가했다가 2016년과 2017년에 감소하였고 이후 지속해서 증가하는 양상을 보였다.

② 해·공군 생활관(동)의 개선실적이 가장 많았던 해는 2020년이다.

- 2020년 육군생활관(대대) 사업예산 : 4,435억 원
- 2020년 해·공군 생활관(동) 사업예산 : 2,395억 원

$4,435 \times 0.5 = 2,217.5 < 2,395$이므로 2020년 해·공군 생활관(동) 사업예산은 육군생활관(대대) 사업예산의 50%를 넘는다.

③ • 2015년 사업예산 : $4,882 + 682 + 1,417 = 6,981$억 원

- 2016년 사업예산 : $3,703 + 501 + 1,017 = 5,221$억 원
- 2017년 사업예산 : $2,572 + 660 + 922 = 4,154$억 원
- 2018년 사업예산 : $3,670 + 1,650 + 1,537 = 6,857$억 원

따라서 2015 ~ 2018년 중에서 전체 사업예산이 가장 많았던 해는 2015년이다.

공간능력

01	02	03	04	05	06	07	08	09	10	11	12	13	14	15	16	17	18		
①	④	③	②	③	③	③	④	②	④	①	②	④	②	①	③	④	④		

01 정답 ①

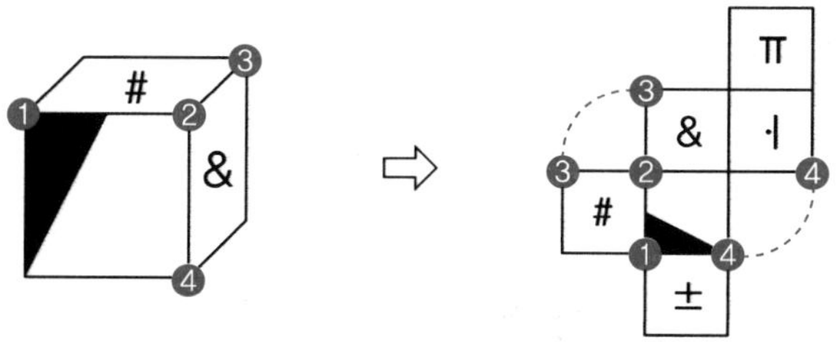

02 정답 ④

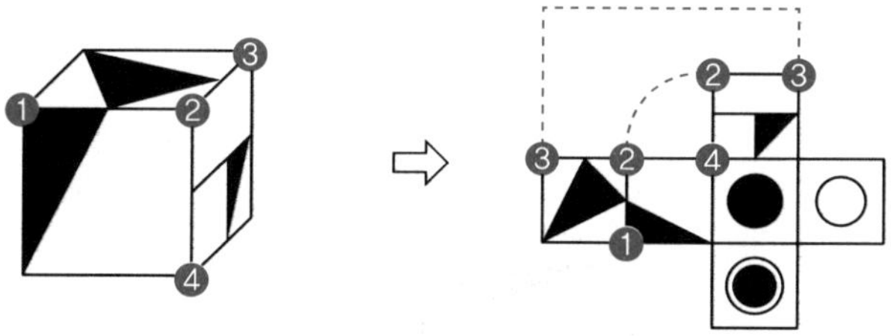

03 정답 ③

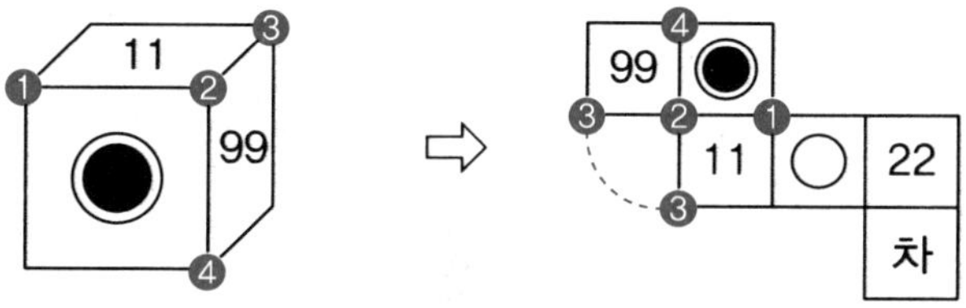

04 정답 ②

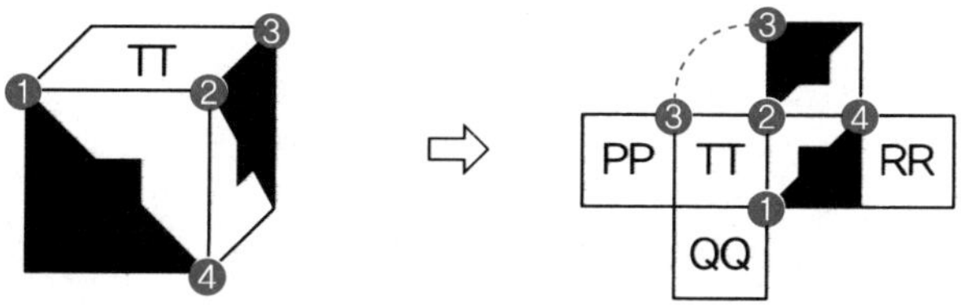

05 정답 ③

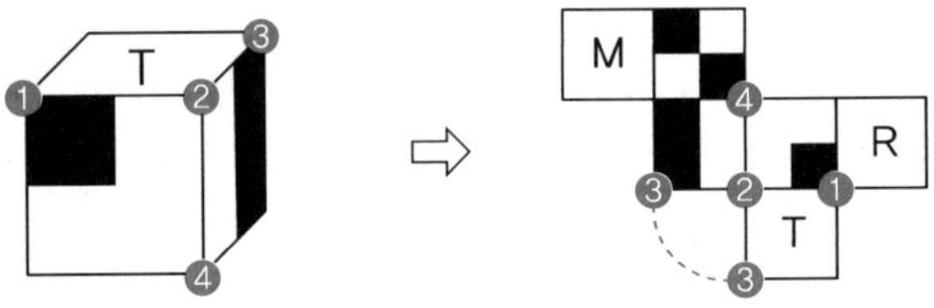

06 정답 ③

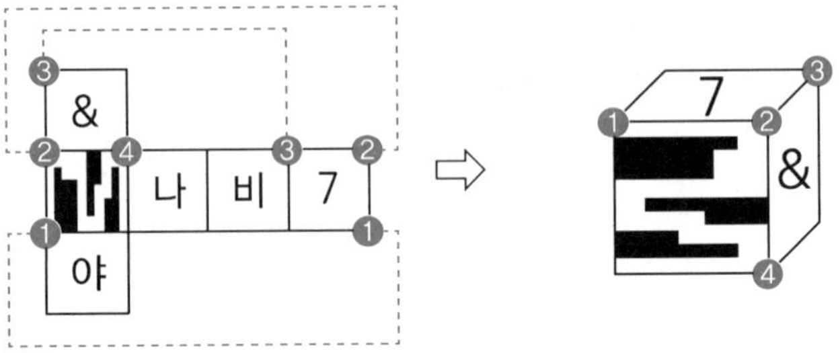

07 정답 ③

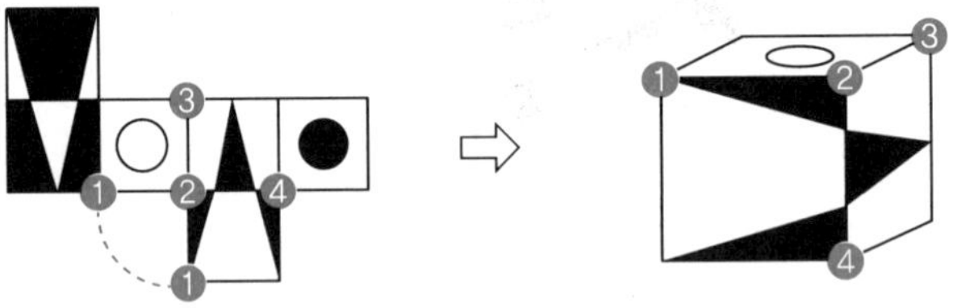

08 정답 ④

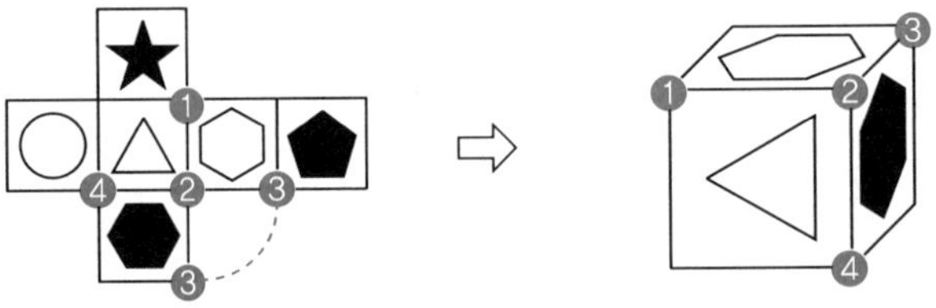

09 정답 ②

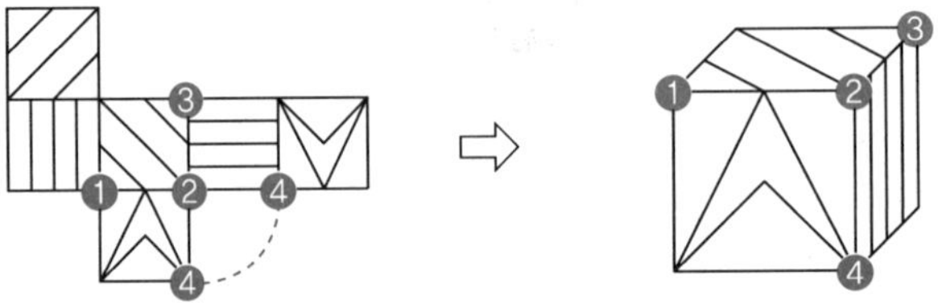

10 정답 ④

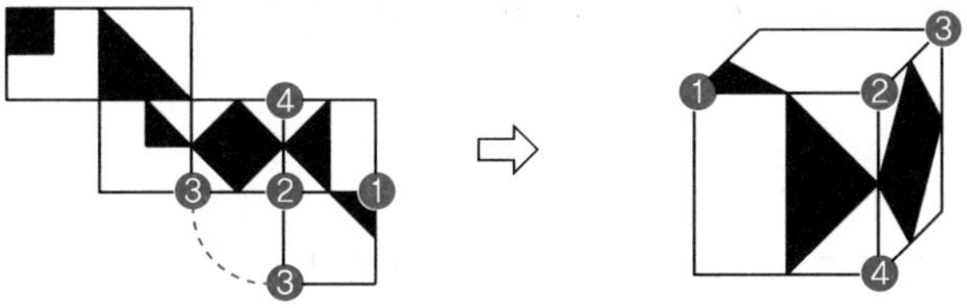

11 정답 ①

1층 : 5+4+5+5+5+5+5=34개
2층 : 5+2+3+2+5+5+4=26개
3층 : 4+0+2+0+4+4+2=16개
4층 : 3+0+1+0+4+4+1=13개
5층 : 3+0+1+0+4+3+1=12개
∴ 34+26+16+13+12=101개

12 정답 ②

1층 : 5+5+4+4+5=23개
2층 : 3+5+3+3+2=16개
3층 : 3+4+0+3+2=12개
4층 : 1+3+0+2+0=6개
5층 : 0+1+0+1+0=2개
∴ 23+16+12+6+2=59개

13 정답 ④

1층 : 5+5+5+4+4+4+5=32개
2층 : 5+3+5+3+4+3+4=27개
3층 : 4+0+5+1+4+0+3=17개
4층 : 3+0+2+0+2+0+2=9개
5층 : 2+0+1+0+1+0+1=5개
∴ 32+27+17+9+5=90개

14 정답 ②

1층 : 5+5+5+4+5+5+3=32개
2층 : 4+5+5+1+5+5+3=28개
3층 : 4+5+2+1+0+3+3=18개
4층 : 4+3+1+1+0+0+2=11개
5층 : 2+0+0+0+0+0+2=4개
∴ 32+28+18+11+4=93개

15 정답 ①

상단에서 바라보았을 때, 5층 – 4층 – 5층 – 4층 – 2_1층으로 구성되어 있다.

16 정답 ③

좌측에서 바라보았을 때, 5층 – 5층 – 3층 – 4층 – 2층으로 구성되어 있다.

17 정답 ④

우측에서 바라보았을 때, 1층 – 3층 – 5층 – 4층 – 5층으로 구성되어 있다.

18 정답 ④

상단에서 바라보았을 때, 5층 – 3층 – 5층 – 3층 – 1_1층으로 구성되어 있다.

지각속도

01	02	03	04	05	06	07	08	09	10	11	12	13	14	15	16	17	18	19	20
①	②	②	①	①	②	①	②	①	②	①	②	①	②	②	②	①	②	①	②
21	22	23	24	25	26	27	28	29	30										
①	①	④	①	②	③	③	④	②	②										

02 정답 ②

◫ ♪ ♤ ♬ ◆ → ◫ ♪ ◈ ♫ ◆

03 정답 ②

♠ ◆ ★ ◇ ♫ → ♠ ♤ ★ ◇ ♪

06 정답 ②

갂 값 걓 갃 갠 → 갂 값 걓 갃 갤

08 정답 ②

갬 갃 갤 값 갭 → 갱 갃 갤 값 갬

10 정답 ②

갠 갃 갤 갱 걓 → 갠 갔 갤 갱 갷

12 정답 ②

② ⑧ ④ ① ⑥ → ② ⓪ ④ ① ⑥

14 정답 ②

① ⑨ ④ ⑥ ③ → ① ⑨ ② ⑥ ③

15 정답 ②

⑤ ⑧ ⑨ ⑦ ⑥ → ⑤ ⑧ ⑨ ⑦ ⓪

제3회

16 정답 ②

제주 공주 의주 경주 양주 → 제주 의주 공주 경주 양주

18 정답 ②

광주 공주 영주 여주 무주 → 광주 공주 경주 양주 무주

20 정답 ②

여주 영주 광주 무주 공주 → 여주 영주 청주 의주 공주

21 정답 ①

←↖↗↘→↙↖↗←→↘↙↘↗←↗↘↖↙↘↗←→↖←↙↗↗→←↖↗←↘ (6개)

22 정답 ①

미래에 사로잡혀 있으면 현재를 있는 그대로 볼 수 없을 뿐 아니라 과거까지 재구성하려 들게 된다. (4개)

23 정답 ④

48904654106134987046153241687980463514310219874897013 (9개)

24 정답 ①

I remain just one thing, and one thing only, and that is a clown. It places me on a far higher plane than any politician. (10개)

25 정답 ②

89749871987146978791696371937879678397937987967987862 (13개)

26 정답 ③

△▽◀▶▽△▽▶▽▶△▽◀▽▶▶◀△◀▽▶▽△▶▶◀△◀▽◀◀◀▽▽△◀△ (10개)

27 정답 ③

할 일이 아무것도 없는 것은 즐겁지 않다. 할 일이 많은데 안 하고 있는 것이 즐거운 것이다. (14개)

28 정답 ④

41964198198794161321989798446541987984981651263194898 (9개)

29 정답 ②

Only those who will risk going too far can possibly find out how far one can go. (11개)

30 정답 ②

랴라리래레라려리려려랴라려레레리랴랴라래레려랴려레레려랴려랴랴라레려 (9개)

최종모의고사 답안카드

고 사 장

성 명

수 험 번 호						
⓪	⓪	⓪	⓪	⓪	⓪	⓪
①	①	①	①	①	①	①
②	②	②	②	②	②	②
③	③	③	③	③	③	③
④	④	④	④	④	④	④
⑤	⑤	⑤	⑤	⑤	⑤	⑤
⑥	⑥	⑥	⑥	⑥	⑥	⑥
⑦	⑦	⑦	⑦	⑦	⑦	⑦
⑧	⑧	⑧	⑧	⑧	⑧	⑧
⑨	⑨	⑨	⑨	⑨	⑨	⑨

감독위원 확인
인

언어논리				자료해석		공간능력		지각속도			
1	① ② ③ ④ ⑤	21	① ② ③ ④ ⑤	1	① ② ③ ④	1	① ② ③ ④	1	① ②	21	① ② ③ ④
2	① ② ③ ④ ⑤	22	① ② ③ ④ ⑤	2	① ② ③ ④	2	① ② ③ ④	2	① ②	22	① ② ③ ④
3	① ② ③ ④ ⑤	23	① ② ③ ④ ⑤	3	① ② ③ ④	3	① ② ③ ④	3	① ②	23	① ② ③ ④
4	① ② ③ ④ ⑤	24	① ② ③ ④ ⑤	4	① ② ③ ④	4	① ② ③ ④	4	① ②	24	① ② ③ ④
5	① ② ③ ④ ⑤	25	① ② ③ ④ ⑤	5	① ② ③ ④	5	① ② ③ ④	5	① ②	25	① ② ③ ④
6	① ② ③ ④ ⑤			6	① ② ③ ④	6	① ② ③ ④	6	① ②	26	① ② ③ ④
7	① ② ③ ④ ⑤			7	① ② ③ ④	7	① ② ③ ④	7	① ②	27	① ② ③ ④
8	① ② ③ ④ ⑤			8	① ② ③ ④	8	① ② ③ ④	8	① ②	28	① ② ③ ④
9	① ② ③ ④ ⑤			9	① ② ③ ④	9	① ② ③ ④	9	① ②	29	① ② ③ ④
10	① ② ③ ④ ⑤			10	① ② ③ ④	10	① ② ③ ④	10	① ②	30	① ② ③ ④
11	① ② ③ ④ ⑤			11	① ② ③ ④	11	① ② ③ ④	11	① ②		
12	① ② ③ ④ ⑤			12	① ② ③ ④	12	① ② ③ ④	12	① ②		
13	① ② ③ ④ ⑤			13	① ② ③ ④	13	① ② ③ ④	13	① ②		
14	① ② ③ ④ ⑤			14	① ② ③ ④	14	① ② ③ ④	14	① ②		
15	① ② ③ ④ ⑤			15	① ② ③ ④	15	① ② ③ ④	15	① ②		
16	① ② ③ ④ ⑤			16	① ② ③ ④	16	① ② ③ ④	16	① ②		
17	① ② ③ ④ ⑤			17	① ② ③ ④	17	① ② ③ ④	17	① ②		
18	① ② ③ ④ ⑤			18	① ② ③ ④	18	① ② ③ ④	18	① ②		
19	① ② ③ ④ ⑤			19	① ② ③ ④			19	① ②		
20	① ② ③ ④ ⑤			20	① ② ③ ④			20	① ②		

※ 본 답안지는 마킹연습용 모의 답안지입니다.

〈절취선〉

최종모의고사 답안카드

고 사 장

성 명

수 험 번 호						
⓪	⓪	⓪	⓪	⓪	⓪	⓪
①	①	①	①	①	①	①
②	②	②	②	②	②	②
③	③	③	③	③	③	③
④	④	④	④	④	④	④
⑤	⑤	⑤	⑤	⑤	⑤	⑤
⑥	⑥	⑥	⑥	⑥	⑥	⑥
⑦	⑦	⑦	⑦	⑦	⑦	⑦
⑧	⑧	⑧	⑧	⑧	⑧	⑧
⑨	⑨	⑨	⑨	⑨	⑨	⑨

감독위원 확인
인

언어논리				자료해석		공간능력		지각속도			
1	① ② ③ ④ ⑤	21	① ② ③ ④ ⑤	1	① ② ③ ④	1	① ② ③ ④	1	① ②	21	① ② ③ ④
2	① ② ③ ④ ⑤	22	① ② ③ ④ ⑤	2	① ② ③ ④	2	① ② ③ ④	2	① ②	22	① ② ③ ④
3	① ② ③ ④ ⑤	23	① ② ③ ④ ⑤	3	① ② ③ ④	3	① ② ③ ④	3	① ②	23	① ② ③ ④
4	① ② ③ ④ ⑤	24	① ② ③ ④ ⑤	4	① ② ③ ④	4	① ② ③ ④	4	① ②	24	① ② ③ ④
5	① ② ③ ④ ⑤	25	① ② ③ ④ ⑤	5	① ② ③ ④	5	① ② ③ ④	5	① ②	25	① ② ③ ④
6	① ② ③ ④ ⑤			6	① ② ③ ④	6	① ② ③ ④	6	① ②	26	① ② ③ ④
7	① ② ③ ④ ⑤			7	① ② ③ ④	7	① ② ③ ④	7	① ②	27	① ② ③ ④
8	① ② ③ ④ ⑤			8	① ② ③ ④	8	① ② ③ ④	8	① ②	28	① ② ③ ④
9	① ② ③ ④ ⑤			9	① ② ③ ④	9	① ② ③ ④	9	① ②	29	① ② ③ ④
10	① ② ③ ④ ⑤			10	① ② ③ ④	10	① ② ③ ④	10	① ②	30	① ② ③ ④
11	① ② ③ ④ ⑤			11	① ② ③ ④	11	① ② ③ ④	11	① ②		
12	① ② ③ ④ ⑤			12	① ② ③ ④	12	① ② ③ ④	12	① ②		
13	① ② ③ ④ ⑤			13	① ② ③ ④	13	① ② ③ ④	13	① ②		
14	① ② ③ ④ ⑤			14	① ② ③ ④	14	① ② ③ ④	14	① ②		
15	① ② ③ ④ ⑤			15	① ② ③ ④	15	① ② ③ ④	15	① ②		
16	① ② ③ ④ ⑤			16	① ② ③ ④	16	① ② ③ ④	16	① ②		
17	① ② ③ ④ ⑤			17	① ② ③ ④	17	① ② ③ ④	17	① ②		
18	① ② ③ ④ ⑤			18	① ② ③ ④	18	① ② ③ ④	18	① ②		
19	① ② ③ ④ ⑤			19	① ② ③ ④			19	① ②		
20	① ② ③ ④ ⑤			20	① ② ③ ④			20	① ②		

※ 본 답안지는 마킹연습용 모의 답안지입니다.

최종모의고사 답안카드

고 사 장

성 명

수 험 번 호						
⓪	⓪	⓪	⓪	⓪	⓪	⓪
①	①	①	①	①	①	①
②	②	②	②	②	②	②
③	③	③	③	③	③	③
④	④	④	④	④	④	④
⑤	⑤	⑤	⑤	⑤	⑤	⑤
⑥	⑥	⑥	⑥	⑥	⑥	⑥
⑦	⑦	⑦	⑦	⑦	⑦	⑦
⑧	⑧	⑧	⑧	⑧	⑧	⑧
⑨	⑨	⑨	⑨	⑨	⑨	⑨

감독위원 확인
인

언어논리				자료해석		공간능력		지각속도			
1	① ② ③ ④ ⑤	21	① ② ③ ④ ⑤	1	① ② ③ ④	1	① ② ③ ④	1	① ②	21	① ② ③ ④
2	① ② ③ ④ ⑤	22	① ② ③ ④ ⑤	2	① ② ③ ④	2	① ② ③ ④	2	① ②	22	① ② ③ ④
3	① ② ③ ④ ⑤	23	① ② ③ ④ ⑤	3	① ② ③ ④	3	① ② ③ ④	3	① ②	23	① ② ③ ④
4	① ② ③ ④ ⑤	24	① ② ③ ④ ⑤	4	① ② ③ ④	4	① ② ③ ④	4	① ②	24	① ② ③ ④
5	① ② ③ ④ ⑤	25	① ② ③ ④ ⑤	5	① ② ③ ④	5	① ② ③ ④	5	① ②	25	① ② ③ ④
6	① ② ③ ④ ⑤			6	① ② ③ ④	6	① ② ③ ④	6	① ②	26	① ② ③ ④
7	① ② ③ ④ ⑤			7	① ② ③ ④	7	① ② ③ ④	7	① ②	27	① ② ③ ④
8	① ② ③ ④ ⑤			8	① ② ③ ④	8	① ② ③ ④	8	① ②	28	① ② ③ ④
9	① ② ③ ④ ⑤			9	① ② ③ ④	9	① ② ③ ④	9	① ②	29	① ② ③ ④
10	① ② ③ ④ ⑤			10	① ② ③ ④	10	① ② ③ ④	10	① ②	30	① ② ③ ④
11	① ② ③ ④ ⑤			11	① ② ③ ④	11	① ② ③ ④	11	① ②		
12	① ② ③ ④ ⑤			12	① ② ③ ④	12	① ② ③ ④	12	① ②		
13	① ② ③ ④ ⑤			13	① ② ③ ④	13	① ② ③ ④	13	① ②		
14	① ② ③ ④ ⑤			14	① ② ③ ④	14	① ② ③ ④	14	① ②		
15	① ② ③ ④ ⑤			15	① ② ③ ④	15	① ② ③ ④	15	① ②		
16	① ② ③ ④ ⑤			16	① ② ③ ④	16	① ② ③ ④	16	① ②		
17	① ② ③ ④ ⑤			17	① ② ③ ④	17	① ② ③ ④	17	① ②		
18	① ② ③ ④ ⑤			18	① ② ③ ④	18	① ② ③ ④	18	① ②		
19	① ② ③ ④ ⑤			19	① ② ③ ④			19	① ②		
20	① ② ③ ④ ⑤			20	① ② ③ ④			20	① ②		

※ 본 답안지는 마킹연습용 모의 답안지입니다.

〈절취선〉

최종모의고사 답안카드

고 사 장

성 명

수 험 번 호						
⓪	⓪	⓪	⓪	⓪	⓪	⓪
①	①	①	①	①	①	①
②	②	②	②	②	②	②
③	③	③	③	③	③	③
④	④	④	④	④	④	④
⑤	⑤	⑤	⑤	⑤	⑤	⑤
⑥	⑥	⑥	⑥	⑥	⑥	⑥
⑦	⑦	⑦	⑦	⑦	⑦	⑦
⑧	⑧	⑧	⑧	⑧	⑧	⑧
⑨	⑨	⑨	⑨	⑨	⑨	⑨

감독위원 확인
㉧ 인

언어논리				자료해석		공간능력		지각속도			
1	① ② ③ ④ ⑤	21	① ② ③ ④ ⑤	1	① ② ③ ④	1	① ② ③ ④	1	① ②	21	① ② ③ ④
2	① ② ③ ④ ⑤	22	① ② ③ ④ ⑤	2	① ② ③ ④	2	① ② ③ ④	2	① ②	22	① ② ③ ④
3	① ② ③ ④ ⑤	23	① ② ③ ④ ⑤	3	① ② ③ ④	3	① ② ③ ④	3	① ②	23	① ② ③ ④
4	① ② ③ ④ ⑤	24	① ② ③ ④ ⑤	4	① ② ③ ④	4	① ② ③ ④	4	① ②	24	① ② ③ ④
5	① ② ③ ④ ⑤	25	① ② ③ ④ ⑤	5	① ② ③ ④	5	① ② ③ ④	5	① ②	25	① ② ③ ④
6	① ② ③ ④ ⑤			6	① ② ③ ④	6	① ② ③ ④	6	① ②	26	① ② ③ ④
7	① ② ③ ④ ⑤			7	① ② ③ ④	7	① ② ③ ④	7	① ②	27	① ② ③ ④
8	① ② ③ ④ ⑤			8	① ② ③ ④	8	① ② ③ ④	8	① ②	28	① ② ③ ④
9	① ② ③ ④ ⑤			9	① ② ③ ④	9	① ② ③ ④	9	① ②	29	① ② ③ ④
10	① ② ③ ④ ⑤			10	① ② ③ ④	10	① ② ③ ④	10	① ②	30	① ② ③ ④
11	① ② ③ ④ ⑤			11	① ② ③ ④	11	① ② ③ ④	11	① ②		
12	① ② ③ ④ ⑤			12	① ② ③ ④	12	① ② ③ ④	12	① ②		
13	① ② ③ ④ ⑤			13	① ② ③ ④	13	① ② ③ ④	13	① ②		
14	① ② ③ ④ ⑤			14	① ② ③ ④	14	① ② ③ ④	14	① ②		
15	① ② ③ ④ ⑤			15	① ② ③ ④	15	① ② ③ ④	15	① ②		
16	① ② ③ ④ ⑤			16	① ② ③ ④	16	① ② ③ ④	16	① ②		
17	① ② ③ ④ ⑤			17	① ② ③ ④	17	① ② ③ ④	17	① ②		
18	① ② ③ ④ ⑤			18	① ② ③ ④	18	① ② ③ ④	18	① ②		
19	① ② ③ ④ ⑤			19	① ② ③ ④			19	① ②		
20	① ② ③ ④ ⑤			20	① ② ③ ④			20	① ②		

※ 본 답안지는 마킹연습용 모의 답안지입니다.

2025 시대에듀 Win 육군 준사관 회전익항공기조종 : 이기는 방법

개정3판1쇄 발행	2025년 01월 10일 (인쇄 2024년 09월 23일)
초 판 발 행	2022년 01월 10일 (인쇄 2021년 11월 30일)
발 행 인	박영일
책 임 편 집	이해욱
편 저	시대장교수험기획실
편 집 진 행	박종옥 · 이수지
표지디자인	하연주
편집디자인	김기화 · 장성복
발 행 처	(주)시대고시기획
출 판 등 록	제10-1521호
주 소	서울시 마포구 큰우물로 75 [도화동 538 성지 B/D] 9F
전 화	1600-3600
팩 스	02-701-8823
홈 페 이 지	www.sdedu.co.kr
I S B N	979-11-383-7836-9 (13390)
정 가	24,000원

Win

육군 준사관 회전익항공기조종
: 이기는 방법

정답 및 해설

나는 이렇게 합격했다

자격명: 위험물산업기사
구분: 합격수기
작성자: 배*상

나는 할수있다

69년생 50중반직장인입니다. 요즘 자격증을 2개정도는 가지고 입사하는 젊은친구들에게 일을시키고 지시하는 역할이지만 정작 제자신에게 부족한점이 많다는것을 느꼈기 때문에 자격증을 따야겠다고 결심했습니다. 처음 시작할때는 과연되겠냐? 하는 의문과 걱정이 한가득이었지만 시대에듀 인강을 우연히 접하게 되었고 잘차려진 밥상과 같은 커리큘럼은 뒤늦게 시작한 늦깍이 수험생이었던 저를 합격의 길로 인도해주었습니다. 직장생활을 하면서 취득했기에 더욱 기뻤습니다.

감사합니다!

합격은 시대에듀

당신의 합격 스토리를 들려주세요.
추첨을 통해 선물을 드립니다.